程水龍　曹潔　校點

［南宋］熊節　集編　熊剛大　集解

性理群書句解

上册

華東師範大學出版社

圖書在版編目 (CIP) 數據

性理群書句解 /［宋］熊節集編；［宋］熊剛大集解；程水龍，曹潔校點. —上海：華東師範大學出版社，2017
ISBN 978 - 7 - 5675 - 6762 - 7

Ⅰ. ①性… Ⅱ. ①熊… ②熊… ③程… ④曹… Ⅲ. ①理學—中國—宋代 Ⅳ. ①B244.02

中國版本圖書館 CIP 數據核字(2017)第 192379 號

性理群書句解

編　　著　者　[宋] 熊　節　集編　熊剛大　集解
校　　點　者　程水龍　曹　潔
責 任 編 輯　呂振宇
裝 幀 設 計　高　山

出 版 發 行　華東師範大學出版社
社　　　　址　上海市中山北路3663號　郵編　200062
電　　　　話　021 - 60821666　行政傳真　021 - 62572105　客服電話　021 - 62865537
網　　　　址　www. ecnupress. com. cn
門 市 地 址　上海市中山北路3663號華東師範大學校内先鋒路口　郵編　200062
門市(郵購)電話　021 - 62869887
網　　　　店　http://hdsdcbs. tmall. com/

印　刷　者　山東鴻君杰文化發展有限公司
開　　　本　890 × 1240　32開
印　　　張　30.625
字　　　數　585千字
版　　　次　2018年9月第1版
印　　　次　2018年9月第1次
書　　　號　ISBN 978 - 7 - 5675 - 6762 - 7/B · 1089
定　　　價　256.00元 (全二册)

出　版　人　王　焰

本書爲全國高等院校古籍整理研究工作委員會規劃項目：《〈性理群書句解〉整理與研究》（一五六五）

本書獲温州大學浙江省一流學科A類中國語言文學建設經費資助

目録

上册

下册

校點説明

性理群書句解，又名曰新編音點性理群書句解或新刊音點性理群書句解（以下簡稱「句解」）。此書分前後兩集，各二十三卷。其「前集」，由南宋熊節集編，南宋熊剛大集解。熊節，生卒年不詳，字端操，建寧府建陽縣人。爲朱熹門人，南宋慶元五年進士，官至通直郎，知閩清縣事。著有中庸解三卷、智仁堂稿十卷、性理群書二十三卷。

句解「前集」的内容，是採摭宋代周敦頤、程顥、程頤、邵雍、張載、司馬光、朱熹諸儒遺文分類編纂而成，意在表彰宋代七位大儒的道德情操，訓誡後世求學者爲學之道，激勵後學弘揚宋儒優秀的學術思想。熊節以文獻編纂的形式在性理群書中正式定論「七賢」，此舉在中國理學思想史上具有重要意義，今人由此可考察審視元、明、清理學發展過程中的門户之見，而且句解的編纂主旨、體例對後世編纂「性理」類著述産生了很大影響。故不論其學術思想史價值，還是其文獻編輯方法，都是值得後世研究的。

句解「後集」卷端題署「考亭後學熊剛大集解」。熊剛大，生卒年不詳，建寧府建陽縣人。受業於朱熹門人黄榦、蔡淵，學者稱古溪先生。問學精專，操行篤至。爲南宋嘉定七年進士，建安書院教授。著述有詩經注解、性理小學集解、性理群書句解等。

句解「後集」的内容包括：近思録十四卷，近思續録十四卷，近思别録十四卷。對於句解一書，四庫全書總目提要評價云：「明永樂中詔修性理大全，其録諸儒之語，皆因近思録而廣之；其録諸儒之文，則本此書而廣之，並其『性理』之名，似亦因此書之舊。是其文雖習見，固亦作樂者之葦籥、造車者之椎輪矣。」可見，句解一書，在性理學傳播史上有着獨特的地位，四庫館臣明確肯定了性理大全是「本此書而廣之」，「性理」之名也「因此書之舊」，其評判較公允。

句解現存有元刻本、朝鮮李朝刻本、日本江户時代刻本等多種。例如，性理群書句解「前集」，有四庫全書文淵閣抄本。句解現存韓國的李朝刻本主要有：李朝太宗十五年平壤府覆刻元刊本、世宗二十一年甲寅字本、李朝甲寅字覆刻本、成宗十九年木板本、燕山二年翻刻甲寅字本等。句解的日本刻本主要有：寬文八年吉野家總兵衛刻本、和刻影印本等。

句解之所以在東亞歷史上具有相當的學術影響力，主要是因爲：此書編集理念意在確立宋代七賢的歷史地位，凸顯了周、二程、邵、張、司馬、朱七位學者的學術風貌；同時開創了以「性理」作爲書名的著述編纂之源，是明永樂詔胡廣等撰修性理大全的藍本。熊剛大爲句解全書進行了注解，展示朱子後學對藴藏理學學術思想文本的解讀，使得此書的文獻價值與學術價值倍增。由於熊剛大注重爲童蒙解讀經典，其注文通曉簡明，便利讀者理解，受衆群體廣泛，故其注解的句解增辟了理學傳播的新途徑，擴大了此書的影響範圍。如句解中熊剛大既收録了近思續録、别録原文，又進行了詳解，有助於讀者理解南宋「東南三賢」朱熹、吕祖謙、張栻語録的學術思想，填補了史上關於續録、别録整理研究之缺憾。而且，句解中熊剛大注文又真切地成爲學者進升性理學的良好階梯，對理學思想的傳播也發揮了積極作用。

本次對句解的校點整理，我們選取現存臺北「中央圖書館」的元刻本爲底本。該本每半葉十三行，二十四字，注文小字雙行同，四周雙欄，上下黑口，順魚尾。校點時以四庫全書文淵閣抄本（簡稱「四庫本」）、李朝平壤府刻本爲校本，同時參校句解李朝世宗甲寅字本、南宋葉采近思録集解清初邵仁泓刻本、南宋蔡模近思續録清初柯崇樸刻本、近思别録日本寬文八年刻本等。底本中因避諱而缺筆的字，皆予補足，元刻本中的部分俗字、版别字、簡體字皆以通行繁體字代之。今校點既畢，略作説明，望前輩時賢匡所不逮而補正。

程水龍　二〇一六年冬於温州大學
曹　潔　二〇一六年冬於華東師範大學

新編性理群書句解目録　前集

考亭門人通直郎知福州閩清縣事賜緋魚袋臣熊　節　集編
覺軒門人掌御賜建安書院朱文公諸賢從祀祠熊剛大　集解

卷之一

遺像

詩

五言短句

五言長句

卷之五

賦

序

卷之十四

皇極經世書　康節先生述

卷之十五

卷之十六

校勘記

[一] 共城邵康節先生遺像河南家廟本傳道支派并附　此條目原位於「横渠先生張獻公遺像」前，據元刊本正文移之於此。

[二] 已上西山先生述　「生」字原脱，據元刊本正文補。

[三] 西銘東銘　原本次序爲「東銘」「西銘」，據元刊本正文改。

[四] 感興十一首　此條目原位於「卷之四」首，據元刊本正文編次移之於此。

[五] 春秋傳序　「傳」字原脱，據元刊本正文補。

［六］程氏遺書後序　「後」字原無，據元刊本正文補。

［七］習鄉飲酒儀序　「習」、「儀」二字原無，據元刊本正文補。

［八］元亨利貞説　「貞」原作「正」，據元刊本正文改。

［九］書　「書」字原無，據元刊本正文補。

［一〇］正蒙　「正蒙」下原有「書」字，據元刊本正文删。

新編音點性理群書句解卷之一　前集

遺像

遺像，乃身後所遺之像。此是傳寫大貴家所得七先生子孫家廟真本。

濂溪周元公

舂陵家廟本

濂溪先生傳道支派

伏羲　唐堯　虞舜　夏禹　商湯

文王　武王　周公　孔子　孟子

濂溪周先生

明道程先生　伊川程先生

明道程純公

河南家廟本

明道先生傳道支派

濂溪先生—明道先生

游定夫　謝顯道　劉質夫
李端伯　呂與時　蘇季明
王信伯　胡康侯　王彥明
林大節　胡安國　李先之
周恭叔　朱子發　陳貴一
陳經邦　陳貴叔　邢和叔
馮聖先　唐彥思　李嘉仲
邵伯溫　謝天申　潘子文
范叔器　范文甫　暢中伯
許景衡　劉安世　吳給

伊川程正公

河南家廟本

伊川先生傳道文派

濂溪先生—伊川先生

張思叔　暢悅道　呂原明　范淳父
謝顯道　劉質夫　李端伯　呂進伯
尹和靖　蘇子明　馬時中　侯仲良
楊中立　王信伯　胡康侯　王彥霖
劉宗禮　林大節　周伯忱　周恭先
周伯溫　孟敦夫　李先之　周恭叔
郭立之　楊潜道　朱子發　譙天授
趙承議　鮑商霖　陳貴一　陳經邦
陳貴叔　邢和叔　馬聖先　唐彥思
邵伯溫　張閎中　游定夫　謝用休
潘子文　范文甫　暢中伯　許景衡
劉安世　朱公掞　馬伸　吳給

横渠張獻公

横渠先生傳道支派

濂溪先生

明道先生　伊川先生

横渠先生

呂和叔—呂與叔—薛景庸

蘇季明—侯仲良

共城邵康節先生

河南家廟本

康節先生傳道支派

陳摶 —— 种放 —— 穆伯長

李挺之 —— 康節先生 —— 邵伯溫

涑水司馬文正公

上無所傳　下無所授

天資粹美　暗合道妙

晦菴朱文公

考亭家廟本

晦菴先生傳道支派

濂溪先生

明道先生　伊川先生

龜山先生　豫章先生　延平先生　晦菴先生

黄榦　李方子　石子重　蔡元定
廖德明　陳淳　程端蒙　林擇之
蔡淵　蔡沉　蔡模　蔡抗
葉賀孫　呂燾　熊節　董銖
楊道夫　王子合　輔廣　萬人傑
湯泳　任伯起　潘履孫　潘埴
徐寓　李閎祖　潘時舉　陳文蔚
陳膚仲　鄭叢卿　王力行　潘恭叔
徐彥章　周謨　方充大　林德久
林恪　黄營　金去偽　曾祖道
趙季蕃　甘節　黄義剛　余大雅

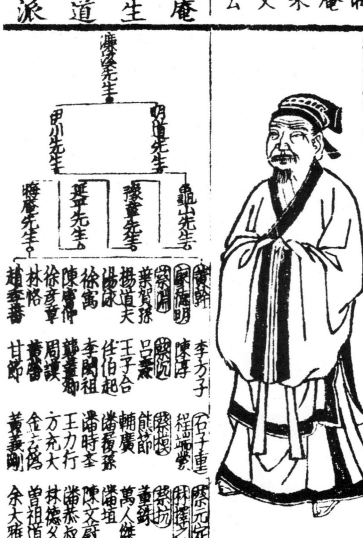

贊

贊者，讚誦之意。六先生贊皆文公親筆，而文公未有贊，曩先生書畫像自警，載諸大全集，至今讀之使人凜然起敬。

濂溪先生遺像贊

文公先生

此篇贊詠濂溪上續千載不傳之道統。

道喪千載，道者，日用常行之理，由堯、舜、禹、湯、文、武、周公而傳之孔子，由孔子而傳之顔、曾、思、孟，同此道也，孟子殁不得其傳，至於我朝蓋千餘載矣。聖遠言湮。聖人之世既遼遠而不相接，聖人之言益湮没而不可見。湮，音因。不有先覺，於此之時，不有周子先知此理。孰開我人？將何所賴以啓我後人乎？書不盡言，書者，易通之書，周子所作也。而書不足以盡周子之言。圖不盡意。圖者，太極之圖，亦周子所作也。而圖不足以盡周子之意。風月無邊，其胸懷灑落，猶光風霽月，浩無邊岸。庭草交翠。生意無息，猶庭前之草，翠色交加。如此等氣象，豈圖、書所能盡哉！

明道先生遺像贊

此篇贊詠明道道德温粹之容。

揚休山立，揚，讀爲陽。「休」與「噓」同。言氣之充實，如陽氣之休物也；貌之端嚴，如山之屹立也。見禮記。休，合音煦。玉色金聲。言其色之温栗，如玉色之不變也；聲之洪暢，如金聲之不絶也。元氣之會，是皆天地真元之氣會合於此。渾然天成。間生明道，德性渾全，出於天成，不假人力之爲也。瑞日祥雲，人之仰其德者，如瑞日祥雲之間見。和風甘雨。人之被其德者，如和風甘雨之着物。龍德正中，龍乃乾之象，九二中正之位，聖人具陽剛中正之德，大而化之，猶龍之變化莫測，言明道實具聖人之德而在下位者也。厥施斯普。使得其位，以行其道，則此德所施斯極，天下莫之能外矣。施，去聲。

伊川先生遺像贊

此篇贊詠伊川氣象端嚴之態。

規圓矩方，規所以爲圓之器，矩所以爲方之器，言其周旋中規、折旋中矩也。繩直準平。繩所以取直之器，準所以取平之器，言其至直如繩、至平如準也。允矣君子，信矣，此君子之人。展也大成。誠然集大成之美。布帛之文，文章見於世，猶布帛然，雖無文綉之施，實民生之不可闕。菽粟之味。意味之根於理，猶菽粟然，雖無膏粱之珍，實民食之不可無。知德者希，知此德者少有。孰識其貴？孰知其爲可貴邪？

康節先生遺像贊

此篇贊詠康節胸襟豪逸之態。

天挺人豪，天所挺生，豪傑之人。英邁蓋世。英雄超邁之氣，蓋乎一世。駕風鞭霆，御風氣而上游，叱雷霆而在下。歷覽無際。遍覽宇宙之間，浩無邊方之限。手探月窟，一陰生於姤[三]，是爲月窟，言邵子能探陰長陽消之理，而姤卦實居先天圖之上[四]，故曰手探。足躡天根。一陽生於復，是爲天根，言邵子獨會陽長陰消之理，而復卦實居先天圖之下，故曰足躡。閑中今古，閑中靜觀古今之變，而萬期須臾也。醉裏乾坤。醉裏玩視乾坤之大，而兩間蘧廬也。

横渠先生遺像贊

此篇贊詠横渠力學精思之功。

蚤悦孫吴，先生初喜孫臏、吴起用兵之法。蚤，音早。晚逃佛、老。後來盡棄佛氏、老子虚寂之教。勇撤臯比，臯比，虎皮也。嘗在京師坐虎皮説周易，及聞二程論易，遂撤去臯比之席。比，音皮。一變至道。由是一變而至聖人之道。精思力踐，精而思之，以通其微；力而踐之，以造其極。妙契疾書。中夜妙合於此心，取燭速記其所得。訂頑之訓，西銘之書初名訂頑，先生所作，以誨學者。訂，正也，丁定切。示我廣居。無非示我以仁道之大。廣居所以狀仁體之大，而可以安居也。

涑水先生遺像贊

此篇贊詠温公清修苦節之美。

篤學力行，專志於學，勉力而行。清修苦節。清介自修，堅苦節約。有德有言，藴於内爲德，發於外爲言。有功有烈。著於國曰功，及於民曰烈。深衣大帶，身服以深衣，束以大帶。張拱徐趨。張手而拱，徐步而趍。遺像凜然，一見遺像，凜然難犯。可肅薄夫。澆薄之夫莫不起敬。

晦庵先生畫像贊

此篇自述其行己養心之道。

從容乎禮法之場，動而此身優游於天理準則之地。沈潛乎仁義之府，靜而此心存養夫實理渾涵之天。是予蓋將有意焉，皆吾之意所欲爲。而力莫能與也。而吾之力恐未及。佩先師之格言，佩服儒先當理之言。奉前烈之餘矩，奉承前人正己之道。惟闇然而日脩，惟知幽隱之中，日不忘自脩之實。或庶幾乎斯語。庶動遵禮法，靜守仁義，於斯言得之。先生自少而老，格守父師之訓[五]。韋齋，父也。劉屏山，師也。既冠，屏山祝詞云：「木晦於根，春華曄敷。」既長，題桃符曰：「佩韋遵考訓，晦木謹師傳。」皆致意於此，故贊亦及之。

警學贊

此篇教人卜易之法。

讀易之法，誦周易法。先正其心。當前正此心。肅容端席，敬爾容，正爾席。有翼其臨。拱手而前，有如兩翼，即語所謂趍進翼如。於卦於爻，於一卦，於一爻。如筮斯得。如有所卜必得其應。假彼象辭，借此易象之言。爲我儀則。作我應事之準則。字從其訓，一字之間必循易之誨。句逆其情。一句之內必探易之情。事因其理，所占之事必因其當然之理。意適其平。所卜之意當使其平，不可先有所主。曰否曰臧，言兇言吉。否，音鄙。如目斯見。猶目親見。曰止曰行，言止言行。如足斯踐。猶足親履。毋寬以略，毋求之以寬則失之略。毋密以窮。毋察之以密則失之窮。毋固而可，毋堅固以爲可。毋必而通。毋期必以爲通。平易從容，平易以求從容不迫。自表而裏。由外而內。及其貫之，至於融貫。萬事一理。萬事雖多，無越一理。理定既實，理一定而有實。事來尚虛。事之未來者尚虛。用應始有，及應諸用，方有其事。體該本無。體之所該，本無一事。稽實待虛，考其理之實，以待其事之虛。存體應用。存是理之體，以應其事之用。執古御今，執古之理，御今之事。由靜制動。以理之靜，制事之動。潔靜精微，其體潔靜，其理精微。是之謂易。此之云易。體之在我，惟法之於己。動有常吉。動則永吉。在昔程氏，往昔伊川。繼周紹孔。繼紹周、孔之易。奧旨宏綱，奧妙之旨，宏大之綱。星陳極拱。舉宏綱而奧旨明，猶北極居中而衆星拱。惟斯未啓，惟此未有開發。以俟後人。以待後來君子。小子狂簡，小子狂斐。小子，文公自稱也。敢述而申。述此而重申之。

原象贊

此篇推原八卦奇耦之數，如三陽畫爲乾、三陰畫爲坤之類。

太一肇判，太極分判。陰降陽升。陰降而下，陽升而上。陽一以施，陽奇而主發散。陰兩而承。陰耦以順承於乾。惟皇昊羲，三皇中太昊氏伏羲。仰觀俯察。仰觀天文，俯察地理。奇耦既陳，奇畫耦畫，燎然昭陳。奇，音幾，下同。兩儀斯設。陰陽兩儀由此而立。既幹廼支，既有其幹，復生其枝。一各生兩。一奇之上又生一奇一耦，一耦之上又生一奇一耦。陰陽交錯，陰陽交互錯雜。以立四象。是爲太、少、陰、陽四象。奇加以奇，奇而又奇。曰陽之陽。陽而又陽。奇而加耦，奇上又加一耦。陽陰以章。陽與陰燦然而章。耦而加奇，耦上又畫一奇。陰内陽外。陰在下爲内，陽在上爲外。耦復加耦，耦上復加以耦。陰與陰會。二陰交會。兩一既分，陽一陰二，既分而爲太陽、少陰、少陽、太陰四象。一復生兩。一象之上又各生一奇一耦，合四象而觀之，凡四奇四耦。三才在目，天、地、人之分皆在目前。八卦指掌。八卦之畫如指斯掌。奇奇而奇，三畫皆陽。初一曰乾。是爲乾卦，位居第一。奇奇而耦，二陽上畫一陰。兑次二焉。是爲兑卦，位居第二。奇耦而奇，下畫一陽，上畫一陰一陽。次三曰離。是爲離卦，位居第三。奇耦而耦，下畫一陽，上畫二陰。四震以隨。是爲震卦，位居第四。耦奇而奇，下畫一陰，上畫二陽。巽居次五。是爲巽卦，位居第五。耦奇而耦，下畫一陰，上畫一陽一陰。坎六斯睹。是爲坎卦，位居第六。耦耦而奇，下連畫二陰，上畫一陽。艮居次七。是爲艮卦，位居第七。耦耦而耦，三畫盡陰。八坤以畢。是爲坤卦，位居第八。蓋先天之卦，乾一兑二，離三震四，巽五坎六，艮七坤八，位序之布如此。初畫爲儀，初畫是兩儀。中畫爲象。中畫是四象。上畫卦成，上畫則八卦成矣。人文斯朗。奇耦分剛柔，位尊臣[六]，序貴賤，別人文，著見昭然。因而重之，因以八卦又演而重之。一貞八悔。一本卦爲正，八變卦爲悔，如乾變爲八，以乾宫内八卦觀之，乾卦爲貞，其七卦爲悔。正是正固之體，悔有變易之義。六十四卦，變爲六十四卦。由内達外。貞者正卦爲内，悔者變卦爲外。交易爲體，一陰一陽迭相交易而爲體。往此來彼。陽自此往，陰自彼來。變易爲用，一陰一陽迭相變易而爲用。時靜而動。動極復靜，靜極復動也。此已上言伏羲先天易。降帝而王，自皇降而帝，帝降而王。傳夏歷商。傳之有夏，又歷有商。有占無文，雖有占卜，未有文字。民用弗彰。前民之用不顯。文王繫彖，於是文王係之以彖辭。周公繫爻。周公又係之以爻辭。視此八卦，看此八卦。二純六交。乾坤二卦[七]，純陽純陰，它六卦則陰陽相交[八]。乃乾斯父，乾純陽爲父。乃坤斯母。坤純陰爲母。震坎艮男，震初畫得乾陽爲長男，坎中畫得乾陽爲中男，艮上畫得乾陽爲少男。巽離兑女。巽初畫得坤陰爲長女，離中畫得坤陰爲中女，兑上畫得坤陰爲少女。離南坎北，此以後天易言：離在南方屬火，主夏；坎居北方屬水，主冬。震東兑西。震在東方屬木，主春；兑在西方屬金，主秋。乾坤艮巽，乾東南，坤西北，艮東北，巽東南。位以四維。位於四方之隅。建官立師，建官以掌之，立師以誨之。命曰周易。三易，夏曰連山，商曰歸藏，至有周乃名之曰易。此已上皆文王後天易。孔聖傳之，夫子作傳以發明之。是爲十翼。十翼者，彖辭、大象、小象、乾文言、坤文言、繫辭上篇、繫辭下篇、説卦、序卦、雜卦。遭秦弗燼，遭秦焚書，獨免灰燼。及宋而明。及我宋朝而大明。邵傳羲畫，邵堯夫傳伏羲先天之卦畫。程演周經。程伊川演周文王後天之書。象陳數列，卦象昭陳，卦數並列。言盡理得。言之詳盡，道理由此而得。彌億萬年，過百萬載。永著常式。永作常法。

稽類贊

此篇稽考八卦類分之象，如乾爲天、坤爲地之義。

八卦之象，八卦象。說卦已全。夫子說卦已自全備。考之於經，復窮究之於經。其用弗專。其發用不專。象以情言，象即易之情言。象以像告。象即易之像言。惟是之求，惟以此探索。斯得其要。乃得其大要。乾健天行，乾主乎健，故天行不息。坤順地從。坤主乎順屬地，而順從乎天。震動爲雷，震主震動，有雷之象。巽入木風。巽主柔入，爲木爲風。坎險水泉，坎主險陷，爲水爲泉。亦雲亦雨。又爲雲雨之象。離麗文明，離主著麗，文章光明。電日而火。爲日、爲月、爲電、爲火之象。艮止爲山，艮主乎止，有山之象。兑說爲澤。兑主乎說，有澤之象。以是舉之，即此求之。其要斯得。其大要可得。凡卦六虛，凡一卦六畫之虛。奇耦殊位。奇耦異處。奇陽耦陰，奇爲陽，耦爲陰。各以其類。各從其類。得位爲正，得其位則正。二五爲中。二爲下爻三畫之中，五爲上爻三畫之中。二臣五君，二乃臣位，五乃君位。初始上終。初爻爲始，上爻爲終。貞悔體分，内卦爲貞，外卦爲悔，其體既分。爻以位應。所占之爻，又觀變卦所應之位。陰陽相求，陰與陽相交。乃得其正。斯謂之正。凡陽斯淑，陽則皆善。君子居之。君子當此。凡陰斯慝，陰則皆惡。慝，音忒。小人是爲。小人當此。常可類求，卦之有常者，可以類求。變非例測。卦之有變者，非定例可測度。非常曷變？不有其常，何有其變？謹此爲則。當謹此爲法則。

復卦贊

此篇推明陰消陽長之義。

萬物職職，萬物之衆。職職，動貌。其生不窮。生生本無窮盡。孰其尸之？誰其主此？造化爲工。天地爲之主宰也。陰闔陽開，陰氣閉，陽氣開。一靜一動。陰闔則靜，陽開則動。於穆無疆，嘆其深遠無窮。於，音烏。全體妙用。由此全體，達於妙用。奚獨於斯，何獨於此時。潛陽壯陰？藏此陽氣於老陰之下。而曰昭哉，而謂昭然。此天地心。是爲天地生物之心。蓋翕無餘，蓋閉藏翕斂已盡。斯闢之始。此乃陽氣方動之初。生意闖然，馬之出門曰闖，喻生物之意方始萌蘖。闖，音趂。具此全美。有此渾全之美。其在於人，在人，得天地生物之心以爲心。曰性之仁。則爲性中之仁。斂藏方寸，渾涵於心之中。包括無垠。包括衆善無盡[九]。有茁其萌，萌動之初，如草木始生。有惻其隱。惻怛隱動。於以充之，自此充達。四海其準。散之天下，初無二理，如準則然。曰惟茲今，謂當此方復之時。眇綿之間。一脉之陽至微不絶。是用齋戒，必也齋肅戒謹。掩身閉關。掩身止色，閉關息旅。此蓋安静休養，以助方長之陽也。仰止羲圖，仰彼伏羲先天之圖。稽經協傳。考易經，合易傳。敢贊一辭，敢助一言。以詔無倦。以告後之君子無怠於此。

心經贊

西山真先生

此篇推明舜、禹傳授心法之妙。

舜、禹授受，舜授是道於禹，禹受此道於舜。十有六言。只有十六字：「人心惟危，道心惟微，惟精惟一，允執厥中。」萬世心學，萬世之下，傳心之學。此其淵源。此其源本也。人心伊何，謂人心者如何。生於形氣。生於形體氣質之私。有好有樂，好、樂，喜也，心一於喜而不察。好、樂，並去聲。有忿有懥。忿、懥，怒也，心一於怒而不察。懥，音帝。惟慾易流，是偏於喜怒而不得其正，從欲易至於流。易，去聲。是之謂危。是曰人心，則危殆而難安。須臾或放，頃刻放縱。衆慝從之。衆惡隨之。道心伊何，謂道心者如何。根於性命。本於天命，謂性之正。曰義曰仁，宜之理爲義，愛之理爲仁。曰中曰正。中之理爲禮，正之理爲智。惟理無形，理則無形可指。是之謂微。是曰道心，則微妙而難見。毫芒或失，毫髮之間或有所失。其存幾希。其能存此心者甚少。二者之間，故人心、道心幾微之間。曾弗容隙。曾弗容間隙。曾，平聲。察之必精，察之則精一而不雜。如辨白黑。使人心道心判然，猶黑白之易辨。知及仁守，以知察之，以仁守之。相爲始終。察之於始，守之於終，更相爲用。惟精故一，惟能精以察於危微而不雜，故能一以純於渾融而無間。惟一故中。惟能一以純於渾融而無間，故能操執此中而不失。聖賢迭興，從上聖賢，更迭興起。體姚法姒。姚，舜姓。姒，禹姓。上體姚虞，下法姒氏。持綱挈維，振其綱，舉其維。昭示來世。顯示後世。戒懼謹獨，戒謹恐懼於人所不知、己所獨知之地。閑邪存誠。防閑百邪，操存一誠。曰忿曰慾，凡曰忿怒嗜慾之私。必窒必懲。必窒塞，必懲治。上帝實臨，有如上天之鑒臨。其敢或貳？凛乎不敢二其心。屋漏雖隱，暗室屋漏，雖然隱幽。寧使有愧。寧可使有愧恥者。四非當克，非禮勿視、聽、言、動，此四者皆當克治。如敵斯攻。猶遇仇敵，必期攻退。四端既發，惻隱，仁之端。羞惡，義之端。辭遜，禮之端。是非，知之端。四者既皆發見。皆廣而充［一〇］。皆當達而充之，以全此德。意必之萌，意度期必一萌於心。雲卷席撤。當先去之，如雲之卷却、席之撤去。子諒之生，子讀爲慈，諒讀爲良。慈良之心油然而生。春嘘物茁。猶春氣一嘘［一一］，萬物皆萌芽。鷄犬之放，人之放其雞犬。欲知其求。尚知往而求之，而收拾放心可不然乎？牛羊之牧，人之牧其牛羊。濯濯是憂。猶以其山之萌蘖爲憂，而保養善心獨不然乎？一指肩背，一指之養與肩背之養。孰貴孰賤？何者爲貴，何者爲賤？簞食萬鍾，竹器之飯，萬鍾之禄。食，去聲。辭受必辨。辭受之間，亦當辨明。克治存養，克治人欲，存養天理。交致其功。兩用其功。舜何人哉？彼虞舜果何如哉？期與之同。豈不可思與之同耶？維此道心，維茲道心。萬善之主。乃萬善之宗主。天之與我，上天賦與於我。此其大者。莫此爲大。斂之方寸，方寸，心也。收斂於此心之中。太極在躬。太極渾全之理皆在吾身。散之萬事，散之事事物物之間。其用弗窮。其妙用有不窮者。若寶靈龜，是必如寶愛靈龜。若奉拱璧。如持奉貴璧。奉，上聲。念茲在茲，心念於此，理在於此。其可弗力？其可不篤所念？相古先民，相惟古之先聖。相，去聲。以敬相傳。以「敬」之一字相與傳授。操約施博，所執者甚約，所施者甚博。孰此爲先。當熟行此敬爲先。我來作州，吾來此領州事。茅塞是懼。胸襟茅塞是憂，言不通也。爰輯格言，於是采輯至言[二]。以滌肺腑。以滌蕩肺腑。明窻棐几，明窻之前，几案之上。清晝爐熏。於清晝熏一爐之香。開卷肅然，展開書卷，肅然起敬。事我天君。以嚴事我天君。天，心也。君，主宰之謂也。

校勘記

[一] 范淳父　「父」，四庫本作「夫」。

[二] 濂溪先生　「溪」下原有「周」字，據四庫本刪。

[三] 一陰生於姤　「姤」原作「遇」，據四庫本改。

[四] 而姤卦實居先天圖之上　「姤」原作「遇」，據四庫本改。

[五] 格守父師之訓　「格」，四庫本作「恪」。

[六] 位尊臣　「臣」，四庫本作「卑」。

[七] 乾坤二卦　「二」原作「一」，據四庫本改。

[八] 它六卦則陰陽相交　「相交」，四庫本作「交錯」。

[九] 包括衆善無盡　「善無盡」，四庫本作「義無垠」。

[一〇] 皆廣而充　「廣」，四庫本作「擴」。

[一一] 猶春氣一嘘　「一」，四庫本作「吹」。

[一二] 於是采輯至言　「采」，四庫本作「來」。

新編音點性理群書句解卷之二　前集

訓

訓，有誨之義。管氏弟子職三篇，教人遜弟之方，文公取以爲幼學訓。字訓一篇，乃文公門人程端蒙所作，文公見之謂之「大爾雅」。

學則　文公朱先生

此篇述弟子爲學之法。

先生施教，先我而生，謂父兄，施其教誨。弟子是則。爲弟爲子，即此取法。温恭自虚，温顔恭己，謙虚其心。所受是極。則所聽受，斯能極其本原。見善從之，見一善則從之，惟恐其後。聞義則服，聞一義則服之，惟恐其忘。温柔孝弟，温和柔熟[一]，孝親遜長。毋驕恃力。毋敢驕慢，恃其有力。志毋虛邪，心志毋虛僞邪僻。行必正直。所行必端正方直。行，去聲。游居有常，出處有常時。必就有德。必親近有德之人。顔色整齊，顔色必肅，毋使驕矜。中心必式。中心敬謹有法式。夙興夜寐，早起夜睡。衣帶必飭。雖至衣帶亦必謹飭。朝益暮習，朝有所益，暮必温習。小心翼翼。小心戒謹[二]。一此不懈，常如此不怠。是謂學則。是謂之學法也。

蚤作

文公朱先生

此篇述弟子早起事長之儀。

少者之事，爲弟子之事。夜寐蚤作。在於夜睡早起。既拚盥漱，既洒掃室堂，盥手滌齒。拚，掃也，弗運反。盥，音管。執事有恪。各順其事，無不恭敬。攝衣共盥，褰衣供具盥器。先生乃作。先我而生者乃起。沃盥徹盥，遂沃水於盥，待先生盥罷則撤去。泛拚正席，廣掃内外，復正坐席。泛，廣也。先生乃坐。父兄就坐。出入恭敬，出入之間必常恭敬。如見賓客。雖無賓客，如見賓客。危坐仰師，直躬而坐以敬仰授業之師。顔色毋怍。顔色毋有愧怍。

受業對客　　文公朱先生

此篇述弟子受學、對客之節。

受業之紀，從師受業之綱紀。必由長始。必從長者教之。長，去聲。一周則然，一周如此。其餘則否。餘則不必然。凡言與行，凡言出於口、行履於身。行，去聲。思中爲紀。只欲以無過不及爲法之常。古之將興，古人興家。必由此始。斷自是始。後至就席，後來者就坐席。狹坐則起。密坐者則當先起。若有賓客，或有賓來。弟子駿作。爲弟爲子是必急起。對客無讓，對賓客供給使令不敢亢禮。應且遂行，既應則當便行。趨進受命。行進受先生使令。所求不得，凡求待客之物有不得者。必以反命。又必反告先生。反坐復業。於是歸坐復理學業。若有所疑，如或有疑未釋。捧手問之。以手奉書問於其師。師出皆起，追師出則皆起。至於食時。至於食罷之時復聚。

字訓

程端蒙

此篇推明一字一理之義。

天理流行，天以元、亨、利、貞四德運行於上。賦予萬物，畀付萬物。予、與同。是之謂命。所謂命也。人所禀受，人心禀受此理而爲仁義禮智。莫匪至善，莫非純粹至善。是之謂性。所謂性也。主於吾身，爲吾一身之主宰。統乎性情，未發爲性，已發爲情，心介乎中而兼統之。是之謂心。所謂心也。感物而動，感於事物而不能不動。斯性之欲，性之所發則有欲。是之謂情。所謂情也。爲性之質，本性所受之體質[三]。剛柔强弱，或剛或柔，或强或弱。善惡分焉，剛之善者爲果毅，惡者爲强柔，善者爲慈祥，惡者爲弱，二者以分。是之謂才。所謂才也。心之所之，此心所適。趨向期必，趍向者定期其所到必不可回。皆由是焉，皆自此始。是之謂志。所謂志也。爲木之神，禀得木之神氣。在人則愛之理，具在人心，則是爲愛之道理。其發則惻隱之情，發見於外，則爲惻怛之情。是之謂仁。所謂仁也。爲金之神，禀得金之神氣。在人則宜之理，具在人心，則是宜之道理。其發則羞惡之情，發見於外，則爲羞惡之情。惡，音污。是之謂義。所謂義也。爲火之神，禀得火之神氣。在人則恭之理，具在人心，則爲恭之道理。其發則辭遜之情，發見於外，則爲辭遜之情。是之謂禮。所謂禮也。爲水之神，禀得水之神氣。在人則別之理，具在人心，則爲分别之道理。别，音鱉。其發則是非之情，發見於外，則爲是非之情。是之謂智。所謂智也。人倫事物，君臣、父子、夫婦、長幼、朋友之倫，事事物物酬應之際。當然之理，理有當然而然。是之謂道。所謂道也。行此之道，踐履是道。有得於心，有所得於吾心。是之謂德。所謂德也。真實無妄，確然真實，無有欺妄。是之謂誠。所謂誠也。循物無違，靠事之實，無所違背。是之謂信。所謂信也。發己自盡，發諸己者無一毫不盡。是之謂忠。所謂忠也。推己及物，推己之心以及乎人。是之謂恕。所謂恕也。無所偏倚，此心未發，無所偏斜，無所倚著。是之謂中。所謂中也。發必中節，此心已發，無一乖戾，皆中其節。是之謂和。所謂和也。主一無適，心主此一，更不走作。是之謂敬。所謂敬也。始終不二，自初及末，一而不二。是之謂一。所謂一也。善事父母，能順承父母。是之謂孝。所謂孝也。善事兄長，能敬兄及年齒長我者。是之謂悌。所謂悌也。天命流行，天道運行。自然之理，自然而然之道理不待假借作爲。人所禀受，人皆得以禀受於天。五性具焉，仁、義、禮、智、信之性以具。是曰天理。是謂天理。人性感物，人性感觸於物而動。不能無欲，豈能無所欲？耳目鼻口，耳之於聲，目之於色，鼻之於臭，口之於味。斯欲之動，四者皆是有欲之動。是曰人欲。是謂人欲。無爲而爲，「無爲」之「爲」，音謂。無所求而爲。天理所宜，合於是理之宜。是之謂誼。所謂誼也。有爲而爲，「有爲」之「爲」，音謂。有所求而爲。人欲之私，動於欲心之私。是之謂利。所謂利也。純粹无妄，純美精粹，真實无妄。天理之名，合於天理之名。是之謂善。所謂善也。兇暴無道，兇狠暴戾，所爲悖道。不善之名，得不良善之名。是之謂惡。所謂惡也。物我兼照，己之與物相視如一。曠然無私，洞然八荒，照無所私。是之謂公。所謂公也。蔽於有我，蔽塞人欲，惟知有己。不能大公，不能達乎大公之道。是謂之私。所謂私也。凡此字訓，凡是爲此誨。蒐輯舊聞，無非採録往訓以編類之。蒐，音搜。輯，音七。嗟爾小子，嗟彼後學。敬之戒之，敬其當爲，戒其不當爲。克循其名，能隨其字之名。深惟其義，深思其字之義。以達於長，上以問於師長。長，上聲。以會於學。下以詢於同學。審問明辨，審其問，明其辨。精思篤行，精於思，力於行。孜孜勉焉，勸汝惟以此自勉。聖可賢致。則聖人地位可以由賢而至。

戒

戒者，警戒之義。

子弟戒

范魯公質

此篇戒子弟躁求利禄之心，文公載之小學書中。

戒爾學立身，戒爾當學立身之道。莫不先孝弟。無如孝順悌遜之德。怡怡奉親長，和其顔色以奉其親、事其長。怡，和也。長，上聲。不敢生驕易。不敢萌一驕貴慢易之心。戰戰復兢兢，恐懼又復凌兢。造次必於是。雖頃刻之間亦必於此。戒爾學干禄，戒爾學爲求禄之人。莫若勤道藝。無如盡力道德文藝。嘗聞諸格言，曾聞聖賢之至言。學而優則仕。學而無不足則可入仕。不患人不知，不憂人不己之知。惟患學不至。惟憂學力之未至，無以見知於人耳。戒爾遠恥辱，戒爾當遠去恥辱之事。恭則近乎禮。惟恭敬則可近於禮。自卑而尊人，無自卑下而尊敬乎人[四]。先彼而後己。先乎人而後乎我。相鼠與梟鴟，相鼠譏無禮，梟鴟刺惡言。宜鑑詩人刺。宜明詩人興諷之由。戒爾勿放曠，戒爾勿放蕩。放曠非端士。放曠則非端直之士。周、孔垂名教，周公、孔子煥垂世教[五]。齊、梁尚清議。齊國、梁國崇尚清虚之議。南朝稱八達，南唐稱爲八達之士[六]。千載穢青史。千年之不穢污史册。戒爾勿嗜酒，戒爾勿貪於酒。狂藥非佳味。狂惡之藥，釀造而成，不是好味。能移謹厚性，能移人謹敬厚重之性。化爲兇險類。變爲兇强傾險之人。古今傾敗者，自古及今由此傾敗者。歷歷皆可紀。歷歷皆可紀録。戒爾勿多言，戒爾勿多言語。多言衆所忌。多言語之人，衆人所忌。苟不慎樞機，苟不能謹其言之所發，樞户楯機弩牙，皆以所發處言。災厄從此始。災禍自是而起。是非毁譽間，或是或非，或譽人或毁人。適足爲身累。適足爲吾身之累。舉世重交游，舉世之人重其交游。擬結金蘭契。擬結爲金蘭之契，類之同如蘭之臭，志之堅如金可斷。忿怨從是生，忿怒怨惡，自此而生。風波當時起。激爲風波，當是而起。所以古人疾，是以古人所疾惡。籧篨與戚施。籧篨不能俯者，戚施不能仰者。籧，音渠。篨，音除。舉世重游俠，舉世重游談輕俠之士。俗呼爲氣義。世俗名爲氣義之人。爲人赴急難，人有危急險難之事，則往而趍之。難，去聲。往往陷囚繫。易至犯法，往往自入囹圄，自取械繫。所以馬援書，所以馬援之書辭。勤勤戒諸子[七]。勤拳懇欵，戒其諸子。舉世賤清潔，舉世賤清修雅潔之人。奉身好華侈。身好尚榮華侈靡[八]。好，去聲。肥馬衣輕裘，乘肥馬，衣輕裘。揚揚過閭里。揚揚自得，經其鄉里[九]。雖得市童憐，雖得市井之童憐惜。還爲識者鄙。又爲有識之人鄙薄。我本羈旅臣，質事周世宗後，方事太祖，故言羈旅之臣。遭逢堯、舜理。遭逢堯、舜之治。位重才不充，位爲相則已重，才則不足充此。戚戚懷憂畏。戚戚然，常懷憂畏之心。深泉與薄冰[一〇]，如在深泉之中，如履薄冰之上。蹈之惟恐墜。蹈之於間惟恐墜落。爾曹當憫我，爾輩當憫念我。勿使增罪戾。毋使我添得罪咎。閉門斂蹤跡，關門收斂其跡，勿輕出。縮首避名勢。縮頭以辟聲名勢位之隆[一一]。勢位難久居，丞相之勢位雖尊，而難久處。畢竟何足恃？畢竟是何足倚恃？物盛則必衰，物之盛者其終必衰。有隆還有替。有興隆則必有衰廢。速成不堅牢，天下事欲急就則不堅固。速走多顛躓。急速而走則必遭躓。躓，音至。灼灼園中花，灼灼其盛者，園中之花。早發還先委[一二]。雖是開發之早，又先零落。鬱鬱澗畔松，鬱鬱而生者，澗邊之松木。遲遲含晚翠。雖是秀發之晚，經雪經霜不改蒼色。賦命有疾徐，賦命於天，有早者，有遲者。青雲難力致。事業青雲之上，不可以力而致。寄語謝諸郎，寄言以謝諸郎之進奏者。躁進徒爲耳。躁求而進徒耳。

言戒

司馬温公

此篇戒人言語躁妄之失。

迂叟曰：迂叟，公自稱也。「言不可不重也，言之發不可不謹重。子不見鍾鼓乎？汝不見夫鍾之與鼓？夫鍾鼓扣之鳴鏗訇，擊之則其聲洪大。訇，音宏。黔人不以爲異也。黔人不以爲怪，以擊之使然，黔鍾鼓之聲。黔人，司鍾鼓之人。黔，音榻。若不扣而自鳴，如是不曾扣擊而自有聲。人孰不以爲之妖邪？人誰不指爲妖怪？可以言而不言，當可言之時而不言。猶扣之而不鳴也，正如鍾鼓扣而無聲。亦爲廢鍾鼓也。」是特無用之物而已。

事神戒

司馬温公

此篇戒人事神之神，不若事心之神。

或問：「迂叟事神乎？」迂叟，公自稱。或問曰：汝事神明乎？曰：應之曰。「事神。」吾事神明。或曰：或人又問。「何神之事？」所事何神？曰：應之曰。「事其心神。」吾事心之神明。或曰：或人又問。「其事之何如？」其奉事之當如何？曰：若謂。「至簡矣。至簡至要。不黍稷，不以黍稷祀。不犧牲，不以牲牛祭。惟不欺之爲用。惟以正直不欺爲用。君子上戴天，君子其人上頂乎天[一三]。下履地，下足乎地。中函心，中天地立而有此心。雖欲欺之，雖欲欺其心。其可得乎？」其能得耶？

箴

箴者，箴戒之義。

四箴

伊川先生

程子曰：伊川言。「顏淵問克己復禮之目，姓顏名回，字子淵，孔門高弟也。問仁，夫子答以克己復禮。克己，是克去己私。復禮，是復還天理。又問其條目。子曰：夫子言。『非禮勿視，視者，目之所睹。非禮不正，則禁止而勿視。非禮勿聽，聽者，耳之所聞。非禮不正，則禁止而勿聽。非禮勿言，言者，口之所稱。非禮不正，則禁止而勿言。非禮勿動。』動者，手足之所。持履非禮不正，則禁止而勿動。四者身之用也，視、聽、言、動，四者皆身之用而不能無者。由乎中而應乎外，四者乃此心之形[一四]，見而應酬乎外。制乎外所以養其中也。就形見處用功禁制於外，所以養此心也。顔淵事斯語，顔淵從事此言。所以進於聖人。所以能庶幾聖人地位。後之學聖人者，後之有志學爲聖人者。宜服膺而勿失也。當以此語服著於胸膺之間，而罔敢失墜也。因箴以自警。」因作爲箴訓，以自警戒。

視箴

此篇專言「非禮勿視」。

心兮本虛，人之一心本自虛靈。應物無迹；感應出入，無迹可執。操之有要，操存必有其要。視爲之則。莫先謹視則猶節也。蔽交於前，物欲之蔽，交接於其前。其中則遷；惑於所見，中必移矣。制之於外，禁制於外，目不妄視。以安其內。則神識泰定，内斯以安。克己復禮，克去己私，復還天理。久而誠矣。久則實理流行，周旋中禮矣。誠，實理也。故克己復禮，則猶待於用力至於誠，則無所用其力。

聽箴

此篇專言「非禮勿聽」。

人有秉彛，人有此生，便秉執得此彛常之性。本乎天性；本原於天，無不善也。知誘物化，知識誘於外而忘返，物欲化其内而莫覺。知，去聲。遂亡其正。由是所稟之正日以喪亡。卓彼先覺，卓然天民之先覺。知止有定；知止者知其所當止，有定者得其所當止。閑邪存誠，閑邪妄於外，存實理於中。非禮勿聽。非禮不之聽矣。

言箴

此篇專言「非禮勿言」。

人心之動，心，活物也，故動。因言以宣；動則因言語而宣達。發禁躁妄，躁，輕肆者也。妄，虚繆也。言語之發，禁止其輕肆虚繆。内斯静專。禁其輕肆則内斯静定，禁其虚繆則内斯專一。矧是樞機，樞，户楯也。機，弩牙也。户之闔闢、射之中否，皆由之發，言乃吾身之樞機。興戎出好；一言之惡或至於興師，一言之善或至於合好。好，去聲。吉凶榮辱，得則有吉有榮，失則有凶有辱。惟其所召。發於口者甚輕，召於彼者甚捷。傷易則誕，躁而傷於易，則誕肆而不審。易，去聲。傷煩則支；妄而傷於煩，則支離而遠實。己肆物忤，肆，縱情也。肆己者必忤物躁之致也。出悖來違。悖，乖理也。悖而出者，必悖而反妄之致也。非法不道，非法度之言不敢稱道。欽哉訓辭！敬此聖賢教訓言辭。

動箴

此篇專言「非禮勿動」。

哲人知幾，明哲之人知其幾微。誠之於思；於所思而誠之，一念之動不敢妄也。志士勵行，立志之士勉勵其行。守之於爲。於所爲而守之，一事之動不敢忽也。合而言之，思是動之微，爲是微之著；思是動於内，爲是動於外。順理則裕，順天理而動，則安而裕。從欲惟危；從人欲而動，則殆而危。造次克念，頃刻之間，常思以順乎理。造，去聲。戰兢自持；恐懼自守，惟恐或陷於欲。習與性成，習謂修於己，性謂得於天，習與性合，則全其本然之善。聖賢同歸。與聖賢一矣。

心箴

蘭陵范先生

此篇專言心不可爲物所役，文公載之於孟子集注中。

茫茫堪輿，堪，天道。輿，地道。茫茫，廣大貌。俯仰無垠；仰觀俯察無窮盡。人於其間，人處於天地間。眇然有身。一身眇然而微。是身之微，此身細微。太倉稊米；如太倉中之小米、稊稗也。參爲三才，然人與天地相參而爲三才。曰惟心耳。惟曰有此虛靈之心耳。往古來今，已往之古，方來之今。孰無此心；誰無此心。心爲形役，苟心無定主，從耳目之欲。乃獸乃禽。則悖理傷道，與禽獸無異。惟口耳目，形也。手足動靜；亦形也。投間抵隙，從間缺罅隙而入。爲厥心病。爲此心病痛。一心之微，一心之小。衆欲攻之；聲色臭味之欲，群而攻之。其與存者，其能操之存者。嗚呼幾希。嗟嘆少有。君子存誠，君子之人存此誠意。克念克敬；能念能敬。天君泰然，心爲君主，泰然而安。百體從令。四肢百骸，無不聽命。

敬齋箴

文公先生

此篇言動静皆不可無此敬。

正其衣冠，衣冠嚴整也。尊其瞻視，目容端也。潛心以居，潛存此心以自處也。對越上帝。越，於也。可對於上天也。此四句主静而敬言。足容必重，規行矩步，而無躩遽之態。躩遽，急行貌。手容必恭，束臂拱手，而無弛下之狀。弛下，垂手貌。擇地而蹈，一舉步，必擇地而行。折旋蟻封。猶曲折回旋於蟻垤中。蹜蹜，如有循也。此四句主動而敬言也。已上兩條皆言處己之敬。出門如賓，行出門，便如見賓，而不敢易。承事如祭，承一事，便如主祭，而不敢忽。戰戰兢兢，畏謹也。罔敢或易。無敢慢易也。易，去聲。此四句亦動而敬也。守口如瓶，謹言語，如瓶之貯水而不泄。防意如城，杜私意，如城之防寇而甚周。洞洞屬屬，質慤專一。毋敢或輕。毋敢輕忽也。此四句亦静而敬也。已上兩條皆言接物之敬。不東以西，不於東而轉以西。不南以北，不於南而轉以北。當事而存，當此一事，則心存於此事。靡他其適。更不走作，程子曰「主一無適之謂敬」。主一，是主此一件；無適，是無所往而非敬。釋無適也，主動而言。勿貳以二，此心主此一事，更不參插第二事。勿參以三，非惟不參插第二事，亦不參插第三事。惟精惟一，此心惟主此一。萬變是監。事有萬變，此爲監臨。釋主一也，主靜而言。監，平聲。從事於斯，從而事乎此。是曰持敬，是謂持守此敬。

動靜弗違，一動一靜，皆不違此敬。表裏交正。外貌內心，俱得其正。須臾有間，頃刻纔有間斷。

間，去聲。私欲萬端，物欲之私，千條萬緒。不火而熱，無火而自熱，煩而躁也。不冰而寒。無冰而自寒，憚而慄也。毫釐有差，敬忽之差毫釐耳。天壤易處，天地爲之易位。三綱既淪，君臣、父子、夫婦之大綱既淪喪。九法亦斁。洪範九疇之法，亦斁壞。於乎小子，嗟爾後生。念哉敬哉，此念所存，當持此敬。墨卿司戒，墨卿，墨之號也。寫爲此戒語。敢告靈臺。敢告之靈臺，敬忽在心也。

勿齋箴

西山真先生

此篇言視、聽、言、動，當於「勿」字用功。

天命之性，天所賦是爲性。得之者人，禀得者惟人耳。人之有心，人生而有此心。其孰不仁？又誰不有此仁？人而不仁，人而不有此仁。曰爲物役。亦爲外物所役。耳蕩於聲，耳爲聲所摇蕩。目眩於色。目爲色所眩惑。以言則肆，言則放肆。以動則輕，動則輕易。人欲放紛，欲心禮以爲準，禮爲準則。惟禮是由，放恣紛擾。天理晦冥。天理不明。於焉有道，於此而有要道。不雜惟禮則行。匪禮勿徇。非禮勿從。曰禮伊何？所謂禮者如何？理之當然，理之當如此耳。以人，不間雜以人欲。一循乎天。一率由乎天理。勿之爲言，勿之一語。如防止水，猶防止水。一字其機，孰其尸之？誰其主此？曰心而已。謂心而已。聖言十六，夫子「非禮勿視」十六字。「勿」之一字是其機括。機牙既斡，機牙，弩關利也。關利既動。鈞石必隨。三十斤爲鈞，百三十斤爲石，弩之最重者必隨之而發。我乘我車，吾載吾車。駟馬交驟，乘馬交馳。孰範其驅？誰範法其馳驅？維轡在手。惟韁轡常在手中。是以君子，所以君子其人。必正其心，必先正其一心。翼翼兢兢，敬，謹也。不顯亦臨。雖處不顯中，亦如上帝監臨。萬夫之屯，萬人屯聚。一將之令，皆聽一將之命。霆鍧飆馳，猶雷之震，猶風之馳。鍧，音宏。孰敢干命？誰敢犯其威命？衆形役之，耳目口鼻，衆形之役。統於心官，心爲之官，實統治之。外止弗流，外能禁止，使不流蕩。內守愈安。內之所守，愈得其安。其道伊何？止之守之，其道如何？所主者敬。主乎一心，惟有此敬。表裏相維，內外交養，故曰相維。動靜俱正。或動，或靜，俱得其正。莠盡苗長，欲去如莠之盡，理明如苗之長。醅化醴醇。如糟醨渾化，酒醴醇醲。醅，音坯。方寸盎然，此心冲融。盎，音暗。無物不春。物物生意。惟勿一言，惟勿之一語。萬善自出。萬善皆從此出。念兹在兹，念此常存在此。其永無斁。雖久而不厭。

思誠齋箴

西山真先生

此篇論誠與思誠，有天道人道之分。

誠者天道，真實无妄謂誠，乃天之道也。本乎自然。自然而然，無事作爲。誠之者人，求盡此誠者，人爲也。以人合天。由誠之以至乎誠，由人之道以合乎天道。曰天與人，凡天與人。其本則一。其初則一。云胡差殊，如何等差有異。蓋累於物。蓋爲物欲所累耳。心爲物誘，此心爲外物誘去。性逐情移。此性爲私情所移。天理之真，天理之真實無妄者。其存幾希。所存者亦甚少。豈惟與天，豈止與天。邈不相似。相去之遠，絶不相似。形雖人斯，雖具人形。實則物只。實則何異於物。斯、只，皆助語。皇皇上帝，大哉上天。命我以人。與我以人之形。我顧物之，我乃自儕於物。抑何弗仁？何其不仁之甚？維子思子，維此子思。深憫斯世。重憫一世。指其本源，指出實理之本源。祛俗之蔽。以開世俗之惑。祛，音驅。學問辨行，即博學、審問、明辨、篤行。統之以思。以上四者總而歸之謹思。擇善固執，必擇其善而堅執之。惟日孜孜。惟日不足。狂聖本同，狂者聖者，其初亦同。其忍自棄？何忍自棄其天？人十己千，人十能之，己必求千能之。弗至弗已。不至此亦不止。雲披霧卷，一旦思之而通，猶雲開霧收。太虛湛然。蒼蒼之天，湛然在其始上。塵掃鏡空，垢去鏡空。清光自全。清光瞭然無蔽。曰人與天，人之與天。既判復合。既判，今復合矣。渾然一真，渾全一心之理。諸妄弗作。一等邪妄，無有萌作。孟氏繼之，孟子繼乎子思。命曰「思誠」。乃名之曰「思誠」。更兩鉅賢，更子思、孟子二大賢。其指益明。其指意愈分曉。大哉思乎！大哉！「思」之一字。作聖之本。此乃爲聖之本根。歸而求之，苟能反而求之於心。實近非遠。實至近而未嘗遠也。

規

規，乃規矩之規。邇年，皇上親洒白鹿洞規，以賜南康。

白鹿洞規

文公先生

此篇論明倫、爲學、修身、處事、接物五者之道。

洞在南康軍，唐李渤之隱居，學徒常數百人，本朝興國初嘗賜九經，又官其洞主明起。後廢不治，淳熙間文公守南康，請於朝而重創焉，故爲此規，以示學者。

父子有親，父子有相親之恩。君臣有義，君臣有相與之義。夫婦有別，夫婦有分別而不可亵。長幼有叙，長幼有次序而不可紊。朋友有信。同門曰朋，同志曰友，交處有信而不可欺。

右五教之目。已上五者乃教化之條目。堯舜使契爲司徒，堯帝舜帝命契爲司徒之官。敬敷五教，敬布五者之教。即此是也。只此是也。學者學此而已，學者學習此而止。其所以學之之序，所以爲學次序。亦有五焉，又有五件。其別如左：別具於左。別，入聲[一五]。

博學之，廣學於文。審問之，審問其疑。謹思之，謹思其道理。明辯之[一六]，明辨其是非。篤行之。專篤而踐行之。

右爲學之序。此爲學之次序。學、問、思、辯[一七]，博學、審問、謹思、明辨。四者所以窮理也。此四者皆所以窮究道理。若夫篤行之事，如篤行一事。則自脩身以至於處事接物，則自脩吾身，以至酬酢萬事，應接萬物。亦各有要。亦各各有要理[一八]。其別如左：別具於左。

言忠信，言語貴於誠實。行篤敬，行己貴篤厚而恭敬。行，去聲。懲忿窒慾，懲治忿怒，室塞嗜慾。室，音的。遷善改過。遷徙於善，更改其過。

右脩身之要。此四句於身最切，故云脩身之要。

正其義[一九]，是正於合宜之義。不謀其利，不謀慮便安之利。明其道，闡明道理。不計其功。不計較功效。

右處事之要。此四句於事上最切，故云處事之要。

己所不欲，我所不願欲。勿施於人。不以施於它人。行有不得，行於人而不從。反求諸己。反歸自身，求其盡善。

右接物之要。此四句於物上最切，故云接物之要。

熹切觀古昔聖賢[二〇]，私切看往古聖人賢士。所以教人爲學之意，所以誨人爲學本意。莫非講明義理，以脩其身，皆是講究推明義理，脩治其身。然後推以及人，而後推闡以教人。非徒欲其務記覽、爲詞章，不徒欲專務廣記博覽，作爲文章。以釣聲名、取利禄而已。以釣取名譽、爵禄而止。今之爲學者，今世爲學之人。既反是矣。既與此相反矣。然聖賢所以教人之法，但聖賢所爲教人之成法。具存於經，具載於經書中。有志之士，立志君子。固當熟讀深思而問辨之。自當精詳於學、思、問、辨四者。苟知理之當然，誠知理當如此。而責其身以必然，責諸己斷[二一]，斷如此行。則夫規矩禁防之具，則夫設規矩爲禁制防閑之器具。豈待它人設之何待別人設此。而後有所持循哉！而後能提撕循守乎！近世於學有規，近來於學舍有規矩。其待學者爲已淺矣，其待學者之意已甚淺薄。而其爲法所立學規。又未必古人之意也。未必合古聖賢本意。故今不復施於此堂，故今不再頒示鹿洞之堂。而特取凡聖賢所以教人爲學之大端，只取聖賢所以誨人爲學之大端緒。條列於右逐條陳列如前。而揭之楣間。開揭於楣梁中。諸君相與講明遵守而責之於身焉，衆學者同講明義理，遵守條目，責任於身而力行。則夫思慮云爲之際，則夫心身之間。其所以戒謹恐懼者，所以敬畏者。必有嚴於彼者矣。當更嚴於世之學規。其有不然，有不此之從。而或出於禁防之外，而反蕩跌於禁制防閑之外。則彼所謂規者則世所言學規。必將取之，只得取而用之。固不得而略也。有不容略而不用也。諸君其念之哉！衆學者深思之。

校勘記

[一] 温和柔熟　「熟」，四庫本作「順」。

[二] 小心戒謹　「謹」，四庫本作「慎」。

[三] 本性所受之體質　「所」，四庫本作「聽」；「體」，四庫本作「本」。

[四] 無自卑下而尊敬乎人　「無」，四庫本作「每」。

[五] 周公孔子焕垂世教　「焕垂世教」，四庫本作「垂世立教」。

[六] 南唐稱爲八達之士　「南唐」，四庫本作「東晉」；「士」，四庫本作「士」。

[七] 勤勤戒諸子　「勤」，四庫本作「殷」。

[八] 身好尚榮華侈靡　「身好」，四庫本作「自奉」。

[九] 經其鄉里　「經」，四庫本作「過」。

[一〇] 深泉與薄冰　「泉」，四庫本作「淵」。按：本句注文亦同。

[一一] 縮頭以辟聲名勢位之隆　「辟」，四庫本作「避」。

[一二] 早發還先委　「委」，四庫本作「萎」。

[一三] 君子其人上頂乎天　「其」，四庫本作「爲」；「頂」，四庫本作「順」。

[一四] 四者乃此心之形　「乃」，四庫本作「皆」。

[一五] 別入聲　「聲」字原無，據四庫本補。

[一六] 明辯之　「辯」，四庫本作「辨」。

[一七] 學問思辯　「辯」，四庫本作「辨」。

[一八] 亦各各有要理　「各各有要理」，四庫本作「自各有其要」。

[一九] 正其義　「義」，四庫本作「誼」。按：注文亦同。

[二〇] 熹切觀古昔聖賢　「切」，四庫本作「竊」。按：注文亦同，且句解元刊多刻作「切」。

[二一] 責諸己斷　「己」，四庫本作「身」。

新編音點性理群書句解卷之三　前集

銘

銘者，誌也，所以銘誌其事。

西銘

横渠張先生

此篇論乾坤一大父母，人物皆己之兄弟儕輩，人當盡事親之道以事天。

乾稱父，乾爲天，父道也，故以父言。坤稱母；坤爲地，母道也，故以母言。予兹藐焉，吾於此以藐然之身。藐，音眇。乃混然中處。混合無間而位乎中[一]，子道也。故天地之塞，乾陽坤陰，此天地之氣，充塞於兩間。吾其體；吾資之以爲體。天地之帥，乾健坤順，此天地之志，爲氣之統帥。吾其性。吾得之以爲性。民吾同胞，人皆資此氣、得此理，以生爲吾同類，故視之如同胞兄弟然。物吾與也。物之生亦本於天，故視之亦如己之黨與然。大君者，人君也。吾父母宗子；即乾父坤母之長子。其大臣，宰相也。宗子之家相也。即長子家之輔。尊高年，尊敬老人。所以長其長；所以長我之兄弟。慈孤弱，慈愛孤煢微弱。所以幼吾幼。所以幼吾之卑幼。聖其合德，聖人與天地合德，是兄弟之合德於父母者。賢其秀也。賢者才德過人，是兄弟秀出乎等夷者。凡天下疲癃殘疾、凡天下疲懦、癃鍾、宿疾之人[二]。惸獨鰥寡，與惸，憂；獨，無子；鰥，無妻；寡，無夫者。皆吾兄弟之顛連而無告者也。無非吾兄弟之顛倒流連、無告訴者也。於時保之，於是時畏天以自保者。子之翼也；猶子之翼，敬乎親也。樂且不憂，樂天而不憂懼。純乎孝者也。猶子之篤孝於親而無愧也。違曰悖德，違背乎親，是謂悖亂之德。害仁曰賊；戕滅天理，賊殺其親，故謂之賊。濟惡者不才，長惡不悛，世濟其兇，故謂之不才。其踐形，若能盡得人道而充其形。惟肖者也。是與天地相肖似而不違者也。知化是聖人知變化之道。則善述其事；則其所行皆天地之事，即人子善能纘述父母之事。窮神是聖人通神明之德。則善繼其志。則其所存皆天地之心，即人子善能繼承父母之志。二者皆樂天踐形者。不愧屋漏，不自欺於室隅，人所不見之地。爲無忝；不忝辱於天地，即人子無忝爾所生也。存心養性，存其心而不失，養其性而不害。爲匪懈。不懈怠於事天，即人子事親而夙夜匪懈也。此二者畏天而求踐夫形者。惡旨酒，惡美酒而不飲。惡，去聲。崇伯子之顧養；鯀封崇國，伯爵。禹，其子也。禹惡旨酒，所以顧父母之養。養，去聲。育英材，篤於教育英俊之材。潁封人之錫類。潁谷掌封疆之人，名考叔，鄭大夫也。能感動莊公思念其母，是錫與儔類，使之皆孝也。不弛勞而底豫，不敢懈弛其事親之勞，而能感其父瞽瞍之底致悦豫。舜其功也；舜帝之功致也。無所逃而待烹，晉獻公太子申生爲驪姬所譖，或曰「不如逃之」，太子不從。姬卒譖之，太子自縊新城而死。此所謂無所逃而待烹也。詳見左僖四年。申生其恭也。申生之敬恭父命也。體其受而歸全者，人之一身受於父母，當體其所受全而歸之。參乎！曾參其人乎，將死而啓手足，是其事也。勇於從而順令者，子於父母，東西南北唯令之從，不敢後也。伯奇也。伯奇之履霜中野是也。伯奇，周厲王子。富貴福澤，富足貴顯，福禄利澤。將以厚吾之生；所以大奉於我，使吾之爲善也輕。貧賤憂戚，貧薄卑賤，憂苦戚嗟。庸玉汝於成也。所以拂亂於我，使吾之爲志也篤。庸玉汝用以琢磨汝使成人也。存，吾順事；孝子身存，則其事親也，不違其志而已。没，吾寧也。没，則安而無所愧於親也。○文公曰：「西銘理一分殊，知其理一所以爲仁，知其分殊所以爲義。蓋仁是泛然兼愛處，義是截然分別處，故天地化生萬物，則爲理一。然乾稱父、坤稱母，其分未嘗不殊。民物並生天地之間，其理未嘗不一。然民稱『同胞』，物稱『吾與』，則其分未嘗不殊。與夫合天下之人，皆吾兄弟之親，其理未嘗不一。然至於大君、家相、長幼、聖賢、殘疾，皆自有等差。又其後因事親之，誠以明事天之道，蓋無適而非。所謂分立而惟理一者，理一處便有兼愛之仁，分殊處便有截然之義。不然愛無差等，墨氏之仁耳，豈足以論張子西銘之大旨！學者其更紬繹之。」

東銘

橫渠張先生

此篇論戲言、戲動與過言、過動不同。

戲言 戲謔之言。出於思也。由思而出。戲動 戲謔之動。作於謀也。自謀而作。發於聲，戲言發於聲音。見乎四支，戲動見乎支體。謂非己心，却云不是本於吾心[三]。不明也。是惑也。欲人無己疑，本於吾心欲人不疑。不能也。弗能得也。過言 誤於言。非心也，非其心之本然也。過動 誤於動。非誠也。非其心之實然也。失於聲，失於聲音而爲言之過。繆迷其四體，繆迷其四體而爲動之過。謂己當然，吝於改過遂以爲己之當然。自誣也。自誣罔其心也。欲他人己從，既憚改而自誣，又欲它人之順從乎己。誣人也。是誣罔它人也。或者謂 或説是。出於心者，出於心思而戲謔者。歸咎於己戲。可歸咎責以爲己之戲。失於思者，失於心思而過誤者。自誣爲己誠。可自誣罔以爲己之實然。不知戒其出汝者，不知警戒其出汝心而故爲者。反歸咎其不出汝者。乃歸咎責其不出汝心而偶失者。長敖 咎己戲則增長傲，誕而慢愈滋矣。長，上聲。敖，去聲。且遂非，誣己誠則遂從非，失而過不改矣。不知孰甚焉！不知而愚，莫此爲甚。

顏樂亭銘

明道程先生

爲孔周翰作，此篇論聖賢相傳授之妙。

天之生民，上天之生斯民。是爲物則；物者，身也。則者，理也。有是物，必有是則。非學非師，非篤於學，非親於師。孰覺孰識？誰明其天，誰識其理？聖賢之分，生知爲聖，學知爲賢，分量之分。古難其明；自古難曉。有孔之遇，聖有孔子，得於親遇。有顏之生。賢有顏子，生於此時。聖以道化，聖則覺之以道而使之化。賢以學行，賢則勉於爲學而篤於行。萬世心目，使萬世之人心開目明。破昏爲醒。破其昏蒙爲此覺悟，實孔、顏有以示訓也。周爰闕里，夫子所居之地爲闕里。周爰，即周迴也。惟顏舊止；乃顏子舊時所居。巷污以榛，其巷既污穢而荆棘。井堙而圮。其井復湮没而圮壞。圮，音否。鄉閭蚩蚩，鄉里之間愚暗之民。蚩，音癡。弗視弗履；不能遐想聖賢之遺迹，廢其地而不視履。有卓其誰？有卓然任其責者，誰哉！師門之嗣。是夫子之後嗣孔周翰也。追古念今，追古人之遺迹，念今日之荒蕪[四]。有惻其心；惻然有憂於心。良價善諭，以良價而得復善開諭。發帑出金。發帑藏出金谷。帑，音儻。巷治以闢，巷之廢者治而闢之。井渫而深；井之圮者，疏而深之。渫，音泄。清泉澤物，於是有泉之清，可以潤物。佳木成陰。有木之佳，自然成陰。載基載落，載治其基，載成其宇。亭曰顔樂；嶄然有亭，扁以「顔樂」。樂，音洛。昔人有心，思昔顔子融此樂心。予忖予度。維今之人於此求度。度，入聲。千載之上，由今視昔，千載而上。顔惟孔學；有此顔子惟孔是學。百世之下，由今以後，百世而下。顔居孔作。「顔樂」有亭，孔氏所建。盛德彌光，顔子盛德，後世愈光。風流日長；遺風之善，流傳日遠。道之無疆，是道無窮。古今所常。古今常行。水不忍廢，此井不廢，水不忍也。地不忍荒。此地不廢，地不忍也。嗚呼正學，嗟彼顔氏之正學。其何可忘！其何時可忘之哉！

克己銘

藍田呂先生

克己，是克去己私也。此論仁者視天地萬物爲一體，不可懷己私。

凡厥有生，舉凡有生天地間者。均氣同體，皆禀此氣，與吾同體。胡爲不仁？何爲而不公溥此心？我則有己。惟知有我一身。立己與物，己與物對。私爲町畦，私自分别彼町此畦。勝心横生，争勝之心横恣而發。横，去聲。擾擾不齊。紛擾多事，不能齊一仁者，以天地萬物爲一體，此不仁者也。大人存誠，大德之人，存此實理。心見帝則；心常静定，洞明天理。初無吝驕[五]，了無咎於人、驕於己之意，無我也。作我蟊賊。爲吾仁之蟊賊。蟊賊害稼，蟲喻害仁也。志以爲帥，志以爲之主帥。氣爲卒徒；氣自聽命，如卒徒然。奉辭於天，奉行命令於天。誰敢侮予？外邪客氣，誰敢侵侮？且戰且徠，且戰退之，且招徠之。勝私窒慾；勝去其私，窒塞其慾。窒，音的。昔焉寇讎，昔爲寇讎，與我相敵。今則臣僕。今爲臣僕，歸我宰制。方其未克，方是私之未勝。窘我室廬；常窘迫我室廬，言心也。窘，音謹。婦姑勃谿，勃，爭也。谿，空也。言婦姑反戾而鬭爭也。出莊外物篇。谿，音兮。安取其餘？安能取其它哉？亦既克之，亦既勝去私意[六]。皇皇四達，此心之公，旁通廣達。洞然八荒，洞然八方之遠。皆在我闥。皆在吾闥中。孰曰天下，誰言天下。不歸吾仁？不在我仁中乎？痒痾疾痛，人之痒痾疾痛。舉切吾身。皆切於吾之肌膚，以天地萬物爲一體者也。一日至之，一日克去己私，至此地位。莫非吾事；皆我己分內事。顔何人哉？顔子何如人能克復如此？晞之則是。晞而慕之，是亦顔子。

書字銘

文公朱先生

此篇論寫字亦當持敬。

握管濡毫，把筆之管，漬筆之毫。伸紙行墨。伸開其紙，以墨行寫。一在其中，一者敬也[七]，敬存於心。點點畫畫。一點一畫，各得其正。放意則荒，縱意則荒疏。取姸則惑。求其姸麗，祇以迷惑。必有事焉，必有所事於此。神明厥德。惟神明其德而已，蓋指敬也。

藏書閣書厨銘　文公先生

此篇論書，皆元聖所作，子孫百世當永保之。

於穆元聖，嗟嘆夫子之道深遠。繼天測靈。上繼天道，窺測其妙。出此謨訓，示此典籍諸書。惠我光明。惠教使我光明覺悟。永言寶之，愿言久長，珍而藏之。匪金厥籯。非黄金滿籯。含英咀華，採摘書中之英，咀嚼書中之華。百世其承。相傳百代可常。

至樂齋銘　文公先生

此篇論讀書有味甚於嗜肉有味。

呻吟北窻，疾中呻吟於此窻之下。氣鬱不舒。氣欝抑而不伸。我讀我書，吾誦吾書。如病得甦。恍然齊悟[八]，猶病之得甦醒。客問此書，客問我所讀之書。中作何味？其中滋味若何？君乃嗜之，汝乃嗜其滋味。如此其至。如是極至。趣爲子語，促爲子言。趣，音促。無味乃然。書中自有不滋味之滋味，所以爲可樂之至者。是有味者，凡是有滋味者。乃痼乃羶。痼，乃牛之臭。羶，乃羊之臭。如必拘拘求其滋味，是乃痼羶而已。天下之樂，天下至樂之事。我不敢知。非我所敢知。至歐陽子，至歐陽脩。乃陳斯詩。詩中有「至樂」字。陳，音陳。我思古人，古人歐陽脩也。實感我心。實能使我心懷感。惟曰愔愔，不過安和。愔，音因。式鈎且深。自有以鈎取書中之深旨奥義。

敬恕齋銘

文公先生

此篇論爲仁之功在乎敬恕。

出門如賓，出門如見大賓客。承事如祭，奉事如臨大祭祀。以是存之，即此存之於心。敢有失墜？無敢有所墜失。此四句言主敬。「己所不欲，吾身所不欲者。勿施於人。」亦不以此施之他人。以是行之，即此行之於身。與物皆春。渾然與萬物同一春意。此上四句言行恕。胡世之人，如何一世之人。恣己窮物，恣己則非敬，窮物則非恕。惟我所便，惟求己之便則不敬。謂彼奚卹？言於人何卹則非恕。孰能反是，誰能反此。歛焉厥躬？收歛其身。於墻於羹，坐則見之於墻，食則見之於羹。指下句仲尼、子弓。仲尼子弓。仲尼，孔子字也。子弓，仲弓字也。内順於家，在内以此道順其家。外同於鄰。在外推此道同於人。無小無大，無小者與大者。罔時怨恫。無是怨痛。恫，音通。爲仁之功，敬恕兩盡，即是爲仁。曰此其極。功至此則極矣。敬哉恕哉，此敬此恕。永永無斁。常常無厭。斁，音亦。

學古齋銘

文公先生

此篇論古之學者爲己之是、今之學者爲人之非。

相古先民，觀古聖人。學以爲己，所學以求盡其己。今也不然，今之人不如此。爲人而已。所學但求知於人。爲己之學，所學之爲己者。先誠其身。先於踐履之間，務其誠實。君臣之義，處君臣則當盡君臣之義。父子之仁。處父子則當盡父子之仁。聚辨居行，學以聚之，問以卞之[九]，寬以居之，仁以行之。無怠無忽。無有怠惰，無有慢忽。至足之餘，天理充足於身，已極其至。澤及萬物。而後推其餘澤以及萬物。爲人之學，學爲人者。燁然春華[一〇]。燁然光彩如陽春，一布百物華麗。誦數是力，勤於之書[一二]，復逐句而數，以求其義。纂組是誇。求工文章，猶織衽鮮美誇耀於人。結駟懷金，子貢結駟過原憲之家，顔子不以紆朱懷金爲樂。結駟懷金，矜富貴也。煌煌煒煒，彰灼光輝。世俗之榮，俗人以是爲榮貴。君子之鄙。君子則鄙薄之。維是二者，惟此爲己爲人二者。其端則微，其肇端則甚微。眇綿不察，於幾微間不之致察。胡越其歸。末流如此胡與南越相遠。卓哉周侯，高哉周君，此齋之主人也。克承先志，繼承其先人之志。日新此齋，重新是齋。以迪來裔。以啓迪其方來之子孫。此齋何有？此齋中何所有？有圖有書。有圖軸，又有書籍。厥裔伊何？其周侯之子孫又如何？衣冠進趨。皆明着衣冠，儼然進趍。夜思晝行，夜以思之，日以行之。諮詢謀度。諮問揆度，不恃己能也。度，音鐸。絶今不爲，遏絶今人爲人之學而不爲。惟古是學。惟以古人爲己之學。先難後獲，先用工於難而以有得爲後。匪亟匪徐。不敢欲速，亦不敢緩。我則銘之，吾今爲銘其齋。以警厥初。以警戒其爲學之初。

求放心齋銘

文公朱先生

此篇論操執此心之道。

天地變化，天地變化無窮。其心孔仁。以生物爲心，故天地之心爲甚仁。成之在我，人得天地生物之心爲心。則主於身。則爲一身之主宰。其主伊何？其所主宰如何？神明不測。神妙明通不可測度。發揮萬變，發施萬事之變。立此人極。以立人道。晷刻放之，頃刻放蕩。千里其奔。則奔逸千里之外。非誠曷有？不有實理以總攝之，何以有此心？非敬曷存？不有此敬以檢束之，何以存此心？孰放孰求？或放或求，在我而已，更由誰哉！孰亡孰有？或亡或有，在我而已，更由誰哉！屈伸在臂，譬之一屈伸，惟臂之所爲。反覆惟手。譬之一反覆，惟手之所使。防微謹獨，苟能即此敬以防其微，持此誠以謹其獨。茲守之常。守此務以爲常。切問近思，又切於問而近以思之。曰惟以相。謂惟以此二者交相用工。

尊德性齋銘

文公朱先生

此篇論人當尊敬上天所賦之性，不可爲物慾所汩。

維皇上帝，於皇上天。降此下民。降此生於下民。何以予之？將何物賦予之？曰義曰仁。言有仁與義而已。雖義與仁，雖是仁義二者。維帝之則。皆天與我之理。欽斯承斯，敬此而又順此。猶懼弗克。尚恐不能。孰昏且狂，誰人昏塞狂妄。苟賤汚卑。苟賤而不自貴重，汚卑而不及高明。淫視傾聽，視不正爲淫，聽不正爲傾。惰其四肢。褻惰四體。褻天之明，褻狎上帝之明命。

褻，音屑。慢人之紀。慢侮在人之倫紀。甘此下流，甘心居於下流。衆惡之委。衆流穢惡皆歸於此。我其監此，吾當察此。祇栗厥心。祇敬莊栗，以持此心。有幽其室，雖處幽暗之室。有赫其臨。亦如上帝，赫然在前。執玉奉盈，譬之執玉惟恐其墜，奉盈惟恐其溢。須臾顛沛。須臾不可離，顛倒必於是[一二]。任重道悠，負荷者重而道又遠。其敢或怠！安敢或生怠惰之念！

詩

詩者，志之所之，在心爲志，發言爲詩。

五言短句

月到梧桐上吟

康節先生

此篇借物形容聖人清温之德。

月到梧桐上，月影方照梧桐樹上。風來楊柳邊。温風方來楊柳梢邊。院深人復靜，庭院之必深，人聲之寂。此景共誰言？這般時景果與誰言？蓋月到梧桐，天光瑩也；風來楊柳，天氣温也。必聖人德性昭融方足語此，故末復云「此景共誰言」，厥有旨哉。

清夜吟　康節先生

此篇借物形容聖人本體清明、人慾浄盡。

月到天心處，月照天之中。風來水面時。風來水之上。一般清意味，這般意味極清。料得少人知。切想少得人知此[一三]。蓋月到天心，則雲翳盡掃；風來水面，則波濤不興。此正人慾浄盡、天理流行時也。

安分吟　康節先生

此篇論安分知幾，乃是出人之事。

安分身無辱，能安本分，則身自無辱。知幾心自閑。幾者動之微，能識先幾[一四]，則心自能閑。

雖居人世上，我雖居人世之上。却是出人間。却是能自拔於衆人之中。堯夫自詠也。

天聽吟　康節先生

此篇論上天之道只是人心之理。

天聽寂無音，天聽之高，寂然無聲。蒼蒼何處尋？蒼蒼其遠，何處可尋？非高亦非遠，然亦非高非遠。都只在人心。近而求之，只在此心。蓋心函太極，所以參贊造化者也，何待求之高遠乎？

感事吟　康節先生

此篇論善根難培、思習難克。

芝蘭種不榮，芝蘭雖好，種之不茂。荆棘剪不去。荆棘雖惡，剪之不去。二者無奈何，種剪皆無奈何。徘徊歲將暮。遷延歲月之將盡。此言善根難培，惡習難克，因循荏苒老將至矣。堯夫詠此以警後學也。

五言長句

復卦詩　　邵康節先生

此論陰剥於坤，陽萌於復，坤復中間爲無極，天之心尚未變動。

冬至子之半，十一月爲建子月，冬至節正得子之中氣，故曰子之半。一陽生於此，是即復之初爻也。天心無改移。於此見天地生物之心，生生不息，未嘗有所改變而移易。一陽方動處，是時一陽方始萌動。萬物未生時。而萬物猶未便生。元酒味方淡，正猶明水之酒，其味甚薄。言陽稺也。大音聲正希。咸、英之樂，其聲甚希。此言如不信，此語如不信。更請問庖犧。更請問庖犧氏先天學也。因河圖而畫八卦，重之爲六十四，闢爲方圓圖，以員函方。員於外者，乾盡午中，坤盡子中，離盡卯中，坎盡酉中，陽生於子中，極於午中，陰生於午中，極於子中，其陽在南，其陰在北。方於中者，乾始於西北，坤盡於東南，其陽在北，其陰在南。詳見先天圖説。

訪高僉判所居

勉齋黄先生

此篇論隱居之地，景物蕭洒之狀。

遠樹分高下，遠地之木，或高或下。平洲半有無。平洲之間，半有半無。短亭低密竹，短亭比於密竹則尤低。小艇隱寒蘆。小船撑入寒蘆而深隱。轉浪魚深入，急浪翻中，魚更深入。斜陽鵶亂呼。日斜墜之時，鵶集爭噪。自慚貴公子，我自愧貴公子如高僉判者。未老賦歸歟。年未老而已上掛冠之請。

林居

西山蔡先生

此篇論隱居之地意態清高之狀。

富貴良非愿，富與貴皆非我愿。林泉畢此生。於林泉之下以終此生。酒因隨量飲，酒隨量而飲，不至勉强。詩或偶然成。詩偶然而就，不費思索。秋水和煙釣，秋水則和煙而釣。春田帶雨耕。春田則帶雨而耕。頹然無縫塔，林中所居之屋，頹然如禪塔而無縫。且不費經營。自然而然，非有所經營。

宿方廣寺

南軒張先生

此篇狀禪林清幽之態。

俗塵元迴隔，俗間埃塵本與相隔。景物自天成。眼前景物渾然天成。山近四圍碧，山近四圍而色青。泉鳴永夜清。泉流徹夜而聲清。月華侵户冷，月光侵門而冷。秋氣與雲横。秋氣凌雲而横。曉起尋歸路，曉來每尋歸路。題詩寄此情。題此詩以述其情。

觀物詩

邵康節先生

此篇論陰陽動靜之理。

地以靜而方，地主靜而體方。天以動而圓。天主動而體圓。既正方圓體，一方一員，其體各正。還明動靜權。員者動，而方者靜，而明其動靜之變。權，變也。靜久必成潤，地陰而靜，久必成潤。動極遂成然。天陽而動，極必成然。潤則水體具，潤則爲水，而水之體以見。然則火用全。然則爲火，而火之用以全。水體以器受，水體必須以器而受。火用以薪傳。火用必須以薪而傳。體在天地後，體質雖見於天地之後。用起天地先。用則起於天地之先。此「用」字，「妙用」之「用」，如所謂「冲漠無朕，萬象森然已具」也。

感興一首

文公先生

此篇論天地陰陽寒暑運行之氣，有理融貫其間以爲之主。

昆侖大無外，昆侖，天形圓也。大而無所外。旁礴下深廣。旁礴，地勢方也。下而深且闊。陰陽無停機，陰陽二氣流行於天地之間，其機軸不暫停止。寒暑互來往。故寒而暑，暑而寒，更迭來往〔一五〕。皇羲古聖神，古者伏羲神聖異禀。妙契一俯仰。仰觀天文，俯察地理，有以見天地對待之體，陰陽交錯之象，無物不然，默契其妙。不待窺馬圖，雖不待窺見神馬所負之圖。人文已宣朗。而剛柔之畫，奇耦之數，尊卑之等，貴賤之位，所謂人文者已粲然昭布於天下矣〔一六〕。渾然一理貫，然非天自天，地自地，陰陽自陰陽，寒暑自寒暑，必有一理融貫其間。所謂太極也。昭晣非象罔。故冲漠無眹之中，而天地陰陽寒暑之理已具。此理粲然昭晰[一七]，初非蒙昧，無可見之實象。罔，蒙昧也。晰，音析。珍重無極翁，我朝周子推而廣之，又有無極之説。蓋易所謂「易有太極」，是言陰陽變易之中，而有至定極之理。周子所謂「無極而太極」，是言無定極之中，而有至定極之理。「無極」二字，周子發之，故以「無極翁」言。珍重，貴重也。爲我重指掌。於皇羲畫卦之後，又得周子作太極圖，以闡其義，如重指諸掌而甚明。

感興二首

文公先生

此篇論陰陽一太極。

吾觀陰陽化，吾觀陰陽二氣變化。升降八紘中。上騰下降，八極之中。紘，音宏。前瞻既無始，謂其有所始，則由前而觀，太極動而生陽，若以陽動爲始，則陽之動實根於陰，動之前未始無靜，未見其有所始。後際那有終？謂其有所終，則由後而觀，動極而靜，靜而生陰。若以陰靜爲終，則「靜極復動，一動一靜，互爲其根」，未見其有所終。至理諒斯存，無始無終，運行不息，所以然者，信有太極之理，默存其間。萬世與今同。雖歷萬世之久，與今一同。誰言混沌死，彼莊周且言太極獨立於天地之先，及天地既判，而混沌死，不知氣依理而行，天下安有理已死而氣獨行哉？幻語驚盲聾。此特荒誕之語，但可驚世之無耳目者。少有聰明，豈惑於彼之説哉？

感興三首

文公先生

此篇論人心出入之機。

人心妙不測，人心之靈，神妙不可測度。出入乘氣機。機，動處也。或出或入，隨氣而動。凝冰亦焦火，心有所懼則寒於凝冰，心有所愧則熱於焦火。淵淪復天飛。思而深奥，或淵而淪；思而外馳，或天而飛。凝冰淵淪以入言也，焦火天飛以出言也。至人秉元化，至德之人，秉執造化之理，而爲吾身之主。動靜體無違。一動一靜之間，皆體此理，而無違戾焉。珠藏澤自媚，方此心之靜也，寂然不動，如珠藏在淵，而澤自生媚。玉韞山含輝。如玉韞在石，而山自含輝。神光燭九垓，及此心之動也，感而遂通，神光散照乎九天之上。玄思徹萬微。幽思妙通乎萬理之微。塵編今寥落，自聖人不作，心學無傳著在，舊編散亂寥落，亦鮮有能知之者。嘆息將安歸。徒有咨嗟嘆息而已，其將歸之誰乎？

感興四首

文公先生

此篇論人心陷溺之過。

靜觀靈臺妙，靈臺，心也。靜而觀之，一心之靈，神妙不測。萬化從此出。經綸萬事，皆從此出。云胡自蕪穢，如何不自把捉，而爲物慾汚穢。反受衆形役？一心莫識爲主，而役役於耳目口鼻之私欲。厚味分朵頤，厚味方嗜甘於朵頤而不恥。朵，垂貌。頤，口旁也。言欲食。妍姿坐傾國。妍姿可好，坐覆其國而不悔。妍姿，美色也。崩奔不自悟，崩摧奔放於人欲横流之中，而不悟其非。馳騖靡終畢。終身顛倒馳騖，而無終畢之時也。君看穆天子，汝看周之穆王。萬里窮轍迹。造八駿之乘，車轍馬迹殆遍天下，失爲主之道。不有祈招詩，不有祭公謀父作祈招之詩，以諫止之。招，音韶。徐方御宸極。則諸侯離心，徐偃伯於徐土，玉帛而朝者，不但三十六國殆將出御君位，而文武之業隳矣，豈不甚可畏哉？按：所舉穆天子之事，特借此以喻人心之馳騖流蕩。若不知止，則心失主宰，而物慾反據而爲之主矣。此六義之比也。

感興五首

此篇論周室君臣之失。

涇舟膠楚澤，此言周室衰替之由，蓋自昭王無道，南游於楚，濟漢，船人惡之，即涇水之舟膠合以進，至中流而膠液，遂沉没於楚江焉。周綱已陵夷。周室紀綱廢墜不振。况復王風降，况又幽王爲犬戎所弑，王風大壞，不同列國。故宫黍離離。平王東遷，西周故宫鞠爲禾黍離離之憂。玄聖作春秋，孔子作爲春秋一經。哀傷實在兹。始於魯隱而當平王東周之始王，哀傷之意實在於此。祥麟一以踣，麟出必有聖人在位，今明王不興，麟出非時，其困踣一至於此。踣，音匐。反袂空漣洏。夫子觀之，反袂拭涕，重嗟吾道之窮。春秋遂作於此，而亦絶筆於此。漂淪又百年，自是汩没又餘百年。僭侯荷爵珪。魏斯、趙籍、韓虔三家分晉，僭竊侯位。周衰不能正其辠，反錫命之，彼遂得以荷諸侯之珪爵。王章久已喪，章，猶法也。王者之法久已喪失。何復嗟嘆爲？亂名分乖，典常何用嗟嘆？馬公述孔業，司馬温公作通鑑，欲繼述夫子春秋之業。託始有餘悲。乃託始於初命晉大夫韓、趙、魏爲諸侯，而致其有餘不盡之悲，然此豈周室陵夷之始耶？拳拳信忠厚，寓意拳拳切至信，爲忠厚不薄。無乃迷先幾。當是時諸侯盛、大夫强，視王室如贅疣耳。雖無王命，其能使之不自立乎？司馬公乃欲托始於此，可謂迷惑不知事幾之所先矣。

感興六首　文公先生

此篇論漢室君臣之失，秉史筆者不能黜魏而尊蜀。

東京失其御，漢自桓帝、靈帝浸失御下之道。刑臣弄天綱。宦官專恣，切弄威福[一八]。天綱，即威福。西園植姦穢，開西園賣爵，置八校尉：蹇碩、袁紹、鮑鴻、曹操、趙融、馮芳、夏辛、淳于瓊，以崇植姦惡。五族沉忠良。用單超、具瑗、左悺、徐璜、唐衡五族[一九]，沉滅陳蕃、李膺忠良之士，黨錮禍也。青青千里草，千里草，董卓讖語也。乘時起陸梁。乘時而起陸梁之甚。卓初爲中郎將，其後廢立，燒宮室，發諸陵，自爲相國，强梁於一時。當塗轉兇悖，魏闕當塗高，曹魏讖語也。操挾天子以令諸侯，卒成簒奪之計，其兇悖尤甚於董卓。炎精遂無光。漢之炎運銷滅於此。桓桓左將軍，於此之時，有武威左將軍劉備，亦漢子孫也。獻帝建安三年，爲左將軍。桓桓，威武貌。仗鉞西南疆。仗義起兵於西南之疆，以誅操復漢爲名。鉞，斧鉞也。伏龍一奮躍，伏龍，諸葛亮也，一奮躍而起。鳳雛亦飛翔。鳳雛，龐士元也，亦飛翔而來。伏龍、鳳雛，即司馬徽謂此中有伏龍、鳳雛也。祀漢配彼天，羽翼劉備，伢續漢祀，以配彼天。出師驚四方。出師北伐曹操，天下震動。天意竟莫回，然天意不可得而挽回，先主既殞，孔明亦殂。王圖不偏昌。卒使王業不偏盛於西蜀，此漢祚所以不能復振。晉史自帝魏，夫陳壽作三國志，自尊大曹魏爲正統，固無責爾。後賢盍更張？司馬温公一代之大儒，通鑑之作盍改而正之，乃復因襲其繆？世無魯連子，求如魯仲連之不肯帝秦者，世亦不復有斯人矣。千載徒悲傷。千載之下，豈不徒悲傷也？

感興七首

文公先生

此篇論唐室君臣之失，秉史筆者不能黜武后而尊唐。

晉陽啓唐祚，唐高祖爲隋晉陽宫監，太宗與裴寂陰謀以晉陽宫人侍，高祖因脅以起兵，是曰晉陽啓唐家運祚。王明紹巢封。王明，王子明也，太宗子也。巢封，元吉，封爲巢剌王，太宗弟也。太宗手刃元吉，而奪其妻，生子明，立爲齊王，紹巢之後。垂統已如此，垂統之主，其瀆亂天倫如此。繼體宜昏風。繼體之君，耳濡目染昏亂之風，宜有甚焉。麀聚瀆天倫，武后本是太宗宫人，後出爲尼，高宗見而説之，使潛入宫，立以爲后。父子聚麀其亂倫也如此。麀，牝鹿，音憂。牝晨司禍兇。然且使之參預國政，擅權自恣，猶人家之牝雞司晨，顛倒錯落，其兇禍可知。乾綱一以墜，既廢其子中宗於房陵，唐之紀綱已自墮也。天樞復崇崇。復立周之宗廟，鑄銅爲柱，名曰「天樞」，高極於天，紀周功德，改唐爲周，禍莫慘焉。淫毒穢宸極，淫毒，秦詐宦者，以比張易之、張昌宗二人。易之、昌宗恣傲淫毒，狎比武后，穢惡帝居。毒，音某[二〇]。虐焰燔蒼穹。來俊臣、周興，扇爲酷虐，焰焰如火，燔炙蒼天。向非狄張徒，向非狄仁傑、張柬之輩。誰辨取日功？忠憤激切，挽回天日，則中宗終廢於房陵，誰人能辨此大功？取日，謂挽回天日。云何歐陽子，如何歐陽脩撰唐史。秉筆迷至公？秉史直筆，乃迷至公之道，徇己私之意。唐經亂周紀，武氏以母后篡切神器，中宗尚在房陵無恙，正如季氏强逼公室，而昭公出居乾侯。春秋每歲必書公之所在，魯未嘗無君也，豈以季氏專魯而遂與之？歐陽子反紀周之年號，以亂唐之曆，數可勝嘆哉！凡例孰此容？夫以歐公之作唐史，一凡一例皆擬春秋，誰謂凡例而可容此乎？侃侃范太史，惟此侃侃范太史。侃侃，温和淳厚貌。范太史，范祖禹。受説伊川翁。受學於程伊川，遂以伊川之説改而正之。春秋二三策，著爲唐鑑[二一]，黜武后之僭，每歲必書曰「帝在房陵」，如春秋書「公在乾侯」之例。二三策，即二三言也。萬古開群蒙。使天下後世知有君臣之大義，真足以開萬古之蒙蔽也。

感興八首　　文公先生

此篇論姤乃陰之始、復乃陽之始。

朱光遍炎宇，赫赫日光，遍滿炎宇，陽之盛也。炎宇，夏天也。微陰眇重淵。然外雖盛暑，而重淵之底其冷如冰，是一陰之細已驀然生於下。以卦言之，姤是也。重，平聲。寒威閉九野，凜凜寒威，閉藏九野，陰之極也。九野，八方與中央。陽德昭窮泉。然外雖盛寒，而窮泉之底其温如春，是一陽之德已顯然萌動於下。以卦言之，復是也。文明昧謹獨，其在人也，陽明勝而德性用，苟有文明之德而昧謹獨之戒。昏迷有開先。陰獨勝而物慾行，雖曰昏暗之極而有開先之理。幾微諒難忽，惟其昧謹獨，故幾微之際惡所萌也，信有所不容忽。善端本綿綿。惟其有開先，故善端之充綿綿無窮，本有所不可禦。掩身事齋戒，君子於夏至之時，必掩身正色，屏絶嗜慾。及此防未然。及此而防其陰之未然，求以固夫陽也。閉關息商旅，先王於冬至之時，閉關息旅，安静休養。絶彼柔道牽。去彼柔道之牽繫，求以絶夫陰也。

感興九首　文公先生

此篇論天之北極，則人心之太極。

微月墜西嶺，新月既墜於西嶺。爛然衆星光。衆星爛然而光明。明河斜未落，河漢斜界而未落。斗柄低復昂。斗柄低指而復昂。感此南北極，於斯之時仰觀天象，獨見此南北極，因有所感。樞軸遥相當。二極相去雖遠，而樞軸之運正直相當。太一有常居，南極在下規之中，入地三十六度，常隱不見；北極在上規之中，出地三十六度，常見不隱。故星曰河漢，運轉不常，惟有北極，太一辰星[二二]，常居其所而不動。仰瞻獨煌煌。視之獨煌煌然有光。中天照萬國，在天之中臨照萬國。三辰環侍旁。日、月、星三辰皆環其旁而拱之。人心要如此，正如人心居身之中。寂感無邊方。寂然不動，無所偏倚，隨感隨應，無邊無方，而耳目口鼻之形無不聽命於我。正猶太一居天之中，而日月星皆環列其旁，然則心爲吾身之北極歟。

感興十首

文公先生

此篇言堯、舜、禹、湯、文、武、周公傳心之法在乎敬。

放勳始欽明，放勳，大功也。或以爲堯號自帝堯始，盡此欽敬光明之德。南面亦恭已。至舜繼堯，端拱南面，亦惟知恭敬於已。大哉精一傳，及舜命禹曰[一三]：「人心惟危，道心惟微，惟精惟一，允執厥中。」蓋人心危殆而難安，道心微妙而難見，必精以察於二者之間，一以守其本心之正，信可操執此中精一，非敬不可。大哉，斯言真聖人傳授之心法也！萬世立人紀。萬世綱常，可以藉此有立。猗歟嘆日躋，成湯聖敬日躋詩，既嘆而美之猗。美貌日躋，如日之升也。穆穆歌敬止。文王緝熙敬止詩，復歌而詠之。穆穆，深遠貌。止，語助辭也。戒獒光武烈，與夫武王戒謹於旅獒之訓，而武烈有光。待旦起周禮。周公思得於待旦之頃，而制作周禮[一四]，皆所以持此敬也。恭惟千載心，恭惟堯、舜、禹、湯、文、武、周公之六七君子，相去雖千有餘載，而傳心之法不外乎敬。秋月照寒水。吾想其心淵乎？其清湛乎？其明有如秋月下照寒水。魯叟何常師，是數聖人一敬傳心之法，不播於書則詠於詩，又不則布於周禮。仲尼無所不學，初無常師，祖述堯、舜，憲章文、武，無間夏禹，夢寐周公，亦何常之有哉。删述存聖軌。晚年惟删定詩、書，修制禮、樂，是數聖人心法之敬，盡見於詩、書、禮、樂之間，庶幾帝王軌範猶存，而來者有考耳。

感興十一首

此篇論易首乾坤，伏犧畫此以示後世，君子當體乾坤以進德。

吾聞庖羲氏，我聞在昔伏羲。爰初闢乾坤。於此始分闢乾坤，布之内外，畫爲方員圖，以員函方，員者象天，方者法地。故下句以行布渾方爲言。乾行配天德，易曰「乾天下之至健」，又曰「天行健」。蓋天者，乾之形體，乾者，天之性情，故畫乾以配合天德。坤布協地文。説卦曰「坤爲布」，生敷布施[二五]，生萬物，散殊小大，呈露粲然有文。故畫坤以協合於地文。仰觀玄渾周，仰而觀之，天員而動。玄渾，幽而員也。周，運動也。一息萬里奔。一息之間，奔行萬里。俯察方儀靜，俯而察之，地方而靜。易曰「坤至靜而德方」。儀，象也。頽然千古存。頽然其順，千古常存。悟彼立象意，君子悟伏羲畫卦，所以立乾坤二象之意。契此入德門。默有以契合，在我入德之門户。勤行當不息，乾道，奮發有爲，法乾之健，勤而不息，則德日新而可久。敬守思彌敦。坤道，靜重有守，法坤之順，敬守愈篤，則業不失而可大。

校勘記

[一] 混合無間而位乎中　「位」，四庫本作「處」。

[二] 凡天下疲懦癃鍾宿疾之人　「鍾」，四庫作「痛」。

[三] 却云不是本於吾心　「却」，四庫本作「自」。

[四] 念今日之荒蕪　「蕪」，四庫本作「凉」。

[五] 初無吝驕　「吝驕」，四庫本作「驕吝」。

[六] 亦既勝去私意　「勝」字，四庫本無；「去」下，四庫本有「其」。

[七] 一者敬也　「一」，四庫本作「中」。

[八] 恍然齊悟　「齊」，四庫本作「覺」。

[九] 問以卞之　「卞」，四庫本作「辨」。

[一〇] 燁然春華　「燁」，四庫本作「燦」。按：注文亦同。

[一一] 勤於之書　「之」，四庫本作「誦」。

[一二] 顛倒必於是　「倒」，四庫本作「沛」。

[一三] 切想少得人知此　「切」，四庫本作「竊」。

[一四] 能識先幾　「幾」，四庫本作「覺」。

[一五] 更迭來往　「來往」，四庫本作「往來」。

［一六］所謂人文者已粲然昭布於天下矣　「粲」，四庫本作「燦」。

［一七］此理粲然昭晰　「粲」，四庫本作「燦」。

［一八］宦官專恣切弄威福　「切」，四庫本作「竊」。

［一九］用單超具瑗左悺徐璜唐衡五族　「悺」，四庫本作「琯」。

［二〇］毒音某　「某」，四庫本作「藹」。

［二一］著爲唐鑑　「著爲」，四庫本作「范撰」。

［二二］太一辰星　「太」原作「大」，據四庫本改。

［二三］及舜命禹曰　「及」，四庫本作「乃」。

［二四］而制作周禮　「周」原作「典」，據四庫本改。

［二五］生敷布施　「生」，四庫本作「主」。

新編音點性理群書句解卷之四　前集

詩

感興十二首　文公先生

此論六經散失已久，千載之下惟有程伊川能繼孔子六經之絶學。

大易圖象隱，河圖卦象，易之本也。淫於術數之末學，則易之圖象隱晦不明。詩書簡編訛。風賦比興，詩之義也。牽於小序之臆説，則詩之章旨訛繆而無當。書者，政事之紀，僅存於口授，壁藏之餘，而虞、夏、商、周之文，訓誥誓命之作，錯亂無考。禮樂舛交喪，禮樂中和之教，僅得於二戴氏之所記，而三千三百之儀，六律八音之節，喪失無傳。喪，去聲。春秋魚魯多。與夫春秋辨名分之書，不惟文字錯漏，以魚爲魯，以己亥爲三豕，如郭亡則書郭公，夏五不書其月之類更多。瑶琴空寶匣，猶瑶琴空藏於寶匣。絃絶將如何？而其弦斷絶，不復堪彈。興言理餘韻，千載之下，慨言有能振此絶響。龍門有遺歌。惟有伊川先生得聖賢微意於殘編斷簡中，而遺聲所播正，如琴弦既斷，今復接續也。龍門，伊川所居之地。

感興十三首

此篇論顔、曾、思、孟傳孔子之道，亦惟能潛其心，又重嘆後人之不能。

顔生躬四勿，顔淵問仁，夫子告之以非禮勿視、聽、言、動，顔淵躬行此四者。曾子日三省。曾子一日常以此三者省察其身：爲人謀不忠，與朋友交不信，傳不習。中庸首謹獨，子思作中庸，首明謹獨之戒。謹獨者，戒謹於暗室屋漏獨處之時。衣錦思尚絅。如衣錦衣而思以緇衣加其上，謹之至也。絅，緇衣也。絅，火迥切。偉哉鄒孟氏，大哉，鄒國孟軻氏。雄辯極馳騁。肆口大辯極其馳騁於文字間。操存一言要，其論心學引夫子，操則存一語，至簡且要。操，平聲。爲爾挈裘領。爲爾後學挈持綱領，言得其要如挈裘領也。丹青著明訓，夫四子之言炳如丹青，著在聖經可爲明法。今古垂焕炳。遠垂今古，昭然可見。何事千載餘，胡爲千載之下。無人踐斯境？無人踐履到此地。

感興十四首

此篇論是道之本原。

元、亨播群品，元、亨、利、貞，乾坤之四德。元者，生理之始，屬於春，物於此而萌蘖。亨者，生理之通，屬於夏，物於此而敷榮，故曰播群品。利、貞固靈根。利者，生理之遂，屬於秋，物於此而成實。貞者，生理之成，屬於冬，物於此而歸根，故曰固靈根。非誠諒無有，誠，實理也。故元、亨爲誠之通，利、貞爲誠之復，苟非此誠，則四者皆無有矣。五性實斯存。在人則五常之性實於此而存，蓋人得天之元則爲吾性之仁，得天之亨則爲吾性之禮，得天之利則爲吾性之義，得天之貞則爲吾性之智。五常不言信，正以貫乎四端，是實有此理，猶誠之貫乎元亨利貞也。世人逞私見，世人不知本然實有之理，順而存之，雇乃逞其私見[一]。鑿智道彌昏。矜其小智，恣爲穿鑿，自以爲有見於道，不知智愈鑿而道愈昏。未若林居子，豈若隱居山林之士。幽探萬花原[二]。探索幽隱，而有以見萬化之原哉！萬化原，即上文所謂誠也。此章言異端詞章之學害道妨教，故先發此以明吾道之本原也。

感興十五首

此篇論仙學之失。

飄飄學仙侶，飄飄然學仙之流。遺世在雲間。遺棄人世，居雲山之間。盜啓玄命秘，既盜造化生生之權於秘密中。竊當生死關。氣合則生，氣散則死，復切陰陽合散之機[三]，以爲長生不死之計。關，機也。金鼎蟠龍虎，用水火二鼎烹煉神丹，龍虎之氣交相蟠結。龍虎，鉛汞也，煉丹藥物也。三年養神丹。然煉丹之法，非一日可成。初年聚集材料，次年燒煉，而温養至三年而後可服。刀圭一入口，刀圭之藥，纔入於口。刀圭，小刀頭尖處。白日生羽翰。則白日飛昇，如生羽翼。翰，平聲。我欲往從之，朱子自言我欲往從學仙之侶於雲山間。脱屣諒非難。脱徙塵世[四]，想非難事。屣，履也。屣，音徙。但恐逆天理，但恐違逆天理。偷生詎能安？縱得長生，心亦不安。蓋有生有死，天理之常。吾儒之道，生順死安，夭壽不貳，脩身以俟，何必苦欲偷生於天地間邪？

感興十六首

此篇論佛學之非。

西方論緣業，佛在西方，其始也論人之受業，皆有因緣。卑卑喻群愚。言極卑下化誘衆生愚民。流傳世代久，流傳既遠，世代既久。梯接凌空虛。漸入玄妙如梯之接，陵駕於空虛高遠中。顧瞻指心性，一瞻顧之間，謂即心是佛，見性成佛，安指其心性之妙[五]。名言超有無。一言語之際，謂不淪於無，不著於有，不住中間與内外，欲招於有無之外[六]。捷徑一以開，便捷之徑一開。徑，曲路也。靡然世爭趨。舉世靡然，爭趍慕之。靡，猶風靡草也。號空不踐實，相與談論於空虛寂滅之境，不復脚踏實地，以由夫日用當然之實理。躓彼荆榛塗。宜其應接酬酢，觸事面墻，正猶顛躓困踣於荆棘叢中，而不知所往也。誰哉繼三聖，誰能爲孟子正人心、息邪説，上繼禹、周公、孔子之三聖。爲我焚其書？爲我燒其書，以絶佛氏夷狄之教乎？

感興十七首

此篇論大學之教。

聖人司教化，聖人任君師之道，司教化之責。黌序育群材。開闢學舍，養育人才。黌，音横。因心有明訓，因人心之自然而爲之節文，以脩道立教於天下。善端得深培。使人自以涵養其德性，而培辱其善端[七]。善端，仁義禮智也。天序既昭陳，天序，天叙之典，既以昭陳其五倫之典。天叙以其出於天而有定叙也。人文亦褰開。人文，人事之當然者，亦秩其五禮之文，人文以其行於人，而有節文也。褰開，褰舉而開示之也。褰，音牽。云何百代下，如何百世之下。學絶教養乖？學既絶，而教養之道又乖戾。群居競葩藻，群聚學舍，不過爭爲奇葩麗藻之文，追逐時好。爭先冠倫魁。攙先爭奪，躐取高第。倫魁，狀元也。淳風久淪喪，教日失，俗日薄，淳厚之風喪失無有。擾擾胡爲哉？吾不知如是擾擾果何爲哉。蓋道者文之本，文者道之末。古人當於本者加意，故設學教育，惟以天理人倫爲重，文藝之間，特餘力游意云耳。後世於末者用工，故設學教育惟以文詞葩藻爲尚，天理人倫曾不講明，此朱子所以深嘆也。

感興十八首

此篇論小學之教。

童蒙貴養正，童穉之初，貴養正性。遜弟乃其方。養正方法在於遜弟。遜是順父母，弟是事兄長。雞鳴咸盥櫛，雞初鳴時咸起，而盥手櫛髮。盥，音管。櫛，側瑟反。問訊謹暄涼。適父母所敬謹，問訊寒煖。奉水勤播灑，出而奉水，勤於洒地。擁篲周室堂。擁抱篲箒，環掃室堂。篲，音遂。進趨極虔恭，進而趍父母之前，極其恭謹。退息常端莊。退而有休息之時，常加嚴肅。劬書劇嗜炙，讀書必勤劬，甚於嗜炙之有味。炙，肉也。炙，音這。見惡逾探湯。見惡必遠避，甚於探湯之可畏。探，平聲。庸言戒麄誕，庸常言語，既以麄暴虛誕爲戒。時行必安詳。平時舉動必以安穩詳謹爲上。聖途雖云遠，聖人途轍，雖是更遠。發軔且勿忙。發軔之初且勿忙迫，言不可躐等。軔，車輪木。發軔，猶言行之始也。軔，音刃。十五志於學，及其十有五歲，志於大學之道，念念在此，爲之不厭。及時起高翔。涵養既久，則及是時也。奮迅而起，又孰能禦之哉？蓋自十五志學，至七十不踰矩，有許多等級，豈容躐等驟造耶？

感興十九首

此篇借牛山之木，形容仁義之心所當保養。

哀哉牛山木，可傷牛山之木，非不美也。牛山，齊東南山。斧斤日相尋。而斧斤日尋繹於上戕伐之。豈無萌蘖生，亦非無萌芽之生。牛羊復來侵。牛羊復從而踐踏，豈得以遂其性哉？恭惟皇上帝，惟此皇天。降此仁義心。降衷於民，莫不有此仁義之良心。物慾互攻奪，物慾之私，交互攻奪。孤根孰能任。仁義之心，僅存孤根，孰能保養以全其生乎？蓋仁義之在人，猶木之在山也。善端之間發，猶萌蘖之復生也。私慾外邪，斧斤、牛羊也。任，保也。反躬艮其背，是必反躬自省，而艮其背焉。蓋人之一身四肢百體，莫不與物相感，惟背非聲色臭味之所能動摇，反躬艮背，所以止於内。艮，止也。肅容正冠襟。肅其容貌，正其衣冠，所以防於外，内外交養。保養方自此，但保養之功，方自此始。何年秀穹林？不知孤根生長，何時擢秀高出於林端乎？

感興二十首

此篇論天道不言、聖人無言，後世多言之弊。

玄天幽且嘿，大道不言，幽深而默。仲尼欲無言。聖人亦欲無言。動植各生遂，然天不言，而萬物動植之微各遂其性。德容自清温。聖人無言，而容貌舉履之間，盛德著形，清和可即，無非至教。彼哉夸毗子，彼有爲大言以夸誕於世，諛言以阿附於人者，彼外之辭也。呫囁徒啾喧。禦人以口給，如百鳥之聲，徒爾喧啾。呫囁，多言貌。囁，日涉反。但騁言詞好，但騁其外面言辭之美好。豈知神鑒昏？要其胸中實無真見，其於義理至當之歸全不知也[八]。神鑒昏昏，莫甚於此。神鑒，心也。曰予昧前訓，朱子自謂予亦昧前者，幽嘿無言之訓。坐此枝葉繁。而坐此言語枝葉之繁多。發憤永刊落，自今發憤，永永刊落。刊落，剗除也。奇功收一原。無事多言，而收本原，一貫之功，不墮夸毗子呫囁啾喧之失也。

酬南軒

文公先生

此篇論太極之理，萬化自出。

昔我抱冰炭，我，文公自謂也。昔我懷抱猶冰與炭，冰白炭黑，言其雜也。從君識乾坤。君，指南軒，從南軒講論乾坤之理。始知太極藴，初知太極之藴奥。要眇難名論。要妙難於名狀。謂有寧有跡，謂其有，又無迹可指。謂無復何存？謂其無，又不知何所存在。惟應酬酢處，惟於應酬萬事之間。應，平聲。特達見本根。無非是理之寓，乃洞見其本根也。萬化自此流，故天地萬化自此流出。千聖同兹源。千聖授受同此淵源。兹、此，皆指太極。曠然遠莫禦，雖其散處，曠然遠大，不可禦遏。惕若初不煩。然其斂處，則惕然整肅，亦不煩雜。曠以散於事而言，惕以斂於心而言。惕，音敕。云何學力微，如何學力之弱。未勝物慾昏。不能勝物慾之昏蔽。涓涓始欲達，猶一線之水，方欲流達，言善端之發也。已被黄流吞。已爲濁浪所吞，併言人慾之勝也。豈知一寸膠，豈知於此有一寸之膠。救此千丈渾？能止此千丈之渾水，喻「敬」之一字能去人慾而存天理。吴興沈氏曰：「河東郡绛縣，濟水伏流地中，經過東阿，取其井水煮膠，謂之阿膠，用以攪渾濁之水則清。」勉哉共無斁，勉力共學，不可厭斁。此語期相敦。斯言更期相與崇篤也。

送元晦

南軒先生

此篇述朋友相得之情。元晦，朱文公字也。南軒與文公相友，時文公過訪南軒，宿留兩月，於其歸也，送之以詩如此。

君侯起南服，君侯，指文公，公以南康守，被召南康軍，乃南方藩服。豪氣蓋九州。豪邁之氣充塞九州。頃登文石陛，近者登文石之陛。文石陛，即御墀之石，飾以采色。忠言動宸旒。忠直之言，上動旒冕。坐令聲利場，坐使馳逐聲名利慾之場者。縮頸仍包羞。莫不縮頸包藏愧心。却來卧衡門，既又不合而歸，却來隱卧衡門。無愧自日休。俯仰無愧，心休休然。盡收湖海氣，盡收江湖豪邁之氣。仰希洙泗游。仰慕洙泗游泳之樂。不遠關山阻，不以關山阻隔，爲遠來過訪也。爲我再月留。且爲我兩月之留。遺經得紬繹，聖賢遺經既得相與敷繹。心事兩綢繆。二人心事孚合無間。超然會太極，太極之理超然頓悟[九]。眼底無全牛。眼底義理剖判，如全牛無不解剥。惟兹斷金友，言其同心堅，如金可斷。出處寧殊謀？或出或處寧有異謀？南山對牀語，南山之下對牀同語。匪爲林壑幽。非爲貪林壑幽静之趣。白雲政在望，望白雲飛，遥想親舍，動歸興也。歸袂風颼颼。風吹歸袖颼颼然。朝來出别語，朝來方出語相别。已抱離索憂。已使我抱離群索居之憂。妙質貴强矯，氣質雖美，用强勉矯揉。精微更窮搜。理之精妙，更貴極心力而搜求。毫釐有弗察，毫毛之間不能致察。體用豈周流？求體或遺其用，言用不及其體，二者豈周徧流行乎？驅車萬里道，譬之出車萬里之程。中途可停軥。既適中道，豈可停其車而不往？軥，張流切。勉哉共無斁，相勉用功，共宜無所厭斁。邈矣追前修。則可往追前古之聖賢。

此日不再得示學者

此篇論爲學當在少年，能擇向方。

龜山楊先生

此日不再得，此日不可復得。頹波注扶桑。觀之海水倒流，注入扶桑，勢不容禦，言光陰之易過也。扶桑，日出之地。躩躩黄小群，唐食貨志云人「始生爲黄，四歲爲小」。方爲黄小之群，戲舞躩躩。毛髮忽已蒼。今頭髮忽已蒼矣。愿言媚學子，愿言耽於學之人。共惜此日光。同惜此日景之光。術業貴及時，習學術，勵德業，貴及其時。勉之在青陽。勉力須在青春之年。行矣慎所之，發軔之初，當謹所往。戒哉畏迷方。戒哉畏慎，不可昧其方所。舜、跖善利間，爲善則帝舜，爲利則盗跖，介於善利之間。所差亦毫芒。所差只毫毛耳。富貴如浮雲，不義而富且貴，吾視之如浮雲之輕。苟得非所臧。苟而取之，不足爲臧善。貧賤豈吾羞，貧賤不足爲吾之恥。逐物乃自戕。而奔逐物慾乃自戕賊天理。胼胝奏艱食，昔伯禹勞苦手足，播奏粒食。胼胝，皮堅厚也。胼，音騈。胝，音提。一瓢甘糟糠。顔回一瓢自樂，甘味糟糠。瓢，勺類。所逢義適然，所逢之時，義適然爾。未殊行與藏。道行則爲禹，不行則爲顔，所異者時，不異者理。斯人已云没，二人今已逝矣。簡編有遺芳。簡籍具載，猶有餘芳。晞顔亦顔徒，晞慕顔子，即顔子之徒。要在用心剛。大要只在用心剛决耳。譬猶千里馬，譬如駿馬能行千里。駕言勿彷徨。整駕云往，豈能便至，但勿彷徨急迫。驅馬日云遠，驅馳鞭策則馬行，日遠一日。誰謂阻且長？誰説道路阻隔脩長不可至乎？末流學多岐，末流之學多分岐路，言多端也。倚門誦韓、莊。倚門誦習，惟韓愈、莊周之文。出入四寸間[一〇]，入耳出口，出入於四寸中。雕鐫事辭章。雕琢文章以爲事。學成欲何用，縱使其學有成，何所用。奔趨利名場。不過奔逐利名之場。挾策博簺遊，故挾簡策以讀書、志在圖名之人，與博弈爲事、以圖利之人。簺，音賽，博也。異趣均亡羊。其志趣雖不同，均爲失其所守。言臧、穀二人牧羊，臧貪書，穀貪博，俱亡其羊。莊子。我懶心意衰，我懶而心意已衰。撫事多遺忘。臨事多忘。念子方妙齡，念爾方是少年。壯圖宜自强。故圖大事盍盡自强之志[一一]。至寶在高深，至貴之寶在山之高、水之深處。不憚勤梯航。高處則不憚其高，而勤於用梯；深處則不憚其深，而勤於用航。喻天理高深，須强力以求之也。茫茫定何求，否則茫然，其遠又何所求。所得安能常？縱或有得，亦不可常。萬物備吾身，天賦萬善，備在吾身。求得舍即亡。求則得，舍則亡。舍，上聲。雞犬猶知尋，雞犬放而人尚知求之。自棄良可傷。此心之放，乃甘自棄，而不復求，誠可傷悲。欲爲君子儒，欲爲君子之儒。勿謂予言狂。勿謂吾前所言之强[一二]。

七言短句

題太顛堂壁[一三]　濂溪先生

此篇責韓愈闢佛，又與太顛交結之深。

退之自謂如夫子，韓文公自言其如孔夫子。原道深排釋、老非。原道一篇深斥老、佛之失。不識太顛何似者，不知太顛和尚何所肖似。數書珍重更留衣。數書往復，珍重其言，及袁州更留衣服以爲别。

偶成　明道先生

此篇借物形容陽勝陰消、生意春融。

雲淡風輕近午天，雲淡風輕，日影近晝，此正陽明勝、陰濁消之時也。傍花隨柳過前川。依花隨柳，閑過前溪。取其生意春融與己一也。傍，去聲。旁人不識予心樂，邊旁之人又不知吾心之樂處。將謂偷閑學少年。未必不言偷片時閑、學後生爲花柳游也。

謝王佺寄丹　伊川先生

此篇言丹藥之丹不如吾道之丹能壽一世。

至誠通聖藥通靈，至誠一念可通乎聖，故丹藥亦能通靈。遠寄衰翁濟病身。遠遠寄與年衰之老以濟其病身。我亦有丹君信否？吾亦有丹，汝能信否？蓋指儒道言也。用時還解壽斯民。如有用我者，則推吾之道，濟斯民仁壽可也。解，去聲。

莫春吟　康節先生

此篇形狀隱居清閑之氣象。

林下居常睡起遲，山林下閑居，睡起常遲。那堪車馬近來稀？況日來車馬相過者甚少。春深晝永簾垂地，春老晝長，簾垂於地，此可見其静定氣象。庭院無風花自飛。庭院無風，花自飛舞，此可見其天理流行、從容洒落氣象。

芭蕉　横渠先生

此篇借物形容人心生生之理無窮。

芭蕉心盡展新枝，芭蕉之心已展開新枝，猶人之爲學已有新益矣。新卷新心暗已隨。裏面又新卷藏，方新之心已隨其後，猶人心之義理無窮，方其得新益之時，又有新益存於其間也。願學新心養新德，願學芭蕉所卷之新心，以養我德性所存之新益。旋隨新葉起新知。又隨其所生之新葉於以起學問之新知。細玩此四句，上兩句是狀物，下兩句是體物。新心養新德，尊德性工夫也。新葉起新知，道問學工夫也。横渠先生觀物性之生生不窮，以明義理之源源無盡，學者當深味之，毋徒以詩句觀也。旋，去聲。

土牀

横渠先生

此篇形狀隱居不求温飽、清閑蕭散之狀。

土牀煙足紬衾暖，累土爲牀，地炊中煙火常足，又有紬爲被可以暖體。紬，音疇。瓦釜泉甘豆粥新。瓦器爲鼎及香甘之泉，和豆煮粥，可以充腹。萬事不求温飽外，萬事不須求於人，紬衾可自温，豆粥可自飽，既温且飽，外此何求？漫然清世一閑人。横渠自言我於清明之世，不過一幽閑無事人耳。

四子言志

藍田呂先生

此篇形容孔門諸子皆爲功名所累，惟曾點所樂者天理。

函丈從容問且酬，孔門函丈雍容，且問且答。函丈，席間可闊一丈地，容學者立足也。展才無不志諸侯。各欲展布才能，以伸其事諸侯之志。可憐曾點惟鳴瑟，可惜曾點取瑟而鳴。獨對春風笑未休。獨向春風歌詠不已。可見此心上達天德，不爲富貴利達所動也。

送劉户曹

藍田吕先生

此篇言學者爲文爲學所累，却不如顔子心齋無事。

學如元凱方成癖，學如杜預元凱之註左傳方成癖好，言嗜學之深也。文似相如殆類俳。文似司馬相如殆類俳優，言爲文之麗也。獨立孔門無一事，獨立孔門之中，了無一事。只輸顔子得心齋。都輸却顔子此心齋莊，忘情於世。

禮儀

藍田吕先生

此篇論禮無先無後，只當行者便行。

禮儀三百復三千，記曰「禮儀三百，威儀三千」。言經禮、曲禮之多也。酬酢天機理必然。應酬萬事，無非天機之動，理之必然而不可闕者。寒即加衣饑即食，如寒之即當加衣，饑之即當進食。孰爲末節孰爲先？皆事也，皆理也。孰爲末節孰爲先，務言精粗本末，莫非至理，不可先傳而後倦也。

勉謝自明

龜山楊先生

此篇論人之爲學當在少年，光陰能得幾度。

少年力學志須强，少年勉力爲學，其立志須當自强。得失由來一夢長。其間或得或失，都來如一夢長耳。試問邯鄲欹枕客，試問邯鄲側枕而睡之人。邯鄲，地名。邯，音韓。鄲，音單。人間幾度熟黄粱？不知人生世間禁得幾度熟黄粱之久乎？此事乃鍾離化吕洞賓爲仙，洞賓睡去，夢中遍歷清要，把麾持節，及覺鍾離炊飯方熟。故龜山援此以勉謝，使之志於道義，毋徒志於功名也。

顔樂齋

豫章羅先生

此篇言隱居清閑，雖無賓客，然顔瓢滋味甚長。

山染嵐光帶日黄，山染青藍之色，又帶日光。蕭然茅屋枕池塘。蕭條茅舍瞰在池塘[一四]。

枕，去聲。自知寡與真堪笑，自知與人寡合，真自可笑。賴有顏瓢一味長。恃有顏氏瓢飲味長。

月臺

此篇形容隱居之狀。

矮作牆垣小作臺，矮築牆堵小立一臺。矮，隘上聲。時邀明月寫襟懷。時約明月吟詠胸懷。夜深獨有長庚伴，及夜深獨有長庚星與月相伴。長庚，西方星也。不許庸人取次來。不許庸凡之徒容易到此。蓋清幽之興須有好胸懷者方識得也。

觀書

文公先生

此篇形容本體清明之象。

半畝方塘一鏡開，半畝方塘如一鏡之開，所以狀吾心之體也。天光雲影共徘徊。天光雲影皆徘徊其間，所以言萬理之涵具也。問渠那得清如許，問他安得清明如此，所以喻吾心之靜定昭明也。

爲有源頭活水來。蓋由源頭常有活水來耳。程子有云「涵養須用敬」，人之一心能敬以養之，則天理流行亦猶是也。爲，去聲。

觀書

此篇形容讀書窮理，始疑終悟之意。

昨夜江邊春水生，昨宵江之邊春水新長，喻其讀書窮理忽有所得。蒙衝巨艦一毛輕。蒙衝，大舡也，如一毫毛輕，喻其積年所闕之疑一旦釋然而悟。艦，音闞。向來枉費推移力，向日枉費推挽撑移之力，喻其向時未悟此理，枉費心力推究。推，通回切。今日中流自在行。今日中流帖然而行，不勞餘力，謂此理既悟，徹上徹下，略無窒礙，亦猶舟行中流而自在也。

論啓蒙

此篇言復陽方動，萬物皆春。此詩當與邵堯夫復卦五言詩相參看。

忽然半夜一聲雷，忽然於冬至夜，交子之中氣一陽來復，如一聲雷震於地下。復卦坤上震下，象曰「雷在地中，復」，雷，陽也。言一陽生於下耳，非真謂冬至夜有雷鳴也。萬户千門次第開。陽主闢一陽萌動，則八卦三十六宫次第而開，渾然春意。萬户千門，言三十六宫。詳見前堯夫觀物詩注。若識無中含有象，當此時一陽雖動，萬物未生，冲漠無朕之中而萬象森然已具。此所謂「無中含有象」也，若能識得此意。許君親見伏羲來。便許汝親見伏羲氏來，蓋伏羲先天之圖載乾坤姤復處極妙，已解見前。

寄籍溪

此篇言出仕者固尊顯，隱處者亦清高。

先生去上芸香閣，秘書省，謂之芸閣者，蓋植芸草，其中香可辟蠹。籍溪當有此召而上芸香閣。閣老新峩豸角冠。臺官冠豸角冠，以其能觸撞邪物，猶其彈劾群官，劉恭父以閣職而戴豸角之冠。留取幽人卧空谷，只留得我清幽之人高卧空山。一川風月要人看。一川風月清白，正要人看這些子也。

寄籍溪

此篇謂富貴如浮雲，吾終不爲之動，亦猶雲自舒卷而山色長青也。

甕牖前頭翠作屏，甕牖，言窻之小，其開明處只如甕大。前面青山擁翠如屏。晚來相對靜儀刑。然山之體靜，吾之性亦靜，晚來相對，肅然儀刑。浮雲一任閑舒卷，雲氣生於山，一任自舒自卷。卷，上聲。萬古青山只麽青。青山萬古只恁地青，豈以浮雲而增損哉？此詩寄籍溪胡先生，蓋是時秦檜當國，籍溪爲正字，籍溪趍朝，文公以其出非所當出，故作詩譏之[一五]。意謂富貴如浮雲，吾終不爲之動，亦猶雲自舒卷，而山色長青也。

水口行舟

此篇形容人慾之波自在泛溢，天理常常昭著。

昨夜扁舟雨一蓑，昨夜扁舟遇雨，沾浥蓑衣。滿江風浪夜如何。滿溪之中無非風浪，此夜將謂何如。今朝試揭孤篷看，今朝早頭，試揭開孤篷看。依舊青山緑樹多。青山緑樹不改舊觀。蓋一夜之雨滿江風浪，正猶人慾之波漲溢，而青山緑樹不改舊觀，明人慾净盡而天理著明。學者詳味，自有深長之意。

詠開窻

此篇詠塞者既去，明者自來。

昨日土牆當面立，昨日土牆當面而立。今朝竹牖向陽開。今朝竹窻向日而開，謂向南而開亦得。此心若道無通塞，此心若云，無通無塞。明暗如何有去來？如何昨日牆立則塞而暗，今朝牖開則通而明乎？暗之去明之來，是即明暗有去來也。

七言長句

秋日

明道先生

此篇形容心體曠大超乎天地萬物之上[一六]，外物不足爲累。

閑來無事不從容，此心清閑，則事事惟見其優游不迫。睡覺東窻日已紅。睡醒則東窻日色已紅。覺，音教。萬物靜觀皆自得，萬物散在天地間，靜而觀之，無非自得。四時佳興與人同。四時佳興，春暖秋凉，與自家意思一般。道通天地有形外，道通天地，有形之外，致廣大也。思入風雲變態中。思入風雲，變態之中，盡精微也。思，去聲。富貴不淫貧賤樂，處富貴不淫，處貧賤而能樂。男兒到此是豪雄。男兒到此地位，豈不真豪傑也哉？

和堯夫打乖吟

此篇形容堯夫居貧樂道，雖混處塵俗而至德之容自使人畏。

打乖非是要安身，打乖非是要安其身。打乖，堯夫自號。道大方能混世塵。道極其大，方能混世塵而不污。陋巷一生顏氏樂，顏居陋巷，一生自樂。清風千古伯夷貧。伯夷清風，千古一貧。客求墨妙多攜卷，客來求字，多攜卷紙。天爲詩豪剩借春。天見詩興豪邁，爛借春光[一七]，即所謂「壺中日月長多少，爛占風光十二年」之意。儘把笑談親俗子，或笑或言，儘將此親近世俗之人，即上文所謂混世塵也。德言猶足畏鄉人。至德之容，自能使鄉里之人皆知敬畏。

龍門道中　康節先生

此篇言觀物達理，泰然自處，是非榮辱不足爲吾累。

物理人情自可明，物理人情瞭然可見。何嘗慼慼向平生？一生之間未嘗憂戚。卷舒在我有成算，卷舒以道，在我先有定畫。卷，上聲。用捨隨時無定名。用舍在人，隨時而應，初無定名。滿目雲山俱是樂，雲山蒼翠滿目，無非可樂。一毫榮辱不須驚。虛花榮辱，雖毫毛不足驚異。侯門見説深如海，諸侯之門深雖似海。三十年前掉臂行。向來已曾揚臂而行，不屑見之。此所謂「榮辱不須驚」也。掉，徒弔反。

名利

此篇言求名求利皆非樂事，不如循理清樂，自是無憂。

名利到頭非樂事，虛名虛利到底皆非可樂之事。風波終久少安流。如在風濤中終久不能安穩。稍鄰美譽無多取，人當省悟，稍近美名處便勿貪取。纔近清歡與賸求。纔有清樂處，分外求之。賸，音甚。美譽既多須有患，美名之多，必有禍患。即上文非樂事也。清歡雖賸且無憂。清樂之多且是無憂。滔滔天下曾知否？天下滔滔於名利波濤中，還知之否？覆轍相尋未肯休。前車覆後車，又不復戒其相繼尋，未肯休止。此所謂風波少安流也。

閑行

此篇言悟易道消息之數，則能安分自處，一點閑氣不入胸中。

長憶當年掃弊廬，長記當年掃開弊廬。未嘗三逕草荒蕪。三徑之中未嘗有草荒穢其中。欲爲天下屠龍手，欲爲天下施屠龍之手。屠，宰也。言其任大也。肯讀人間非聖書。肯誦讀世間非聖人所作之書。否泰悟來知進退，故以易卦觀否則悟君子道消之機而知退，觀泰則悟君子道長之機而知進。乾坤悟了識親疏。此以先天圖言也。乾居南，在上較疏；坤居北，在下較親。自從會得環中意，環中，即先天圓圖也。自從會得此環中之意。閑氣胸中一點無。消息進退皆有一定之理，不由人造作，亦惟順而安之而已。此所以胸中無一點閑氣也。

天意

此篇言天道自然，人當絶利慾之心，以求造聖人之極致。

天意無他只自然，天意無它，只一自然之理。自然之外更無天。自然之外更無所謂天意。不欺誰怕居暗室，此心苟能誠實不欺，何患居暗室中而不能謹獨。絶利須求在一源。絶其功利之心，專一從義理上尋求路徑。未喫力時猶有説，未曾着力時尚有假於論説之詳。此乃博學詳説底意。到收功處更何言？及其功深力到，初何俟乎言語之及？此乃無聲無臭底意。聖人能事人難繼，天何言哉？四時行，百物生，莫匪自然[一八]。聖人能事亦猶是也，雖常人難爲繼及。無價明珠止在淵。然又未有不可及者，猶無價之至寳止在深淵之間，惟盡心力以求之而已。

極論

此篇言人生天地間只有百年，必須反己以求至貴而爲出人之事。

下有黄泉上有天，下有地，上有天。人人許住百來年。天高地下，人居其間，皆許住百年。言百年舉成數也。還知虛過死萬遍，不能學聖人學爲君子儒，過一生則雖死萬遍。却似不曾生一般。却與不曾生此身則一[一九]。要識明珠須巨海，故要見光明之珠須於大海之中。如求良玉必名山。如尋至良之玉，必須有名之山。言欲求衆理當求之此心。先能了盡世間事，先能全盡世間日用常行之道，即三綱五常四端萬善也。然後方言出世間。然後方可言超出一世之表而有高見也。

觀易

此篇言天以一爲太極，人以心爲太極，天人之理則一，當充而廣之。

一物其來有一身，人物生來各有一身。一身還有一乾坤。禀氣於天，賦形於地，一身之中各具一乾坤之理。能知萬物備於我，苟知萬物之理皆會於我。肯把三才別立根。肯將天、地、人之三者別立根本。天向一中分造化，故天於太極中以分造化。一即太極。人於心上起經綸。人具太極之理於心，萬事由此經綸。一與心，即上文所謂立根也。天人焉有兩般義？曰天曰人皆不外乎太極，又烏有兩樣義理？道不虛行只在人。是道不能自行，要在人充廣之耳。

觀物

此篇言姤復陰陽及八卦之數。

耳目聰明男子身，此詩言陽貴陰賤，人受形天地，得爲男子，又耳聰目明。洪鈞賦予不爲貧。且其稟賦良厚，萬物皆備於我，可見大造之賦予不爲貧薄矣[二〇]。苟不識造化之理，寧不枉做男人乎？予，上聲。須探月窟方知物，此又以先天圖言，姤卦一陰生於下。月，陰也。窟，指一陰生處言也。姤卦處圖之上故言探，非真以手探也，須探姤之月窟，方知陰而賤者爲物。未躡天根豈識人？復卦一陽生於下。天，陽也。根，指一陽生處言也。復卦處圖之下故言躡，非真以足躡也，未履復之天根，豈識陽而貴者爲人？乾遇巽時爲月窟，乾與巽遇，其卦爲姤，此時是爲月窟。地逢雷處見天根。坤與震逢，其卦爲復，此處可以見天根。天根月窟閑來往，陽來陰往，如循環然，故堯夫又曰「弄環餘暇時往時來」，即此意也。三十六宮都是春。一陽之來，則融貫於三十六宮，無非春意。三十六宮，乾一兑二則三宫也，離三震四，合三與四則爲七，則以三乘七，十宫也。巽五坎六，合五與六爲十一。以十乘十一，則二十一宫也。艮七坤八，合七與八則十五。以二十一乘十五，則三十六宫也。〇三十六宫，此就先天八卦圖看。以八卦圓圖言之，乾三畫，坤六畫，則數九也。震坎艮各五畫，則數十五也。巽離兑各四畫，此數十二也。合之爲三十六。

首尾吟

此篇借物形容本體清明，纖毫人慾不能惑。

堯夫非是愛吟詩，堯夫不是好吟詠詩句。詩是堯夫可愛時。詩是堯夫自述其有可貴重之理。寶鑑造形難隱髮，如寶鑑之照，則形之造焉，雖毫髮不能隱，喻其見善明也。造，去聲。鸞刀迎刃豈容絲？如鸞刀之利，則刃而迎焉，雖絲不容留，喻其用心剛也。風埃若不來侵路，譬之風埃若不來侵近道路。塵土何由上得衣？則塵土無因上身，喻人若不爲知誘物化，則私欲亦不得以蔽其本心。欲論誠明是難事，欲言實理無不盡[二一]，而本心無不照，如聖人者真是難事，誠實明照。堯夫非是愛吟詩。重言堯夫不是好吟詠詩句，只是欲詠其可愛之理耳。

首尾吟

此篇言天理生生於中，雖貧亦樂；屈己下人，雖貴何用？

堯夫非是愛吟詩，堯夫不是好吟詠詩句。詩是堯夫先見時。詩是堯夫自述其先見之明耳。

直在胸中貧亦樂，直道在胸中，雖處貧亦樂。屈於人下貴奚爲？若屈於人下，則雖貴亦何用爲？誰何藥可醫無病，誰人有藥可醫無疾，蓋言有先見之明，則不待病而後求醫藥也。多少金能買不疑？有多少金錢可買不疑，言有先見之明則物來能名，事至能應，自無所惑。遲老更逢春未老，今衰遲晚，暮又逢春，事未老則新功猶未已。堯夫非是愛吟詩。重言堯夫不是好吟詠詩句，只是欲詠其先見之明耳。

首尾吟

此篇言一心寬平皆好，田地可以自適，不必貪慕世間官爵。

堯夫非是愛吟詩，堯夫不是好吟詠詩句。詩是堯夫恣縱時。詩是堯夫自述其放曠樂天之意。在世上官雖不做，世上好官雖是不做。出人間事却能知。出人間事却能先知。待天春暖秋涼日，直待天時春暖秋涼之日。正我東遊西泛時。正我東邊遊翫、西邊泛舟時節。東遊，以東方屬春也。西泛，以西方屬秋也。多少寬平好田地，無限寬闊平博好田地，可以自樂，世間人自擾擾不能識得。堯夫非是愛吟詩。重言堯夫不是愛吟詠詩句，只是欲詠其樂天之意耳。

首尾吟

此篇言世人用詐，則天下盡生疑心，堯舜傳祚、湯武革命皆非用詐，天下信之而不疑。

堯夫非是愛吟詩，堯夫不是愛吟詠詩句。詩是堯夫愛物時。詩是堯夫自述其與物無競之意。只被人間多用詐，只爲世人多用詐譎。遂令天下盡生疑。遂使天下之人莫不生疑心。唐、虞揖遜三盃酒，胡不觀唐堯、虞舜遜讓天下，猶飲三盃酒。湯、武交爭一局棋。商湯、周武爭取天下，如看一局棋，是二者初無事乎詐，而天下亦無疑之者。小大不同而已矣，雖世人處事與此有小大不同，而其不當用詐以召疑則一也。堯夫非是愛吟詩。重言詩句是嗟歎之深也。

首尾吟

此篇言凡事不可强爲，當知所止，况吾身自有寬平田地，天下亦有平坦路，岐正不消如此。

堯夫非是愛吟詩，堯夫不是愛吟詠詩句。詩是堯夫不强時。詩是堯夫自述其不牽强作爲之事到强爲須涉迹，事到勉强作爲終涉形迹。人能知止是先機。人能知所止，是爲識照於幾先。面前自有好田地，眼面前自有寬平好田地，心下無事是也。天下豈無平路歧？天下亦豈無平坦道路，樂循理是也。省力事多人不做，不費力之事極多，人却不爲，是可惜也。堯夫非是愛吟詩。重言堯夫不是愛吟詠詩句，只是詠其不牽强之意耳。

首尾吟

此篇言其平生脩身窮理，所見高所處泰，不爲物慾昏撓。

堯夫非是愛吟詩，堯夫非是愛吟詠詩句。詩是堯夫喜老時。詩是堯夫自述其喜處老景之時。明著衣冠爲士子，分明著衣冠而爲士子，謂之明者服無奇衰無嶢崎也。著，與「着」同。高談仁義作男兒。縱談論仁義而謂之男兒大丈夫，謂之高者口無擇[二二]，言無卑論也。敢於世上明開眼，敢在世上洞開兩目，辨是與非，此言所見之高也。肯向人間浪皺眉。肯向人間妄皺雙眉、戚憂顰蹙乎？此言所處之泰也。六十七年無事客，六十七年之内，此身客處天地間，了無一事。堯夫壽止於此。堯夫非是愛吟詩。重言堯夫不是好吟詠詩句，所以詠其平生心體昭明，不爲物慾昏撓。讀此數詩，使人諷誦不已，又有見康節是甚麼樣人，後學當知之。

西齋

西山蔡先生

此篇狀其隱居安貧，不爲利名所撓。

數間茆屋環流水，茅屋數間，流水環遶。茆，與「茅」同。布被藜羹飽煖餘。布素之被以煖體，藜藿之羹以飽腹。不向利中生計較，不向財利中妄生計較。肯於名上着工夫。又不於名聲上過妄用工夫。窻前野馬閑來往，野馬，塵埃也。窻前任其閑來閑往。天際浮雲自卷舒。天際浮雲聽其自卷自舒。借此以喻本心既定，事物不能爲之累。窮達始知皆有命，或窮或達，我知皆有一定之命。不妨隨分老樵漁。不妨隨吾之分，樵於山，漁於水，以終我老。

校勘記

［一］雇乃諟其私見　「雇」，四庫本作「顧」。

［二］幽探萬花原　「花」，四庫本作「化」。

［三］復切陰陽合散之機　「切」，四庫本作「竊」。

［四］脱徙塵世　「徙」，四庫本作「屣」。

［五］安指其心性之妙　「安」，四庫本作「妄」。

［六］欲招於有無之外　「招」，四庫本作「超」。

［七］而培辱其善端　「辱」，四庫本作「養」。

［八］其於義理至當之歸全不知也　「當」，四庫本作「道」。

［九］太極之理超然頓悟　「頓悟」，四庫本作「默會」。

［一〇］出入四寸間　「四」，四庫本作「方」。按：注文亦同。

［一一］故圖大事盍盡自强之志　「故」，四庫本作「欲」。

［一二］勿謂吾前所言之强　「强」，四庫本作「狂」。

［一三］題太顛堂壁　「太」，四庫本作「大」。按：本首詩皆如此。

［一四］蕭條茅舍瞰在池塘　「瞰在」，四庫本作「枕住」。

［一五］故作詩譏之　「譏」原作「機」，據四庫本改。

［一六］此篇形容心體曠大超乎天地萬物之上　「曠大」，四庫本作「高明」。

［一七］爛借春光　「爛」，四庫本作「剩」。按：下句亦同。

［一八］莫匪自然　「匪」，四庫本作「非」。

[一九] 却與不曾生此身則一　「與」，四庫本作「似」；「一」下，四庫本有「般」字。

[二〇] 可見大造之賦予不爲貧薄矣　「大」，四庫本作「天」。

[二一] 欲言實理無不盡　「實」，四庫本作「與」。

[二二] 謂之高者口無擇　「擇」，四庫本作「繹」。

新編音點性理群書句解卷之五

前集

賦

賦者，所以諷詠情性也。

拙賦

濂溪先生

此篇言人之巧於用智、不如拙於守己者之有德也。

或謂予曰：或人語我云。「人謂子拙？」人皆言汝拙？予曰：我云。「巧，竊所恥也，巧者，乃私切自愧也[一]。且患世多巧也。」又且患一世人多爲巧累。喜而賦之：喜我之拙而形諸賦詠。巧者言，巧者求工於言語，故言。拙者默；拙者其言不出諸口，故默。巧者勞，巧者役於智慮，故勞。拙者逸；拙者澹然無爲，故逸。巧者賊，巧者汩於人慾，圖以害人，故賊。拙者德；拙者安於天理，惟知守己，故德。巧者兇，巧者計窮智屈，終乃取兇之道。拙者吉。拙者去智任真，終乃獲福之道。嗚呼！歎語。天下拙，使天下之人皆拙。刑政徹，則各安其理，不麗於法，刑以糾其爲非，政以正其不及，皆可徹去。上安下順，君安其治，民順其化。風清弊絶。風俗肅清，百弊盡絶。

白鹿洞賦

文公先生

此篇歷寫書院廢興之由，本朝尊顯表章之盛也。

白鹿洞賦者，白鹿洞中之賦詠。洞主晦翁之所作也。洞之主，朱氏字晦翁者所製也。翁既復作書院洞中，翁既復創立書院於洞中。又賦其事以示學者。又詠興廢之迹以曉學者。

其詞曰：其言曰。承后皇之嘉惠，蒙皇帝之恩澤。宅廬阜之南畺。廬阜，南康軍也。守南康之畺土。閔原田之告病，適天時亢旱，高仰之田告病，予甚閔焉。惕農扈之非良。傷無良農以墾治之。扈，亦農也。扈，音户。粤冬孟之既望，於十月十五已後。夙余駕乎山之塘。早駕我車行視陂塘。徑北原以東騖，直由北原而東横往觀之。騖，音務。陟李氏之崇岡。升陟李渤隱居之高岡阜。揆厥號之所繇，揆度其名之所自。得頽址於榛荒。得頽敗基地於草莽中。清江記云：「晦庵尋訪之初，得樵者指言其處。」曰昔山人之隱處，謂往日山人李渤隱居於此。至今永久而流芳。
今經隔已久，猶流傳芳名。自昇元之有土，自南唐李主昇元間立洞於此土[二]。始變塾而爲庠。方
始改家塾而爲黨庠。蓋舊爲一家私淑之地，今爲鄉閭共學之所矣。儼衣冠而弦誦，儼然士子之衣冠，
琅然士子之絃誦。紛濟濟而洋洋。紛雜其中，濟濟其儀，洋洋其聲。濟濟，整肅貌，言衣冠。洋洋，聲
響貌，言絃誦。在叔季之且然，於南唐叔末之世且如此。矧休明之景運。况天開國家光明之運。
皇穆穆以當天，太宗皇帝尊臨大位，穆然深遠。一軌文而來混。天下車軌文書方混合於一。念敦
篤於化原，它務未遑，首以敦厚教化之原爲念。乃搜剔乎遺遯。遂搜羅剔刮前代遺逸之遯跡。剔，
音勑。朌黄卷以置郵，因江州守臣周述之請，賜九經於鹿洞，就遞郵發下。朌，與「頒」同。廣青衿
之疑問。使學士誦讀，以質疑問難。樂菁莪之長育，樂得英才而教育，如在沚之莪，菁菁其盛。拔
雋髦而登進。拔擢其俊秀者，登而用之。逮繼照於咸平，及真宗繼離之明咸平年間。又增修而罔
倦。又增葺之，崇化之意罔有所遺。旋錫冕以華其歸，未幾賜孫冕以榮其歸。琛以肯堂而詒孫。其
子琛亦能繼父志，肯堂宇於前，詒孫謀於後。皇祐五年冕子郎中即學之故址爲庠，榜曰「書堂」，俾子弟居
而學，四方來者亦給其食。琛，丑林反。孫，去聲。悵茂草於熙寧，傷悼神宗時又荒廢不治[三]。廬山記
云：「熙寧中，已鞠爲茂草矣。」尚兹今其奚論？及今尚何言哉？天既啓予以堂壇，然因行視陂塘，樵
者指教，若天開示我以舊日書堂之壇。友又訂予以册書。朋友又訂證我以故迹。清江記云：「公建立

鹿洞之初，劉子澄亦裒集故實來寄。」訂，丁定反。謂此前脩之逸迹，言此乃前哲隱逸之遺迹也。復關我聖之宏橅。亦關係前朝修創之規橅。橅，亦作「模」。亦既震於余衷，亦既震動於吾之心。乃謀度而咨諏。於是更與寮屬商度。度，入聲。諏，子須反。尹悉心以綱紀，令尹盡心以經畫白鹿洞書院記。初建之日，屬星子縣令王仲傑董其事。吏竭蹷而奔趍。公吏竭力奔走效役。士釋經而敦事，士子暫輟經籍，來相工役。工殫巧而獻圖。匠人盡智以獻其所創屋圖。曾日月之幾何，曾歷日月之未久。屹厦屋之渠渠。屹然大屋之落成。山蔥瓏而遶舍[四]，山青環而遶屋。水汩㶚而循除。水流緩慢，循庭除間。㶚，方伯反。諒昔人之樂此，想李渤之所喜者亦此。羌異世而同符。吾雖與之異世，同此心若合符節也。羌，音匡。偉章甫之峩峩，一時儒冠聞者作興。章甫，冠也。抱遺經而來集。爭抱遺書，雲集此洞。豈顓眺聽之爲娛，豈在乎眺望觀聽爲樂哉？實覬宫牆之可入。實望道學之門徑，可自此入耳。覬，音冀。愧余脩之不敏，自愧吾脩學之不能敏。何子望之能給？何以使汝之望於我者能足乎？矧道體之亡窮，況是道之體散在天地，無有窮極。亡，音無。又豈一言之可緝？豈是一言之間而便可緝續？請姑誦其昔聞，請且誦其舊聞。庶有開於時習。庶幾有以開悟初學時習者。曰明誠其兩進，明無不知，誠無不實，二者並進，則物慾不能惑而實理無不全矣。抑敬義其偕立。敬是收斂一心，義是裁制萬事，內外夾持，二者偕立。允莘摯之所懷，允信莘郊伊摯之所懷。堯舜君民是所懷也，當志伊尹之志。謹巷顔之攸執。謹守陋巷顔回之所執，克己復禮是所執也。當學顔子之所學。彼青紫之勢榮，彼被青紫之人，其勢固榮。亦何心於俛拾！但志於道義，則功名不足重，又何意俛首而取之哉？亂曰：舉其辭以終之。澗水觸石，言鹿洞之澗，水激觸其石。鏘鳴璆兮。璆玉，磬也。鏘鏘其聲，如玉磬然。璆，音求。山木苯蓴，山木叢生。苯，音本。蓴，音樽。枝相樛兮。枝垂而曲。樛，居虯反。彼藏以脩，彼李氏子隱迹於此，脩學於此。息且游兮。既亦休息，又且游泳。德崇業茂，道德之隆，學業之盛。聖澤流兮。聖朝崇奬之仁，澤流衍無盡。往者弗及，往時偶廢置而不及爲。余心憂兮。我心憂之。來者有繼兮，今方來者能繼其志。我將焉求兮？吾又將何所求？興言及此，蓋亦陰喜繼之有人。

遂初堂賦

南軒先生

此篇言上天賦予萬善充足，人當去慾存理，以遂其初心。

皇降衷於下民兮，惟皇上帝降其善於下土之民。粤惟其常。於惟五常之理。猗歟穆而難名兮，嗟深遠而難名狀。維生之良。是爲有生仁義之良心。翕衆美而具存兮，合萬善而俱存於中。不顯其光。其光明莫此爲顯也。彼孩提而知愛親兮，提孩之童皆知愛其父母。豈外鑠繄中藏？此理非是由外耀我，本具此良心於中。年燁燁而寖長兮，年華盛而漸長大。紛事物之交相。紛紛事物交接吾前。非元聖之生知兮，苟非是大聖生知之資。懼日遠而日忘。將恐習日相遠而性日益亡。緣氣禀之所偏兮，蓋自氣禀偏而不全。横流始夫濫觴。如横流之不可遏始於一盃水之泛溢。感以動兮不止，外感物欲，摇動不息。乃厥初之或戕。本然初心，戕賊無餘。既志帥之莫御，志猶王帥[五]，既是把握之不力。氣决驟以翱翔。氣乃卒徒，故决裂馳驟，肆爲吾擾。六情放而曷禦，喜、怒、哀、樂、好、惡六情放而不收。出荀子。百骸弛而莫强。百骸放弛，不能自立。自青陽而逆旅，自少年以一身客於天地間。曁黄髮以茫茫。及年髮黄，茫茫莫知歸宿之鄉。倘矍然於中道，或能急於半塗，以求詣其極。盍反求於厥初？盍亦反而求之於初心？厥初伊何，其功如何。夫豈遠歟？近而非遠。彼匍匐以向井，見赤子匍匐而入井。匍，音蒲。匐，音白。我惻隱之拳如。我心惻然爲之軫憂。驗端倪之所發，究此端緒之所發見。識大體之權輿。便知人道之大體根萌於是。如寐而聽，猶夢而得人唤醒。如迷而塗。如迷路而得人指示。知睨視之匪遐，乃知睥睨而視，其道不遠。乃本心之不渝。不越乎本心而已。

嗚呼！嘆辭。予既知其然兮，吾既審其如此。子惟以遂之。汝常有以遂其初心[六]。若火始然而泉始達兮，是理發見之初，猶火之初然、泉之始達。惟不息以終之。惟在運行不息，以勉於終焉。予視兮毋流，又必予之所視，毋流其目。予聽兮毋從。予之所聽，毋順其耳。予言兮毋易，予之所言，毋失之輕。予動兮以躬。予之所動，必反之身。惟日反兮於理，惟日日以天理自反。兹日新兮不窮。此德與之俱新，其進不已。逮充實而輝光，及到是德充實於中，輝光發見於外。信天資而本同。則知天性本一。極神存而過化，極而所存者神，無非至妙之理，所過者化，而無私慾之累。亘萬世以常通。此理雖至萬世，常可通行。

嗚呼！歎辭。此羲、文之所謂復，此伏羲畫易，文王彖易，以復名卦，蓋取其不善之動去仁不遠，即復其初。而顔氏之所以爲萬世道學之宗歟？顔氏三月不違仁，三月之後，雖少離去，即復其初，所以爲百世道學之師。

序

序者，敘述其事也。

春秋傳序

伊川先生

此篇專言春秋一書，實天道人道之所自出。

天之生民，上天之生斯民。必有出類之才，必有超出倫類之才能。起而君長之，興起爲君而居天下之上。治之而爭奪息，治之以政，而相爭相奪之風以息。道之而生養遂，道之以德，而相生相養之道以遂。教之而倫理明，教之以義禮，而人倫天理之分以明。然後人道立，三者既全，而後人之道賴此以立。天道成，人道既有所立，推之綱維天地之道，天之道由此以成。地道平。地之道咸得其平。二帝而上，堯、舜而上。聖賢世出，聖賢之君世有其人。隨時有作，因時而興。順乎風氣之宜，各遂風土氣類之所宜。不先天以開人，道本於天，未嘗先天以示乎人。不因時而立政。治出於一，未嘗因時之所尚而爲政。暨乎三王迭興，及禹、湯、文、武相繼而作。子丑寅之建正，夏用寅月，商用丑月，周用子月，以爲正月。忠質文之更尚，夏之治尚忠，殷之治尚質，周之治尚文。人道備矣，人之道至此而全盡。天道周矣。天之道至此而周備。聖人既不復作，聖人既不再出。有天下者，君天下者。雖欲倣古之迹，縱欲倣古人之遺迹。亦私意妄爲而已。不過以己私意妄有作爲，安能逮古人耶？事之繆，事繆亂而不合乎古。秦至以建亥爲正；嬴秦至以建亥爲正月，非復建子丑寅之道。道之悖，道乖悖而有戾於古。漢專以智力持世；炎漢之智力脅持一世，非復尚忠質文之治。豈復知先王之道也？又安能知三代之道耶？夫子當周之末，夫子生於周之末世。以聖人之不復作也，悼古先聖王之不作興也。順天應時之治，順天道以建正，因時尚而立治。不復有也，不再見也。於是作春秋是以作爲春秋一書。爲百王不易之大法，爲後世人君不可變之定法。所謂考諸三王而不繆，是謂證諸三代之王而不繆亂。建諸天地而不悖，建立於天地而不違悖。

質諸鬼神而無疑，質正於鬼神而無所疑惑。百世以俟聖人而不惑者矣。雖百世之下復有聖人，亦不疑惑於是矣。

先儒之論曰：儒先有言。游、夏不能贊一辭。夫子作春秋，子游、子夏二弟子不能助一語。辭不待贊也，非不贊也，蓋有所不敢也。言不能與於斯耳。實非游、夏所能與於此。斯道也，是道之大。惟顔子嘗聞之矣。惟有顔子嘗聞夫子之語矣。「行夏之時，謂行夏之時，以寅月爲歲首。乘殷之輅，輅，大車也。乘殷之木輅，得質之中。服周之冕，服周之冠冕，得文之中也。樂則韶舞」，作樂則用舜之韶舞。此其準的也。此其準則之所在。

故學春秋者，學者之學春秋。必優游涵泳，必當從容玩味。默識心通，默會於心，通達此理。然後能造其微。而後能詣其精微之極[七]。後王知春秋之義，後有王者作，能知春秋之大義。則雖非禹、湯，縱其君非禹、湯之君。尚可以法三代之治。猶可以仰法三王之治。自秦而下，由秦以降。其學不傳。春秋之學無傳。予悼夫聖人之志我哀夫夫子之心。不明於後世也，不能暴白於後世也。故作傳以明之，故作此傳以明夫子之心。俾後之人使後來者。通其文而求其義，通春秋之文，以求春秋之義。得其意而法其用，得春秋之旨，而究春秋之用。則三代可復也。則三代之治可復還矣。河南程頤正叔序。

易傳序

伊川先生

易卦辭周文王所作，爻辭周公所作，此謂之經，猶春秋之正經也。彖辭、大象、小象夫子所作，演繹卦辭爻辭之義，此謂之傳，猶春秋左氏、公、穀之傳也。此篇乃伊川先生注易而自爲之序，推原先儒失易之意，故於傳猶未精，後人誦易之言而昧其旨之所在，此傳之所以不可不作也。

易，易之爲義。變易也，因陰陽變易而得名。隨時變易以從道也。隨其時而變易以合乎道。其爲書也，故其爲此書也。廣大悉備，至廣至大，無不該備。將以順性命之理，在天爲命，在人爲性，此順其理。通幽明之故，幽則鬼神，明則人爲，此達其事。盡事物之情，事事物物皆盡其藴。而示開物成務之道也。無非示人先物而啓其幾而成，其事之理也。聖人之憂患後世，古先聖人之慮後世。可謂至矣。用心可謂詳且盡矣。去古雖遠，去往古之世雖遼遠[八]。遺經尚存。而聖人之易猶在。然而轉語。前儒失意以傳言，已前諸儒失易之意，而妄形諸言。後學誦言而忘味。後來學者雖誦讀易之言，而不知玩味。自秦以下，自亡秦而後。蓋無傳矣。此學遂無所傳矣。予生千餘載之後，我生去周之世已千餘年。悼斯文之湮晦，傷易之文久矣泯没。將俾後人欲使後我而生者。沿流而求源，譬之水然自流以究其源。此傳之所以作也。此吾傳易之書[九]，不可不作。

易有聖人之道四焉：易之書具聖人之道者有四。「以言者尚其辭，形之於言，一本乎易書之辭，以動者尚其變，形之於動，一本於易爻之變。以制器者尚其象，用之於制作器具，一取象於是易也。以卜筮者尚其占。」用之於灼龜以卜，揲蓍以筮，一占驗於是易也。占，平聲。吉兇消長之理，一吉一兇、一消一長之理。進退存亡之道，一進一退、一存一亡之道。備於辭。皆具於卦爻彖象之辭。推辭考卦，推究其辭，稽考其卦。可以知變，可因其理之常知其事之變。象與占在其中矣。象以像告，占以知來，皆在其中矣。君子居則觀其象而玩其辭，君子之人靜而察易之象、味易之言。動則觀其變而玩其占。動則察易之變，而玩其所占之事。得於辭，得之於言。不達其意者有矣；而不通其意者有之矣。未有不得於辭安有未知其言。而通其意者也。而能達其旨意者乎？至微者理也，易之理，則至微而難見。至著者象也。易之象，則至顯而易知。體用一源，微者其體，著者其用，同出一源。顯微無間。故體隱而微，用著而顯，本相融貫。間，去聲。觀會通以行其典禮，觀其會聚變通之際，以推行其典章禮文。則辭無所不備。易書言辭之間，無有不備者。故善學者，故能學易之人。求言必自近。探其言辭之奥，當求之平易從容中。易於近者，有忽於此。易，去聲。非知言者也。非知易之言者。予所傳者辭也，我所作爲易傳者，蓋將達其言也。傳，去聲。由辭以得意，因其辭而達其旨。則在乎人焉。則存乎其人。河南程頤正叔謹序。

易序

文公先生[一〇]

此篇論易道至廣至大，所以定天下之吉兇，成天下之大業。玩易者不可以淺近求之。

易之爲書，易經之書。卦爻彖象之義備，曰卦、曰爻、曰彖、曰象，其義著明。而天地萬物之情見。大而天地，小而萬物，其情無不具見於此。聖人之憂天下來世，其至矣。古先聖人之爲天下後世慮，何其至也。先天下而開其物，先乎天下而啓乎物之機。後天下而成其務。後乎天下而成其民之用。是故轉語。極其數以定天下之象，窮其數，則可以定天下之象。著其象以定天下之吉兇。明其象，則足以定天下之吉兇。六十四卦、其爲卦凡六十有四。三百八十四爻，其爲爻凡三百八十有四。皆所以順性命之理，無非順人性命之理。盡變化之道也。達陰陽變化之道。

散之在理，散之性命之理。則有萬殊；人物禀受則有萬不同。統之在道，統之變化之道。則無二致。同出一原，初無二致。所以「易有太極，是以陰陽變易之中，有至定極之理。是生兩儀」。則生一奇一耦而爲兩儀。太極者太極云者。道也，即道之謂也。兩儀者兩儀云者。陰陽也。奇爲陽，耦爲陰，即陰陽之謂也。陰陽，一道也。陰陽雖是氣，但所以使陰陽之運轉有理，爲之主道也。

太極，無極也。至極之理本無形。萬物之生，物之生於天地間雖不一。負陰而抱陽，皆負是陰而抱是陽。莫不有太極，太極，理也。無不具此理。莫不有兩儀，兩儀，氣也。無不禀此氣。絪緼交感，理與氣融合，交相爲感。變化不窮。生人若物，變化無盡。形一受其生，形體之具一有此生。神一發其知，精神之發而爲此知。情僞出焉，人情之僞由此而出。萬緒起焉。萬事之端自此而起。

易，所以定吉兇而生大業。聖人憂之故作爲此書，以定天下之吉兇，成天下之大事也。故易者陰陽之道也，故易之爲言乃陰陽變易之道。卦者陰陽之物也，卦之爲畫有奇有耦，乃陰陽之物也。爻者陰陽之動也。爻之爲義有貞有悔，乃陰陽之變也。卦雖不同，其爲卦雖不同。所同者奇耦；奇陽耦陰，不能不同。爻雖不同，其爲爻雖不同。所同者九六[一二]。九爲陽，六爲陰，不能不同。是以六十四卦爲其體，所以卦六十四乃其體也。三百八十四爻爻三百八十有四。互爲其用。交互分布，皆其用也。遠在六合之外，其至遠在天地四方之外。近在一身之中，其至近只在一身之内。暫於瞬息，其暫見於一瞬一息之間。微於動靜，其微寓於一動一靜之際。莫不有卦之象焉，無不有六十四卦之象。莫不有爻之義焉。無不有三百八十四爻之義。

至哉易乎！易之書可謂至矣。其道至大而無不包，其道極其大而無所不包。其用至神而無不存。其用至妙而無不著。時固未始有一，時雖未始有一定之時。而卦未始有定象；於卦亦未嘗有一定之象。事固未始有窮，事固未始有窮盡之時。而爻亦未始有定位。於爻亦未嘗有一定之位。以一時而索卦，以一時而求卦。則拘於無變，是拘於不能變。非易也。不足以知易之理。以一事而明爻，指一事而求爻。則窒而不通，則窒塞而不通。非易也。不足以知易之理。知所謂卦爻彖象之理，知有卦、爻、彖、象四者之義。而不知有卦爻彖象之用，而不知有卦、爻、彖、象四者之用。亦非易也。亦不足以知易之理。故得之於精神之運、故必得於精神之運用。心術之動，心術之流動。與天地合其德，至於與天地合德。與日月合其明，與日月合明。與四時合其序，與四時合序。與鬼神合其吉兇，與鬼神合吉兇。然後可以謂之知易也。而後方可謂之知易。蓋易之道至廣至大，不可以淺近求也。雖然，轉語辭。易之有卦，易之有六十四卦。易之已形者也；乃易已形之理。卦之有爻，卦之有三百八十四爻。卦之已見者也。乃卦已見之象。已形而見者 已形之理，已見之象。可以言知，可因卦辭、爻辭而知。未形未見者 未形之理，未見之象。不可以名求。不可以名義求。則所謂易者，否則易之爲書。果何如哉？果何爲而作？此學者所當知也。此皆爲學者所當審察也。

禮序

此篇論禮者，人倫風教之自始，有禮則家國天下與之俱存，無禮則家國天下與之俱亡，其關係不重哉！

禮經三百，禮經之有三百。威儀三千。威儀之有三千。三百、三千言其經禮、曲禮之多也。皆出於性，皆本於天性固存之理。非僞貌飾情也。非僞爲之貌而文飾其情也。鄙夫野人鄙俗之夫，村野之人。卒然加敬，忽然致敬於彼。逡巡遜卻而不敢受。雍容謙退而不敢受禮。三尺童子三尺，言其小也，三尺之童。拱而趨市，拱手而行於市。暴夫悍卒强暴之人，悍戾之卒。莫敢狎焉。無敢近之也。彼非素有於教若此之人皆非素閑習於禮教，與邀譽於人而然也，及求名聲於人也。蓋其所有於性，皆其所得於天性者有此禮。物感而出者如此。觸物感動發見如是。故天尊地卑，故天道尊，地道卑，尊卑之位一定。禮固立矣；禮固藉此有立。類聚群分，以類聚，以群分，大小之分各正。禮固行矣。禮固由此而行。

人者，位乎天地之間，人生而處天地之中。立乎萬物之上，超乎庶物之上。天地與吾同體，天地雖大，吾與之同體。萬物與吾同氣，萬物雖異，吾與之同氣。尊卑分類，尊卑之别，分類之殊。

不設而彰。不待設施而以彰明。聖人循此，聖人由之。制爲冠、昏、喪、祭、朝、聘、射、饗之禮，制爲冠禮、昏禮、喪禮、祭禮、朝禮、聘禮、射禮、饗禮之八者。以行君臣、父子、兄弟、夫婦、朋友之義。以行於人倫五者之間。其形而下者，形於下則謂之器。具於飲食器服之用；見於一飲一食、器物服飾之間，此理也。其形而上者，形而上則謂之道。極於無聲無臭之微。至於無聲可聞、無臭可接之妙，此理也。衆人勉之，凡人則勉而知之。賢人行之，賢者則力而行之。聖人由之。聖人則安而行之。故所以行其身，故行於其身。與其家，及其家。與其國，及其國。與其天下，以至於天下。禮治則治，以禮而治，則家國天下無不治。禮亂則亂，此禮既亂，則家國天下無不亂。禮存則存，禮存，則家國天下與之俱存。禮亡則亡。禮亡，則家國天下與之俱亡。上自古始，上自太古。下逮五季，下及五代之末。質文不同，治之尚質尚文雖若不同。罔不由是。無不由此禮也。然而轉語。世有損益，世代相承，或損或益。惟周爲備。惟有周室，禮極其備。是以夫子有曰：所以夫子有云。「郁郁乎文哉！郁郁，言其文之盛也。吾從周！我惟從周之制。」逮夫弊也，及其流弊之末。忠義之薄，忠義日薄。情文之繁，情文益繁。林放有禮本之問，故林放問禮之本於孔子。而孔子欲先進之從，孔子有從先進禮樂之言，蓋亦厭周末之弊。蓋所以矯正反弊也。所以反其弊而歸諸正也。然豈禮之過哉？是豈禮之弊耶？爲禮者之過也？亦爲禮者之失於過也？秦氏焚滅經典，秦始皇燔書。三代禮文大壞，夏、商、周之禮文具於經者，已磨滅無有。漢興求書，炎漢興，購求秦之亡書。禮記四十九篇禮經凡四十有九篇。雜出諸儒之手，所傳所記雜出於諸儒之手。不能悉得聖人之旨。不能皆合聖人之遺意。考其文義，考其文理意義。時有抵捂。時有不合。捂，音五。然而轉語。其文繁，其文字之多。其義博，其義理之博。學者觀之，使爲學者視之。如適大通之衢，如往四通五達之衢。珠珍器帛珠玉珍寶，器用幣帛。隨其所取；惟吾所欲。如游阿房之宫，阿房，秦宫名。如游秦室阿房之宫。千門萬户千萬言其多也。隨其所入；惟吾所入。博而約之，自博而約。亦可以弗畔。亦可以弗違於此。蓋其説也，蓋其爲言。粗在應對進退之間，其粗者，在於應對進退之頃。而精在道德性命之要。其精者，在於道德性命之妙。始於童幼之習，初則自童幼之所習。而終於聖人之歸。而終則可以造於聖人之閫奥。惟達於道者，惟通達於此理者。然後能知其言；而後能達其辭。能知其言，能達其辭。然後能得於禮。而後能得於禮。然則轉語。禮之所以爲禮，禮之謂禮。其則不遠矣。其準則不外於是。昔者顔子之所從事，古昔顔子之從事於此禮。不出乎視聽言動之間，不外乎非禮勿視、聽、言、動四者之内。而鄉黨之記而論語鄉黨之所記。孔子，多在於動容周旋之際，孔子類多謹於舉動容貌、進退周旋之間。此學者所當致疑以思，此爲學者當因疑以致思。致思以達也。因思以致其通也。

詩集傳序

文公先生

此篇論詩者人心感物而形諸言。古者人心所感正，發言亦正，列國之詩則異於是矣。

或有問於余曰：或人問於我云。「詩何爲而作也？」詩之作何爲而然也？余應之曰：答云。「人生而靜，人生之初本真凝寂。天之性也；乃天所賦之性也。感於物而動，外感於物不能無動。性之欲也。是爲此性之欲。夫既有欲矣，既有所欲。則不能無思；則不能無所思。既有思矣，既有所思。則不能無言；則不能不形諸言。既有言矣，既形諸言。則言之所不能盡，則有非言語之所能盡者。而發於咨嗟詠歎之餘者，而形於咨嗟嘆息歌詠之餘。必有自然之音響節奏而不能已焉。其聲音節奏自然而然，乃天機之，不容自已者。此詩之所以作也。」此詩之所以不能無也。曰：「然則轉語。其所以教者何也？」其所以爲教者何如？曰：「詩者，人心之感物詩之作，乃原於人心之感物而動。而形於言之餘也。形之於發言之際。心之所感有邪正，人心之感於物有邪有正。故言之所形有是非。故言語之發有是有非。惟聖人在上，惟上有聖哲之君。則其所感者無不正，則其心之所感無不一出於正。而其言皆足以爲教。形之於言皆可以正風俗而爲教。其或感之之雜，其或感於物，不能出於正而流於雜。而所發不能無可擇者，其發於言不能皆善。則上之人則在上之人。必思所以自反，必思自反諸己。而因有以勸懲之，因有以勸其是懲其非。是亦所以爲教也。即此亦爲教之道。昔周盛時，昔有周隆盛之時。上自郊廟朝廷，上自郊神廟饗朝廷之間。而下達於鄉黨閭巷，下至於鄉里閭閻巷陌之人。其言粹然其言語純粹。無不出於正者，莫不出於正。聖人固已協之聲律，聖人即此合於聲律之間。而用之鄉人，行諸鄉閭。用之邦國，施諸邦國。以化天下。以風化天下。至於列國之時[一二]，至於侯國之時。則天子巡狩，則天子每歲巡行封守之時。亦必陳而觀之，亦必陳其聲詩，而觀其國風。以行其黜陟之典。以行其升降之法。降自昭穆而後，下至文昭武穆之後。寖以陵夷，此典漸至廢失。至於東遷，及平王遷於東周。而遂廢不講矣。此詩遂廢棄而不復講矣。孔子生於其時，夫子生於此時。既不得位，既無君師之位。無以行帝王勸懲黜陟之政[一三]，不可以行人君賞罰升陟之典。於是特舉其籍而討論之，故特求此詩之篇帙而討論其文義。去其重複，刪去重復之言。正其紛亂。翦截煩亂之語。而其善之不足以爲法，名爲善而不足爲法於後世。惡之不足爲戒者，言其惡不足以示戒於方來。則亦刊而去之，則皆刪去。以從簡約，務從其簡。示久遠，以傳之遠。使夫學者俾爲學之人。即是而有以考其得失，即此可以考究其得失。善者師之，有善則從而師法之。而惡者改焉。其不善者惡而改之[一四]。是以其政雖不足行於一時，雖不得時以行其政。而其教可及於萬世，而其爲教自可及於萬世。是則詩之所以爲教也。」此詩之爲教者也。

曰：「然則轉語。國風、雅、頌之體，列國之詩、大小二雅、般周二頌之體。其不同若是，何也？」其不同如此，何耶？曰：「吾聞之，我聞此。凡詩之所謂風者，凡詩之所言國風云者。多出於里巷歌謡之作，大率出於閭里歌詠之所播。所謂男女相與詠歌，曰男曰女皆有詠歌。各言其情者也。各各叙其情意如此。惟周南、召南，惟周公、召公所主南方之國。親被文王之化以成德，親沐文王之化，以成其德。而人皆有以得其情性之正，發於性見乎情，人人各得其正。故其發於言者，故凡形諸言。樂而不過於淫，雖樂而不流於淫。哀而不極於傷，雖哀而不至於傷。是以二篇，是以周南、召南二詩。獨爲風詩之正經。獨爲國風諸詩之正經。自邶而下，自邶國變風而降。邶，音背。則其國之治亂不同，諸侯之國其或治或亂不同。人之賢否亦異，人之或賢或否亦不一。其所感而發者，其有所感發於言者。有邪正是非之不齊，有邪者正者、是者非者之不齊一。而所謂先王之風者，求其如先王之正風。於此焉變矣。自此而變。若夫雅、頌之篇，若夫二雅、二頌之篇。則皆成周之世，無非成王之時。朝廷郊廟樂歌之詞，朝會、郊祀、廟享、樂歌之語。其語和而莊，其言辭。若和平而實莊肅。其義寬而密，其義若寬易而實詳密。其作者往往聖人之徒，其作爲此詩皆聖人之徒。固所以爲萬世法程而不可易者也。可爲法於萬世而不容變易也。至於雅之變者，至於二雅之變。亦皆一時賢人君子，亦無非一時稱爲賢人、稱爲君子者。閔時病俗之所爲，傷時世之亂、憂風俗之弊而爲此也。而聖人取之，而夫子取之。其忠厚惻怛之心，其奉拳忠愛之心。陳善閉邪之意，與開陳其善、閉塞其邪之意。猶非後世能言之士亦非後來有言之士[一五]。所能及之。可以及此。此詩之爲經，此詩之一經。所以人事浹於下，下而人事無不該貫。天道備於上，上而天道無不全備。而無一理之不具。」初無一理之未盡。

曰：「然則轉語。其學之也當奈何？」學此詩者當何先？曰：「本之二南以求其端，本之周南、召南以啓其端。參之列國以盡其變，參考列國之詩以窮其變。正之於雅以大其規，正之於二雅以廣其規模。和之於頌以要其止，和之於雅、頌以求其所止。此學詩之大旨也。此乃學詩者之大旨要也。於是乎章句以綱之，於此分其章句以爲之綱。訓詁以紀之，訓釋以明其義。諷詠以昌之，歌頌以颺諸言。涵濡以體之，涵泳以體於心。察之情性隱微之間，察於情性之微。審之言行樞機之始，審於言行之發。則脩身及家，則脩此身以至於家。平均天下之道，平治天下之道。其亦不待他求而得之於此矣。」不必求之於他，求之此足矣。

問者唯唯而退。發問者唯諾而退。余時方輯詩傳，我方采輯詩集。因悉次是語因盡次序其語。以冠其篇云。以寘之篇首。

校勘記

[一]乃私切自愧也　「切」，四庫本作「竊」。

[二] 自南唐李主昇元間立洞於此土　「主」原作「生」，據四庫本改。
[三] 傷悼神宗時又荒廢不治　「悼」字原無，據四庫本補。
[四] 山葱瓏而遶舍　「瓏」，四庫本作「蘢」。
[五] 志猶王師　「王」，四庫本作「將」。
[六] 汝常有以遂其初心　「常」，四庫本作「惟」。
[七] 而後能詣其精微之極　「詣」，四庫本作「造」。
[八] 去往古之世雖遼遠　「去」原作「取」，據四庫本改。
[九] 此吾傳易之書　「吾」原作「非」，據四庫本改。
[一〇] 文公先生　此四字原無，據四庫本增。
[一一] 所同者九六　「六」原作「五」，據四庫本改。
[一二] 至於列國之時　「時」，四庫本作「詩」。按：注文亦同。
[一三] 無以行帝王勸懲黜陟之政　「行」原作「待」，據四庫本改。
[一四] 其不善者惡而改之　「惡」，四庫本作「從」。
[一五] 亦非後來有言之士　「有」，四庫本作「能」。

新編音點性理群書句解卷之六　前集

序

論孟集義序　文公先生

此篇專言論語之書無非示人以操存涵養之要，孟子之書無非訓人以體驗充擴之端。

論、孟之書，論語、孟子二書。學者所以求道之至要。乃學者探討是道之要領。古今爲之説者，自古及今爲之訓解。蓋已百有餘家。不止百家。然自秦漢以來，由秦而漢。儒者類皆不足以與聞斯道之傳，以儒名者，皆不足與語是道之傳授。與，音預。其溺於卑近者，陷溺於卑污淺近之人。既得其言而不得其意，所知論、孟紀載之言，不得論、孟紀載之意。其騖於高遠者，馳逐虛高曠遠之人。則又支離踳駁，又失之離散駁雜。踳，春上聲。或乃并其言而失之，或并論、孟之言有所不知。學者益以病焉。學者愈以此爲病。宋興百年，迨我宋興已及百年。河洛之間，河南伊洛之中。有二程先生者出，有明道、伊川二程先生出。然後斯道之傳有繼。濂溪續孔、孟不傳之緒，二程能繼濂溪是道之傳。其於孔子、孟氏之心，其於孔、孟之心。蓋異世而同符也，世之相去雖異，心之同若合符節。故其所以發明二書之說，故其推闡論、孟之言。言雖近而索之無窮，言雖切近，探索無盡。指雖遠而操之有要。指雖曠遠，操亦有要。使夫讀者俾誦讀是書者。非徒可以得其言，不徒然可知其言之近。而又可得其意；而又可窮其指之遠。非徒可以得其意，不徒然可窮其指之遠。而又可以并其所以進於此者而得之。又可因此而窮聖賢之所以由此而進於道者，亦得之矣。其所以興起斯文，其興起是道。開悟後學，開明後進爲學之方。可謂至矣。亦言至矣極矣。間嘗蒐輯條流，間或蒐求采輯講論是書之條派。以附於本章之次，以附入逐章之下。既又取夫學之有同於先生者，又復取學於二程，而說同於二程者。與其有得於先生者，與夫有得二程之說者。若橫渠張公，姓張，名載，字子厚。橫渠，其號也。若范氏、姓范，名祖禹，字淳夫。二呂氏、希哲，字原明。大臨，字與叔。謝氏、良佐，字顯道。游氏、酢，字定夫。楊氏、時，字中立。侯氏、仲良，字師聖。尹氏，焞，字彦明。凡九家之說，凡其門人九家之言。以附益之，以此附入，增而多焉。名曰論孟精義，名爲論孟精義，取其義理最精。以備觀省，以擬披閱。而同志之士與我同志之人。有欲從事於此者，凡欲有事此書。亦不隱焉。亦罔所隱。抑嘗論之，抑嘗言此。

論語之書，論語一書。無所不包，無不包貫。而其所以示人者，而所以昭示乎人者。莫非操存涵養之要；無非操存此念，涵養其心之要道。七篇之指，孟子七篇之指意。無所不究，無不究極。而其所以示人者，而所以昭示乎人者。類多體驗充擴之端。率皆體驗於心，充廣善端之道。擴，音廓。夫聖賢之分，夫孔子之聖，孟子之賢，其爲分量。其不同固如此，其不等蓋若是。然而轉語辭。體用一源也，體爲用之藏，用乃體之著，同出一源。顯微無間也，顯乃微之達，微乃顯之自，本無間斷。間，去聲。是則非夫先生之學之至，苟非二程先生問學之極。其孰能知之？誰能知此？嗚呼，嗟哉。茲其所以奮乎百世絕學之後，此其所以出乎百代學絕之後。而獨得夫千載不傳之傳也歟！而得孔、孟千年不傳之統，而繼其傳也。若張公之於先生，如橫渠之於二程。論其所至，言其學力之至。切意其猶伯夷、伊尹之於孔子[一]；吾意其如伯夷、伊尹之於孔子，其淺深雖有異，均有得聖之名。而一時及門之士，一時及二程之門者。考其言行，論其言語德行。則又未知其孰可以爲孔氏之顏、曾。則又未敢決其誰可爲孔子之弟子顏回、曾參。今録其言，今采録其言語。非敢以爲無少異於先生，不敢言不能不小異於二程。而悉合乎聖賢之意，而盡合乎孔孟之遺意。亦曰大者既同，亦推言大者既能同。則其淺深疏密，則淺之與深，疏之與密。毫釐之間，小而一毫一釐之中。正學者所宜盡心耳。正爲學之士當盡心推究。至於近歲以來，至於邇年以來。學於先生之門人者，學於二程之徒弟者。又或出其書焉，又或出示此書。則意其源遠，切料其源派既遠[二]。未分醇醨異味而不敢載矣。不妨醇醲醨薄之異其味[三]，不復敢紀録。或曰：或人言。然則 轉語。凡説之行於世而不列於此者，凡講説之行於一世、不復紀於是者。皆無取已乎？盡無所取而止乎？曰：不然也。言不如此。漢魏諸儒 由漢至魏以儒名者。正音讀，正字音及句讀。讀，音豆。通訓詁，通訓，釋語。詁，音户。考制度，考文物之制度。辨名物，及辨名數與方物。其功博矣。其功大矣。學者苟不先涉其流，爲學者不能先涉歷其流。則亦何以用力於此？則又何以用功於是？而近世一二名家，近世一二大儒以學名其家。與夫所謂學於先生之門人者，及學於二程之徒弟者。其考證推説 其考驗證據，推究師説。亦或時有補於文義之間。亦間有補於是書之文理意義。學者有得於此而後觀焉，爲學者有得於是書而後覧其説。則亦何適而無得哉？又何往而無所得？特所以求夫聖賢之意者，但所以探求孔、孟之意。則在此而不在彼爾。則在乎是，不在乎考證推説也。若夫外自託於程氏，如外則自附於程氏。而竊其近似之言，而切其相近相似之語[四]。以文其異端之説者，以此文飾其異端之言。則誠不可以入於學者之心。則不可使爲學者之入於心。然以其荒幻浮誇 但以其荒惑、幻妄、浮虚、夸誕。足以欺世也，可以欺一世人[五]。而流俗頗已歸鄉之矣，而風俗浮靡略歸，心鄉從之矣。鄉，向。其爲害豈淺淺哉？其流害豈不大耶？顧其語言氣象之間，看其言語氣象之中。則實有不難辨者。蓋有不難知者。學者誠用力於此書而有得焉，爲學者能用功於是書，至於有得。則於其言 則於異端之論。雖欲讀之，雖是欲誦讀之。亦且有所不暇矣。自有所不及矣。然則轉語。是書之作，此論孟精義之作。其率爾之誚，其强率之譏。雖不敢辭，固不容避。至於明聖傳之統，至明聖人相傳之統緒。采衆説之長，采衆人講論之長。折流俗之謬，折倒流俗之謬説。則竊亦妄意其庶幾焉。切謂妄謬之意其庶近得之矣[六]。乾道壬辰，新安朱熹序。

程氏遺書後序

言程氏遺書雜出門弟之手，散亂無統，多失其真。此集二十五篇並録其實者。

右程氏遺書二十五篇，明道、伊川遺書凡二十有五篇。二先生門人乃二程門弟子。記其所見聞答問之書也。記其親見親聞二先生師弟子相答問之辭。始，諸公各自爲書，初門弟諸人各自爲書，以記其師之語。先生没，而其傳寖廣，迨二先生死而愈傳愈廣。然散出並行，但散亂而出，並行於世。無所統壹。竟無有統而一之者。傳者頗以己意私竊竄易，傳之者又以一己之私意改而易之。歷時既久，閲歷日久。殆無全編。竟無全書。熹家有先人舊藏數篇，熹，文公名。文公父諱松，官至吏部。家有其舊所藏程子書數卷。皆述當時記録主名，皆述一時記録者之姓名。語意相承，言意相襲。首尾通貫，本末相貫。蓋未更後人之手，蓋未更歷後人之手。故其書最爲精善。故其爲書，義精而辭善。後益以類訪求，後愈以其類搜求。凡二十五篇，得二十五篇。因稍以所聞歲月先後，因以其得於所聞年月前後。第爲此書。次第而爲此書。篇目皆因其舊，篇章綱目悉仍其舊。而又別爲之録如此，又復別爲之録。以見分別次序之所以然者。以見分別篇章前後次序之所以如此者。

然嘗竊聞之，又嘗切有聞於此[七]。伊川先生無恙時，伊川先生當其無疾病時。門人尹焞其門弟，尹姓，焞名。得朱光庭所抄先生語録，得先生門人，朱姓，字光庭者，所録先生言語。奉而質諸先生。奉侍而質正於先生。先生曰：伊川云。「某在，我尚在。何必讀此書？何須讀此？若不得某之心，如不得我之心。所記者徒意耳。所記者只是大意。」尹公自是不敢復讀。尹焞自此不復敢讀[八]。夫以二先生夫以明道、伊川二程先生。唱明道學於孔、孟既没千載不傳之後，倡道學於孔子、孟子既死，道統無所傳繼之後。可謂盛矣。亦云盛矣。而當時從遊之士，一時從二先生之遊者。亦莫非天下之英材，又無非天下所稱英俊之才。其於先生之嘉言善行，其於二先生言論之美、履行之善。又皆耳聞目見而手記之，又莫不得於親聞親見之頃，而以手抄記其語。宜其親切不差，是宜體認親切，於理不差。可以行遠，可以行諸遠。而先生之戒，而程先生之戒其門弟。猶且丁寧若是，尚且諄復如此。豈不以學者未知心傳之要，豈非以爲學之人未知傳心之妙。而滯於言語之間，而泥於言辭之中。或者失之毫釐，或者失之雖特毫毛。則其謬將有不可勝言者乎！而其謬妄不止丈尋，殆有不可盡言。又況後此且數十年，況又後於此，又是十數年。區區掇拾於殘編斷簡之餘，我乃收拾遺言於編殘簡斷之際。傳誦道説，傳誦其門人所載有道者之言。玉石不分，而不加訂正，使玉與石有所分別。而謂真足以盡得其精微嚴密之旨，謂即此可盡得二先生至精至微、至嚴至密之意。其亦誤矣。其誤可知也已。

雖然，轉語。先生之學，二程先生之爲學。其大要亦可知已。大要所在亦有可知。讀是書者，讀此書之人。誠能主敬以立其本，苟能存主此敬，以爲之根本。窮理以進其知，窮究道理以廣其知識。使本立而知益明，使敬存而所知益精。知精而本益固，所知愈精，其本愈立。則日用之間，見於日用常行之際。且將有以得乎先生之心，自有以得二程夫子之心。而於疑信之傳　而於傳聞疑信之間。可坐判矣。可以坐而辨别矣。此外諸家　外此又有數家。所抄尚衆，抄録尚多。率皆割裂補綴，類皆分裂補葺。非復本篇。非是此書之本篇。異時得其所自來，它日若識其所自傳處。當復出之，當重出焉。以附今録。以附今日之所録。無則亦將去其重復，否則又就其中去其文之重出者。别爲外書，别作一集以爲程氏外書。以待後之君子云爾。以俟後來之君子參考之耳。

戊午讜議序

此篇專指秦檜和虜誤國之罪。

君臣父子之大倫，君君、臣臣、父父、子子之倫理。父天之經，在天爲經常而不可廢。地之義，在地爲分義而不可踰。而所謂民彝也。是即降衷秉彝之初，所謂仁於父子、義於君臣是也。故臣之於君，臣之事君。子之於父，即子之事於父。生則敬養之，存則盡其敬以致其養。没則哀送之，死則盡其哀以送其終。所以致其忠孝之誠者，孝於親忠可移於君，其理則一，當曲致其誠。無所不用其極，無所不致其極。而非虚加之也。非是虚加其禮。以爲不如是，以爲不若是，則無以盡乎吾心云爾。則不能盡我忠孝之心。然則，如此。其有君父不幸，君猶父也，脱有不幸。而罹於横逆之故，而遭悖逆不以理之事。罹，音離。則夫爲臣子者，則夫身爲臣子。所以痛憤怨疾，所以痛哭、憤發、怨恨、疾惡。而求爲之必報其讎者，求爲君父必報讎敵者。其志豈有窮哉！其心安有窮已？故記禮曰：禮記有言。「君父之讎，君之讎。不與共戴天；誓不與之共戴乎天。寢苫枕干，卧草枕盾，如居喪之時，示不忘也。苫，音覘。枕，去聲。不與共天下也。」不與之同處於天下。而爲之説者曰而言者乃謂。復讎者可盡五世，報君之讎當期五代。則又以明夫雖不當其臣子之身，吾之世未及報，生於吾世後者，其身雖不爲臣子。而苟未及五世之外，苟未出五世之外。則猶在必報之域也。尚在必報之地。雖然，此特庶民之事耳。此不過衆百姓之事。若夫有天下者，如人君奄有天下之大。承萬世無疆之統，繼萬代無窮之統緒。則亦有萬世必報之讎，則亦有萬代必報之讎。非若庶民五世。不如衆百姓止於五代。自高祖至玄孫，高、曾、祖、父、己身。親盡服窮而遂已也。親絶服無而止。

國家靖康之禍，國朝靖康年間之變。二帝北狩而不還，二君北出而不返。臣子之痛憤怨疾，臣子痛哭、憤發、怨詈、疾惡仇狄。雖萬世而必報其讎者，雖是萬代必當報之。蓋有在矣。蓋有所在。太上皇帝高宗。受命中興，受天命爲中興之主。誓雪父兄之辱，誓洗二帝之恥。雖其間亦或爲姦謀之所前郤，雖其中亦有爲奸佞之謀怨沮，而或進或退。而聖志益堅。而君志愈堅決。至於紹興之初至於紹興初年。賢才並用，賢人盡拔。綱紀復張，紀綱重振。諸將之兵，諸將所訓之兵。屢以捷告，常以克敵聞。恢復之勢恢復疆宇之勢。蓋已十八九成矣。十分已有八九分成矣。虜人於是始露和親之議以沮吾計，虜人見其勢不可，乃爲和親之説，以沮吾謀。而宰相秦檜，秦丞相。歸自虜庭，自虜還朝。力主其事。堅主和親之事。當此之時，於是之時。人倫尚明，君臣之倫猶明。人心尚正。人心之天猶在。天下之人，天下之衆。無賢愚，無賢者與愚者。無貴賤，無貴者與賤者。交口合辭，並口合言。以爲不可。以爲和議斷不可行。獨士大夫之頑鈍嗜利無恥者，獨有士夫頑愚、魯鈍、貪利、無耻辱之人。數輩起而和之，數人起而主和親之説，如孫近之徒。清議不容，清議不許。詬罵唾斥，罵詈斥辱。詬，音垢。欲食其肉，欲食附和議者之肉。而寢處其皮，而寢附和議者之皮。則其於檜可知矣。則其於主和議之賊檜可知。而檜乃獨以梓宫、長樂藉口，梓宫，君之喪；長樂，后宫。以此二事藉口。攘郤衆謀，排斥衆人非和議之謀。熒惑主聽。變亂人主之聽。然後所謂和議者，於是和親之議。翕然以定而不可破。翕合一言，牢不可破。自是以來 自此以來。二十餘年，又二十年。國家忘仇敵之虜，國家已忘仇虜之當報。而懷宴安之樂，而日享安平之樂。檜亦因是藉外權以專寵利，賊檜因此恃在外之權，以專其寵禄。竊主柄以遂其奸謀。盗切人主之柄[九]，以成其奸邪之計。而向者冒犯清議，向來不顧清議。希意迎合之人，承順檜意，迎其機而與之投合者。無不夤緣 無不旁緣。驟至通顯，遽進顯官。或乃踵檜用事。或又躡檜之蹤行事。而君臣父子之大倫，君君臣臣、父父子子之倫。天之經，天之經常。地之義，地之分義。所謂民彝者 所謂斯民彜常之理。不復聞於搢紳之間矣。不復能存於士夫之中。搢，插紳帶[一〇]。士大夫狃於積衰之後，士夫安於國勢積弱之後。狃，音紐。徒見當時國家無事，徒然見邦國無虞。而檜與其徒 而賊檜與附檜者。皆享成功無後之思，皆謂功已成而不爲遠慮。顧以忘讎忍辱 遂以忘仇虜、忍恥辱。爲事理之當然。以爲事理所當如此。主議者慕爲檜，主和議者望爲賊檜。遊談者慕其徒，遊士夫閒聚議者，望爲賊檜之徒黨。一雄唱之，譬之禽獸，一雄鳴之於先。雄，陽物也。百雌和之。群雌和而起。雌，陰物也。癸未之議，癸未年間之論。發言盈庭，言者滿天子庭。其曰虜世讎不可和者，其謂虜人與國家世結讎隙，不可與之和。尚書張公闡、張尚書謂四州不可割。左史胡公銓而止耳。胡左史謂和好不可成。僅有此二人而已。自餘蓋亦有謂不可和者，外此亦有言不可與和者。而其所以爲説，而其爲言。不出乎利害之間。不能出乎和議利害之中。又其餘，又外此。則雖平時號賢士大夫，雖是平日衆稱爲好士夫。慨然有六千里爲讎人役之嘆者，慷慨發嘆，欲直造虜庭六千里，爲邦家報讎。一旦進而立乎廟堂之上，一日顯擢朝廷之上。此指周葵參政而言。顧乃惘然。而乃失志。惘，忙去聲。如醉如幻，猶昏醉夢幻。幻，音緩。而忘其疇昔之言。不復記前日之言語。厥或告之，其或有人言者。則曰："則云。「此處士之大言耳。」此閑處之士大言無當者也。嗚呼！歎語。秦檜之罪，賊檜之罪，所以上通於天，至於上達乎天。萬死不足以贖者，雖死萬遍，不足以贖。正以其始則唱邪謀以誤國，正以其初則唱爲不正之謀，以誤二帝。中則挾虜勢以要君，中則通虜，妄挾其勢，以要人主之和。要，音邀。使人倫不明，俾君臣之倫理不明。人心不正，人心之正理泯滅。而末流之弊，而流弊之末。遺君後親，棄其君，後其父。至於如此之極也。未有至是之極。

夫惟三綱不立，惟其君臣、父子、夫婦之三綱不存。是以衆志無所統繫，是以衆心無以管攝，而上之人上而人主。亦無所憑藉以爲安。亦何所恃而能安此身？斯乃有識之士，此乃有識之人。所爲長慮却顧爲之深思退省。而凛然以寒心者，凛凛然於心者。而説者猶曰而言者猶謂。姑以衆論之從違且以衆説之從與違。而卜事理之可否，而占事理之可與不可。則今日士大夫是和者之多，則今之士夫是和議者多。蓋不下前日非和者之衆也。蓋不減前時非和議者衆矣。獨安得以前日之不可，又安能以向者之不可和。而害今日之可哉！而壞今日可和之説哉！嗚呼！嘆語。是未知前日人倫之明，是不知前日非和議者衆，是前日君臣之倫明也。而今日之不明，今日附和議者衆，是今日君臣之倫不明也。前日人心之正，前日非和議者衆，是前日人心之正也。而今日之不正也。今日附和議者衆，是今日人心之不正也。且若必以人之衆寡爲勝負，且又欲以人之多少較輸贏。則夫所謂士大夫是和之多者，則彼士夫是和議之衆。又孰若六軍萬姓之爲多耶？又寧如六軍之衆、萬姓之多？今六軍萬姓之言，今之六軍、萬姓之言。則是二公之言而已。則以張尚書、胡左史之言爲是。蓋君臣父子之大倫，蓋君君、臣臣、父父、子子之倫理。天之經，天之經常。地之義，地之分義。而所謂民彝者，所謂斯民秉彝之理。其於世也有明晦，世道雖有明有晦。其在人也無存亡。此理在人無存無亡。是以雖當頽壞廢弛之餘，雖是王綱陵夷、國事廢弛之日[一一]。邪議四起，邪説四方而起。無復忌憚，不復有所顧忌畏憚。而亦不能斬伐銷鑠，使之無也。然此理亦不爲之戕賊侮蝕而無焉[一二]。鑠，音綽。奈何不聽於此，如何謀國者不此之從。顧反決得失於前日所謂頑鈍嗜利無恥者之餘謀？而乃問得失於頑愚、遲鈍、貪利、無恥辱者之餘策？此已墜之三綱此君臣已失之綱。所以未能復振，固不能復張。已隳之萬事國家已廢之事。所以未能復理，又未能復治。而上之人上而人主。亦未能有所憑藉，未能有所恃。以成安彊之勢也。以成治安强大之勢也。今南北再懽，今南朝與北地再懽洽。中外無事，内外無虞。迂愚左見，迂疏愚昧之僻見。所謂萬世必報之讎者，所言萬世當報之仇虜。固已無所復發於口矣。固不復出於口。竊伏田間，跧伏田里。不勝憤嘆。不勝發憤嘆息。因讀魏元履所叙次戊午讜議，因誦魏國録叙次讜議。爲之慨然流涕，爲之慨惜墮淚。蓋傷其禍殃蓋傷其罹禍。自此始也。自此而發。懷不能已，所懷無盡。姑論其始終梗概如此，且言其首末節概如是。梗，更上聲。以發明元履所爲叙次之意，以發揮魏國録所以叙述之旨。并以致草野孤臣畢義獻忠之誠。又以致草野之臣盡義獻忠之實。謀國者儻有取焉，謀國人臣有取於是。則猶足以裨廟謀之萬一，尚可以補人主深算萬分之一。而非區區所敢望也。又非我所敢覬望也。

通書序

五峰胡先生

此篇叙濂溪傳道著書之由。

通書四十章，通書凡四十篇。周子之所述也。乃周氏子之所著作。周子，名惇頤，周，姓。

子者，男子之通稱。惇頤，其名。字茂叔，茂叔，其字。舂陵人。舂陵道州，先生乃其郡之人也。

推其道學所自，推究其傳道講學之所自。或曰：或人云。傳太極圖於穆脩也。穆，姓，脩，名。周子太極一圖得之穆脩。脩傳先天圖於种放，种，姓，放，名。先天一圖，穆脩又傳授於种放。放傳於陳摶，陳，姓，摶，名。种放又傳授於陳摶。此殆其學之一師也歟？學法無窮，此特周子得於人者一事之師。非其至者也。非其極至之妙。希夷先生即陳摶也。有天下之愿，其始志在天下。而卒與鳳歌、荷蓧鳳歌，即論語楚狂接輿歌鳳兮之歌。荷蓧，即子路遇丈人荷蓧之事。蓧，竹器。二人皆古之隱者也，借此喻陳摶終與歌鳳、荷蓧之徒。長往不來者伍，求遯不出者並。於聖人無可無不可之道，其於聖人無所可、無所不可之道。亦似有未至者。亦若有所未到處。

程明道先生程明道，名顥，字伯淳。嘗謂門弟子曰：嘗謂其徒曰。「昔受學於周子，昔年從學於周濂溪。令尋仲尼、顏子所樂者何事。」使求孔子、顏回平日所樂在何事。而明道先生程先生。自再見周子，由再見周濂溪。吟風弄月以歸。見其胸襟灑落，怡然自得，吟詠光風、飽揖霽月而歸。道學之士學道之人。皆謂程顥氏盡言程先生。續孟子不傳之學，繼孟軻氏不傳之絕學。則周子豈特爲种、穆之學而止者哉？則濂溪乃程先生之師，又豈特傳种放、穆脩二人之學而已？粤若稽古嘗順考之古。孔子，述三五之道，夫子繼三皇五帝之大道。立百王經世之法。植百代經國之定法。孟軻氏闢楊、墨，孟子闢去楊氏無君、墨氏無父之教。推明孔子之澤，推演夫子垂世之澤。以爲萬世不斬，以此爲萬斯世相傳不可斬絶者。人謂孟氏功不在禹下。於是人推尊之，以謂孟子闢楊、墨之功不減於神禹治水之功。今周子啓程氏兄弟以不傳之妙，今濂溪開二程以太極不傳之藴。一回萬古之光明，回光明於萬古既蝕之餘。如日麗天，有如皎日之在天。將爲百世之利澤，溥利澤爲百世無窮之佔丐[一三]。如水行地，有如水行之在地中。其功蓋在孔門之間矣。濂溪之功蓋居於孔門之間。

人見其書之約也，人觀通書四十章之簡。而不知其道之大也；而不知是道之大無不寓此。見其文之質也，人見通書四十章文之古。而不知其義之精也；而不知義理之精粹無不在此。見其言之淡也，人見通書四十章言語之淡。而不知其味之長也。而不知意味之深長無不具此。顧愚何足以知之，如我之愚昧，何足以知此？然服膺有年矣，但佩服於胸次有年於兹。試舉其一二語試舉書中之一二言。爲同志者啓予之益乎？爲同有志於學者開我所得之益，可乎？

患人以發策決科，慮世之人以對策決收科第。榮身肥家，掇取高官以榮其己、以潤其屋。希世取寵爲事也，希望於權勢取寵禄以爲第一事也。則曰：則云。「志伊尹之所志。」伊，姓，尹，名。伊尹之心不在寵禄，在於堯舜其君民。患人以知識聞見爲得而自畫也，恐人以知識之明、聞見之卓以謂道止於此而自止。不待價而自沽也，如美玉不待善價而沽賣。則曰：則云。「學顔回之所學。」顔，姓，回，名。學顔之學，不以貧窶動其心而不改其樂。人有真能立伊尹之志，人苟能真是卓立伊尹之所志。脩顔回之學者，脩顔子之所學。然後知通書之言而後知通書四十章之語。包括至大，包羅衆理，實爲至大。而聖門之事業無窮矣。而孔門事業施之無盡。故此一卷書，故此一卷四十章書。皆發端以示人者，盡發其端倪以昭示後人。宜度越諸子，宜超邁其他諸子。直與易、書、詩、春秋、語、孟同流行乎天下。其功用實與周易、尚書、毛詩、春秋、論語、孟子六經之書同行於萬世而不泯。是以叙而藏之，用叙其篇首，珍而藏焉。遇天下之善士，常待天下之稱爲善士者。又尚論前脩，又能考論前哲。而欲讀其書者，則傳焉。而思得其書而讀者，則以是傳之。

康節先生

無名公傳序

此篇康節自序其樂天知命，不爲虛名所撓。

夫「無名」者，天所謂「無名」者[一四]。不可得而名也，雖欲以名名之不可得也。凡物有形則可器，大凡天下之物有一形，必具一用。可器斯可名。既具一用，斯得一名。然則，如此。斯人無體乎？此人獨無形體乎？有形體則亦可名矣。曰：「有體，云亦有形體。有體而無迹也。」但雖有形體而無迹可指，何名之爲。斯人無用乎？此人其無所用乎？曰：「有用，云亦有所用。有用而無心者也。」但雖有用而無心於用，何名之爲。夫有迹有心者，夫有迹可指，有心可窺。斯可得而知也。人皆得而知之，此即可名。無心無迹者，無心可窺，無迹可指。雖鬼神亦不可得而知，幽而鬼神亦不知之。不可得而名，既不可知則亦不可名。況於人乎？何況於人？故其詩曰：康節自言也。故其詩云。「思慮未發，此心之念慮未發，即上文「無心」也。鬼神莫知。雖鬼神莫得而知。不由乎我，不在於己。更由乎誰？」更屬於何人？能造萬物者，天地也。造化萬物者天地，天地有形可得而名也。能造天地者，太極也。造化天地者，是道之爲也。是道無形不得而名，故統言之曰「太極」。太極，即至極之義也。太極者，太極之爲太極。其可得而名乎？雖有至極之義，而無形可見，何自而名？可得而知乎？名且不可得而知。故强名之曰太極，不得已，强名之謂太極。太極者，太極云者。其無名之謂乎？其殆不可名而名者，雖謂之無名可也。故嘗自爲之贊曰：康節言自爲己之贊云。「借爾面貌，借爾以面貌之形。假爾形骸，假爾以肢體之身。弄丸餘暇，丸，指先天圓圖也。循環一圖，無非陰陽消長之數。康節一身會陰陽消長之理，故云玩弄是圖，雍容無事。閑往閑來。」以心會陰陽之理，而閑來往於是圖之中。人告之以脩福，或人語之以脩福之道。對曰：答云。「未嘗爲不善。」我不曾爲不善之事，何必脩？人告之以禳災，或人語之以禳謝之道。對曰：答云。「未嘗妄祭。」未嘗非鬼而祭，何必禳？故其詩曰：故我又有詩云。「禍如許免人須諂，人之禍可以覬免，則皆諂媚於神爾。福若待求天可量。」福若可得而求，則天道亦可量度。又曰：又有詩云。「中孚起信寧須禱，中孚，易卦名也。中心誠信自足以感孚，何事乎禱？无妄生災未易禳。」无妄，亦易卦名也。無自妄動，天生災禍則未易禳。性喜飲酒，自言其性最好嗜酒。嘗命之曰「太和湯」。自名之謂「太和湯」，以能使人滿懷春也。所飲不多，飲之亦不至多。微醺而罷，微微之醉即止。醺，音熏。不喜過醉。不喜過飲，則失之醉。故其詩曰：故又爲詩云。「性喜飲酒，天性喜酒。飲酒喜微酡。飲酒之時只喜微醉。酡，音沱。飲未微酡，飲酒未至於微醉。口先吟哦。口先吟哦詩篇。吟哦不足，遂浩歌。吟詠之不足，遂至浩然長歌。浩歌不足，可奈何？」浩然長歌之不足，其奈此情何？

所寢之室，睡卧之房。謂之「安樂窩」。窩，藏也。以其宿藏於安樂之地。窩，音渦。不求過美，不求過於華飾。惟求冬燠夏涼，惟欲於冬則煖、於夏則涼。遇有睡思則就枕而睡。遇睡興來，則就枕而睡。故其詩曰：故自爲詩云。「墻高於肩，築墻其高過於肩。室大於斗，一室之大差勝於斗。布被煖餘，以布爲被，煖體之餘。藜羹飽後。以藜爲羹，一飽之後。氣吐胸中，吐出胸中之氣。充塞宇宙。」浩然充滿天地間。其與人交，其與人交接。雖賤必洽，雖至賤之人亦與之懽洽。終身無甘旨，終一身無美味之奉。未嘗作皺眉事，然亦未嘗浪皺雙眉。故人皆得其歡心。故人人皆有歡愛之心。見貴人，見貴而有禄位者。未嘗興奉。未嘗起敬奉之心。見不善人，見不有善行之人。未嘗急去。未嘗便趨而避之。見善人，見有善行之人。未之知也，已未知之。未嘗急合。未嘗急與之合。故其詩曰：又爲詩云。「風月情懷，情懷軒豁，猶風月然，浩無邊岸。江湖性氣。性氣超逸，如江湖然，不可涯治[一五]。色斯其舉，人不知己，見其色則舉而遠之。翔而後至。人之即己，則回飛審是而後集。無賤無貧，無賤者，無貧者。無富無貴，無富者，無貴者。無將無迎，不將順，不逢迎。無拘無忌。」不拘執，不忌克。聞人之謗未嘗怒，聞他人之毁我，未嘗加怒。聞人之譽未嘗喜。聞他人之譽己，未嘗加喜。聞人言人之惡未嘗和，聞人言他人之惡處，未嘗和其言。聞人言人之善，聞人言他人之有善。則就而和之，則從而和其言。又從而喜之。又從而樂談之。故其詩曰：故爲詩云。「樂見善人，喜見爲善之人。樂聞善事。喜聽爲善之事。樂道善言，喜言爲善之言。樂行善意。喜行爲善之意。聞人之惡，聞他人之有惡。如負芒刺。如背負芒刃刺棘。聞人之善，聞他人之有善。如佩蘭蕙。」如佩帶蘭、蕙之二香草。家貧未嘗饋於人，家素貧未嘗有饋獻於人。人饋之，或他人有饋於己。雖寡必受。雖是不多，亦必受之。故其詩曰：故爲詩云。「窘未嘗憂，雖窘乏未嘗致憂。窘，音謹。飲不至醉，雖飲酒不使至醉。收天下春，收天下春和之氣。歸之肝肺。」盡歸吾肝肺之中。朝廷授之官，朝廷與之以官。亦不强免，不强求免。亦不强起。不强求起。晚有二子，晚年方有二子。教之以仁義，訓之以仁義之道。授之以六經。傳之以六經之學。舉世尚虚談，舉一世之間，皆尚清議。未嘗掛一言；而吾獨無一清虚之語。舉世尚奇事，舉一世之間，皆尚怪事。未嘗立異行。而吾獨無非僻之行。故其詩曰：故爲詩云。「不佞禪伯，不爲美言以稱禪師。不諛方士。不爲美言以頌方術之士。不出户庭，雖身常不出於户庭之間。

直游天地。」而此心真游於天地之外[一六]。家素業儒，家素來以儒爲業。口未嘗不道儒言，口未嘗不稱道儒者之言。身未嘗不行儒者之行。身未嘗不行儒者之行。故其詩曰：故爲詩云。「心無妄思，此心無妄所思。足無妄走。此足無輕所動。人無妄交，於人不妄其交。物無妄受。於物不妄其受。炎炎論之，以一世炎炎之勢而論。甘處其陋。而我獨甘處於卑陋，侶若可愧。綽綽言之，以胸襟義理綽綽然有餘裕言之。無出其右。無人出於我之右。羲軒之書，伏羲黄帝之書。軒轅氏，黄帝也。未嘗去手。未嘗停披於手。堯舜之談，堯舜相授危微精一之語。未嘗虛口。未嘗絶吟於口。當中和天，當天氣中和之時。同樂易友。同樂道平易之友。吟自在詩，詩吟自在無事作爲。飲歡喜酒。酒飲歡喜，陶陶自樂。百年升平，自歷四朝不見兵革，百年之内晏然太平。不爲不偶。不爲不遇其時。七十康强，將及七十而筋力康壯。不爲不壽。」不爲不得其壽。此其無名公之行乎？此皆無名公之行如此。故自號曰「無名公」。故以自號。

習鄉飲酒儀序

勉齋黄先生

此篇論鄉飲酒之禮，教民相親相睦之道。

請賓介、介，賓之輔也。主人請賓及其介。陳器饌、陳其器皿、食饌。獻賓介、主人酌酒以獻賓及其介。獻僎、僎，主之輔也。又酌酒獻其僎。僎，音遵。旅酬、燕，旅，序也。以次序相酬酢而燕。六者禮之大節也。此爲禮之大節目者有六。登降辭受，一升一降，一辭一受。禮之文也；此爲禮之節文也。鼎俎籩豆，四者皆所以盛肉果等物。禮之器也；乃燕禮所取以爲器也。脯醢脊脅，脯，腊也。醢，肉醬也。脊脅，肉之有骨者。禮之用也。乃燕禮所資，以爲用也。此觀禮者所共知也。觀此禮者，見而知也。其數易知，其節目爲易知。其義難知也。其義則深而難知。鄉飲，鄉飲酒之禮。教親睦也。教人相親而和睦。鄉閭親睦，鄉里之人相親而和睦。陵犯爭訟之風息矣。則尊陵卑下、犯上爭競之習自然消弭。夫禮主於敬，禮以敬爲本。敬勝則乖，過於敬則乖異。乖則離。乖異則離而不合。聖人制禮，古先聖人制爲典禮。必濟之以和，以和而濟其敬之太過。和勝則瀆，過於和則必至褻瀆。瀆則慢。褻瀆則慢而不恭。聖人制禮，古先聖人制爲典禮。必濟之以敬，以敬而濟其和之太過。始之以禮教敬也，首示之以禮典，是教民以此敬也。終之以樂教和也。終示之以樂歌，是教民以此和也。拜至、賓至而主拜之。拜洗、主洗爵而賓拜之。拜既，飲盡而賓又拜之。敬之至也。此爲致敬之極。請安、請安燕。請坐、請升坐。爵樂無算，脩爵與舉樂無算數。和之至也。此爲和樂之極。敬而和，教敬而和樂。禮之大義也。此爲禮之大者。此所以親睦鄉閭，所以能使鄉閭相親而和睦。而息陵犯爭訟之風也。而相陵犯、相爭訟之習由是止息。降洗降盥，降而浣器，降而浣手。盥，音管。潔也。取其潔也。辭盥辭洗，辭其浣器、浣手之禮。遜也。致其謙也。父坐子立，父坐於上，子則侍立於旁。孝也。此教人以孝之事。老者坐上，年高者坐於上。少者立於下，年少者則侍立於下。弟也。此教人以弟之事。飲食必祭，一飲一食必祭乎祖。不忘本也。不敢忘其先也。酬賞不舉，酬賞之禮，唯賓主爲備，至於介僎則省。不盡人之忠也。不盡人勸酬之忠也。序賓以賢，次序於賓，必推其賢。貴德也。重其有德者也。序坐以齒，次序其坐，必尊其年。貴長也。重其長上者也。序僎以爵，次序於僎，必尊其爵。貴貴也。重其貴者也。工歌必獻，下而樂工笙歌之人亦酌酒而獻。不忘功也。不忘其勞也。美友沃洗，又降而滌濯之，人亦酌酒以宴之。不忘賤也。不遺其賤者也。歌關雎、葛覃、卷耳，三詩皆頌后妃之德樂。歌此詩。齊家之義著矣。則齊家之道於此昭著。一飲一食，飲食之頃。一拜一坐，拜坐之間。一揖一降，揖降之際。無非教也。莫非禮之教。通於義者，若因此而通曉其義。又非但可以親睦鄉閭而已也。不止使鄉閭之人相親相睦而已。天理得，禮者天理之節文，通此禮即全此天理也。人心正，天理有諸身，則人心自無不正。無所施而不可也。殆將無所施設而不可。聖人著爲禮以教人，古先聖人著爲禮典以教後世之人。凡爲鄉人者，凡爲鄉里之人。皆知此義焉，無不知此義。此成周之世，此周成王之時。所以人人皆有士君子之行也。無人不有賢人君子之德也。禮廢樂墜，禮既廢缺，樂又墜失。鄉人之群飲者未嘗廢，鄉之群聚而飲者則未嘗亡。豐飲食，厚其食饌。侈供帳，華其帳飾。悦聲伎，喜淫哇之聲，事俳優之戲[一七]。恣嚾嗷，縱其讙譁。

教侈也，是教之以奢侈也。誨淫也，是訓之以淫亂也。恣慾也，是恣騁其欲心也。無非所以敗人心者也。皆是敗壞人之心術。此後世之士大夫，此後世之爲士大夫者。曾古之服勤於畎畝之不若也。曾不如古之農民服力田畝者，雖不講明是禮，遇親孝、遇長弟，而反不失於是禮也。然則，如此。是禮也，此鄉飲酒之禮。雖不行於今之世，雖未能即行於今之時。學士大夫之存志於古者，苟有爲學之士大夫，有志於古之禮。其可不思所以講明而肄習之歟？獨可不講明此禮而學習此禮耶？

送許太傅入幕序

此篇論宇宙中間只一陰陽老少，分而爲四象，天地之造化、人之情性無不由此也。

天地之間，天地中間。一陰一陽，靜陰動陽。兩儀立焉。是生兩儀。陰陽有老少，太陽、太陰、少陽、少陰。四象生焉。是生四象。形而上者謂之道，形而上者，乃陰陽之理，故謂之道。形而下者謂之器。形而下者，乃陰陽之用，故謂之器。語大，言其廣大之體。天下莫能載；舉天下之大莫之能載。語小，言其精微之妙。天下莫能破。雖天下至微之物莫之能破。皆不出是四者而已。皆不外乎陰陽之理。人之一身，人之有此一身。仁禮爲陽，仁配元，禮配亨，皆有發達之象，故爲陽。義智爲陰，義配利，智配正，皆有凝肅之象，故爲陰。兩儀也，是即兩儀也。仁爲木，仁主春，故爲木。禮爲火，禮主夏，故爲火。義爲金，金主秋，故爲金。智爲水，水主冬，故爲水。四象也，是即四象也。形而上者也。則皆形而上之理也。肝心爲陽，心與肝屬陽。腎肺爲陰，腎與肺屬陰。兩儀也，亦兩儀也。肝爲木，肝屬於木。心爲火，心屬於火。肺爲金，肺屬於金。腎爲水，腎屬於水。四象也，亦四象也。形而下者也。皆形於下之用也。耳、目、口、鼻之分，一身耳目口鼻四者之分。少、長、老、死之變，曰少、曰長、曰老、曰死之變。喜、怒、哀、樂之感，喜、怒、哀、樂四者之相感。惻隱、羞惡、辭遜、是非之情，四端發見之情。與夫五常百行，五常之理，百行之懿。未有出四者之外也。皆不能出是四者之外。語大，言其大。則天地、日月、四時、鬼神 則天地之大，日月之明，四時之運行，鬼神之吉凶。不能違也；不能外乎此理。語小，言其小。則一草一木 則一草之細，一木之微。無不具也。莫不畢備。四者之妙，此四者之妙。其淵深廣大如此，幽而深、浩而博若此。人之所以與天地並立而無間者，人之一身，中天地並立而爲三才，無所間者。於此器之中，於此身之中。具此道也；全得此理。格物致知，窮物理之極，以極吾心之知。窮此道也；所以窮究此道。存誠居敬，存此實理，守之以敬。守此道也。所以固守此道。無以窮之，苟不能窮此道。則罔然無所見；則昧昧而無所覺。無以守之，苟不能守此道。則茫然無所得。

則茫茫而無所有。雖具人之形，形雖人之形無以自別。其與夷狄禽獸不遠矣。其與頑冥不靈之夷狄、有生無知之禽獸不相遠矣。世教不明，世之教學不明。學者知之而未必求，學者雖知此而不能求此。求而未必熟，雖知求之亦未至於熟。不至於熟，苟其不熟。猶無見無得也。亦猶罔然無所見、茫然無所得者也。至於熟，苟至於熟。則動容周旋，舉動、容貌、周旋之頃。無適而非四者之用也。無往而非此四者之妙用。古之君子，古之人。所以自强不息，所以奮然自强，無有止息。亦將求以熟之也。亦將以精熟乎此。許君一日許，姓也。君，稱之也。其一日。相與語康節先生之學，相同講論堯夫數學。有感於數之起於四者，因論其數之起於四而有感。予因極言之，予於是乎極論其理。以諗許君，以告許君。諗，音審。且以自警云。因以此自警省焉。

校勘記

[一] 切意其猶伯夷伊尹之於孔子　「切」，四庫本作「竊」。

[二] 切料其源派既遠　「切」，四庫本作「竊」。

[三] 不妨醇醲醨薄之異其味　「妨」，四庫本作「分」。

[四] 而切其相近相似之語　「切」，四庫本作「竊」。

[五] 可以欺一世人　「一」，四庫本作「謾」。

[六] 切謂妄謬之意其庶近得之矣　「切」，四庫本作「竊」。

[七] 又嘗切有聞於此　「切」，四庫本作「竊」。

[八] 尹焞自此不復敢讀　「焞」原作「焞」，據四庫本改。

[九] 盜切人主之柄　「切」，四庫本作「竊」。

[一〇] 搢插紳帶　「插」，四庫本作「笏」。

[一一] 雖是王綱陵夷國事廢弛之日　「王」，四庫本作「三」。

[一二] 然此理亦不爲之戕賊侮蝕而無焉　「侮」，四庫本作「晦」。

[一三] 溥利澤爲百世無窮之佔㐁　「佔㐁」，四庫本作「儒宗」。

[一四] 天所謂無名者　「天」，四庫本作「夫」。

[一五] 不可涯治　「治」，四庫本作「涘」。

[一六] 而此心真游於天地之外　「真」，四庫本作「直」。

[一七] 事俳優之戲　「戲」，四庫本作「伎」。

新編音點性理群書句解卷之七　前集

記

記者，記述其事也。

養魚記　伊川先生

此篇想見伊川愛物之仁心不特於魚爲然，殆欲周徧天下。

書齋之前 書院之前。 有石盆池，以石爲池，其大如盆。 家人買魚子食猫，家中人買小魚爲養猫用。 食，音似。 見其呴沫也，不忍，吾觀其吹氣吐沫，不忍其死。 呴，虛去聲。 沫，音末。 因擇可生者，得百餘。 遂取其可活者百有餘。 其中，大者如指，其内最壯者猶指頭。 細者如箸。 最小者如箸尾。 支頤而觀之者竟日。 以手托口間視之終日。 始舍之，洋洋然，初放於池則洋然自得。

舍，音捨。魚之得其所也；此魚之樂得其地也。終觀之，戚戚焉，靜觀於終戚焉不足。吾之感於中也。此吾之有感於心也。

吾讀古聖人書，吾誦上古聖人之書。觀古聖人之政，歷觀上古聖人之治。禁數罟不入洿池，禁密網不入洿濁之池。數，音促。魚尾不盈尺，魚自首至尾不滿一尺。不中殺，不可殺者。中，去聲。市不得鬻，市井不許鬻賣。鬻，音育。人不得食。人亦不許食此。聖人之仁，聖人愛物之仁。養物而不傷也。是生養萬物而不傷其生。物獲如是，物得其生若此。則吾人之樂其生，反而觀我之自樂其生。遂其性，自適其性。宜如何哉？又當若何？思是魚之於是時，想魚之於此時。寧有是困耶？既得其生，安有是困？惟是魚，但此魚。孰不可見耶？誰弗能見？

魚乎！魚乎！是魚，是魚。細鉤密網，微小之鉤，細密之網。吾不得禁之於彼，我不能禁彼漁捕之人。炮燔咀嚼，炮炙食啗。炮，音庖。燔，音煩。吾得免爾於此。我可以免汝生於此。吾知江海之大，我知長江、滄海之大。足使爾遂其性，可俾爾魚自適其性。思置汝於彼，欲置爾於其中。而未得其路，未有其道。徒能以斗斛之水，徒將升斗桶斛之水。生汝之命。活爾性命。生汝誠吾心。俾爾咸生，是我之心。汝得生已多，爾之獲生，不爲不多。萬類天地中，萬物之衆在天地間。吾心將奈何？我之心又如何使之皆然？魚乎！魚乎！是魚，是魚。感吾心之戚戚者，感得我心之戚然不足。豈止魚而已乎？又何啻此魚而已？因作養魚記。於是乎爲養魚之記。

獨樂園記

司馬温公

此篇言己之樂非衆人之所謂樂，故名其園以「獨樂」。

迂叟迂者，迂疏之謂；叟者，老人之稱。温公自號也。平日讀書，平時所讀之書，上師聖人，上則師法於聖人。下友群賢，下則尚友於衆賢。窺仁義之原，愛曰仁，宜曰義。吾必究觀仁義之本原。探禮樂之緒。理曰禮，和曰樂。吾必探求禮樂之端緒。自未始有形之前，自渾沌未有形之先。暨四達無窮之外，及天下四達無有窮極之外。事物之理，一事一物各具一理。舉集吾前。紛至我前。可者學之，擇其善者，吾必學焉。未至於可，苟未至於善。何求於人，何所求於人。何待於外哉！何所取於外哉！惟求諸己而已矣。志倦體疲，其或心志之怠，肢體之勞。則投竿取魚，則怡然自適，以求真樂，或垂竿而鈎魚。執衽采藥，或提衣而拾藥。衽，音忍。決渠灌花，或疏溝泉而沃花。操斧剖竹，或執斧以剖竹。濯熱盥水，執熱而濯，則盥之以水。盥，音管。臨高縱目，登高而望，則縱目而視。逍遥相羊，優游順適。相羊，與「倘佯」同。惟意所適。惟吾意之所之。明月時至，皓月無時而不有。清風自來，清風竟日以長來。行無所牽，時行則行，而無所拘攣。止無所柅，時止則止，而無所繫柅。柅，女几反。耳目肺腸，凡曰耳、曰目、曰肺、曰腸。卷爲己有，皆收藏爲吾己之用，不爲物欲之所使也。卷，上聲。踽踽焉，徒有威儀而無所施。踽，其禹反。洋洋焉，悠然自得。不知天壤之間不知上天下地之中。復有何樂外此更有何可樂之事。可以代此也。足以代此樂耶？因合而名之曰「獨樂」。因合是數樂之事，而總名吾園曰「獨樂」。獨之爲言，得非此樂乃己之所獨而非人之所同也耶？

克齋記

文公先生

此篇專言克去己欲之私以盡吾仁，則仁之道春融於吾性中矣。

性情之德存諸中謂性，發見於外謂情，其德至善。無所不備，無不備具。而一言足以盡其妙，而一語足以該盡其妙。曰「仁」而已。亦惟有此仁也。所以求仁者，蓋亦多術，但所以求仁之方亦多端。而一言足以舉其要，而一語足以挈其要領。曰「克己復禮」而已。亦惟克去己私，復還天理也。蓋仁也者，蓋仁之爲道。天地所以生物之心，其爲理生生不息，在天地則爲生物之心。而人物之所得以爲心者也。人物之生得天地之心，以爲心則爲吾心之仁。惟其得夫天地生物之心以爲心，惟其得天地之心以爲吾之心。是以未發之前，故天理未發見之先渾然成性。四德具焉，四者之德咸具其中。曰仁、義、禮、智，愛曰仁，宜曰義，理曰禮，知曰智。而仁無不統。仁包四德，無所不統。已發之際，故天理已發見之時爲情之善。四端著焉，四者之端發見於外。曰惻隱、羞惡、辭遜、是非，惻隱爲仁發見之端，羞惡爲義發見之端，辭遜爲禮發見之端，是非爲智發見之端。而惻隱之心，而惻隱貫乎四端，無所不通。此仁之體用　仁其體也，惻隱其用。所以涵育渾全，仁包四德，惻隱亦包四端，包涵全備。周流貫徹，流行通貫。專一心之妙，專一心之妙理。而爲衆善之長也。而爲萬善之宗。然人有是身，但人有是形。則有耳、目、鼻、口、四肢之欲，則耳欲聲，目欲色，鼻之欲香臭，口之欲味，四肢之欲安佚。而或不能無害夫仁。蕩於所欲，則適爲吾仁之害。人既不仁，人既不能全此仁。則其所以滅天理而窮人欲者，則其戕滅天理，窮極人欲。將益無所不至，又將愈無所不至。此君子之學　此所以君子之爲學。所以汲汲於求仁，在於切於求仁。而求仁之要，而求仁之大要。亦曰去其所以害仁者而已。亦在夫去其害吾仁者而已。蓋非禮而視，視者目之所睹，非禮不正。人欲之害仁也；是人欲之私爲吾仁害。非禮而聽，聽者耳之所聞，非禮不正。人欲之害仁也；是人欲之私爲吾仁害。非禮而言且動焉，言者口之所稱，動者手足之持履，非禮不正。人欲之害仁也。是人欲之私爲吾仁害。知人欲之所以害仁者在是，知其害吾仁者，皆是數者人欲之私。於是乎有以拔其本、塞其源　譬之去木必拔其根，譬之治水必塞其原。克之，克之而又克之，克而又克，至於無人欲之累。以至於一旦豁然，欲盡而理純，以至一日此心瞭然，人欲淨盡，天理著明。則其胸中之所存者，則凡吾性内之所全者。豈不粹然天地生物之心，豈非天地生物之心以爲心，純粹至善。而藹然其若陽春之温哉！温温乎，其如陽春之育物耶！默而會之，方寂然不動，而會此理於心。固無一理之不具，其體該萬善，而何一理之不全。而無一物之不該也。何一物之不備。感而通焉，及感而遂通，而達此理於事。則無事之不得於理，其用散百爲，而何一事之不當於理。而無物之不被其愛矣。何一物之不愛。嗚呼，嘆語。此仁之爲德，此仁之德。所以一言而可以盡性情之妙，是以一語足以該性情之理。而其所以求之之要，但其求之之方。則夫子所以告顔淵者，如夫子告顔子四非之目。亦可謂一言而舉也與？可謂一語足以舉其要矣。

然自聖賢既遠，但自去聖賢之世既遠。此學不傳，此學寥寥而不傳。及程氏兩先生出，及明道、伊川二程先生出。而後學者始得復聞其説，而後之爲學者方得聞求仁之説。顧有志焉者或寡矣。而有志於是者亦少。若吾友會稽石君子重，如我之友會稽郡石姓、字子重者。則聞其説而有志焉者也，嘗與聞是語，且復有志於此。故嘗以「克」名齋，嘗自以「克」之一字名其齋。而屬予記之。而求我爲之記。予惟「克」、「復」之云，吾思「克」、「復」之言。雖若各爲一事，雖若判然爲二。其實天理人欲，實則理之與欲。相爲消長，一消則一長。故克己者，故克去己私。乃所以復禮，而天理於此即復。而非克己之外非曰克去己私之外。別有復禮之功也。而他求復還天理之工夫。今子重擇於斯言，今石子重審擇斯言。而獨以「克」名其室，而以「克」之一字名其齋。則其於所以求仁之要，則其於求仁之方。又可謂知其要者矣，亦是知其要領者。是尚奚以予言爲哉！又何待更求我之言爲記耶！自今以往，自今而後。必將因夫所知之要而盡其力，必當因爾所知之要，括求以致其内[一]。至於造次顛沛之頃而無或怠焉。雖至頃刻顛倒之時，亦不怠於用力。則夫所謂仁者，則仁之在己。其必盎然有所不能自已於心者矣，只見其生意闖然於心胸間[二]，其機不容遏也。又奚以予言爲哉！到此何假乎吾言哉！顧其所以見屬之勤，觀其屬吾爲記之勤。有不可以終無言者，又不容終無一語以發其要。因備論其本末因詳述其首末。而書以遺之。書寫以與之。遺，去聲。幸其朝夕見諸屋壁之間，幸冀其揭諸齋壁之中，朝瞻夕覽。而不忘其所有事焉者，而無所忘於此。則亦庶乎求仁之一助云爾。庶幾亦可以爲子重求仁之助也。

復齋記

述復之義[三]，乃是此心不放蕩於人欲，則本心之善即存，非曰録夫已棄之善而屬之，而後謂復。

昔者聖人作易，古先聖人作爲易經。以擬陰陽之變，蓋以參二氣之變易。於陽之消於上而息於下也，於六陽消盡於上，一陰復生於下。其卦曰復。其卦名之曰復。復，復之爲復。反也，反之義也。言陽之既往而來反也。言陽既去而復回也。夫大德敦化天地之大德厚化。而川流不窮，如水之流無窮。豈假夫既消之氣，何待假夫陽氣之既消。以爲方息之資？以爲陽氣方生之本。亦見其絶於彼而生於此，只因其陰絶於彼則陽生於此。而因以著其往來之象爾。不過因此以明其陰陽往來之象。唯人亦然，其在於人亦如此。大和保合[四]，天之生人乾道變化，各正性命，保合大和。善端無窮。萬善充足，無有窮盡。所謂復者，在人之所謂復者。非曰追夫已放之心而還之、非是言追求放出之心而使之復還。録夫已棄之善而屬之也，收其已失之善使之復聯屬。亦曰不肆焉以騁於外，亦惟不放肆此心以馳騖於外。則本心全體則此心本然渾全之體。即此而存，清明常在。固然之善固有之理。自有所不能已耳。其昭著自不可遏矣。嗚呼！嘆辭。聖人於復之卦，聖人推復卦之義。所以贊其可見天地之心，以見天地之心贊之。而又以爲德之本者，又言其爲德之根本者。蓋有天地之復，有在人之復。天地之復，陰極陽生，萬物於此萌動，故爲天地之心。在人之復，惡極善根，善端於此流動，故爲德之本。其不以此歟？其意不謂是歟？

袁州州學三先生祠堂記

此篇推原斯道，濂溪發其秘[五]，明道、伊川得其傳，所宜並祠之由。

宜春太守袁州守臣。廣漢張侯廣漢郡張杓。既新其郡之學，既新建袁郡之學舍。因立濂溪、河南三先生之祠遂立濂溪周子、河南二程子之祠。於講堂之序，於講書堂之兩廊。而以書來，因遣書至。屬熹記之。屬我記其事。蓋自鄒孟氏没自鄒國孟軻氏死。而聖人之道不傳，而往聖之道不傳於世。世俗所謂儒者之學，世之所言吾儒之學。内則局於章句文辭之習，内所習者拘於篇章、句讀、文藻、詞華之學。外則雜於老子、釋氏之言。外所好者夾以老氏、釋氏之語。其所以脩己治人者，所謂脩身以治百姓者。遂一出於私智人爲之鑿，皆出於私智之陋、人爲之鑿。淺陋乖離，淺近卑陋，乖疏支離。莫適正統，莫知是道正統之所在。使其君之德俾上而人君之德。不得比於三代之隆，不能比迹夏、殷、周之隆。民之俗下而斯民之俗。不得躋於三代之盛，不能接踵夏、殷、周之盛。若此者，如是者。蓋有千有餘年於今矣。殆將千餘歲以至今。濂溪周公先生濂溪周子。奮乎百世之下，起於百代之下。乃始深探聖賢之奥，首能探索往聖昔賢之奥學。疏觀造化之原，疏通洞達天地造化之根原。而獨心得之。而獨會之於心。立象著書，圖象太極，作爲通書。闡發幽秘，發幽啓秘。詞義雖約，言語雖簡。而天人性命之微，而天所賦爲命，人所受爲性之妙。脩己治人之要，脩身治民之方。莫不畢舉。無不盡備。河南兩程先生明道、伊川。既親見之而得其傳，既親見濂溪而得其所傳。於是其學遂行於世。而濂溪之學得二程闡明，遂行於天下。士之講於其説者，士子之講其學。始得以脱於俗學之陋，方得脱去世俗弊陋之學。異端之惑，與夫老、佛之惑。其所以脩己治人之意，所以脩己治人之道。亦往往有能卓然世俗利害之私，亦多有能自立不爲世俗利害所眩惑。而慨然有志堯舜其君民者。慷慨立志，欲使君爲堯舜之君，民爲堯舜之民。蓋三先生者，是三賢者。其有功於當世，其有功於當時。於是爲不小矣。蓋莫此爲大也。然論者既未嘗考於其學，但議者不曾推究其學。又拘於今昔顯晦之不同，又泥是道晦於昔、顯於今之異。是以莫知其本末源流之若此，故不復知濂溪植其本，二程舉其末；濂溪清其源，二程疏其流，相與如此。而或輕議之。或敢輕議及之。其有略聞之者，間有略聞其因。則又舍近求遠，又失之忽近取遠。處下窺高，居下望高。而不知即事窮理，不知於事上窮其理。以求其切於脩己治人之實。以求其切於脩己之實學、治人之實功。嗚呼！嘆辭。張侯所以作爲此祠，張守所以創立祠宇。而屬其筆於熹者，而屬我執筆記其事。其意豈不有在於斯與？其意豈不有在於我知三賢之相授受者乎？與，歟同。

抑嘗聞之，吾嘗有聞。紹興之初，高宗紹興年間。故侍講南陽胡文定公舊侍講胡公。嘗欲有請於朝，曾欲請之於朝。加程氏以爵列，加二程子列祀之爵。使得從食於先聖先師之廟。俾得從孔孟之食於廟庭。從，去聲。其後熹之亡友繼以我之已逝之友。建安魏君掞之建安，郡也。掞之，名也。爲太學官，以白衣召爲國録。又以其事白宰相，復以此事言之相君。且請廢王荆公安石父子勿祠。荆公，封國。安石，其名。子名雱。又請廢其父子從祀。當時皆不果行，當時朝廷不行其言。識者恨之。有識之士以此爲恨。至於近歲，以至邇年。天子乃特下詔，聖主特頒詔旨。罷臨川伯雱者，罷荆公子臨川伯爵、名雱者。雱，音傍。略如掞之之言。則已略行魏國録言。然則轉語。公卿議臣公卿獻議之臣。有能條奏前二議者，苟能條具敷奏如前廢荆公父子祠二説。悉施行之。盡施而行焉。且復推而上之，且又等而上之。以及於濂溪，推尊濂溪列之從祀。其亦無患於不從矣。又何慮上之人不從也？

張侯名杓，張，其姓。杓，其名。丞相魏忠獻公之子，父丞相忠獻魏國公子也。文學吏治文學政事。皆有家法。綽有忠獻之家法。觀於此祠，觀於創立此祠。又可見其志之所存者。足見其心之所存者在乎義理。異時從容獻納，它日從容殿陛獻納直言。從，促平聲。自發其端，語及其事。使三先生之祠偏天下，俾周程三子祠宇徧滿天下。而聖朝尊儒重道之意而朝廷尊顯儒宗崇重儒道之盛心。垂於無窮，流傳不已。則其美績之可書，則其扶植道學美功之可紀。又不止於此祠而已也。又不啻立此祠而止。故熹既爲之論著其事，故我既爲之鋪叙行己之道。而又附此説焉以俟。而復著此言以待其異日奏請。淳熙五年冬十月辛卯記。

江州重建濂溪先生祠堂記

此篇推原氣運，真醇之會鍾爲在人清明之質，而濂溪乃出以續千載之道統。

道之在天下者未嘗亡，吾道在天下未嘗一日泯没。惟其託於人者惟寄諸人者。或絶或續，或斷絶，或聯續。故其行於世者故道之行於世。有明有晦，續則明，絶則晦。是皆天命之所爲，莫之爲而爲者，天也；莫之致而至者，命也。非人智力之所能及也。非人智力所能至於是也。夫天高地下，天之高遠，地之卑下。而二氣五行陰、陽、金、木、水、火、土之用。紛綸錯揉，紛紜錯擾。升降往來於其間，上騰下降，往往來來於其中。其造化發育，大造即此，化生萬物。品物散殊，品物賦受，各殊其形。莫不各有固然之理，無不皆有本然所賦之理。而最其大者，而其尤大者。則仁、義、禮、智之性，則有五常之理。君臣、父子、昆弟、夫婦、朋友之倫是已。與此五等之叙。是其周流充塞，此其周徧、流行、彌滿。無所虧間，更無虧欠間隔。夫豈以古今治亂爲存亡者哉！又何嘗以古往今來之或治或亂，而此理亦爲之或有或無哉！然氣之運也，但是氣之運行。

則有醇醨判合之不齊；有真醇、漓薄、開合之不同。人之禀也，故人之禀受。則有清濁昏明之或異。得是氣之合，而真醇則爲清明之資禀；遇是氣之判，而漓薄則爲昏濁之氣質。是以道之所以托於人而行於世者，此其道寄諸人以行諸世。惟天所畀，皆天與之。乃得與焉，乃可與此。决非巧智果敢之私，斷非智巧、果决、勇敢之私心。所能臆度而强探也。所能忖度其理、探索其義也。河圖出而八卦畫，圖出於河，八卦以畫。洛書呈而九疇叙，書呈於洛，九疇以叙。而孔子於斯文之興喪，子言是道之作興喪失文道也。亦未嘗不推之於天，亦未有不歸之天。聖人於此，聖人於是。其不我欺也審矣。不我誣明矣。若濂溪先生者，如周茂叔先生。其天之所畀，其上天所畀付。而得乎斯道之傳者歟？而膺是道之傳者乎？不然，如不然。何其絶之久而續之易，何道統斷絶之久，而周子聯續之易。晦之甚而明之亟也。前日晦塞之甚，今日推明之速也。亟，音急。蓋自周衰，自周室末。孟軻氏没，孟子已死，而此道之傳不屬，而是道之傳不相聯屬。更秦及漢，自秦迨漢。歷晉、隋、唐，更歷晉室，及隋與唐。以至於我有宋。至於我宋。聖祖受命，太祖既受天命。五星聚奎，五星會聚於奎。實開文明之運，實開啓文明之休運。然後氣之漓者醇、而後氣之漓薄者醇厚。判者合，剖判者混合。清明之禀，至清至明之氣。得以全付乎人。得以全與夫人。而先生出焉，而濂溪生。不由師傳，雖非師模傳授。默契道體，暗合是道之體。建圖屬書，建極圖，著通書。根極領要，會本根之極，挈裘領之要。當時見而知之，當時見其書、知其道。有程氏者，有二程子。遂擴大而推明之，乃充廣而發明焉。使夫天理之微、俾天理之微妙。人倫之著、人文之昭著。事物之衆、萬事萬物之多。鬼神之幽，鬼神幽晦之迹。莫不洞然無不曉然。畢貫於一，悉貫會於一理。而周公、孔子、孟氏之傳，而二三聖賢之所傳。煥然復明於當世。昭然復著於世。有志之士，有志於此者。得以探討服行而不失其正，藉以探索其精微，服行其實理，而不失於正道。如出於三代之前者。如生於夏、商、周之前。嗚呼盛哉！嘆嗟而盛稱之。非天所畀，苟非上天以斯道付之，其孰能與於此？又誰能悟於是理？

先生姓周氏，周，其姓。名惇頤，惇頤，其名。字茂叔，茂叔，其字。世家舂陵，道州。而老於廬山之下，終老於廬山之下。因取故里之號，取舊邦山川之名。以名其川曰「濂溪」，以表其川爲濂溪。而築書堂於其上。創立書院於川之上。今其遺墟今遺址。在九江郡治之南十里，在江州去州治十里南方。而其荒茀弗治，而荒蕪不整頓。則有年矣。凡幾年矣。淳熙丙申，淳熙年間丙申歲。今太守潘侯慈明守臣潘侯，慈明其名。與其通守呂侯勝己與通判呂侯名勝己者。作堂其處，重創書堂，於其舊址。揭以舊名，扁以元名。以奉先生之祀。所以安奉其祀。而呂侯又以書來，而呂侯以書遺我。屬熹記之。屬某爲記。熹愚不肖，我庸愚、無所肖佀。不足以及此，不足以當是。獨幸嘗竊有聞程氏之學者，獨幸曾學二程之學。因得伏讀先生之書，因此得誦先生之書。而想見其爲人。而想象先生之爲人。比年以來，近歲以來。屏居無事，退居别無它事。

常欲一泛九江，每思泛舟入江。入廬阜，往廬山之下。濯纓此水之上，潔巾帶於江水之間。以致其高山景行之思，瞻仰高山，懷思大行。而病不得往。患不能進。誠不自意，實不自料。幸甚獲因文字，幸得因此記文。以託姓名於其間也。以寄吾姓與吾名於其中。於是竊原先生之道於是併推原先生之道。所以得於天而傳諸人者，得之上天之付與傳諸二程之伯仲。以傳其事如此。吾又因二程之紀載而傳先生之事。傳，去聲。使後之君子俾後來學者。有以觀考而作興焉，觀先生之言，考先生之行，而作興其慕學之志。是則庶幾乎兩侯之志爾。是乃近乎潘、吕二侯之盛心也。四年丁酉春二月丙子記。

徽州婺源縣學藏書閣記

此篇言其實則原天命之性，其用則見於日用之間，其文則出於聖人之手，同一理也。

道之在天下，吾道之大，散在天下。其實原於天命之性，其實理則本於天所命之性。而行於君臣、父子、兄弟、夫婦、朋友之間，其實用則行於人倫五者之中。其文則出於聖人之手，其書則出於聖人親手而筆之。而存於易、書、詩、禮、樂、春秋、孔孟之籍。著在六經、論語、孟子之書。

本末相須，由本及末，彼此相資。人言相發，由註而疏，言語相發。皆不可一日而廢焉者也。並不可無此。蓋天理民彝，天所賦之理，即民所秉之常。自然之物則，物各有當然之則，而亦皆自然之理也。其大倫大法之所在，在人曰大倫，見於君臣、父子、兄弟、夫婦、朋友之間。行己曰大法，是爲有義、有親、有序、有別、有信之道。固不依文字而立者。固不藉文字而存。然古之聖人但古者聖人。欲明是道於天下欲使是道昭布於世。而垂之萬世，傳之萬代。則其精微曲折之際，則於天理精微、人事次序之際。非託於文學，非假言語。亦不能以自傳也。又弗能自傳於世。故自伏羲以降，自義皇而下。列聖繼作，衆聖人相繼而出。至於孔子，及至夫子。然後所以垂世立教之具，則傳世立訓之道。粲然大備。昭然無所不備。天下後世之人，天下之人，及後世人。自非生知之聖，非是上聖生而知者。則必由是以窮其理，須必藉聖經以研窮其理。然後知有所至，而後知有所極。而力行以終之，而又篤行以終其事。固未有飽食安坐，未有飽其食、安其坐。無所猷爲無所謀，無所爲。而忽然知之，而能卒然自知此理。兀然得之者也。安然而自得此理也。故傳説之告高宗曰昔傳説言於高宗。「學于古訓乃有獲」，學於古聖人之訓誨，乃有所得。而孔子之教人夫子之誨人。亦曰「好古敏以求之」，亦言好古敏速以求。好，去聲。是則君子所以爲學致道之方，則君子勉力於學、推致其道之所在。其亦可知也已。其可得而知矣。然自秦漢以來，自秦歷漢以降。士之所求乎書者，士之講求乎書。類以記誦剽掠爲功，多以記誦其文，剽切其緒餘爲能。剽，飄去聲。而不及乎窮理脩身之要，而不悟聖經教人窮究義理，以脩其身之要道。其過之者過於高者。則遂絶學捐書，則又廢學棄書。捐，音員。而相與馳騖乎荒虛浮誕之域，相同馳逐於荒惚、虛無、浮誇、妄誕之所。騖，音務。蓋二者之蔽不同，此二者之昏蔽雖若有異。而於古人之意而於古聖人之心。則胥失之矣。則皆失之。嗚呼！嘆語。道之所以不明不行，是道之不復明、不復行，其不以此與？豈不由此之故耶？

婺源學宮婺源縣學之宮。講堂之上講書堂上。有重屋焉，古者樓閣皆謂之重屋。重，平聲。牓曰「藏書」，扁以「藏書」。而未有以藏。未有書籍可藏。莆田林侯虙興化林君名虙者。虙，音伏。知縣事，爲是縣之長官。始出其所寶大帝石經初出其所寶大帝石經之書。今上神筆填之，今皇上御筆以實之。而又益廣市書，又益增廣買書。凡千四百餘卷，凡一千四百有零卷。列庋其上，以板爲閣也，列之於上。庋，音椅。俾肄業者得以講教而誦習焉。使習學業之人可以講明訓誘、誦讀傳習焉。熹故邑人也，我本舊邑之人。而客於閩，而客寓於閩中。茲以事歸，今以它事而歸。而拜於學，來拜故學，則林侯已去林已秩滿而去。而仕於朝矣，而官於朝廷。學者猶指其書以相語，學者手指林侯之書相告。感嘆久之。懷感嘆息稍久。一旦遂相率而踵門，一日學子相拉接踵於門。謂熹盍記其事，言我當爲之記。且曰：且言。「比年以來，近歲以來。鄉人子弟鄉里人之爲子弟者。愿學者衆，愿來學者甚多，而病未知所以學也。病於未知所以爲學之要。子誠未忘先人之國，君尚未忘父母之邦。獨不能因是而一言以曉之哉！」獨不可因此出一言以喻曉之。熹起對曰：我作而答之曰。「必欲記賢大夫之績，必欲記林侯諸書之功。以詔後學，以告後人。垂方來，傳之方來。則有邑之先生君子在，則是邑亦有先生於我，而爲賢德之君子。熹無所辱命。我何可辱是命。顧父兄子弟之言，又觀其乃父、乃兄、乃子、乃弟之説。又熹之所不忍違者，又我之所不忍違拒。其敢不敬而諾諸？」安敢不敬以允其請乎？切記所聞如此[六]，因紀所聞者若是。以告鄉人之愿學者，以語同邑愿學之人。使知讀書求道之不可已俾知誦書求道之心不可暫輟。而盡心焉，而盡其心。以善其身，以美其身。齊其家，以治其家。而及於鄉，近則及於鄉人。達之天下，廣則達乎天下。傳之後世，遠則垂之萬世。且以信林侯之德於無窮也。然則信林侯之德及後人蓋無有窮極。是爲記云。於是爲之記其事。

衢州江山縣學記

此篇言學宫一新，學者當留意爲己之學，不可務爲爲人之學。

建安熊君可量建安郡熊君，名可量。爲衢之江山尉，爲衢州江山縣之尉。始至，初到。以故事見於先聖先師之廟。以舊典謁於孔子先賢之廟。視其屋仰觀學宫。皆壞陋弗支，悉弊壞不可支吾。而禮殿爲尤甚，而夫子之宫愈甚。因問其學校之政，因問及學舍之政事。則廢墮不脩則廢失而不脩舉。又已數十年矣。又是十數年於此。於是俯仰歎息，由此俯觀仰視，而爲之咨嗟歎息。退而以告其長湯君悦，退則以語其長官湯君，名悦。長，上聲。請得任其事而一新焉。欲身其事而新之。湯君以爲然，長官以其言爲是。予錢五萬，與之錢五萬。予、與同。曰：「以是經其始。」即此以營其初。熊君則徧以語於邑人之宦學者，尉又歷告邑中之貴而好學者。久之，乃得錢五十萬。既久又得錢五十萬。遂以今年正月癸丑始事，以是年月正癸丑日始興役。首作大成之殿，初創夫子之宫。踰月訖工。越月而畢工。棟宇崇麗，梁棟屋宇高侈。貌象顯嚴，廟貌容象之森嚴。位序丹青，神位廊庑飾以丹青。應圖合禮。圖繪有所按，制度合於禮。熊君既以復於其長，尉既以是告成於長。合群吏，合衆官。率諸生糾生員。而釋菜焉。始行菜祀之禮。則又振其餘財，以究厥事，繼又發其所餘之財，以終其事。列置門棘，門環列棘。扁以「奎文」，扁以御書，如奎星之文。師生之舍，師弟子之室。亦葺其舊。則葺理其舊屋。於是熊君自是尉官。乃復揖諸生而進之，乃再引生員而進之學宫。使程其業，俾課其所習之業。以相次第，以分高下。官居廩食，居官食於公庾。絃誦以時。春誦夏絃，各以其時。邑人有識者，邑中有見識之人。皆嗟嘆之，皆爲尉官嘆美。以爲尉本以捕盗賊爲官，尉者，所以警捕盗賊者也。苟食焉而不曠其事，苟食於官，不廢其治。則亦足矣。亦有餘矣。廟學興廢，夫子之宫或脩或否。豈其課之所急哉？豈是其功課之所急者？而熊君乃能及是，而尉官乃克及此。是其知與材爲如何耶！是其心知與其材品爲何如人！熹時適以事過邑，我於是時偶以它事適縣。聞其言，聞其説。則以語熊君曰：即以告於尉曰。「吾子之爲是役，則善矣。子之興是役則加矣〔七〕。而子之所以爲教，而子之教乎人者。則吾所不得而聞也。則我尚未獲聞也。抑先聖之言有之：吾夫子嘗曰。『古之學者爲己，古之學務内，故求盡吾己。爲，去聲。今之學者爲人。』今之學務外，故求知於人。二者之分，此爲己、爲人之判。實人材風俗盛衰厚薄之所係，乃人品流俗機括之所係。而爲教者，而爲之立教者。不可以不審焉者也。豈可不察於此？顧予不足以議此，顧我不足以言此。子之邑子之治邑。故有儒先舊有先没之儒。曰徐公誠叟者，謂徐誠叟，名顯者。受業程氏之門人，受學河南程氏之門人。學奥行高，學識之奥，操行之高。行，去聲。講道於家，推明是道於家塾。弟子自遠而至者，徒弟不遠而來。常以百數，常百餘人。其及今未遠也。及今尚未遠。吾意大山長谷之中，吾想深山大野之中。隘巷窮閻之下，僻巷敗屋之下。隘，禮去〔八〕。閻，音炎。必有獨得其傳斷有親授其傳。而深藏不市者，斂藏秘密、不衒鬻於人者。爲我訪而問焉，與我詢而求之。則必有以審乎此，必有能察乎此者。而知所以爲教之方矣。」則知其爲設教之道矣。熊君曰：尉言。「走則敬聞命矣，僕已敬謹公之命。走，僕也。然此意也但此等意思。不可使是邑之人無傳焉，不可令此縣之人無所傳。愿卒請文，以識茲役而并刻之。」愿終請記文以紀斯事，并鋟刻之。識，音志。熹不得而辭也，我不敢辭。因悉記其事，因盡述其曲折。且書其説如此，又寫其言若是。俾刻焉。而使鐫之。既而勵熊君，既以勉尉。且以示其徒，又以示其學徒。又以告凡後之爲師弟子而食於此者，且又告後之爲師爲弟子食於此者。使知所以自擇云爾。俾之知此以自擇於此焉。淳熙三年七月丙辰，新安朱熹記。

江陵府曲江樓記

此篇寫張曲江既去相位，登臨賦詠於此，倏然有塵外之想。

廣漢張侯敬夫 廣漢郡張侯，名栻，字敬夫，即南軒也。守荊州之明年，爲荊州守踰年。歲豐人和，歲事豐熟，人民和洽。幕府無事。府治僚幕並無它事。顧常病其學門之外，常惡州學門之外。即阻高墉，以高墻阻塞。無以宣暢鬱湮，不能疏通湮鬱之氣。導迎清曠，引挹爽塏。乃直其南 於是直向南方。鑿門通道，開其門以通其路。以臨白河，前近白河。而取旁近廢門舊額 而即邊旁已廢門之舊額，以扁其上。且爲樓觀，以表其上。又爲樓屋，以表飾門上。觀，去聲。一日敬夫與客一旦張侯與賓客。往而登焉，同往而登斯樓。則大江重湖，大江跨前，重湖在側。重，平聲。縈紆渺瀰，縈迴渺茫。一目千里，一望可盡千里。而西陵諸山，西陵衆峰。西陵，地名。空濛晻靄，微雨暗靄。晻，音奄。又皆隱見出没於雲空煙水之外。或隱或見，或出或没，於雲天烟水之外。敬夫於是顧而嘆曰：張侯視此有感，嗟嘆而言。「此亦曲江公所謂江陵郡城南樓者耶？此亦張九齡所言江陵郡城之南有樓者乎？昔公去相而守於此，昔九齡去相位而守此土。相，去聲。其平居暇日，其平常閑暇之日。登臨賦詠，登樓臨江，賦詩詠情。蓋皆翛然有出塵之想。自翩然有塵外之興。至其傷時感事，至於傷其時、感其事。寤嘆隱憂，夢覺興嘆，心切懷憂。則其心未嘗一日不在於朝廷，此心無一日不在國家。而汲汲然惟恐其道之終不行也。切切然，惟恐其道之不能終行也。於戲，嘆語。於，音烏。戲，音希。悲夫！」哀也已。門書其扁曰乃寫其扁額。「曲江之樓」，名其樓以「曲江」。而以書來而遣書至。囑予記之。令我爲之記。

予方守南康，我方作守南康。疾病侵陵，爲疾所苦。求去不獲，乞免不許。讀敬夫之書，閲張公書。而知茲樓之勝，乃知此樓之壯。思得一與敬夫相從游於其上，思欲與張侯相同登其上。瞻眺江水，眺望其地之江山。覽觀勝制，覽看此樓之盛制。按楚漢以來成敗興亡之效，窮楚漢以降，一成一敗、一興一亡之迹。而考其所以然者，而推其所以成敗興亡之由。然後舉酒相屬，而後把酒相與。以詠張公之詩，以歌詠張曲江之詩。而想見其人於千載之上，想像其人音容於千歲之上。庶有以慰夙心者。庶幾可以慰愜其素心。顧乃千里相望，而又相去各一千里。邈不可得，遠不能相及。邈，馬入聲[九]。則又未嘗不矯首西悲，則又未曾不昂頭西望傷悲。而喟然發嘆也。太息而又興嘆也。抑嘗思之，蓋嘗思之。張公遠矣，張曲江遠矣。其一時之事，事之見於一時者。雖唐之治亂所以分者，雖是於唐室一治一亂之判。顧亦何預於後之人？初無預於後代之人。而讀其書者，而讀張曲江之書。未嘗不爲之掩卷太息也。不能不爲之掩其書而嘆息。是則是非邪正之實，是則是是非非、或邪或正之迹。乃天理之固然，乃天理之本然。而人心之不可已者，人心之天不容止者。是以雖曠百世而相感，故雖百代之遠猶能感發。使人憂悲愉佚，俾人且憂傷且愉佚。勃然於胸中，心中勃然爲之作興。恍若親見其人，恍兮如親目之恍恍。而真聞其語者，而親炙其誨也。是豈有古今彼此之間，何嘗有古與今、彼與此之間隔。而亦孰使之然哉！又果誰使之如此。詩曰：毛詩云。「天生烝民，天生衆民。有物有則。有此形體，便有此理。民之秉彝，斯民秉持上天所賦之常理。好是懿德。」惟樂此至善之德。好，去聲。登此樓者，升是樓者。於此亦可以反諸身而自得之矣。於此能反鑒諸己，知曲江之善可慕，則自得者多矣。予於此樓，我於是樓。既未得往寓目焉，既未得一登屬眼盛觀。無以寫其山川風景，無以述其溪山風氣景象。朝暮四時之變，早晚及春夏秋冬之變態。如范公之書岳陽也，猶范文正公之形狀岳陽樓也。獨次第敬夫本語，惟上下張侯所寄之言。而附以予之所感者如此，又附入予感懷之情若是。後有君子，俾後來英哲。得以覽觀焉。因文字而自得其大概云。淳熙己亥十有一月己巳日南至，新安朱熹記。

濂溪先生畫像記

此篇歷寫濂溪平生文學政事之善、道學相傳之妙。

先生世家道州營道縣濂溪之上，先生其家世居道州營道縣，名濂溪之上流。姓周氏，周，其姓也。名惇實，惇實，其名。字茂叔。茂叔，其字。後避英宗舊名，後來避本朝英宗舊諱。改惇頤，遂改名惇頤。用舅氏龍圖閣學士鄭公向奏，以外祖鄭姓，向名，官爲龍圖閣學士之奏。授洪州分寧縣主簿。注授簿闕。縣有獄分寧縣有獄囚。久不決，經久不斷。先生至，先生至官。一訊立辨，一訊問立可辨明。衆口交稱之。衆人之口交誦其政。部使者薦以爲南安軍司理參軍，監司薦之朝，辟爲南安司理官。移郴及桂陽令。隨又移官於郴州及爲桂陽縣令。用薦者改大理寺丞，又用人之薦任爲獄官大理丞。知洪州南昌縣事，又爲洪州南昌邑宰。簽書合州判官事，又爲合州簽判。通判處州事，又爲處州通判。改永州，繼改永州通判。權發遣邵州事。又權知邵州。熙寧初，熙寧，年號也[一〇]。其初年。用趙清獻公、趙，姓。清獻公，其謚也。吕正獻公薦，吕氏，正獻公，其謚也。以此二人薦。爲廣南東路轉運判官，遂除爲廣南路漕使。改提點刑獄公事。繼改除提刑。未幾而病，未及幾時，先生以疾。遂得南康軍以歸。遂得南康而歸。趙公再尹成都，趙清獻再爲成都府尹。復奏起先生，用奏乞起先生。朝命及門，朝廷之命及先生門。而先生卒矣，而先生已下世矣。熙寧六年時熙寧之六年。六月七日也，六月初七日。年五十有七。壽止五十七歲。葬江州德化縣清泉社。葬於江州德化縣，地名清泉社。

先生博學力行，先生學問之多，踐履之篤。聞道甚蚤，年事雖少，即聞大道。遇事剛果，遇事則剛而不屈，果而有斷。有古人風，綽有古者之餘風。爲政精密，施之政事，精確詳密。務盡道理。各務合於其理。嘗作太極圖、曾著太極一圖。易説、周易説。易通數十篇。通書，謂之易通，凡四十篇。在南安時，爲南安司理時。年少不爲守所知，年事尚少，而太守不知己。洛人程公珦居洛之人，程姓，珦名，即伊川父也。攝通守事，通守，通判也。權其官。視其氣貌非常人，視貌察色，知非常人。與語，與之言。知其爲學知道也，知其篤於爲學知道者也。因與爲友，因是與之爲友。且使二子且遣其二子程顥、程頤。往受學焉。往其公廨就學。及爲郎，及爲郎官。故事當舉代，舊例當舉代者。每一遷授，每一任職授官。輒以先生名聞。即以先生之名聞之於朝。在郴時，官郴州時。郡守李公初平太守李姓名初平者。知其賢，知先生之賢德。與之語而嘆曰：與之言而嗟嘆云。「吾欲讀書何如？」我尚欲讀書如何？先生曰：先生答云。「公老，無及矣。公年已老，爲學無及。某也請得爲公言之。」請與之歷言其所以。於是初平日聽先生語，自是李初平日親先生之言。二年，果有得，及二年，果有所益。而程公二子，程珦之二子。即所謂河南二先生者也。即所言河南二程夫子也。

南安獄有囚，南安軍獄有罪囚之人。法不當死，其法不當抵死。轉運使王逵時運使姓王名逵者。欲深治之，甚欲寘之以法。吏無敢與相可否者。官吏無敢與逵議其法之可與不可。先生獨力爭之，先生獨爭之甚力。不聽，守不從。則置手板歸，則棄其笏而歸。取告身委之而去，取誥敕委棄而往。曰：云。「如此 若是。尚可仕乎？猶可爲官矣乎？殺人以媚人，殺一人命以求媚太守一人。吾不爲也。」我不爲此。逵亦感悟，王逵因此有感而悟其過。囚得不死。罪囚因是得以貸死。在郴、桂陽，在郴州及桂陽縣。皆有治績，並著治功。來南昌縣，及至南昌作宰。人迎喜曰：人爭迎之，喜形於言。「是能辨分寧之獄者，得非能辨白分寧縣獄事者乎？吾屬得所訴矣。」吾曹得所訴直之官矣。於是更相教諭，自是自相告諭。莫違教命。莫敢一違戾其政教命令。蓋不惟以抵罪爲憂，不特以犯罪爲慮。實以污善政爲耻也。實是以污辱其善政爲耻。在合州，在合州爲判官時。事不經先生手，公事不經先生之手。吏不敢决，吏人不敢自决。民不肯從。州民亦不肯服從。蜀之賢人君子，蜀邦之稱爲賢、稱爲君子者。皆喜稱之。悉喜談而樂道之。趙公時爲使者，趙清獻時爲監司。人或讒先生，人或以事謗先生。趙公臨之甚威，趙清獻責先生極嚴。

而先生處之超然，先生自度在己無過，所處愈高邁。然趙公疑終不釋。但清獻公之疑終是未解。及守處，及趙公爲處州太守。先生適佐州事，先生又佐治其州。趙公熟視其所爲，趙公熟視先生之動作。乃寤，前日之疑頓然消釋。執其手曰：執先生之手云。「幾失君矣。幾乎失賢者矣。今日乃知周茂叔也。」吾今日方知周茂叔其人。於邵州，守邵州。新學校，以教其人。又修整學宮以教生徒。及使嶺表，及爲廣南運使提刑。不憚出入之勤，不畏出入之勞苦。瘴毒之侵，煙瘴毒氣之侵害。雖荒崖絶島，雖於崖島荒遠孤絶之所。人跡所不至，人之行跡所不到處。亦必緩視徐按：亦徐徐按轡，細問民疾苦。務以洗冤澤物爲己任。務在洗滌冤抑、惠利及物爲己之事。設施措置，設施仁政，措置便宜。未及盡其所爲，未能盡展胸中之謀爲。而病以歸矣。而以疾病告歸。

自少信古好義，自少年時篤信古學，喜爲義事。以名節自砥礪，以善名清節常自磨礪。奉己甚約，自奉於己甚薄。俸祿盡以周宗族。所得俸資悉以賙卹宗族之貧者。奉賓友，以奉賓客朋友之來訪者。家或無百錢之儲。家至或無百金之蓄。李初平卒，李守初平已死。子幼，其子尚幼小。護其喪歸葬之，先生與之愛護其喪，以歸終其葬事。又往來經紀於其家，又於往來之間皆所以維持於其家。始終不懈。初終無有懈怠。及分司而歸，及爲分司而歸。妻子饘粥或不給，先生愈貧，妻子或爲饘粥以食，猶至不足。饘，音旃。而亦曠然不以爲意也。而此心放曠不復以此爲意。襟懷飄灑，胸懷飄逸灑落。雅有高趣，甚有清高之志。尤樂佳山水，尤喜所在奇山奇水。遇適意處，或逢可人意處。或倘佯終日。則遊揚盡終日。廬山之麓有溪焉，廬山，地名。深林之下有溪。發源於蓮華峰下，其源則發於蓮華峰之下。潔清紺寒，瑩而清，深而寒。紺，甘去聲。下合於湓江，沿流而下合於湓江。湓，音盆。先生濯纓而樂之，先生潔其冠之帶於是水之上以自樂。因寓以濂溪之號，因是而以濂溪自號。而築書堂於其上。而復築讀書之堂於是溪之上。豫章黃太史庭堅豫章，郡名也。黃，姓。太史，官名。庭堅，其名也。詩而序之曰：爲詩以序，其事言曰。「茂叔人品甚高，茂叔，先生字也。其人品級夐出衆人。胸中灑落，胸懷之間瀟洒脱落。如光風霽月。」猶光風之清淑，霽月之澄皎。知德者深於是德者。亦深有取於其言云。亦莫不有取於此言。

淳熙六年六月乙巳，後學朱熹謹記。

龜山楊先生畫像記

南軒先生

此篇推原王安石倡曲學以禍天下，龜山首排其非，其功與孟子闢楊、墨同。

宋興百有餘年，大宋之興百餘年間。四方無虞，天下治平無恐。風俗敦厚，遺風流俗篤厚相尚。民不識干戈。民生斯時不見兵革。有儒生出於江南，時有儒者生於江南之地，指王安石也。高談詩、書，以議論詩、書自高。自擬伊、傅，自比於伊尹、傅説。而實竊佛、老之似，其實則切佛氏、老子之近似[一一]。濟非、鞅之術。濟之以韓非、商鞅刑名之學。舉世風動，舉一世之人從之，猶風之鼓動百物。雖巨德故老雖是世稱大德、元老之人。有莫能燭其姦。皆不能察其奸邪。其説一行，自是言之一行。而天下始紛紛多事，而普天之下紛紛擾擾，悉尊信之，日益多事矣。反理之評，背理之言。詭道之論，枉道之説。日以益熾，日益以盛。邪慝相乘，邪惡並作。卒兆裔夷之禍[一二]，終啓金虜之患中國。考其所致，稽其所以致此。有自來矣。其來亦有所自。靖康初，靖康，欽宗年號[一三]，當其初年。龜山楊公楊，姓。時，名。龜山，其號也。任諫議大夫、爲諫官。國子祭酒，兼學官之長。始推本論奏其學術之謬，初原其失，且奏於上言其學術之不正。請追奪王爵，請追回王封之爵。罷去配享。撤去配食廟廷之祀。雖當時餘黨猶夥，雖當其時小人之殘黨尚多。公之説未得盡施，楊公之言未得悉付施行。然大統中興，但高宗一統天下，再造乾坤。論議一正，士夫議論一出於正。到於今學者，以至於今天下學士。知荆、舒禍本，荆、舒，夷狄之國。王安石歿，始封荆公，後封舒王，以其變亂國家法度，故以貶之，皆知其爲國家兆禍之原。而有不屑焉。而不肯屑爲其學。則公之息邪説、則楊公之止邪慝之言。距詖行、距絶不正之行。詖，音陂。行，去聲。放淫辭放遠淫亂之言辭。以承孟氏者，以上繼孟軻之學。其功顧不大哉！其功豈不大耶！是宜列之學宫，宜置之學舍之宫，處之從祀之列。使韋布之士使佩韋布衣之士。知所尊仰，知尊其祀而仰其德。而況公舊所臨，又況是邦乃楊公舊政之地。流風善俗之及，流習之美，遺俗之善，皆德化所及。祀事其可缺乎？祀典可闕而不舉乎？

瀏陽邑名也。實潭之屬邑，乃潭州所屬之縣。紹聖初紹聖，年號也。其初年。公嘗辱爲之宰。楊公曾屈爲是邑之宰。歲饑，發廩以賑民，值年之荒，盡發公廩，以貸貧民。而部使者以催科不給罪公，時安撫張舜民待公甚厚，漕胡師文惡公，與張善劾以不催積欠[一四]。公之德及邑民也深矣。公雖不能終是任，而德之及於是邑之民則不淺矣。後六十有六年，自後又經六十六載。建安章才邵建州章姓名才邵者。來爲政，來爲政於此邑。慨然念風烈，慷慨追念餘風遺烈。咨故老，咨問舊老。葺公舊所葺治公舊政之所。爲飛鴻閣，創爲一閣，扁以「飛鴻」。繪像於其上，繪畫楊公遺像於閣之上。以示後學，以此昭示後學之士。以慰邑人之思，以此慰安邑民思德之心。去而不忘也。雖公已去，而未始忘也。又六年，閣成又凡六載。貽書俾栻記之。以書來囑我爲之記。栻生晚識陋，我生之後，見之卑。何足以窺公之蘊？安足以窺見楊公之底蘊？惟公師事河南二程先生，惟公從河南伊川、明道二先生遊，而以師禮事之。得中庸鳶飛魚躍之傳於言意之表，得中庸一卷之傳，而領會於「鳶飛戾天，魚躍於淵」一章之旨，於言意之外。踐履純固，履行純實堅固。卓然爲一世儒宗，卓然出乎衆人之上，而爲一世儒者之祖。故見於行事，故見之行事之間。深切著明如此。親切顯著若是。敢表而出之，吾因敢表暴其善而出之。庶幾慕用之萬一云爾。庶或可仰慕其萬分之一云爾。

校勘記

［一］括求以致其内　「括」，四庫本作「力」。
［二］只見其生意闖然於心胸間　「闖」，四庫本作「盎」。
［三］述復之義　「述」，四庫本作「還」。
［四］大和保合　「大」，四庫本作「太」。按：注文亦同。
［五］濂溪發其秘　「秘」，四庫本作「藴」。
［六］切記所聞如此　「切」，四庫本作「竊」。
［七］子之興是役則加矣　「加」，四庫本作「嘉」。
［八］隘禮去　「禮去」，四庫本作「音阨」。
［九］邈馬入聲　「馬」，四庫本作「烏」。
［一〇］熙寧年號也　「寧」原作「宗」，據四庫本改。
［一一］其實則切佛氏老子之近似　「切」，四庫本作「竊」。
［一二］卒兆裔夷之禍　「兆」，四庫本作「召」。
［一三］欽宗年號　「欽」原作「徽」，據四庫本改。
［一四］與張善劾以不催積欠　「催積欠」，四庫本作「善催科」。

新編音點性理群書句解卷之八　前集

説

説者，解説其義。

養心亭説　濂溪先生

此篇言養心在於寡慾，寡而又寡，以至於無，則聖人地位。

孟子曰：孟軻氏云。「養心莫善於寡欲。欲者，人所不能無，但保養此心，莫盡善於鮮有其欲心。其爲人寡欲，爲人苟自能鮮有欲心，則不爲外物轉移。雖有不存焉者，寡矣；此心雖或有不存處，亦少。其爲人多欲，爲人苟至多其欲心，必爲外物轉移。雖有存焉者，寡矣。」此心雖或有存時，亦少。予謂養心我言保養此心。不止於寡而存耳，不止是使欲少而後心自存。蓋寡焉以至於無。自始焉之少欲，以至終焉之無欲。無則誠立、明通。無欲則真實無妄，而此心之誠以立。誠立則本體清明，無不透徹。誠立，賢也；無欲是由寡以至於無，無則真實無妄，是用功於此者，故方是賢者之事。明通，聖也。至於誠立則本體清明，無不透徹，是又聖人地位矣。是賢聖非性生，如此則曰賢曰聖，非由性分生出。必養心而至之。皆必保養此心而後能至。養心之善有大焉，保養此心之盡善而其大者。如此，存乎其人而已。若是者亦惟在乎人用功於此而已。

張子宗範張，姓。宗範，其字。有行有文。既有德行，又有文章。其居背山面水，所居之後則背山，前則面水。山之麓構亭，於山之林木幽暗中創亭。甚清淨，甚清而潔。予偶至而愛之，我偶來此山，而甚愛此亭。因題曰「養心」。因題其扁以「養心」二字。既謝，張宗範既來相謝。且求說，且索予所謂「養心」之義。故書以勉。故寫此說以勉其進也。

愛蓮説

此篇形容蓮花出於淤泥而不染其污，真可爲花中之君子矣。

水陸草木之花，生於水，生於地，若草若木之花。可愛者甚審[一]。所可好者甚多。晉陶淵明獨愛菊。晉朝陶潛字淵明，獨好菊花。自李唐來，自唐以來。君姓李，故曰李唐。世人甚愛牡丹。世之人皆好牡丹。予獨愛蓮之出於淤泥而不染，我獨好蓮花生於污泥之中而色不緇染。淤，音於。濯清漣而不妖，浣於清水之中而花不妖冶。中通外直，其莖中虛，而通外勁而直。不蔓不枝，不如草之延蔓，不如木之有枝。香遠益清，香愈遠而愈清。亭亭浄植，亭亭，立貌。潔浄而植。可遠觀而不可褻翫焉。可以遠看不可近翫。褻，音薛。

予謂菊，我言菊。花之隱逸者也；花之清幽如隱逸者。牡丹，我言牡丹。花之富貴者也；花之艷麗如富貴者。蓮，是蓮花。花之君子者也。花之貞潔如君子也。噫！嗟嘆語。菊之愛，菊之好。陶之後鮮有聞；陶淵明之後少有聞愛也者。蓮之愛，蓮之好。同予者何人？與我同者誰？牡丹之愛，牡丹之好。宜乎衆矣！宜其皆如是也。

保身説

司馬先生

此篇論明哲保身之道，深責漢末諸賢危言取實禍之非。

天下有道，有道之世。君子揚於王庭，君子之人奮揚於朝廷之上。以正小人之罪，則能糾正小人邪惡之罪。而莫敢不服。自無不服。天下無道，濁亂之世。君子囊括不言，君子之人以有言爲戒，猶謹結囊口而不出也。以避小人之禍。所以然者，恐中小人簧口之害。而猶或不免，如此尚不能自免。黨人，朋黨之人，指漢末李膺、范滂輩言也。生昏亂之世，生於昏闇濁亂之世。不在其位，不安厥位。四海横流，天下污濁之波泛濫洋溢。而欲以口舌救之。而膺輩不察其禍，乃欲以言語而挽其末流之弊。臧否人物，自相褒貶，議人品之善惡。否，音鄙。激濁揚清，污濁者激而去之，清潔者揚而起之。撩虺蛇之頭，譬之蛇虺蟲之傷人者也，而撥其首。踐虎狼之尾，虎狼獸之傷人者也，而履其尾。以至身被淫刑，至於身罹淫濫之刑。禍及朋友，其流禍貽及同志之人。士類殲滅，善類皆爲之陷害。殲，漸平聲。而國隨以亡，而國不旋踵而滅亡。不亦悲乎？可哀也哉。夫惟郭泰，郭，姓。泰，名。諸賢中如泰者，獨遠黨害。既明且哲，是時所謂明知之人。以保其身；能保全其終身者也。申屠蟠，申屠，姓。蟠，名。諸賢中如蟠者獨遠黨害。見幾而作，是易所謂於事之未著翻然而悟。不俟終日：而不待終日者也。卓乎其不可及已。若二人者，卓卓乎出於衆人之右，是豈易及也哉？

用法説

此篇言爲政當使寬猛相濟，則其政和。

漢家之法已嚴矣，漢室之用法可謂極嚴。而崔寔猶病其寬，姓崔名寔。政論一篇且病其法失於寬縱。何哉？何耶？蓋衰世之君，世衰主弱。率多柔懦，大率皆柔而無斷、懦而不立。凡愚之佐，凡下愚昧之人爲之輔佐。唯知姑息。但務姑且安息。是以權幸之徒，所以權貴寵幸之徒。有罪不坐，有罪而不能加之以罪。豪猾之民，豪俠姦猾之百姓。犯法不誅；麗於刑而不能誅之以刑。仁恩所施，其仁愛恩澤之所加。止於目前，終於眼前近幸之人。奸宄得志，故姦賊之徒得逞其欲。紀綱不立。小曰紀，大曰綱。國之紀綱不能振立。故崔寔之論，寔之爲政論。以矯一時之枉，以矯正一時用法之弊。非百世之通義也。非是百世通行之義也。孔子曰：夫子云。「政寬則民慢，爲政失之寬縱，則民敢慢侮。慢則糾之以猛。慢侮則必繩糾以威猛。猛則民殘，太威猛則將殘暴於民。殘則施之以寬。殘暴則又施放之以寬柔。寬以濟猛，寬柔而復濟之以威猛。猛以濟寬，威猛而復濟以寬柔。政是以和。」剛柔相濟皆適乎中，政用此得其和平。斯不易之常道矣。此可爲百世不變常行之道矣。

元亨利貞説

文公先生

此篇言元、亨、利、貞四者，有心、性、情三者之分。

元亨利貞，性也；元者生物之始，亨者生物之通，利者生物之遂，貞者生物之成，天之性也。生長收藏，情也；元主春生，亨主夏長，利主秋收，貞主冬藏，天之情也。長，上聲。以元生，以亨長，以利收，以貞藏者，心也。即此元以生物，即此亨以長物，即此利以遂物，即此貞以成物，天之心也。仁義禮智，性也；得天德之元爲性之仁，得天德之亨爲性之禮，得天德之利爲性之義[二]，得天德之貞爲性之智，人之性也。惻隱、羞惡、辭遜、是非，情也；仁發見爲惻隱，義發見知羞惡，禮發見能辭遜，智發見别是非，人之情也。以仁愛，以義惡，以禮讓，以智知者，心也。即仁而愛，即義而惡，即禮而讓，即智而知，人之心也。惡，烏去聲。性者，心之理也；性乃此心之理。情者，心之用也；情乃此心之用。心者，性情之主也。心統性情而爲之主也。程子曰：伊川云。「其體則謂之易，其體則名之曰易。其理則謂之道，其理則名之曰道。其用則謂之神。」其妙用不測則謂之神。正謂此也。正言是也。又曰：又言。「言天之自然者出於天自然之理。謂之天道，名曰天道。言天之付與萬物者論上天之賦予萬物者。謂之天命。」名曰天命。又曰：「天地以生物爲心。」天地之德主生，故以生物爲心。亦謂此也。亦言是也。

盡心説

此篇言性乃理之全體而具於心，人惟有所蔽則不能盡，必當會通貫徹而無所遺。

「盡其心者能全盡此心之理。知其性也，是能知所受之性。知其性則知天矣。」能知所受之性是知所賦之天矣。言能盡其心，云盡此心。是知此性，乃知此性，知此性則知天也。知此性便知此天。蓋天者，理之自然，天乃自然而然之理。人之所由以生者也；人自此則有此生。性者，理之全體，性乃是理所全之體。而人之所得以生者也；人因具是理而得生也。心則人之所以主於身而具是理者也。心乃具衆理而統乎一身者也。天大無外，故理大而無所外。而性禀其全，而此性獨禀其全。故人之本心，故在人此心。其體廓然，其本體廓然其大。廓，顆入聲。亦無限量，無所不包，寧有窮盡。惟其梏於形氣之私，人惟局於形體氣質之偏。滯於聞見之小，拘於所聞所見之淺。是以有所蔽而不盡。是以此心爲物欲蔽塞不能全盡其理。人能即事即物，苟能隨一事一物。窮究其理，各有以窮極其理。至於一日則一旦。會通貫徹混會融貫，明通透徹。而無所遺焉，而一無所遺焉。則有以全其本心廓然之體，則斯能全此心至大之體。而五行之所以爲性得五行之秀而爲性。與天之所以爲天者，與天理之自然者。皆不外乎此，並不越於是。而一以貫之矣。曰心，曰性，曰天，自可貫而一矣。

孝悌説

此篇言性則以仁爲孝悌之本，言行則以孝悌爲行仁之本。

或曰：或謂。「程子以孝悌爲行仁之本。」程伊川以孝於父母、悌於長上爲行仁之根本。又曰：「論性則以仁爲孝悌之本，言仁則復以仁爲孝弟之根本。何也？」是如何？曰：「仁之爲性，言仁爲性之根。愛之理也。」愛之道理。其見於用，其發於用。則事親從兄，始於孝於親、弟於兄。仁民愛物，終於仁乎民、愛乎物。皆其爲之之事也。皆其行仁之事也。此論性以仁爲孝悌之本者然也。仁是本根，孝弟皆由是次第而推，故曰「論性以仁爲孝弟之本」如此。但親者我之所自出，但父母吾身之所由生。兄者同出而先我，兄者，與我同出於父母而先生於我。故事親而孝，事親而能盡其孝。從兄而弟，從兄而能盡其弟。乃愛之先見而尤切者。又愛之所當先而愈切於己者。若君子以此爲務，如君子能即是爲先務。而力行之，而篤於行。至於行成而德立，孝弟之行既盡，而仁之德由是而立。行，去聲。則自親親而仁民，則由事親從兄而仁民。仁民而愛物，又自仁民而推其愛於物。其愛有等差[三]，厚於親而薄於民，厚於民而薄乎物，固有差等之殊。其施有漸次。先於親而後乎民，先於民而後乎物，又有漸次之序。而爲仁之道，而行仁之道。生生而不窮矣，生生不息。此學孝弟所以爲仁之本也。學孝與弟又所以爲行仁之本。蓋由仁而論孝弟，自是仁發出，故言仁爲孝弟之本；由事親從兄、仁民愛物而論，則孝親弟兄、仁民愛物自此而發，故言孝弟乃行仁之本。學者能沉潛涵泳則得之矣。

仁説

此篇言仁包義、禮、智三者，無所不實。曰愛曰公，此特仁中之一事，未足名仁之全體。

人之性，人有此生便有此性。仁、義、禮、智，曰仁，曰義，曰禮，曰智。四德具焉。四者之德咸具於中。其愛之理則仁也，仁主於愛，愛之理則爲仁。宜之理則義也，義主於宜，宜之理則爲義。讓之理則禮也，禮主於讓，讓之理則爲禮。知之理則知也。智主於知，知之理則爲知上。知，音智。是四者雖未形，曰愛、曰宜、曰讓、曰知，雖未發見。而其理固根於此，而其理已萌於内。則體實具於此矣。則其本體亦在乎内。性之中只有是四者，一性之中只有仁、義、禮、智。萬善皆管乎是焉，萬善於此而管攝焉。而所謂愛之理者，所言愛之理。是乃天地生物之心，是即天地生育萬物之心。而其所由生者也。人生得天地生物之心，具於心而爲性，則愛之理也。故仁爲四德之長，四德之序，仁爲其首。而又所以兼包焉，而其體包義、禮、智。惟性之中，惟其一性之内。有是四者，有此四德。故其發見於外，則其形著於外。於情則爲惻隱、羞惡、辭遜、是非之端。是則謂之情，形著之初，則謂之端。有惻然其隱，則是仁發見之初。知愧知惡，則是義發見之初。或辭或遜，則是禮發見之初。辨是辨非，則是智發見之初。而所謂惻隱者，但所言惻隱一端。亦未嘗不貫通焉。又何曾弗通貫羞惡、辭遜、是非之三端？此性情之所以爲體用，以性而言，仁爲體，而義、禮、智其用。以情而言，惻隱爲體，而羞惡、辭遜、是非其用。而心之道，此心之道。則主乎性情者也。具此理則爲性，發此理則爲情，而又爲性情之主。人惟己私蔽之，人爲私欲蔽固。以失其性之理而爲不仁，失其本性之道理，故發於外者不能推此仁。甚至於爲忮、爲忍，極而爲狠暴、爲殘忍。忮，音至。是豈人之情也哉？此豈是人本然之情由仁而發者？是以爲仁，所以求仁。莫要乎克己，無先乎克去己私。己私既克，己之私既克去。則廓然大公。則洞然至公。廓，顆入聲。而其愛之理，而愛之道理。素具於性者，常具於性之中者。無所蔽矣。無所蔽塞。則與天地萬物，則大而天地，次而萬物。血脉貫通，生生一脉常相流通。而其用亦無不周矣。是仁之用，無不周徧。故指愛以名仁，直指愛爲仁。則迷其體，以情爲性，則失其體。而愛之理則仁也。愛之道理者則是本體之仁。指公以爲仁，直指公爲仁。則失其真，公未便是仁，則失其仁之本。而公者人之所以能仁也。蓋公則此理流通而能仁。夫靜而仁、義、禮、智之體具，靜而見諸心，是四者皆性之德。動而惻隱、羞惡、辭遜、是非之端達，動而達諸用此四者，皆情之初。其名義位置，其得名之義，如愛曰仁、宜曰義之類，與位序布置，如先仁、次義、次禮、次智之類。固不容相奪倫。其次序、倫理固不可奪。然而轉語。唯仁者爲能推之而得其宜，惟有此仁推之而至於得其所宜。是義之所存者也。即是仁中之義之所在。唯仁者爲能恭儉而有節，惟仁人至於恭儉而有限節。是禮之所存者也。是即仁中之禮之所在。唯仁者爲能知覺而不昧，惟仁人至於知覺而罔所昧。是智之所存者也。是即仁中之智之所在。此可見其兼包而貫通者，此可知其仁包義、禮、智，惻隱貫通夫羞惡、辭遜、是非。是以孟子於仁，所以孟軻於仁。統言之曰：統而謂之。「仁，人心也。」以仁爲人之心，蓋仁該四德心具衆理。亦猶在易，又如易經。乾坤四德，乾坤，元、亨、利、貞之四德。而統言乾元坤元也。只總稱乾元坤元。元，即仁也，亦包亨、利、貞三德。然則轉語。在學者其可不以求仁爲要，在後學可不推本而以求仁爲先。而爲仁其可不以克己爲道乎？求仁之方又可不以克去己私爲務哉？

録

録者，紀録其事。

雍行録

伊川先生

此篇言人之見識各有差等。

元豐庚申歲，元豐，年號也，庚申之歲。予行雍、華間，我行雍、華之中。關西學者關西路爲學之人。相從者六七人。從予之遊者凡七人。予以千錢掛馬鞍，吾以錢一千懸於馬鞍之上。比就舍則亡矣。近歸家則此錢已無。僕夫曰：僕輩且言。「非晨裝而亡之，非是早間裝束行李而失之。則涉水而墜之。」則是渡水之時墜於溪矣。予不覺嘆曰：吾不覺形諸嗟嘆而言曰。「千錢可惜。」失錢一千誠爲可惜。坐中二人應聲曰：同席之中有二客應聲而言曰。「千錢亡去，一千之錢忽至亡失。甚可惜也。」誠是可惜。次一人曰：又有一客言曰。「千錢微物，一千之錢，其利微細。何足爲意？」何必累吾心哉？後一人曰：後至一客言曰。「水中囊中，不在水之中，則在囊之中。

可以一視。皆可一觀。人亡人得，一人失之，一人得之。又何嘆乎？」又何必形於嘆耶？予曰：我云。「使人得之，吾既失之，人或得之。則非亡也。則不可以亡言矣。而嘆夫有用之物，私切自嘆錢者物之有用者也[四]。若沉水中，若落之於水。則不復爲用矣。」則不可再用矣。

至雍，以語呂與叔曰：至於雍，以此與呂與叔言。「人之器識固不同。謂器足以用世，識足以察事，人之器識固有不同。自上聖至於下愚，上自聖人，下至愚人。不知有幾等。其等級高下，不知有幾般[五]。同行者數人耳，與吾同遊凡六七人。其不同者如此也。」一人一見，其不相同有如是矣。與叔曰：呂與叔答云。「夫數子之言何如？」六七人之言何者爲是？予曰：我謂。「最後者善。」其後至一人之語爲至善。與叔曰：呂與叔云。「誠善矣。其言誠是矣。然觀先生之言，但以先生有用之説參之後至一人之言。則見其有體而無用也。」則見其爲知大體之所在，而不知其用之不可亡也。予因書而誌之。吾因是書而記之。

後十五年，自是而後又十五年。因閲故編，因觀舊書。偶見之，偶見此誌。思與叔亡，思呂與叔已死。不幸早死，不幸先已下世。爲之泣下。因爲之隕其淚。

書近思録　文公先生

此篇言集周、程、張四先生之遺言，以其關於是道之大體，切於日用之間，所爲後學入道之方。

淳熙乙未之夏，淳熙，年號，乙未歲之夏。東萊吕伯恭呂姓，伯恭字，東萊其號也。來自東陽，東陽，婺州。自婺州來。過予寒泉精舍。過於文公寒泉之書院。留止旬日，留之居十餘日。相與讀周子、程子、張子之書，相與共讀濂溪、明道、伊川、横渠四君子之書。嘆其廣大閎博，嘆其具載是道，廣大而不可究，浩博而不可求。若無津涯，茫無畔岸[六]。而懼夫初學不知所入也。慮初學之人不知入道之方。因共掇取其關於大體因與共采輯其有關是道之大體。而切於日用者，而實切於平日之受用者。以爲此編。集爲是編。總六百一十二條，總六百餘條。分四十卷。分爲四十卷。蓋凡學者所以求端用力、凡志學之士求其端緒而篤於用功。處己治人之要，即之處己推以治人之道。與夫辨異端、觀聖賢之大略，與辨異端似是之非，究聖賢操脩之實。皆粗見其梗概。皆可略見其大概。以爲窮鄉晚進、私切自謂鄉閭後學[七]。有志於學有志於吾儒之學。而無明師良友以先後之者，雖無賢師良友相爲先後而訓迪之。誠得此而玩心焉，苟得是一編而玩味於心焉。亦足以得其門而入矣。亦可以窺見道學之門户而深造之矣。如此，初意若是。然後求諸四君子之全書，而後求之周、張、二程先生之遺書。沉潛反復，深潛思索，反復推究。優柔厭飫，以取其博而反諸約焉。徐讀飽味，取之浩博，撮其簡要。則其宗廟之美，譬之宗廟之美好。百官之富，百官之富盛，人之不得其門而入者。庶乎其有以盡得之。觀此書後，庶幾可以盡得之矣。若憚煩勞，若夫所謂畏探索之煩勞。安簡便，惟相安於簡便。以爲取足於此而可，以言具足於是而不復更加窮理工夫。則非今日所纂集此書之意也。又豈吾今日采輯是書之本意哉？五月五日，朱熹謹識。

辯

辯者，辯論其非[八]。

無極辯

文公先生

此篇力排陸象山言無極之非，蓋「無極而太極」也者，是無形而有理也。

來書反復，象山所寄之書，反復其語。其於「無極」、「太極」之辯詳矣。於「無極而太極」之辯論，已詳備矣。然以某觀之，但以我觀此。伏羲作易，伏羲始著易之畫。自一畫以下，從一畫而下至於六畫。文王演易，至周文王推而演之爲易之辭。自「乾元」以下，從乾卦「大哉乾元」而下，至於六十四卦。皆未嘗言太極也，皆未嘗指言太極。而孔子言之。至孔子作辭繫易，始言「易有太極」。孔子贊易，孔子贊述易道。自太極以下，從所謂「易有太極」一句而下。未嘗言無極也，未嘗指言無極。而周子言之。至周濂溪太極圖始言「無極而太極」。夫先聖後聖，先聖人後聖人。豈不同條而共貫哉？豈不同其條共其貫？既蒙不鄙而教之，既不相鄙薄而垂教。某敢不盡其愚也。可不盡攄愚見。

且夫大傳太極者，何也？且易大傳所言太極謂何？即兩儀、四象、八卦之理，即兩儀、四象、八卦所以然之理。具於三者之先，而太極則在兩儀、四象、八卦之先。而蘊於三者之内也。復蘊藏於兩儀、四象、八卦之中。聖人之意夫子之意。正以究竟至極，正是窮究是理之至極。無名可名，無得而名。故特謂之「太極」。故以「太極」二字名之。猶曰如謂。「舉天下之至極舉天下之言至極者。無以加此」云爾，無可加於是。初不以其中而命之也。初不即中字而名之也。至如「北極」之「極」、至若在天北辰之極。「皇極」之「極」、洪範「皇極」之「極」。「民極」之「極」，周禮「民極」之「極」。諸儒雖有解爲中者，諸儒注書固有訓爲中者。蓋以此物之極蓋謂此物之極至。常在此物之中，常在物之中，四面到此取正。非指「極」字不是指出此極。而訓之以中也。名之以中。極者，至極而已。極者，至極之理。以有形者言之，即有形象者言之。則其四方八面四方者，東西南北方。八面者，四方合四隅而數之。合湊將來，方方面面皆來。都無向背，無向無背。一切停勻，一一均平以此取正。故謂之極耳。至極更無去處，故謂之極。後人以其居中後之儒者即其居於中。而能應四外，而能應乎四方之外。故指其處以中言之，故指其所在以中言之。非以其義不是以其字義。爲可訓中也。可以訓爲中。至於「太極」，至於「太極」二字。則又初無形象、方所之可言，欲見而無形象、欲尋而無方所不可得而名言也。但以此理至極但即是理之極至。而謂之「極」耳。故名之曰「極」，是即所謂「無極而太極」。今乃以中名之，今乃遽即中之一字以訓之。則是所謂理有未明其於言太極之理有未能明。而不能盡乎人言之意者一也。而弗克悟乎人言之意者一。

通書理性命章，周子通書理性命一章。其首二句言理，初兩句專說理。次三句言性，下三句專說性。次八句言命，下八句專言命。故其章内一章之内。無此三字，無理、性、命三字。而特以三字而特即理、性、命三字。名其章以表之，名此一章表而出之。則章内之言其一章之言。固已各有所屬矣。各各皆有所主。蓋其所謂「靈」、所言匪靈弗瑩。所謂「一」者，所言二本則一。乃爲太極；靈乃此心太極之至靈，一乃是理之極，所謂理也。而所謂「中」者，所謂「中」之一字。乃氣禀之得中，是形生後禀，天地之氣而得乎剛柔之中。與「剛善」、「剛惡」、所禀剛之好者爲義，剛之惡者爲暴狠之屬。「柔善」、「柔惡」者爲五性，柔之善者爲慈祥、柔之惡者爲懦弱之類。中與「剛善」、「剛惡」、「柔善」、「柔惡」是謂五性。而屬乎五行，已上五者之性不同，莫非五行之參差爲之。初未嘗以是爲太極也。何嘗即此中爲太極。且曰今象山且謂。「中焉止矣」，「中焉止矣」一句。而又下屬於二氣五行、又下係乎陰陽之二氣，金木水火土之五行。化生萬物之云，化化生生萬物。是亦復成何等文字義理乎？象山此言不知何等文字義理如此。今來喻乃指其中者爲太極今來喻乃指此中字便爲太極。而屬之下文，而謂之連屬下文二氣五行，化生萬物。則又理有未明則又太極之理有未能明。而不能盡乎人言之意者二也。而弗克悟乎人言之意者二。

若論「無極」二字，如論周子「無極」二字。乃是周子灼見道體，乃是濂溪洞見是道之本體。説出人不敢説者，言人所不能言者。令後之學者使後世學者。曉然見得太極之妙了然見太極之妙。不屬有無，有非真有，無非果無。不拘方體。無方可求，無體可見。若於此看得破，如就此窺見得透。方見得此老方知此濂溪翁。真得千聖以來不傳之秘，真是心會上聖以來不曾傳授之秘訣。非但架屋上之屋、非特如象山所言「無極而太極」是「屋上架屋」。疊牀上之牀而已也。牀上又疊牀也。今必以爲不然，今必爲不如此。則是理有未明則太極之理有未能明。而不能盡乎人言之意者三也。而弗克悟乎人言之意者三。

至於大傳易之繫辭。既曰既言。「形而上者謂之道」矣，著而在上名之曰道。而又曰復言。「一陰一陽之謂道」，一陰一陽，循環不已，名之曰道。此豈真以陰陽爲形而上者哉？豈是果以陰陽爲形上之道？正所以見一陰一陽於此見得陰之與陽。雖屬形器，雖不過屬形下之器。然其所以一陰一陽者，但一陰一陽所以互根者。是乃道體之所爲也。是乃太極之使然也。故語道體之至極，故言是道本體之至極者。則謂之太極；則名之爲太極。語太極之流行，言太極之流行於一陰一陽間。則謂之道。則名之曰道。雖有兩名，太極與道雖有二名。初無兩體。非有二體。周子所以謂之「無極」，濂溪所以言「無極而太極」。正以其無方所、形狀，無方所之可求，無形狀之可見。以爲在無物之前，謂其在於未有萬物之前。而未嘗不立於有物之後；則有萬物之後，此理未嘗不立。以爲在陰陽之外，謂其在於陰陽之外。而未嘗不行於陰陽之中；則陰陽之運行，此理未嘗不在。以爲通貫全體，謂其通前後、貫外内而爲全體。無乎不在，無所往而不在。又初無聲臭影響之可言也。又無聲臭之可尋，無影響之可見。蓋前兩節是言無非真無，後一節是言有非果有。今乃深詆無極之非，今象山顧乃深排無極爲非。則是以太極則以太極。爲有形狀、方所矣。爲有形有狀、有方有所。直以陰陽爲形而上者，便指一陰一陽爲形而上之道。則又昧於道器之分矣。所謂道形而上、器形而下者，又分别不分曉矣。又於「形而上者」之上，又且於形而上之上。復有「况太極乎」之語，又有所謂「太極」者。則是又以道上别有一物爲太極矣。又是道之上復有一物名爲太極。蓋太極即形上之道，而陰陽即形下之器，不可指陰陽爲形上也。此又理有未明，此亦太極之理有未能明。而不能盡乎人言之意者四也。而弗克悟乎人言之意者四。

至某前書至如我前日書。所謂「不言無極，所謂不説無極。則太極同於一物，則太極不過只如一物。而不足爲萬化根本；不足爲天地萬化之根本。不言太極，不説太極。則無極淪於空寂，則無極淪入空寂之鄉。而不能爲萬化之根本」，而不能爲天地萬化之根本。乃是推本周子之意，此上六句乃是推明周子之微意。以爲當時若不如此兩下説破，以爲一時若不是將無極太極二者分别説出。則讀者錯認語意，則讀者誤認發言之意。必有偏見之病，則所見必徇於一偏。聞人説有 見人言有極。即謂之實有，便以爲實有此。見人説無 見人言無極。即謂之真無耳。便以爲真無此。自謂如此 我自謂如此數語。説得周子之意，道得濂溪之意。已是大故分明，已極分曉。老兄猶以爲未穩。象山尚言未安。是又理有未明 是太極之理有未能明。而不能盡乎人言之意者五也。而弗克悟乎人言之意者五。

來書又謂大傳明言「易有太極」，象山來書既説大傳分曉，謂「易有太極」矣。今乃言無，何耶？今乃説無極，如何？此尤非所望於高明者。此愈非所望於天資高明之君子。老兄且謂大傳之所謂「有」，象山且説易係之言有極。是果如兩儀、四象、八卦之有定位，果猶兩儀生四象，四象生八卦，各有定位。天地、五行、萬物之有常形耶？天地、金木水火土與夫萬物各有常形耶？此言有非果有，本出於無也。周子之所謂「無」，濂溪之所謂無極。是果空虚斷滅，是果虚無寂滅。都無生物之理耶？盡無陰陽化生萬物之理耶？此言無非真無，實肇其有也。此又理有未明 此亦太極之理有未能明。而不能盡乎人言之意者六也。而弗悟乎人言之意者六。

老子「復歸於無極」，老子言此身再歸於無極。「無極」乃無窮之義。無極是乃無窮盡之意。

如「莊生入無窮之門，猶莊子言「入無窮極之門」。以遊無極之野」云耳，「以遊無窮極之野」，老、莊俱是虛無之學，故其言相合如此。非若周子所言之意也。非如濂溪所言無極之意。今乃引之，今象山引老、莊而言。而謂周子之言且云濂溪之說。實出於彼，實自老子出。此又理有未明此亦太極之理有未能明。而不能盡乎人言之意者七也。而弗悟人言之意者七也。高明以爲如何？高明之見將謂若何？

皇極辯

此篇力排孔安國以「皇」訓「太」、以「極」訓「中」之失[九]。蓋「皇極」也者，君道是也。

洛書九數而五居中，洛書有九數，而五位其中。洪範九疇而皇極居五，洪範有九疇，而皇極居次五。故自孔氏傳註，自漢孔安國傳註洪範。傳，去聲。訓「皇極」爲「大中」，以「大」訓「皇」，以「中」訓「極」。而後之諸儒，而後來諸儒。一皆祖其說。並皆傳襲其言。嘗以經之文義求之，曾即洪範之文字意義求之。有以知其必不然也。蓋知其斷不如此。蓋「皇」者，君之稱也；「皇」乃人君之稱。「極」者，至極之義、「極」乃至極、無以復加之義。標準之名，準則可以示人之謂。常在物之中央，常常在物之中央。而四外望之以取正焉者也。四方之外皆觀望，此取正者也。故以「極」爲在中之至則可，以此「極」爲在中之至極則可。而直謂「極」爲中則不可。而便以「極」訓「中」則不可。若北辰之爲「天極」，如北斗謂天之極。屋棟之爲「屋極」，屋棟，謂屋之極。其義皆然。其理皆如此。而周禮所謂「民極」、周禮六官言「民極」。詩所謂「四方之極」者，毛詩商頌言「四方之極」。於「皇極」之義爲尤近。於「皇極」意義更是切近。顧今之説者顧今之爲書者。既誤於此，而失之於彼，既誤於以「皇極」訓「大中」，而於「民極」、「四方之極」又失其旨義。是以其説展轉迷謬，所以其言反覆昏迷。而終不能以自明也。至末不能通曉。即如舊説，便如舊説，姑亦無問其他，更不復問其他處。但於洪範之文只於洪範之正文。易「皇」以「大」、改「皇」字爲「大」字。易「極」爲「中」而讀之，改「極」字爲「中」字，而誦讀之。則所謂「大」作「中」、所言「皇」作「極」，則是「大」作「中」。「大則受之」之屬，皇則受之，則是「大則受之」。爲何等語乎？此成何等説話？故予竊獨以爲「皇」者君也，故我獨言「皇」者爲君。「極」者至極之標準也。「極」爲至極標準之義。人君以一身，人主即一身。立乎天下之中，居於四方之中央。而能終其身，而能終此身。以爲天下至極之標準，以作天下至極之準則。則天下之事，則天下萬事。固莫不協於此。自無不合於此。而得其本然之正，而得本然天理之正。天下之人，凡天下萬民。亦莫不歸於此，亦無不歸於是。而得其固有之善焉。而全其固有之理。所謂「皇極」者也，是所言「皇極」者如此。是其見於經者，是其著見之於洪範者。蓋皆本於洛書之文，悉出於洛書之文。其得名，得「皇極」之名。則與夫「天極」、「屋極」、「民極」，則與所謂「北辰之極」、「屋棟之極」、「生民之極」。皆取居中而取極之意，皆是取其居在於中，四方取此爲至極，更無去處。初非指中爲極也，即不是以中爲極。則又安得而訓之哉？則又奚可以中訓極哉？

曰「皇建其有極」者，經言「皇建有極」云者。言人君以其一身是言人主即此身。而立至極之標準於天下也。而立天下至極之準則。曰「斂時五福，經言合是五福。斂，去聲。用敷錫厥庶民」者，用而散與百姓者。言人君能建其極。謂人君出而以身建至極之理。而於五行焉得其性，於金、木、水、火、土則得其金、木、水、火、土之性。於五事焉得其理，於視、聽、言、貌、思則得其視、聽、言、貌、思之理。皆因五福之所聚，極建而五行得性、五事得理，是爲五福之聚。而又推以化民，而復施之以化於民。則是布此福而與民也。是即推是福以與百姓也。曰「惟時厥庶民經言惟是其衆民。於汝極，於君之極。錫汝保極」者，與君保極。言民視君以爲至極之標準而從其化，謂民視君爲至極之準則而順其化。則是以此還錫其君，則又以是復歸於其君。而使之長爲天下之標準也。俾之常常作天下至極之準則也。曰「凡厥庶民經言凡爾衆民。無有淫朋，無有淫過之朋黨。人無有比德，人無有阿比之德。比，去聲。惟皇作極」者，惟君立極。言民之所以能若此者，謂百姓所以能如此無朋無比者。皆君之德，無非人君有德。有以爲至極之標準也。足以爲天下至極標準。曰「凡厥庶民經言凡爾衆百姓。有猷、有爲、有守，有謀、有爲、有操守。汝則念之；君則當念之。不協于極，不合於是極。不罹于咎，亦不至遭於咎惡。罹，音離。皇則受之」者，君亦無不受之。言君既立極於上，謂人君既建此極於上。而民之從化，而庶民從順其教化。或有遲速、深淺之不同，或遲或速，或深或淺，自有不同。則其有謀爲操守者，其謀者求盡是極之道，爲者修是極之道，守者固執是極之道。固當念之而不忘，固當念念及之而不替。其不盡從其有弗克，盡從吾化。而不底於大戾者，而不至於大違戾此道。亦當受之而不拒也。君亦當容受而無所拒。曰「而康而色」，經言庶民安其顔色。曰「予攸好德，謂我所好者德。好，去聲。汝則錫之福，君則與之以福。時人斯其惟皇之極」，則是人皆趍人君之極。言人有能革面謂此人有能改其爲惡之面。言小人化爲君子也，易曰「小人革面」。而以好德自名，自以好德爲言。雖未必出中心之實，縱非其中心之故然[一〇]。亦當教以修身求福之道，君亦當誨以修己獲福之理。則是人者，亦得以君爲極而勉其實也。則是人亦得以君爲至極之準則而勉焉，以求盡其實也。曰「無虐煢獨，經言無侵虐煢而無兄弟者，獨而無子者。煢，音群。而畏高明，而憚勢位尊貴之人。人之有能有爲，人之有才能、有謀爲。使羞其行，俾進其德行。行，去聲。而邦其昌」者，而邦國賴以興隆者。言君之於民，謂君之於百姓。不審問其貴賤、强弱，不必問其貴者、賤者、强者、弱者。而皆欲其有以進德，欲其皆進於德。故其有才能者，故其人有才而能者。必皆使之勉進其行，必盡俾之勉之以進其德行。而後國可賴以興也。然後邦國可藉此而興隆。曰「凡厥正人經言凡其正直之人。既富方穀，既富矣而納之於善。汝弗能使好於而家，汝弗克俾之有所藉而顧於其家。好，去聲。時人斯其辜；是人必將取罪而去。於其無好德，不復有好德心。汝雖錫之福，汝雖與之以福。其作汝用咎」者，其起而報汝，惟用惡道而無善矣。言須正人者，謂須是正直人。必先有以富之，當先使之富足。而後納之於善。繼此則可導其向善。若不能使之有所顧於其家，若非有以俾之有所藉而顧其家。則此人必將陷於不義，則是人必流於不義。不復更有好德之心矣。又安有所謂好德之心哉？至此而後始欲告之以修身求福之説，至於是而始思喻以修己獲福之道。則已緩不及事，又失之緩慢不及於爲矣。而其起而報汝，而是人起而施報於汝。惟有惡而無善矣。惟知有惡而不知有善。蓋人之氣稟不同，人之稟氣有清濁、昏明之不同。有不可以一律齊者，是又難以一等齊之。是以聖人所以聖君。所以立極於上者，立至極之準則於上。至嚴至正，端嚴正直。而所以接引於下者，所以引誘在下之人。至寬而廣，寬洪廣大，不沮其爲善之心。雖彼之所以趨於此者，雖是百姓之趨於此極。遲速真僞，無朋比而化之速者，不協極不罹咎者，則化之遲者而康而色，曰「好德則未知其真僞」。才德高下，化之速者則才德之高，化之遲者則才德之下。有萬不同，有萬等不齊。而吾之所以應於彼者，我所以接於彼。矜憐撫養，矜恤撫摩。懇惻周盡，惻怛詳盡。未嘗不一也。未始不一以持之。曰「無偏無陂，經言無不平、無不正。陂，音貢。遵王之義。皆循人君所行之宜。無有作好，無自私自作好。好，去聲。遵王之道。一皆率循人君所由之道。無有作惡，無有私自作惡。惡，去聲。遵王之路。一循人君所由之路。無偏無黨，無偏私，無黨與。王道蕩蕩。一循人君恢廣之道。無黨無偏，無人與，無漏私[一一]。王道平平。一循人君平易之道。平，音駢。無反無側，無反復，無倚側。王道正直。一循人君正直之道。會其有極，合其一身之極。歸其有極」者，以歸於人君之極。言民皆不溺於己之私，謂百姓皆不爲己私所累。以從夫上之化，以順從人君之教化。而歸會於至極之標準也[一二]。會之歸之，皆以人君爲至極之準則。析而言之，分而言。則偏陂好惡，則前面所言偏陂好惡。以其生於心者言也。此四者是生於心者。偏黨反側，上面所謂偏黨反側。以其見於事者言也。此四者是見於事者。遵義、遵道、遵路，解見前。方會於極也。方才會於此極。蕩蕩、平平、正直，解見前。則已歸於極矣。則是已歸極了。曰「皇極之敷言，經言以君之道，布其命於下。是彝是訓，不外此有常之理以爲此教。于帝其訓」者，然此有常之理，亦上天之所賦於人者，則此教乃天之教。言人君以身爲表，謂人君以一身爲至極之標準。而布命於下，而布其教語於下。則其所以爲常爲教者，則君之是彝是訓。一皆循天之理，皆是循夫天之正理。而不異乎上帝之降衷也。而無異上天降此理於下民者。曰「凡厥庶民，經言凡其衆民。極之敷言，是極之布爲教語者。是訓是行，因此教而服行之。以近天子之光」者，得以親近人君光明之德。言民於君之所命，謂庶民即君之訓命。能視以爲教，能睹此以爲教語。而謹行之，恭以行之。則是能不自絶，則能不自棄絶。而有以親被其道德之光華也。而此身得被人君光明之道德也。曰「天子作民父母，經言人君作民之父母。以爲天下王」者，而爲天下所歸往之王。言能建其有極，謂能建立是極。所以作民父母，是以爲百姓父母。而爲天下之王也。而天下尊之曰君。不然，不如是。則有其位，則有君之位。無其德，無君之德。不足以建立標準，無以建立天下至極之準則。子育元元，愛養衆民。而履天下之極尊矣。而處天下至尊之位矣。

天之所以錫禹，天以洪範九疇與禹。箕子之所以告武王者，箕子以洪範九疇言之武王。其大指蓋如此。其大意只如是。雖其雅奥深微，雖是雅言奥義，深妙精微。或非淺聞所能究，有非淺陋者所能推究。然嘗試以是讀之，但曾試即此誦之。則亦坦然明白，蓋亦平易分曉。而無一字之可疑者。而一字無可疑。但先儒昧於訓義之寔，然孔安國不明訓義之真。寔，音實。且未嘗講於人君脩身立道之本，又不曾講明人主修己立道之根本。既誤以「皇極」爲「大中」，既錯認「皇」爲「大」、「極」爲「中」。又見其辭，又觀其言辭。而含洪寬大之意，皆是含糊鶻突。因復誤認以爲所謂「中」者又復錯指所言「中」者。不過如此。不越乎是。殊不知「居中」之「中」，初不知「居中」之義。既與「無過」「不及」不同，自不可與「無過」「無不及」並言。而「無過」「不及」之「中」，不失之過、不失之不及，此所謂「中」。乃義理精微之極，乃是義理之至精至微處。有不可以毫釐差者，固不容差之毫毛。又非含糊苟且，不分善惡之名也。又不是含容糊塗、善惡二者俱無分別之謂。今以誤認之「中」今即錯指之「中」。爲誤認之「極」，爲錯認之「極」。不謹乎至嚴至密之體，不於本體嚴密處而務究其微。而務爲至寬至廣之量，泛然欲爲寬廣之度量，而不察其實。則漢元帝之優游、如漢元優游不斷。唐代宗之姑息，唐宗之姑息敗事。皆是物也。並是以此而失之。彼其是非雜揉，彼二君是是非非，錯雜無別。揉，音蹂。賢不肖混殽，賢者與不肖者殽亂不分。方且昏亂陵夷之不暇，方自昏悔繆亂、陵遲夷滅之不遑[一三]。尚何斂福錫民之可望哉！況望其斂極之福與民乎！吾意如此，吾之意若是。而或者疑之，而或猶有疑於此者。以爲經言「無偏無陂，謂經之無偏而不平、陂而不正。無有好惡」，無有私作好惡。則所謂「極」者，是其言「極」。豈不實有取乎得中之義？其義亦若取得中之言。而所謂「中」者，而謂之「中」者。豈不真爲無所去就憎愛之意乎？豈不真是泛然包容，無所去就，無所憎愛乎？吾應之曰：吾答之云。「無偏無陂」者，無所偏，無所陂。不以私意而有去就爾。不以吾之私意去就而已。然曰「遵王之義」，但其言循人君之義。則其去惡而從善，則是舍惡而就善，當去當就。未嘗不力也。何嘗不篤於行。「無作好惡」者，無作好，無作惡。不以私意而自爲憎愛爾。不以吾之私意憎愛而已。然曰「遵王之道」、循人君所由之道。「遵王之路」，循人君所由之路。則其好善惡惡，則是其知善爲可好、知惡可惡。固未嘗不明也。何嘗不明知。是豈但有包容，是豈只務含容。漫無分別之謂？都無別判之言，如漢、唐優游姑息也。又況經文矧是經言。所謂「王義」、「王道」、「王路」者，曰「義」、曰「道」、曰「路」三者。乃爲「皇建有極」之體，乃爲人君建立是極之本。而所謂無所「偏陂」「反側」者，曰「無偏陂」，曰「無反側」。自爲民歸有極之事，乃爲庶民會歸是極之事。其文義亦自不同也耶。其文理意義亦自不一。必若子言，必如或者之言。吾恐天之所以錫禹，吾慮天之錫於禹者。箕子之所以告武王者，箕子之言於武王者。上則流於老、莊依阿無心之説，上則失於老聃、莊周依阿無所裁決之言。下則溺於鄉原同流合污之見，下則同於鄉原、謹愿人同流合污之見。雖欲深體而力行之，雖欲深體此理而力行於身。是乃所以幸小人而循君子，無所別白以爲小人之幸，方欲以是而循君子之道。又何以立大本，又安能立是極之本領。而序彝倫哉？而俾常理之得其言哉[一四]？作皇極辨。故著爲皇極辨一篇。或曰：或人又謂。「皇極」之爲「至極」何也？「皇極」而有「至極」之名如何？予應之曰：吾又答之。人君中天下而立，人君以一身中立於天下。四方面内，四方之人皆面其内。而觀仰之者，觀而仰之。至此輻湊，於此會合，猶車輻之相駢湊。於此而皆極焉。於是而極至，更無去處。自東而望者，由東而望乎此。不能過此而西也；不能過此而之西。自西而望者，由西而望乎此。不能踰此而東也。不能過此而之東。以孝言之，且舉孝之事言。則天下之孝，天下之孝於親者。至此而無以別[一五]；到此則無以加矣。以弟言之，又舉弟之事言。則天下之弟，天下之弟於長者。至此而無以過。至此無以過矣。此人君之位之德，此人君之位與人君之德。所以爲天下之至極，以此爲天下至極之標準。而「皇極」所以得名之本意也。此正得以「皇」爲「君」、以「極」爲「至」之本意。故惟曰：故但言。聰明睿智，有聰明聖智之德。首出庶物，出於衆人之上。如所謂天下一人而已者，猶言天下但有一人而止。然後有以履之而不疚。而後可以履天位而無所病。豈曰含容寬裕一德之偏，豈謂寬容一偏之德。而足以當此哉？而可以當是位哉？客曰：唯唯。或人唯唯受命。因復記於此，因又記之於是。以發前之未盡。以發揮吾言未盡者。

論

論者，講論其義理。

顔子所好何學論

伊川先生

此篇言顔子所學，學以至聖人之道，惜其天年不永，幾於化而未至於化也。

聖人之門，夫子之門。其徒三千，徒弟三千人。獨稱顔子爲好學。獨許顔淵以「好學」兩字。

夫詩、書六藝，夫詩、書六藝之文。三千子非不習而通也，三千之徒非不習熟貫通。然則轉語。顔子所獨好者，何學也？顔子獨稱好學，不知其所好何所學？學以至聖人之道也。學之爲學將以求至聖人之道。

聖人可學而至歟？所謂聖人可由學而至其地位耶？曰：然。曰可由學而至。學之之道如何？所以學爲聖人之道又何如？曰：云。天地儲精，天地蘊精英之氣。得五行之秀者爲人。人禀得金、木、水、火、土之秀氣於心，爲最虚。其本也真而靜，其本然之體真實而凝靜。其未發也無所感觸發見於外。五性具焉，五常之性全具於中。曰仁義禮智信。愛之理爲仁，宜之理爲義，讓之理爲禮，知之理爲智，信則實有此理。形既生矣，人之生有此形質。外物觸其形而動於中矣。則耳、目、口、鼻之形外觸於物，則其心不能不動。其中動而七情出焉，此心既動，七情乃起。曰喜怒哀樂愛惡欲。曰喜、曰怒、曰哀、曰樂、曰愛、曰惡、曰欲。情既熾而益蕩，七情勝而愈蕩其中。其性鑿矣。五性鑿而非渾成之體矣。

是故轉語。覺者約其情，有知覺者，則約其情之流。使合於中，使之不失之過。正其心，而後可以正吾之心。養其性，正其心而後可存養其性。故曰性其情。故言性其情，蓋所發皆理也。愚者則不知制之，下愚之人不知制其理[一六]。縱其情而至於邪僻，恣其所欲，以至流之淫邪非僻[一七]。梏其性而亡之，害其本性至於亡滅。故曰情其性。故云情其性，蓋所存皆欲也。凡學之道，凡人爲學之道。正其心，必先正其心使不偏。養其性而已。以存養此性而已。中正而誠，則聖矣。此心不偏不倚以至實理充足，此聖人事也。君子之學，君子之爲學。必先明諸心，必先明了此心，勿爲物欲昏蔽。知所往，審其所適。然後力行以求至，而後勉力而行，以求至於道。所謂自明而誠也。蓋曰知覺以全此實理也。故學必盡其心，故爲學當先至盡此心知識。盡其心，全得此心知識。則知其性，則明本心之理。知其性，明得本心之理。反而誠之，自反而無一理之不實。聖人也。此乃聖人地位。故洪範曰：書洪範篇云。「思曰睿，思而至於無所不通。睿作聖。」無所不通則爲聖人。誠之之道，誠之者，人之道，學聖人者也。在乎信道篤。在於篤於信道。信道篤信之篤。則行之果，則行之也必果確。行之果行之果確。則守之固：則守之也必堅固。仁義忠信四者之理。不離乎心，全具於中。造次必於是，頃刻之間亦必在此。顛沛必於是，顛倒之時亦必於此。出處語默必於是。或出或處，或語或默，亦必於此。久而弗失，至於久焉，猶且弗失。則居之安，順適而安。動容周旋中禮，舉動容貌，周旋之間無不合禮。而邪辟之心淫邪非僻之念。無自生矣。無自而起矣。

故顏子所事，故顏回平日所從事者。則曰：「非禮勿視，則曰非禮不正之色，目不之視。非禮勿聽，非禮不正之聲，耳不之聽。非禮勿言，非禮不正之言，口不之道。非禮勿動。」非禮不正之動，亦不妄動。仲尼稱之，夫子予之。則曰：乃云。「得一善則拳拳服膺，而弗失之矣。」得一善則切切然服守於心胸之間，而不敢失也。又曰：又言。「不遷怒，怒於甲者不移於乙。不貳過。」過於前者不萌於再。「有不善，或有不善。未嘗不知，未有不知。知之未嘗復行也。」既知之不復行之。此其好之篤，此其好之之深。學之之道也。學爲聖人之道也。視聽言動皆禮矣，四者無不中禮。所異於聖人者，所以與聖人微有間者。蓋聖人則不思而得，聖人無所思而自得。不勉而中，無所勉而自中。從容中道，雍容不迫，自然造道。顏子則必思而後得，顏回則必待有所思，而後造道。必勉而後中。必待有所勉，而後中道。故曰：故云。顏子之與聖人，顏子之視孔子。相去一息。相去一間。孟子曰：孟子言。「充實而有光輝之謂大，至理充實於内而光輝發見於外，謂之大。大而化之之謂聖，大而化則無迹可指，謂之聖。聖而不可知之謂神。」聖矣又極而至於妙不可知，則謂之神。顏子之德，顏氏子之德。可謂充實而有光輝矣，可謂至理充實而光輝發見矣。所未至者，所以未至於聖人者。守之也，固執之者也。非化之也。未至於聖人無迹之妙。以其好學之心，但即其好學不倦之心。假之以年，若更與之壽考。則不日而化矣。不待歲月之久，渾然無迹矣。故仲尼曰：所以夫子云。「不幸短命死矣！」惜其天年不永，爲不幸也。蓋傷其不得至聖人也。蓋悼其不得至於聖人之地位。所謂化之者，所謂化之云者。入於神而自然，造於神妙之地皆自然而然。不思而得，不待思而自得。不勉而中之謂也。不待勉而自中。孔子曰夫子云。「七十而從心所欲，七十歲從吾心之所欲。不踰矩」是也。自不過於規矩法度之外。

或曰：或人有云。聖人，生而知之者也。聖人生而知此理者也。今謂可學而至，今言可由學而至。其有稽乎？其有所考究乎？曰：然，云如此。孟子曰：孟子有云。「堯、舜，性之也；堯、舜乃天性之自然。湯、武，反之也。」湯、武以修爲而得。性之者，天性之自然。生而知之者也；生而知此理者也。反之者，修爲而得。學而知之也。由學而知此理者也。又曰：又云。孔子則生而知者也，夫子乃生而知此理者也。孟子則學而知者也。孟子則學而知此理者也。後人不達，後來之人不悟。以謂聖本生知，聖人本生而知之。非學可至，非由學而可至其地位。而爲學之道遂失。而爲學之道遂廢失。不求諸己不反而求於身。而求諸外，惘然而求諸外。以博文强記、巧文麗辭爲工，以博學於文、强記其語、巧爲文章、飾以葩藻爲能。榮華其言，夸耀於言語間。鮮有至於道者，言辭雖好，神鑒已昏，少有求至於聖人之道者。則今之學則今之世有敏於好學者。與顔子所好異矣！其比顔子之學不同，而所好亦異矣，嗟哉！

校勘記

［一］可愛者甚審　「審」，四庫本作「蕃」。

［二］得天德之亨爲性之禮得天德之利爲性之義　「禮」，四庫本作「義」；「義」，四庫本作「禮」。

［三］其愛有等差　「等差」，四庫本作「差等」。

［四］私切自嘆錢者物之有用者也　「切」，四庫本作「竊」。

［五］其等級高下不知有幾般　「其等級」，四庫本作「聖與愚」；「般」，四庫本作「等」。

［六］茫無畔岸　「畔岸」，四庫本作「涯岸」。

［七］私切自謂鄉閭後學　「切」，四庫本作「竊」。

［八］辯論其非　「辯」原作「辨」，據四庫本改。

［九］此篇力排孔安國以皇訓太以極訓中之失　「太」，四庫本作「大」。

［一〇］縱非其中心之故然　「故」，四庫本作「實」。

［一一］無人與無漏私　此句，四庫本作「無黨與，無偏私」。

［一二］而歸會於至極之標準也　「歸會」，四庫本作「會歸」。

［一三］方自昏悔繆亂陵遲夷滅之不遑　「悔」，四庫本作「晦」。

［一四］而俾常理之得其言哉　「言」，四庫本作「序」。

［一五］至此而無以别　「别」，四庫本作「加」。

［一六］下愚之人不知制其理　「理」，四庫本作「情」。

［一七］以至流之淫邪非僻　「之」，四庫本作「於」；「非」，四庫本作「匪」。

新編音點性理群書句解卷之九

前集

圖

圖者，圖寫其像。

河圖之文前七、二，後一、六，左三、八，右九、四，居中者五與十。

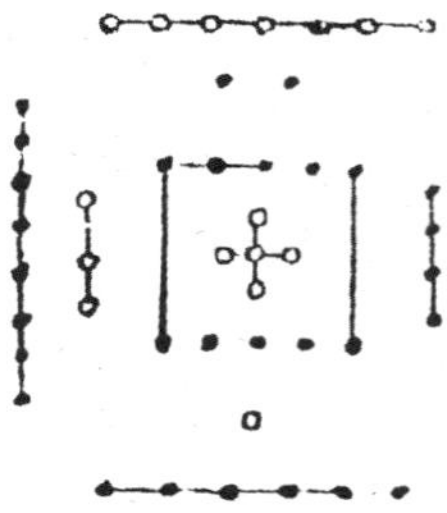

河圖象數

天一地二，天三地四，天五地六，天七地八，天九地十。天數五，地數五，五位相得而各有合。天數二十有五，地數三十，凡天地之數五十有五。此所以成變化而行鬼神也。

洛書之文，戴九履一，左三右七，二、四爲肩，六、八爲足，五居中央。

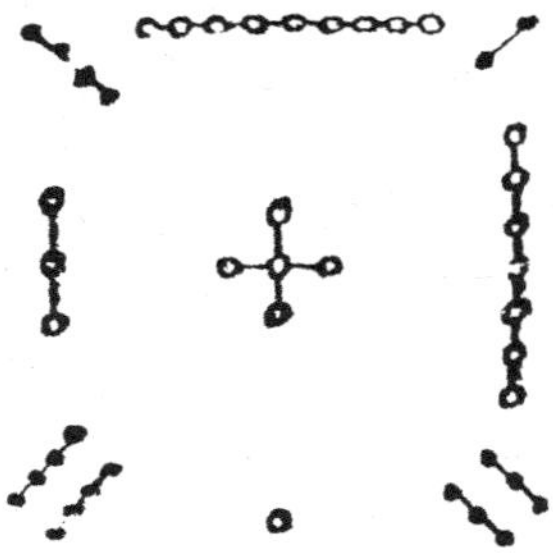

洛書範數

初一曰五行，次二曰敬用五事，次三曰農用八政，次四曰協用五紀，次五曰建用皇極，次六曰又用三德，次七曰明用稽疑，次八曰念用庶證，次九曰嚮用五福，威用六極。

「天一地二，天數一，地數二。天三地四，天數三，地數四。天五地六，天數五，地數六。天七地八，天數七，地數八。天九地十。天數九，地數十。天數五，謂一、三、五、七、九也。地數五，謂二、四、六、八、十也。五位相得天地之數各有五位，皆自相得。而各有合。又各有相合處。天數二十有五，以一、三、五、七、九合而算之，則二十五數也。地數三十，以二、四、六、八、十合而算之，則三十數也。凡天地之數合天數地數。五十有五。以二十五合三十，則五十有五。此所以成變化而行鬼神也。」是能成天地之變化，而行其妙用也。此以上係夫子係易之辭，文公引之，自此以下乃文公解説。

此一節此一段。夫子所以發明河圖之數也。孔子發河圖之秘而言之。天地之間，天高地下之中。一氣而已，只是一流行之氣。分而爲二，散而二。則爲陰陽，則爲一陰一陽。而五行造化，金、木、水、火、土之造作變化。萬物終始，萬物之有終有始。無不管於是焉。莫不皆管攝於是。故河圖之位，河圖數法之位序。一與六共宗而居乎北，一數與六數共類位乎北。二與七同朋而居乎南，二數與七數同侶位乎南。三與八同道而居乎東，三數與八數同其道位乎東。四與九爲友而居乎西，四數與九數爲儔位乎西。五與十相守而居乎中。五數與十數虛而不用，相守位乎中。蓋其所以爲數者，蓋是圖之所謂數者。不過一陰一陽，不越乎各一陰陽。一奇一耦，一奇數一耦數。以兩其五行而已。有在天五行之象，有在地五行之形，則是兩其五行也。所謂天者，所言天者。陽之輕清而居乎上者也。以陽氣輕清而位乎上。所謂地者，所言地者。陰之重濁而位乎下者也。以陰氣重濁而居乎下。陽數奇，凡陽之數皆單奇。一、三、五、七、九，天一、天三、天五、天七、天九。皆屬乎天，莫不屬乎天之陽。所謂天數五也。是謂天數五也。陰數耦，凡陰之數皆雙耦。故二、四、六、八、十，地二、地四、地六、地八、地十。皆屬乎地，莫不屬乎地之陰。所謂地數五也。是謂地數五也。天數地數，天之數，地之數。各以其類而相求，各各以類相求。所謂五位之相得者然也。是言天數五、地數五各自相得者如此。天以一生水，天之數以一生水。而地以六成之[一]。地以六數，與天一之數合而成之。地以二生火，地之數以二生火。而天以七成之。天以七數[二]，與地二之數合而成之。天以三生木，天之數以三生木。而地以八成之。地之數八，與三並居於左以成之。地以四生金，地之數以四生金。而天以九成之。天之數九，與四並居於右以成之。天以五生土，天之數以五生土。而地以十成之。地之數十[三]，與五並居於中以成之。此又所謂各有合焉者也。此又是天地之數各自相合者如此。積五奇之數積一、三、五、七、九之數。而爲二十五，合之則二十五。積五耦而爲三十，積二、四、六、八、十之數，合之則三十。合是二者又合二十五及三十數。而爲五十有五。共成五十五數。此河圖之全數，此河圖所謂全數如此。皆夫子之意，莫非孔子之意。而諸儒之説也。亦諸儒之議論也。以上係傳説河圖，自此以下互説圖、書。至於洛書，及至洛書之文。則雖夫子所未言，雖是孔子未説。劉歆所謂相經緯、表裏者可見矣。漢劉歆云：「河圖、洛書相經緯、相表裏。」以此説觀之，亦可知矣。

或曰：或人謂。「河圖、洛書之位與數不同，何也？」河圖之位與數，與洛書之位與數不同，如何？曰：朱子曰。「河圖以五生數，河圖以一生水、二生火、三生木、四生金、五生土，五者皆生數也。統五成數，統六、七、八、九、十之成數。而同處一方，生數成數共在一方。蓋揭其全以示人，揭是數之大全，以示乎人。而道其常數之體也。而言常數之本體。洛書以五奇數，以中央四方之五奇數。統四耦數，統四隅之四耦數。而各居其所。各居一位。蓋主於陽以統陰，蓋主於奇數之陽，以統夫耦數之陰。而肇其變數之用也。」而開其變數之大用。曰：或人謂。「其皆以五居中者，何也？」問圖、書並以五居中〔四〕，如何？曰：朱子言。「凡數之始，凡數之初。一陰一陽而已矣。皆本於一陰一陽。陽之象圓，陽主於動，則其象圓。圓者徑一而圍三。員物徑量一度，環而圍之，則有三度。陰之象方，陰主於靜，則其象方。方者徑一而圍四。方物徑量一度，圍而量之，則有四度。圍三者，以一爲一，圍三者，陽也，以一畫爲一。故參其一陽而爲三。三其一畫而爲三。圍四者，以二爲一，圍四者，陰也，以二畫爲一。故兩其一陰而爲二。兩其一畫而爲二。是所謂『參天、兩地』者也。三其陽之一畫，故曰「參天」；兩其陰一之畫，故曰「兩地」。三二之合，三天數與地二數相合。則爲五矣。則共成五數。此河圖、洛書之數。此圖、書之數。所以皆以五居中也，並以五位乎中。然河圖以生數爲主，河圖以一生水、二生火、三生木、四生金、五生土，五者皆生數也。河圖以此爲主。故其中之所以爲五者，中央虚五之數不用者。亦具五生數之象。不特合中央四方而論見其生數，只論中央亦自有五生數。其下一點，下面一點。天一之象也。即天一生水之象。其上一點，上面一點。地二之象也。即地二生火之象。其左一點，左邊一點。天三之象也。即天三生木之象。其右一點，右邊一點。地四之象也。即地四生金之象。其中一點，中央一點。天五之象也。即天五生土之象。洛書以奇數爲主，洛書中央四方之五奇數爲主。故其中之所以五者，故其中虚五之數不用者，亦自具五奇數，詳味下面「亦」字可見。其下一點，下面一點。亦天一之象也。即天一之象，蓋洛書之一數居下。其左一點，左邊一點。亦天三之象。即天三之象，蓋書之三數居左。其中一點，中央一點。亦天五之象也。即天五之象，蓋書之五數居中。其右一點，右邊一點。則天七之象也。即天七之象，蓋書之七數居右。其上一點，上面一點。則天九之象也。即天九之象，蓋書之九數在上。其數與位，河圖、洛書之數與其位序。皆三同而二異。天一、天三、天五，三位與數皆同。只有上一點圖爲地二，書則天九。右一點圖爲地四，書則天七。此二位與數俱異。蓋陽不可易，一、三、五乃陽數也，圖、書俱不易其位序。而陰可易，二、四乃陰也。河圖位序如此，而洛書易之。成數雖陽，生數本爲陽，成數本爲陰，以成數對生數而論，成數雖有屬陽者。固亦生之陰也。」亦不過爲生數中之陰而已。曰：或人謂。「中央之五，中央五數。既爲五數之象矣。既自有五數之象。然則轉語辭。其爲數也奈何？」其所以爲數是如何？曰：朱子言。「以數言之，即其數言。則通乎一圖，則通一圖之内外。由内及外，自内而外。固各有積實可紀之數矣。各各有所積之實數可計算也。然河圖之一、二、三、四，河圖一數、二數、三數、四數。各居其五象本方之外，五居於中，一、二、三、四環列各居一方，在五數之外。而六、七、八、九、十者，而六數、七數、八數、九數、十數者。又各因五以得數，無非因此五而得數，故一得五則爲六，而居於下。二得五則爲七，而居於上。三得五則爲八，居於左。四得五則爲九，居於右。十得五則爲十五，居於中。以附於其生數之外。處於一生水、二生火、三生木、四生金、五生土，生數之外，而爲六、七、八、九、十之成數。洛書之一、三、七、九，洛書之一數、三數、七數、九數。亦各居其五象本方之外，五居中，一、三、七、九環列各居一方，在五數之外。而二、四、六、八者，而二數、四數、六數、八數。又各因其類，各各因其類。以附於奇數之側。以處於一、三、七、九奇數之旁。蓋中者爲主，虛中五數爲主。而外者爲客，外列五數之旁，則爲客。正者爲君，居中而正，有君之象。而側者爲臣，側處四旁，有臣之象。亦各有條而不紊也。」各有條理不容紊亂。曰：或人言。「其多寡之不同何也？」河圖五十五數，洛書四十五數，多少不一，何如？曰：朱子云。「河圖主全，河圖之數主於全。故極於十，十爲數之全[五]，故河圖之數極於十而止。而奇耦之位均，自中而及四旁，每位各各一奇一耦，而均一矣。論其積實，論其所積之實。則耦贏而奇乏也[六]。耦數滿而奇數不足，蓋陽數二十五，陰數三十也。贏，音盈。洛書主變，洛書之數主乎變。故極於九，九爲陽究，陽究者必變，故洛書之數終於九。而其位與實，而其位序與其積實。皆奇贏而耦乏也[七]。奇數滿，而耦數不足。蓋陽數二十五，陰數二十也。必皆虛其中也，必各各虛其中，河圖虛五，洛書虛五。然後陰陽之數，而後陰與陽數。均於二十而無偏爾。」則陰數二十，陽數亦二十，均平而無所偏。曰：或人曰。「其序之不同何也？」其位序之不同是如何？曰：朱子云。「河圖以生出之次言之，河圖即生出次第而言。則始下，初則生下。次上，第二則生上。次左，第三生左。次右，第四生右。以復於中，再歸於中。而又始於下也。又自下始。以運行之次言之，即運行次第而言。則始東，初自東屬木。次南，第二則至南，木生火也。次中，第三則至中，火生土也。次西，第四則至西，土生金也。次北，第五則至北，金生水也。左旋一周，左運一轉。而又始於東也。又自東始，是水生木也。其生數之在內者，其相生之數在中者。則陽居下左，一居下，三居左，皆陽數也。而陰居上右也。一居上，四居右，皆陰數也。其成數之在外者，其相成之數在外者。則陰居下左，六居下，八居左，皆陰數也。而陽居上右也。七居上，九居右，皆陽數也。洛書之次，洛書之次第。其陽數則首北，一陽數之始居北。次東，三陽次居東。次中，五陽數居中。次西，七陽數居西。次南，九陽數居南。其陰數則首西南，二陰數之始居西南。次東南，四陰數居東南。次西北，六陰數居西北。次東北也。八陰數居東北。合而言之，又合而言。則首北，一居北，故始北。次西南，二居西南，故次西南。次東，三居東，故次東。次東南，四居東南，故次東南。次中，五居中，故次中。次西北，六居西北，故次西北。次東北，七居東北，故次東北。而究於南。九居南，故終於南。其運行，其運行之序。則水克火，由北而南，北屬水，南屬火，是水克火。火克金，由南而西，西屬金，是火克金。金克木，由西而東，東屬木，是金克木。木克土，由東而中，中屬土，是木克土。右旋一周，右運一轉。而土復克水也，則由中而北，又是土克水。是亦各有説矣。」各各皆有意義。曰：或人言。「其七、八、九、六之數不同，何也？」河圖、洛書七、八、九、六之數不同，如何？曰：朱子云。「河圖六、七、八、九，河圖六、七、八、九之數。既附於生數之外矣，既處於在内一、二、三、四、五生數之外。此陰陽、老少、進退、饒乏之正也。八少陰，六老陰，七少陽，九老陽，自一而五爲進，自六而八爲退，陽數五爲饒，陰數四爲乏。其九者，九數，河圖生數。一、三、五之積也。合生數一、三、五，積而計之其數居九。故自北而東，自北之一數至東之五數。自東而西，又得中之五，而位於西而爲九。以成於四之外。在右邊四數之外而爲成數。其六者，河圖六數。生數二四之積也。合生數二四，積而計之，其數凡六。故自南而西，自南之二數，至西之四數。自西而北，合爲六數而位乎北。以成於一之外，處於下方一數之外，而爲成數。而七則九之自西而南者也，七爲少陽，位於南，自西而南，乃老陽之變而少者。八則六之自北而東者也。八爲少陰，位於東，自北而東，乃老陰之變而少者。此又陰陽老少，此又老陰、少陰、老陽、少陽。互藏其宅之變也。交互藏其所居之變。洛書之縱横十五，洛書直數横數各十有五。而七、八、九、六，七、八、九、六之數。迭爲消長，互消互長。虚五分十，虚中間五數，下用縱横各分爲十數。一含九，下一上九。二含八，西南二，東北八。三含七，左三右七。四含六，東南四，西北六。參伍錯綜，縱相參伍，橫相錯綜。無適而不遇其合焉，無所往不合十數。此變化無窮之所以爲妙也。」此變化無窮盡，所以至妙。曰：或人言。「聖人之則之也奈何？」伏羲則河圖畫易，禹則洛書以著範，是如何？曰：朱子言。「則河圖者虛其中，法河圖則當明其虛數。則洛書者揔其實也。法洛書則皆揔其實用。河圖之虛五與十者，河圖虛其中五與十之數。太極也。是爲太極。奇數二十，除虛五之外，合一、三、七、九而計之，數之奇者二十。耦數二十者，除虛十之外[八]，合二、四、六、八而計之，數之耦者二十。兩儀也。奇爲陽，耦爲陰，是即太極生兩儀也。以一、二、三、四，以在內一、二、三、四之生數。爲六、七、八、九者，合在外六、七、八、九之成數。四象也。即兩儀生四象。析四方之合，分四方之相合。以爲乾、坤、離、坎，乾居南，坤居北，離居東，坎居西。補四隅之空，補四方之角頭空處。以爲兌、震、巽、艮者，兌居東南，震居東北，巽居西南，艮居西北。八卦也。即四象生八卦。洛書之實，洛書實用。其一爲五行，一數則爲次一五行。其二爲五事，二數則爲次二五事。其三爲八政，三數則爲次三八政。其四爲五紀，四數則爲次四五紀。其五爲皇極，五數則爲次五皇極。其六爲三德，六數則爲次六三德。其七爲稽疑，七數則爲次七稽疑。其八爲庶證，八數則爲念用庶證。其九爲福極，九數則爲五福六極。其位與數，其位次與數。尤曉然也。」愈見分曉。曰：或人言。「洛書而虛其中五，洛書虛其中五數。則亦太極也。亦是太極。奇耦各居二十，奇數凡四，耦數凡四。除虛中數外，奇則一、三、七、九，其數二十； 耦則二、四、六、八，其數二十。則亦兩儀也。亦是兩儀。一、二、三、四，一、二、三、四之數。含九、八、七、六，含九、八、七、六之數。縱横十五，直數横數皆十五數。而互爲七、八、九、六，七則少陽，八則少陰，九則老陽，六則老陰。亦四象也。亦是兩儀生四象。四方之正，四方相對之正。以爲乾、坤、坎、離，乾南、坤北、離東、坎西。四隅之偏，四方之角空處。以爲兌、震、巽、艮，兌東南、震東北、巽西南、艮西北。則亦八卦也。亦是四象生八卦。河圖之一、六爲水，天一生水，地六成之也，故曰一、六爲水。二、七爲火，地二生火，天七成之，故言二、七爲火。三、八爲木，天三生木，地八成之，故言三、八爲木。四、九爲金，地四生金，天九成之，故言四、九爲金。五、十爲土，天五生土，地十成之，故言五、十爲土。則因洪範之五行，河圖水、火、木、金、土生成之數，是即洪範之五行。而五十五者，河圖五十五之數。又九疇之子目也。即九疇初一、次二、次三、次四、次五、次六、次七、次八、次九之目。是則洛書固可以爲易，則洛書亦可爲易。而河圖亦可以爲範矣。而河圖亦可爲範。又安知圖之不爲書，又何以知圖不爲書。書之不爲圖也耶？」書不爲圖耶？曰：朱子言。「是其時雖有後先，河圖出於羲，洛書出於禹，其時有後先不同。數雖有多寡，河圖五十五數，洛書四十五數，雖若多少不一。然其爲理，但於道理。則一而已。亦只一般。但易乃伏羲之所先得乎圖，然易之書是伏羲先得此圖而成。而初無待乎書，初不必待夫洛書。範則大禹之所獨得乎書，洪範之篇是大禹獨得洛書而著此疇。而未必追考乎圖耳。又未必追考河圖。且以河圖而虛十，若即河圖五十五數而虛其十。則洛書四十五之數也；便是洛書四十五數。虛五，若只就河圖五十五數而虛其五。則大衍五十之數也；則又是大衍五十之數。積五與十，積五數與十數。則洛書縱横十五之數也；又是洛書直數横數十五之數。以五乘十，以五數乘十數。以十乘五，以十數乘五數。則又皆大衍之數也。又是大衍五十之數。洛書之五，洛書五數。又自含五，又自含得天一、地二、天三、地四、天五之數。則得十，合之爲十。而通爲大衍之數矣；又可通作大衍五十之數。積五與十，即五與十。則得十五，合爲十五數。而通爲河圖之數矣。又通作河圖五十有五之數[九]。苟明乎此，苟能察是，則横斜曲直，或横或斜，或曲或直。無所不通，無不融貫[一〇]。而河圖、洛書，圖之與書。又豈有先後彼此之間哉！」何嘗有先後之殊、彼此之異哉！

校勘記

[一] 而地以六成之　「而」字原無，據四庫本補。

[二] 天以七數　「七」原作「六」，據四庫本改。

[三] 地之數十　「十」原作「九」，據四庫本改。

[四] 問圖書並以五居中　「圖書」原作「河圖」，據四庫本改。

［五］十爲數之全　「十」原作「干」，據四庫本改。

［六］則耦羸而奇乏也　「羸」，四庫本作「贏」。按：注文亦同。

［七］皆奇羸而耦乏也　「羸」，四庫本作「贏」。

［八］除虛十之外　「十」原作「中」，據四庫本改。

［九］又通作河圖五十有五之數　「五十有五」原作「虛五與十」，據四庫本改。

［一〇］無不融貫　「無不融貫」，四庫本作「彼此無所不通」。

新編音點性理群書句解卷之十 前集

圖[一]

康節先生[二]

先天圖

此圖明陰陽自然相生之類。

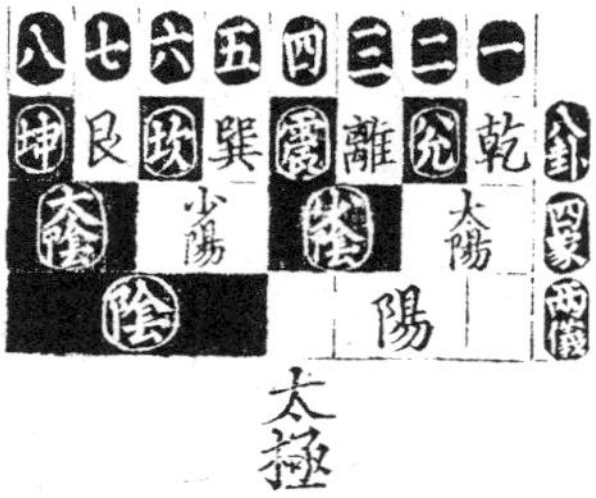

伏羲八卦次序

伏羲八卦方位

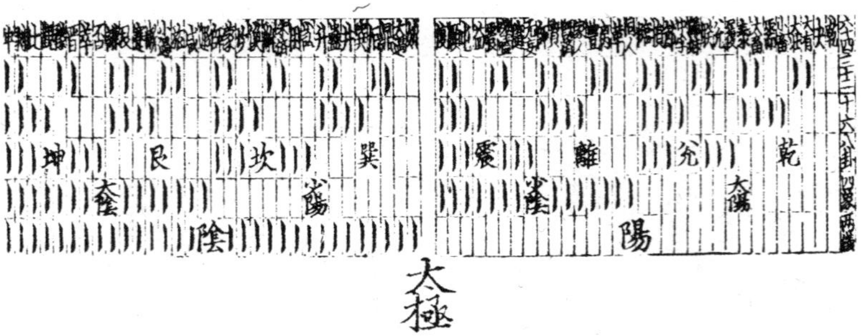

伏羲六十四卦次序

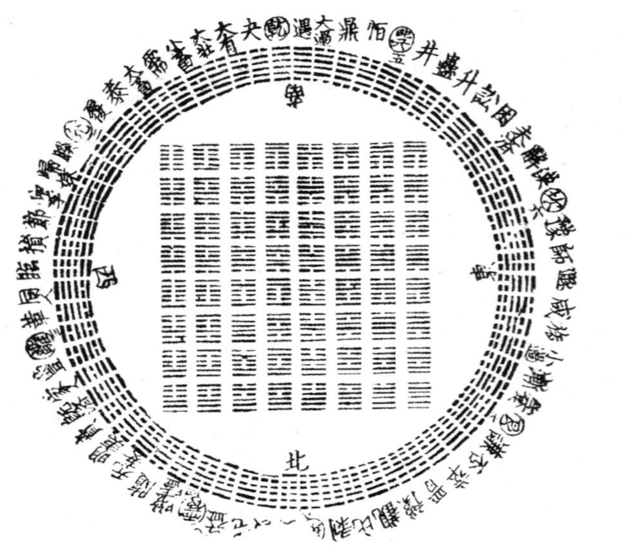

伏羲六十四卦方位

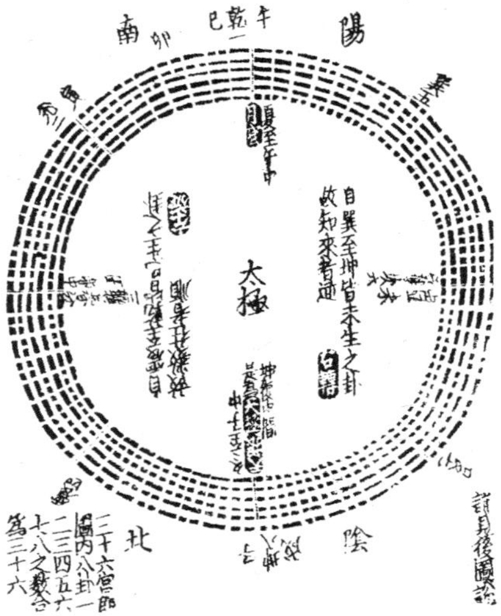

伏羲六十四卦圓圖

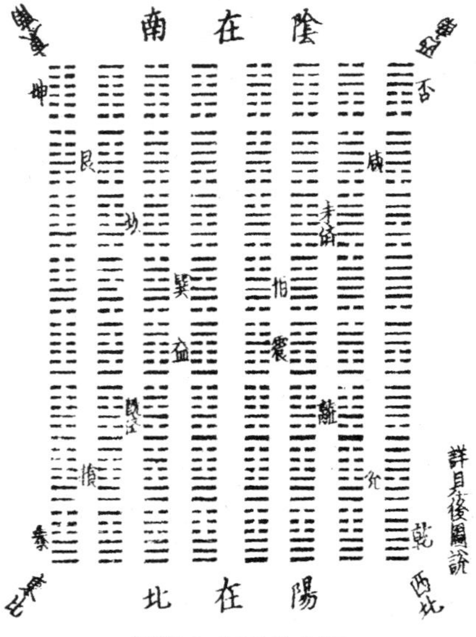

伏羲六十四卦方圖

邵子曰：邵堯夫言。大傳云：易係辭曰。「天地定位，乾爲天，坤爲地，其位既定。山澤通氣，艮爲山，兌爲澤，其氣交通。雷風相薄，震爲雷，巽爲風，二者相附。水火不相射，坎爲水，離爲火，二者不相入。射，音亦。八卦相錯。合此八卦，更相錯雜。數往者順，已往之卦，則以順數之，即圓圖左旋，自震而至乾也。知來者逆。方來之卦，則以逆數之，即圓圖右轉，自巽至坤也。是故轉語。易逆數也。」作易以逆推來事。此一節明伏羲八卦。此一段言伏羲先天八卦。蓋乾南坤北，乾居南，坤居北。離東坎西，離居東，坎居西。震東北，震居東北方。兌東南，兌居東南方。巽西南，巽居西南方。艮西北。艮居西北方。八卦相錯者，八卦相交錯者。明交相錯而爲六十四。明其交相錯雜而成六十四卦。自震至乾爲順，自震卦至乾卦爲順數。自巽至坤爲逆。自巽卦至坤卦則爲逆數。「數往者順」，推數已往者順。若順天而行，猶順天道而行。是左旋也，是自左而旋。皆已生之卦也，皆是已生出之卦。故云「數往」。故曰數之於往，猶自今日而追往日也。「知來者逆」，知方來者逆。若逆天而行，猶逆天道而行。是右行也，自是右而行。皆未生之卦也，皆是未生出之卦。故云「知來」也。故曰知之於來，猶自今日而逆數來日也。夫易之數，先天易數。由逆而成矣。自逆數而六十四卦方備。此一節直解圖意，此一段直解先天六十四卦圖大意。固嘗推之。固嘗推而明之。

太極既分，太極之理分剖。太極，即圖中樣白處是。兩儀立矣。由中生出，生第一爻，左一奇數爲陽，右一耦數爲陰，此即一分而二，太極生兩儀也。陽上交於陰，又自第一爻生第二爻，左一奇數之陽，進而上交右一耦數之陰。陰下交於陽，右一耦數之陰極，而下交左一奇數之陽。而四象生矣。左邊第二爻一耦爲陰，一奇爲陽；右邊第二爻一奇爲剛，一耦爲柔。是即二分而四，兩儀生四象也。陽交於陰，又自第二爻生第三爻，左邊第二爻一奇之陽，交一耦之陰。陰交於陽，一耦之陰而交一奇之陽。而生天之四象。第三爻左邊之奇耦者凡四，乾一、兑二、離三、震四，是爲太陽、太陰、少陽、少陰，天之四象也。剛交於柔，左邊第二爻之剛畫交於柔畫。柔交於剛，又以柔畫交於剛畫。

而生地之四象。第三爻右邊之一奇一耦者凡四，巽五、坎六、艮七、坤八，是爲少剛、少柔、太剛、太柔，地之四象也。八卦相錯，乾、兑、離、震、巽、坎、艮、坤，八者交相錯雜而爲六十四卦。而後萬物生焉。而後萬物自此生焉。是即一分爲二，此便是太極分爲兩儀。二分爲四，兩儀分爲四象。四分爲八，四象分爲八卦。八分爲十六，八卦之上各加一奇一耦而爲十六。十六分爲三十二，十六之上各分一奇一耦而爲三十二。三十二分爲六十四。三十二之上各生一奇一耦而爲六十四。猶根之有榦，正如木根上有榦。榦之有枝，榦之上又有枝。愈大則愈小，根本愈大，枝榦愈小。愈細則愈繁。條榦愈細，枝葉愈多。此只是一生二，二生四，四生八，八生十六，十六生三十二，三十二生六十四也。是故轉語辭。乾以分之，陽到乾六陽之極，又將分爲陰。坤以翕之，陰到坤六陰已極，翕合將闢爲陽。震以長之，復爲震宫初卦，陽於此方長。長，上聲。巽以消之。姤乃巽宫初卦，陽於此始消。長則分，陽長方始有必分之理。消則翕也。陰消方始有必翕之理。迨翕盡而爲純坤，及到陰氣翕歛已盡，而爲六陰之坤。又非靜了便動，且不是翕盡而爲坤，靜了又便動而爲陽。此又有所謂太極在一靜一動之間。坤陰方靜、復陽未動中間，乃本體之靜爲太極。一動一靜，靜而爲坤，動而爲復。天地人之至妙。在天地則爲陰極陽生，在人則爲靜極復動，豈不妙哉？一動一靜之間，此正所謂非動非靜在動靜之間，蓋於是時坤陰收歛已盡，復陽包含未露，坤復之中，乃是本然之靜，不與動對而爲動靜之根本。邵子以爲坤復間太極，朱子以爲無極是也。天地人之至妙至妙者，上已言天地人之至妙，此又以至妙至妙言之，所以見其妙之至極，不可得而形容也。故又云：所以又言。無極之前，太極未有形象之先。陰含陽也。此時純是陰靜，然已包得陽動在其中。有象之後，既有形象之後。陽分陰也。陽動而闢陰分兩矣。陰爲陽之母，此言復生於坤，故坤陰爲復陽之母。陽爲陰之父，此言姤生於乾，故乾陽爲姤生之父。故母孕長男而爲復，坤、復二卦相並於下，坤六陰極而復一陽生，故有母孕長男之象。父生長女而爲姤。乾、姤二卦相並於上，乾六陽極而姤一陰生，故有父生長女之象。是以陽始於復，陽生自復卦始。而陰起於姤也。陰生自姤卦始。蓋嘗有詩曰：蓋嘗即此而詠之於詩云。「耳目聰明男子身，耳聰目明，又爲男子一身。洪鈞賦予未爲貧。天道賦予，萬善具足，不爲全貧。須探月窟方知物，指姤卦，言月陰也。窟，指一陰生處。姤卦居於先天圖之上，故言手探，人物生生於天地間，人陽物陰。「方知物」，猶言始知其爲陰也。未躡天根豈識人？指復卦，言天陽也。根，指一陽生處。復居先天圖之下，故言足躡。「豈識人」，猶言不知其爲陽也。乾遇姤時觀月窟[三]，復與姤相值於此[四]，可觀月窟之妙。地逢雷處看天根。坤，地也。復，雷也[五]。坤與復相值於此[六]，可見天根之妙。天根月窟閑來往，姤、復二卦循環無窮，皆太極之妙。三十六宮都是春。」三十六宮，即八卦之數言也：乾一則二宮，兑二則三宮，離三則六宮，震四則十宮，巽五則十五宮，坎六則二十二宮，艮七則二十八宮，坤八則三十六宮。一陽既復運行於三十六宮，莫非春意。是以圓圖言也。此詩以方圖、圓圖而言[七]。

若夫方圖，如彼中樣方圖。造化尤妙。造化之理愈妙。又嘗有詩曰：曾有詩云。「天地定位，乾居西北角，對坤居東南角。故云天地定位也。否泰反類。地天泰居東北角，對天地否居西南角，其道相反，故云反類。山澤通氣，艮爲山次於坤，兑爲澤次於乾，相對而立，故云通氣。損咸見義。山下有澤爲損，次於泰；山上有澤爲咸，次於否。又與艮、兑相對並居四方，兩交股處其義昭然可見。雷風相薄，震爲雷，巽爲風，居中央，正交股處近而相迫。恒益起意。雷風爲恒，風雷爲益，對居震、巽之旁以發其意。水火相射，坎爲水次艮，離爲火次兑，相射而立。射，音亦。既濟未濟。水火則爲既濟次於咸，火水則爲未濟次於損，與離、坎二卦相對。四象相交，四卦象相交謂，如正爲乾、坤，變爲否、泰；正爲艮、兑，變爲損、咸；正爲震、巽，變爲恒、益；正爲坎、離，變爲既濟、未濟。各各四卦。成十六事。合而言之，則成此十六卦。八卦相盪，八卦更相推盪。爲六十四。」乃成六十四卦。

又合圓圖、方圖而並論：若又合方、圓二圖並言。圓圖其陽在南，圓象天，即天而論，則東南陽氣之所升，故陽在南。其陰在北；北乃陰氣嚴凝之地，故陰在北。方圖其陽在北，方象地，即地而論則東南雖陽氣之所升，而輝光所照常在乎北，故陽在北。其陰在南。推其陽在北，則東南陽升之方却背乎陽，故陰在南。此尤造化之妙處。此愈見造化之至妙至妙者也。圖雖無文，先天之圖雖無文字可見。吾終日言，我盡日所言。未嘗離乎是。不曾舍此。蓋天地萬物之理，蓋天地萬物消息盈虚之理。盡在其中矣。盡在此圖之中矣。

校勘記

[一] 圖　「圖」字原無，據四庫本增。

[二] 康節先生　此四字原無，據四庫本補。

[三] 乾遇姤時觀月窟　「姤」，四庫本作「巽」。

[四] 復與姤相值於此　「復」，四庫本作「乾」；「姤」，四庫本作「巽」。

[五] 復雷也　「復」，四庫本作「震」。

[六] 坤與復相值於此　「復」，四庫本作「震」。

[七] 此詩以方圖圓圖而言　「方圖圓圖」，四庫本作「先天圓圖」。

新編音點性理群書句解卷之十一　前集

圖

太極圖　濂溪先生

此圖明太極生陰陽，陰陽生五行，五行化生男女萬物，聖人則爲民物之主焉。

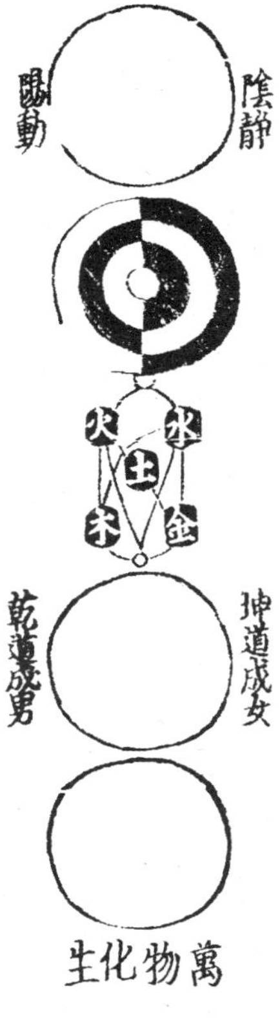

朱子曰：文公云。○(太極)，此所謂「無極而太極」也，是所言無定極之中而有至定極之理。所以動而陽、靜而陰之本體也。所以爲動而生陽，靜而生陰，本然之體也。然非有以離乎陰陽也，然又不能出乎陰陽之外。即陰陽而指其本體，就陰陽中指出本然之體。不離乎陰陽而爲言耳。不外陰陽而爲言也。◎，此○(太極)之動而陽，靜而陰也。此即太極之動而生陽、靜而生陰也。中○(太極)者，其本體也。中樣小圈是即太極之本體。◐(陽動)者，陽之動也，陽動即所謂動而陽。○(太極)之用所以行也。動者爲用，故爲太極之用行。◑(陰靜)者，陰之靜也，陰靜即所謂靜而陰。○(太極)之體所以立也。靜者爲體，故爲太極之體立。◐(陽中陰)者，◑(陰靜)之根也。乃陰靜之所由以生也。◑(陰中陽)者，◐(陽動)之根也。乃陽動之所由以生也。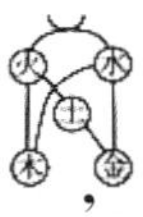

，此陽變陰合，是陰陽、動靜、變合。而生水、火、木、金、土也。而生水、火、木、金、土之五行。乀者，陽之變也。陽變者，陽之變動也。乀者，陰之合也。陰合者，陰之凝合也。(水)陰盛，故居右；左陽右陰，水乃陰之盛，故居於右之上。(火)陽盛，故居左；火乃陽之盛，故居於左之上。(木)陽穉，故次火；木陽之少，故次於火。(金)陰穉，故次水；金陰之少，故次於水。㊏沖氣，故居中。土爲中氣，故居中央。而水火之交系於上，而水火之交相系屬於左右之上。陰根陽、陽根陰也。水爲陰根於陽動，火爲陽根於陰靜。水而木，由水而木。木而火，由木而火。火而土，由火而土。土而金，由土而金。金而復水，由金而又水。如環無端，如環之轉，初無端倪。五氣布，是五行之氣順布。四時行也。木主春，火主夏，金主秋，水主冬，四時以行。

，五行一陰陽，是五行之運，只一陰陽之理。五殊二實，其名則有金、木、水、火、土五者之殊，其本則不外乎陰陽二氣之實。無餘欠也。既無有餘又無不足。陰陽一太極，陰陽之運，又只一太極之理。精粗本末，太極爲精，陰陽爲粗，太極爲本，五行爲末。無彼此也。同是一理無彼此之間。太極本無極，太極之理本無形狀。上天之載，即上天之道。無聲臭也。無聲可聞，無臭可接。五行之生，五行既生。各一其性，其性各一，如火燥、水濕、金柔、木剛、土實之類。氣殊質異，其氣既殊，其質亦異。各一其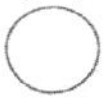太極，各其一太極。無假借也。自然而然，非有所相假借。，此無極二五，此無極之理，二氣五行之精。所以妙合

而無間也。所以妙於凝合無間斷也。

，乾男坤女，乾屬陽，父道也，故成男。坤屬陰，母道也，故成女。以氣化者言也，以氣之變化不可見者言。各一其性，乾健坤順，故男剛女柔，各具一性。而男女一太極也。是爲男女各一太極。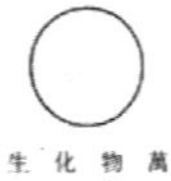

，萬物化生，天下萬物化化生生。以形化者言也，亦有是氣則有是形，以形之變化可見者言。各一其性，飛潛動植，性各一性。而萬物一太極也。是萬物各一太極。○此以上引説解剥圖體，此以下據圖推盡説意。惟人也，只有生而爲人。得其秀而最靈，稟二氣五行之秀，而其心爲最靈。則所謂人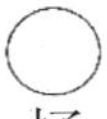極者，則凡所言人之極。於是乎在矣。於此乎在，蓋人心是即太極。然形，但人之形質。

之爲也。凝合一定者，陰之所爲。神，人之精神。

之發也。運用不息者，陽之發達。五性，五常之性，曰仁、曰義、曰禮、曰智、曰信。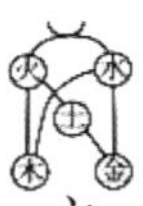

之德也。是即稟五行之理以爲性，木神則仁，金神則義，水神則智，火神則禮，土神則信，五者之德，蓋無不善。善惡，天地之道，陽貴陰賤。善惡，猶言貴賤也。男女之分也。陽而貴者爲男，陰而賤者爲女，男女之所由分也。萬事，事有萬變。萬物之象也。是萬物形著之象。此天下之動 此凡天下之動。所以紛綸交錯，所以紛擾錯雜。而吉凶悔吝吉者動之善，凶者吉之反，悔者吉之未成，吝者凶之未成。所由以生也。自此而生。惟聖人者，於此有聖人。又得夫秀之精一，又有得二氣五行之秀，至精而不雜，至一而不二。而有以全乎○（太極）之體用者也。自有以全乎是極之全體大用。是以一動一靜，所以或動或靜。各臻其極，各詣至理之極。而天下之故，天下之事。常感通於寂然不動之中。常感而通之於此心凝寂不動之中。蓋中也、仁也、中爲禮，曰禮曰仁。感也，禮屬夏，仁屬春，造化流行發育之象，乃感之事。所謂陽也，是謂陽也。○（太極）之用所以行也。動者爲用，即太極之用行。正也、義也、正爲知，曰知曰義。寂也，正屬冬，義屬秋，造化揫歛收藏之時，乃寂之事。所謂陰也，是謂陰也。○（太極）之體所以立也。靜者爲體，即太陰之體立。中正仁義，禮、知、仁、義[一]。渾然全體，乃渾淪全具之本體。而靜者常爲主焉。靜者常爲主於中。則人○極於是乎立，則人之道自此而立。而

，天地日月，天地之大，日月之明。四時鬼神，四時之運行，鬼神之變化。有所不能違矣。自不能違乎此。君子之戒謹恐懼，君子於事常戒

謹，心常恐懼。所以修此而吉也。所以修此道而吉，吉以得福言也。小人之放僻邪侈，小人放縱非僻，淫邪驕侈。所以悖此而兇也。所以違悖此道而兇，兇以取禍言也。天地人之道，三才之道。各一○極也。各一太極。陽也、剛也、仁也，陰陽以氣言，剛柔以質言，仁義以理言。陽之氣，剛之質，仁之理。所謂陽也，是所言陽也。物之始也。萬物之所資以始者。陰也、柔也、義也，陰之氣，柔之質，義之理。所謂陰也，是所言陰也。物之終也。萬物之所資以成者。此所謂易也，是所謂易。而三極之道立焉，而天、地、人三才之道賴此以立。實則一○太極也。其分雖有三者之殊，實則同一太極。故曰故言。「易有太極」，變易之中有至極之理。之謂也。陰陽之中，指出本體而言者也。

無極而太極。無定極之中而有至定極之理。

太極動而生陽，太極之有動靜，即天命之流行，故方其動也則爲陽，故曰生陽。動極而靜；動之極而復靜。靜而生陰，及其靜也則爲陰，故曰生陰。靜極復動。靜之極又復動。一動一靜，曰動曰靜。互爲其根，靜極則爲動之根，動極則爲靜之根，交互爲根，運行不息。分陰分陽，靜則陰之體立，而陰以分；動則陽之用行，而陽以分。兩儀立焉。於是乎兩儀體立定分不可移矣，兩儀此一一是也。

陽變陰合，迨夫陽變動而交於陰，陰凝合而交於陽。而生水、火、木、金、土。陽變交陰，則生水金，水陰也，金亦陰也。陰合於陽，則生火木，火陽也，木亦陽也。土則居中而旺於四者。五氣順布，自是五行之氣順序而布。四時行焉。木行於春，萬物以生；火行於夏，萬物以齊；金行於秋，萬物以遂；水行於冬，萬物以藏；土則交旺於四時，而四時行矣。

五行，一陰陽也。然推而上之五行異質、四時異氣，皆不外乎陰陽。陰陽，一太極也。陰陽異分，動静異時，皆不能離乎太極。太極，本無極也。至於所以爲太極者，又無聲臭之可言，不離乎性之本體。五行之生也，天下無性外之物，故金、木、水、火、土五者之生。各一其性。質具於地，氣行於天，隨其所稟燥濕、剛柔不同，故各一其性，則渾然太極之全體無不各具於一物之中，而性之無所不在又可見矣。

無極之真，性無不在，故無極之理真而無妄。二五之精，陰陽五行之氣精而不二。妙合而凝。有是理方有是氣，有是氣則載是理，故理與氣混融無間，是所謂妙合而凝者。「乾道成男，然又各以其類，陽而健者成男，則乾父之道也。坤道成女」，陰而順者成女，則坤母之道也。是人物之始以氣定而生者也。二氣交感，陰陽二氣凝聚成形，形交氣感。化生萬物。遂以形化而生人若物。萬物生生，人物生生。而變化無窮焉。而變化之道始無窮盡矣。

惟人也，得其秀而最靈。故陰陽五行氣質交運，而人之所稟獨得其秀，而其心爲最靈，所謂天地之性也。形既生矣，及形體已具。神發知矣，神氣之發，心知之啓。五性感動，而善惡分、五常之性感物而動，陽善陰惡各以類分，是又有生之後氣質之性矣。萬事出矣。故五性之殊散爲萬事，皆出於此。

聖人定之以中正仁義，中，禮也。禮者，天理之節文。節則無太過，文則無不及，便是中。智屬正，先儒皆以正訓之。惟正，則知得是是非非確然不易。蓋人稟陰陽五行之秀氣以生，而聖人之生又得其秀之秀者，是以行之也中，處之也正，發之也仁，裁之也義，莫不有以全夫太極動靜之德，而無所虧。凡天下之欲動情勝、利害相攻者，於此乎定矣。周子此言「中正仁義」，通書又言「仁義中正」，中正居先者，聖人以此而定人，即禮先樂後之意，自明而誠者事也。仁義居先者，聖人與太極合德，渾然本性之妙，自誠而明者事也。而主靜，然聖人全動靜之德，而常主於靜，靜即太極之本體，主乎是則能無欲，推之酬酢事物之變，而能一天下之動矣。立人極焉。人之道豈不賴此有位乎？故「聖人與天地合其德，天地、日月、四時、鬼神，皆不能外乎太極、陰陽、五行之理。聖人一身兼具此理者也，與天地合德，是其德性純全，即太極之渾融。中庸所謂「如天地之無不持載，無不覆幬」是也。與日月合其明，與日月合明，是其智哲昭融，即陰陽之昭著。中庸所謂「如日月之代明」是也。與四時合其序，與四時合序，是其誠通誠復，即五行之順布。中庸所謂「如四時之錯行」是也。與鬼神合其吉兇」。與鬼神合吉兇，是其存神過化，即四時變化而行鬼神。中庸所謂「禍福先至必先知之，故至誠如神」是也。聖人太極之全體，一動一靜，無適而非中正仁義之極，則闡此以定夫人，豈非斯民所賴以宗主於我耶？

君子修之吉，君子而未至於聖人地位，惟修此道所以爲善。小人悖之凶。小人不知而或悖此道，所以爲凶。修之悖之，亦在敬肆之間耳。

故曰：故言。「立天之道，天道之所以立。曰陰與陽；曰陰曰陽，以氣言也。蓋行於天者，二氣迭運，故以陰陽言。立地之道，地道之所以立。曰柔與剛；曰柔曰剛，以質言也。蓋具於地者，體質可見，故以柔剛言。立人之道，人道之所以立。曰仁與義。」曰仁曰義，以理言也。蓋具於心者，實理全備，故以仁義言。陽也、剛也、仁也，物之始也；陰也、柔也、義也，物之終也。又曰：又言。「原始反終，推原其始，復反其終。故知死生之說。」原始則知生之說，反終則知死之說，可以觀變化不窮之妙矣。大哉易也，「易之爲書，廣大悉備。」斯其至矣！「語其至極，則此圖盡之，其指豈不深哉？」

校勘記

［一］禮知仁義　「知」，四庫本作「智」。按：前文中的「正爲智，曰智曰義」之「智」也如此。

新編音點性理群書句解卷之十二　前集

書

正蒙　横渠張先生

蒙者，蒙昧未明之謂。正者，訂正之也。此書係依文公採入近思録者，及聘君覺軒蔡府教編入傳道精語者合而爲一。

太和篇第一

此篇推明太和之氣。陰陽運化、人物賦受皆是物也。

太和所謂道，太和，即陰陽之氣也。一陰一陽所以運行者謂之道。中涵浮沉、升降、動靜相感之性，其中涵具二氣，陽浮而陰沉，陽升而陰降，陽動而陰靜，交相感應之性。是生絪緼相盪、絪緼，陰陽合氣也。由是而生，一往一來，交相摩盪。勝負屈伸之始。陽勝則陰負，陽伸則陰屈，自此始也。其來也幾微易簡，其初則生於眇綿之間，未形未著，故曰易簡。其究也廣大堅固。究其極也，則流動充滿，堅實凝固。起知於易者乾乎？知，主也。乾健而動，即其所知便能始物，自無所難故易。易，去聲。效法於簡者坤乎？坤順而靜，凡其所能皆法乎乾成，物不勞餘力故簡。散殊而可象者爲氣，二氣發生散爲萬殊，有形象而可見者，氣之生育者也。清通而不可象者爲神。其清明正通，運行於上，無象可見，神妙不測，氣之精粹者也。不如野馬、絪緼，野馬，游氣也。自非如游氣之紛擾。朱子曰：「陰陽循環如磨，游氣紛擾如磨中出者。」不足謂之太和。不可言太和之絪緼。語道者知此，謂之知道；論道者知乎是，則可識陰陽之謂道。學易者見此，謂之見易。學易者見乎是，則爲見陰陽之謂易。不如是，不若此。雖有周公才美，雖有周公之才之美。其智不足稱也已。不能知此見此，安得謂之聰明聖智者乎？

太虛無形，空虛之中初無形體。氣之本體，乃氣化本然之體段。其聚其散，或凝聚，或消散。變化之客形爾；變者化之漸，化者變之成。客形，言此形質後來方有一氣之初，本無是也。至靜無感，寂然不動。性之淵源，乃是性稟之本原。有識有知，有識慮，有知覺。物交之客感爾。與物交接，其感生焉。客感，言此感動後來方有一性之初，本無是也。客感客形變化而爲客形，物交而爲客感。與無感無形，與初然無所感、無所形。惟盡性者能一之。惟聖人全盡此心之理，則能合天人而爲一也。

太虛不能無氣，空虛亭毒之表，惟有此氣。氣不能不聚而爲萬物，此氣不能不凝聚而生，萬物此自無而有也。萬物不能不散而爲太虛。萬物不能常聚又復消散於無，何有之鄉而爲太虛？此自有而復歸於無也。循是出入者，從此氣之出而發生者，從此氣之入而消亡者。皆不得已而然也。皆氣使之然，不得不然者也。然則轉語辭。聖人盡道其間，聖人全盡其道位天地之中。兼體而不累，兼有無二體而不累於一偏者。存神其至矣。必其所存者，神妙詣極其至而後能也。彼語寂滅者彼談説空寂絶滅，如佛老之徒者。往而不返，則知往而無不知返於有。徇生執有者以生爲生，執滯有迹，如世人之爲者。物而不化，則泥物之有，而不知化於無。二者雖有間矣，徇生執有者，猶人道之不能無視寂滅者，雖有異矣。間，去聲。以言乎失道，則均焉。斷之以不知理氣之大本大原，其實一而已。

氣坱然太虛，陰陽二氣絪縕於太空之中。坱，暗上聲。升降飛揚，上騰下降，運轉流動。未嘗止息。無時不然。虛實動靜之機，陽動而生故虛，陰靜而成故實，妙用由是而形，故曰機。陰陽剛柔之始。陽主健故剛，陰主順故柔，定體由是而立，故曰始。浮而上者陽之清，陽氣輕清而上浮，指天而言。降而下者陰之濁，陰氣重濁而下降，指地而言。其感遇聚結，感者氣之通，遇者氣之合。

聚結，氣之凝聚而成形也。爲風雨，爲風爲雨。爲霜雪，爲霜爲雪。皆二氣感遇而成。山川之融結，以至山峙川流，皆此氣之融結。糟粕煨燼，查滓微細[一]，亦此氣之成就。無非教也。此句總結上文「自風雨」以下、「煨燼」以上，言陰陽二氣無大無小，無精無粗，皆至理之所寓也。

由太虛，有天之名；自輕清而上浮、極空極遠者而言，於是有天之稱。由氣化，有道之名；自二氣變化、生生不息者而言，於是有道之稱。合虛與氣，有性之名；合太虛與氣化付予於人者而言，於是有性之稱。合性與知覺，有心之名。性者，心之理。知覺，心之靈。合而言之，於是有心之稱。

鬼神者，二氣之良能也。氣之至而伸者爲神，氣之反而屈者爲鬼，良能自然而然，莫之爲而爲也。兩不立兩指陰陽，兩之用不立。則一不可見，則一之體不可得而見。一指太極不可見，言太極隱於無也。一不可見太極之體既不可見。則兩之用息。則陰陽之用亦止息矣。兩體者，陰陽之二體。虛實也，陽生故虛，陰成故實。動靜也，陽噓故動，陰翕故靜。聚散也，陽發散，陰凝聚。清濁也，陽輕清，陰重濁。其究一而已。究其極二氣之運，只二氣之往來。氣之長則爲陽，氣之消則爲陰也。

游氣紛擾，氣游行於天地間，紛擾不齊。合而成質者，合聚而凝成形質。生人物之萬殊；則人物萬殊所以生也。其陰陽兩端陰陽二氣。循環不已者，推移不窮，如環之轉。立天地之大義。

天地大經，所以立也。游氣紛擾，緯也。陰陽循環，經也。〇朱子曰：「陰陽循環如磨，游氣紛擾如磨中出者。」

晝夜者，天之一息乎？日之出爲晝，日之没爲夜。一晝一夜，乃天運之一小周息也。寒暑者，天之晝夜乎？春而夏爲暑，秋而冬爲寒。一寒一暑，乃天運之一大晝夜也。天地春秋分而氣易，天道之運，春陽秋陰，氣於此而變易。猶人一寤寐而魂交。如人醒睡之間，魂與魄交。魂交成夢，魂交於魄，遂成夢寐。百感紛紜，夢寐之中百般感遇，紛擾不定。對寤而言，對覺而言。一身之晝夜也；睡則爲夜，覺則爲晝，是即一身之晝夜。氣交爲春，氣之交感於時爲春。萬物揉錯，品物流形[二]，生生化化，揉雜不齊。對秋而言，至秋則斂華就實。天之晝夜也。春而生則是天之晝也，秋而成則是天之夜也。

氣本之虛，陰陽二氣，其初皆本於太虛。湛本無形，湛然寂然，未有形體。感而生則聚而有象。交感而生物，則凝聚成形而有象。有象斯有對，既有形象，必有對待。對必反其爲；有對待必相反，雌之與雄，其類不同，如晝之於夜也。有反必有仇，相反必爲仇敵。仇必和而解。仇必以和諧而解。故愛惡之情，以是知在人爲愛惡之情。惡，去聲。同出於太虛，皆出於太虛之氣。卒歸於物慾，其終也歸於物慾。倏而生，倏然而生長。忽而成，忽然而成就。不容有毫髮之間，不容有毫髮之間斷。間，去聲。其神矣夫！感應之速，其神妙有如此夫。

造物所成，人物並生，皆大造變化之所成就。無一物相肖者，一物各具一體，無有相肖似者。以是知萬物雖多，以此知物雖萬殊。其實一物；其實一本。無無陰陽者，無一物無陰陽者。以是知天地變化，二端而已。以此知得天地中間，變變化化只是陰陽，不過二者而已。萬物形色，萬殊之類，自形自色。神之糟粕，不過上天神化之粗迹。性與天道云者，人所禀受爲性，所從禀受爲天道。易而已矣。皆一陰一陽變易而爲繼善成性之妙。心所以萬殊者，人心之大，靈應萬事。感外物爲不一也，皆感物而動，所以有百千變之不一也。天大無外，天大而無不包。其爲感者其所以感應者。絪緼二端而已。皆太和渾合，自然而然也。

參兩篇第二

此篇論天地陰陽常變之道。

陰陽之精，陰陽之氣。互藏其宅，陰根陽，陽根陰，互居其所。各得其所安。各有定位。日月之形，日陽月陰，麗於有形。萬古不變。萬世如此。若陰陽之氣，至如陰陽之氣。則循環迭至，如環之運，此來彼往，此往彼來。聚散相盪，或聚或散，交相磨盪。升降相求，或升或降，交相感應。絪緼相揉，絪緼，天地合氣也，交相揉雜。蓋相兼相制，相並而行，相克而成。欲一之而不能，欲齊之而不可得。此其所以屈伸無方，此其或屈或伸，了無方所。運行不息，運行天地，無有止息。莫或使之，初非有以使之然也。不曰性命之理，氣非理不行，不有是理以爲之主。謂之何哉？又安能周流而不窮耶？

陰性凝聚，陰之性主於凝結而翕聚。陽性發散；陽之性主於發達而散布。陰聚之，然陰聚之極。陽必散之，陽氣必有以發散之。其勢均散。其勢同歸於散。陽爲陰累，陽方發散，陰又凝合以累之。則相持爲雨而降；則二氣相挾，爲雨而下。陰爲陽得，陰方凝聚，陽得以鼓動之。則飄揚爲雲而升。則飄飛奮揚，爲雲氣而起。故雲物班布太虛者，此所以雲氣分列於空中者。陰爲風驅斂而未散者也。風屬陽，皆陰氣爲風所驅逐，不能散故如此也。凡陰氣凝聚，故凡陰氣之凝結。陽在內者不得出，陽在陰中不能出。則奮擊而爲雷霆；則擊裂而出，爲雷之聲。陽在外者不得入，陽在陰外不能入。則周旋不舍而爲風。則運轉不已，爲風之飄。舍，上聲。其聚有遠近虛實，是氣之聚或遠或近、或虛或實。故雷風有小大暴緩。氣之聚遠而實，故雷風大且暴；氣之聚近而虛，故雷風小且緩。和而散，則爲霜雪雨露；陰陽和合而解散，則爲霜、爲雪、爲雨、爲露。不和而散，則爲戾氣曀霾；陰陽不和合而解散，則爲乖戾之氣、爲昏曀、爲陰霾。陰常散緩，陰氣常弛散而舒緩。受交於陽，受陽氣之交合。則風雨調，風雨調順。寒暑正。當寒而寒，當暑而暑，得其正矣。

天道篇第三

此篇論天道感通自然之理。

天道四時行，百物生，天道不言，四時自行，百物自生。無非至教；不以言爲教，故爲至教。聖人之動，聖人與天爲一致，故於舉動之間。無非至德，無非至德之所形。夫何言哉！又何事於聲色之末哉！

天體物而不遺，體物言爲物之體也，蓋物物有個天理，體之而無所遺。猶仁體事而無不在也。正猶事事是仁做出來，體之而無不在。「禮儀三百，禮儀，經禮也，三百言其多也。威儀三千」，威儀，曲禮也，三千言其多也。無一物而非仁也；禮文大小，無非愛敬懇惻之所發見者，故無一物而非仁。「昊天曰明，天道昭明。及爾出王。及爾出而有所往之方。王，音往。昊天曰旦，旦亦明也。及爾游衍」，衍，寬縱之意。及爾游而寬縱之地。無一物之不體也。凡人往來游息之所，此理無往而不在，因是以證體物不遺之義。

上天之載，上天之道。有感必通；初無安排布置，有所感則必能通。聖人之爲，聖人所爲之事。得爲而爲之也。初無勉强矯揉，可以爲則爲。天不言而四時行，天本無言，四時順布。聖人神道設教而天下服。聖人之道，神妙無迹，故推以化民，無爲而民自化。誠於此，此惟正心脩身於上。動於彼，彼自感動變化於下。神之道歟？此聖人神化之道也。

天不言而信，天本無言，四時運行，確然不易，信也。神不怒而威；神妙不測，赫赫在上，匪怒而威。誠故信，天令推移，真實無妄，故能信。無私故威。天道生殺，至公無私故威。

運於無形者謂之道，運行於上者本無形體，是之謂道。形而下者不足以言之。形而下者未免麗於形體，則器而已矣，不可以道言也。

「鼓萬物而不與聖人同憂」，天道運行於上，鼓動萬物。聖人雖擬天地而參諸身，則有憂民之心，天何憂焉？天道也，惟其不與聖人同憂，此天道之自然也。聖不可知也，聖則不可測度。無心之妙　至於聖，則溥萬物而無心。非有心所及也。是豈容心計較者所可得而企及哉？

天視聽以民，天之視聽皆因民之視聽。明威以民，天之顯顯可畏，因民之顯顯可畏。故詩書所謂帝天之命，詩言「帝命」，書言「天命」，其實一也。主於民心而已焉。皆本於民情而止耳。

世人知道之自然，衆人雖皆知道非可以勉强爲。未始識自然之爲體爾。而所以不待勉强自然之本體，則衆人由之而不知也。

神化篇第四

此篇論聖人神化不測之妙。

神，天德，神妙不測者，天之德也。化，天道。變化不窮者，天之道。德，其體，神妙者不可窺，故爲體。道，其用，變化者尚可測，故爲用。一於氣而已。然天之爲天，皆一氣運行而已。

虚明昭鑒，清明洞澈，昭晰鑒照。神之明也；此至神之明著也。無遠近幽深，無遠、無近、無幽、無深。利用出入，順於致用，或出或入。神之充塞無間也。此神之無方，充塞上下，無間隔也。

大可爲也，德之大者，猶顔子具聖人之體，尚可爲也。大而化大而至於化，則造於不可知之域。不可爲也，非至於聖者不能爲也。在熟而已。亦在乎工夫純熟，則自能從容而中矣。易謂「窮神知化」，神者妙萬物而無方，化者著萬物而有迹。易言「窮神知化」，是窮理盡性以至於命。乃德盛仁熟之致，非聖人德盛仁熟，不能至也。非智力可强也。又豈專尚智力所可勉强而得哉？如顔子既竭吾才，所立卓爾，雖欲從之，末由也已，正此是也。

大而化之，德大而化，聖也。不勉而大也，是無所勉强，其德自大。不已而天，積而不已，則與天一。則不測而神矣。聖而不可知之謂神。

先後天而不違，先天後天皆不違此理。順至理以推行，順天理而行。知無不合也。自無不合於天。雖然，轉語辭。得聖人之任者，任者能負荷聖人所當爲之事，伊尹是已，有其德而當其事。皆可勉而至，亦可勉力以求至聖人之地。猶不害於未化爾。雖未至於化，不害其爲聖。大哉聖矣，德之大者，近乎聖人。化則位乎天德矣。大而至於化，則上達天德而爲聖人矣。

無我而後大，我，己私也。能克去己私，則其德自大。大成性而後聖，德既大矣，性焉安焉，是謂聖也。聖位天德，聖人地位達天德。不可致知謂神。不可測度而知，是之謂神。故神也者，故神之爲言。聖而不可知。即聖而不可測度之謂也。

「精義入神」，研精義理，微妙入神。事豫吾内，事理素定於内。求利吾外也；則施於外者無不順知之功也。「利用安身」，順於致用，以安其身行之功也。素利吾外，所用既順於外。致養吾内也。則養於内者益以厚，内外交養，則知行並進。「窮神知化」，神者妙萬物而無方，化者著萬物而有迹。窮神知化，蓋窮理盡性以至於命。乃養盛自至，是則知行交養、德盛所致。非思勉之能强，非思之所能得，非勉之所能至。强，上聲。故崇德而外，故精義以致其用，利用以崇其德，自崇德之外。君子未或致知也。則有所不容致其力，故曰「過此以往，未之或知也」。

徇物喪心，逐乎外物，失其本心。喪，去聲。人化物而滅天理者乎？是人心爲物慾所變移，而天理滅亡。存神過化，所存者神妙不測，所過者化去不留滯。忘物累而順性命者乎？不爲物慾所累，則能安性命之正者也。

敦厚而不化，篤厚固守而不能變化。有體而無用也；能敦厚是有體，不能變化是無用。化而自失焉，化而失其化之道。徇物而喪己也。乃化於物而失其己之善。大德敦化，德之大者所化者厚。然後仁知一而聖人之事備。仁爲四端之首，始條理事也。知居四端之末，終條理事也。惟聖人集大成，始終條理仁、知之道，盡聖人能事畢矣。

性性爲能存神，性性，猶言盡性也。能盡性而不失其性，則胸中所存者皆神妙。物物爲能過化。物物，猶言物各付物也。能物物而不滯於物，則所過者與之俱化。

無我然後得正己之盡，克去己私，則脩身之道盡矣。存神然後妙應物之感。所存者神，然後能應事接物而妙於無迹。「範圍天地之化而不過」，範，爲鑄金之模。範圍，匡廓也。天地之化無窮，聖人範圍天地之化，使不過於中道。過則溺於空，過於中道，則溺於空虚。淪於静，淪於寂滅。既不能有夫神，既不能窮理以致其知。又不能知夫化矣。則不能盡性以知天命矣。

動物篇第五

此篇論人物化生之妙。

物之初生，凡物之生，自少以至壯。氣日至而滋息；氣日至而進，故滋長生息。滋息，言生而就滿也。物生既盈，凡物之生，自壯而至老。氣日反而游散。氣日反而退，故游往而消散。游散，言消而就盡也。至之謂神，日至而伸則謂之神。以其伸也；以其生意之方達也。反之爲鬼，日反而歸則謂之鬼。以其歸也。以其生意之將盡也。

氣於人，生而不離、是氣在人於其生也，不離其體。死而游散者謂魂；於其死也，游散於外，是曰魂，屬陽。聚成形質、凝聚成形。雖死而不散者謂魄。以至於死，定體不易，是曰魄，屬陰。

有息者根於天，指動物也。動物屬陽，賦命於天，故云根於天。動者亦有止息之時，故云有息，鳥獸之類是也。不息者根於地。指植物也。植物屬陰，質具於地，故云根於地。植者常常如此，故云不息，草木之類是也。根於天者不滯於用，本乎天者，惟其動而不居，所以不滯其用。根於地者滯於方，本乎地者，惟其静而植也，所以每滯於一方。此動植之分也。此動物、植物之所以分也。

生有先後，人之生也，先者爲長，後者爲幼。所以爲天序；此所謂得於天者，自然之倫序。小大、高下 有小大則有高下。相並而相形焉，相與並立，粲然有文以著見。是謂天秩。此其秩然不可紊之禮，無非天也。天之生物也有序，上天生物皆有不可易之序。物之既形也有秩。物之既生則當有不可紊之禮。知序然後經正，知有長幼之序，則大經以正。知秩然後禮行。知有此禮，而後遜以行之。

寤，形開而志交諸外也；人之睡既覺，則形神開爽，而心與物接。寤，音悟。夢，形閉而氣專乎内也。夢則形神昏閉，而氣守其宅。寤所以知新於耳目，覺則所見所聞，得於耳目者而一新。夢所以緣舊於習心。夢則多緣舊事，得於此心之習熟者。

誠明篇第六

此篇論性有差等之殊。

誠明所知 實理存於内，則明見洞於外，自誠而明，生而知之者也。乃天德良知，皆天德清明，曰良知。非聞見小知而已。非若常人有所聞、有所見而後知，茍以聞見而知，則亦淺近而已矣。

義命合一存乎理，當爲而爲之謂義，天付一定之謂命。義、命雖二者，其實一理也。仁智合一存乎聖，善無不包之謂仁，明無不通之謂智。仁、智兼盡，則可以爲聖。動靜合一存乎神，靜則寂然不動，動則感而遂通。動、靜相倚，感應不測，可以言神矣。陰陽合一存乎道，一陰一陽運行不息，則謂之道。性與天道合一存乎誠。性實理也，天道亦實理也，合而言之則爲誠。

「自明誠」，自明以至於誠。由窮理而盡性也；是自窮究事物之理，以全盡吾性之實理者也。「自誠明」，自誠而及於明。由盡性而窮理也。是全盡吾心之理，則於事事物物之理自無不照也。

性者萬物之一原，性者人物所同得於天之理，故云一原。非有我之得私也。非天獨付於我也。惟大人爲能盡其道，惟大德之人能盡己之性，以盡人之性。是故轉語。立必俱立，己有所立，必欲夫人以俱立，禮之幹也。知必周知，己有所知，必使夫人以周知，智之用也。愛必兼愛，使人皆得所愛，仁之施也。成不獨成。使人皆有所成，義之遂也。彼自蔽塞彼或蔽塞而不通。而不知順吾理者，不知所以順乎理。則亦末如之何矣。則亦無如之何。

上達反天理，君子上達反天理，則所趨日以高遠。下達徇人欲。小人下達徇人欲，則所趨日以沉溺。湛一，氣之本；湛而不濁、一而不雜者，氣之本體也。攻取，氣之欲。飲食臭味之需，而營求攻取於外者，氣之動於欲者也。口腹於飲食，口與腹之欲飲食。鼻口於臭味，鼻之於臭，口之於味。皆攻取之性也。皆氣質之性，營求攻取於外也。知德者屬厭而已，屬厭，飫足也。君子知德之本，故凡飲食臭味纔取足而已。不以嗜慾累其心，不以嗜好之末而累此心之本。不以小害大、末喪本焉爾。如孟子所謂「毋以小害大、賤害貴」是也。

盡其性，全盡在己所禀受之性。能盡人物之性，則亦能全盡人物所禀受之性，蓋人物之性與己一也。至於命者，推而上之，又窮至在己所從禀受之天命。亦至人物之命，則亦窮至人物所從禀受之天命，蓋人物之命亦與己一也。莫不性諸道，無不性具此道。命諸天。命之於天。我體物未嘗遺，我有此理，萬物亦有此理，理具於萬物之中，未嘗有一之或遺。物體我知其不遺也。萬物之理即我之理，理具於吾身之中，知其皆備而不遺也。此「體」字與「天體物仁體事」之「體」一般。至於命，推而極於天命所在。然後能成己成物，而後能始於成己、終於成物。不失其道。皆不失此道也。

性於人無不善，是性在人無有不善，是爲天地之性。繫於善反與不善反而已，若有氣質之性，則關繫夫人能反與不能反而已，反者克而治之以復其初也。過天地之化，天地之化初無過差，或不能復其本然之性，則爲過天地之化矣。不善反者也；此不善反其性之正也。命於人無不正，天之命於人者無不各得其正。繫其順與不順而已，亦關係夫人能順受其正與不能順受而已。順者素其位而行之，不敢有所拂違也。行險以僥倖，若小人專行險，以冀僥倖於萬一。不順命者也。是不能順受其正者也。

形而後有氣質之性，天命流行賦予萬物本無非善，所謂天地之性也。氣聚成形，性爲氣質所拘，則有純駁偏正之異，所謂氣質之性也。善反之則天地之性存焉。然人能加克治之功，則天地之性復全矣。故氣質之性，故氣質之爲性。君子有弗性者焉。君子不以爲性，蓋不徇乎氣質之偏，必欲復其本然之善。朱子曰：「天地之性專指理而言，氣質之性則兼理氣而言。」又曰：「性譬之水，本皆清也，以浄器盛之，則清者愈清，以污器盛之，則濁者愈濁。澄治之則本然之清，未嘗不在也。」

德不勝氣，義理與氣質相爲消長，德不能勝夫氣。性命於氣；則氣爲之主，理爲之賓，而性反聽命於氣。德勝其氣，德足以勝夫氣。性命於德。則德爲之主，氣爲之賓，而性乃聽命於德。窮理盡性，窮萬物之理，而盡一己之性，此學問之極功。則性天德，則杳溟渾化，義理昭融，所性者即天之德。命天理，所命者即天之理，尚何氣稟之爲累？氣之不可變者，夫氣有定數而不可移者。獨死生脩夭而已。獨有死與生、壽與不壽而已矣。

纖惡必除，惡雖小而必去。善斯成性矣；則無有不善，斯全其本然之天。察惡未盡，惡雖已察，而未能盡去。雖善必粗矣。雖已爲善，然未至於全本然之天，猶爲粗疏也。

莫非天也，人之氣質不齊，要皆稟於天也。陽明勝則德性用，陽明而陰暗，陽清而陰濁，稟陽之多者，則明而不暗，故德性用。陰濁勝則物欲行。稟陰之多者，濁而不清，故物欲行。領惡而全好者，若夫領物欲之惡，而不得行全德性之好而盡其用者。其必由學乎？必須由學，所謂「雖愚必明、柔必强」也。

大心篇第七

此篇論心大則可體天下之物理。

大其心則能體天下之物，體，猶察也、認也。開廣其心，則能心潛於事物之中而究見其理。物有未體，於事物之理未能體察。則心爲有外。是此心猶未能大而無外。世人之心，世俗衆人之心。止於見聞之狹，拘於所見所聞之褊狹，故不能體天下之物。聖人盡性，聖人盡己之性，以盡人物之性。不以見聞梏其心，不以所見所聞者累於其心，故其心大而無外。其視天下無一物而非我，泛觀天下之中，無一物之理不具足於吾心。孟子謂盡心則知性，知天以此。孟子云盡得此心之理，則可知性而知天，正是此意。天大無外，蓋無一物而非天，故天大而無外。故有外之心人之心苟猶有外。不足以合天心。則與天心不相似矣。此言萬物一體，性本無外，人惟拘於耳目之褊狹，則私意蔽固藩籬爾。汝莫能體物而不遺，惟聖人能盡此性，而心之大也無不包，故其視物與己本無間然，所以能與天合其心也。見聞之知，得於所見所聞而知者。乃物交而知；乃因與物交接而後知，知之小也。德性所知，性蘊是德，則光明透徹，其所謂知[三]。不萌於見聞。初不根於所見所聞，而或以見聞爲知，知之狹者耳。

釋氏妄意天性佛氏妄指天性。而不知範圍天用，範圍，猶裁成也。聖人盡性，故能裁成天地之道。佛氏不知裁成之用，則是未嘗知性也。反以六根之微，且謂眼、耳、鼻、舌、身、意爲六根。用緣天地。悉本天地。明不能盡，言六根起滅無有實相。則誣天地日月爲幻妄，則誣罔天、地、日、月等爲幻妄。蔽其用於一身之小，厭此身之小，則蔽其用而不能推。溺其志於虚空之大，樂虚空之大，則溺其志而不能反。此所以語大語小，故其語大語小。流遁失中。展轉流遁，皆失其中。其過於大也，其言空虚過於大。塵芥六合；則曰六合在虚空中，微塵芥子耳。六合，上下四方。其蔽於小也，其言人世過於小。夢幻人世。則曰一切有爲法，如夢幻泡影。謂之窮理可乎？謂其能窮究事物之理乎？不知窮理　事物之理不能窮究。而謂之盡性可乎？謂其能全盡天命之性可乎？謂之無不知可乎？既不能全盡天命之性，謂其於性天無所不知可乎？塵芥六合，視六合爲微塵芥子。謂天地爲有窮也；是以天地猶且有窮。夢幻人世，視人世爲夢幻泡影。明不能究其所從也。是以人世有起滅，皆爲幻妄，莫知所從來也。

校勘記

［一］查滓微細　「查」，四庫本作「渣」。

［二］品物流形　「品」，四庫本作「萬」。

［三］則光明透徹其所謂知　「徹」，四庫本作「達」。

新編音點性理群書句解卷之十三　前集

書

正蒙　橫渠先生

中正篇第八

此篇論人當植立大中至正之道。

可欲之謂善，天下之理，善者必可欲，惡者必可惡。其爲人也可欲而不可惡，則可謂善人矣。志仁則無惡也。仁該萬善，志在於仁，則必無爲惡之事矣。誠善於心之謂信，誠，實也。實有此善於心謂之信。充内形外之謂美，充滿於中、著形於外謂之美。塞乎天地之謂大，塞乎上天下地之間，方見其大。大能成性之謂聖，苟大矣，則全其性之本然，聖之事也。天地同流，苟聖矣，則與天地流通而無間隔。陰陽不測之謂神。陰陽不可測度，其神之所謂乎？

無所雜者清之極，無所混雜，是爲清之極者也。無所異者和之極。無所乖異者，和之極者也。勉而清，有所勉而後能清。非聖人之清；非伯夷聖之清者比也。勉而和，有所勉而後能和。非聖人之和。非柳下惠聖之和者比也。所謂聖者，所以爲聖人者。不勉不思而至焉者也。不待勉强、不待思索而求至也。

仲尼絶四，意、必、固、我。蓋私意見於應事接物之間，此四者皆夫子之所禁止也。自始學至成德，自初學以至成德，皆不外此。竭兩端之教也。所謂我竭盡兩端而教者也。兩端，猶言兩頭也。意，有思也；意者萌心之始，故曰有思。必，有待也；必者期望於終，故云有待。固，不化也；固者滯於已往，故云不化[一]。我，有方也。我者成於己私，故曰有方。四者有一焉，此四者或有一焉。則與天地不相似矣。不能至於大而化，與天地全不相似。

惡不仁，人能惡其不仁，則察己也精。惡，去聲。故不善未嘗不知。有不善知之矣。徒好仁苟徒知仁之可好。好，去聲。而不惡不仁，而不知不仁之可惡。則習不察，則所習者或未之察。行不著。所行者或未之明，雖有好仁之心，而卒陷於不仁而莫之覺矣。是故轉語。徒善未必盡義，徒好仁而不惡不仁，則雖有向善之意而無斷制之明，故曰未必盡義。徒是未必盡仁。徒惡不仁而不好仁，則雖有去非之意而無樂善之誠，故曰未必盡仁。

責己者，處世有乖違，豈在人者皆非、在我者皆是？責己反躬者。知天下國家當知天下之廣、國家之大。無皆非之理，無人人皆非之理。故學至於不尤人，爲學至於但務盡己，未嘗咎人。學之至也。此問學之極功也。以責人之心責己則盡道，知責人之不善，又推此心而責乎己，則能盡其道。所謂「君子之道四，如中庸所言君子之道有四，所求乎子以事父至先施之類。丘未能一焉」者也；夫子自以爲不能知責己者也[二]。以愛己之心愛人則盡仁，知自愛乎己，又以此心而愛乎人，則能盡其仁。所謂「施諸己而不愿，又有如中庸所言施之於我而不欲者。亦勿施於人」；亦勿以此施於他人，是愛人者也。以衆人望人則易從，故以衆人所當能之事而望乎人，則人人説而從。所謂「以人治人，中庸所言以人之道還治乎人之身。改而止」者也。能改焉則止矣，不厚望之也。此君子所以責己、責人、愛人之三術也。此責己、責人、愛人之三術，惟君子爲能盡之。

有受教之心，人若有心於受教。雖蠻貊可教；雖是夷狄，頑冥不靈，未有不可訓誘者。爲道既異，若其道不相同。雖黨類難爲相謀。雖是黨與儔類，亦不相謀。大人所存，此大德之人胸中所存。蓋必以天下爲度。常以天下爲度量。人之可教，未嘗絶之以爲不可教也，此即「有教無類」之意。

至當篇第九

此篇言天理求至當之歸。當，去聲。

至當之謂德，凡皆當理，是所謂德。百順之謂福。百無乖逆，是所謂福。德者福之基，德乃福之所本。福者德之致，福乃德之所能致。無入而非百順，無所獲而非此福。故君子樂得其道。君子之所樂者亦在得獲福之道，指德而言也。

浩然無害，胸中浩然之氣充塞乎天地，能養之無所損害。則天地合德；則能與天地合其德。照無偏倚，明照洞融，無偏私，無倚着。則日月合明；則能與日月合其明。天地同流，所存者神，所過者化，與天地同運而不息。則四時合序；則能與四時合其序。酬酢不倚，泛應酬酢，不倚不偏。則鬼神合吉兇。則能與鬼神妙用合其吉兇。禮器則藏諸其身，禮之成蘊諸吾身。用無不利。用之於外無不順。禮運云者，禮以運言。語其達也；運則有通達之意。禮器云者，禮以器言。語其成也。器則其已成之體。達與成，曰達曰成。體與用之道，達者其用，成者其體。合體與用，能合體用而爲一。大人之事備矣。大德之人能事備矣。

未能如玉，玉者至純至粹之物，人之修行未能如玉之純粹。不足以成德；不足以言成己之德。

未能成德，既未能成己之德。不足以孚天下。不能感孚於天下之人。「修己以安人」，能修己則能成德，推以安人，則亦能感孚於天下。修己而不安人，己修己而人未安，則是修己之道未盡，德有所未成，故人有所未孚。不行於妻子，則是修己之德且不行於閨門之内。況可愾於天下？愾，怒也。況可怒天下之不感孚乎？愾，音戲。

仁道有本，爲仁之道亦有其本。近譬諸身，近反諸己。推以及人，推此以及乎人。乃其方也。是乃求仁之方，恕之謂也。必欲博施濟衆，如欲廣其所施以濟衆。施，去聲。擴之天下，充而廣之，以達天下。擴，音廓。施之無窮，利澤愈施而愈宏，源源無盡。必有聖人之才，必須有聖人之大力量。能弘其道。方能弘大此道。

義，仁之動也，仁包四德，義形於外，乃是仁之流動。流於義者過於義，則斷制大甚[三]。於仁或傷；而惻怛之道不足，故傷仁。仁，體之常也，仁有常，生生而不息，故其體爲有常。過於仁者過於仁，則惻怛太甚。於義或害。而斷制之道不足，故傷義。

君子於仁聖，君子之人於仁聖之道。爲不厭，爲之在己，未始有厭。誨不倦，誨之於人，未嘗或倦。然且自謂不能，如此用功，尤且自謂不能。能不過人，苟其能不過夫人。故與人爭能，必至與人爭其能。以能病人；是以己之能病夫人之不能。大則天地合其德，豈如大公無我，與天地合其德？自不見其能也。忘其能者之爲至。

「恭敬撙節退讓以明禮」，撙，猶趍也，謂趍就乎？節，約也。恭敬者禮之本，退讓者禮之文，君子從事乎此，以明此禮。仁之至也，則視聽言動之間，天理流行，人欲消盡，而心德至矣，是仁之至也。愛道之極也。恭敬則無忽慢，撙節則無驕溢，退讓則無怨爭，是皆所以盡仁愛之道者也。己不勉明，明，謂明禮也。己不知勉力以明此禮。則人無從倡，人以禮而倡率，不明禮則人無從而倡率。道無從弘，道以禮而弘大，不明禮則道無由而弘大。教無從成矣。教以禮而成就，不明禮則教又無因而成就矣。

知崇，天也，知之崇所以效天也。知，去聲。形而上也。乃形而上之道理也。通晝夜而知，然所以能崇此知，由通晝夜陰陽之變。其知崇矣。其知始崇矣。知及之苟有此知以及之。而不以禮不能守品節事物之理，卑以效夫地。性之，非己有也，所性皆非我有。故知禮成性而道義出。知禮相資而成其性，道義之所從出。

作者篇第十[四]

此篇論聖人有爲之迹。

「作者七人」，古之制作之君凡七人。伏羲、神農、黄帝、堯、舜、禹、湯，三皇則有伏羲、神農、非有述黄帝，二帝則有堯、舜，王則有夏禹、商湯。制法興王之道，三皇五帝之制法，禹湯之興王。非有述於人者也。皆以身爲天下先，非有所繼述於他人也。

「好問」，大舜樂詢問乎人。好，去聲。下同。「好察邇言」，喜察淺近之言論。「隱惡揚善」，見人有惡則隱之，見人有善則揚之。「與人爲善」。使天下之人勤於爲善，猶己助之使爲也。「象憂亦憂，象喜亦喜」，象，舜弟名也，傲慢不恭，舜能諧和之。象之憂，舜亦與之同憂。「象喜亦喜」，象之喜，舜亦與之同喜。皆行其所無事也，不以象德累其心，惟行其所無事。過化也，所以然者，過而能化，無留迹也。不藏怒也，惟見弟之可愛，未嘗藏匿其怒於心。不宿怨也。惟知弟之可念，未嘗留畜其怨於內。此仁之至也。

三十篇第十一

此篇論爲學之序。

三十器於禮，夫子年三十，成於禮而有所立。非强立之謂也。乃自然而然，非勉强而有立也。

四十精義致用，四十則研精義理，妙於致用。時措而不疑。時而出之，自無所惑。五十窮理盡性，至天之命。五十則窮究事物之理，不異己之理而能盡己之性，盡得己之性，又不外上天之命於我者，故可至於天之命。三事一時並子，非有次序[五]。然不可自謂之至，故曰知。但夫子不自言其至，故但曰「知天命」。六十盡人物之性，六十則人之性、物之性無不全盡。聲入心通。聲入於耳，心通其理，故曰耳順。七十與天同德，七十則德與天同運。不思不勉，不待思索，不待勉强，從心所欲，皆不踰正。從容中道。優游順適，身與理俱，故曰從心不踰矩。從，平聲。

困之進人也，爲德辨，辨，明也。人處患難之時，則操心危懼而無馳縱之能，故其見理也明。爲感速，置身窮危而有反本之思，故其從善也敏。孟子謂人有德慧、術知者德慧，謂德之慧。術知，謂術之知。人有此，則於事理無不達矣。常存乎疢疾，以此。然常在於疢疾災患之時。蓋有疢疾，則動心忍性，增益其所不能也。疢，音趁。自古困於内無如舜，古昔之人，如舜之父頑、母嚚、象傲，是困於内者也。困於外無如孔子，如孔子之絶糧於陳，畏於匡，是困於外者也。以孔子之聖以夫子之大聖。而下學於困，但知下學於處困之時。則其蒙難正志，雖蒙患難，益正其心之所向。難，去聲。聖德日躋，既聖而愈極其聖，日進其德。必有人所不及知蓋有人不能知。而天獨知之者，而天實知之。故曰故言。「莫我知也夫」，人皆莫己之知。夫，音扶。「知我者其天乎」。知我者惟天而已。蓋下學工夫自然上達天德，此豈人所能知耶！

仲尼生於周，仲尼，夫子字也，生於周之末世。從周禮，禮則從周之禮。故公旦法壞，周公名旦，制禮作樂，傳及數代，其法寖壞。夢寐不忘爲東周之意；夫子形諸夢想，不忘爲東周之意。東周，謂興周道於東方也。使其繼周而王，若使夫子得時行道，繼周室而王。則其損益可知矣。則損其太過，益其不及，必可得而知也。

不待備而勉於禮樂，不必候禮樂之文既備，而先能勉於禮樂。是「先進於禮樂」者也；是所謂「先進於禮樂」者。備而後至於禮樂，必俟禮樂之文既備，而後勉於禮樂。「後進於禮樂」者也。是所謂「後進於禮樂」者。仲尼以貧賤者必待文備而後進，夫子無其時，無其位，乃一貧一賤之人，如必待禮樂之文備而後進。則於禮樂則其於禮與樂。終不可得而行矣，終無可行之日矣。故自謂野人而必爲，故夫子自言，如用之則吾從先進，自處於野人之列而必爲之。所謂「不願乎其外」也。若此者，皆是不願乎外，蓋必待禮樂之文備而後進，則必須富貴而後能，是願乎其外也。聖人於物無畔援，聖人於人無有界限，無有拒絶。雖佛肸、南子，佛肸，魯之邑大夫。南子，衛靈公妻。雖一爲叛臣，一爲淫婦。佛，音弼。肸，音翕。苟以是心至，然苟有召見於我，是以慕道之心來也。教之在我爾，在我亦因所問而誨之耳。不爲已甚也如是。不爲拒絶之過甚蓋如此也，即孟子所謂「仲尼不爲已甚」之意。

愛人以德，夫子愛人以大德，不爲姑息之愛。喻於義者常多，故曉之以義理者常加多。故罕及利；少有一言及於利。盡性者方能至命，能盡人物之性理，可知天所賦予之命。未達之人，昏蔽而未能有覺者。告之無益，雖與之言，無益於事。故不以亟言；故未嘗亟以此告人，待其有意則言也。仁大難名，仁道至大，不可名狀。人未易及，人未易知。故言之亦鮮。故形諸言亦少，待其可以進，於是則與之言也。鮮，上聲。

法立而能守，正法既立，又能固守不變。則德可久，業可大。則德性可久，而存事可弘而大。鄭聲佞人，鄭聲者，鄭國淫邪之聲。佞人者，口給面護之人[六]。二者皆蕩心之原，敗法亂紀之具。能使爲邦者能俾爲邦之人。喪所以守，喪失其中心之所守。喪，去聲。故放遠之。故當放斥鄭聲，遠棄佞人。此是顔淵問爲邦，夫子所告之二事乃大節也。

仲由樂善，子路樂與善人交。故車馬衣衾車馬、衣服、衾被等物。衾，音輕。喜與賢者共敝；喜與賢者共之，雖被敝而無憾。敝，音弊。顔子樂進，顔淵樂於進道。故願無伐善無施勞；故願無矜誇其能於己，無施其勞苦於人。矜善憚勞，則不能進也。聖人樂天，聖人與天爲一，所樂者天理。故合內外而誠其仁。故自內及外一仁道之流行。蓋仁者生生不息之理，誠其仁，則仁道流行，無非實也。

有德篇第十二

此篇論人有德之實。

「有德者必有言」，蘊諸中爲德，發於外爲言。能爲有也；有諸中必形諸外，是能爲有者也。

「志於仁而無惡」，仁者善心之全德[七]，心之所向在乎仁，則爲善而不爲惡。能爲無也。善必欲有，惡必欲無，是能爲無也。

言有教，非先王之法言，不敢言是也。動有法；非先王之德行，不敢行是也。晝有爲，終日乾乾是也。宵有得；夜氣所息是也。息有養，氣之出入爲息，一息而必有所養也。瞬有存。目之開闔爲瞬，一瞬而必有所存也。此言君子無往無時而無學也。

天下有道，當大道爲公之世。道隨身出；則推此道以制天下，故身行而道亦行。天下無道，當大道湮汩之世。身隨道屈。遯世不見知而不悔，故道與身而俱屈。

困辱非憂，君子偶居於困辱之中，非所憂也。取困辱惟憂；非其道而得困辱，此可憂也已。榮利非樂，君子利禄之極，非所樂也。忘榮利爲樂。忘情於利禄，此爲樂也已。

有司篇第十三

此篇論有司爲政之道。

「子之不欲，子指有司而言，謂子若無貪欲之心。雖賞之不竊。」則雖明示以賞使民爲盜，民亦知恥而不爲。欲生於不足則民盜，凡人有貪欲皆生於不足，因不足而求足，此民所以爲盜。能使無

欲　能使夫人無不足之欲。則民不爲盗。則民自不爲盗矣。假設以子不欲之物　假使以子所不喜之物。賞子使竊，賞子，使竊此。其所不欲，既非所好。子必不竊。子必不竊矣。○此二節上言己無貪欲，雖賞民使竊而不竊；下言己所不欲，雖賞己使竊而不竊。此君子爲政，必以無欲爲本。故爲政者　故爲政之人。在乎足民，其要只在使民至足。使無所不足，使民菽粟如水火至足矣。不見可欲，而盗心息矣。則不見有可欲之物，而竊盗之風自息。

道千乘之國，道，治也。千乘，諸侯之國其賦可出兵車千乘者。乘，去聲。不及禮樂刑政，夫子言治諸侯之國，而不及禮、樂、刑、政四者。而云「節用愛人，而言節己裕民。使民以時」，役民必以其時，如不妨農作之事。言能如是則法行，謂能如此，則其法可行。不能如是則法不徒行，不能如此，則徒法不能自行。法，指禮樂刑政言也。禮樂刑政　若夫禮樂以導民，刑政以齊民。亦制數而已耳。亦不過法制度數而止耳。蓋禮樂刑政，乃治之具；節用愛人、使民以時，乃治之本。此夫子言治所以未暇及也。

大易篇第十四

此篇論大易精微之藴。

大易不言有無，易曰「一陰一陽之謂道」，蓋陰陽之運，其所以然者即道也。體用相因，精粗罔間，不可以有無分。言有無，後世異端見道不明，始以道爲無，以器爲有。有者爲幻妄，爲土苴；無者爲玄妙，爲真空。析有無而二之。諸子之陋也。皆諸子淺陋之見也。

易一物而三才：易只一理，而天、地、人三才之道具。陰陽氣也，而謂天；氣運於天者，有陰有陽，故曰天道。剛柔質也，而謂之地；質具於地者，有剛有柔，故曰地道。仁義德也，而謂之人。德具於人心，愛之理爲仁，宜之理爲義，故曰人道。

乾至健而無體，乾天下之至健，不居其體。爲感速，其感通之速有不可禦。故易知；故其道易知。坤至順而不煩，坤至柔順，簡而不煩。其施普，其所施甚廣。施，去聲。故簡能；故其道簡能。物因雷動，萬物之衆，必因雷以鼓動，如驚蟄、藏振、萌芽之類。雷動不妄，雷之動也，未嘗差妄。則物亦不妄，則物之發生，亦未嘗差妄。故曰「物與无妄」。故云「物與无妄」，「與」之一字指雷而言也。

樂器篇第十五

此章論樂章之大意。

象武，象武，樂名。武王初有天下，是武王得天下之始。象文王武功之舞，象法文王之武功，以見於舞。歌維清以奏之。歌維清之詩以奏樂，成童舞焉。大武，大武，樂名。武王没，是武王已死。嗣王象武之功之舞，成王象法武王之功，以寓於舞。歌武以奏之。歌武詩以奏樂，冠者舞焉。酌，酌之篇。周公没，是周公已死。嗣王以武功之成由周公，成王以武功之有成本於周公。告其成於宗廟之歌也。乃歌此詩以告成功於宗廟也，十三歲者舞焉。

蓼蕭、裳華二詩篇名。蓼，音六。「有譽處兮」，詩中言也。譽，名也。皆謂君接己温厚，此是言人君接待臣下，禮意温和而寬厚。則下情得伸，則在下之情可以上達。讒毁不入，而讒謗者無自而入。而美名可保也。善名可保，此所以有譽處也。

唐棣枝類棘枝，唐棣，花名，其枝與棘枝相似。隨節屈曲，隨其枝節，屈屈曲曲。則其華一偏一反，是以其花有偏者、有反者。左右相矯，必左右兩畔相矯而夾正之。因得全體均正。方得其體均一端正。偏喻管蔡失道，偏喻管叔、蔡叔流言，失其中正之道。反喻周公誅殛。反喻周公誅其不正之辠、撥亂反正之功。

九疇次序：洪範九疇之次序。民資以生百姓賴之以相生。莫先天材，莫始於天生之五材。故首曰五行；故初一爲五行，金、木、水、火、土也。君天下者爲天下之君。必先正己，必須先正其身。故次五事；故次二爲五事，視、聽、言、貌、思也。己正然後邦得而治，身既正則天下可得而治。故次八政；故次三曰八政，食、貨、祀、司空、司徒、司寇、賓師也。政不時舉必昏，政不能以時而舉，則必昏昧。故次五紀；故次四曰五紀，歲、月、日、星辰、曆數也。五紀明然後時措得中，五紀既明，則時而措之，無不得中。故次建皇極；故次五曰建用皇極。大中不可不知權，既已得時措之中，又不可不知權。故次三德；故次六曰三德，正直、剛、柔也，因時世之異而以三德治之也。權必有疑，聖人因天下而用權，必有所疑。故次稽疑；故次六曰明用稽疑，顯而參之人謀，隱而參之鬼謀，皆所以決疑而使明也。可證然後疑決，有所証而後疑可決。故次庶證；故次八曰庶證，雨暘、燠寒、風時也。福極證然後可不勞而治，證之以嚮用五福，威用六極，則可不勞餘力而治。故九以嚮勸終焉。故以嚮勸人用五福終焉，壽、富、康寧、攸好德、考終命也。

王禘篇第十六

此篇論禮遜之實。

「庶子不祭祖，衆子不祭其祖，非不祭也，言不主祭也。明其宗也。」宗，長子也。明宗子當祭也。「不祭禰，禰，父也。非不祭也，言不主祭也。明其宗也」。亦明長子當祭也。「庶子不祭殤與無後者。」衆子不祭未成人而死者，及其死而無子者。注：「不祭殤者，此禮之言也。注云「不祭殤」。父之庶。」乃父之庶子。蓋以殤未足語世數，蓋以殤死者，未足與語傳世之數。特以已不祭禰，已非宗子，尚不得祭禰。故不祭之。故不應祭之。「不祭無後者，不祭死而無子者。祖之庶也。」以其爲祖之庶子。雖無後，雖是無子。以其成人備世數，以其既冠成人，已備傳世之數。當祔祖以祭之，當祔之祖，以致其祭。已不祭祖，已非宗子，既不祭祖。不得而祭之也。亦不得舉其祭也。

「小事則專達。」事之小者，得以自達。蓋得自達於其君，蓋得自達其事於君之前。不俟聞於長者，不待稟聞於其長者。長，上聲，下同。禮所謂達官也。此禮之謂達官。所謂達官之長者，又有謂達官之長者。得自達之長也；得自達其事之長官也。所謂官師者，又所言官師云者。次其長者也。其位又下於長者也。然則轉語。達官之長謂之達官之長者。必三命以上，命有八命。至八命則是公侯以上達官之長，是三命以上官上士爲之。官師則中士而再命，官師則是再命以上官中士爲之。庶士則一命爲可知。庶士則是一命者也。

「下而飲」者，此言射也。射之爲法，揖讓而升堂，射畢則揖而下，舉行飲酒之禮者。不勝者自下堂而受飲也。乃是揖不勝者，使之升堂取觶，自下堂而立飲也。「其爭也」，其所謂爭，非以力而爭也。爭爲謙讓而已。不過爭習謙恭退讓之實而已。

乾稱篇第十七

此篇論佛法之虚寂，不如吾道之不滯於一偏。

浮圖明鬼，浮圖，佛氏也。其推明鬼之一字。謂有識之死，言人之死也，神識不散。受生循環，復寓形而受生，如環之轉。遂厭苦求免。遂厭人世之苦，異其有識復生以求終免於死[八]，豈知精氣聚則爲人，散則澌滅就盡而爲鬼，是未知鬼之理也。以人生爲妄見，人生日用無非天理之當然，佛氏指爲浮生幻説。可謂知人乎？是不知有人之理也。天人一物，天與人同一理。輒生取舍。今乃棄人事以求天性，是不知有天之理。舍，上聲。孔孟所謂天，孔子、孟子所言天者。彼所謂道。佛氏以爲此即是道，淪於空寂。惑者指遊魂爲變爲輪迴，昧者又指人之已死，精魄游散，是之謂變，以爲如輪迴轉，尚可復生。未之思也。是殆不思也已。大學當先知天德，吾儒大學當先明天德。知天德則知聖人，明得天德，則知聖人之道。知鬼神。知鬼神之事。今浮圖劇論要歸，今佛氏極談是道體要歸宿之地。必謂死生流轉，斷斷然以爲死者可以復生，迴轉無窮。非得道者不免，必須識心見性得道，而後免於死。謂之悟道可乎？指此爲覺悟乎道，悟道者果若是乎？蓋當生而生，當死而死，是則有義有命，生死均安，何所厭苦？天人一致，何所取舍？

知晝夜，通陰陽，則知死生之説，何所謂輪迴？自其説熾傳中國，自佛氏此言盛播中土。儒者未容窺聖學門牆，吾儒未能淺游聖人之閫閾藩籬。已爲引取，淪胥其間，已爲之引去，陷溺其説。指爲大道。以爲真是大道之所在。乃其俗達之天下，皆其俗習傳播於天下。致善惡、愚智、以致善者、惡者、愚者、智者。男女、臧獲，臧，僕人也。獲，婢妾也。人人著信，人人皆爲可信。使英才間氣，遂使英偉間生之才。間，去聲。生則溺耳目恬習之事，自有生以來，則淪溺於耳目習熟之餘。長則師世儒崇尚之言，既長則得於世之儒者尊信之語。長，上聲。遂冥然被驅，遂冥昧罔覺，被其驅率。因謂聖人可不脩而至，以謂聖人可無所脩爲而自能至。大道可不學而知。大道可無所學習而自能知。故未識聖人心，未曾知得聖人之精藴。已謂不必求其迹；已言不必求其既往之迹。未見君子志，未曾看得君子之志向。已謂不必事其文。已言不必從事於文字之間。此人倫所以不察，人之倫序所以不能究察。庶物所以不明，事物之理所以不明辨。治所以忽，治以故隳廢。德所以亂，德以故敗亂。異言滿耳，異端之説盈耳。上無禮以防其僞，詭服異行，上之人不能脩先王之禮，以防其僞。下無學以稽其弊。邪説異教，下之人又不能通先王之學，以考其弊。自古詖、淫、邪、遁之辭，自古及今，凡是偏詖、淫放、邪僻、逃遁之言。翕然並興，群然而起。一出於佛氏之門者同出於浮圖之門。千五百年，已千有五百年矣。向非獨立不懼，苟非獨立於頹波風靡之餘，而無所恐懼。精一自信，精以别其學之非，一以守乎理之正，而毅然自信。有大過人之才，而有出人之才力。何以正立其間，又何以正立於異學之中。與之較是非，計得失哉！與之辨論其是非，計度其得失邪！

體不偏滯，其體周流不息，而不偏滯於一方。乃可言無方無體。乃可謂之無方所、無體質。偏滯於晝夜陰陽者物也，偏滯於晝夜陰陽，特物而已。若道則兼體而不累也。如道，則兼其體而不累於偏滯也。以其兼體，惟其道能兼體乎是。故曰「一陰一陽」，故云「一陰一陽」。陰消則陽長，體無窮也。又曰「陰陽不測」，又云陰陽不可測度。又曰「一闔一闢」，又云「一闔一闢」。闔者靜之極，闢者動之始，不拘於動靜也。又曰「通乎晝夜」。又云通乎晝夜謂之通，則不偏於晝夜也。語其推行故曰「道」，論其推行於外，則總名之曰「道」。語其不測則謂之「神」，論其不可測度，則謂之「神」。語其生生故曰「易」，易者變易無窮，論其生生則謂之「易」。其實一物，實則同一理而已。指事而異名爾。特指其事，則有異名。此乃見其體不偏滯，所以無方無體也。

校勘記

［一］固者滯於已往故云不化　「滯」原作「帶」，據四庫本改。

［二］夫子自以爲不能知責己者也　「自以爲」，四庫本作「以自爲」。

［三］過於義則斷制大甚　「大」，四庫本作「太」。

［四］作者篇第十　「篇」字原無，據元刊本卷首目録補。

［五］三事一時並子非有次序　「子」，四庫本作「了」。

［六］佞人者口給面護之人　「護」，四庫本作「諛」。

［七］仁者善心之全德　「善」原作「吾」，據四庫本改。

［八］異其有識復生以求終免於死　「異」，四庫本作「恐」；「以」下，四庫本有「術」字；「求」下，四庫本無「終」字。

新編音點性理群書句解卷之十四　前集

書

皇極經世書　康節先生

邵伯温曰："「至大之謂皇，至中之謂極，至正之謂經，至變之謂世，大、中、至、正，應變無方之謂道。」此依文公所取見於文集、語録者，類而集之。

觀物篇一

言太極動静生陰陽，在天以氣言，故以陰陽太少分四象，在地以質言，故以剛柔太少分四象。

天生乎動者也，未有天地，先有太極。天，陽也，生於太極之動。地生乎静者也。地，陰也，生於太極之靜。一動一靜交，而天地之道盡之矣。動與靜交，靜與動交，天地之道盡在此矣。

動之始則陽生焉，動者爲陽，故動之初則陽生。動之極則陰生焉。然動不能常動，動之極則必靜，靜者爲陰，故陰生。一陰一陽交，而天之用盡之矣。陰陽相交，而天之用盡在是矣，在天爲氣，故以陰陽言。

靜之始則柔生焉，靜者爲陰柔，亦屬陰，故靜之初則柔生。靜之極則剛生焉。然靜不能常靜，靜之極則必動，動者爲剛，故則生。一柔一剛交，而地之用盡之矣。柔剛相交，而地之用盡在是矣，在地成形，故以柔剛言。

動之大者謂之太陽，動之盛則爲太陽。動之小者謂之少陽，動之微則爲少陽。靜之大者謂之太陰，靜之盛則爲太陰。靜之小者謂之少陰，靜之微則爲少陰。而天之體盡之矣。立天之道曰陰與陽，因動靜之小大而分陰陽、太少，天之體盡於此矣。

靜之大者謂之太柔，靜之盛則爲太柔。靜之小者謂之少柔，靜之微則爲少柔。動之大者謂之太剛，動之盛則爲太剛。動之小者謂之少剛，動之微則爲少剛。而地之體盡之矣。立地之道曰柔與剛，因動靜之小大而分剛柔、太少，地之體盡於此矣。體，即道之謂也。

觀物篇二

此篇言人爲衆物之宗，聖爲衆人之宗，故統理群倫代天行事。

人亦物也，人雖與萬物不同，然亦天地一物也。聖亦人也。聖人雖與人異，亦人而已矣。有一物之物，物止一物，物之小者。有十物之物，能兼十物，過於一物矣。有百物之物，能兼百物，過於十物矣。有千物之物，能兼千物，過於百物矣。有萬物之物，能兼萬物，過於千物矣。有億物之物，十萬爲億，能兼億物，過於萬物矣。有兆物之物。十億爲兆，能兼兆物，過於億物矣。爲兆物之物，苟其能兼乎兆物。豈非人乎！是必人之一身萬物，皆備於我者也。

有一人之人，一人之人，人之小者。有十人之人，能兼十人，優於一人矣。有百人之人，能兼百人，優於十人矣。有千人之人，能兼千人，優於百人矣。有萬人之人，能兼萬人，過於千人矣[一]。有億人之人，能兼億人，過於萬人矣。有兆人之人。能兼兆人，過於億人矣。爲兆人之人，苟其能兼乎兆人。豈非聖乎！是必聖人一身冠群倫首出庶物者也。

是知人也者，乃知生而爲人。物之至者也。靈於萬物，故爲物之至。聖也者，所謂聖人者。人之至者也。異於衆人，又爲人之至。物之至者，必爲物之至。始得謂之物之物也。方可言衆物之中出乎物者。人之至者，必爲人之至。始得謂之人之人也。方可言衆人之中優於人者。夫物之物者，夫處衆物之中而出乎物。至物之謂也。非常物之可言。人之人者，處衆人之中而高乎人。至人之謂也。非常人之可言。以一至物以此人也。而當一至人，得此聖也。則非聖人而何？非所謂聖人乎？人謂之不聖，人或曰未聖。則吾不信也。吾不信之矣。何哉？是如何。謂其能以一心觀萬心，蓋其天德清明，觸處洞照，能以一人之心而觀萬人之心。一身觀萬身，以一人之身而觀萬人之身。一物觀萬物，由一物之微以究萬物之理。一世觀萬世焉。於一世之間洞察萬世之事。又謂其能以心代天意，又言其實天生德，代天行化，天無聲臭可聞，聖心所發即天意之所形。口代天言，聖語所宣即天言之下布。手代天工，舉措之間，陰陽寒暑，自其手出，蓋代天而治天工也。身代天事者焉。宰制之下，生殺予奪，自其身出，蓋代天而行天事也。又謂其能以上順天時，又言其上事天時。下盡地理，下襲水土。中盡物情，中則遂萬物之情。通照人事者焉。至於人事無不洞燭。又謂其能以彌綸天地，彌縫經綸天地之化。出入造化，出入造化之神。進退今古，酌今之宜行古之道，進退不失其正。表裏人物者焉。成己成物，合内外之道。

噫！嗟嘆。聖人吾不得而目見之也。聖人不世出，吾不得而見之矣。雖然，轉語。吾不得而目見之，吾雖不可得而目見。察其心，察聖人之心。觀其迹，觀聖人之迹。探其體，探聖人之體。潛其用，藏聖人之用。雖億萬年亦可以理知之也。雖歷年時之久，以理推尋則可知也。

觀物篇三

此篇論上天盡物，以春、夏、秋、冬爲四府；聖人盡民，以易、書、詩、春秋爲四府。

易曰：周易云。「窮理盡性，以至於命。」窮究事物之理，則能全盡此心之理；能全盡此心之理，則至於與天命而無間。所以謂之理者，凡所言理者。物之理也。是以事物之理言也。所以謂之性者，凡所言性者。天之性也。是以上天所賦性言也。所以謂之命者，凡所言命者。處理性者也。區處理性而付於人物也。所以能處理性者，所以能區處理性而付於人物者。非道而何？又只是一陰一陽之謂道，流行付與之也。是知道爲天地之本，乃知天地以道爲本。天地爲萬物之本。萬物以天地爲本。以天地觀萬物，即天地，視萬物。則萬物爲萬物。萬物乃天地之所生，只見其爲數。以道觀天地，若以道視天地[二]。則天地亦爲萬物。則天地亦在道之中，亦爲道中之萬物。

道之道道之爲道。盡之於天矣，天以之化生萬物，故盡之於天。天之道天之所謂道。盡之於地矣，地順天而行，故盡之於地。天地之道合天地之所謂道。盡之於物矣，萬物於此資生資始，故盡之於物。合天地萬物之道天地萬物之道合而爲一。盡之於人矣。盡人物之性，以全天地之性，人之一身兼而有之。人能知其天地萬物之道 人能察天地萬物之所謂道。所以盡於人者，所以全盡於人之性。然後能盡民也。由是推而闡之，使民各盡其性，謂之盡民。

天之能盡物，天之道能盡之於物。則謂之曰昊天。昊，大也。則名之爲昊天。人之能盡民，人之道能盡之於民。則謂之曰聖人。是爲聖人。謂昊天能異乎萬物，天之道與萬物一，謂昊天與萬物異。則非所以謂之昊天也。則不得爲昊天矣。謂聖人能異乎萬民，聖人之道與民一，言聖人與萬民異。則非所以謂之聖人也。則不得爲聖人。萬民與萬物同，民與物。聖人固不異乎昊天者矣。聖與天一。然則 轉語。聖人與昊天爲一道，聖人與天同爲一道。聖人與昊天爲一道，聖人與天既同一道。則萬民與萬物 則民與萬物。亦可以爲一道也。亦不外乎此一道。一世之萬民 一世之衆民。與一世之萬物 及一世衆物。亦可以爲一道，既不外乎此一道。則萬世之萬民 則萬世衆民。與萬世之萬物 及萬世衆物。亦可以爲一道也，明矣。亦不外乎此一道也，曉然矣。

夫昊天之盡物，昊天之道盡之於物。聖人之盡民，聖人之道盡之於民。皆有四府焉。府者，歸藏之地。皆有四者焉。昊天之四府，上天所謂四府者。春、夏、秋、冬之謂也。指四時言也。聖人之四府，聖人所謂四府者。易、書、詩、春秋之謂也。指四經言也。春爲生物之府，春主生，故爲萬物滋生之府。夏爲長物之府，夏主長，故爲萬物長茂之府。秋爲收物之府，秋主斂，故爲萬物收斂之府。冬爲藏物之府。冬主殺，故爲萬物歸藏之府。號物之庶謂之萬，言物之衆則曰萬。雖曰萬之，雖曰萬殊。又萬其庶，又有萬其衆。能出此昊天之四府者乎？萬物生長收藏，能外昊天之四府耶？易爲生民之府，易，三皇事業，皇之時如春，故爲生民之府。書爲長民之府，書，五帝事業，帝之時如夏，故爲長民之府。詩爲收民之府，詩，三王事業，王之時如秋，故爲收民之府。春秋爲藏民之府。春秋，五伯事業，伯之時如冬，故爲藏民之府。號民之庶謂之萬，言民之衆則曰萬。雖曰萬之，雖有萬不同。又萬其庶，又有萬其衆。能出此聖人之四府者乎？萬民之生長收藏，能外聖人之四府邪？昊天之四府，時也。天之所謂四府者以時。聖人之四府，經也。聖人之所謂四府以經。昊天以時授人，天則以時而授乎人。聖人以經法天。聖人則以經法乎天。天人之事，曰天與人之事。當如何哉？其當何如邪？

觀物篇四

此篇論皇化民以道，帝教民以德，王勸民以功，伯率民以力，四者不同。

三皇同意而異化，三皇，伏羲、神農、黄帝也。其治則同，其意而異其化。同意而異化者必以道。雖是同意異化，然皆不出此道。以道化民者，夫惟以道而化天下之民。民亦以道歸之，而天下之民亦以是道之名歸之皇。故尚自然。故所尚者自然之化。夫自然者，夫所謂自然者。無爲無有之謂也。不待制作，無所爲、無所有之稱也。無爲者，非不爲也，無所爲者，非是不爲也。不固爲者也，無必爲之心也。故能廣。故道極其廣。無有者，非不有也，無所有者，非是不求有也。不固有者也，不必然以爲有也。故能大。故道極其大。廣大悉備，廣大之道兼該。而不固爲固有者，既不容心於有爲，又不必然以爲有。其唯三皇乎？其三皇之治乎？是故轉語。能以道化天下者，知以此道化天下之民。天下亦以道歸焉。天下之人，亦以道之名歸於皇。所以聖人有言曰：是以聖人有云。「我無事，而民自富；我無所事，而民自殷阜。我好靜，而民自正；我崇清靜，而民無不正。我無欲，而民自樸。」我無所欲，而民自淳樸。其斯之謂歟？此之謂也。

五帝同禮而異教，五帝，少昊、顓帝、高帝、堯、舜也。同其禮文而其教則異。同禮而異教者必以德。雖是同禮異教，然皆不外此德。以德教民者，大惟以德而教天下之民[三]。民亦以德歸之，而天下之民亦以是德之名歸於帝。故尚遜。故所尚者禮遜。夫遜也者，夫所謂禮遜者。先人後己之謂也。先乎人、後乎己也。以天下授人而不爲輕，以天下之大，傳之它人不以爲輕。若素無之也。如己所素有者。受人之天下而不以爲重，受天下之大，於人不見其重。若素有之也。如己所素有者。二者指堯、舜言。若素無素有者，授於人則若素無，受於己則若素有。謂不己無不己有之也。言若素無則是不以爲己有，若素有則是不以爲己無。若己無己有，一若己之無，一若己之有。則舉一毛以取與於人，凡舉一毫之輕以授受於人。猶有貪鄙之心生焉，與之者猶有吝心，得之者猶有貪心。而況天下者乎？況於天下之大，授之者無吝心，得之者無貪心，真難得也。能知天下之天下蓋亦知夫天下者，乃天下之天下。非己之天下，非一己之得私。其唯五帝乎？必五帝方能至是。是故轉語。能以德教天下者，知以德教天下之民。天下亦以德歸焉。而天下之民亦以是德之名而歸之於帝。所以聖人有言曰：所以聖人有云。「垂衣裳而天下治，垂衣垂裳，天下自治。蓋取諸乾坤。法諸乾坤，蓋取諸上下之義也。」其斯之謂歟？斯之謂也。

三王同形而異勸，三王，禹、湯、文、武也。治象同其形著，而異其勸民之方。同形異勸者必以功。雖是同形異勸，然皆不出此功。以功勸民者，夫惟以功而勸天下之民。民亦以功歸之，而天下之民，亦以是功之名歸之王。故尚政。故所尚者政。夫政也者，夫所謂政者。正也，正之理也。以正正夫不正之謂也。以吾之正，正其不正者也。天下之正天下之所謂正者。莫如利民焉，無若利天下之民。天下之不正天下之所謂不正者。莫如害民焉。無若害天下之民。能利民者正，能利其民者則正。則謂之曰王矣。保民而王矣。能害民者不正，害其民則不正。則謂之曰賊矣。殘民則賊矣。以利除害，成湯放桀，武王伐紂，皆是以利民之心而除其害民者。安有去王邪？豈是無王乎？以王去賊，以興王之師去其害民之賊。安有弒君耶？豈是弒君乎？是故轉語。王者正也，王之爲言正也。能以功正天下之不正者，能以征伐大功正天下之不能正者。天下亦以功歸焉。天下之人亦以是功之名而歸之於正[四]。所以聖人有言曰：所以聖人有云。「天地革而四時成。天地變革而四時之序以成。湯武革命，湯革夏命，武革商命。順乎天而應乎人。」上順乎天心，下應乎人心。其斯之謂歟？此之謂也。

五伯同術而異率，五伯，宋襄、秦穆、楚莊、齊桓、晉文也。同其智而所以率民之道異。同術異率者必以力。雖是同術異率，然皆不外乎力。以力率民者，夫惟以力而率天下之民。而民亦以力歸之，而天下之民亦以力之名歸之伯。故尚爭。故所尚者爭奪。夫爭也者，夫所謂爭者。爭夫利者也。專以利爲爭也。取與利不以義，一取一予，惟見利而不見義。然後謂之爭。而後方謂之爭。小爭交以言，爭之小者，則交形言語。大爭交以兵。爭之大者，則交動兵戈。爭夫强弱者也，爭强爭弱也。猶借夫名焉者，猶且假夫虛名。謂之曲直。謂己爲直，謂人爲曲。夫名也者，所謂名者。命物正事之稱也。命於物正其事之稱。利也者，所謂利者。養人成務之具也。養乎人成其事之用。名不以仁，名非出於仁。無以守業。何以守已成之業？利不以義，利不出於義。無以居功。何以居已成之功？民所以必爭之也。此民烏得不爭奪。五伯者，五伯之人。借虛名以取實利者也。不過欲借帝王之虛名[五]，以取天下之實利。帝不足則王，爲帝不足則王。王不足則伯，爲王不足則伯。伯又不足爲伯又不足。則夷狄矣。則不過夷狄而已。若然，則五伯不謂無功於中國，如此則五伯亦不可謂無功於中國。語其王則未也，但語以王道則未也。過夷狄則遠矣。若比之夷狄則過之遠矣。周之東遷，周自平王東遷。文武之功德文王、武王之休功美德。於是乎盡矣，至此已竭盡無餘。猶能維持二十四君，尚能綱維周家。王室不絶猶綫，一脉綿綿，不絶如縷。夷狄不敢屠害中原者，夷狄之人不敢侵害中國。五伯借名之力也。皆五伯假王室之名而有功也。是故轉語。能以力率天下者，能以力而率天下之民。天下亦以力歸焉。天下之人亦以力之名歸之伯。所以聖人有言曰：所以聖人有云。「眇能視，眇目之小者，而尚能視。跛能履。跛足不正者，而尚能履。履虎尾，履其危。不咥人，兇。而不至於傷人。武人爲於大君。」武勇之人能宣力於其君。此蓋喻伯者雖是率民以力，然尚足以維持王室於不墜，伯之力居多。其斯之謂歟？此之謂也。

觀物篇五

此篇論皇、帝、王、伯道德功力之異，及今古事業皆可以世數論，夫子事業不可以世數論。

善化天下者，善於化天下之民者。止於盡道而已。不過盡其道而已。善教天下者，善於教天下之民者。止於盡德而已。不過盡其德而已。善勸天下者，善於勸天下之民者。止於盡功而已。不過盡其功而已。善率天下者，善於率天下之民者。止於盡力而已。不過盡其力而已。以道、德、功、力爲化者，合是四者而爲自然之化。乃謂之皇矣。乃三皇之事也。以道、德、功、力爲教者，合是四者而爲當然之教。乃謂之帝矣。乃五帝之事也。以道、德、功、力爲勸者，合是四者而爲使然之勸。乃謂之王矣。乃三王之事也。以道、德、功、力爲率者，合是四者而爲必然之率。乃謂之伯矣。乃五伯之事也。以化、教、勸、率爲道者，以此四者總歸於道。乃謂之易矣。易者，三皇之事業也。以化、教、勸、率爲德者，以此四者總歸於德。乃謂之書矣。書者，五帝之事業也。以化、教、勸、率爲功者，以此四者總歸於功。乃謂之詩矣。詩者，三王之事業也。以化、教、勸、率爲力者，以此四者總歸於力。乃謂之春秋矣。春秋者，五伯之事業也。天地始則始焉，天地之始，此同其始。天地終則終焉，天地之終，此同其終。始終隨乎天地者也。或始或終，惟隨乎天地而已。

夫古今，在天地之間古往今來於天地之中。猶旦暮也。如旦則必暮，暮復爲旦。以今觀今，由今時以視今。則謂之今矣；則以今言可也。以後觀今，由後世而觀今。則今亦謂之古矣。則今亦爲古矣。以今觀古，由今日而觀往古。則謂之古矣；則以古言可也。以古自觀，以往古而自視。則古亦謂之今矣。當古之時亦自謂之今。是知古亦未必爲古，是知不特古之時可謂之古。

今亦未必爲今，不特今之世可謂之今。皆自我而觀之也。此皆自我而觀，而謂之古今也。安知千古之前、又焉知千古之前。萬古之後，萬古已後。其人不自我觀之也？其人獨不由我觀之耶？

自古當世之君天下者，自古出而爲一世之君者。其命有四：其爲命者凡四。一曰正命，第一則爲正命，謂得天命之正，皇之事也。二曰受命，第二則爲受命，謂受傳襲之命，帝之事也。三曰改命，第三則爲改命，謂易代而爲君，王之事也。四曰攝命。第四則爲攝命，謂已有正君，攝行其命令，伯之事也。正命者，謂之正命。因而因者也；因天命之屬，我因以爲君也。受命者，謂之受命。因而革者也；因傳襲之命革於我者也。改命者，謂之改命。革而因者也；改前代之命，因而爲君也。攝命者，謂之攝命。革而革者也。則又改而又改者也。因而因者，因其可因。長而長者也；正是陽長之時又長者也。長，上聲。下同。因而革者，因之中有所改。長而消者也；則是長而又消之時也。革而因者，改而後有所因。消而長者也；則是既消而復長之時。革而革者，改而又改。消而消者也。則是既消之後又消之時也。革而革者，改而又改。一世之事業也；不過一時之事業。革而因者，改而後因。十世之事業；可爲十世之事業。因而革者，因之中有所改。百世之事業也；又是百世之事業。因而因者，因其可因。千世之事業也；乃千世之事業。可以因則因，可因則因。可以革則革，可改則改，其因革以道不以命。萬世之事業。其事業可著於萬世。一世之事業，事業僅止於一世。非五伯之道而何？此五伯以力逞者也。十世之事業者，事業可傳於十世。非三王而何？此三王以功勸者也。百世之事業者，事業可及於百世。非五帝之道而何？此五帝以德教者也。千世之事業者，事業著於千世。非三皇之道而何？此三皇以道化者也。萬世之事業者，至於事業及於萬世之遠。非仲尼之道而何？自非夫子天生聰明聖知，道統之傳綿綿不已，蓋未易以盡此。是知皇帝王伯者，是知曰皇、曰帝、曰王、曰伯。命世之謂也；隨世而得名者也。仲尼者，如夫子者。不世之謂也。不世有者也。

人皆知仲尼之爲仲尼，人孰不知夫子之爲夫子？不知仲尼之所以爲仲尼。夫子之所以爲夫子，人不知也。不欲知仲尼之所以爲仲尼則已，不欲知夫子之所以爲夫子則可。如其必欲知仲尼之所以爲仲尼，如欲知夫子之所以爲夫子。則捨天地將奚之焉？非天地之大不足以名之。人皆知天地之爲天地，人孰不知天地之爲天地？不知天地之所以爲天地。天地之所以爲天地，人不知也。不欲知天地之所以爲天地則已，不欲知天之所以爲天、地之所以爲地則可。如其必欲知天地之所以爲天地，如必欲知其所以爲天地。則捨動靜將奚之焉？則自動靜之外不足以觀之。夫一動一靜者，動爲陽，靜爲陰，一動一靜，周流不滯。天地至妙者歟？乃天地之至妙處。一動一靜之間，指坤復言也。坤陰方靜，復陽未動，於此一動一靜之間，乃太極也。天地人至妙至妙者歟？天地本此以運化，人心本此以復善，豈非三才之至妙至妙者乎？是故轉語。知仲尼能盡三才之道者，夫子盡此三才之道，則夫子一太極也。謂其行無轍跡也。乃語其道運行無迹也，猶太極之周流不滯也。故有言曰：故有云。「予欲無言。」吾欲無所言。又曰：又云。「天何言哉？天本無言。四時行焉，四時自行。百物生焉。」百物自生。此即太極主静之意。其斯之謂歟？此之謂也。

校勘記

[一] 能兼萬人過於千人矣　「過」，四庫本作「優」。

[二] 若以道視天地　「若」原作「君」，據四庫本改。

[三] 大惟以德而教天下之民　「大」，四庫本作「夫」。

[四] 天下之人亦以是功之名而歸之於正　「正」，四庫本作「王」。

[五] 不過欲借帝王之虚名　「帝」原作「虚」，據四庫本改。

新編音點性理群書句解卷之十五　前集

書

皇極經世書

觀物篇六

此篇論皇、帝、王、伯之治有窮，仲尼之道無窮，及漢、唐、秦、楚好生好殺之異。

孔子贊易自羲、農而下，夫子贊述周易自伏羲、神農以降。序書自堯、舜而下，序尚書自堯帝、舜帝而降。删詩自文、武而下，删毛詩自文王、武王而降。脩春秋自桓、文而下。脩春秋自齊桓、晉文而降。自羲、農而下，祖三皇也。以皇爲祖。自堯、舜而下，宗五帝也。以帝爲宗。自文、武而下，子三王也。以王爲子。自桓、文而下，孫五伯也。以伯爲孫。非真有祖宗子孫之別，但言其等第耳。祖三皇，以皇爲祖。尚賢也。以其能推尚賢者也。宗五帝，以帝爲宗。亦尚賢也。亦以其能推尚賢者也。三皇尚賢以道，三皇之尚賢，尚其道也。五帝尚賢以德。五帝之尚賢，尚其德也。子三王，以王爲子。尚親也。以其能尚其親也。孫五伯，以伯爲孫。亦尚親也。亦以其能尚乎親也。三王尚親以功，三王之尚親，尚其功也。五伯尚親以力。五伯之尚親，尚其力也。嗚呼！嗟嘆。時之既往，時之已邁。億萬千年，閱歷滋久。時之未來，時之未至。亦億萬千年，綿綿不窮。仲尼中間夫子於時既往未來之中。生而爲人，生於世而爲人[一]。何祖宗之寡祖宗之少，爲羲農堯舜也。而子孫之多也！子孫之多，爲三王五伯也。此所以重贊堯、舜至禹，是以深贊美二帝，以至大禹。曰：「禹，吾無間然矣。」間，罅隙也。無間，言吾於禹無罅隙之可議也。間，去聲。

仲尼後禹千五百年，夫子之生，後大禹千五百年。今之後仲尼此康節自言也，今我後夫子而生。又千五百餘年。又是千五百餘年。雖不敢比德仲尼，雖不敢自儕夫子而比其德。上贊堯舜禹，上贊美二帝、三王之聖德。豈不敢如孟子上贊仲尼乎？又豈不能學孟軻氏上贊美夫子耶？人謂仲尼人皆以爲夫子素王。惜乎無土，惜其不得君師之位、奄有土地以施其教。吾獨以爲不然。我獨以爲不如此。匹夫以百畝爲土，匹夫以百畝之地爲其土。大夫以百里爲土，大夫則以百里之地爲其土。諸侯以四境爲土，諸侯則大於大夫者，以四境之地爲其土。天子以四海爲土，至如天子，則以天下爲其土。仲尼以萬世爲土。夫子雖無土地，然其道可行於萬世，則萬世皆其土也。若然，則孟子言自生民以來，如此則孟軻謂自天地生萬民以至於今。未有如夫子也，未有若夫子之道之久。斯亦不爲之過矣。大哉，斯言亦未爲過。夫人不能自富，富非人之所能也。必待天之與之富然後能富。必須天命之富則富矣。人不能自貴，貴非人之所能也。必待天之與其貴然後貴。必須天命之貴則貴矣。若然，則富貴在天也，富與貴皆本於天。非在人也。非人之所能也。有求而得者，固有求而遂其欲者。有求而不得者矣。又有求而不遂其欲者矣。是繫乎天者也。皆天之所爲也。功德在人也，功與德則在乎人。不在天也。不係乎天。可脩而得之，脩則有功有德。不脩則不得。不脩則安有功德耶？是非繫乎天也，此非本諸天者也。繫乎人者也。人實爲之也。夫人之能求而得富貴者，人有求而可得富貴。求其可得者也。夫可得者固易求。非其可得者，其不可得者。非所以能求之也。雖求之，亦未必可得，此非有天命者在乎。昧者不知，昏昧者不察。求而得之，見可求而得者。則謂其己之能得也，則曰吾之所能得。故矜之；遂誇其得於人焉。求而不得，見有求而不得。則謂其人之不與也，則曰彼人之吝於己。故怨之。遂咎其不得於人。如知其己之所以能得，若果知我之所可得。人之所以能與，人之所必與。則天下安有不知量之人耶？則亦必有所止矣，又安至不量耶？量，去聲。天下至富也，富有天下，非至富乎？天子至貴也，貴爲天子，非至貴乎？豈可妄意求而得也？此非妄思者可以求而得也。雖曰天命，雖是天命所屬[二]。亦未始不由積功累行，亦未有不有世積其功、世累其行而致。行，去聲。聖君艱難以成之[三]，聖主艱苦以成其業。庸君暴虐以壞之。庸主酷虐以墜其業。是天歟，此是天爲之耶？抑人爲之耶？是人歟？抑人爲之耶？是知人作之咎，乃知人自作孽。固難逃已[四]。固不可避。天降之災，天降其殃。攘之奚益？乃欲攘去，何益哉？積功累行，積其功，累其行。君子常分，此君子之常事。分，去聲。非有求而然者。非有所爲而爲之也。有求而然者，有所爲而爲。所以謂利乎仁也者。是知其求可得而爲之，則爲利仁之事。利仁者，知仁之爲善而行之也。君子安有餘事於其間哉？君子之人行所當，然何所用力於其中哉？然而轉語辭。有幸不幸者，又有不幸而被禍，又有幸而得福者。始可以語命也已。此乃可歸之於命也。

中原之地中原之土地。方九千里，四方凡九千里。古不加多古不能增多。而今不加少。今不能少。然而轉語辭。有祚長祚短、前後人主所享國祚有長有短。地大地小者，所得土地有小有大。攻守異故也。所以然者，或攻或守，其勢異也。自三代以降，自夏、商、周而下。漢、唐爲盛，至於漢、唐爲極。秦界於周漢之間矣。秦則界處於周、漢之中。秦始於穆公，秦自穆公始伯。中於孝公，繼則有孝公。終於始皇。極於始皇。起於西夷，本起自西方之戎。遷於岐山，遷居於岐山之地。徙於咸陽。又徙都於咸陽。兵瀆宇内，用兵瀆亂海宇。血流天下，血流於天下。并吞四海，吞并六合。更革今古。取今古之法，制革而新之。雖不能比德三代，雖不可比三代之德。

非晉、隋可同年而語也。亦非晉、隋代可與並論。其祚之不永，運祚不長，止於二世。得非用法太酷，皆因嚴於任刑。殺人之多乎？殺人猶刈草菅也。所以仲尼序書，是以夫子序書。終於秦誓一事，卒於秦誓，蓋取其崤函之悔。其旨不亦遠乎？其意豈不深且遠哉？

夫好生者生之徒也，人有好生之心，是即生之類。夫，平聲。好，去聲。下同。好殺者死之徒也。人有好殺之心，即死之類。周之好生以義，紂爲炮烙之刑，以毒天下，武王不忍人之心，遂仗義而兵之，是好生以義。漢之好生也亦以義。秦視民命如刈草菅，漢高帝不忍人之心，仗義而誅之，是好生亦以義。秦之好殺也以利，秦尚殺戮，務境土日廣，是好殺以利。楚之好殺也亦以利。項羽事誅伐，欲霸天下，是好殺亦以利。周之好生也以義，周室好生出於義。而漢且不及。漢亦以義，但不及周。秦之好殺也以利，秦皇好殺出於利。而楚又過之。楚好殺又甚於秦。天之道，上天之命。人之情，衆人之心。又奚擇於周、秦、漢、楚哉？何擇於周、漢則歸之，秦、楚則去之。擇乎善惡而已。所擇者，周、漢好生則爲善，秦、楚好殺則爲惡也。是知善也者，乃知「善」之一字。無敵於天下，天下莫與之爭。而天下共善之。天下之人共以善名歸之。惡也者，「惡」之一字。亦無敵於天下，天下亦莫與爭。而天下亦共惡之。天下之人亦共以惡名歸之。天之道，上天之命。人之情，衆人之心。又奚擇於周、秦、漢、楚哉？何擇於周、漢之君，而惡夫秦、楚之君？擇乎善惡而已。亦擇其孰善孰惡而已耳。

觀物篇七

此篇論帝王受禪興創之迹，君子小人雜處之難，人情利害之真，風化操脩之實。

昔者孔子思昔夫子。語堯、舜，則曰「垂衣裳而天下治」；論堯、舜之揖遜爲治，則云上衣下裳垂拱而天下治。語湯、武，則曰「順乎天而應乎人」。論湯、武之征伐革命，則云順天之心應人之心。斯言可以該古今帝王受命之理也。自古及今，凡帝王受命之道，斯言盡之矣。堯禪舜以德，堯授舜以天下，以其有重華之德。舜禪禹以功。舜授禹以天下，以其有平水之功。以德帝也，以德而授，帝者之事。以功亦帝也。以功而授，亦帝者之事。然而德下一等，下於德一等。則入於功矣。則歸於功矣。湯伐桀以放，湯征夏桀但言放逐。武伐紂以殺。武誅殷紂明言曰殺。以放王也，放逐者雖王者之事。以殺亦王也。殺戮者亦王者之事。然而轉語辭。放下一等，下於放一等。則入於殺矣。則歸於殺。是知時有消長，乃知時則有消而有長。長，去聲。事有因革，事則有因而有改。前聖後聖堯舜禹湯武王。非出於一途哉？豈非共一途轍者耶？

天與人相與表裏。天道人道二者相因。天有陰陽，天之有陰有陽，爲陽則正，陰則邪。人有邪正。即人之有邪有正也。邪正之由，人之所以邪正者。繫乎上之所好。上，君也。在於上之人之所好。好，去聲。下同。上好德則民用正，上之人好德，則民罔不正。上好佞則民用邪。上之人好佞，則民罔不邪。邪正之由，有來矣。邪正無不有所自來。雖聖君在上，雖以聖人在位。不能無小人，豈能盡無小人？是難其爲小人。但爲小人者難肆其志。雖庸君在上，雖以庸主在位。不能無君子，豈能盡無君子？是難其爲君子。但爲君子者難行其道。自古聖君之盛，自古人君聖哲之極。未有如唐堯之世，未有過於唐堯者。君子何其多耶，君子之人甚多。時非無小人也，一時豈能盡無小人？是難其爲小人，但小人則難肆其志。故君子多也。故君子之多。所以雖有四兇，是以雖有共工、驩兜、三苗、伯縣四者之兇惡。不能肆其惡。放流竄殛，不使之得以逞其爲惡之心。自古庸君之盛，自古人君庸暗之甚。未有如商紂之世，未有過於商紂。小人何其多耶，小人之衆甚多。時非無君子也，一時豈能盡無君子？是難其爲君子，但君子則難行其道。故小人多也。故小人之多。所以雖有三仁，是以雖有箕子、比干、微子三數仁賢。不能遂其善。遁身剖心，不使之得以遂其爲善之志。是知君擇臣，乃知爲君而擇乎臣。臣擇君者，爲臣而擇乎君。是繫乎人也；此皆在乎人者也。君得臣，爲君而得乎臣。臣得君，爲臣而得乎君。是非繫乎人也，此則非人之所能爲。繫乎天者也。皆天開遇合之會也。

賢愚人之本性，或賢或愚，禀性一定。利害人之常情。趍利背害，人情皆然。虞舜陶於河濱，陶，冶鑄也。舜陶於河濱之所。傅説築於巖下，築，版築也。説築於傅岩之野。天下皆知其賢，天下之人皆知其有賢德也。而百執事不爲之舉者，在朝百官皆莫之薦者。利害使之然也。一利害之心使然耳。吁，嘆語。利害叢於中 利害之心，荆棘其中。而矛戟森於外，矛、戟皆兵器鋒稜之物[五]，鋒稜遂見於外。又安知有虞舜之聖、又豈知舜爲聖人。而傅説之賢哉？傅説爲賢人。河濱非禪位之所，河濱非傳祚之地也。巖下非求相之方。傅岩非産相之所也。昔在億萬人之下，向則屈於衆人之下。今在億萬人之上，今則伸於衆人之上。相去一何遠之甚也！其相去何其遠如此也。然而 轉語辭。必此云者，必如此言者。貴有名者也。人亦貴其有善名也。

天下將治，世道將泰。則人必尚行；則人人皆崇尚行檢。行，去聲。天下將亂，世道將否。則人必尚言也。則人人崇尚言語。尚行則篤實之風行焉，崇尚行檢，則篤厚朴實之俗成。尚言則詭譎之風行焉。崇尚語言，則詭遇譎詐之俗勝。天下將治，世之欲治。則人必尚義也；則人人皆崇尚禮義。天下將亂，世之欲亂。則人必尚利也。則人人皆崇尚利欲。尚義則謙遜之風行焉，崇尚禮義，則謙卑恭遜之俗成。尚利則攘奪之風行焉。崇尚利欲，則攘取争奪之風扇。三王尚行者也，三王所尚者行而已。五伯尚言者也。五伯所尚者言而已。尚行者必入於義也，尚行則必歸於義。尚言者必入於利也。尚言則必歸夫利。義利之相去 二者相去。一何遠之如是邪？一何其遠哉？言之於口 口以言之。不若行之於身，不如以身行之。行之於身 以身行之。不若盡之於心。不如以心全之。言之於口，口以言之。人得而聞之；有耳者皆可聞也。行之於身，身以有之。人得而見之；有目者皆可見也。盡之於心，全之於心。神得而知之。惟神明得而知也。人之聰明人性之聰明。猶不可欺，尚不可欺。况神之聰明乎？况於神之聰明者耶？是知無愧於口乃知言於口者無愧。不若無愧於身，不如行於身者無愧。無愧於身行於身者無愧。不若無愧於心。不如存於中心者無愧。無口過易，故口無過言爲易。無身過難。身無過動爲難。無身過易，身無過動爲易。無心過難。心無過思爲難。心既無過，心既無過，則人欲淨盡，天理流行。何難之有？凡皆無所難也。吁，嘆語。安得無心過之人又安得於心無過之人。而與之語心哉！而與之同論心學哉！是知聖人所以能立無過之地者，乃知聖人純乎天理，無有己過。謂其善事乎心者也。不過能從事乎盡心之道耳。

觀物篇八

此篇論帝、王、伯、狄有等第之分，死生正與不正之别。

仲尼曰：夫子云。「韶盡美矣，韶，舜樂名。既盡其美。又盡善也。又盡其善。武盡美矣，武，武王樂名。既盡其美。未盡善也。」未能盡善。又曰：又云。「管仲相桓公，管仲相齊桓公。

相，去聲。霸諸侯，爲諸侯伯。一正天下，一定天下。民到於今受其賜。民至於今皆受管仲之賜。微管仲，若無管仲。吾其被髮左衽矣。」民皆被髮衣衽尚左，而爲夷狄之俗。是知武王雖不逮舜之盡善盡美，乃知武王雖不及舜既盡美又盡善。以其解天下之倒垂，但天下苦於紂之虐，而武王撥亂反正，猶倒垂之勢得其解之。則下於舜一等耳。雖下於舜亦只是一等。桓公雖不逮武之應天順人，齊桓公雖不及武王之上應乎天，下順乎人。以其霸諸侯，但以其能霸服諸侯。一正天下，一定天下。則高於狄遠矣。則勝於夷狄，亦甚遠矣。以武比舜，以武王與帝舜比。則不能無過，一是揖讓而得天下，一是征伐而有天下，則武不及舜。比桓則不能無功。若比齊桓則功實過之。以桓比狄，以齊桓與狄人比。則不能無功，若非齊桓一正天下，則民胥爲夷，固爲有功。比武則不能無過。若比武王應天順人則其威霸天下，桓公不及武[六]。漢氏則宜立乎其武、桓之間矣。漢興，則在於武王、齊桓之中。是時也，於此之時。非會天下民 非遇天下百姓。厭秦之暴且甚，厭秦室暴亂之極。雖十劉季百子房，雖十漢高祖之爲君、百張良之爲輔。其如人心之未易何？其奈人心之未去秦何？且古今之時則異也，自古及今之時雖有異。民好生惡死之心則不異也。斯民喜生惡死未嘗不同。好、惡，並去聲。自古殺人之多 自古殺戮之衆。未有如秦之甚，莫若秦之極甚。天下安有不厭之乎？天下之人安得而弗厭之？夫殺人之多 殺戮之衆。不必以刃，不以利刃。謂天下之人 以謂人民之衆。無生路可趍也，無可趍生之路。而又况以刃多殺天下之人乎？况於以利刃而屠戮生民者邪？秦二世萬乘也，以秦之二世皇帝以天子萬乘之尊。乘，去聲。下同。求爲黔首而不能得。欲爲百姓而不可得。史：趙高使閻樂弑二世，二世愿爲黔首，閻樂弗許。黔首，百姓也。漢劉季疋夫也，漢高祖起於泗上，特一匹夫。免爲元首而不能已。元首，君也，取在人上之義。欲免爲天下君而不能得。萬乘匹夫天子與一夫。相去有間矣，其相去有等夷矣。間，去聲。而有時而代之者，而或有以匹夫而代萬乘者。謂其天下之利害以天下之大利大害。有所係之耳。有所關係之也。天之道，上天之命。非禍萬乘而福匹夫也，非是禍於萬乘之君而福於一夫也。謂其禍無道而福有道也。蓋無道者降殃，有道者，則獲福也。人之情，衆人之心。非去萬乘而就匹夫也，非是舍天子而就一夫也。謂其去無道而就有道也。蓋無道則去之，有道則歸之也。萬乘與匹夫，天子與一夫。相去有間矣，其相去有等夷矣。然而轉語辭。有時而代之者，或有以一夫而代萬乘者。謂其直以天下之利害，亦以天下之大利大害。有所係之耳。有所關係之也。

任天下事易，以天下事自任人所易也。死天下事難。因天下事致死人所難也。死天下事易，死天下事猶易。成天下事難。死而能成天下之事爲難也。苟能成之，誠能成天下事。又何計乎死與生也？何必計較此身之生死？如其不成，如不能成天下事。雖死奚益？縱死亦何所補？況其有正不正者乎？況有得其正而死與不得其正而死乎？與其死於不正，與其死於不得其正。孰若生於正？又豈如得其正而生？與其生於不正，與其生而不得其正。孰若死於正？又豈如得其正而死？在乎智者之一擇焉。在乎有識者决擇於斯。死固可惜，一死固可惜。貴乎成天下之事。苟能成天下之事，雖死何憾？如其敗天下之事，其或不能成天下之事。一死奚以塞責？雖死何足以稱塞其責？生固可愛，人之生固可樂。貴乎成天下之事也。苟能成天下之事，其生亦樂。如其敗天下之事，其或不能成天下之事。一生何以收功？雖生何足以成就其功？噫！嘆辭。能成天下之事，既能成其事於天下。又能不失其正而生者，生而又得其正。非漢之絳侯，豈非漢室之周勃。呂后顓制，諸呂作難，勃起而誅之。唐之梁公而何？又豈非唐之狄仁傑。武后專制，外戚擅私，仁傑起而誅之。微斯二人，無此二人。則漢、唐之祚，劉氏、李唐之運祚。或幾乎移矣，將移而屬之它人矣。豈若虚生虚死者焉？豈如世人生死俱不能成事？如堯夫詩所謂「還知虚過死萬遍，恰似不曾生一般」也。夫虚生虚死者，夫虚生虚死之人。譬之蕭艾，正如蕭艾惡草，倏生倏死。忠於智者，誠有智識之人。不遊於其間矣。不處身於虚生虚死之中也。

觀物篇九

此篇言人道所行有邪正之不同。

行之正則正，所行既正，斯無不正。行之邪則邪。所行既邪，自無不邪。邪正之間介乎邪正二者之中。有道在焉。正則爲正道，邪則爲邪道。何以知正道邪道之然乎？奚以知其然邪？君行君事，君主於仁。臣行臣事，臣主於敬。父行父事，父止於慈。子行子事，子止於孝。夫行夫事，夫主於和。妻行妻事，妻主於柔。君子行君子事，君子則篤君子之行。小人行小人事，小人則循小人之習。中國行中國事，中國有中國之道。夷狄行夷狄事，夷狄安夷狄之俗。謂之正道。不相侵奪，各行所安，此謂之正也。君行臣事，君爲臣之事。臣行君事，臣爲君之事。父行子事，父爲子之事。子行父事，子爲父之事。夫行妻事，夫爲妻之事。妻行夫事，妻爲夫之事。君子行小人事，君子爲小人之事。小人行君子事，小人爲君子之事。中國行夷狄事，中國爲夷狄之事。夷狄行中國事，夷狄爲中國之事。謂之邪道。倒行逆施，實亂其常，此謂之邪。至於三代之世治，及夏、商、周之世皆治。未有不治人倫之爲道也；皆由正人倫以爲道也。三代之世亂，至於末世皆亂。未有不亂人倫之爲道也。皆由亂人倫以爲道也。後世慕三代之治世者，後世慨慕夏、商、周之治。未有不正人倫者也；則人倫未有不正。後世慕三代之亂世者，後世興慕末世之亂離。未有不亂人倫者也。人倫未有不亂。自三代而下，自夏、商、周而降。漢唐爲盛，漢唐之世爲盛。未有不由治而興，其興則以治人倫而興。亂而亡。其亡則以亂人倫而亡。其興也，當其興隆。未有不由君道盛，蓋以君道常盛。父道盛，父道常盛。夫道盛，夫道常盛。君子之道盛，君子盛。中國之道盛；中國盛。是皆正道，故興。其亡也，當其亡滅。又未始不由臣道盛，蓋以臣道盛於君。子道盛，子道盛於父。妻道盛，妻道盛於夫。小人之道盛，小人盛於君子。夷狄之道盛。夷狄盛於中國。是皆邪道，故亡。噫，嘆語。二道對行，邪正並行。何故治世少而亂世多邪？何爲治之日少、亂之日多？君子少而小人多邪？君子之人少，小人之類多。曰豈不知陽一而陰二乎？陽止一畫，而爲善者常少；陰有二畫，而爲惡者常多。天地尚由是道而生，天地尚因是道以生。況其人與物乎？何況於人物？人者物之至靈者也。人有識有知，爲萬物之最靈。物之靈未若人之靈，物雖有知，未若人之至靈。尚由是道而生，物且尚因道以生。又況人靈於物者乎？況人又靈於物者耶？是知人亦物也，乃知人亦天地中之一物也。以其至靈，但以其心爲最靈。物謂之人也。所以別於庶物之中而謂之人。

觀物篇十

此篇言聖人以天下之耳目心口爲耳目心口，故至神至聖。

夫所以謂之「觀物」者，是書以「觀物」名篇者。非以目觀之也。非實有假於目以觀之。非觀之以目 既不以目觀。而觀之以心也，則所觀者以此心。非觀之以心 既非以心觀。而觀之以理也。則所觀者理而已。天下之物 天下之萬物。莫不有理焉，皆有其理。莫不有性焉，其理皆具於性。莫不有命焉。而性皆出於命。所以謂之理者，曰理云者。窮之而後可知也。必窮究其極而後能知之也。所以謂之性者，曰性云者。盡之而後可知也。必全盡其妙而後能知之。所以謂之命者，曰命云者。至之而後可知也。必推而至之，而後能知之。蓋理即性之所具，性即天之所命。纔窮得理，便盡得性；纔盡得性，便知天之。所以予我者三事一時並了，初無次第也。此三知者，理、性、命三者之知。天下之真知也，是爲真知。雖聖人無以過之也，雖是聖人亦不過如是。而過之者，而有越於此。非所以謂之聖人也。非聖人事也。夫鑑之所以能爲明者，鏡之所以光明不昧者。謂其能不隱萬物之形也。言其能燭萬物之形。雖然，轉語辭。鑑之能不隱萬物之形，鏡之照物之形。未若水之能一萬物之形。不如水之鑑物，又能合天下之物形。雖然，轉語辭。水之能一萬物之形，水之照形。又未若聖人能一萬物之情也。又不如聖人能合萬物之情而一之也。聖人所以能一萬物之情者，聖人所以能合萬物而一其情者。謂其能反觀也。言其能反而觀之也。所以謂之反觀者，夫所以反觀者。不以我觀物也。不以己而觀萬物。不以我觀者，萬物既不以己觀之。以物觀物之謂也。是即物察物也。既能以物觀物，既即物而察物。又安有我於其間耶？則其理則一，不見其有我之分。是知我亦人也，乃知己即是人。人亦我也，人即是己。我與人皆物也。己與人皆未離於物也。此所以能用天下之目爲己之目，人己理一，則因天下之見爲見。其目無所不觀；目自無所不見。用天下之耳爲己之耳，合天下之聞爲聞。其耳無所不聽；耳自無所不聽。用天下之口爲己之口，以天下之口爲口。其口無不言矣；口無所不言。用天下之心爲己之心，以天下之心爲心。其心無所不謀矣。心無所不慮。夫天下之觀，合天下以爲觀。其於見也，見無不見。不亦廣乎？豈不甚廣？天下之聽，合天下以爲聽。其於聞也，聞無不聞。不亦遠乎？豈不甚遠？天下之言，合天下以爲言。其於論也，言無不言。不亦高乎？豈不甚高？天下之謀，合天下以爲謀。其於樂也，樂其所樂。不亦大乎？豈不甚大？其見至廣，見廣矣。其聞至遠，聞遠矣。其論至高，論高矣。其樂至大，樂大矣。能爲至廣、至遠、至高、至大之事能爲此四者之事。而中無一爲焉，而此心一無所爲。豈不謂至神至聖者乎？豈不神之至聖之至乎？

校勘記

［一］生於世而爲人　「於世」，四庫本作「其時」。

［二］雖是天命所屬　「屬」，四庫本作「爲」。

［三］聖君艱難以成之　「君」，四庫本作「主」。

［四］固難逃已　「固」原作「因」，據四庫本改。

［五］矛戟皆兵器鋒稜之物　「皆」原作「一」，據四庫本改。

［六］桓公不及武　「桓」原作「威」，據四庫本改。按：下句中「武桓」之「桓」亦如是。

新編音點性理群書句解卷之十六　前集

書

皇極經世書

觀物外篇上十一

此篇論太極生生之理、陰陽消長之機、天地高下之别。

天數五，天數有五，一、三、五、七、九也。地數五，地數有五，二、四、六、八、十也。見易繫辭。合而爲十，數之全也。合天五地五之數則爲十矣[一]。天以一而變四，天以一而變爲四。一即太極，四即四象，太陰、太陽、少陰、少陽也。地以一而變四。地以一而變爲四，一即太極，四即四象，太剛、太柔、少剛、少柔也。四者有體也，陰陽、剛柔各有定體。而其一者無體也，太極周流不滯，故無定體。是謂有無之極也。是所謂「無極而太極」也。天之體數四而用者三，體數，以其數之有體者也。天之體數四，太陽、太陰、少陽、少陰也；而用之者三，天、地、人也。不用者一也；而其不用者有一道也。地之體數四而用者三，地之體數亦四，太剛、太柔、少剛、少柔也；而用之者亦三，天、地、人也。不用者一也。而其不用者有一道也。是故轉語辭。無體之一上文所謂「一者無體」者也。以況自然也，是太極爲生陰陽之本，運行無迹，自然而然也。不用之一上文所謂「不用者一」。以況道也。是陰陽運行，剛柔摩盪，是道立乎其中而爲之主也。用之者三，上文所謂「用者三」。以況天地人也。是上天下地中兩間而爲人，皆不外乎此理也。陽爻，晝數也，晝屬陽，故易之陽爻爲晝數。陰爻，夜數也，夜屬陰，故易之陰爻爲夜數。天地相銜，天包乎地，地載乎天。陰陽相交，陰交於陽，陽交於陰。故晝夜相雜，晝而夜，夜復晝，交相雜揉。剛柔相錯。剛而柔，柔而剛，交相錯綜。春夏陽多也，春乃陽之始，夏乃陽之極，陽之分數多。故晝數多夜數少；故晝刻長而夜刻短。秋冬陰多也，秋乃陰之始，冬乃陰之極，陰之分數多。故晝數少夜數多。故晝刻短，夜刻長。

乾四十八而四分之，乾至否共八卦，二卦六畫四分之，則八六四十八也。一分爲陰所剋，自乾而泰，陽三十六畫，陰十二畫，此所謂「一分爲陰所剋」。坤四十八而四分之，坤至否共八卦，一卦六畫四分之，則八六四十八也。一分爲所剋之陽也。自坤至否，陰三十六畫，陽十二畫，此所謂「一分爲所剋之陽」。太極既分，當以經世八卦圖看，自太極而生出去。兩儀立矣。兩儀即一陽一陰，二畫由是而立。陽下交於陰，陽位乎上，故下交陰。陰上交於陽，陰位乎下，故上交陽。四象生矣。陰陽相交，而爲陰陽之畫者凡四，是生四象。陽交於陰、然四象有二，有天之四象，有地之四象。在天以氣言，故曰陰陽；在地以質言，故曰柔剛。故陽下而交於陰。陰交於陽，陰上而交於陽，而生一陽一陰者，凡四居於右之上。而生天之四象；是爲太陽、太陰、少陽、少陰而爲天之四象。剛交於柔、剛下而交於柔。柔交於剛，柔上而交於剛，而生一剛一柔者，凡四居於左之上。而生地之四象，是爲太剛、太柔、少剛、少柔而爲地之四象。於是八卦成矣。陰陽相交，剛柔相錯，而八卦之畫以成。八卦相錯，八卦交相錯綜。然後萬物生焉。而後萬物生生不息。一分爲二，一爲太極，生一奇一耦者，二是爲兩儀。二分爲四，二之上各生一奇一耦者，二則爲四象。四分爲八，四之上各生一奇一耦者，四則爲八卦。八分爲十六，八之上各生一奇一耦者，八則爲十六。十六而爲三十二，十六之上，各生一奇一耦者[二]，十六則爲三十二。三十二而爲六十四。三十二之上，各生一奇一耦者，三十二則爲六十四矣。此即文公易學啓蒙觀之可知。故曰「分陰分陽，故言陰陽分別。迭用柔剛，柔剛雜揉。易六位而成章」也。卦各六位，粲然有文也。十分爲百，以十分百。百分爲千，以百分千。千分爲萬，以千分萬。猶根之有幹，譬之本然，自本根而幹。幹之有枝，自幹而枝。枝之有葉，自枝而葉。愈大則愈小，越大則越小。愈細而愈繁，越細則越繁。合之斯爲一，合而觀之，同一根本，是即六十四卦之歛爲太極也。衍之斯爲萬。敷而衍之有萬枝節，是即太極之分爲六十四卦也。

是故轉語。乾以分之，乾者陽之極，分而爲陰。坤以翕之，坤者陰之極，主於翕聚。震以長之，震乃陽之始生。長，上聲。巽以消之，巽乃陰之始消。始長以復卦爲震宮之卦，一陽初生也[三]。始消以姤卦爲巽宮之卦，一陰始生也。長則分，由一陽之長至六陽，則分。分則消，陽分爲陰，則陽始消。消則翕也。自一陰之消至於六陰，則翕矣。

震始交陰而陽生，震宮一陽，下生接坤。巽始消陽而陰生。巽宮一陰，下生接乾。兑，陽長也；兑，二陽生於下，故曰長。長，上聲。艮，陰消也。艮，二陰生於下，故曰消陰、消陽也。震兑，在天之陰也；震二陰兑一陰，在陽左一邊，陽爲天，故曰「在天之陰」。巽艮，在地之陽也，巽二陽艮一陽，在陰右二邊，故曰「在地之陽」。故震兑上陰而下陽，此二卦陰居上，陽居下。巽艮上陽而下陰。此二卦陽居上，陰居下。天以始生言之，一氣循環自復，至乾爲陽，生物之始。故陰上而陽下，故震、兑二卦，陰居上，陽居下。交泰之義也；有陰陽交泰之道，主動而言，太極之用所以行。地以既成言之，自姤至坤爲陰，成物之終也。故陽上而陰下，故巽、艮二卦，陽居上，陰居下。尊卑之位也。爲尊卑一定之位，主静而言，太極之體所以立。此即先天八卦圖看最分曉。

無極之前言自巽消以至坤翕。陰含陽也，静之妙也。有象之後言自震長以至乾分。陽分陰也。動之妙也。陰爲陽之母，坤母道，坤陰極，而一陽生，故曰爲母。陽爲陰之父，乾父道，乾陽極，而一陰生，故曰爲父。故母孕長男而爲復，坤盡爲復，故有母孕長男之象。父生長女而爲姤也。

乾盡爲姤，故有父生長女之象。是以陽起於復，所以陽萌於復。而陰起於姤也。陰萌於姤也。

天圓而地方，天體圓而動，地體方而靜。天南高而北下，天之形，南高北垂。是以望之如倚蓋焉。故望之如傘之斜倚。地東南下而西北高，地之勢東南低下，而西北最高。是以東南多水，惟其下，衆水所聚，故多水。西北多山也。惟其高，土石融結，故多山。天覆地，天蓋乎地。地載天，地承乎天。天地相函，天之氣函結於地下，而地不陷；地之氣上騰於天，而天道以成，天與地相包函。故天上有地，地在天之中，故云「天上有地」。地上有天。天下覆於地，故云「地上有天」。

天奇而地耦，天數奇，地數耦。是以占天文者，所以占天者。觀星而已，但求諸星。察地理者，察地者。觀山水而已。但求之山水。觀星而天體見矣，觀星則天之本體可見。觀山水而地體見矣。觀山水則地之大體可見。天體容物，天之體在乎容物，故星辰之類皆在焉。地體負物，地之體在乎載物，故草木蟲魚之類皆在焉。是故轉語。體幾於道也。體即道之謂也。

極南大暑，極南陽明之地，故大暑。極北大寒，極北陰凝之地，故大寒。故南融而北結，故南方陽氣之融明，而北方陰氣之凝結。萬物之死地也。陰氣凝結，則爲萬物肅殺之所。夏則日隨斗而北，夏則斗運在北而柄指南，故言隨斗而北，其晷長。冬則日隨斗而南，冬則斗運在南而柄指北，故隨斗而南，其晷短。故天地交而寒暑和，天地之氣既交，則當寒而寒，當暑而暑，各得其和。而物乃生也。寒暑和，則四時不失其序，萬物各遂其生理矣。

陽得陰而爲雨，陽氣得夫陰，則爲雨而降。陰得陽而爲風，陰氣得夫陽，則爲風而飄，噓而爲風，蒸而爲雨，皆在天之氣，故以陰陽言。剛得柔而爲雲，剛與柔遇，則爲雲而升。柔得剛而爲雷。柔與剛遇，則爲雷而震。山川出雲，雷出地奮，皆在地者也，故以柔剛言。無陰則不能爲雨，陽而非陰，則不能爲雨。無陽則不能爲雷。陰而非陽，則不能爲雷。雨柔也而屬陰，雨，柔類也，則屬乎陰。陰不能獨立，獨陰不成。故待陽而後興；故必得陽，則發達蒸爲雨而降。雷剛也而屬陽，雷，剛物也，則屬乎陽。陽不能自用，獨陽不倡。必待陰而後發也。故必得陰閉塞，則奮擊爲雷而震。天之陽在南，陽在天，則盛於南方。故日處之也；故日臨其方也。地之剛在北，剛在地，則極於北方。故山處之，故山居其方也。所以地高西北，此所以地之勢，西北最高。天高東南也。天之形，東南最高。

觀物外篇下十二

此篇係統論性理形氣之妙，易、書諸處之疑。

心爲太極，心指人得是理，以爲一身之主而言。又曰道爲太極。道指天地萬物自然之理而言。

先天之學，心也。先天之學非可言傳，當以心意而領會。後天之學，迹也。後天之學文字可考，故有形迹可見。出入有無死生者，道也。出而有爲生，入而無則死。此皆陰陽屈伸之所爲，故曰「一陰一陽之謂道」。

以天地生萬物，萬物本於天地之所生。則以萬物爲萬物。萬物直萬物耳。以道生天地，天地本於是道之所生。則天地亦萬物也。則天地亦不過道中之萬物耳。

凡人之善惡，人之爲善爲惡。形於言，不特見之言語之間。發於行，著之躬行之際。行，去聲。人始得而知之。皆在人目前，故人方知其善惡。但萌諸心，只是心之所萌。發於慮，念之所發。鬼神已得而知之。鬼神先已窺其藴。此君子所以謹獨也。獨者，人所不知、己所獨知之處。此君子所以必致謹也。

氣形盛則魂魄盛，氣屬陽，形屬陰，魂屬陽，魄屬陰，氣盛則魂盛，形盛則魄盛。氣形衰則魂魄亦從而衰矣。氣衰則魂亦衰，形衰則魄亦衰。魂隨氣而變，故魂每隨其氣以運動。魄隨形而止，魄每隨其形以有無。故形在則魄存，此形存，則此魄與之俱存。形化則魄散。此形散，則此魄與之俱散。

人之畏鬼，已死爲鬼。人之畏乎鬼。亦猶鬼之畏人，亦如鬼之畏乎人。人積善而陽多，善，陽之類。人苟積善，則陽明用事。鬼益畏之矣；鬼，陰類也，安敢與陽敵？宜其畏之也。積惡而陰多，惡，陰之類。人茍積惡，則陰獨用事。鬼弗畏之矣。鬼亦陰類，安得不與陰敵？宜其弗畏也。大人者「與鬼神合其吉兇」，大德之人順理而行，禍福將至必先知之，自與鬼神合吉兇。夫何畏之有？果何所憚哉？夫，扶。

物理之學，人之爲學，窮事物之理。或有所不通，如或心未能透徹。不可以强通。不可强求其透徹。强，上聲。强通則有我，我，私也。强通則必有私意。有我則失理而入於術矣。纔有私意，必不合理，而流於不正矣。

夫易，根於乾坤，易之卦皆自乾坤推出，故始於乾坤。而生於姤復，姤爲陰之始，復爲陽之始，易不過因陰陽變易而得名，故生於此。蓋剛交柔而爲復，復以一陽之剛，交於坤六陰之柔而爲復。柔交剛而爲姤，姤以一陰之柔，交於乾六陽之剛而爲姤。自兹而無窮矣。一陰生至於六陰，一陽生至於六陽。交易爲體，變易爲用，六十四卦生生無窮矣。

夫聖人之經，夫子作經。渾然無跡渾涵無跡之可指。如天道焉。正猶天道之生殺，不見其生殺之迹。故春秋録實事，故春秋一經紀録其實，褒善如春之生物，貶惡如秋之殺物。而善惡形於中矣。善善惡惡皆在其中，即天道也。

凡處失在得之先，凡處事先失後得。則得亦不善。則雖得之亦不爲善。若處得在失之先，若先得後失。則失難處矣，則得之有素，驟然失之，誠難處矣。必至於隕穫。必至於困迫失志矣。

「隕獲」二字出禮記儒行。

人必内重，則外輕。爲人必須知在内天理之可重，則視在外利禄之事較輕。苟内輕而外重，苟或不知在内天理之可重，而以在外利禄之事爲重。好利好名，則殖利崇名。好，去聲。無所不至。將無所不爲也。

天下言讀書者不少，天下之人言讀書者甚多。能讀書者少。真能讀書而求其樂者甚少。若得天理真樂，若能於中窮究道理之真趣。何書不可讀？無一書不可讀。何堅不可破？無堅硬之不可破。何理不可精？亦無義理之不可精矣。

資性得之天也，性資乃天所賦。學問得之人也。學問則在人加勉。資性由内出者也，天資之好，實根於内。學問由外入者也。學力之加，由用力於外。自誠明，性也；誠，實也。理無不實，則明無不照，自然之成性也。自明誠，學也。明以窮其理，而後能實以充其性，由學問而後至也。顔子不遷怒，顔淵怒於甲者，不移於乙。不貳過，過於前者，不萌於再。皆情也，皆治其情者，乃學知之功。非性也。非性之事也。

復次剥，復卦繼剥卦。明治生於亂乎？所以别其爲治萌於亂，蓋復乃治之初，剥乃亂之極。姤次夬，姤卦繼夬卦。明亂生於治乎？所以别其爲亂萌於治，蓋姤乃亂之始，夬乃治之盛。時哉時哉，一治一亂，皆係乎時。未有剥而不復者，未有亂而不治。未有夬而不姤者。未有治而不亂。

防乎其始，惟其將亂之始而豫防之。邦家其長，邦國之祚可長。子孫之昌，子孫之福未艾。是以聖人所以古之聖人。貴未然之防，重於防患於未然。是謂易之大綱。此乃易書之大綱領處，蓋古今治亂只在君子小人。剥是小人道消之時，復是君子陽長之時，夬是五陽決一陰、君子道盛之時，姤是一陰生於下、小人根萌之始，是必絶其方萌之惡，以固其已長之陽，則亂可反而治矣。

知易者，不必引用講解，得易之趣者不必引用其語，講解其義。是爲知易。乃真得易之趣者也。孟子著書孟軻氏著書七篇。未嘗及易，初無一語及易。其間易道存焉，其中易道無不具在。但人見之者鮮耳。但人之見之則少。鮮，上聲。人能用易，人能以易之理而推諸用，而不引用其語。是爲知易，方爲得易之趣。如孟子可謂善用易者也。若孟子未嘗用易，其間易之道無不具，是善於用易者也。

爲學養心，人之爲學以養真心[四]。患在不由直道，去利欲，所患者不能循天理以去人欲，蓋人心生生之理，本直特爲物欲所屈耳。由直道，苟能循此直道。任至誠，而又真實無妄。則無所不通。則徹上徹下，無所不通。天地之道直而已，蓋天地之道，亦直而已矣。當以直求之，是必以直之理求之。若用智數，苟用私智術數。由逕而求之，但求小徑之便捷，而不由大公至正之道。是屈天理而徇人欲也，是天理本直而自屈之，以曲徇於人慾。不亦難乎？是罔之生也，幸而免難矣哉！

事無巨細，凡事無大無小。皆有天人之理，天人之理在焉。脩身人也，脩身者人之事。遇不遇天也，時之遇與不遇者，有天焉非人也。得失不動心，得之與失，知有定分，吾不爲之動心。所以順天也，順天道也。行險僥倖，專行險徑，以僥倖其事於萬一。是逆天也；是不知有定分，逆天道也。求之者人也，求之在我人也。得之與否天也，得與不得，天也。得失不動心，得失知有定分，而不足動吾心。所以順天也，順天道也。强取必得，强而取之，務在必得，不安其分。强，上聲。是逆天理也，逆天道也。逆天理者逆悖理道。患禍必至。此災禍之所以至也。

鬼神者無形而有用，氣伸則神，氣屈則鬼，雖無形迹，自有妙用。其情狀可得而知也，而其情狀可得而知。於用則可見之矣。於其妙用見之也。若人之耳目鼻口手足，人之一身有是數者，噓爲神，吸爲鬼，動爲神，静爲鬼。草木之枝葉華實顔色，草之與木有是數者，榮爲神，枯爲鬼。皆鬼神之所爲也。無非鬼神之所爲。福善禍淫，但善者必福，淫者必禍。主之者誰邪？誰實主之？聰明正直，聰明不可欺，正直無所私。有之者誰邪？誰實有之？不疾而速，不急而自爾速。不行而至，不行而自爾至。任之者誰邪？誰實任之？皆鬼神之情狀也。此又其情狀如此也。

自乾坤至坎離，上經自乾至離。以天道也；無非天之道。自咸恒至既濟未濟，下經自咸至既濟。以人事也。無非人之事。

復至乾，由復至乾，三十二卦。凡百有十二陽。陽爻一百十二。姤至坤，由姤至坤，三十二卦。凡八十陽。陽爻八十。姤至坤，由姤至坤。凡百有十二陰。陰爻一百十二。復至乾，由復至乾。凡八十陰。陰爻八十，即先天圓圖觀之可見。

天下之事，事在天下。始過於重初極其重。猶卒於輕，其終尚失之輕。始過於厚初極其厚。猶卒於薄，其終尚失之薄。況始以輕始以薄者乎？況於初以輕以薄乎？故鮮失之重，故少有過於重者。鮮，上聲。下同。多失之輕；失之輕者甚多。鮮失之厚，少有過於厚者。多失之薄。失之薄者甚多。是故君子不患過乎重，所以君子之人不憂過於重。常患過於輕，所憂者輕之過也。不患過乎厚，不憂過於厚。常患過乎薄也。所憂者薄之過也。秦繆公伐鄭，秦繆公出師政鄭[五]。敗而有悔過，自誓之言，敗於崤陵，歸而自悔，作秦誓一篇。此非止霸者之事，此非特是作霸之規模。幾於王道，可謂近於王道。能悔則無過矣。蓋悔過能改，則無過矣。此聖人所以録於書末也。此夫子序書所以録之，以終尚書之篇。人得中和之氣則剛柔均，人稟得天地中和之氣，則剛不過剛，柔不過柔，而得乎剛柔之中。陽多則偏剛，稟陽氣之多，則偏於剛。陰多則偏柔。稟陰氣之多，偏於柔。毋意、毋必、毋固、毋我，意者，萌心之始；必者，期望於終；固者，滯於已往；我者，成於己私；毋者，禁止之辭。夫子所言也。合而言之則一，合而論之，則意、必、固、我皆是一私意見於應事接物之間。分而言之則二；若分而論，是二事始於意、成於我也。合而言之則二，又合而論，亦只是意、固二者生出必、我也。分而言之則四。但分而論，則爲意、必、固、我四者之分矣。始於有意，始於萌心。成於有我，成於己私。有意然後有必，始於萌心，而後有所期望。必生於意，是期望起於萌心也。有固然後有我，滯於已往，而後成於己私。我生於固。是己私起於有所固滯也。

朔易書言「平在朔易」。朔，北也。易，變也。以陽氣自北方而生，以陰窮於北，陽又自此生也。至北方而盡，陽氣至冬則生於北，及春則盛於東，及夏則長於南，至秋則歛於西，至冬則又於北而盡。謂變易循環也。言變易不窮，如環之轉也。

校勘記

[一] 合天五地五之數則爲十矣　「五」原作「在」，據四庫本改。

[二] 十六之上各生一奇一耦者　「耦」原作「畫」，據四庫本改。

[三] 一陽初生也　「一」字原無，據四庫本補。

[四] 人之爲學以養真心　「真」，四庫本作「其」。

[五] 秦繆公出師政鄭　「政」，四庫本作「襲」。

新編音點性理群書句解卷之十七　前集

書

通書　濂溪周先生

誠上第一

誠，即實理。此篇論天以此實理賦予於人，而爲性命之本原。

誠者，聖人之本。誠者，真實無妄之謂，天所賦、人所受之正理。聖之所以聖，以其會得此理，故爲聖人之本。「大哉乾元，然是實理有天道之自然，元者乾之德，運行不息，若是其大。萬物資始。」萬物所取，以爲始資取也。誠之源也。是即實理之根源。

「乾道變化，乾之道變化不窮。各正性命。」天所賦爲命，物所受爲性，各出於正。誠斯立焉。

實理於是乎有立。

純粹至善者也。純而不雜，粹而無疵，渾然至善。故曰：故云。「一陰一陽之謂道，陰陽，氣也。然氣非理不行，所以使陰陽之運轉，蓋有理以爲之主，所謂道也。繼之者善，繼則氣之方出，善則理之方行，乃誠之源。成之者性。」成則物之已成，性則理之已具，乃誠之立。

元、亨，誠之通；故元、亨、利、貞無非誠也。元者，生物之始。亨者，生物之通。爲誠之通，通即實理。方出而賦於物，善之繼也，即上文所謂「萬物資始」是也。利、貞，誠之復。利者，生物之遂。貞者，生物之成。爲誠之復，復即實理。各得而藏諸己，性之成也，即上文之所謂「各正性命」是也。

大哉易也，故易者陰陽變易之名，大哉此易。性命之源乎！其爲天賦爲命、物受爲性之根源者乎！

誠下第二

此篇論聖人全此實理，而爲五常百行之本源。

聖，聖人之所以聖。誠而已矣。不過全此實理，即所謂「太極」者也。

誠，是理之實。五常之本，乃仁、義、禮、智、信所謂五常之根本。全此實則五常不虧矣。百行之源。孝、悌、忠、順之屬，所謂百行之根源。全此實則百行脩矣。

靜無而動有，方其靜也，誠未嘗無。以其未形，故謂之無。及其動也，誠非至此而後有，以其可見而謂之有。至正而明達也。靜而無則，至正而已；動而有則，昭明通達可見也。五常百行，故五常之道，百行之至。非誠，非也；苟無此誠，皆無其實。所謂「不誠無物」也。邪暗，塞也。靜而不正，則邪妄；動而不明、不達，則暗昧幽塞。

故誠則無事矣。惟誠則衆理自然，無一不備。無事，思勉而從容中道矣。

至易而行難。故實理自然，則充之爲至易；人僞奪之則行，惟見其難。

果而確，果決之勇，確守之固，則人僞不能奪。無難焉。人僞不能奪，故無難。[一]故曰：故云。「一日克己復禮，克去己私，復還天理，天下之至難，然其機可一日而決。天下歸仁焉。」而其效至於天下盡歸吾仁，果確之無難如此。

誠幾德第三

此篇論誠爲實理之自然，幾乃善惡之所由分，德乃道之得於身者。

誠，實理自然。無爲；「何爲之有？即太極也。」幾，幾者，動之微。善惡。善惡之所由分。蓋動於人心之微，則天理固能發見，而人欲亦萌乎中，即陰陽之象。

德：愛曰仁，道之有得於身謂之德，於愛則謂之仁。宜曰義，處事得其宜，謂之義。理曰禮，萬物各得其理，謂之禮。通曰智，周乎萬事而通達，則謂之智。守曰信。凡事固守而不易，則謂之信。即五行之性也。

性焉、安焉之謂聖。性此於天，安行於己，不思而得，不勉而中，則爲聖人。是「誠無不立，幾無不明，德無不備者也」。

復焉、執焉之謂賢。復者反而至之，執者保而持之，則爲賢人，降聖人一等。是思誠研幾以成其德者也。

發微不可見、發之微妙而不見其迹。充周不可窮之謂神。充之周徧而不窮其用，此則聖人之神妙不可知者也。

聖第四

此篇論誠精而明、誠應而妙、幾微而燭其幽。此乃「性焉、安焉之謂聖」者。

寂然不動者，性真而静、凝然未發者。誠也；實理之本體也。感而遂通者，隨感隨應、酬酢不窮者。神也；實理之妙用也。動而未形、動而未見。有無之間者，介乎有動、無動之中。幾也。人心之幾微也。

誠精故明，誠至於精一，則自然明照，如「清明在躬，志氣如神」是也[二]。神應故妙，神至於能應，則自然造妙，如「不疾而速，不行而至」是也。幾微故幽。幾至於微，則自然入幽，如「理雖已萌，事則未著」是也。

誠、神、幾，情明應妙，而洞其幽微。曰「聖人」。此則「性焉、安焉之謂聖」。

慎動第五

此篇言君子動必以正，則和在其中。

動而正，曰道。「動之所以正，以其合衆所共由之道。」

用而和，曰德。「用之所以和，以其得道於身，而無所待於外也。」

匪仁，用不以仁。匪義，用不以義。匪禮，用不以禮。匪智，用不以智。匪信，用不以信。悉邪也。用其動也皆邪矣。

邪動，以邪而動。辱也；必辱其身。甚焉，又其甚者。害也。必害於心。曰辱、曰害，是皆「無得於道，則其用不和矣」。

故君子慎動。故君子之人，動而致謹，必以正焉，則和在其中矣。

道第六

此篇言聖人之道只在仁、義、禮、智，守之固，行之宜，廣之可配合天地之全體。

聖人之道，聖人之所謂道。仁義中正而已矣。亦只仁義禮智而正。「中即禮，正即智。」守之貴，守之在我，則仁、義、禮、智爲天之爵，何貴如之？行之利，行之在我，則仁、義、禮、智皆順適者也，何往不利？廓之配天地。充而廣之，仁、義、禮、智可與元、亨、利、正相配合[三]。豈不易簡，道體本然，至易且簡。豈爲難知？人所固有，豈不易知？不守，不能守此。不行，不能行此。不廓耳。則亦不能充而廣之。

師第七

此篇言人氣質之性有五：剛、柔、善、惡、中。師者，所以攻人之惡、正人之不中[四]。

或問曰：或人問云。「曷爲天下善？」若何而使天下皆善？曰：答云。「師。」必須有師。曰：或人云。「何謂也？」是何所言？曰：答云。「性也，謂性之云者。剛、柔、善、惡、中而已矣。」曰剛、曰柔、曰善、曰惡、曰中，有此五者而止。此所謂性，是人生以發氣質之性也。不達。或人猶未通徹。曰：答云。「剛善，爲義，人之禀性得陽氣之中，則爲剛之好者，是爲裁决之義。爲直，爲正直。爲斷，爲處事有果斷。爲嚴毅，爲威嚴，爲剛毅。爲幹固；爲幹而有所立，爲固而有所守。惡，爲猛，禀得陽氣之過，則爲剛之不好者，是爲猛暴。爲隘，爲隘人[五]。爲强梁。爲强惡陸梁。柔善，爲慈，人之禀性得陰氣之中，則爲柔之好者，爲慈祥。爲順，爲和順。爲巽；爲禮遜。惡，爲懦弱，禀得陰氣之過，則爲柔之不好者，爲懦而不立、弱而不振。爲無斷，爲是非不能斷决。爲邪佞。爲回邪柔佞。惡者固爲非正，善者亦未必皆得乎中。

「惟中也者，惟所謂中者，以得性之正而言。和也，迨其已發無過無不及，是和也。中節也，和則事事皆中其節。天下之達道也。天下通行之道是所謂允執其中者。

「故聖人立教，聖人立教以教人。俾人自易其惡，使人自改其惡，改「其惡則剛柔皆善，有嚴毅慈順之德，而無强梁懦弱之病」。自至於中而止矣。自至其中，至其中則或爲嚴毅，「或爲慈順，又皆中節，而無太過不及之偏」。

「故先覺故先有知覺者。覺後覺，以開悟後未知覺之人。闇者求於明，天資暗昧者，必當求夫開明之人。而師道立矣。「師者所以攻人之惡，正人之不中」，能如是則其道有立矣。

「師道立，則善人多；師道既立，則人皆知矯其氣質之偏，而善者自多。善人多，善人之多。則朝廷正，而天下治矣。」則朝廷一正，而天下自治。此所以爲天下善也。

幸第八

此篇言人不幸不聞過，大不幸無恥[六]。

人之生，人有此生。不幸，不聞過；不幸，不聞己之過。不聞過，是人不告也。大不幸，無恥。大不幸，無愧恥心。無恥，己不仁也。

必有恥，則可教；必須有恥，則能發憤而受教，故可教。聞過，則可賢。必須聞過，則知改而爲賢，故可賢。此雖二事，「然不可教，則雖聞過而未必能改矣。以此見無恥之不幸爲尤大也」。

思第九

此篇言「思」之一字乃聖功之本。

洪範曰：書洪範篇言。「思曰睿，思謂之通。睿作聖。」通則可爲聖人。無思，不思而中乃誠者之事。本也；此其本也。思通，由思而通神也。用也。此其用也。幾動於彼，人心之微方動於彼。誠動於此。人心之實理已動於此。無思而無不通，爲聖人。不思而得而無不通，「誠、神、幾，曰聖人」，此釋誠也。

不思，則不能通微；不思則不能通乎微，烏能睿？不睿，則不能無不通。不能睿則不能無所不通，烏能聖？是則無不通，生於通微，是則聖無不通，實由睿而能通乎微。通微，生於思。睿而通微，實由於思通。

故思者，聖功之本，故「思之至，可以作聖而無不通」。而吉凶之機也。「其次，亦可以見幾通微」，趍吉而不陷於兇咎。此釋「思通，用也」，神也。

易曰：易不云乎？「君子見幾而作。」君子之人見其幾微而求通睿之事也。

又曰：「知幾其神乎！」知其幾而至於神應而妙聖之事也，此釋幾也。

志學第十

此篇言人之爲學，不可不立志，士當志於爲賢，賢當志於爲聖，聖當志於希天。

聖希天，聖者，全德之名，所望爲大道之自然。賢希聖，賢者，秀出於民者，降聖人一等，所望爲聖人之全德。士希賢。士則志於學者，降貴人一等[七]，所望爲賢人之秀出於民。伊尹、顔淵，商臣伊尹[八]，孔門顔子。大賢也。可謂世之大賢。伊尹恥其君不爲堯、舜，伊尹愧不能使其君爲堯、舜之君。一夫不得其所，一民或失其所。若撻於市。如撻諸市朝。顔淵「不遷怒，顔子怒不移，怒於甲者不移於乙。不貳過」，過於前者不復於後。「三月不違仁」。雖三月之久，此心猶不去仁。伊尹聖之任，顔子亞聖，是皆「賢希聖」者。志伊尹之所志，爲士而未到賢者，地位且當希賢，立志必當如伊尹，欲其君爲堯舜，恐一夫不被其澤之志。學顔子之所學。爲學必當如顔子之「不遷怒，不貳過」，「不違仁」之學。過則聖，過此則可爲聖。及則賢，及此則可爲賢。不及其或不及。則亦不失於令名。則亦不失其爲善之名令善也。胡氏曰：「周子患人以發策决科、榮身肥家、希世取寵爲事，故曰『志伊尹之所志』；患人以廣聞見、工文詞、矜智謀、慕空寂爲事，故曰『學顔子之所學』。」

順化第十一

此篇言天以陽生萬物、以陰成萬物。聖人順人，以仁育萬物、以義正萬民，與天地爲一。

天以陽生萬物，陽主發生，陽一噓而萬物生，故以生物言。以陰成萬物。陰主收斂，陰一翕而萬物成，故以成物言。生，生物者。仁也；是爲仁，即春氣之發生。成，成物者。義也。是爲義，即秋氣之凝結。「陰陽，以氣言；仁義，以道言。」

故聖人在上，聖人位九重之上。以仁育萬物，法天治政以仁撫衆民，使之各遂其生，即陽之生物也。以義正萬民。以義正衆民，使之各安於理，即陰之成物也。即「所謂定之以仁義」者。

天道行而萬物順，上天只此陰陽之道，而萬物皆順其道。聖德脩而萬民化。聖人脩此仁義之德，而萬民皆化其德。大順大化，萬物順而至於大順，萬民化而極於大化。不見其迹，無迹可睹。莫知其然之謂神。莫知其所以如此，是謂神妙不可測。「天地聖人，其道一也。」

故天下之衆，是以天下萬民之衆。本在一人。其本只在乎君。道豈遠乎哉！君之道亦不遠，只在此心。術豈多乎哉！心之術豈多乎哉？只在此仁義而已。

治第十二

此篇言聖人之心順乎理則不雜，不雜則賢才輔，而天下可治。

十室之邑，十家爲邑。人人提耳而教，且不及，人人挈其耳而誨之，猶且不及。況天下之廣，況天下如此其廣。兆民之衆哉！兆民如此其衆乎！曰言。純其心而已矣。亦在人君之心純而不雜耳。

仁、義、禮、智四者。所以純此心者，曰仁、曰義、曰禮、曰智四者之德。動靜、言貌、視聽若動、若靜、若言、若貌、若視、若聽。無違之謂純。無所違於此理，方謂之純。

心純則賢才輔。君心純乎理，則賢才以道合而來輔。

賢才輔則天下治。衆賢以道合而來輔，則天下自治，「不待人人提耳而教矣」。

純心要矣，「心不純，則不能用賢」，所以爲要。用賢急焉。「賢不用，則無以宣化」，所以爲急。

禮樂第十三

此篇言敬則自然和樂，故禮先樂後。

禮，禮之爲言。理也；在於物物各得其理，屬乎陰也。樂，樂之爲言。和也。在於物物致其和，屬乎陽也。

陰陽理而後和，陰陽之類各得其倫理，然後自然和。君君、臣臣，君臣之道。父父、子子，父子之彝。兄兄、弟弟，兄弟之倫。夫夫、婦婦，夫婦之經。萬物各得其理，然後和。萬物各得其倫理而後和。各得其倫理處，此便是禮，陰也；至於和處便是樂，陽也。故先禮而後樂。故「禮樂」二字，禮居先，樂居後。

程子曰「敬則自然和樂」，敬便是禮先，和樂便是樂後。「學者不知先持敬，而務爲和樂，鮮不流於慢矣。」

務實第十四

此篇言君子當使實勝名，不可使名勝於實。

實勝，實勝於名。善也；無非天理。名勝，名勝於實。耻也。大可愧耻。故君子進德脩業，故君子之人進其德、脩其業。孳孳不息，續續不已。務實勝也。求以實理勝也。德業有未著，其或德行事業尚未昭著。則恐恐然畏人知，則恐懼爲心，惟患人知。遠耻也。慮爲名勝，則當遠去此耻辱。遠，去聲。小人則僞而已。小人則專作僞、求爲名勝者。故君子日休，故君子實脩而無名勝之耻，故善。小人日憂。小人名勝而無實脩之善，故憂。

愛敬第十五

此篇言君子見善則學，欲兼有衆善；見不善則勸，不棄一人於惡，無所不用其愛敬。

「有善　人或有善。不及？」「而我不能及，則如之何？」

曰：答云。「不及，則學焉。」不及則當學其善。

問曰：又問云。「有不善？」「人有不善，則何以處之？」

曰：答云。「不善，則告之不善。人有不善，「恐其不知此事之爲不善」，則當告之以不善。且勸曰：「恐其不知不善之可改爲善」，又且勸之云。『庶幾有改乎？』」庶幾亦可改而爲善乎？

「有善一，答云。有善者一。不善二，不善者二。則學其一，而勸其二。」是夫人善惡之雜則學其一，善者而勸其二，不善者之當改。

有語曰：有言曰。「斯人有是之不善，此人有此之不善。非大惡也？」必不是大惡。則曰：則言。「孰無過？無心實理謂之過，孰能無過？焉知其不能改？安知其不能改過？焉，音煙。下同。改則爲君子矣。能改，則能爲君子。不改爲惡，不能改，則是有心悖理謂之惡。惡者天惡去聲。之。爲惡之人天亦怒之。彼豈無畏邪？彼人也，豈無畏天之心耶？焉知其不能改？」安知其終不能改？此乃答。「聞人有過，雖不得見而告勸之，亦當答之以此。冀其或聞而自改也。」

故君子悉有衆善，故君子善無不學，兼有衆人之善。惡無不勸，不棄一人於惡。無弗愛且敬焉。則無所不用其愛敬之道。

動靜第十六

此篇言動一於動、靜一於靜，則爲物之不通，必動復靜、靜復動，斯爲聖人之神妙萬物。

動而無靜，一於動而不能靜。靜而無動，一於靜而不能動。物也。是物囿於有形，滯於一偏者也。

動而無動，既動而又無動。靜而無靜，既靜而又無靜。神也。是神不囿於形，無方無體者也。

動而無動，動又無動。靜而無靜，靜又無靜。非不動不靜也。無動非不動也，蓋動中有靜也；無靜非不靜也，蓋靜中有動也。

物則不通，故物滯於一偏，故不能通。神妙萬物。神妙於萬物而無不適。此結上文，起下意。

水陰根陽，水，陰也，而生於天一之數，則本乎陽也。火陽根陰。火，陽也，而生於地二之數，則本乎陰也。所謂「神妙萬物」者如此。

五行陰陽，五行之殊，實本乎陰陽二氣。陰陽太極。陰陽二氣，實本於太極之理。此以神妙萬物之體而言。

四時運行，五行之氣順布，而四時運行。萬物終始。萬物所資以終，復資以始。此以神妙萬物之用而言。

混兮闢兮！混者，體合而一。闢者，用散而殊。其無窮兮！一動一靜，如循環之無端，此兼舉體用而言。

樂上第十七

此篇論古者教化脩明，故樂聲淡且和，後世政刑苛紊，故樂聲妖淫愁怨。

古者聖王古之聖王。制禮法，制爲禮之法則。脩教化，脩明教化。三綱正，綱，綱上大繩[九]。三綱者，君爲臣綱，父爲子綱，夫爲婦綱，各得其正。九疇叙，疇，類也。洪範之九疇，咸得其叙。此即萬物成得其理，所謂「禮先」也。百姓大和，而後百姓翕然大和。萬物咸若。萬物莫不皆順，此即理而後自然和，所謂「樂後」也。

乃作樂自是作樂之音。以宣八方之風，以宣東西南北四角八方之風氣。以平天下之情。以節天下之情，使之和而不流。

故樂聲淡而不傷，樂聲之平淡，則不至於傷。和而不淫。和樂則不至於過。入其耳，入人之耳。感其心，感人之心。莫不淡且和焉。樂音淡則其心無不平淡，樂聲和則其心無不和樂。淡則欲心平，平淡則者欲之心自然平貼[一〇]。和則躁心釋。和樂則躁急之心自然消釋。

優柔平中，躁心釋則優柔不迫，欲心平故其中和平。德之盛也；德至此亦可謂盛。天下化中，天下化之，淡而不傷，和而不淫，而各得其中。治之至也。治至此可謂至矣。是謂道配天地，禮居先則屬陰，樂居後則屬陽，故其道可合天地。古之極也。古聖人作樂功化之極如此。

後世禮法不脩，後世禮之典法不脩。政刑苛紊，政事刑罰，苛虐紊亂。縱欲敗度，縱其欲心，敗亂法度。下民困苦。在下衆民窮困愁苦，是萬物不得其理，禮先之道既缺。謂古樂不足聽，故云古之樂不足聞。代變新聲，一代變一新聲，不和亦甚。妖淫愁怨，由廢禮敗度，故其聲不和而妖淫；政苛民困，故其聲不和而愁怨。導欲增悲，妖淫故導吾之欲，愁怨故增吾之悲。不能自止。於此弗能禁止。故有賊君棄父，增悲遂至賊弒其君，棄逐其父。輕生敗倫，導欲遂至於輕視其生，敗壞人倫。不可禁者矣。故有不可禁止者矣，於樂後何有哉！

嗚呼！嗟哉。樂者樂之云者。古以平心，古人即樂音之平淡，以此平其心。今以助欲；今人爲妖淫之音，反助其欲。古以宣化，古人即和樂之音，以宣其教化。今以長上聲。怨。今人爲愁怨之音，適長其怨。「古今之異，淡與不淡，和與不和而已。」

不復古禮，敬則自然和樂，不能復古人之禮，使萬物各得其理。不變今樂，則不能變今人之樂，助欲長怨之音，則亦不能各得其和。而欲至治者，而欲如古人作樂，功化之盛。遠矣！相去亦已遠矣。蓋「復古禮，然後可以變今樂」。所以禮先而樂後。

樂中第十八

此篇論樂本於政，政善則作樂以宣暢其和心，故天地和而萬物順。

樂者，樂之云者。本乎政也。根本人君之政事。政善、政事休美。民安，百姓阜安。則天下之心和。則天下之人心翕然和樂。故聖人作樂，故聖人作爲樂音。以宣暢其和心，以宣暢天下和樂之心。達於天地，達於上天下地之間。天地之氣感而大和焉。俾天地之氣交相感動，散爲大和。天地和，則萬物順，天地之氣既和，則萬物咸若。故神祇格，故天神地祇莫不來至。鳥獸馴。鳳凰來儀，百獸率舞，無不和順。

樂下第十九

此篇論樂聲之淡，樂辭之善，自可移風而易俗。

樂聲淡則聽公平，樂音之淡，則不妖不淫，人之聽者心亦平順。樂辭善則歌者慕，樂辭之善，則發乎情性，止乎禮義，則令歌者有所啓發而歆慕。故風移而俗易矣。可以化民風而移習俗矣。妖聲豔辭之化也，亦然。妖淫之音、艷麗之言，其感動夫人雖亦如此，但蕩其所守，變其所習，豈如聲之淡、辭之善，聽者、歌者可以和平其心哉[一二]？

聖學第二十

此篇論學聖要在乎此心。

「聖可學乎？」或問聖之道可習而至乎。曰：答云。「可。」可習而至。「有要乎？」亦有要術乎？曰：答云。「有。」有要術。「請聞焉。」或人又言請聞其要。曰：答云。「一爲要。敬爲要，蓋敬者主一無適之義。一者無欲也，主一，則無物欲昏雜其中。無欲則靜虛、動直：無物欲昏雜，則此心之靜，虛其衆理，此心之動，直而不屈。靜虛則明，靜而虛，則本體清明。明則通；本體明，則無不透徹。動直則公，動而直，則大公至正。公則溥。大公至正，則無不周徧。明通公溥，庶矣乎！」明而通、公而溥，於道不其庶乎！

校勘記

［一］無難焉人僞不能奪故無難　此十一字原本無，據四庫本補。

［二］如清明在躬志氣如神是也　「躬」原作「窮」，據四庫本改。

［三］仁義禮智可與元亨利正相配合　「正」，四庫本作「貞」。

［四］所以攻人之惡正人之不中　「攻」，四庫本作「正」。

［五］爲隘人　「人」，四庫本作「峻」。

［六］大不幸無恥　「大」原作「失」，據四庫本改。

［七］士則志於學者降貴人一等　「貴」，四庫本作「賢」。

［八］商臣伊尹　「尹」，元刊本、四庫本皆作「川」，據下文改。

［九］綱綱上大繩　「大」原作「天」，據四庫本改。

［一〇］平淡則耆欲之心自然平貼　「耆」，四庫本作「嗜」。

［一一］聽者歌者可以和平其心哉　「其心哉」，四庫本作「而感慕耳」。

新編音點性理群書句解卷之十八　前集

書

通書

公明第二十一

此篇言己私既克，自能明察而無所疑。

公於己者公於人，無所私於己而後能無所私於人。未有不公於己　未有不能勝己之私。而能公於人者。而能無私於人，不至任法以裁物也。

明不至則疑生。此心之知覺有所未盡，則遇事必易生疑心。明，此心之知覺了然。無疑也。

則何疑之有？謂能疑爲明，若言此心遇事能致其疑，是爲能明。何啻千里？明則無疑，疑則不明，明與疑，正相南北，何啻千里之遠不相及？此言「不能先覺，而欲以逆詐、億不信爲明者發」也。

理性命第二十二

此篇言理乃人心之太極，性則氣稟之不齊，命則萬殊一本。

厥彰厥微，厥彰者，陽之明也。厥微者，陰之晦也。匪靈弗瑩。「陽明陰晦，非人心太極之至靈」，不能明此瑩明也。此以理言也。

剛善剛惡，稟陽氣之中，則爲剛之善，如直如義之類是也。稟陽氣之過，則爲剛之惡，如猛如暴之類是也。柔亦如之，稟陰氣之中，則爲柔之善，如慈祥之類是也。稟陰氣之過，則爲柔之惡，如懦弱之類是也。柔亦如此。中焉止矣。中則得性之正，無過無不及而已。此以性言也。

二氣五行，陰陽二氣，金、木、水、火、土之五行。化生萬物。「天之所以賦授萬物而生之者。」五殊二實，由末而求其本，則五行之殊，本二氣之實。二本則一。「二氣之實，又本一理之極。」是萬爲一，是合萬物而言，爲一太極。一實萬分。由「本而之末，則一理之實，萬物分之以爲體」。萬一各正，萬物之中，各有一太極之正理。小大有定。物之小者大者，莫不各有一定之分。此以命言也。

顔子第二十三

此篇言顔子亞聖，只是所樂者道，富貴貧賤不足動其心。

顔子「一簞食，顔子一竹器之飯。食，音似。一瓢飲，一匏勺之飲。瓢，摽平。在陋巷，居於弊陋之巷。人不堪其憂，在他人不禁其憂。而不改其樂」。而顔回獨不改其樂。

夫富貴，富之與貴。人所愛者也。乃人之所好者。顔子不愛不求，顔子不好乎此，而亦無所求乎此。而樂乎貧者，所樂只在乎貧。獨何心哉？是果何所用心？設問以發其端。

天地間有至貴至愛可求，天地之間有至貴至富可好可求，文公言恐「至愛」兩字之中，更當著「富可」二字。而異乎彼者，而異乎人之所謂富貴者。見其大而忘其小焉爾。見其大，則仁義天爵，何貴如之？萬理充足，何富如之？忘其小，則金璧之富、爵位之貴，是特其小者不足爲吾累。

見其大則心泰，見其大者，則此心泰然自安。心泰則無不足。此心泰然自安，則自無不足。無不足則富貴貧賤，無不足，則此心惟知道義可樂，不以富貴貧賤動其心。處之一也。故處貴富之時如此，處貧賤之時亦如此。處之一，處貴富、貧賤既能一致。則能化而齊。斯能至於聖人而化之，地位而齊於聖。故顔子亞聖。故顔子次於聖人。

師友上第二十四

此篇言君子隆師親友，正以其道德之可尊可貴。

天地間至尊者道，天地中間，至大者道。至貴者德而已矣。至可貴者德。至難得者人，至難得者，其人。人而至難得者，人之所以至難得者。道德有於身而已矣。以至尊之道、至貴之德兼而有之於其身也。求人至難得者有於身，求人之全難得者，兼有此道德於身。非師友，則不可得也已。非隆師親友，則不能得此理於身也。

師友下第二十五

此篇言道義由師友有之，人無師友則愚。

道義者，道之與義。身有之，則貴且尊。人能身全此理，則至貴至尊。人生而蒙，人生而蒙昧。長無師友則愚。既長而不隆師親友，則愚暗而無所見。是道義由師友有之。是道之與義，必須自隆師親友方能有之於身。而得貴且尊，而得至貴至尊。其義不亦重乎？師友之義不其重乎？其聚不亦樂乎？師友之聚不其樂乎？

過第二十六

此篇言仲由喜聞過，則垂令名人，而諱過必至滅身。

仲由喜聞己過，子路喜聞己過。令名無窮焉。其善名傳之無有窮已。今人有過，今世之人有過。不喜人規，不喜人規警。如護疾而忌醫，正猶諱護其疾而忌人之醫。寧滅其身而無悟也。寧至於滅亡其身而不之覺悟。噫！是可嗟也。

勢第二十七

此篇論勢之所趍，極重而不可反，則歸之天，可反而不用力，人之尤也。

天下，勢而已矣。天下之人，惟觀勢之所趍如何也。勢，勢之云者。輕重也。「一輕一重，則勢必趍於重，而輕愈輕，重愈重矣。」

極重不可反。勢之極重，不可得而反。識其重而亟反之，知其重未極而急急反之。可也。則猶可也。

反之，力也。故反之則在於人力。識不早，知之不早。力不易也。雖用力之多亦不易也。

力而不競，用力而不能勝。天也。則歸之天，無可奈何。不識「不識，則不知用力。」不力，不用力，則雖識無補。人也。是皆人也。

天乎？夫「勢之不可反者，果天之所爲乎」？人也，「若非天，而出於人之所爲。」何尤？則亦何所歸咎矣。惟當歸咎於己之不用力，可也。

文辭第二十八

此篇言文載道，今乃行文而不以道，是猶虛車而不濟於用。

文所以載道也。文所以載是道，猶車所以載是物也。輪轅飾而人弗庸，故爲車必飾其輪轅，爲文者必善其詞説，皆欲人愛而用之。然我飾而人不用輪車[一]。輪轅，車横木，縛軛以駕牛者。轅，音袁。徒飾也。則猶爲虛飾而無益於實。況虛車乎？「況不載物之車，不載道之文，雖美其飾，亦何爲乎？」

文辭，文章。藝也；特技藝也。道德，道之與德。實也。實理也。篤其實，而藝者書之，勉盡道德之實，又書之文辭以載之。美則愛，猶輪轅既飾，人皆愛之。愛則傳焉。愛則可以久傳。賢者得以學而至之，賢者可以學而至是。是爲教。是爲立教。故曰：故言。「言之無文，言而無文，猶車無輪轅。行而不遠。」雖行亦不甚遠。此猶車載物而輪轅飾，人用之也。

然不賢者，但不賢之人。雖父母臨之，雖其父其母日日臨之也。師保勉之，曰師曰保，日日勉之。不學也；非知學也。强之，又强之爲學。不從也。不能從也。此猶車已飾，而人弗用。

不知務道德不知崇道德以立其根本。而第以文辭爲能者，但工文辭而從事於技葉以爲能。藝焉而已。此特游藝而已。噫！嗟乎。弊也久矣。其流弊蓋已久矣。「此猶虛車不載物，而徒美其飾也。」

聖藴第二十九

此篇言聖人之藴，貴乎宏深，彼世人求聞知，於人薄亦甚矣。

「不憤不啓，不因夫人心求通而未得，不能開其意憤，心求通而未得也，啓開其意也。不悱不發，不因其口欲言而未能，不能達其辭悱，口欲言而未能也，發達其辭也。舉一隅而不以三隅反，物有四隅，舉其一則知其三，舉其一不能推類及其三，雖一隅亦不識矣。則不復也。」則不再告，蓋欲待其自得則告之也。

子曰：夫子云。「予欲無言。吾欲無事於言語告詔之煩。天何言哉？試觀之天，寂然無聲。四時行焉，春夏秋冬之運行。百物生焉。」動植百物，各以生遂。

然則轉語。聖人之藴。聖人不言其胸中之所蓄。「藴，中所蓄之名。」微顏子殆不可見。無顏淵則不可得而見。

發聖人之藴，教萬世無窮者，著於言以教千萬世，傳之不窮。顏子也。惟顏子爲得其全，故「仲尼無迹，顏子微有迹」。聖同天，此夫子無言其藴，自見於萬世，亦猶天道不言，而四時行，百物生也。

子之藴。發聖人之藴，蓋夫子之教，不輕發，又未嘗自言其道之藴，因其進脩之迹發出夫

常人有一聞知，尋常之人有一聞一知。恐人不速知其有也，惟患人之不急知其有。急人知而名也，求急於人知而得其名。薄亦甚矣。其淺薄亦甚。「聖凡異品，高下懸絶，有不待較而明[二]。其言此者，正欲以深厚之極，警夫淺薄之尤。」

精藴第三十

此篇言聖人之精藴寄之易。爲文字之祖，義理之宗，天地鬼神之藴，畢萃於此。

聖人之精，「精者，精微之意。畫前之易，至約之理也。」畫卦以示；「伏羲畫卦，專以明此。」聖人之藴，聖人之藴者，「謂凡卦中所有，如吉兇消長之理，進退存亡之道」。因卦以發。有卦則因以形見矣。卦不畫，不畫卦。聖人之精，聖人精微之意。不可得而見。弗可見。微卦，無卦。聖人之藴，聖人胸中之藴。殆不可悉得而聞。不可盡聞。

易何止五經之源，此易之一書，文字之祖，禮義之宗，何止爲詩、書、周禮、禮記、春秋五經之源？其天地鬼神之奥乎？雖天地之大，鬼神之幽，莫不見於卦畫之中。此聖人之精藴必於此而寄之也。

乾損益動第三十一

此篇以乾卦爻辭、損益大象發明思誠之方。此即「聖人之藴」。

君子乾乾，君子體天剛健。不息於誠，力行不已，求以充此誠。然必懲忿窒欲，亦必懲治忿心，窒塞欲心。遷善改過而後至。有善則遷，有過則改，而後能至於誠。乾之用其善是，乾乾不息者，其體；去惡進善者，其用。故懲塞遷改，皆乾之用，莫善於此。損、益之大莫是過，損之象在於懲忿窒欲，益之象在於遷善改過，故損、益之大不過於是。聖人之旨深哉！聖人作易，其意深矣。此以乾卦爻辭、損益大象發明思誠之方，蓋乾之爻其體，損益大象皆用也。「無體則用無以行，無用則體無所措，故以三卦合而言之。」

「吉、凶、悔、吝生乎動。」吉、凶、悔、吝四者皆起於動。噫！嗟哉。吉一而已，四者之中，只有吉之一善，凶、悔、吝之惡居其三，故人之所值，福常少而禍常多。動可不謹乎？動其可不謹乎？此章論「聖人之蘊」。

家人睽復无妄第三十二

此篇言睽次家人，離則必睽；无妄次復，復其善，則无妄動。此亦聖人之蘊。

治天下有本，治天下必有其本。身之謂也；自脩身始。治天下有則，治天下亦有法則。家之謂也。自齊家始。

本必端。立本必須正。端本，正其源本。誠心而已矣。在乎誠其心。「心不誠，則身不可正。」

則必善。立則必須善。善則，善其法則。和親而已矣。在乎和其親。「親不和，則家不可齊。」

家難而天下易，齊家爲難，治天下爲易。家親而天下疏也。所以然者，家親故親者難處，天下疏，故疏者易裁也。

家人離，家人之情睽離。必起於婦人。皆自婦人始。故睽次家人，故睽卦次家人卦。以「二女同居，二女以睽卦兑下離上，言兑少女，離中女。陰柔之性，外和悦而内猜嫌，外和悦有同居之象。而志不同行」也，内猜疑，故異其志。

堯所以釐降二女於嬀汭，堯所以理治，下降二女於嬀水之北。釐，治也。「降，下也。嬀，水名。汭，水北。舜所居也。」釐，音厘。嬀，音撝。汭，音蚋。舜可禪乎？以觀舜之可以傳位與否。吾兹試矣。吾以此試其處家如何，家齊則可授之以天下也。

是治天下觀於家，是治天下當觀其齊家。治家，治家之道。觀身而已矣。觀其正身。身端，身正。心誠之謂也。由此心無不實。誠心，實此心。復其不善之動而已矣。在於「不善之動息於外，則善心之生於内者無不實」。

不善之動，故不以理而動。妄也；動皆邪妄。妄復，則无妄矣；邪妄而動，知自反則無邪妄矣。无妄，則誠焉。無邪妄，則此心純是實理。故程子曰「无妄之謂誠」。

故无妄次復，此无妄之卦次於復卦。而曰：而言。「先王以茂對時，先王以茂對其時。育萬物。」發育萬物。深哉！蓋无妄即誠矣，正所以明至誠者能此而贊其旨之深也。

富貴第三十三

此篇言君子之富貴以道德，而不在夫富貴之富貴[三]。

君子以道充爲貴，君子之人，以是道充於己爲良貴。身安爲富，身安於義理，無善不備，是爲富。故常泰無不足。故常常泰然，無有不足。而銖視軒冕，苟惟至足，則軒車衮冕之貴，視之如錙銖。銖，音如。塵視珠玉，珠璣寶玉之富，視之如塵土。其重無加焉耳！其重無加於道，彼外物之富貴特其小者。

陋第三十四

此篇言聖人真知道德之重，不溺於文辭之陋。

聖人之道，聖人之所謂道。入乎耳，入乎其耳。存乎心，存乎其心。藴之爲德行，藴蓄於内，則爲德行。行，去聲。行之爲事業。發見於外，則爲事業。彼以文辭而已者，彼不知有道德之重而專以文辭爲事者。陋矣！其卑陋可知矣！

擬議第三十五

此篇言「至誠者，實理之自然」；「擬議者」，誠之者之事。

至誠則動，至誠者，真實无妄之謂，天理之總名而形諸動。「動則變，動則變而不居。變則化」。變動不居，以至於化。此至誠之事，實理之自然。故曰：故言。「擬之而後言，此擬而後言，則言无妄言。議之而後動，論議而後動，則動无妄動。擬議以成其變化[四]。」无妄則誠，故自比擬論議，以成其變化之道。此誠之者之事，由修爲以盡其實理也。

刑第三十六

此篇言「天以春生萬物，止之以秋」。聖人法天，「以政養萬民，肅之以刑」。

天以春生萬物，天道於春而生長萬物。止之以秋[五]。於秋則收斂生，道於此而止。物之生也，春生萬物。既成矣，於秋已成結。不止則過焉，故不止之則失之過。故得秋以成。故得秋氣之疑肅，而萬物皆有成。聖人之法天，聖人法天治政。以政養萬民，以善政養育衆民，猶天春生萬物也。肅之以刑。嚴肅之以刑威，猶天道之止之以秋也。民之盛也，斯民生長之極。欲動情勝，私欲所動，私情所勝。利害相攻，貪利忘害，交相攻擊。不止則賊滅無倫焉，苟不止之以刑，則必至於戕賊天理，滅君棄父，蕩無人倫矣。故得刑以治。必得此刑則能治。

情僞微曖，故斯民之情慾、邪僞、幽微、曖昧。曖，音愛。其變千狀。變易千態。苟非中正、明達、果斷去聲。者，自非中正，其心明達，其見果斷於事。不能治也。弗能治之。訟卦曰：訟卦有云。「利見大人」，利於見大人。大人即主乎刑者也。以「剛得中」也。剛即果斷，中即中正，謂果斷而得夫中正者也。噬嗑曰：噬嗑之卦有云。「利用獄」，利用於獄訟之事。以「動而明」也。動即果斷，明即明達，謂果斷而本乎明達者也。「中正，本也；明斷，用也。然非明則斷無以施，非斷則明無所用。二者又自有先後：訟之中，兼乎正；噬嗑之明，兼乎達。」

嗚呼！嗟嘆。天下之廣，天下如此其廣。主刑者主乎刑威者。民之司命也，生民之命實其主之。任用可不慎乎？任法用刑可不謹哉？

公第三十七

此篇言聖人、天地同一至公之道。

聖人之道，聖人之所謂道。至公而已矣。至公而無所私。或曰：或人云。「何謂也？」此言若何？曰：答云。「天地至公而已矣。」天地之道亦只至公而無私。以此見聖人與天地參者也。

孔子上第三十八

此篇言孔子春秋之書，正王道，明大法，萬世綱常之自出。

春秋，經以春秋名者，録善如春之生物，記惡如秋之殺物。正王道，正王者之大道。明大法也，明國家之大法。孔子爲後世王者而脩也。孔子春秋專以書善惡，當時善惡已形，故無及，爲後世王者作，欲其取法也。亂臣賊子凡逆亂之臣、賊惡之子。誅死者於前，必書其過惡於經，而誅其已死者於前。所以懼生者於後也。正所以使後此而生者知所懼也。宜乎萬世無窮，宜其傳之萬世無已。王祀夫子，爵之以王尊之以祀。報德報功之意無盡焉。録善誅惡，使後世皆知所戒而爲善，是有德及人也。爲後世植立綱常，是有功於世教也。則報其德，報其功，此意安有窮已耶？

孔子下第三十九

此篇言孔子一太極，道高如天，德厚如地，教化無窮，信如四時。

道德高厚，道高而明，德博而厚。教化無窮，教以教之，化以化之，無有窮已。實與天地參而四時同，高明則配天陽也，博厚則配地陰也，教化無盡，猶四時運轉，春而夏，夏而秋，秋而冬，冬而復春，五行也。其惟孔子乎？孔子其太極乎？

蒙艮第四十

此篇引三卦以明主靜之義，此亦聖人之蘊。

「童蒙求我」，童稚蒙昧之人，來求於我，以發其蒙。「童，稚也。蒙，暗也。我，師也。」我正果行，「我以正道，果決彼之所行。」行，行也。如筮焉。正猶卜筮，揲蓍以决吉兇。筮，音誓。筮，卜筮云者。叩神也。問神以決疑也。再三則瀆矣，初筮，則神告之吉兇。至於再，至於三，則煩瀆矣。瀆則不告也。煩瀆則惑，神不復告之以吉兇，亦猶師之道亦不可煩瀆，煩瀆則不決其所行矣。

「山下出泉」，山之下出泉，蒙卦大象文。靜而清也。山靜則泉清，有以全其未發之善，故行可果。汩則亂，汩則不靜，而至於亂，而不清汩再三也。亂，即瀆也。亂不決也。亂而不清，既不能保其未發之善，「告之不足以果其所行，而反滋其惑，不如不告之爲愈也」。「不決，不告也。」

慎哉！謹之。其唯「時中」乎？其只在於時中乎？時中者，當其可之謂，「初則告，瀆則不告；靜而清則決之，汩而亂則不決，皆時中也」。

「艮其背」，艮，止也。背，不見之地也。止於其背。背非有見也。蓋以背非可見之地，非耳目口鼻之所能動，故靜。靜則止，靜則能止。止非爲也，止則無所爲。爲不止矣。一有有爲之心，則非止之道。其道也深乎！其道不其深乎！「此章發明二卦，皆所謂『聖人之蘊』而主靜也。」

校勘記

［一］然我飾而人不用輪車　「輪車」，四庫本作「飾也」。
［二］有不待較而明　「較」，四庫本作「教」。
［三］而不在夫富貴之富貴　「夫富貴」，四庫本作「乎世俗」。
［四］擬議其成以變化　「其成以」，四庫本作「以其成」。
［五］止之以秋　「秋」原作「利」，據四庫本改。

新編音點性理群書句解卷之十九　前集

文

文者，達其辭以告於神明者也。

邵州遷學釋菜祝文　濂溪先生

此篇述孔子道高如天，德厚如地，教化無窮如四時。邵學非其地，所宜議遷。

惟夫子惟孔夫子。道德高厚，道高如天，德厚如地。教化無窮，著書立言，萬世所法，其教化不窮正如四時。實與天地參而四時同。故能參天地而配四時。上自國都，上而帝都。下及州縣，下至郡邑。通立廟貌。皆立廟於學宮，而樹立貌像。州守縣令，郡守縣令。春秋釋奠。春秋各用上丁日行奠祭之禮。雖天子之尊，雖以萬乘之貴。入廟肅躬行禮。亦入廟庭致恭行禮。其重，誠與天地參焉。且敬重之禮與天地同。儒衣冠、儒其衣冠。學道業者，學道學之學。列室於廟中，列其齋舍環集廟中。朝夕目瞻睟容，自朝至夕仰瞻夫子温粹之容。心慕至德，景慕夫子至聖之德。幾於顔氏之子者有之。幾於顔回者雖有其人。得其位，有其禄位。施其道，推行其道。澤及生民者代有之。其流澤加於百姓者，代不乏人。然夫子之宫可忽歟？但夫子之廟置非其地，其可忽而不治邪？而邵置於惡地，邵州之學置非其地。掩於牙門，閉於牙門。左獄右庾，左爲獄囚，右盡倉庾。穢喧歷年。穢污喧雜，幾年於兹。

惇頤周子名也。攝守州符，權守是州。嘗拜堂下，曾拜謁於堂下。惕汗流背，觀其非所，惕然恐懼，汗流浹背。起而議遷。爰謀遷徙。得地東南，得其基於東南陽明之方。高明協卜。其地高明，卜云其吉。用舊增新，用其舊制增而新之。不日成就。歲月未久，旋已落成。彩章冕服，彩色章施，旒冕衮服。儼坐有序，儼然巍坐，秩秩有序。諸生既集，生徒皆聚。率僚皆成。帥僚屬之官告廟貌之成。謹以禮幣藻齋，敬以奠幣之禮、蘋藻之薦。式陳明薦，用具以祭。以兖國公顔子等配。以顔子及曾子、子思、孟子侑食[一]。尚饗！

祭朱光庭文 二程門人。 伊川先生

此篇言及門之士固多，惟光庭信道篤而力於行。

嗚呼！嗟嘆。道既不明，此道既不明於天下。世罕信者，一世之人少有信者。不信則不求，惟其不信此道所以不求。不求則何得？既不知求則何所得？斯道之所以久不明也。此道之所以久不明於天下。自予兄弟倡學之初，自我兄弟二人倡鳴學道之始。衆方驚異。衆人方且驚怪以爲異。君時甚少，光庭於此時年又最末。獨信不疑，獨能信此道而無所疑。非夫豪傑特立之士，若非英豪卓立之人。能如是乎？其能若是哉？篤學力行，鋭意於學，勉力而行。至於没齒，以至於老。志不渝於金石，立志堅决，雖金石之堅不是過。行可質於神明。履行嚴謹，雖天地神明可以質之。在家在邦，或在於家，或在乎國。臨民臨事，親民涖事。造次動静，頃刻之間，動静之際。一由至誠，一本「真誠」。上論古人，上而求之古人之中。豈易其比？又誰可以比之？蹇蹇王臣之節，入爲給事，骾骾節概。凛凛循吏之風，出爲太守凛凛循良。著見事爲，散見事業之間。皆可紀述。無非可紀可述之事。謂當施於時，謂宜施於當時。必得其壽，必將得其壽考。天胡難忱，上天胡不可信。遽止於此？而君之壽乃止於此。嗚呼哀哉，嗟哉，可哀也已。不幸七八年間，不幸七八載之中。同志共學之人，同志於道相與共學者。相繼而逝。如劉質夫、李端伯、呂與叔、范巽之、楊應之皆相繼淪没。今君復往，今汝又逝。使予踽踽於世，使吾有威儀，無所施於時。踽，驅雨切。憂道學之寡助，慮道學之無其助。則予之哭君，則我之哭子。豈特交朋而已？不特是交友之情悼、講道之無人也。邙山之陽，光庭所葬之地。邙，音芒。歸祔先宅，歸祔葬於祖先之所居。思半生之深契，思維半生之深相契。痛音容之遠隔，痛念音容之不可復見。陳薄奠以將忱，陳薄祭以將此誠意。庶英靈兮來格。庶幾可以冀英魂之來至。

伊川先生

祭劉質夫文　二程門人。

此篇述其兄弟繼孟氏之絶學，及門如劉質夫信道之篤爲難得，而數止於此。

嗚呼！嘆辭。聖學不傳久矣，聖人之學不得其傳已久。吾生百世之後，我生於百代之下。志將明斯道，其志將欲闡明是道。興斯學於既絶，興起此學於道統已絶之餘。力小任重，力量之小，所任之重。而不懼其難者，而不憂其難。亦有冀矣。亦有所冀望也。以謂苟能使知之者廣，以言誠能使人知此道者博。則用力者衆，則用工於此道者亦多。何難之不易也。若是則雖難而實易。遊吾門者衆矣，及我之門者亦多。而信之篤，而信此道之篤。得之多，得此道之深。行之果，行此道之確。守之固，守此道之堅。若子者幾希。如質夫者甚少。方賴子致力以相輔，方資汝盡力以輔道。而不幸遽亡，而不幸即死。使吾悲傳學之難，使我哀道學之傳爲難。則所以惜子者，則所以悼惜子者。豈止遊從之情哉？何特相從朋友之情而已？兹焉歸葬，今焉返葬。不克臨穴，不能親臨墓所。姑因薄奠，且因薄祭。以叙其哀。以述其哀情。

祭延平李先生文 文公之師。

文公先生

此篇言二程之道傳之龜山，龜山傳之豫章，豫章傳之先生，而文公實受先生之傳。

道喪千載，自孟子没，是道無人繼其傳已千餘年。兩程勃興。明道、伊川上繼孟子不傳之道統。有的其緒，的傳之緒。龜山是承。龜山，楊中立號也，實傳其道。龜山之南，楊龜山南劍人也，既歸南劍。道則與俱。程先生有「吾道南矣」之嘆，所以道與俱往也。有覺其徒，龜山以所傳之道開悟其徒弟。望門以趨。人皆望其門而趍之。惟時豫章，當是之時，有豫章先生羅仲素者。傳得其宗。傳授是道之宗派。一簞一瓢，一簞食，一瓢飲。凛然高風。雖貧自守，凛凛清高。猗歟先生，美哉！延平。早自得師。早年得親豫章而師焉。身世兩忘，身與世俱忘。唯道是資。唯以道自任。精義造約，精於義理所造者約。窮深極微。窮其深奥，極其微妙。凍解冰釋，脱然穎悟，猶凍之解，猶冰之釋。發於天機。發於天性。乾端坤倪，天地之本初。鬼秘神彰。鬼神之幽顯。風霆之變，風雷之變化。日月之光。日月之光明。爰暨山川，及於山川。草木昆蟲。動植微物。人倫之正，五倫各得其正。王道之中。王道之適乎中。一以貫之，一理貫通其間。其外無餘。此外更無餘者。縷析毫差，絲縷之析，毫厘之差。其分則殊。其分各異。體用混員，體用兼該。隱顯昭融。顯幽明照。萬變並酬，應酬萬事之變。浮雲太空。所過者化，猶浮雲之於太空。仁孝友弟，仁愛孝順，友弟敬長。灑落誠明。襟懷洒落，由誠而明。清通和樂，清明通徹，和順樂易。展也大成。誠然集是道之大成。婆娑丘林，幽棲山林。世莫我知。世人無有知之者[二]。優哉游哉，優游自得。卒歲以嬉。終歲以遊。迨其季年，及其季年。德盛道尊。盛德之至，有道之尊。有來摳衣，或有來者摳趍其旁。發其蔽昏。啓發其蒙昧昏闇之性。侯伯聞風，守帥聞其高風。擁篲以迎。掃門爭迎。篲，音遂。大本大經，是道大本大經之所在。是度是程。以此爲程度則法。稅駕云初，下車之始。講議有端。講明議論皆有端緒。疾病乘之，疾病相乘。醫窮技殫。醫不能治，術止於此。嗚呼先生，嗟哉！延平。而止於斯。數止如此。命之不融，降年不永。誰實尸之？誰其主之？合散屈伸，氣合而伸則生，氣散而屈則死。消息滿虛。既消必息，既盈則虛。廓然大公，洞然大公之道。與化爲徒。大與造化爲徒。古今一息，古今雖異，一瞬息爾。曷計短長？短之與長，初不必計。物我一身，物我雖殊，皆具一身。孰爲窮通？窮通又何必論？嗟惟聖學，獨有聖人之學。不絶如綫。其不絶者僅一線耳。先生得之，延平得此。既厚以全。既深厚而全備。進未獲施，進未及施之於時。退未及傳。退又未及傳之於人。殉身以殁，以道殉身而殁。殉，從也。殉，音徇。孰云非天！豈非天耶！

熹也小生，某乃一小學生。丱角趨拜。總角時即進拜先生之門。恭惟先君，惟我父韋齋。實共源派。實與先生共其宗派。誾誾侃侃，誾誾，和悦貌。侃侃，温和淳厚貌。斂衽推先。斂襟推敬先生爲先覺。冰壺秋月，冰壺之清，秋月之明。謂公則然。常言先生如此。施及後人，施我後嗣。施，音易。敢渝斯志？敢違越先生之志？從游十年，從先生遊凡十年。誘掖諄至。訓誘諄篤極至。春山朝榮，春朝山木之榮美。秋堂夜空。秋夜一堂之空寂。即事即理，即其事，即其理。無幽不窮。無幽微而不究。相期日深，相期望日益深。見勵彌切。見於勉勵者尤深且切。蹇步方休，蹇難之足，方得休息。鞭繩已掣。鞭韁已掣而他之。安車暑行，先生安車於暑而行。過我衡門。過我衡茅之下。返旆相遭，歸途相遇。凉秋已分。已中秋矣。熹於此時，某於是時。適有命召。適有君命之召。問所宜言，問先生己當今所宜言者。反覆教詔。先生反復其語，不憚其煩。最後有言：最末有言。「吾子勉之。汝其勉力。凡兹衆理，凡理義之衆。子所自知。皆我所自知。奉以周旋，奉此道以周旋。幸不失墜。幸無廢失傾墜。」歸裝朝嚴，歸裝晨發而整嚴。訃音夕至。訃，音夕。馳而忽至。失聲長號，失聲長哭。淚落懸泉。涕淚之落，如泉之垂。何意斯言，豈知相見之一言。而訣終天！而爲終生之永別。病不舉扶，先生病時，不能舉手扶持。没不飯含。先生既没，徒至於口不含飯。奔赴後人，奔走赴喪，又落人後。死有餘憾。先生之死，則有餘愧。儀刑永隔，典刑隔遠而不可親炙。卒業無期。願終受業，今無其時。墜緒茫茫，已墜之緒，茫茫何求？誰知我之悲哀？孰知我悲？伏哭柩前，伏地號哭於柩之前。奉奠以贄。奉薄祭以爲禮。不亡者存，先生雖亡，有不亡之理存。鑒此誠意。其將歆我實意。

謁道州三先生祠文

文公先生

此篇言道體之傳本於羲農，至孔孟而大明，而周程又續孔孟不傳之學。

於皇道體，大哉！是道之本體。洶穆無窮。深遠無有紀極。洶，音匆。羲農既遠，伏羲、神農相去已遠。孔孟爲宗。孔子、孟子實爲可法。秦漢以還，秦漢已來。名崇實否。雖有尊道之名，而無尊道之實。文字所傳，見之文字之間。糟粕而已。亦只糟粕之粗而已。大賢起之，有大賢興起於道統不傳之餘。千載一逢。千年一遇。二程之緒，明道、伊川二程子之統緒。自我周公。實自濂溪啓其傳。清瀟之源，清瀟，道州之地名也。有嚴貌象。儼然三賢廟貌神象。欲覲無因，欲瞻仰而無由。徒有悵望。徒自悵然遠望。吏以毁告，官吏以祠宇之毁壞來告。閔然於衷。惻然於懷。出金少府，出金於尉[三]。往佐其功。往助其功役。爰俾諸生，於是遣諸生徒。敬陳一酹。敬奠一觴。酹，音耒。先生臨之，先生其臨此祀。有赫無昧。赫然來歆，無昧於此。

滄洲精舍告先聖文

文公先生

此篇述夫子集是道之大成，顔、曾、思、孟得其傳，而本朝六君子又能繼絶學，所宜配食。

恭惟道統，敬此道統之傳。遠自羲、軒。其來遠自羲、黄。軒轅氏，黄帝姓也。集厥大成，集是道之大成。允屬元聖。信屬我夫子之大聖。述古垂訓，述往古，垂明教。萬世作程。可爲萬世之法程。三千其徒，一時徒弟凡三千人。化若時雨。沐夫子之教，如時雨之着物。維顔、曾氏，惟有顔子、曾子。傳得其宗。所傳得其宗派。逮思及輿，思，子思。輿，孟子字也[四]。及子思、孟子。

益以光大。是道愈極光大。自時厥後，自是而後。口耳失真。俗儒泥於口耳之學，而是道寖失其真。千有餘年，自孟子而下千餘年間。乃曰有繼。道統湮墜日久，於此而有人繼其傳。周、程授受，乃生周濂溪發明道學，授之二程，二程受其傳。萬理一原。親傳太極，會萬理於一原。曰邵曰張，繼有邵康節、張横渠。爰及司温。於是又有司馬温公。學雖殊轍，所學雖異其塗轍。道則同歸。於道則同歸。俾我後人，使我後學之人。如夜復旦。明是理於久晦，猶既夜而旦氣發。熹以凡陋，某以凡平庸陋之質。少蒙義方。少得韋齋義方之訓。中靡常師，中間亦靡有定師。晚逢有道。最後方逢有道之君子。載鑽載仰，鑽之益堅，仰之益高。雖未有聞。雖若未有所聞。賴天之靈，賴上天之靈。幸無失墜。幸然無有墜失。逮兹退老，及今退而歸老田里。同好鼎來。同志於學之人於然而至。落此一丘，落成此一區。群居伊始。群來居之實自兹始。探原推本，尋其原，究其本。敢昧厥初？其敢昧其初乎？奠以告虔，薄脩奠禮，以致虔恭。尚其昭格。尚冀其顯臨。陟降庭止，一升一降，正直無私。惠我光明。錫我以光明之道。傳之方來，以傳來世。永永無斁。永久而無厭斁。

校勘記

［一］以顏子及曾子子思孟子侑食　「及」原作「等」，據四庫本改。

［二］世人無有知之者　「之」，四庫本作「我」。

［三］出金於尉　「尉」，四庫本作「府」。

［四］與孟子字也　「字」原作「名」，據四庫本改。

新編音點性理群書句解卷之二十　前集

行實

行實者，所以述先賢行己之實行也。

濂溪先生行録

文公先生述

此篇歷述先生道德性命之藴、文學政事之善。

先生姓周氏，先生周其姓。名敦實，敦實其名。字茂叔，茂叔其字也。避厚陵藩邸名，厚陵，哲宗，舊諱宗實，先生以此引避。改敦頤，遂改今名。世居道州營道。世居道州營道縣。父輔成，父諱輔成。嘗爲賀州桂嶺令，曾宰賀州桂嶺縣。贈諫議大夫。以先生奏贈是官。母鄭氏，母姓鄭。封仙居縣太君。亦以先生奏封爲太君。先生少孤，少而無父。養外家。寄養外氏之家。

景祐中，國朝景祐年間。用舅氏龍圖閣學士鄭公向奏，以外舅龍學鄭向之奏補官。試將作監主簿，初任是官。授洪州分寧縣主簿。繼任簿職。

先生博學力行，先生學問該博而篤於行。遇事剛果，處事剛斷而果決。有古人風，綽有古者之餘風。其爲政精密嚴恕，其政事精明、周密、嚴肅、仁恕。務盡道理。皆務合於道理。縣有獄，縣有停囚。久不決，久而未有分剖。先生至，自先生來。一訊立辨，一加訊問，立辨曲直。衆口交稱之。輿論並予之。部使者薦其才，監司以其政才薦於朝。爲南安軍司理。遂授是官。獄有囚，獄有罪囚。法不當死，於法不當寘之死。轉運使王逵王姓，逵名。欲深治之。欲深寘於法。逵苛刻，逵政酷虐。吏無敢與相可否者，官吏無敢議其是非。先生獨與之辨，先生獨辨其人之不當死。不聽，逵不聽其言。則置手板歸，則棄其笏。取告身委之而去，取其出身告敕委置於官而去。曰：「如此尚可仕乎？謂如是更可出仕乎？殺人以媚人，寘人於死而求媚於長官。吾不爲也！吾斷不爲之。」逵感悟，逵感其言語。囚得不死，罪囚由此得生。且賢先生薦之，且賢先生之見薦之於朝。移郴州桂陽令，遷爲桂邑宰。皆有治績。並著政聲。用薦者改大理寺丞，又以人奏薦改爲棘寺丞。知洪州南昌縣。爲隆興屬邑宰。南昌人見先生來，邑民見其來。喜曰：皆樂而相告曰。「是能辨分寧獄者。此乃能辨分寧縣獄事之人。」於是更相告語：既而更相與言。「勿違教命，無違其教化命令。而以污善政爲耻也。深以污濁其德政爲羞。」改太子中舍人，充東宮官。簽書合州判官事，爲合州簽判。轉殿中丞，就任轉爲臺官。一郡之事，一州之事。不經先生手，不經先生之手。吏不敢決，官吏不敢自決。民不肯從。人亦不服從。趙清獻公爲使者，趙，姓，抃，名。清獻，謚也。時爲使者。小人或讒先生，小人或毀先生。趙公臨之甚威，趙抃待之極嚴。而先生處之超然也。先生不以爲意，卓然所守。轉國子博士，尋除學官。通判虔州，爲虔州通守。趙公來爲守，趙抃適守是州。熟視先生所爲，備見先生爲政。執其手曰：握其手曰。「今日乃知周茂叔也。今日方知其爲人。」遷尚書虞部員外郎，又權郎官。通判永州，復任永州倅。權發遣邵州事，遂知邵州。新學校以教其人。邵州之學，左獄右庾，先生遷之，教養生徒。熙寧元年，熙寧年間。用趙公及呂公正獻公薦，以二公之薦。爲廣南東路轉運判官。遂除運判。先生謝呂公啓云「在薄宦有四方之遊，於高賢無一日之雅」。三年，熙寧三年。轉虞部郎中，遂遷正郎。提點刑獄。復任本州提刑。先生不憚出入之勞，不畏跋涉之艱。瘴毒之侵，雖是瘴疫之氣方盛。雖荒崖絶島，至於荒僻山谷之地。人跡所不至處，無人行處。亦必緩視徐按。亦必按轡徐行，問民疾苦。務以洗冤澤物爲己任。專以洗滌冤抑、澤潤生民自任。設施措置，施爲舉措。未及盡其所爲，未能究其萬一。而先生病矣，而以疾行。因請南康軍以歸。遂得南康守而歸。趙公再尹成都，趙抃又爲成都府尹。復奏起先生，復上奏乞起先生。朝命及門，君命至其門。而先生卒矣，先生已死。熙寧六年六月七日也。所死之年也。年五十有七，壽止五十七歲。葬江州德化縣清泉社。所葬之地名也。娶陸氏，妻姓陸。封縉雲縣君，封縣君。再娶蒲氏，繼妻姓蒲。封德清縣君，封縣君。子壽、燾，二子名也。皆太廟齋郎。皆爲是官。先生所著書，其著述。有太極圖、作圖垂訓。易說、周易說。易通數十篇，即通書也。詩十卷藏於家。詩集等藏於家。

先生在南安時，官南安軍時。年甚少，年最小。不爲守所知，不爲郡守見知。洛人程公珦程姓，珦名，洛邑人也。攝通守事，權通判南安。視其氣貌非常人，觀其顔貌非尋常人。與語，與之談論。知其爲學知道也，則知其爲力學有道之君子。因與爲友，遂爲交友。且使其子顥、頤受學焉。顥，明道名。頤，伊川名。遣之從學。及爲郎，及爲正郎。故事當舉代，舊典當舉人自代。每一遷授，一每選遷秩。輒一薦之。即薦先生。程公二子，程珦之二子。皆唱鳴道學，終至皆以道學鳴世。以繼孔孟不傳之統。以續孔子、孟子千年無傳之道統。世所謂二程先生者，世稱爲二程先生。其原蓋自先生發之也。其肇端於濂溪也。

在郴時，官郴州時。其守李公初平，郴守李姓名初平。知先生賢，知其有道。不以屬吏遇之，不以僚佐之官待之[一]。既薦諸朝，既薦之於上。又周其乏困。又賙其不及。嘗聞先生論學，曾聞其講論爲學之道。嘆曰：嗟嘆云。「吾欲讀書，如何？」我尚欲讀書，不知可否？先生曰：答云。「公老矣，公年已老。無及也，學之無及。敦實請得爲公言之。」某請爲公論其所以。

初平逐日聽先生語，李初平日日聽其談論。蓋二年而有得。如此者二年，恍然有得於己。王荆公提點江東刑獄，王安石封荆公，爲江東提刑。時已號爲通儒，一時稱爲通達之儒。先生遇之，先生待之。與語連日夜，與之語，連日至夜。荆公退而精思，荆公既退，熟思其語。至忘寢食。至於不寐不食。

先生自少，自少年。信古好義，崇信古道，好爲義事。以名節自砥礪，以名節自勉。其奉己甚約，其自奉養甚薄。俸禄盡以周宗族、所得官俸並以與房族。奉賓友。宴接賓客朋友。在南昌時，爲南昌宰時。得疾暴卒，得病倏然而死。更一日夜始甦，經一日一夜方醒。或視其家，或人觀其家。止一敝篋，只有一破敝之篋。錢不滿百。其錢不滿一百。李初平卒，李守已死。子幼不克葬，其子尚幼不能辦葬。先生護其喪，歸葬之。乃扶護其喪，歸以葬之。分司而歸，爲南京分司歸。妻子饘粥不給[二]，其妻與子食亦不給。曠然不以爲意也。處之泰然，不以介意。廬山之麓有溪焉，廬山之林其下有溪。築書堂其上，創書齋於其上。名之曰「濂溪」。以濂溪名。固語其友清逸居士潘延之曰：潘姓，延之名，清逸居士，其號也。因與之語。「可仕可止，可以仕則仕，可以止則止。古人無所必，仕止非古人所能必。束髮爲學，自總髮時爲學。將有以設施可澤於斯人者，欲有所展布可以流澤於斯民者。必不得已，尚不可爲，然後不得已。止未晚也。止不爲遲。此濂溪者，此濂溪之書堂。異時與子相從於其上，他日與汝相與從游其上。歌詠先王之道足矣。吟咏古先聖王之道。此其出處之本意也。」此乃我仕止之初心也。豫章黄庭堅稱之曰：豫章，郡。黄，姓，庭堅，名。稱之云。「茂叔人品甚高，先生爲人資格甚高。胸中洒落，心懷脱洒。如光風霽月。如光風之清淑，霽月之明朗。好讀書，喜誦書。雅意林壑。意在山林丘壑之間。不卑小官，不以小官爲耻。職思其憂，每思不稱其職爲憂。論法常欲與民決訟，議法每欲與百姓平其獄訟。得情而不喜。既得其實，則哀矜而不喜。其爲使者，其出爲監司。進退官吏，升黜衆官。得罪者自以不冤。爲其劾者自以爲不冤枉。濂溪之名，濂溪之得名。雖不足以對其美，雖然未足稱其美。然茂叔短於取名，但其不務於求名。而樂於求志；而樂求我心之所得。薄於徼福，薄於求福澤。而厚於得民；而重在得百姓之心。菲於奉身，薄於一己之奉。而燕及惸嫠；而飲宴及於憂苦孤寡之人。惸，音勤。嫠，音犁。陋於希世，拙於希求一世之尊顯者。而尚友千古。而心契上古之聖賢。聞茂叔之風，聞其風者。猶足以律貪，尚可以懲其貪饕之習。則此溪之水，濂溪之水。配茂叔以永久，與其名同流於千古。所得多矣。所得不其多矣。識者亦或有取於其言云。」有識見者必能審於斯言。〇此係雜取潘延之、蒲宗孟、黄庭堅所撰墓碑、詩序脩纂，及以程氏文集遺書、吕氏童蒙訓等書參定。見伊洛淵源。

明道先生行狀

伊川先生

此篇歷述先生家世行業之盛、歷官行事之美。

先生姓程氏，先生程其姓。諱顥，顥其名。字伯淳。伯淳，字也。父珦，父名。見任太中大夫，致仕；官任太中請老。母，壽安縣君侯氏。母姓侯，封縣君。曾祖而下，葬河南，自曾祖以下皆葬於河南。今爲河南人。今居於河南。先生生而神氣秀爽，先生始生，精神氣貌俊秀清爽。異於常兒。與凡子不同。未能言，未能言語。叔祖母任氏太君姓任氏，封太君。抱之行，抱先生行。不覺釵墜，墜落其釵不知。後數日方求之，已數日方知尋。先生以手指示，先生能以手指其所。果得釵。果尋得。數歲，誦書，强記過人。稍長讀書，博記逾越凡人。十歲能爲詩賦。及十歲則自能爲詩賦。十二三時，十二三歲。群居庠序，與衆居學。如老成人，不爲後生體態。故户部侍郎彭公思永侍郎姓彭，名思永。妻以女。見而異之，妻之以女。

踰冠，二十歲餘。中進士第，登第。調京兆府鄠縣主簿。受主簿。鄠，音户。令以其年少，未知之。邑宰以其年少，未深知之。民有借其兄宅以居者，邑民有借其兄屋舍居處。發地中藏錢。開地中得所藏錢。兄之子訴曰：兄之子訴於官。「父所藏也。」以爲此錢乃父所藏。令曰：

宰曰。「此無證佐。」無所證驗。先生曰：「易辨。」先生獨以爲易辨別。問兄之子曰：問其兄之子云。「爾父藏錢幾時？」汝之父所藏錢今幾何時？曰：「四十年。」言已四十餘年。「彼借宅居幾時？」彼人借汝屋居已幾時？曰：「二十年矣。」云方得二十年。即遣吏取錢視之，遣公吏取其錢來觀。謂借宅者曰：與借人居者言。「今官所鑄錢，今官司鑄錢。不五六年五六年間。即遍天下，即天下皆有之。此錢皆爾未藏前所鑄，何也？」此錢皆是汝未藏之前所鑄。其人遂服。借居者遂服。南山僧舍南山僧寺中。有石佛，有石刻之佛。歲傳其首放光，常傳佛頭有毫光。男女聚觀，男女群聚而看。晝夜雜處，日夜混居無別。爲政者畏其神，官於其土，憚其神異。莫敢禁止。無有能止之者。先生與僧曰：先生請問其僧云。「石佛現光，有諸？」石佛能現毫光，果然？曰：「然。」僧云如此。曰：「俟復現，候其復現光。當取其首觀之。」當取其頭來看。自是不復有光。自此遂無光矣。所在治役，所在治工役。人不勞而事集。人不見其勞，事無不辨。

再期，以避親罷，逾年以避遠親嫌去。再調江寧府上元縣主簿。再任主簿。田稅不均，田之稅不均平。皆近府美田，皆由近府膏腴之田。爲富貴家厚價薄其稅而買之，並爲富貴之家高價輕産以得之。小民苟一時之利，小民但知一時苟於得利。久則不勝其弊。既久寖虧公賦。先生爲令畫法，先生爲長官具法。爲，去聲。民不知擾，民不見其爲擾。而一邑大均。一縣稅法大均平。會令罷去，宰以事罷。先生權邑事。先生權知縣事。上元劇邑，上元乃煩劇之縣。詞訟日不下二百。民之訴訟日常一二百狀。先生處之有方，先生區處有其道。不閲月，不踰月。民訟遂簡。民訟遂少。江南稻田，江南禾田。賴陂塘以溉。藉陂水以灌溉。盛夏堤決，夏月堤潰決。非千夫不可塞。非千衆之力不可塞。法當言於府漕，法言之府，又言之漕。然後調役，而後興工。非月餘不能。則又月有餘日。先生曰：先生云。「如是苗槁矣。」如此則苗已枯槁。遂發民塞之，自發工力築之。歲大熟。是年大稔。先生常曰：常言。「一命之士，苟有一官。苟存心於愛物，能以仁物爲心。於人必有所濟。」必能濟人。仁宗登遐，仁宗崩。遺制官吏成服三日。遺詔百官服君喪三日而除。府尹群官將釋服，守與僚屬將從吉服。先生進曰：先生言。「三日除服，服三日而除。遺詔不敢違也。」君之遺命不敢違矣。一府相視，一府之官相觀。無敢除者。遂服盡三日而除。茅山有龍池，茅山有龍井。祥符中，祥符年間。嚴奉以爲神物，人敬事之以爲神異。先生捕而脯之。先生屠其龍而脯之。邑人持竿以黏飛鳥，人持竹竿以黏雀。取其竿折之，先生乃折其竿。邑人相共語：邑之人相與語云。「主簿折黏竿，自主簿折黏飛鳥之竿。鄉民不畜禽鳥。」鄉民不敢畜養飛禽。

再期，就移澤州晉陽令，二年遷縣宰。民以事至邑，民以公事至縣。告之以孝悌忠信。教之以孝於親，遜於長，盡己之忠，以實之信。暇時，閒暇之日。召父老而與之語；呼邑之父老與之言語。兒童所讀書，邑之兒童凡所讀書。親爲正句讀；親自爲之斷句。讀，音豆。教者不善，教導苟不得其人。則爲易置。則爲之改易。秩滿，任滿。吏夜叩門，公吏夜擊門。稱有殺人者。且言有傷死人者。先生曰：先生云。「吾邑安有此？邑民皆善，寧有是耶？誠有之，果如此。必某村某人也。必彼村落彼人也。」問之果然。既問則果如其言。晉俗尚焚屍，晉城縣風俗，人死化以火。雖孝子慈孫，雖是孝順之子，慈愛之孫。習以爲安。習此而安於此。先生教諭禁止，先生訓以義理而禁絶之。民始信。邑民皆信從。先生爲令，先生爲宰。視民如子，視百姓如己之子。欲辨事者，欲辨直其事。或不持牒，或不待持訟牒。徑至庭下，直造公庭之下。陳其所以，歷述其所以。先生從容告語，先生徐告與之言。諄諄不倦。懇切不已。百姓愛之如父母。民愛先生亦如父母。

用薦者，時有薦先生於朝者。改著作佐郎。遂改爲著郎。尋以御史中丞呂公著薦，呂姓，公著名，爲御史，又薦先生。授太子中允、監察御史。得東宮官入臺。神宗素知先生名，神廟聞先生之名。比二三見，二三次召見。遂期以大用。欲以大用先生。前後進説甚多，前後奏篇不一。大要以正心窒欲，大率皆以正君心、窒嗜欲。求賢育材爲先。求賢者、養人材爲先務。不飾辭辯，不文飾言語辨論。獨以誠意感動人主。惟以真誠實意感動人主之心。神宗嘗使推擇人材，神廟令以先生推薦而擇可用之人材。所薦十人，薦者凡十人。而以父表弟張載暨弟頤爲首。而以其父之表弟張横渠名載、與弟名頤爲先。所上章疏，所上奏章。子姪不得窺其藁。至親如子姪不得觀其藁。嘗言：「人主當防未萌之欲。」常論人君當防遏欲心於未萌動之時。神宗俯身拱手曰：神廟曲其身、拱其手云。「當爲卿戒之。」當因鄉言而戒此。及因論人才，及在上前辨論人品。曰：乃云。「陛下奈何輕天下士？」人主如何輕視天下之士？神宗曰：神廟答云。「朕何敢如是？」我何敢若此？

王安石日益信用，王姓，安石名，時上信用之。先生爲神宗言，先生於是又爲神宗言。君道以至誠仁愛爲本，人君之道當以仁愛百姓爲本。未嘗及功利。未嘗一言及於功利。蓋知王安石變法刻意功利，必傷仁愛，陰欲止之。嘗極陳治道，曾極論爲治之道。神宗曰：神廟云。「此堯舜之事，此乃帝堯、帝舜之事。朕何敢當？」我何足當此？先生愀然曰：先生蹙然云愀揫。「陛下此言，人主有此言。非天下之福也。」非是天下生靈之福。荊公寖行其説，安石之説既行。先生意多不合，先生多與之不合。事出必論列，荊公所奏之事一出，先生必論奏之。數月之間，甫及數月。章疏十上。章疏至十數上。尤極論者：其尤甚者。輔臣不同心，宰輔不能同心。小臣與大計，小臣得與大事。與，預。公論不行，至公之議不行。青苗取息，放青苗錢取息爲民害。賣祠部牒，賣僧子祠部及牒[三]。差提舉官，提舉官因荊公奏方有是官。多非其人。多失其人。荊公與先生，安石與先生。道雖不同，道雖異。而嘗謂先生忠信。嘗言先生爲忠信。先生每與論事，先生每與之議論。心平氣和，心既平實，氣亦温和。荊公多爲之動。安石多爲之感動。

先生言既不行，先生言既不聽用。懇求外補，懇切求出。面請至十數，不許，面諫至十數番，不許。遂闔門待罪。遂閉門俟罪。除西京路提刑，神宗命執政除先生提刑。復上章曰：又上書云。「臣言是，臣言果合理。願行之；願人君行其言。如其妄言，如是其言之妄。當賜顯責。當有顯伐[四]。請罪而獲遷，方請罪而却得除。刑賞混矣。」賞罰混亂無統。累請得罷。屢請始罷。既而神宗手批，未幾神宗手批。暴白同列之罪，宣明同列不能容先生之罪。獨於先生無責，獨於先生無所責。改差簽書鎮寧軍節度判官。改差簽判。

爲守者嚴刻多忌，太守嚴酷多疑忌。通判而下，自通守以下。莫敢與辯。無人敢與之辨直。事小未安，事小有不安處。必與之辯。先生必與之辨論。屢平反重獄，數决重囚。得不死者十數。得不死者十數人。河清卒河清兵卒。於法不佗役，在法不應役之。程昉爲外都水丞，程姓，昉名，爲外都水丞。怙勢，蔑視州郡，恃其有勢，援更無州府。欲盡取諸兵治河。欲悉起兵卒治河。先生以法拒之。先生以法拒絶之。昉請於朝，程昉又請之於朝廷。以八百人與之。起八百卒助之。昉肆其虐，程昉肆其酷虐。會天寒兵潰，適天時盛寒，兵皆潰歸。將入城，將至城。衆官畏昉，僚屬皆憚昉。欲弗納。欲拒其歸。先生曰：先生云。「此逃死自歸，此人避死而自歸，弗納必爲亂。拒之則必爲亂。昉有言，程昉有言。某自當之。」我自當之。郊祀霈恩，遇郊祀恩澤。得監西京洛河竹木務，遂得場務官。改太常丞。繼除太常。神宗嘗語執政曰：神宗嘗與執政云。「程某可用。」先生可擢用。執政不對。執政不復對。又嘗有登對者後又有當奏對者。自洛至，自洛中來。問曰：神宗又問云。「程某在彼否？」先生在洛否？連言佳士。連言數聲佳士。其後彗見求言，後彗星見，詔求直言。先生應詔。先生出奏對事。神宗手批，神宗親札[五]。與府界知縣，與府界内知縣。差知扶溝縣事。遂爲扶溝宰。先生復求監當，先生只求場務差遣。執政諭以上意執政皆言上人之意。不可改也。不復可改。數日，右府同薦，又數日因薦者。除判武學。有判武學之命。

專尚寬厚，務從寬厚。以教化爲先。以教化爲先務。扶溝多强盗，扶溝多强賊。脇取舟人物，劫奪舟人之物。捕得一人，捕獲一人。歲必焚舟十數以立威。一年常燒舡十數，以張其威。先生始至，先生初來。捕得一人，使引其類，俾引其徒黨。得數十人，又得數十人。不復根治舊惡，不復懲其罪。分地以處之，分其所而居之。使以挽舟爲業，使之以牽舟爲業。自是邑境無焚舟之患。自此邑内無有焚舟之事。内侍都知王中正王姓，中正名，爲内侍都知。巡閲保甲，以朝命差詣州縣巡視保伍。所至陵慢縣官，所在凌辱縣官。諸邑供帳，諸縣供具帳設。競務華鮮，皆欲鮮麗。以悦奉之。歡於奉承。主吏以請，主吏以請於先生。先生曰：先生云。「吾邑貧，吾縣貧窘。安能效他邑？豈可比其他縣？且取於民，且取之於民。法所禁也。」法所不許。改奉議郎。改奉議。以親老以父母年老。求近鄉監局，求近洛監當。得汝州酒税。遂爲酒官。今上嗣位，哲宗即位。覃恩，以恩沛。改承議郎。遂改承議。召爲宗正寺丞，再召爲宗正官。未行以疾終，未行以疾而死矣[六]。元豐八年是年。六月十五日也，夏六月望日也。享年五十有四。壽之年止乎是。識與不識，識先生者，與聞先生名者。皆惜先生。皆爲先生惜。

資稟既異，其天資既異於人。而充養有道：存養以道。其純粹如精金，容貌純粹有如精金。温潤如良玉；氣象温潤有如美玉。寬而有制，雖寬而自有制。和而不流；雖和而不至於流。忠誠貫乎金石，至誠精忠，雖金石之堅可以貫。孝悌通乎神明。孝悌之德，上通神明。視其色，觀其顔色。其接物也，接於人也。如春陽之温；有如春日之和。聽其言，聽其言語。其入人也，其入於人也。如時雨之潤。有如時雨之潤物。胸懷洞然，胸襟洞達。徹視無間；徹視無所間。測其蘊，窺測其所蘊。則浩乎若滄溟之無際；浩浩乎如滄海之無邊岸。極其德美，其德美之極。言蓋不足以形容。言不足以形容之。

先生行己，先生履於身者。内主於敬，敬立於中。而行之以恕；所行者以恕之道。見善若出諸己，見人之善如出於己。不欲弗施於人；己之不欲，不施諸人。居廣居而行大道，居天下之廣居。廣居，仁也。行天下之大道。大道，義也。言有物而動有常。言則以理動則有常。

先生爲學，先生之爲學也。自十五六時，自十五六歲。聞汝南周茂叔論道，見汝南周濂溪講論大道。遂厭科舉之業，遂厭棄科舉之習。慨然有求道之志。奮然有求道之志。未知其要，未知其端倪。泛濫於諸家，泛求於諸子百家。出入於老、釋參考於老氏、釋氏。幾十年，如此者近數十年。返求諸六經後得之。反而求之六經之書而後得其宗。明於庶物，明識事物之理。察於人倫。察於人之大倫。知盡性至命，知盡己之性，推而至於天所賦之明命。必本於孝悌；蓋自孝悌之德。窮神知化，窮義理之精，達變化之妙。由通於禮樂。由通禮樂之事。辯異端似是之非，釋氏之學彌近理而大亂真，辨明其似是之非。開百代未明之惑，於以開百世未明之疑惑。秦漢而下自秦及漢而下。未有臻此理也。未有人悟此理也。謂孟子沒謂孟軻氏已死。而聖學不傳，聖人之學無傳。以興起斯文爲己任[七]。以作興斯道爲一己之事。其言曰：故其言若曰。「道之不明，是道之晦。異端害之也。佛、老之學害之。昔之害近而易知，昔之害猶近而可以知。今之害深而難辨。今之爲害且深而難辨别。昔之惑人也，向來迷惑於人。乘其迷暗；乘人之愚昧。今之入人也，今其爲教入人而使之信。因其高明。則因其高明而求於領悟，遂有以惑之。自謂之窮神知化，自言其窮心性之藴，知變化之道。而不足以開物成務。彼之學以一超頓悟爲本，在於冥心求化，故不足開物而成事。言爲無不周遍，自謂所言所爲無不周達。實則外於倫理；實則外於人倫之理。窮深極微，究淵深，極微妙。而不可以入堯舜之道。道其道非堯舜之正道。道之不明也，此道之晦。邪誕怪異之説競起，邪妄虚誕、妖怪謬異之言群起。塗生民之耳目，塗塞人之耳目。溺天下於卑污；陷天下於卑下污濁之中。雖高才明智，雖是高明之君子。膠於見聞，膠泥於所聞所見。醉生夢死，醉而生，夢而死。不自覺也。不能有覺也。是皆正路之蓁蕪，此無它，皆是正理之路荆棘。聖門之蔽塞，聖人之門暗塞。闢之而後可以入道。是必闢去老、佛之塞，是道者而後可進於道。」先生進將覺斯人，先生達則以道覺斯世。退將明之書，退則以此道垂之書。不達早世〔八〕。不幸死之早也。

先生教人，先生訓人。自致知至於知止，自推極吾之知識以至於知其善所止。誠意至於平天下，自實此心之所發，以至於平天下之事。洒掃應對自洒掃應對之事。至於窮理盡性，以至窮究義理，全盡其性。循循有序。順而行之，各有其序。教人易從，誨人而人從。怒人而人不怨，怒人而人不以爲怨。賢愚善惡賢者、愚者、善者、惡者。咸得其心，各得其心。聞風者誠服，聞先生之風，莫不誠服。睹德者心醉。睹先生之德者莫不心醉。雖小人以趍向之異，指王安石也，以新法與先生不合。時見排斥，時爲屏斥。退而省其私，退而省察其己之私。未有不以先生爲君子也。亦未有不以先生爲君子。安石嘗稱先生「忠信」。

先生爲政，先生爲政事。道之而從，道之而民無不從。動之而和，動之而民無不和。不求物而物應，無求於物而物自應。未施信而民信，未施信於民而民自信之。則人不可及也。其爲人蓋不可及。

以今年十月乙酉葬於伊川。伊川，地名。謹書家世行業謹録其家世德行事業。及歷官行事之大概，及歷仕行事之大者。以求諗於作者。以求諗於當世之作者。諗，審。元豐八年八月日弟頤狀。

校勘記

［一］不以僚佐之官待之　「佐」，四庫本作「邑」。
［二］妻子餈粥不給　「餈」，四庫本作「饘」。
［三］賣僧子祠部及牒　「子」，四庫本作「道」。
［四］當有顯伐　「伐」，四庫本作「罰」。
［五］神宗親札　「札」，四庫本作「批」。
［六］未行以疾而死矣　「以疾」原作「而已」，據四庫本改。
［七］以興起斯文爲己任　「文」下，四庫本有「之學」二字。
［八］不達早世　「達」，當據四庫本作「幸」。

新編音點性理群書句解卷之二十一　前集

行實

伊川先生年譜　文公先生

此篇記先生道德行藝之實、講導輔翼之功。

先生名頤，頤，先生名也。字正叔，正叔，其字。明道先生弟也。明道之弟。明道生於明道元年壬申，伊川生於明道二年癸酉。幼有高識，幼年識見甚高。非禮不動。舉措不合於禮，不妄動。年十四五，十四五歲。與明道同受學於春陵周茂叔先生。與其兄同學於道州周濂溪。皇祐二年，國朝年號。年十八，十八歲。上書闕下，詣闕上書。勸神宗以王道爲心、勉人主以行王道。生靈爲念，恤百姓爲心。乞召對，陳所學。乞召對，面陳其學。閒遊太學，嘗遊國學。胡翼之主教道，即安定先生也，名瑗，字翼之，主教學事。嘗以顏子所好何學論試諸生。曾以顏子論一篇試學徒。得先生所試，大驚，得先生一篇，大驚異。處以學職。即以學職處之。呂希哲原明師焉。呂滎公師事之。

舉進士，擢進士。嘉祐四年，國朝年號。廷試報罷，罷殿試。遂不復試。更不應試。治平、熙寧間，皆國朝年號。近臣屢薦，呂申公等數薦之朝。自以爲學不足，先生固辭學不足。不愿仕也。不欲出仕。

元豐八年，亦年號。哲宗嗣位。哲廟踐祚。司馬公、呂公著、韓絳是時，光門下侍郎，公著尚書左丞，絳西京留守。上其行義於朝。並以先生行義薦之於朝。按：温公與呂申公同薦劄子：「竊見河南處士程頤力學好古[一]，安貧守節，言必忠信，動遵禮義。年踰五十，不求仕進，伏望特加召命。」諫官朱光庭又言：「頤道德純備，學問淵博。若用斯人，俾當勸講，必能輔養聖德，一正君心。」授汝州團練推官、遂授推官。西京國子監教授。又除學官。先生再辭，先生復辭不受。尋召詣闕。即詔詣闕。元祐元年三月，是年春。至京師。至京。當時王岩叟奏云：「伏見程頤，早與兄顥俱以德名顯於時。陛下復起頤而用之。頤趍召，待詔闕下。四方俊乂莫不翹首向風，觀朝廷所以待之如何。」○「陛下此舉係天下之心。」除宣德郎、秘書省校書郎，遂除是官。先生辭曰：先生辭云。「祖宗時，先朝盛時。布衣被召，以韋布之士被召命。自有故事，自有舊典。今臣未得入見，今未得瞻拜天顔。未敢祗命。」未敢拜君之命。王岩叟奏云：「伏聞除頤京官校書郎，足見優禮高賢，願一召見之。頤静而閱天下之義理者多，必有嘉言以新聖聽。」於是召對。遂召入對。將以爲崇政殿説書，將權爲講筵之官[二]。先生辭不獲，固辭不獲。始受西監之命，於是受西京國子監命。且上奏論經筵三事。上書言講筵三事。其一，第一。以上富春秋，以人君年事已盛。輔養爲急，急於得人輔導涵養。宜選賢德備講官，選賢德之士爲講官。使陪侍宿直，使日夜親近人主。陳説道義，講論義理。所以涵養氣質，務在葆毓氣質。薰陶德性。陶成善性。其二，第二。請内待宫人[三]，宦官宫妾。俱選老成厚重之人，皆擇老宿重厚者。不使侈靡之物、無俾奢麗玩好之具。淺俗之言，鄙卑淺近之語。接於耳目。嘗交接於耳目之間。其三，第三。請令講官坐講，請許講員賜坐講説。以養人主尊儒重道之心。以表一人尊敬儒道之心。既而命下，未幾有旨。以通直郎充崇政殿説書。改秩充説書。

五月，是年夏。差同看詳國子監條制。差同孫覺、顧臨詳定學制。先生所定，先生詳定者。大概以爲學校禮義相先之地，以爲學舍乃崇尚禮遜之所。而月使之爭，而月試使之争得失。殊非教養之道，甚非教育人才之道。請改試爲課，請改月試爲供課。更不定高下；不必立上下等。制尊賢堂，以延天下道德之士；别立堂名「尊賢」，以待天下之有道德者。鐫解額以去利誘。除去解額以絶利禄之心。如是者十數條。如此者十數事。時尚書胡宗愈因是深詆先生，謂不宜使在朝廷。又上疏又復上言。言輔養上德，謂輔養聖德。要使跬步不離正人，半步之頃不可與正人相離。跬，犬蘂切［四］。乃可以成就聖德［五］；乃可陶成君德。講日宰臣、史官皆入，當講書日，宰相與史官並進。使上不得舒泰；使人君不得自安。請自今一月請每月。再講於崇政殿，兩講於殿内。然後宰臣、史官入侍，而後宰相、史官皆進。餘日講於延和殿。他日講於延和。

八月，差兼判登聞鼓院。後除鼓院。先生言入談道德，謂入説義理。出領訴訟，出則領受詞訟。非用人之體，非是用人之道。再辭不受。復不受。楊龜山曰：「事道與禄仕不同。常夷甫以布衣入朝，神宗欲優其禄，令兼數局，如鼓院、梁院之類，夷甫一切受之。伊川爲講官，朝廷亦欲使兼他職，先生固辭。」

先生再經筵［六］，凡在講筵。每當進講，每遇講説。必宿齋豫戒，先期齋莊戒飭。冀以感動上意。求以感動人主之心。一日當講「顔子不改其樂」章，一日講論語「顔子陋巷，不改其樂」一章。門人或疑此章門弟子疑講此章。非有人君事也，與人主無相關。何以爲説。將何以言。及講畢，講説已了。復言曰：再起言曰。「陋巷之士，貧士居於陋巷之中。仁義在躬，但知天理有諸身。忘其貧賤。不知貧且賤之爲可憂。人主崇高，人君自貴。奉養備極，玉食之奉極其富貴。苟不知學，苟不能爲學。安能不爲富貴所移？又安不爲富貴所動摇？且顔子，王佐之才也，顔淵本有輔王者之才。而簞食瓢飲；所有不過一竹器之飯，一勺之飲而已。季氏，魯國之蠹也，季氏聚斂，乃魯國之巨蠹。而富於周公。而富盛過於周公。魯君用捨如此，魯國之君其用人如此。非後世之監乎？非後世之君所當監此？」聞者嘆服。同朝之士皆嘆而服。哲宗亦首肯之。哲宗亦從其言。嘗聞上在宮中，曾聞哲宗在禁中。漱水必避螻蟻，灌漱擇地，恐傷行蟻。先生曰：先生進言。「願陛下推此心以及四海。」願得人君以此愛物之心，而仁天下之民。一日講罷，一日講說已畢。上忽起戲折柳枝，哲宗起而攀折柳條。先生進曰：又進言曰。「方春發生，方春生物之時。不可無故摧折。」不應無事損折之。上不悅。哲宗不喜。所講書有「容」字，書中有「容」字。中人以黃覆之，内侍以黃帛貼之。曰：「上藩邸嫌名也。」言犯上嫌名。傭，同音。講罷進言曰：講畢又言。「人主之勢人君之分。不患不尊，不憂不尊大。患臣下尊之過甚，但恐爲臣者尊大之太過。而驕心生爾。」而驕矜之心生。時神宗之喪未除，時神廟之服未除。而百官以冬至表賀，冬至節，百官皆進賀表。先生言：「節序變遷，又言時序改易。時思方切，思親之念方切。請改賀爲慰。」請改賀禮爲慰。及除喪，既除服。有司又將以開樂置宴，有司又將舉樂置會。先生請罷，先生請罷此宴。曰：「除喪而用吉禮，除喪之始即用吉禮。則因事用樂可矣。因事而用樂猶之可也。今特設宴，今故舉宴。是喜之也。」是喜喪服之除也。

五年，丁太中公憂，居父珦喪。去官。

七年，已七年。服除，服制已除。除直秘閣，判西京國子監。除閣職，接判西監。〇王公繫年録：「程頤服除，欲與館職，判檢院。簾中以其不靖，遂有今除。蓋蘇軾與程頤不合，當時分二黨：洛黨、蜀黨。恰軾弟轍執政，纔進稟便云『但恐不肯靖』。簾中入其説，故不得復召。」五月，改授管勾崇福宫。遂改宫祠。

元祐九年，哲宗初視政，哲宗初視朝。申秘閣西監之命。依舊閣職判監。

紹聖間，以黨論放歸田里。紹聖年間，以黨禍罷歸。

四年，及四年。送涪州編管。遂有此命。謝良佐曰：門人也有云。「是行也，先生涪州之行。乃邢恕等爲之耳。」邢恕從遊先生，後畔去，爲韓愈之藉，是故如此。

元符二年正月，易傳成。是年易解成。

三年，及三年。徽宗即位，徽廟登極。移峽州。量移峽州[七]。峽，狎。四月，復宣德郎，任便居住，復官放還。還洛。歸洛中。十月，復通直郎，權判西京國子監。再復官與職。

建中靖國二年五月，追所復官，是年又追已復官。依舊致仕。依前致政。

崇寧二年，言者論其姦黨，是年又論先生爲姦黨。先生於是遷居龍門之南。龍門，先生晚年所居之地也。止四方學者曰：止四方來學之士云。「尊所聞，行所知可矣，尊其所聞，行其所知，足矣。不必及吾門也。」不必來訪我。

五年。復宣義郎，致仕。是年又復官致仕。時易傳成書已久，時易傳久已成書。學者莫得傳授，學者欲傳而不可得。或以爲請，有請於先生者。先生曰：答云。「自量精力未衰，自度氣力未減。尚覬有少進耳。」尚期更有所益。其後寢疾，後疾病。始以授尹焞、張繹。皆門人也。尹焞曰：「先生作傳，只是因而寫成。」

大觀元年九月庚午，卒於家，是年終於其家。年七十五。凡七十五歲。疾革，疾甚。門人進曰：門弟進言。「先生平日所學，先生平時爲學。正今日要用。」今日正要用。先生微視曰：微開眼云。「道著用便不是。」纔説用便不是。其人未出門而没。未及出門而先生已逝。初，明道先生嘗謂先生曰：與先生云。「異日能使人尊嚴師道者，吾弟也。」蓋以其嚴毅所以能使人尊敬之也。若接引後學，如引誘後進。隨人材而成就之，隨其材而器成之。則予不得讓焉。」則我所不能辭。先生既没，先生既死。昔之門人高弟，向來從學之徒。多已先亡，多先逝者。無有能形容其德美者。未有能述先生之盛德。然先生嘗謂張繹曰：先生曾與門人張繹云。「我昔狀明道先生之行，我向來狀述明道行實。我之道蓋與明道同，我之學道與吾兄則一。異時欲知我者，他日欲知我之行事。求之於此文可也。」而求之明道行實可也。

横渠先生行狀

此篇述先生精思力踐之功、文學政事之美。

門人呂大臨與叔

先生諱載，姓張名載。字子厚。子厚，字也。父迪仕仁宗朝，父諱迪，官於仁廟時。終於殿中丞，終臺官。知涪州事，爲涪州守。卒，諸孤幼，既死，諸子尚年幼。僑寓鳳翔郿縣横渠鎮之南，寓居鳳翔府郿縣横渠鎮，因徙而家焉。後遷而家其地。先生嘉祐二年登進士第，先生以是年及第。始仕祁州司法，初授祁州法曹。遷丹州雲巖縣令，再遷爲邑宰。又遷著作佐郎，除著郎。除崇文殿簽書渭州軍事判官。又爲渭州簽判。熙寧二年冬，是年冬。被召入對，以君命入對。除崇文院校書。尋擢校書。明年移疾。次年以疾歸。十年春復召還館，及十年再召就職。同知太常禮院。兼知禮院。是年冬謁告西歸，及冬又請歸田里。十有二月，行次臨潼，臨潼，地名。行至其地。卒於館舍，終於次舍。享年五十有八。壽止五十八歲。是月以其喪歸，遂以喪歸家。元豐八年八月葬於涪州。後葬於涪。

先生始就外傅，先生少年初就師學。志氣不群，志氣夐異凡人。知虔奉父命，知敬承父命。守不可奪，力守不變。且無所不學。無有不學者。與邠人焦寅游，焦姓，寅名，邠人也，與之游。

寅喜談兵，寅曉兵學。先生説其言。先生喜其談論。上書謁范文正公，文正公姓范，名仲淹，上書謁之。一見知其遠器，公一見知其遠大之器。責之曰：因戒之曰。「儒者自有名教，儒家自有名教之樂。何事於兵？」何必兵耶？因勸讀中庸。勸之讀中庸之編。先生猶未以爲足，先生猶未止。又訪諸釋、老之書，又博覽佛、老之書。知無所得，知無可取。反而求之六經。於是求之六經之書。嘉祐初，嘉祐初年。見洛陽程伯淳、正叔昆弟於京師，見明道兄弟於帝都。共語道學之要，相與講論道學。先生渙然，先生大悟。乃盡棄異學，盡棄向來異學之非。淳如也。純然吾道。

方未第時，先生未登第。文潞公以舊相判長安，潞公姓文，名彦博，舊爲相，出判長安。聞先生名行之美，久聞聲名德行之盛。聘以束帛，以禮幣聘之。延之學宫。以學職處之。其在雲巖，及宰雲巖。政事大抵以敦本善俗爲先，見諸設施以重本善、厚風俗爲第一事。每以月吉，每月之朔。具酒食召鄉人高年，置酒餚召邑里人之老者。會於縣庭，聚於公宇。親爲勸酬，或勸或酬，身親臨之。使人知養老事長之義。俾人人知養其老而敬其長。因問民疾苦，歷詢百姓之病患。及告所以訓告子弟之意。又教以告詔其子弟之方。京兆王公京兆尹王氏。嘗延致郡學，曾招致郡學中。先生多教人以德，先生訓人多以德。從容語學者：和緩與其學徒言。「孰能少置意科舉，誰能棄置舉子之業。相從於堯舜之域？」相與同入堯舜之聖域。學者聞法語，學徒聞其言語有法。多從之。皆聽其言。

上嗣位之二年，主上登極之二年。登用大臣，進用大臣。思有變更，欲行新政。御史中丞呂晦叔晦叔爲中丞。薦先生於朝，首以先生爲薦。曰：「張載學有本原，先生爲學有祖。西方之學者西蜀之學士。皆宗之，並皆尊其道德。可以召對訪問。宜召至闕廷試加訪問。上即命召入見。於是召對。上問治道，問之以爲治之道。皆以漸復三代爲對，欲漸復三代之風。上悅之，曰：君喜其言乃云。「卿宜日見二府議事，汝亦宜日日見二相府，講論當世事。朕且將大用卿。」吾欲大用汝。先生謝曰：先生起謝云。「臣自外官赴召，臣以在外小官，上赴君命之召。未測朝廷新政所安，未知今日所行新政便宜。願徐觀旬月，願得徐察旬月之間。繼有所獻。」有所聞則當獻其忠。上然之。君許之。他日見執政，一日見政府。執政與語曰：政府與言云。「新政之更，新政之變更。懼不能任事，慮無人以任此責。求助於子何如？」欲求子爲助。先生對曰：答云。「朝廷將大有爲，朝廷之上將有施爲。天下之士四海之士大夫。願與下風。皆欲趍走下風。與，去聲。若與人爲善，如與天下人爲善。則孰敢不盡？又誰敢不盡其力？如教玉人追琢，正猶使玉人雕琢良玉。則人亦故有不能。」則人尚有未能者。執政默然政府不應。不合，不相合。命校書崇文，遂擢校書崇文殿。先生辭，先生固辭。復按獄浙東。領浙東刑獄事。或有言曰：或又有云。「張載以道德進，先生以道德擢用。不宜使之治獄。」獄官非其所宜。執政曰：政府言。

「淑問如皋陶，善聽獄之吏如皋陶。猶且獻囚，尚在泮宮獻囚。此庸何傷？」此又何害？獄成還朝，獄已成，歸朝。會弟天祺以言得罪，適弟名天祺以言事得罪。乃告歸，居於橫渠故居，於是請歸返舊廬。遂移疾不起。遂辭以疾不復起。

橫渠至僻陋，所居之地最爲隘地。有田數百畝，有數畝之田。以供歲計。以供一歲之用。終日危坐一室，終日之間直躬而坐一室，左右簡編，左右無非圖籍。俯而讀，俯首而誦。仰而思，起而思。有得則識之。有所得則記之，或中夜起坐，或至半夜起而坐。取燭以書。明燭以記其所得，文公贊之所謂「妙契疾書」是也。其志道精思，有志於道，精而思之。未始須臾息，未始頃刻不用力。亦未始須臾忘也。亦未嘗頃刻忘也。學者有問，爲學者有問於先生。多告以知禮成性、多與之言求知天理、混成天性之事。變化氣質之道，變化氣質之理。學必如聖人而後已，爲學必欲求至聖人地位。聞者莫不動心有進。聞之者皆感動其心而進於善。雖貧不能自給，雖其居貧，自養不足。苟門人之無貲者，苟從學而無資財。雖糲蔬亦供之。而藜糗不爲之吝[八]。糲，音厲。其自得者，自得之學。窮神化，窮精神，知變化。一天人，合天人之理。立大本，立是道之大本。斥異學，斥逐異端之學。自孟子以來自孟軻而下。未之有也。無有其比。嘗謂門人曰：「嘗語其門弟。吾學既得於心，吾之爲學既得於心。則脩其辭，則見於言辭。命辭無差，辭無差舛。然後斷事無失。至於處事皆無所失。吾乃沛然精義入神，我則沛然義理之精，自入神妙之域。豫而已矣。」此心自然悦豫。

先生氣質剛毅，其氣質剛正嚴毅。德盛貌嚴，其德極盛，其貌端嚴。然與人居，但爲人相處[九]。久而日親。至久而日益親。其家童子，家有童稚。其治家接物，其治家之道與應接事物。大要正己以感人，大率皆是正其己，以感動乎人。必使掃洒應對，咸使擁篲洒掃、言語應對。給侍長上。供給侍奉長上。女子之未嫁者，有女未嫁。必使觀祭祀，咸使觀祭祀之禮。納酒漿。供酒醴。皆所以養遜弟，所以教其遜順之風。就成德。成就其盛德。嘗曰：「事親奉祭，每言事父母、奉祭祀。豈可使人爲之？」豈可令他人爲之？聞人之善，聞他人之有善。喜見顔色。喜見顔色之間。答問學者，應答問學之人。雖多不倦。不憚其煩。有不能者，有未能開悟者。未嘗不開其端。未嘗不啓其端緒。其所至必訪人才，所至之地必訪問善人。有可語者，有可相與言者。必丁寧以誨之，必再三誨誘之。惟恐其成就之晚。惟懼其成德之遲也。歲適大歉，年飢。至人相食，甚至人自相食。家人惡米不鑿，家人以米之粗。將舂之，欲杵之白。先生亟止之曰：先生急已之云。「饑殍滿野，餓死之人盈野。雖蔬食且自愧，雖蔬飯亦自生愧。又安忍擇乎？」尚何忍有所擇？熙寧九年秋，是年秋。先生感異夢，如夫子「夢奠兩楹」之類。乃集所立言，集聚其著述者。謂之正蒙，名之曰正蒙。出示門人曰：出以示其徒弟。「此書予歷年致思所得，此書乃平生精思以得。其言殆合前聖。其言語與前聖相合。大要發端示人，不過啓其端以示夫人。其觸類廣之，觸其類而充廣之。則吾將有待於學者。則我將有待後人。正如老木一株，恰如一株老樹。枝別固多，其枝之分固衆。所少者潤澤花葉爾。」猶欠光華花與葉耳。

先生慨然有意三代之始，先生奮然欲興復三代之盛。嘗曰：嘗言。「仁政必自經界始，欲施仁政，當自正井地之經界始。貧富不均，或富或貧不能均平。教養無法，教之養之皆無其法。雖欲言治，而欲論治。皆苟而已。不過苟且而已。世之病難行者，世人病其難行者。未始不以亟奪富人之田爲辭。未有不以奪富家之田非美政。然兹法之行，但此法既行。悦之者衆，人悦之亦多。期以數年，以數載爲期。不刑一人而可復。」不必罪一人而井地復矣。方有志未就，有此志未及行。會秦鳳帥吕公薦之曰：時吕公爲秦鳳路帥，薦之云。「張載之學，先生之學。善發聖人之遺意，能發明前聖之餘旨。其術略可措之以復古。其策亦可用之以復三代之治。乞召還舊職。」乞以舊職召。先生曰：先生言。「吾不敢以疾辭，吾不敢以疾病辭。庶幾有遇焉。」或有所遇合。及至都，及至京。公卿聞風慕之，士大夫聞其風而興慕。然未有深知先生者。猶未有深知先生意者。以所欲言，以其所言。嘗試於人，曾試詢於人。多未之信。多不以爲然。會有疾告歸，適有疾亟歸。不幸告終，不幸即終。不卒其愿。不能終其志。

没之日，死之日。唯一甥在側，唯一外甥在旁。遂奉柩歸殯以葬。及護喪歸葬。其治喪禮一用古，其喪禮一遵古制。以終先生之志。以慰先生平生之志。

某以先生行事之跡，即先生所行之事。敢次以書。輒敢次序而書之。

校勘記

［一］竊見河南處士程頤力學好古　「竊」原作「切」，據四庫本改。
［二］將權爲講筵之官　「權」，四庫本作「以」。
［三］請内待宫人　「待」，四庫本作「侍」。
［四］跬犬蘂切　「跬犬蘂切」，四庫本作「離大吏切」。
［五］乃可以成就聖德　「德」原作「聖」，據四庫本改。
［六］先生再經筵　「再」，四庫本作「在」。
［七］量移峽州　「峽州」下，四庫本有「居住」二字。
［八］而藜糗不爲之吝　此句，四庫本作「雖藜藿必與之共」。
［九］但爲人相處　「爲」，四庫本作「與」。

新編音點性理群書句解卷之二十二　前集

行實

康節先生墓誌銘　明道先生

此篇言先生安貧樂道，悟陰陽消長之理，不以富貴動其心。

熙寧丁巳孟秋，熙寧年間丁巳歲七月。堯夫先生堯夫，邵子字也。疾終於家。以疾歿於家。洛之人吊哭者相屬於塗，洛之人士吊哭其家者，相聯屬於道。其尤親且舊者，其至親且舊之甚者。又聚謀其所以葬。又相與同謀其葬之事。先生之子先生子名伯温。泣以告曰：垂涕以相告云。「昔先人有言，昔吾父有云。誌吾墓者，記吾之墓。必以屬吾伯淳。」必當屬於明道。伯淳，其字也。噫！嘆辭。先生知我者，邵子其知予者。以是命我，以此而屬於我。我何敢辭？我亦不得而辭焉？

謹按：邵氏姬姓，謹考邵氏出於姬姓。系出召公，世出召奭。故世爲燕人。故世爲燕國人。父諱古，父名古。隱德不仕。隱其德不耀。先生之幼，先生少時。從父徙共城，隨其父移居共城。晚遷河南，晚年方始遷居河南。葬其父於伊川，葬其父於伊川之地。遂爲河南人。爲河南人。先生生於祥符辛亥，先生生於祥符年間辛亥歲。至是蓋六十七年矣。至此已是六十七年。雍，先生之名，先生諱雍。而堯夫其字也。堯夫，先生之字也。娶王氏，妻姓王。伯温、仲良，其二子也。二子長伯温，次仲良。

先生之官，先生得官。初舉遺逸，仁宗嘉祐中舉遺逸[一]。試將作監簿，王公拱辰以先生應授將作監簿。後以爲潁州團練推官，後又以爲潁州推官。辭疾不赴。以疾病辭不赴。

先生始學於百源，百源明數學之人，先生初就之學。堅苦刻厲[二]，堅心若節，刻志自厲。冬不爐，冬不向火。夏不扇，夏不揮扇。夜不就席者數年，夜不就榻，如此數年。衛人賢之。衛之人皆賢之。先生嘆曰：先生方且興嘆云。「昔之人尚友於古，昔之人尚友於古人。而吾未嘗及四方，而我尚未及四方之中。遽可已乎？」而可自止耶？於是走吴適楚，乃走吴郡，適楚邦[三]。過魯客梁晉，過魯國，客梁晉之地。久之而歸，曰：既久則盡得所學，浩然而歸，云。「道其在是矣。」吾道其在於是。蓋始有定居之意。方始有定厥居之意。

先生少時，先生年少時。自雄其才，雄騁其才。慷慨有大志，奮然有大志尚。既學，既奔走四方而學。力慕高遠，所慕者非淺近。謂先王之事謂三代之治。爲可必致。必然可致。及其學益老，及爲學日益老。德益卲，而德日益高。玩心高明，心超於造化之表。觀天地之運化，密察天地運化之妙。陰陽之消長，陰陽消息之理。以達乎萬物之變，以達之萬物之變。然後頹然其順，而後怡然而順其理。浩然而歸。浩乎而歸。在洛幾三十年，居於洛者凡三十年。始也蓬華環堵，初則蓬室華門，環壁不全。不蔽風雨，不足以蔽蓋風雨。躬爨以養其父母，躬親炊爨，以致養其親。養，去聲。居之裕如。居處泰然而自安。講學於家，講論正學於其家。未嘗强以語人，未嘗强以語諸人。而就問者日衆。而來問之人日益衆。鄉里化之，鄉里之人皆化其習。遠近尊之。遠近之人皆尊其學。士人之道洛者，士大夫之趍洛。有不之公府，非是往見州郡。而必之先生之家。則是往訪先生之廬。

先生德器粹然，先生道德氣質純粹。望之可知其賢。望而見者即知其爲賢。然不事表暴，不欲表暴於世。不設防畛，不立限界。正而不諒，正直而不求信於人。通而不污，明通而無所污濁。清明坦夷，清潔自將平易可近。洞徹中外，洞照內外。接人無貴賤親疏之間，其接於人無貴、無賤、無親、無疏之間隔。群居燕飲笑語，群聚飲燕笑言。終日不取甚異於人，盡日不與人異。顧吾所樂如何耳。亦觀我所自樂如何。病畏寒暑，以疾病畏盛寒盛暑之時。常以春秋常以春煖秋凉之時。行遊城中，行遊於城市之中。士大夫家　士大夫之家。聽其車音，聽先生之車音。倒屣迎致，躧屣爭出迎致。雖兒童奴隸，雖童稚傭奴之人。皆知歡喜尊奉。無不喜於尊親。其與人言　與人言語。必依於孝悌，必以孝親遜長爲先。樂道人之善，喜言人善。而未嘗及其惡，未嘗及人之惡。故賢者悦其德，賢者之人則愛其德。不賢者服其化，不賢之人咸服其教。所以厚風俗、能使風俗之歸厚。成人材，成人之才美也。先生之功多矣。先生之功可謂大矣。

昔七十子學於仲尼，昔仲尼闡教速肖者七十人[四]。其傳可見者，得其親傳而可見於經者。曾子、子思，惟曾子、子思爲有宗。而子思之所以授孟子。子思傳之於孟子。其餘門人，其他門弟子。各以材之所宜爲學，各以其才之宜學者以爲學。雖同尊聖人，雖是同尊聖人之道。所因而入者，因此而入道者。門户亦衆矣。其門户亦多矣。況後乎千歲，自孟子没又千餘年。師道不立，師道不能有立。學者莫知其從來。學者不知其所自來。獨先生之學爲有傳也。獨有先生之學爲得其傳。先生得之於李挺之，先生得其傳於李之才。挺之得於穆伯長，之才得於穆脩。推其源流，推本其論。遠有端緒。其來之遠亦有其源。今穆、李之言，今穆脩、李之才之言。及其行事概可見。及行事之迹大概可知[五]。而先生醇一不雜，先生則真醇純一，不流於雜。汪洋高大，浩博高遠。乃其所自得者多矣。又其所自得者。

先生有書十二卷，著書凡十有二卷。曰皇極經世；名之曰皇極經世。古詩二千篇，爲古製凡二千餘篇。題曰擊壤集。名之曰擊壤集。先生之葬，及葬。祔於先塋，祔於其先之丘壠。實其終之年孟冬丁酉也。乃其死年冬月也。

銘曰：復爲之銘云。嗚呼先生！嗟哉先生！志豪力雄。志氣之逸，力量之大。闊步長趍，步地之高，趍向之廣。凌高厲空。心通天地，歷覽無際。探幽索隱，窺造化之幽微，究天理之隱奧。曲暢旁通。由一偏而推闡復，即其近以求通。在古或難，在古人之所難。先生從容。獨先生之不迫。有問有觀，於問於觀。以饜以豐。厭足而該通。天不憖遺，天不以此遺我後人。憖，魚請切。哲人之凶。乃使賢者大數止此〔六〕。嗚臯在南，葬所地名。伊流在東，亦地名。有寧一宮，没寧之宮。先生所終。先生終於此矣。

涑水司馬先生行狀

眉山蘇軾撰

此篇述先生立朝處己之節、歷官行事之美。

公姓司馬，姓司馬。名光，光，其名。字君實，君實，其字。峽州夏縣人。世居峽州夏縣。初以父任，以父蔭。爲將作監簿，爲監簿。舉進士擢進士。甲科，登甲科。簽書武成軍判官事，受僉判。入爲國子監直講，入爲學官。召試試館職。除館閣校勘，除校勘。同知太常禮院。兼知禮院。

公自成童，公自幼時。凛然如成人。凛乎如既冠者。七歲聞講左氏春秋，及七歲聞講論左傳。大愛之，深喜之。退爲家人講，退而與家人講説。即了其大義。即通曉其義。自是手不釋卷，自此手不停披。至不知飢渴寒暑。渴飲飢食與天時寒暑並不知。年十五，十五歲。書無不通，於書無不通曉。文辭醇深，文學醇正而深切。有西漢風。類西漢風。

至和中，至和年中。仁宗始不豫，仁廟不豫悦。國嗣未立，國本未立。天下寒心。天下之人莫不凛凛。惟諫官范鎮惟范鎮爲諫官。首發其議，首言其事。公時從龐莊敏公辟，公以其奏辟。通判并州，爲并州通判。聞而繼之，聞范公之請而繼其後。上疏言：上章奏。「願擇宗室，願選宗室之賢者。使擁儲貳，使暫居儲位[七]。以待皇嗣之生；以俟誕生聖嗣。退居藩服，退守藩府。亦足係天下之望。」可以係屬天下之心。及爲諫官，後爲諫官。復上疏，再上章。且面言：「臣爲并州通判，面陳爲并倅時。所上三章，凡三章言儲貳事。願陛下果斷力行之。」願得斷决而行其言。時仁宗簡默不言，上天性謹默。雖執政奏事，雖大臣論奏。首肯而已。領之而已[八]。聞公言，聞先生之語。沉思久之，默思甚久。曰：「得非欲選宗室爲繼嗣者乎？豈非欲使我選宗英以爲嗣續計？此忠臣之言也。」此盡忠之論。

英宗即位，英廟登極。公論入内任守忠大姦，公言内侍任守忠者大奸猾。沮壞大策，摇撼立嗣之大計。離間百端，百計離間。交構兩宫，構怨兩宫。國之大賊。爲國之巨賊。乞斬於市，請戮諸市曹。以謝天下。以謝天下之人。詔守忠蘄州安置。安置守忠於蘄。

神宗即位，神廟即位。公上疏論修心之要三：先生上章言正心之道有三。仁、明、武，仁主於愛，明主於察，武主於斷。治國之要三：治國之要三。官人、信賞、必罰。任官惟人，有功必賞，有過必罰。「其説甚備。其言極詳。臣昔爲諫官，臣向居諫位。即以此六言獻仁宗，嘗以此六者獻之仁考。其後以獻英宗，及其後復獻於英考。今以獻陛下。今又獻之神宗。平生學力，平生爲學之力。盡在是矣。」並在於此。

執政以河北災傷，大臣以河北之地時有災傷。國用不足，國用匱乏。乞今歲郊賚，乞今年郊祀賜賚群臣。兩府不賜金帛，政府不必賜金與帛。送學士院取旨。令學士院降詔。與王安石、王珪同對，與二人同對上前。公言：「救災節用，先生言救災傷、節財用。宜自近始，當自近而朝廷始。可聽辭賜。」可聽其辭免賜賚。安石曰：王安石云。「常衮辭賜饌，昔常衮辭賜御饌。時議以衮自知不能當，時人議之，謂衮自知其不足當此。辭位不當辭禄。則當去位，不當辭其賜饌。且國用不足，且國之用度不足。非當今之急務也。」非是今日急切之事。公曰：先生云。「衮辭禄，常衮辭其賜。猶賢於持禄保位者。猶勝於貪其禄、固其位也。國用不足，國家財用之乏。真急務，真是急切之務。安石言非是。」王安石之言不當。安石曰：安石又云。「不足者，臣之所謂不足者。以未得善理財者故也。」以未得其能理財之人。公曰：先生又云。「善理財者，所謂以理財爲能者。不過會歛以盡民財，不過聚歛以竭天下之財。民窮爲盜，百姓窮斯濫，則爲寇盜。非國之福。」非是吾國家之福人。安石曰：「不然，安石言非。善理財者，善於謀利者，不加賦而上足用。」不必增税而國用自足。公曰：先生云。「天下安有此理！天下如何有此道理！天地所生，天所生，地所産。止有此數，其數有限。不在民則在官。不在於百姓則在於公帑。不加賦而上用足，不增税而國用足。不過設法陰奪民利，不過别立一法如青苗之類，陰實攘奪百姓之利。其害甚於加賦。而流害過於增賦。此乃桑弘羊欺武帝之言。不過弘羊之徒立法取財以欺其君[九]。至其末年，至於晚年。盜賊蠭起，盜賊群起。幾至於亂。幾於大亂。若武帝不悔禍，如漢武帝不悔其非。昭帝未變法，孝昭不能變其所爲。則漢幾亡。」則漢將亡矣。及王安石執政，及安石秉政。始創條例司，别置官謂之條例司。建青苗、助役、水利、均輸之政，立此四者之法。謂之「新法」。名曰「新法」。公上疏，逆陳其害。先生上章力説其弊。行之十年，新法之行凡十年。皆如公草。其言皆如先生奏藁。

邇英進讀蕭何、曹參事，邇英殿侍講，一日講蕭規曹隨事。公曰：先生云。「參不變何法，曹參不改蕭何之法。得守成之道。得守己成之理。故孝惠、高后時故惠帝與吕后之時。天下晏然，天下無事。衣食滋殖。」民之衣食豐足。上曰：神宗云。「漢常守蕭何之法漢家永守蕭何之規。不變，可乎？」常不必變，可耶？公曰：先生言。「何獨漢也，何必漢之君。使三代之君雖使夏商周之主。常守禹、湯、文、武之法，常遵其祖宗之典。雖至今存可也。其國祚雖至今尚存亦可。漢武帝用張湯言，漢武信張湯酷吏之言。取高帝約束紛更之，取祖宗制度令改更之[一〇]。盜賊半天下；以至盜賊並起。元帝改宣帝之政，元帝不守孝宣之政。而漢始衰。而漢祚自此衰。由此言之，以此而言。祖宗法不可變也。」祖宗之法不可改易。後數日，又其後幾日。吕惠卿進講，惠卿，安石黨也，當其講説。因言：「先王之法，因論三代之法。有一年一變者，有一歲一改作者。『正月始和，月吉之初。布法象魏』是也。象魏，雉門兩觀也，懸其法於上，此是也。有五年一變者，有五年一改變者。巡狩考制度是也。巡視諸侯而省察制度是也。有三十年一變者，有三十年而一變易者。『刑罰世輕世重』是也。三十年爲一世，世輕世重，是三十年一變也。有百年不變者，有歷百年不可改者。『父慈子孝』是也。人倫而已。前日光言非是，前日光言未當。其意以諷朝廷，其意譏諷朝政。且譏臣爲條例司官耳。」且議臣不當爲此職。上問：「惠卿言何如？」神宗問惠卿所言如何？公曰：答云。「『布法象魏』，示法於象魏間。布舊法也，只舊典也。何名爲變？非變也。若四孟月朔若四時孟月之朔也。屬民讀法，會民聽法。爲時變月變耶？此可爲時一變月一變耶？諸侯有變禮、易樂者，諸侯凡有變其禮、易其樂者。王巡狩則誅之，天子巡視而戮之。王不自變也。天子未嘗自變。刑新國刑新立之國。用輕典，則用薄刑。亂國用重典，於暴亂之國則用重刑。平國用中典，凡國則用平典。是爲世輕世重，此之謂世輕世重。非變也。」不是變法。

先生博學，無所不通，學問無不通。音、曆、天文、書、數音樂、律曆、天文、書數之學。皆極其妙。皆造其藴。尤好禮，喜尚禮教。不喜佛、老，不喜釋、老之學。有資治通鑑傳於世。奉詔撰述通鑑一書，賜名「資治」。

公嘗問康節曰：先生問堯夫云。「我何如人？」某何等人？康節曰：堯夫云。「君實脚踏實地人也。」乃步步着實之人。公深以爲知言。先生以其能言己事。明道嘗言：明道先生嘗曰。「君實之語，先生之言。如人參甘草。」如良藥也。又曰：又言。「君實之忠孝誠實，先生忠於君，孝於親，真誠靠實。只是天資。」皆其天資純粹，暗與道合。范太史亦以爲勤禮出於天性。而范公亦言天性自然。

先生多歷清要，多歷清要之職。自并州通判、權起居注、同知諫院、除制誥，除是數職。辭至八九，力辭。授天章閣待制兼侍講。繼又擢是數職。神宗初擢翰林學士，又入翰學。力辭，又辭。不許，上不許。爲御史中丞，遷翰林學士，又除臺官、翰苑。拜樞密副使，除入政府。不拜，不受。以端明殿學士出知永興軍，以執政恩例出判永興。移知許州，不赴，辭。提舉崇福宫，復領宫祠。累遷，元祐元年拜左僕射兼門下侍郎。相職也。九月薨，是年九月卒。年六十八。享年六十八。贈太師、温國公，贈師垣，封温國。哲宗親篆碑額曰哲宗親書其墓碑。「清忠粹德之碑」。褒之以「清忠粹德」四字。建炎二年，高宗建炎年間。詔配饗哲廟云。侑食哲宗廟庭。

校勘記

［一］仁宗嘉祐中舉遺逸　「嘉」原作「加」，據四庫本改。

［二］堅苦刻厲　「厲」，四庫本作「勵」。按：注文亦同。

［三］乃走吴郡適楚邦　「郡」原作「上」，據四庫本改。

［四］昔仲尼闡教速肖者七十人　「速肖」，四庫本作「道通」。

［五］及行事之迹大概可知　「知」，四庫本作「見」。

［六］乃使賢者大數止此　「止」，四庫本作「如」。

［七］使暫居儲位　「儲」原作「諸」，據四庫本改。

〔八〕領之而已　「領」，四庫本作「頜」。

〔九〕不過弘羊之徒立法取財以欺其君　「弘」原作「洪」，據四庫本改。

〔一〇〕取祖宗制度令改更之　「令」，四庫本作「盡」。

新編音點性理群書句解卷之二十三　前集

行實

晦庵朱先生行狀

勉齋黃先生

此篇言先生立身行己之方、著書傳道之實。

先生姓朱氏，姓朱。諱熹，熹，其名也。字仲晦，仲晦，其字。世居徽之婺源。世居徽州婺源縣。父松，父諱松。仕於建，仕於建寧。遂家於建陽縣之考亭。因徙居建陽縣之考亭。先生年十八舉進士，十八歲鄉舉。登第，登科。自少厲志聖賢之學，自少時即刻志自厲聖賢之學。自韋齋得中原文獻之傳，其父韋齋得中原正學之傳。聞河洛之學，得聞洛中二程之學。推明聖賢遺意，推究古者聖賢之餘旨。日誦大學、中庸，日日誦讀大學、中庸二書。以用力於致知誠意之地。盡其力於推極其知、誠實其心所發之地。先生蚤歲，先生自早年。已知其說，已得備聞其言。而心好之，而此心甚喜之。韋齋病且亟，韋齋病革。屬曰：且急屬先生云。「籍溪胡原仲、姓胡，名憲，字原仲，籍溪其號。白水劉致中、劉姓，致中其字，白水其號。屏山劉彦冲姓劉，字彦冲，屏山其號。三人，吾友也，此三人者皆我之友。學有淵源，問學有源。吾所敬畏。皆我所敬所畏之人。吾即死，我若死。汝往事之，汝往其家敬事之。而唯其言之是聽，惟三先生之言是聽。則吾死不恨矣。」我雖死亦無所恨。先生既孤，先生既失父。則奉以告三君子而稟學焉。則奉此語以言三先生，稟命而學。

時年十有四，時年已十四。慨然有求道之志，奮然有志於道。博求之經傳。廣求於聖經賢傳。遍交當世有識之士，凡當時有見識之人，無不納交。雖釋、老之學，雖是釋氏、老氏之學。亦必訂其是非。亦必考論其爲是爲非[一]。延平李先生，延平，南劍也。李姓，名侗，字愿中。學於豫章羅先生，豫章，龍興也。姓羅，名仲素，延平又師之。羅先生學於龜山楊先生，楊姓，時名，字中立，龜山其號也。豫章師之。延平於韋齋爲同門友。延平、韋齋皆共學之友也。先生歸自同安，先生初官泉州同安簿既歸。徒步往從之，徒行從延平游。延平稱之曰：延平稱先生曰。「樂善好義，樂親善人，好行義事。鮮與倫比。」無人可與之比倫。鮮，去聲。又曰：又言。「穎悟絶人，秀穎超越過人。力行可畏。篤行可敬。其所論難，其所下論問難[二]。體認切至。」體認是理切當。自是經游幾年，自此就學幾年。學之所造益深矣。學之所詣愈極其遠。其爲學也，其爲學之道。窮理以致其知，窮究義理，推極其知。反躬以踐其實，反之吾身，求踐實行。居敬者所以成始終也。自守以敬，終始不違。謂：致知不以敬，言推極吾之知識，苟不以此敬爲本。則昏惑紛擾，則昏亂迷惑，紛紛擾擾。無以察義理之歸；則不能究義理之所歸宿。躬行不以敬，行己，苟不以此敬爲本。則怠惰放肆，則怠惰肢體，放肆私欲。無以致義理之實。不能得義理之真。持敬之方，所以持守是敬。莫先主一。則在乎主此一。「主一」云者，心主一事，更不參插第二、第三事。既爲之箴以自警，既爲敬齋箴，以自警飭。又筆之書，又載之大學或問之中。以爲小學、大學以爲人自八歲入小學，十五歲入大學。皆本於此。莫不皆出於敬。終日儼然，盡日厄然[三]。端坐一室，獨處一室。討論典訓，搜閱書籍。未嘗少輟。無少止息。自吾一心一身，自我一心一身之中。以至萬事萬物，至於萬事之多、萬物之衆。莫不有理。莫不具此理。存此心於齋莊靜一之中，操存此心，以敬爲本。齋莊靜一，敬也。窮此理於學問思辨之際。而復能窮究此理於博學、審問、謹思、明下之頃[四]。皆有以見所當然而不容已，有以見其所當然之理，而不容自已。與其所以然而不可易。與其所以然之故而不容易者。然充其知而見於行者，充其所知而見於所行。未嘗不反之於身也。未有不反面求諸己也。不睹不聞之前，未有所睹，未有所聞。所以戒謹者所以戒謹於身者。愈嚴愈敬；益嚴敬。隱微幽獨之際，暗室屋漏之中。所以省察者所以省察於心者。愈精愈密。益加精密。思慮未萌，念慮未起。而知覺不昧；心知不昧。事物既接，事物交接。而品節不差。而裁度不差。無所容乎人欲之私，一私不容。有以全乎天理之正。萬善皆備。其爲道也，道其所道。有太極而陰陽分，既有太極，是分陰陽。有陰陽而五行具，自陰陽分，則生金木水火土，而爲五行。稟陰陽五行之氣以生，稟得此陰陽五行之氣，而有此生人。則太極之理，則至極之理。各具於其中。各具於陰陽五行之中。天所賦爲命，天以陰陽五行之理賦於人，則謂之命。人所受爲性。人稟得此陰陽五行之理於心，則謂之性。感於物爲情，感物而動，則爲情。統性情爲心。統乎性情而爲性情之主，則爲心。根於性則爲仁、義、禮、智之德，蘊於性則爲四者之德。發於情則爲惻隱、羞惡、辭遜、是非之端，見於情則有是四端之用。形於身則爲手、足、耳、目、口、鼻之用，形之於身則爲六者之用。見於事則爲君臣、父子、夫婦、兄弟、朋友之常。達於事則爲此五倫之道。求諸人，求之於人。則人之理不異於己；則人之理與己一。參諸物，博參諸物。則物之理不異於人。則物之理與人一。莫不析之極其精而不亂，析之則極其精細而不至於錯亂[五]。然後合之盡其大而無餘。合之極其大而無有餘。

先生之道，先生所謂道。可謂建諸天地而不悖，揭諸天地而無違悖。質諸聖賢而無疑。參諸聖賢而契合無疑[六]。其得於己而爲德也，其有得於身而爲此德。以一心而窮造化之原，以一心而探造化之蘊。盡性情之妙，盡其性情之德。達聖賢之蘊；窮聖賢之蘊奥。以一身而體天地之運，以一身參天地之妙。備事物之理，備事事物物之理。任綱常之責。任三綱五常之大。明足以察其微，明足以燭是非之微。剛足以任其重，剛足以任是道之重。弘足以致其廣，弘足以充是道之廣。毅足以極其常。毅足以守是道之常。至於養深積厚，至於所養之深、所蓄之厚。矜持者純熟，始於操持，終自純熟。嚴厲者和平，初則嚴厲，終自和平。心不待操而存，心雖不操而自無不存。義不待索而精，義未嘗索而自無不精。而非後學之所可擬故也。而非後來學者所可比擬而論議也。

其間居也，燕間之居。間，音閑。未明而起，昧爽即興。深衣、幅巾，衣深衣，戴幅巾。拜於家廟 拜於廟堂。以及先聖。以及夫子。退坐書堂，退處書堂。几案必正，讀書几案必使之正。書籍器用必整。圖書器物必使之齊。其飲食也，其於飯食之際。羹食行列有定位，飯左羹右，有定位也。匕箸舉措有定所。當飯而用，飯畢則收，有定所也。倦而休也，疲倦休息。瞑目端坐；假寐危坐也。休而起也，休息復起。整步徐行。適意緩步也。中夜而寢，夜半方寐。既寢而寤，已寐而覺。則擁衾而坐，擁被端坐。或至達旦。以至通宵。威儀容止之則，威儀可法，容止可則。自少至老，自其年少以至年老[七]。未嘗須臾離也。無頃刻不如此也。於家也，施之於家。奉親極其孝，事親則盡孝。撫下極其慈，恤幼則有恩。閨庭之間，閨門之內。內外斬斬，中外整然。恩義之篤，有恩有義。怡怡如也。何其和也。其祭祀也，其於祭祀。事無纖鉅，事無大小。必誠必敬，盡誠盡敬。小不如儀，小不合禮。終日不樂。盡日不悅。其自奉，自奉於己。則衣取蔽體，衣不過蔽其身。食取充腹，食不過充其腹。居止取足以障風雨，所居之室不過求可以蔽風雨而已。人不能堪，人不堪其憂。而處之裕如也。先生處之泰然自足。若其措諸事業，若夫施諸事業之際〔八〕。則州縣之設施，則治行州縣之間。立朝之言論，言出朝廷之上。亦可概見。亦可見其大概。雖達而行道，雖出而行斯道於世。不能施之一時，不足以究其一時之設施。然退而明道，退而著是道於書。足以傳之萬代。可以爲萬代之承繼。

於大學、中庸，於此二書。則補其闕遺，闕文則補之，如大學補致知格物章之類。別其次第；分其次序，如二書各分章句是也。綱領條目，如二書各分經傳，經爲綱領，傳爲條目。粲然復明。昭如日星。於論語、孟子，於語、孟二書。則深原當時問答之意，則推明一時師弟子問答之意。使讀而味之者，使讀此書而玩味之者。如親見聖賢之面命。猶親承孔孟之誨。於易與詩，於詩、易二經。則求其本義，則深明是書本然之義。深得古人遺意於數千載之上。有得古人餘旨於萬代之上。凡數經者，凡是數經。見之傳註，皆爲訓釋。其關於天命之微，大而天命之蘊。人心之奥，近而人心之妙。入德之門，進德之門户。造道之閾，造道之閾奥。閾，音域。發其旨趣，無不發明其精藴。而無所遺矣。無有所遺矣。於書，則疑今文之艱澀，於尚書，則明今文之異，其言語艱澀。反不若古文之平易。不如古文之粹，語意平易，故於逐篇之下有今文、古文之別。

於春秋，則疑聖心之正大，春秋則疑夫子之心正大。決不類傳註之穿鑿。不如公、穀、左氏之破碎。於禮，則病王安石廢罷儀禮，禮，則深惡王荆公之滅裂禮文。而傳記獨存於樂。傳記之中獨載夫樂。至若歷代史記，古今之史。則又考論西周以來，則考究議論自平王以來。至於五代，終於梁、唐、晉、漢、周之五代。取司馬公編年之書，取温公資治通鑑編年之史。繩以春秋記事之法。用春秋襃貶之筆。周、程、張、邵之書，四君子之著書。所以繼孔孟道統之傳，上續孔孟千載不傳之道統。歷時未久，閲歷年歲未深。鬱而不章，文義無有爲之發明者。先生爲之裒集發明，先生乃搜集遺言，發揮傳註。而後得以盛行於世。此書而後大行於天下。太極、先天圖，太極，周子所著。先天圖，邵子所述。精微廣博，微妙浩博。不可涯涘，不可窺測。爲之解剥條畫，爲之解注條具。而後天地本原，造化之本始。聖賢蘊奥，聖賢之精蘊。不至於泯没。不至於湮没。先生教人，先生誨人。以大學、語、孟、中庸即是四書。爲入道之序，爲求道之端。而後及諸經，然後方及他經。以爲不先乎大學，不首先大學之書。則無以提挈綱領，則不能提綱挈領。而盡語、孟之精微；而盡得語、孟精微之理。不參之以語、孟，既會大學，不使之參究語、孟精微之理。則無以融會貫通，則不能混融該貫。而極中庸之旨趣。而達中庸奥妙之旨。何以建立大本，又何以植其大本。經綸大經哉？而立其大經耶？一時摳衣而來，一時摳趨先生之側。遠自川、蜀。雖四川、西蜀之遠。莫不咸至。文詞之傳，文章之傳播。流及海外。以至窮海之外。至於夷虜彼夷狄不習文教之人。亦知慕其道。亦莫不慕先生之道。

先生既没，先生已死。學者傳其書，爲學之士傳誦其書。信其道者益衆，信先生之道者益衆。亦足以見理義之感於人者深矣。亦可見理義之入人心，其深固如此夫。繼往聖將墜之緒，續前聖欲墜之統。啓前賢未發之機，開前哲所未發之言。辨諸儒之得失，卞論諸儒之或得或失[九]。闢異端之訛謬，斥異端之訛舛害道。明天理，推明天理。正人心，一正人心。事業之大，功業之盛。孰有加於此？誰得而加之？至若天文、地志、至如上而天文，下而地理。律曆、兵機，音律、曆數、兵法之書。亦皆洞究淵微。亦能洞察其深妙。是非資禀之異，若非天資之異於人。學行之篤，學力之加於己。安能事事物物，又安至於萬事萬物。各當其理，無一不當於理。各造其極焉？無一不詣其至哉？秦漢以來，自秦漢而下。迂儒曲學，儒者迂闊，皆非正學。既皆不足望其藩墻。既皆不足以窺先生之門墻。而近代諸儒，而近世儒者。有志於孔孟周程之學者，有志一聖三賢之學。亦豈能造其閫域哉？又安能詣先生之閫奥哉？嗚呼！嘆辭。是殆天所以相斯文焉，是皆天佑斯文。篤生哲人，生我先生。以大斯道之傳也。以昌斯道之一脉也。

慶元六年庚申歲，寧宗年號。卒於正寢，終於家。年七十一。壽七十一歲。累歷官終侍講，終於講筵之官。後贈太師，封徽國公，贈以師垣之官，封公爵。謚曰文。賜謚文。

校勘記

[一] 亦必考論其爲是爲非　「考」原作「下」，據四庫本改。

[二] 其所卞論問難　「卞」，四庫本作「辨」。

[三] 盡日厄然　「盡日厄然」，四庫本作「正其容貌」。

[四] 而復能窮究此理於博學審問謹思明卞之頃　「卞」，四庫本作「辨」。

[五] 析之則極其精細而不至於錯亂　「細」，四庫本作「微」。

[六] 參諸聖賢而契合無疑　「參」，四庫本作「質」。

[七] 自其年少以至年老　「老」原作「者」，據四庫本改。

[八] 若夫施諸事業之際　「諸」原作「之」，據四庫本改。

[九] 卞論諸儒之或得或失　「卞」，四庫本作「辨」。

程水龍 曹潔 校點

［南宋］熊節 集編 熊剛大 集解

性理群書句解

下册

華東師範大學出版社

目録

下册

近思録編集諸儒註解

後集

晦庵先生朱文公

南軒先生張宣公

東萊先生吕成公

勉齋先生黄文肅公　榦，字直卿，文公門人，又其婿也。以文公捧表賀壽皇登極恩出官，終於寺丞，知潮陽，不赴。

鼇峰先生熊氏　節，字端操，文公門人也。己未省試前名，是時韓侂胄當國，專攻僞學，排此者悉在前列。惟知舉黄公由坐文公僞黨，得先生納諫行仁求賢策，以其學正大，未嘗迎合時好，特置前列，且爲奏御，終於閩清，長安賜緋魚。

節齋先生蔡氏　淵，字伯静，文公門人也。隱德不耀。

果齋先生李氏　方子，字公晦，文公門人也。甲戌廷試第三。

平巖先生葉氏　采，字仲圭，文公門婿也。登進士第，官終於常卿，知邵武軍。

諸儒姓氏終。

新刊音點性理群書句解目録　後集

近思録　一十四卷

晦菴先生朱文公集編

東萊先生呂成公同編

考亭後學熊剛大集解

卷之一　此已下十四卷，係編集周、張、二程、邵子格言也

近思録第一卷　此卷論性之本原、道之體統

卷之二

近思録第二卷　此卷總論爲學大要

卷之三

近思録第三卷　此卷論致知

近思録第十一卷　此卷論教人

卷之十二

近思録第十二卷　此卷論戒謹之道

近思録第十三卷　此卷辨異端

卷之十三

近思録第十四卷　此卷論聖賢相傳之統，諸子附焉

卷之十四　自十四卷至二十一卷，凡八卷，係覺軒蔡先生編集朱文公格言也

近思續録第一卷　此卷論性之本原、道之體統

卷之十五

近思續録第二卷　此卷總論爲學大要

卷之十六

近思續録第三卷　此卷論致知

卷之十七

近思續録第四卷　此卷論存養

近思續録第五卷　此卷論力行

近思別録第二卷　此卷論爲學大要

近思別録第三卷　此卷論致知

近思別録第四卷　此卷論存養

近思別録第五卷　此卷論克己

近思別録第六卷　此卷論齊家

近思別録第七卷　此卷論出處之道

卷之二十三

近思別録第八卷　此卷論治體

近思別録第九卷　此卷論治法

近思別録第十卷　此卷論政事

近思別録第十一卷　此卷論教學

近思別録第十二卷　此卷論警戒

近思別録第十三卷　此卷論辨異端

近思別録第十四卷　此卷論聖賢諸子

已上近思録十四卷，廼文公朱先生、東萊呂先生淳熙乙未夏於寒泉精舍　文公葬其母祝夫人所在。相與共讀周、張、二程之書，歎其廣大閎博，懼初學不知所入，因共掇取其關於大體而切於日用者，集爲是編。以謂窮鄉晚進有志於學而無明師良友，得此玩心，亦足以得其門而入矣。續録十四卷，乃覺軒蔡先生髣髴文公纂集之遺意，即其格言，依其門類編集。別録十四卷[一]，亦覺軒蔡先生編集南軒、東萊二先生格言，學者得是一編，上泝濂、洛，近酌考亭，與夫南軒、東萊之浩博閎辭奥語，盡在是書。

校勘記

[一] 別録十四卷 「録」原作「集」，據前文改。

新刊音點性理群書句解卷之一　後集

近思録第一卷

此卷論性之本原、道之體統，蓋學問之綱領也。

伊川先生曰：先生程姓，頤名，伊川其號云。「喜怒哀樂之未發謂之中」，「喜怒哀樂，情也。其未發則性也。無所偏倚，故謂之中。」中也者，言「寂然不動」者也，中之爲言，至靜而無所感動也。故曰「天下之大本」。「大本者天命之性，天下之理皆由此出，道之體也。」「發而皆中節謂之和」，「發皆中節，情之正也，無所乖戾，故謂之和。」和也者，言「感而遂通」者也，和之爲言，是感物而動也。故曰「天下之達道」。「達道者循性之謂，天下古今之所共由，道之用也。」文集。下同。[二]

心一也，心無二心，故曰一。有指體而言者，寂然而無所感動，是其體也。有指用而言者，「感而遂通天下之故」，是其用也。惟觀其所見如何耳。觀其「寂然不動」，則見其爲心之體；觀其

「感而遂通」，則見其爲心之用。本註。

乾，天也。乾即天也。天者，天之形體[二]；以其穹然在上、形體可見，曰天。乾者，天之性情。以其運行不息，是爲性情。乾，健也，乾之道主乎健。健而無息之謂乾。健而無有止息，是曰乾。朱夫子以爲：「性情二者常相參。有性便有情，有情便有性。火之性情則是熱，水之性情則是寒，天之性情則是健。健之體爲性，健之用是情，惟其健，所以不息。」夫天，專言之則道也，道者，天理當然之路。專言天者，即道也。「天且弗違」是也。易所謂「天且弗違」，此理是已。分而言之，析而論。則以形體謂之天，指其形體高大而無涯，則曰天。以主宰謂之帝，指其主宰運用而有定，則曰帝。以功用謂之鬼神，功用，造化之有跡者，如日月之往來、萬物之屈伸是也。往者爲鬼，來者爲神；屈者爲鬼，而伸者爲神也。以妙用謂之神，妙用，造化之無跡者，如運用無方、變化莫測是也。以性情謂之乾。乾健無息，健之體爲性，健之用爲情，故曰乾。易傳。下同。朱子曰：「功用言其氣也，妙用言其理也。功用兼精粗而言，妙用言其精者。」黄勉齋曰：「合而言之，言鬼神則神在其中矣；析而言之，則鬼神者其粗跡，神者其妙用也。」伊川言「鬼神者造化之跡」，此以功用言也。横渠言「鬼神，二氣之良能」，此合妙用而言也。

四德之元，在天爲四德，「元亨利貞」而元之德。猶五常之仁。亦如五常之仁。蓋所謂五常者，仁義禮智信，人之生也。得天之元，則爲此性之仁，故亦如此也。偏言則一事，分而言，則言者四德之一[三]，仁者五常之一。專言則包四者。專言元，則亨利貞在其中；專言仁，則義禮智信在其中。蓋元者天地之生理也，亨者生理之達，利者生理之遂，貞者生理之正；仁亦人心生生之理，禮者仁之節文，義者仁之裁制，知者仁之明辨，信者仁之真實也。朱子曰：「仁之一事所以包四者，不可離其一事，而別求兼四者之仁。」又曰：「仁是生底意思，通貫周流於四者之中，須得辭遜、斷制、是非三者，方成得仁之事。」乾卦象。

天所賦爲命，命猶誥敕，天以此理命於人。物所受爲性。性猶職任，人稟受此理則謂之性。熊氏曰：天以元亨利正之理賦予於人，則謂命；人稟受此理而爲吾心之仁義禮智，則謂之性。

鬼神者，造化之跡也。屈爲鬼，伸爲神，跡者以其著見，如日往月來、萬物屈伸之類。詳見上文功用「鬼神」註。

剥之爲卦，剥，剥落也。其爲卦義。諸陽消剥已盡，乾六陽消，剥將盡。獨有上九一爻尚存，所留者，猶有剥卦之終上九一爻之陽。如碩大之果不見食，正如果實剥落，若不取而食之。將有復生之理。則其中生意復萌。上九亦變則純陰矣，若上九一爻亦變，則爲六陰之坤。然陽無可盡之理，但陽無剥盡之理。變於上則生於下，縱上九一爻變而爲純陰，而一陽之生已萌於復。無間可容息也。無間頃可容，其止息也。聖人發明此理，聖人推明是理。以見陽與君子之道不可亡也。以見陽固無可盡之理，君子亦陽類，其道亦不可亡。或曰：或人謂。剥盡則爲純坤，六陽剥落已盡而爲純坤。豈復有陽乎？則不復有陽矣。曰：云。以卦配月，一氣無頓消，亦無頓息。以卦配合乎月，積三十日而成一月，亦積三十分而成一爻。九月中於卦爲剥，陽未剥盡，猶有上九一爻，剥三十分。則坤當十月。至十月中，陽氣消盡而爲純坤。以氣消息言，然陽纔盡於上，而已萌於下。則陽剥爲坤，雖自九月中，剥三十分而爲坤。陽來爲復，然積三十分，至十一月中，然後陽氣應於地上，而成復之一爻也。陽未嘗盡也。陽何嘗剥盡也哉！剥盡於上，雖剥卦上九陽爻剥落已盡。則復生於下矣。而復卦一陽又自下生。陰陽二氣，語其流行，則一氣耳；息則爲陽，消則爲陰，消之終即息之始，不容有間斷。故十月謂之陽月，十月於卦爲純陰之坤，故特謂之爲陽月。恐疑其無陽也。恐人疑其無陽，故特曰陽月，所以見陽氣已萌也。陰亦然，四月於卦爲純乾，六陽極於乾，則一陰生於姤，亦是如此。聖人不言耳。但陰之類爲小人，故聖人不言也。

一陽復於下，十月於卦爲坤，六陽剥落已盡。至十一月於卦爲復，一陽已萌於下。乃天地生物之心也。萬物始萌動，天地之心於是可見。先儒皆以靜爲見天地之心，復卦彖曰：「復，其見天地之心乎？」王弼以爲靜見天地之心，蓋「十月積陰，陽氣收斂，天地生物之心固未嘗息，但無端倪可見」。蓋不知動之端乃天地之心也。「一陽既復，則生意發動，乃始復見其端緒也。」非知道者，孰能識之？若非深識陰陽消息之道者，其孰能悟此？

仁者，天下之公，仁者以天地萬物爲一體，故曰「天下之公」。善之本也。四端萬善皆統乎仁，

故曰「善之本」。復卦六二傳。[四]

有感必有應。屈伸往來，感應無窮。自屈而伸，則屈者感也，伸者應也；自伸而屈，則伸者感也，屈者應也。凡有動皆爲感，凡見於動者，皆感之事。感則必有應，此有所感，彼必有所應。所應復爲感，應於此，復感於彼。所感復有應，感於彼，復應於此。所以不已也。其機不暫息也。感通之理，感應之妙。知道者默而觀之可也。咸乃無心之感，其感也真，故伊川因九四傳象發明感應之妙。明乎此，則天地陰陽之消長變化、人心物理之表裏盛衰，不外乎感應之理而已。○咸卦九四傳。

天下之理，理在天下。終而復始，既極於終，復肇其始。所以恒而不窮。常常如此，故無止息。恒非一定之謂也，非曰一定，不易謂之恒。一定則不能恒矣。纔一定，則非常之理。惟隨時變易，只有因時改易，如日月往來，萬化屈信，無一息之停，亘萬古而常然。乃常道也。乃常之道。天地常久之道，天地運化，萬古常然。天下常久之理，天下之理，萬世常然。非知道者，孰能識之？自非明乎常久之道者，又誰能知此邪？○恒卦彖傳。

人性皆善[五]，性者，理之郛郭，無有不善。有不可革者。何也？又有不能改者，如何？曰：語其性則皆善也，論其性，則皆理，理無有不善。語其才則有下愚之不移。論其才，則性之所能者是合理與氣而成，氣質則有昏明、强弱之殊，其昏弱之極者爲下愚。所謂「下愚」有二焉：但所以爲下愚又有二般。自暴也，人性本善，自暴者咈戾而不信乎善，是自暴害其性也。自棄也。自棄者雖知其善，然怠廢而不爲，是自棄絶其性也。此愚之又下者不可移矣。故「自暴者，剛惡之所爲；自棄者，柔惡之所爲」。人苟以善自治，人苟能明善以治其氣質之偏。則無不可移者，未有不可變移而歸諸善。雖昏愚之至，雖是昏暗愚昧至極。皆可漸磨而進。亦可漸染磨厲而進乎善。唯自暴者拒之而不信，自暴害其性者，去其善而不信。自棄者絶之以不爲，自棄絶其性者，絶其善而不爲。雖聖人與居，若此二者，縱與聖人同居。不能化而入也。亦弗能化誘，使之入於善也。仲尼之所謂「下愚」也。此即夫子所謂「下愚不移」是也。然天下自暴自棄者，但天下之人自暴害、自棄絶其性者。非必皆昏愚也，亦不必盡是昏弱愚暗之人。往往强戾而才力有過人者，有强暴而材過於人。商辛是也。紂是也。史記稱「紂資辯捷疾，聞見甚敏，材力過人，手格猛獸，知足以拒諫，言足以飾非」，則其天資固非昏愚者。聖人以其自絶於善，聖人以其勇於爲惡，而自遏絶於善。謂之「下愚」，故以下愚稱之。然考其歸，則誠愚也。要其終，則真下愚之人也。既曰「下愚」，既是下愚之人。其能革面，何也？又能改其面，如何？曰：心雖絶於善道，革卦上六曰：「小人革面。」下愚小人自棄絶於善。其畏威而寡罪，然畏刑威而欲免於罪。則與人同也。則與人無以異。唯其有與人同，惟其畏懼有與人同者。所以知其非性之罪也。是以知其性之本善也。革卦上六傳。

在物爲理，理即是義，事物各有理。處物爲義。裁制事物而合乎理者爲義。朱子曰：義者，心之制事之宜。事之宜雖若在外，然所以制其宜則在心也。非程子一語，則後人未免有義外之見。

動靜無端，動靜相推，無有止息，故無其端。陰陽無始。陰陽密移，無有間斷，故無所始。非知道者，孰能識之？其所以然者道也，道固一而無間斷也。先生論剥、復之卦，則曰「無間可容息」，又曰「其間無不斷續」，朱子曰「動靜相生，如循環之無端」，皆是此意。

仁者，天下之正理。仁乃天理之至正者。失正理則無序而不和。子曰：「人而不仁，如禮何？人而不仁，如樂何？」「人而不仁」，則私慾交亂，害於正理，固宜舛逆而無序、乖戾而不和。序者禮之本，和者樂之本。

明道先生曰：先生諱顥，字伯淳，明道其稱也云。天地生物，天之生人物。各無不足之理。理無虧欠，故無不足。常思天下君臣、父子、兄弟、夫婦，每思天下人倫之中。有多少不盡分處。分者，天理之則。人之處物，不能盡理。如四者之間一毫不當乎理，是爲不盡分。○遺書。下同。

「忠信所以進德」，發乎真心之謂忠，盡乎實理之謂信，忠信乃進德之基。「終日乾乾」，乾乾不息也。君子當終日對越在天也。越，於也。君子一言一動守其忠信，常瞻對乎上帝，不敢有一毫欺慢之意也。以下皆發明所以「對越在天」之義。蓋上天之載，上天之道。無聲無臭，無聲可聞，無臭可接。所謂「太極本無極」也。其體則謂之易，體，猶質也。陰陽變易，乃太極之體也。其理則謂之道，其所以變易之理，則謂之道。其用則謂之神。其變易之用，則謂之神。此以天道言。其命於人則謂之性。天理之賦於人，則謂之性。率性則謂之道，循性之自然，謂之道。脩道則謂之教。因其自然者而脩明之，則謂之教。此以人道言。惟其天人之理一，所以「終日對越在天」也。孟子去其中又發揮出「浩然之氣」，浩然，甚大流行之貌。蓋天地正大之氣，人得之以生，本浩然也。失養則餒，而無以配夫道義之用；得養則充，有以復其正大之體。可謂盡矣。盡矣，謂無餘事也。此言天人之氣一，所以「終日對越在天」者也。故說神「如在其上，故君子謹獨，如有神臨其上。如在其左右」，如臨其左右。大小大事，大小，猶多少也。多少大事。而只曰「誠之不可揜如此〔六〕」。中庸論鬼神之盛，而卒曰「誠之不可揜」。誠者實理，即忠信之體。天人之間，通此實理，故君子忠信進德，所以若「對越在天」也。形而上爲道，說見係辭。道者指事物之理，故曰「形而上」。形而下者爲器，器者指事物之體，故曰「形而下」。須著如此說。必欲如此分別。器亦道，其實器本於道，則器亦爲道。道亦器，而道寓於器，是道亦爲器，本不相離也。蓋言日用之間，無非天理之流行，所謂「終日對越在天」者，亦敬循乎此理而已。但得道在，人能體道而不違，則道在我矣。不繫今與後，不係，猶不拘也。不拘今古。己與人。不拘人己，無往而不合，蓋道本無間然也。乾卦九三文言。

醫書言手足痿痹爲不仁，仁者，上生之理，本無間斷。手足痿痹，氣不相貫，疾痛痾癢，皆不相干，此四體之不仁也。此言最善名狀。醫書此語，可謂善於形容仁道者。仁者，以天地萬物爲一體，天地萬物與我同體，心無私蔽則自然愛而公矣，所謂「仁」也。莫非己也。無形骸爾汝之分，如己則一。認得爲己，既識得與己則一。何所不至？則仁道充廣，何莫非仁？若不有諸己，苟是理不明而爲私意所隔截，不能一體視之。自不與己相干。則己自己，天地萬物自天地萬物，了無交涉。如手足不仁，猶四肢血脈不能流通無間。氣已不貫，是一氣已不相聯屬。皆不屬己。則手足同一運掉，亦有痾癢不知之處，已不相干，豈仁之道邪？如博施濟衆[七]，說見論語。廣其所施，以濟於衆。乃聖之功用。乃仁之功用。子貢以是言仁，未識仁之體。仁至難言，仁之道，人未易言也。故止曰：「己欲立而立人，夫子之告子貢，但謂知人之欲無異己之欲。己欲達而達人，施於人者亦猶施於己。能近取譬，近取諸身而譬，譬之於人，可謂仁之方也已。」則得求仁之術。欲令如是觀仁，欲使之即此求仁。可以得仁之體。可見仁之體也。朱子曰：「博施濟衆」，是就事上說，却不就心上說。夫子提起，正是就心上指仁之本體而告之。又曰：「博施濟衆」，固仁之極功，但只乍見孺子將入井時有怵惕惻隱之心，亦便是仁，此處最好看。

「生之謂性」，人之有生，氣聚成形，理因具焉，是之謂性。性即氣，性與氣本不相離，理墮於形氣之中，故云「性即氣」。氣即性，氣所以載夫理，故云「氣即性」。生之謂也。皆有生之後，氣質之性也。人生氣禀，人生而後，氣禀雜揉。理有善惡，善惡由分，此亦理之所有。然不是性中元有此兩物相對而生也。然原是性之本則善而已，非性中元有二者並生也。有自幼而善，如后稷之「克岐克嶷」。有自幼而惡，如子越椒始生，人知其必滅若敖氏之族。是氣禀有然也。禀氣之清者則善，禀氣之濁者則惡，使之然也。善固性也，天命之性，純粹至善，固是此性。然惡亦不可不謂之性也。氣禀拘滯，或流於惡，亦不可謂非此性。蓋「生之謂性」，人生已後方名曰性。「人生而靜」以上不容說，「人生而靜」以上，是人物未生時，只可謂之理，未可名爲性，所謂「在天曰命」也。才說性時才言「性」之一字。便已不是性也。便是人生以後，此理已墮在形氣之中，不至是性之本體，所謂「在人曰性」也。〇此重釋「生之謂性」。凡人說性，人之說性。只是說「繼之者善」也，只言上天賦予之初，氣方出而理方行，純粹至善也。孟子言性善是也。孟子道性善是也。夫所謂「繼之者善也」者，夫所言氣方出而理方行，純粹至善者。猶水流而就下也。譬之水焉，流而趍下。皆水也，水一而已。有流而至海，有流而至於海。終無所污，無有污濁。此何煩人力之爲也？初非人力之能及。有流而未遠，有流出尚未至遠。固已漸濁；已自漸漸污濁。有出而甚遠，又有流出極遠。方有所濁。方乃污濁。有濁之多者，有污濁之甚者。有濁之少者。有污濁不爲多者。清濁雖不同，水之清者濁者雖是不一。然不可以濁者不爲水也。然濁者豈非水也哉？係辭曰：「一陰一陽之謂道，繼之者善也。」蓋天道流行，發育萬物，賦受之間，渾然一理，純粹至善，所謂「性善」者也。「繼之」云者，猶水流而就下，其有清濁遠近之不同，猶氣禀昏明純駁有淺深也。水固本清，及流而濁，不可謂之非水。猶性雖本善，及局於氣而惡，不可謂之非性。〇此重釋「善固性也，惡亦不可不謂之性」。如此，則人不可以不加澄治之功。「人雖爲氣所昏，而性則未嘗不在其中，故不可不加澄清克治之力。」故用力敏勇則疾清，惟能學以勝之，用功敏速勇猛，則清之速。用力緩怠則遲清。用功緩慢怠惰，則清之遲。及其清也，及到清了。則却只是元初水也。則此理渾然，初未嘗損，所謂「元初水也」。不是將清來換却濁，雖濁而清者存，不是將清來換濁。亦不是取出濁水置在一隅也。既清則本無濁，故非取濁置在一邊。水之清，則性善之謂也。如此則性本善也。故不是善與惡在性中爲兩物相對，性中豈有善惡二者相對而立？各自出來。相並而行也。○此重釋「不是性中元有兩物相對而生」。但前以其本言，則曰「相對而生」，此以其用言，則曰「相對而各自出來」。此理，天命也。是所謂「天命之謂性」。順而循之，則道也。順而行之，所謂「率性之謂道」。循此而脩之，各得其分，則教也。循此道而品節之，使人倫各盡其分，是所謂「脩道之謂教」。自天命以至教，自天命之性以至脩道之教。我無加損焉，無所增益，無所虧損。此舜「有天下而不與焉」者也。「脩道雖以人事言，然其所以脩之者，莫非天命之本然，非人私智所能爲也。然非聖人有不能盡，故以舜事明之。」

觀天地生物氣象。周茂叔看。造化流行，發育萬物，溥博周遍，生理條達，觀之使人良心油然而生。此即周子窗前草不除，問之，云「與自家意思一般」。

萬物之生意最可觀，天地以生物爲心，物生之始，此處最可觀。此「元者，善之長也」，天有四德，「元亨利貞」。元者生物之始，善之根也。所謂仁也[八]。此即是仁德之流行。蓋「物之初生，純粹未散最好看。及榦葉茂盛，便不好看。見孺子入井時，怵惕惻隱之心，只這些子便見得仁。到他發政施仁處，其仁固廣，然却難看」。

滿腔子是惻隱之心。腔子，猶軀殼也。惻，傷也。隱，痛也。人之一身，惻隱之心無所不至，故疾痛痾癢，觸之則覺。由是推之，則天地萬物本一體也，無往而非惻隱之心也。

天地萬物之理，天地間萬物之理。無獨必有對，無獨立必有對待。「陰與陽對，動與靜對，以至屈信、消長、左右、上下，或以類而對，或以反而對。」皆自然而然，無非自然如此。非有安排也。非待安排而後爾也。每中夜以思，夜半反覆推之，未有兀然無對而孤立者。不知手之舞之，足之蹈之也。有感於心，不覺手舞足蹈。先儒言「惟道無對」，然以形上謂道、形下謂器言之，亦未嘗無對也。

中者，「天下之大本」，喜怒哀樂未發之時，此性渾然在中。天下之理皆出於此，故以大本言。天地之間，上天下地之間。亭亭當當，無偏無倚。直上直下之正理。直而不屈之謂正理。出則不是，心有散逸，則失其所以爲主。唯能「敬而無失」最盡。唯能敬以存此心，則是理之生也，直不爲物慾所屈，有以全其中之本體。

伊川先生曰：公則一，公則視萬物爲一本。私則萬殊。私則分人己爲萬殊。人心不同如面，人一心也，其不相同有如面。只是私心。只是私心未去，故爾汝藩籬也。

凡物有本末，凡事有其本必有其末。不可分本末爲兩段事。本末不可分爲二事。灑掃應對是其然，其然，以其能如此者言也。必有所以然。所以然，以其所以使之能如此者。「治心脩身是本，灑掃應對是末，皆其然之本也。至於所以然則理也，理無精粗本末。」

楊子拔一毛不爲，楊朱爲我，故以一毫利天下而不爲。墨子又摩頂放踵爲之，墨翟兼愛，故雖摩頂至踵可以利天下而亦爲之。此皆是不得中。楊、墨各守一偏，固皆失其中。至如「子莫執中」，子莫，魯之賢人也，其所執中。欲執此二者之中，懲二者之偏，欲於二者之間而取中。不知怎麽執得？夫中者隨時而立，不能隨時以權宜，而膠於一定之中，則所執者亦偏矣。識得則事事物物上[九]，識得時中之理於事事物物。皆天然有箇中在那上，皆自然有中。不待人安排也，不用着意安排也。安排着則不中矣。若事安排，則或加以意見之私，而非天然之中矣。

問：時中如何？時中者，隨時有中，不可執一也。伊川先生曰[一〇]：中字最難識，「中」之一字最難識得。須是默識心通。須必潛心默會。且試言一廳則中央爲中，以一廳言，則廳中爲中。一家則廳中非中而堂爲中，以一家論，則廳中非中，而堂爲中。言一國則堂非中而國之中爲中。以一國言，則堂又非中，而國中爲中。推此類可見矣。以此類推之，亦自可見。如三過其門不入，禹之治水，九年於外，三過其門而不暇入。在禹、稷之世爲中，蓋得時行道，任天下之責，濟斯民之患，如是乃合此時之中。居陋巷，則非中也。若爲顔子之居陋巷，則爲不得其中矣。居陋巷，隱居獨善而簞瓢自樂。在顔子之時爲中，顔子之世，明王不興，以夫子之大聖而不得行其道，則其時可以止矣。如是乃合此時之中。若三過其門不入，則非中也。若爲大禹之三過其門不入，則爲不得其中矣。

无妄之謂誠，无妄者，實理之自然，而無一毫僞妄也，故謂之誠。不欺其次矣。不欺者，知實理之當然而不自爲欺，乃思誠也。朱子曰：无妄者，自然之誠。不欺是著力處做底，故曰「次」。本註云：李邦直曰「不欺之謂誠」，徐仲車云「不息之謂誠」，或以問先生，先生曰云云。

冲漠無眹，冲漠未形。萬象森然已具，而萬理畢具，即所謂「無極而太極」也。未應不是先，未應者「寂然不動」之時，已應之理悉具，故云非先。已應不是後[一一]。已應者「感而遂通」之時，未應之理實在，故云非後。朱子曰：未有事物之時，此理已具。少間應處，亦只是此理。

近取諸身，近而求之一身。百理皆具。衆理咸備。屈伸往來之義[一二]，屈伸一往一來。只於鼻息之間見之。只於鼻息呼吸可見。屈伸往來只是理，屈伸往來，皆有理存其中。不必將既屈之氣「往而屈者，其氣已散；來而伸者，其氣未生。」故不可以氣之已屈者。復爲方伸之氣。而爲氣之方伸者。生生之理，生生之道。自然不息。自然而然，無有止息。如復卦言「七日來復」，以卦配月，則自五月陽始消而爲姤，至十一月陽生而爲復，自姤至復凡七月也。其間之日，即月也。不斷續[一三]。消極而生，無有斷續。陽已復生，陽消則復萌。物極必返，物極其終，必返其始。其理須如此。理之自然。有生便有死，生者必死。有始便有終。始則有終，皆一理也。

明道先生曰：天地之間，上天下地之中。只有一箇感與應而已，有感必應，只是一箇道理。

更有甚事？外此更無別事。

問仁，或問仁之道。伊川先生曰：答云。將聖賢所言仁處即聖賢論仁所在。類聚觀之［一四］，類聚而看。體認出來。體驗以究其實。孟子曰：「惻隱之心，仁也。」惻傷隱痛之心，是仁也。後人遂以愛爲仁。後人遂直指愛名仁。愛自是情，愛乃情之發。仁自是性，仁乃性之德。豈可專以愛爲仁？豈可即以愛便名之曰仁？孟子言：「惻隱之心，孟子不直以惻隱爲仁。仁之端也。」而曰仁之端。既曰仁之端，既謂之端，則是仁之端緒發見乎外。則不可便謂之仁。謂之情可也，安得便謂之仁哉！退之言「博愛之謂仁」，非也。韓文公又以博愛爲仁，愈失之矣。仁者固博愛，仁固未嘗不愛，但愛者仁之情。然便以博愛爲仁則不可。若便以愛爲仁，則是指情爲性矣，可乎哉！

問：仁與心何異？或人問仁與心何所異。伊川曰［一五］：心譬如穀種，心猶禾穀種子。生之性便是仁，其中生之性，便是愛之理。陽氣發處乃情也。陽氣發處，便是惻隱之情。

義訓宜，訓者，以字義難明，故假一字以訓解之。義者，天理之當然，所以裁制乎事物之宜，故訓宜。禮訓別，禮者，天理之節文，所以別親疏上下之分，故訓別。智訓知，智者，天理之明睿，所以知事物之是非，故訓知。仁當何訓？仁道至大，包乎三者，故難爲訓。説者謂訓覺、訓人，皆非也。「訓覺」者，言「不爲物欲所蔽，癢痾疾痛，觸之即覺」。夫仁者固無所不覺，然覺不足以盡仁。「訓人」者，言天地生人均氣同理，以人體之，則惻怛慈愛之意自然無所間斷。夫仁者固以人爲體，然不可以訓仁。當合孔孟言仁處，大概研窮之，必當合孔子、孟子論仁所在研究窮考。二三歲得之，未晚也。久而得之，未爲遲也。朱子曰：仁是愛之體，覺自是智之用。仁統四德，故仁則無不覺，便以爲仁則不可。[一六]

性即理也。性即是理。天下之理，理在天下。原其所自[一七]，推所從來皆天所命。未有不善。那得有惡？喜怒哀樂未發，喜怒哀樂未發之前氣不用事。何嘗不善？所以有善而無惡。發而中節，已發而各中其節。則無往而不善；亦何不善之有？故凡言善惡[一八]，故言善之與惡。皆先善而後惡；善在先，惡在後。言吉凶，言吉與凶。皆先吉而後凶；吉在先，凶在後。言是非，言是之與非。皆先是而後非。是在先，非在後。以此知得其初未有不善，特流而惡耳。朱子曰：「性即理」，自孔子後惟伊川說得[一九]，攧撲不破。

問：心有善惡否？或人問「心果有善惡否」。伊川曰[二〇]：在天爲命，天道流行，賦與萬物，謂之命。在義爲理，事物萬殊，各有天然之則，統而名之，謂之理。在人爲性，人得是理以生，謂之性。主於身爲心，是性所存，虛靈知覺，爲一身之主宰，謂之心。其實一也。實則非二也。心本善，心者衆理之所具，故無不善。發於思慮，自七情之發。則有善不善。而後有善惡之分。若既發，則可謂之情，既發雖情，然不可謂之非心。不可謂之心。「但有不善，則非心之本體。」譬如水，譬之於水。只可謂之水。只名之曰水。至如流而爲派，至於流出而分派。或行於東，或流而東。或行於西，或流而西。却謂之流也。則名之曰流矣，亦猶心之未發則爲心，心之已發則爲情也。性出於天，性本乎理，理無不善。才出於氣。才本乎氣，氣則不齊。氣清則才清，稟氣之清則才亦清，故善。氣濁則才濁。稟氣之濁則才亦濁，故惡。才則有善有不善，是才因氣所稟，有善有惡。性則無不善。性本乎理，則無有不善也。

性者自然完具，性者，仁義禮智咸具其中，故完具。信只是有此者也。實有此四者，則謂之信。故「四端」不言信。故信無定位，非於四者之外而有信也。孟子論四端而不及信，蓋信在其中矣。李果齋曰：五常言信，配五行而言；故四端不言信，配四時而言也。蓋土分配於四時之季，而已立於四端之中矣[二一]。

心，生道也。朱子曰：謂天地以生物爲心，人得之以爲心者是爲仁，故生生而不窮也。有是心，斯具是形以生。既有是心，斯具是形質以生。惻隱之心，惻傷隱痛之心。人之生道也。又仁之發見，是乃人心生生之理也。[二二]

橫渠先生曰：一故神。橫渠此言，一謂純一也，神謂神妙而無不通也。譬之人身，譬之人之一身。四體皆一[二三]，四體本一也。故觸之而無不覺，故觸之而即知。不待心使至此而後覺也。不待思慮擬議，而後有知使無有間斷，則痛癢有所不覺矣。此所謂「感而遂通」，是謂有所感觸而自能貫通。「不行而至」，不待行而自爾至。「不疾而速」。不待疾而自爾速，此皆神之所爲也。易説。

心，統性情者也。「統是主宰。性者，心之理；情者，心之用；心者，性情之主。」孟子曰「仁，人心也」，又曰「惻隱之心」。「性」「情」上都下箇「心」字，可見「心統性情」之義。○語録。下同。

凡物莫不有是性。有是氣必有是理，此人物之所共也。由通蔽開塞，自其稟氣有通閉開塞之異。所以有人物之别；故有若人若物之殊。由蔽有厚薄，自其蔽有厚有薄。故有智愚之别。故人又有智與愚之異。塞者牢不可開，塞者氣拘而填實之也，故不可開。此言物也。厚者可以開，而開之也難，蔽者但昏暗而有所不通，皆可開也。蔽之厚則開之較難。薄者開之也易，蔽之薄者開之也易。開則達於天道，及其既開，則上達天道。與聖人一。雖愚必明，與聖人無以異矣。

校勘記

[一] 此條前，熊剛大集解時删除兩條語録，葉本有。按：「濂溪先生曰無極而太極」條，見句解前集卷十一太極圖。「誠無爲幾善惡」條，見句解前集卷十七通書誠幾德第三。

[二] 天之形體　「天」，葉本作「乾」。

[三] 則言者四德之一　「言」，葉本作「元」。

［四］此條語録原緊接於上條末刻印，未單列，據葉本單列。
［五］人性皆善　「皆」，葉本作「本」。
［六］而只曰誠之不可揜如此　「此」下，葉本有「夫徹上徹下不過如此」九字。
［七］如博施濟衆　「如」，葉本作「故」。
［八］所謂仁也　「所」上，葉本有「斯」字。
［九］識得則事事物物上　「事事物物」，葉本作「凡事物」。
［一〇］伊川先生曰　「伊川先生」四字原無，據葉本補。
［一一］已應不是後　「後」下，葉本有「如百尺之木，自根本至枝葉皆是一貫，不可道上面一段事無形無兆，却待人旋安排引入來教入塗轍」句。
［一二］屈伸往來之義一　「一」，葉本無。
［一三］其間之不斷續　「之」，葉本作「元」。
［一四］將聖賢所言仁處類聚觀之　「將」上，葉本有「此在諸公自思之」句。
［一五］伊川曰　「伊川」二字原無，據葉本補。
［一六］此條語録原緊接於上條末刻印，未單列，據葉本單列。
［一七］原其所自　「自」下，葉本有「來」字。
［一八］故凡言善惡　「故」上，葉本有「發不中節，然後爲不善」句。

〔一九〕自孔子後惟伊川説得　「得」下，葉本有「盡」字。

〔二〇〕伊川曰　「伊川」二字原無，據葉本補。

〔二一〕而已立於四端之中矣　「而」，葉本作「信」。

〔二二〕此條下，熊剛大删除六條語録，葉本有。按：「横渠先生曰氣坱然太虚」條，見句解前集卷十二正蒙太和篇第一。「游氣紛擾合而成質者」條，見句解前集卷十二正蒙太和篇第一。「天體物不遺猶仁體事而無不在也」條，見句解前集卷十二正蒙天道篇第三。「鬼神者二氣之良能也」條，見句解前集卷十二正蒙太和篇第一。「物之初生氣日至而滋息」條，見句解前集卷十二正蒙動物篇第五。「性者萬物之一源」條，見句解前集卷十二正蒙誠明篇第六。

〔二三〕四體皆一　「一」下，葉本有「物」字。

新刊音點性理群書句解卷之二　後集

近思録第二卷

此卷總論爲學之要。蓋「尊德性」矣，必「道問學」，明乎道體，知所指歸，斯可究爲學之大方矣。

橫渠先生姓張名載。問於明道先生曰：定性未能不動，謂性既定矣，未能無所感。猶累於外物，何如？是尚爲外物所牽，如何？明道先生曰：答云。所謂定者，所謂「定性」者，非一定而不應也。動亦定，發而中節，動亦定也。靜亦定，敬而無失，靜亦定也。無將迎，將，送也。事之往也無將，事之來也無迎，動靜一定，何有於將迎？無内外。「寂然不動」者存於内也，「感而遂通」者應於外也，體用一貫，何有於内外？苟以外物爲外，苟以感物而應者爲外。牽己而從之，凡應物者必「牽己而從之」。是以己性爲有内外也。是以性爲有内有外也。且以性爲隨物於外，若以性爲隨所應於物而在外。則當其在外[一]，如是則方其逐物在外之時。何者爲在内？在内已無此性矣。是有意於絶外誘，蓋有意於絶外物之誘。而不知性之無内外也。而不知性本無内外之分也。既以内外爲二本，既分内外爲兩端。則又烏可語定哉[二]？則人在天地間不能不與物接，是無時能定。夫天地之常，常，常理也。以其心普萬物而無心；天地之心，運用主宰者是也，然而普徧萬物，實未嘗有心焉。聖人之常，常，安常理也。以其情順萬事而無情。聖人之情，應酬發動者是也，然而隨順萬事，亦未常容情焉。故君子之學，君子之爲學。莫若廓然而大公[三]，大公，則何嫌於外物？物外而順應[四]。順應，則何往而不定？易曰：咸卦九四爻云[五]。「貞吉，悔亡。得其正則吉，其悔可亡。憧憧往來，不絶貌。朋從爾思。」各以朋類從其所思。苟規規於外誘之除，蓋人之一心應感無窮，苟惡外物之誘而欲除滅之。將見滅於東而生於西也。正恐滅於彼而生於此矣。非惟日之不足，非惟日見其用力之不足。顧其端無窮，目其端緒無窮盡。不可得而除也。亦有不可得而除滅者矣。人之心各有所蔽[六]，人心各有所蔽。故不能適道，故不能行此道。大率在於自私而用智[七]。大概在自私與用智之兩端。蓋不能而大公，故自私；不能物來而順應，故用智。自私則不能以有爲爲應迹，自私者則樂於無爲，而不知以有爲爲應迹之當然。用智則不能以明覺爲自然。用智則作意於有爲，而不知以明覺爲循理之自然。今以惡外物之心，今惡外物之累，已是自私之心也。而求照無物之地，而欲洞鑒無物之所，是用智之過也。是反鑑而索照也。猶反鏡而索照，其可得哉？易曰：易之艮卦有云。「艮其背，艮，止也。背，非可見之地。不獲其身；止於不可見之地，則不獲其身。行其庭，不見其人。」止於背則相背，故不見其人。朱子曰：此言「廓然而大公」。孟子亦曰〔八〕：孟子亦云。「所惡於智，所惡於智之一字。爲其鑿也。」以其鑿真地，此説「物來而順應」。與其非外而是内，與其以外爲非、以内爲是。不若内外之兩忘也。何似無内外之别而忘却耶？兩忘則澄然無事矣，内外兩忘，則此心之清自然無事。無事則定，無事則自然定。定則明，心既定則自然明照。明則尚何應物之爲累哉？能明照則物來能應，何足累之？聖人之喜，聖人之所謂喜。以物之當喜；以物之當喜則喜之。聖人之怒，聖人之所謂怒。以物之當怒。以物之當怒則怒之。是聖人之喜怒，是則聖人之一喜一怒。不繫於心而繫於物也。未嘗心自爲之喜怒，亦因物而發也。是則聖人豈不應於物哉？又何嘗惡於物而不應於物耶？烏得以從外者爲非，又安可以在外者爲非？而更求在内者爲是也〔九〕？而以在内者爲是，未能内外之兩忘乎？〔一〇〕

伊川先生答朱長文書曰：聖賢之言，聖賢立言。不得已也。非其所得已也。有是言，則是理明；蓋將發明天理，以覺斯民。無是言，則天下之理有闕焉。苟無立言，則天理之奥誰其明之？如彼耒耜陶冶之器，耒之首爲耜，耜之柄爲耒。範土曰陶，具金曰冶。如此等器。一不制則生生之道有不足矣〔一一〕。民生日用之不可闕，天理亦猶是也。聖賢之言聖賢立言。雖欲已，得乎？欲闕此可乎？然其包涵盡天下之理，然其言寡而理無不該。亦甚約也。亦非以多言爲貴也。

後之人始執卷，後世之人自初執書卷。則以文章爲先，便以習文辭爲第一事。所爲〔一二〕，動多於聖人。所作之文多似聖人。然有之無所補，但有此文無補於世。無之靡所闕，無此文亦不闕於用。乃無用之贅言也。乃無所用，疣贅之言也。不止贅而已矣，豈特是贅語？既不得其要，言不本於道則失其要。則離真失正，非徒無益，不明乎理。反害於道必矣。未免流於邪僞，反害於正理矣。來書所謂「欲使後人見其不忘乎善」，來緘謂欲俾後世知其心乎爲善。乃世人之私心也〔一三〕。此不過世俗之私意。夫子「疾没世而名不稱焉」者，夫子嫌終世而名不見稱於人者。疾没身無善可稱之爾〔一四〕，是嫌没身無爲善之名可稱道。非謂疾無名也。非是病無聲名之名也。名者可以厲中人，聲名之名，但可以激厲中等之人。君子所存，君子胸中所存學以爲己，苟求人知，則是私心。非所汲汲。故非其所切者也。

內積忠信，不欺之謂忠，以實之謂信，內蘊蓄此德。「所以進德也」；要日新又新，故曰進。擇言篤志，擇言謂脩辭，篤志謂立誠。「所以居業也」。業者德之事，要存而不失，故曰居。「知至至之」，至，謂至善之地。知其爲至善而至之。致知也。致知之功也。求知所至而後至之，求知至善之地，而後至其所知。知之在先，所重在知。故「可與幾」，故曰「可與幾」。蓋「幾者，動之微」，事之先見。所謂「始條理者，知之事也」。致知以正其始，則能得乎事之幾微矣。智者，知之至明也。「知終終之」，終，即至善之盡處。知所終，盡力以終之。「力行」也。力行之功也。既知所終，則力進而終之，既知至善之盡處，而力行以詣其盡處。守之在後，所重在行。故「可與存義」，故曰「可與存義」。義者當然之則，存者守而勿失。所謂「終條理者，聖之事也」[一五]。力行以成其終，斯能守夫當然之則，聖者行之至盡也。

君子主敬以直其內，敬存主於中，則動静之間，心有戒謹，自然端直，而無邪曲之念。守義以方其外。義見於外，則應酬之際，事當其則，截然方正，可無回撓之私。敬立而內直，敬既立則內自端直。義形而外方。義既形則外自方正。義形於外，然義之用，達於外耳。非在外也。義之體則在心，非在外也。敬義既立，內直外方，敬義交養。其德盛矣，其德自然盛大。不期而大矣，不期而然也。「德不孤」也。敬義夾持，故「不孤」。無所用而不周，德至於大，則其所行無一而不備。無所施而不利，無往而不順。孰爲疑乎？故曰不疑其所行也。○坤六二文言。[一六]

動以天爲无妄，震下乾上爲无妄。震，動也。乾，天也。妄，邪僞也。動而純乎天理，則無邪僞矣。動以人欲則妄矣。動而純乎人欲，則皆邪僞矣。无妄之義大哉！无妄之義豈不大哉？熊節峰曰：動以天，是仁義禮智之德，觸物即形，自無邪僞；動以人，是耳目口鼻之私，隨物而遷，故皆邪妄。雖無邪心，心雖非出於邪妄。苟不合正理，則妄也，而見理不明，而所爲或乖於正理，是即妄也。乃邪心也。是即邪心也。既已无妄，事至於无妄，則所止矣。不宜有往，不宜有往，往乃過也。往則妄也。過則妄也。故无妄之彖曰：故无妄之彖云。「其匪正有眚，不得其正則有眚，既无妄則不宜匪正矣。不利有攸往。」有往則是匪正，故不利也。

人之蘊蓄，人之蘊蓄其德。由學而大，自以學問充廣，則愈極其大。在多聞前古聖賢之言與行。所以爲學問者，則熟觀古聖賢之立言與其行己者。考跡以觀其用，考聖賢之行，可以觀其用。察言以求其心，察聖賢之言，可以求其心。入而得之[一七]，以蓄成其德。有見於此，則蓄德日大，蓋非徒多聞之爲貴。〇大畜卦象傳。

咸之象曰：咸者，感也，故咸卦皆以感爲義。其象云。「君子以虛受人。」惟其虛中，故能受人。伊川易傳曰[一八]：其傳有云。中無私主，虛中而無所私主。則無感不通。則物來能應、有感必通也。以量而受之，若夫以量而受，則其量必有限。擇合而受之，擇其合而受，則必有所不合。非聖人有感必通之道也。則非聖人感通之道。其九四曰：九四爻云。「貞吉，悔亡。」貞，正也，得感之正則吉，使在此者有所私係，則爲感之道狹矣。必有所不通，是悔也，得其正則悔可亡矣。憧憧往來，不絶貌。朋從爾思。」各以朋類從其所思。傳曰：傳文云。感者，人之動也，感者，乃人心之有所動。故感皆就人身取象[一九]。故咸六爻皆就人身取象，初爲拇，二爲腓，三爲股，五爲脢，上爲輔頰舌，各有一義。四當心位，惟九四則當心位。而不言「咸其心」者，而不言心者。感乃心也。感者必以心也。感之道無所不通，有感則有通。有所私係，但係於私。則害於感通，則爲感之道狹，必有所不通。所謂悔也。是謂悔。聖人感天下之心，聖人之感天下。如寒暑雨暘，如天地之氣，一寒一暑，或雨或暘，周徧公溥。無不通、無不應者，無不通應。亦貞而已矣。亦無所私係，得感之正而已。貞者，虚中無我之謂也。貞者正也，解爲「虚中無我」，何耶？葉平巖云：「諸卦之貞，各隨卦義以爲正，乾以健爲貞，坤以順爲貞。故曰『利牝馬之貞』。『虚中無我』者，咸之貞也。然此與象『以虚受人』異者，蓋象取山澤通氣之義，謂虚中以受人之感；爻取四爲感之主，謂虚中以感人也。惟虚則能應人之感，惟虚則能感人之應，其理亦一也。」若往來憧憧然，「憧憧往來」者，私心也。若無私心，則澄然泰然，何至憧憧也！用其私心以感物，具其私心有係，用以感物。則思之所及者有能感而動，思之所及者，雖能感而通。所不及者不能感也。思之所不能及者，不能感而通也。以有係之私心，以有所牽繫之私心。既主於一隅一事，既主於一偏一件事。豈能廓然無所不通乎？又安能廓然大公無所不感通乎？所謂「朋從爾思」者，蓋思惟及其朋類，亦惟朋類乃從其思。舍是具弗能皆感通也。

君子之遇艱阻，此教人以處險難之道。必自省於身，必當自省察其身。有失而致之乎？是吾失處險難之道而致此乎？有所未善則改之，如有不善則當速改，不可以怠而廢。無歉於心則加勉，苟無愧焉，則益當自勉，不可以阻而廢。乃自脩其德也。君子反躬之學，雖遇險阻，莫非進德之地。蹇卦象傳。

非明則動無所之，知行相需，不可偏廢。非知之明，則動將安之，如目盲之人，動則不知所之也。

非動則明無所用。非行之力，則明亦無所用，如足痿之人，雖有見焉，亦不能行矣。○豐卦初九傳。

習，重習也。習而又習，曰重習也。時復思繹，繹，往來紬繹也。君子於所學之事，時時思繹，不驟不輟。浹洽於中，則説也。義理久，則浹洽其中，自然悦豫也。以善及人，善有諸己，足以及人。而信從者衆，信從則衆，同歸於善。故可樂也。豈不可樂也？蓋與人爲善之意如此。雖樂於及人，故所以謂之君子者，成德之名也。雖樂於以善及人。不見是而無悶，然人或未信，則亦安其在我而已，奚慍焉？乃所謂君子。蓋自信之篤而無待於外，所以爲成德也。論語。下同。

「古之學者爲己」，爲己者，如食之求飽，衣之求温，温飽在己，非爲人也。欲得之於己也；故學而爲己，則得者皆實得。「今之學者爲人」，爲人者，但求在外之美觀，非關在我之實用。欲見知於人也。故學而爲人，則雖或爲善，亦非誠心，況乎志存務外，日爲欺誑[二〇]，善日消而惡日長矣！

○熊氏曰：爲己務乎内也，爲人務乎外也。論語。

伊川先生謂方道輔曰：先生與道輔云。聖人之道，道者日用當行之理，聖人之所謂道。坦如大路，其平坦如大路。學者病不得其門耳，學者患在不得其門而入也。得其門，若得其門而入。無遠之不可到也。雖遠亦可到。求入其門，欲求入此門。不由於經乎？不自聖經始乎？今之治經者亦衆矣，今世之人，學經者亦多。然而轉語。買櫝還珠之蔽，經所以載道，猶櫝所以藏珠。治經而遺其道，正如買櫝而還其珠。其弊已甚。人人皆是也。人皆然也。經所以載道，故經爲載道之文。誦其言辭，誦讀其言。解其訓詁，解剥其訓。而不及道，苟不及道。乃無用之糟粕耳。皆其粗者，猶糟粕也。覬足下由經以求道，願道輔即經以求其所謂道者。勉之又勉，道雖無形之可見，勉力而又勉力，必志道之切，行道之篤，視聽言動、造次顛沛不違乎是。異日見卓然有立於前，用力既久，所見益爲親切。如仰卓然而立於前者。然後不知手之舞、足之蹈，則中心喜樂。不加勉而不能自止矣。自然欲罷不能矣。

明道先生曰：明道云。「脩辭立其誠」，脩省言辭以立在己之實德。不可不仔細理會。不可不細求之。言能脩省言辭，脩省言辭者，中有其誠，省治之。便是要立誠。將以立實德也。若只是脩飾言辭爲心，脩飾言辭者，中無其誠，虚飾之。只是爲僞也。將以爲誇美也。省、飾之間，乃天理人慾之分。若脩其言辭，敬義説見前，如脩省其言辭。正爲立己之誠意，誠意者，合敬義之實而言，正所以立己之敬義。乃是體當自家「敬以直内、義以方外」之實事。體當，俗語，猶所謂體驗勘當也。蓋脩其言辭者，所以擬議其敬義之實事，而非徒事於虚辭也。道之浩浩，浩浩，流行盛大貌。何處下手？下手，謂用力處。道之廣大，於何用功？惟立誠纔有可居之處，惟立己之誠意，始有可據守之地。則可以脩業也[二二]。此誠既立，則其業之所就，日以廣大。「終日乾乾」，終日自朝汲夕乾乾不息。言「君子終日乾乾」，是體天行健之事。大小大事，大小猶言多少也，多少是大事。却只是「忠信所以進德」爲實下手處，然其實則惟忠信積於内，而無一念之不實者，爲用功之地。「脩辭立其誠」爲實脩業處。脩辭立於外，而無一言之不實者，爲見功之地。蓋表裏一於誠，至誠，故乾乾而不息。○遺書。下同。

伊川先生曰：伊川云。志道懇切，有志於道，懇惻切至。固是誠意。固誠意也。若迫切不中理，然迫切之過，而至於欲速助長，則反害乎實理。則反爲不誠。則卻非誠意。蓋實理中自有緩急，真實之理不容驟到，其間自有緩有急。不容如是之迫，見不容以迫觀切求之。天地之化乃可知[一二]。如春生、夏長、秋成、冬實，固不容一息之間斷，亦不能以一日而遽就也。

孟子才高，孟軻天資超邁。學之無可依據。故難學，學孟子則無依憑處。學者當學顔子，顔子天資純粹而功夫縝密。入聖人爲近，進德有序。有用力處。故學者有用力處。又曰：又云。學者要學得不錯，有準的。須是學顔子。須當學顔子。[一三]

學者識得仁體，仁者，天地之生理，人心之全德也。其體具於心。實有諸己，固人之所本有。只要義理栽培。然必内反諸己，察之精，養之厚，有以見仁之全體，實爲己有，則吾心所存無非天理。如求經義，而後博求義理以封植之。皆栽培之意。則生理日以生長，而仁不可勝用矣。[一四]

昔受學於周茂叔，明道自謂昔時受學於濂溪。每令尋顔子、仲尼樂處[一五]。每使求孔、顔之樂所在。朱子曰：按程子之言，引而不發，蓋欲學者深思而自得之。今亦不敢妄爲之説。學者但當從事於「博文約禮」之誨，以至於「欲罷不能而竭其才」，則庶乎其可以得之矣。

所見所期 學者志識。不可不遠且大，「固不可不以遠大自期。」然行之亦須量力有漸。但行亦須量其力之所至，漸次而進。志大心勞，「苟悦其高而忽於近，慕於大而略於細」，是志雖大而心實勞。力小任重，力之小而任者重。恐終敗事。「則無漸次經由之實，而徒有懸想之勞，亦終不能自達矣。」

朋友講習，朋友相處，非獨講辨之功。更莫如「相觀而善」工夫多。不如薰陶漸染，得於觀感，自然進益。其工夫尤多也。

須是大其心使開闊。心不開闊，則規模狹陋而安於小成，持守固滯而惰於進善。譬如爲九層之臺，正猶作臺，高及九層。須大做脚方得[二六]。大作基址，則能乘載九層。[二七]

參也，竟以魯得之。程子又曰：曾子之學，誠篤而已。聖門學者，聰明才辨，不爲不多，而卒傳其道，乃質魯之人。故學已誠實爲貴也。尹氏曰：曾子之才魯，故其學也確，所以能深造乎道也。[二八]

明道先生以記誦博識爲玩物喪志。人心虚明，所以具衆理而應萬事，有所繫滯，則本志未免昏塞。所貴乎讀書，將以存心而明理也。苟徒務記誦爲博，則書也者亦外物而已，故曰「玩物喪志」。本註：謝顯道録古人善行[二九]，别作一册。明道先生見之，曰是「玩物喪志」。蓋言心中不宜容絲髮事。故安國云：謝先生初以記問爲學，自負該博，對明道舉史書，成篇不遺一字。明道曰「賢却記得許多，可謂玩物喪志」。謝聞此，汗流，面發赤。

禮樂只在進反之間，樂記曰：「禮減而進，以進爲文；樂盈而反，以反爲文。」「減是退讓、撙節、收斂底意思，是禮之體本如此。然非人所樂，故須進步向前，自力去做，故『以進爲文』。盈是舒暢、發越、快滿底意思，是樂之體本如此。然易至於流蕩，却須收拾向裏，故『以反爲文』。」故只在進反之間。便得情性之正[三〇]。減而進則不至失於不及，盈而反則不流於太過，故各得性情之正。

父子君臣，父與子，君與臣。天下之定理，人倫之大端，此天下一定之理。無所逃於天地之間。立於天地之間者，必有所不容廢者也。安得天分，惟能會其天理。不有私心，而無私心者，則處之各當其分。則行一不義，而行一不義之事。殺一不辜，殺一不辜之人。有所不爲。雖可以得天下，亦不爲也。有分毫私，苟有毫髮之私。便不是王者事。便非王者之事。蓋堯、舜受禪，無虧父子之恩；湯、武征伐，無愧君臣之義，皆無私心。

論性不論氣，不備；論性之善而不推其氣稟之不同，則何以有上智下愚之不移，故曰「不備」。論氣不論性，不明。論氣稟之異而不原其性之皆善，則是不達其本也，故曰「不明」。二之則不是。是性者氣之理，氣者性之質，元不相離，判而二之，則非矣。朱子曰：論性不論氣，孟子之性善是。論氣不論性，荀子言性惡、楊子言善惡混是也。

論學便要明理，論學而不明理，則徒事乎詞章記誦之末，未爲知學也。論治便須識體。論治而不識其體，則徒講乎制度文爲之末，未爲知治也。

曾點、漆雕開已見大意，曾點之志，以爲「暮春者，春服既成。冠者五六人，童子六七人，浴乎沂，風乎舞雩，詠而歸」。蓋有見是道之大，流行充滿，於日用之間從容自得，有與物各適其所之意。「子使漆雕開仕，對曰：『吾斯未能信。』」開於是理必有見焉，顧於酬酢之際，未能自信其悉中乎理。此其所見之大，不安小成，所守之篤必期自信。二者雖其行未成，要皆有見聖人之大意。故聖人與之。故夫子皆許其見道。

根本須是先培壅，涵養心德，根本深厚。然後可立趍向也。然後立趍向而不差。趍向既正，趍向既出於正。所造淺深 所造或淺或深。則由勉與不勉也。則在於勉與不能勉，又勉勉而不已，乃能深造也。[三二]

敬義夾持，「敬主乎中，義防乎外」，表裏夾持，更無東走西作。直上達天德自此。直上者，不爲物慾所屈，則可上達天德矣。

懈意一生，懈字，從心從解，言心有所解弛，懈心一形。便是自暴自棄。自暴者，剛惡之所爲，咈戾而不信乎善，自暴害其性也；自棄者，柔惡之所爲，雖知其善，然怠廢而不爲，是自棄絶其性也。懈者懈怠而不進於善，與暴棄則一也。

不學便老而衰。學問則義理爲主，故閱理久而益以精明；不學則血氣爲主，故閱時久而益以衰謝。

人之學不進，人之爲學不能加進。只是不勇。只是志氣之不勇。[三一]

學者爲氣所勝，立志之不大不剛，則義理不足以勝其氣質之固蔽。習所奪，學力不足以移其習俗之纏繞。只可責志。故當責志。

内重則可以勝外之輕，道義重則外物輕。得深則可以見誘之小。造理深則嗜欲微。

董仲舒謂：「正其義，不謀其利；義者，當然之理；利者，義之和也。君子惟欲「正其義」而已，未嘗預謀其利。有謀利之心，則是有所爲而爲之，非「正其義」矣。明其道，不計其功。」道者，自然之路。功者，行道之效也。君子惟欲「明其道」而已，未嘗計度其功。有計功之心，則是有私意介乎其間，非「明其道」矣。孫思邈曰：思邈，隋唐間人。「膽欲大而心欲小，膽大則敢於有爲，心小則密於察理。智欲圓而行欲方。」智圓則通而不滯，行方則正而不流。可以爲法矣。即此可以爲心身之法。朱子曰：志不大則卑陋，而不通則狂妄。圓而不方則譎詐，方而不圓則執心不小。

大抵學不言而自得[三二]，學而有得，則暗者忽而明，疑者忽而信，欣然有契於心。蓋有所不能形容者。乃自得也。乃真自得也。有安排布置者，安排布置，即是妄意强爲。皆非自得也。非真自得。

視聽、思慮、動作，皆天也，視聽、思慮、言動，皆天理自然而不容已。人但於其中人當於其間。要識真與妄爾。順理則爲真，從欲則爲妄。

明道先生曰：明道云。學只要鞭辟近裏著己而已。鞭辟近裏著己者，切己之謂也。故「切問而近思」，切問近思，不泛不遠。則「仁在其中矣」。則心德存而仁在是矣。「言忠信，言必忠信，而無一辭之欺誕。行篤敬，行必篤敬，而無一事之慢弛。雖蠻貊之邦行矣。則以是行於遠方，猶可以誠實感通。言不忠信，苟言不忠信而欺誕。行不篤敬，行不篤敬而慢弛。雖州里行乎哉？則雖近而州里之間，其可得而行乎？立則見其參於前也，然非可以暫焉而强爲之。要必真積力久，隨其所寓，常若有見乎忠信篤敬之道，故立之時則若見此理參於前。在輿則見其倚於衡也。衡，車横木也。在輿之時，若見此理倚於衡。夫然後行。」若此而行，無往不可。只此是學。一於誠實，自然信順，便是學也。以上皆切己之學。「切問近思」，致知之事，「言忠信、行篤敬」，力行之事。質美者明得盡，質美是資質之粹美，明得盡是見得透徹。查滓便渾化，「查滓是私意人欲之消未盡者」，才明得盡則人欲天理截然兩段，更無查滓。却與天地同體。「人與天地本同體，只緣查滓未去，所以有間隔。若無查滓，便與天地同體。」其次惟莊敬持養，「其次未到此，則須『莊敬持養』，以消去其查滓。」及其至則一也。久則亦自明徹矣。明得盡，如顏子「克己復禮」，天理人欲截然界限，了無查滓。其次「莊敬持養」，如仲弓「出門如見大賓，使民如承大祭」。常如此久久亦明得盡矣。[三四]

「忠信所以進德」，不欺之謂忠，以實之謂信，人能盡此誠實，所以爲進德之地。「脩辭立其誠，脩省言辭以立在己之實德。所以居業」者，乾道也。德乃心之理，業乃德之著。乾主健主動，「進德脩業」，皆進進不息之道，故曰乾道。「敬以直内，敬存於中，自然端直而無邪曲之念。義以方外」[三五]，義見於外，截然方正，而無回撓之私。坤道也。坤主順主静，故敬直義方，皆收斂裁節之道，故曰坤道。

凡人才學，凡人始學。便須知着力處；當知用力之地，則有以爲入道之端。既學，既已學。便須知得力處。當知得力之處，則有以爲造道之實。

有人治園圃，役智力甚勞。有人事園圃，用知役力甚勞苦。先生曰：蠱之象易之蠱卦，其象辭云。「君子以振民育德」，振民，興起而作成之。育德，謂涵養己德。君子之事，君子之所謂事。唯有此二者，只有此二件而已。餘無他焉。外此則無益之事，非其所務也。二者，爲己、爲人之道也。振民則成人之事，育德則成己之事，皆吾道之當然也。

「博學而篤志，博其所學，篤其所志。切問而近思」，切於問而近以思之。何以言「仁在其中矣」？子夏如何言「仁在其中」？「四者皆學問思辨之事，未及乎力行而爲仁。然從事乎此則心不外馳，而所存自熟，故曰『仁在其中矣』。」學者要思得之，學者苟能思而得之。了此便是徹上徹下之道。語此則仁之全體可見，故曰「徹上徹下之道」。

弘而不毅，則難立；西銘言弘之道。弘，寛大也。毅，剛强也。「弘而不毅」，則寛大有餘而規矩不足，故不能自立。毅而不弘，毅而不能弘。則無以居之。則剛强有餘而狹陋自足，故無以居之。

○論語。

伊川先生曰：古之學者，古之爲學之人。優柔厭飫，優柔而不迫，厭飫而有餘。有先後，其用功有先後。有次序。有漸進之次序。今之學者，今世爲學之人。却只做一場話說，務高而已。徒資口耳之末，躐等務高而已。常愛杜元凱語：杜預，字元凱，作春秋左氏經傳集解。「若江海之浸，序中語也。若江海之浸，則漸深博。膏澤之潤，膏澤潤，則優柔而豐腴。此皆言涵養有漸，而周徧融液。渙然冰釋，至於所見者，明徹而無滓，則渙然猶冰之解。怡然而理順，所存者，安裕而莫逆，則怡然皆理之順。然後爲自得也。」學至是，其深造自得，可知也。今之學者，今世之爲學者。往往以游夏爲小，不足學。言偃，字子游。卜商，字子夏。二子在孔門，固非顔、曾比，然其所言所事皆明辨而力行之，無非實也。人累於好高，則以其爲小不必學。然游夏一言一事，但游夏所言所事。却總是實。無非是實用功者。後之學者好高，後來爲學之人，其心好高。如人游心於千里之外，正如人心馳於千里之外。然自身却只在此。而不知己身只在此，所以喻其好高之弊。

修養之所以引年，人生夭壽有命，而修養之士保煉精氣，乃可以引年。國祚之所以祈天永命，而獨國祚之脩短有數，而聖賢之君力行仁義，乃可以祈天之永命。常人之至於聖賢，常人資質，其視夫生知安行者亦遠矣，然學而不已，卒己與聖賢爲一。皆工夫到這裏，凡是三者，皆非一旦之功。苟簡超越，幸而得之者，蓋其工夫至到。則有此應。有此應效耳。所以明學聖人者，當真積力久而得之也。

忠恕所以公平。發乎真心之謂忠，推以及人之謂恕。忠恕則視人猶己，故大公至平。造德則自忠恕，學者進德則自忠恕。其致則公平。致，極至也。其極至則公平。

仁之道，仁之道理。要之只消道一「公」字。仁者，以天地萬物爲一體，其理公而已。公只是仁之理，言其理則至公而無私。不可將公便喚做仁。但不可即公便謂之仁。公而以人體之，則仁矣[三六]。公而體之以人，則其寬平普博之中，自有惻怛慈祥之意，斯所謂仁也。體猶幹骨也。朱子曰：「克己復禮」，不容有一毫之私，豈非公乎？親親仁民，而無一物之不愛，豈非仁乎？只爲公則物我兼照，惟其能公，則物我自然兼照。故仁，所以能恕，恕者推於此。所以能愛。愛者及於彼。恕則仁之施，恕則仁之所施。愛則仁之用也。仁性也，愛情也，故爲仁之用。葉平巖云：仁譬泉之源也，恕則泉之流出，愛則泉之潤澤，公則疏通而無壅塞之謂。惟其疏通而無壅塞，故能流而澤物。[三七]

人謂要力行，朱子曰：知之與行，如車兩輪，如鳥兩翼，闕一不可。苟無致知工夫，而徒謂要力行。亦只是淺近語。不過只淺近之言。既能知見一切事皆所當爲，真知事之當然，不容不爲。不必待著意，不待著意，爲自不容已。纔著意纔至著意爲之。便是有箇私心。己是私心。所謂私者，非安乎天理之自然，而出乎人力之使然也。這一點意氣，徒以其意氣之使然，則一點意氣。能得幾時了？亦必不能久，故君子莫急於致知。

知之必好之，人之爲學患無真知，苟知之心必好之。好之必求之，心好之，亦必求其義理之指歸。求之必得之。求則必得義理之實。古人此箇學，古人之爲學。是終身事。學是終身事，不求速成，不容半塗而廢。勉焉孳孳，死而後已可也。顛沛造次必於是，顛沛傾覆流離之際，造次急遽苟且之時，必於是，蓋無一事而非學，無一時而不勉。豈有不得道理？能如是，則有得於斯道必矣。[三八]

古之學者一，學以講明義理，古之爲學則一。今之學者三[三九]，今人之爲學有三。一曰文章之學，第一是皆習爲詞章之學。二曰訓詁之學，釋教言爲訓，釋古言爲詁。爾雅有釋訓、釋詁是也。第二是詁訓之學。三曰儒者之學。儒者之學，所以求道。第三是儒者之學。欲趨道，若欲行道。舍儒者之學不可。則儒者之學爲難棄，文章、訓詁皆末流也。

問：作文害道否？問作爲文辭有害於道否。曰：害也。云如何不害道。凡爲文不專意則不工，凡作爲文辭，不專意而習則不能工。若專意則志局於此，若專意則志有所局，蓋人所以參天地而並立者，惟此心爲之主。苟志有所局。又安能與天地同其大也？又安能與天地參哉？書曰「玩物喪志」，玩習外物，則正志喪失。爲文亦玩物也。專意爲文，亦玩物也。吕與叔詩云：吕大臨，字與叔，張、程門人也。有詩云。「學如元凱方成癖，杜元凱嘗謂有左氏癖，所著訓解凡十餘萬言。文似相如始類俳。相如作子虛、上林等賦，徒衒文詞[四〇]，務以悦人，故曰「類俳」。俳優，娼戲也。獨立孔門無一事，獨立孔門之中，別無一事。只輸顔子得心齋。」齋，齋肅純一之意。只輸卻顔子，此心齋肅純。古之學者，古之爲學之人。惟務養情性，如顔子心傳。其他則不學。他則未之學。今爲文者，今之習爲文者。專務章句，專一務爲絺章繪句。悦人耳目。求以悦人之耳目。既務悦人，既是務以悦人耳目。非俳優而何？與娼優無異。曰：古者學爲文否？古人亦學爲文章否？曰：人見六經，人見六經之文。便以爲聖人亦作文，亦言聖人亦事乎文。不知聖人亦攄發胸中所蘊，殊不知聖人非求爲文章，但發出胸中所蘊蓄以詔後世。自成文耳。自然而成文。所謂「有德者必有言」也。是皆道全德盛，非有意於爲文，而文自不可及耳。曰：游夏稱文學，何也？子游、子夏又在聖門文學之科，如何？曰：游夏亦何嘗秉筆學爲詞章也？游、夏習於詩、書、禮、樂之文。子游作檀弓，子夏作樂記之類。凡此皆道體之流行，人事之儀則，固未嘗秉筆學爲如此之文，亦非若後世無用之空言。且如「觀乎天文以察時變，説見賁卦。天文謂日月星辰之文，觀之以察天時之變。觀乎人文以化成天下」，人文，人倫禮樂之文。觀此以成其化於天下。此豈詞章之文也？此豈是文章之文也耶？[四一]

涵養須用敬，「主敬以立其本。」進學則在致知。「窮理以進其知，二者不可偏廢。使本立而知益明，知精而本益固，二者亦互相發。」

言學便以道爲志[四二]，道者，日用常行之理，人之爲學便當志於道。言人便以聖爲志。爲人便當志聖者之事。

問：「必有事焉」，人之一心酬酢萬事。問孟子，謂「必有事焉」。當用敬否？不知當用敬否？曰：敬是涵養一事。敬主乎中，乃涵養此心者。「必有事焉」，動而酬酢，必有所事。須用集義。亦須事事集義，各得其當。只知用敬，但知守敬。不知集義，不知應事而集此義。却是都無事也。則是心槁木死灰而已。蓋人之一心，虚靈不昧，虚具衆理，靈應萬事，苟徒知此敬以涵養，不知事事集此義，不過釋氏之虚寂也。問：義莫是中理否？所謂義者，莫是事事中理否？曰：中理在事，中理者，合乎事理之宜，故「在事」。義在心。義者，吾心之裁制，故「在心」[四三]。

問：敬義何别？然則敬義何所辨别？曰：敬只是持己之道，敬是操持正己之道。義便知有是有非。義者，裁制是非而得其宜。順理而行，順此理之宜而行。是謂義也。此其所謂義也。若只守一箇敬，若徒知守着此敬。不知集義，不能集義。却是都無事也。所謂敬者，亦塊然無所爲而已，烏得心體之周流哉！且如欲爲孝，且如欲盡爲子之孝。不成只守著一箇孝字。不是只守一孝字便了。須是知所以爲孝之道，須要推尋所以盡爲子之孝當如何。所以侍奉當如何，所以侍奉父母又如何。温清當如何，冬温夏清之禮又當如何。然後能盡孝道也。言此以明集義之道，「必有事焉」者也。[四四]

學者須是務實，學者必須務爲著實之學。不要近名方是。不必志於求名。有意近名，才有意求名。則是僞也。則是虛僞。大本已失，爲學之大本領已失。更學何事？不知所學者何事。爲名與爲利，求名與求利。清濁雖不同，雖皆非實，然求名尚清，求利則濁愈甚。然其利心則一也。有所爲而爲皆是利心，故皆一般。

「回也，其心三月不違仁」，仁者心之德，心不違夫其仁，無私欲而有其德也。三月天道小變之節，不違言其久也。只是無纖毫私欲[四五]。所以如此，只是無些子私意介乎其間。有少私意，才有分毫私意。便是不仁。則害乎仁之全體矣。

「仁者先難而後獲」，說見論語。先難者，存心之篤而不容一念之或間，克己之力而不容一事之非禮。後獲者，順乎天理而未嘗謀其私，發乎誠心而未嘗計其效，此仁者之事也。有爲而作，苟有所爲而爲，則是先有謀私計效之意。皆先獲也。是冀所獲於先，非天理之公矣。古人惟知爲仁而已，古人惟知安行乎天理之公而無計效之心。今人皆先獲也。今人則先萌計效之心，便是己私未克，安能全天理之公？

有求爲聖人之志，學者所以學爲聖人也，有志希聖。然後可與共學；而後可與之共爲學。學而善思，學原於思，善於致思。然後可與適道；而後能通乎道。思而有所得，思而有實得，則可與立；而後可與立，而物欲、異端不能奪之。立而化之，既立矣，又能通變而不滯。則可與權。其可與權。蓋權者，隨時制宜，推變所適，又非執一者所能與也。

「古之學者爲己」，爲己者，盡吾性之當然，非有預於人也。其終至於成物；究其終則可成物者。道本無外，人己一致，能盡己之性，則能盡物之性，然成物者，又無非盡己之事也。今之學者爲物，爲物者務外也。苟徒悦外，則將陷於邪僞。其終至於喪己。反害其性矣。

君子之學必日新。君子之爲學，當日日新。日新者，日新云者。日進也。日日進而不已也。不日新者必日退，一或自止，則智日昏而行日虧矣。未有不進而不退者。未有不能進而不自退也。唯聖人之道唯聖人之所謂道。無所進退，從容而中不見其進，又未嘗見其退。以其所造者極也。蓋理造乎極，而行極乎成也。或謂：聖人「純亦不已」，固未嘗不日新也。曰：論其心，則固無時而自已。論進德之地[四六]，則至神聖而極，不容有所加損。

明道先生曰：性静者可以爲學。智以静而明，行以静爲主，性静則可爲學矣。[四七]

伊川先生曰：人安重則學堅固。躁擾輕浮，則所知者易忘，所守者易隳，故須安重則堅固。

「博學之，說見中庸。學不博，則無以備事物之理。審問之，既博矣，不能無疑，疑則不容不問，人或疏略，則無以决疑而取正。故問又必須審。慎思之，問審矣，又必反之於心，思以驗其實。思不謹，則或泛濫而不切，或穿鑿而過深，則亦不足以揆所聞之當否。明辨之，思謹矣，至於應酬事物，而辨其是非，當極其明。篤行之。」然知之明，行之不力，則其所聞者，尤或奪於物欲之私，故以力行終之。五者廢其一，非學也。此五者雖有次第，實相須而進，不容闕一也。[四八]

明道先生曰：人之爲學，人爲學之道。忌先立標準。標，幟。準，的。蓋期望之地也。爲學而先立標準，則必有好高躐等之病。若循循不已，故莫若循序而進，孳孳不已。自有所至矣。自能造於極至之地。[四九]

有人説無心。有人言「無心」二字。伊川曰：無心便不是，苟欲無心，則必一切絶滅思慮，槁木死灰而後可，豈理也哉！只當云無私心。故聖賢未嘗無心，稱是心之所存所用者，無非本天理之公而絶乎人欲之私耳。[五〇]

横渠學堂雙牖，横渠學堂有兩窗。右書訂頑，右邊窗書曰訂頑。頑者，暴忍而不仁。主仁而言而義在其中。左書砭愚。左邊書曰砭愚。愚者，昏塞而不智。主智而言而禮在其中。伊川曰：「是起爭端。」如此則是起爭端。改訂頑曰西銘，於是改其訂頑名曰西銘。砭愚曰東銘。改其砭愚名曰東銘。

明道先生曰：訂頑之言，即西銘也。極醇無雜，醇粹而不駁雜。秦漢以來更秦及漢。學者所未到。以文學名者見識未到此。又曰：訂頑一篇，西銘一篇。意極完備，推論理一分殊，極是備足。乃仁之體也。仁者本以天地萬物爲一體。學者其體此意，爲學者體認此意，令有諸己，實爲我有，所謂真知而實踐之。其地位已高。至此則其所到處已高遠。到此地位，所到處如此。自別有見處，自有以見夫大本一原之妙。不可窮高極遠，若不由近而推以及乎遠，徒馳高騖遠。恐於道無補也。故不見有進道之益。又曰：訂頑立心，西銘立心，弘闊而無私。便達得天德。普萬物而無私，天德也。又曰：游酢得西銘讀之，定夫始得西銘一篇而讀。即涣然不逆於心，此心了然無所疑滯。曰「此中庸之理也」，中庸推本天命之性，「致中和」至於「天地位、萬物育」，實原於天命之本然。西銘一視同仁者，亦所以盡一己之性而全天命之本然，又曰此即中庸之理。能求於言語之外者。是不特有悟於西銘之中，而能遠推於西銘之外也。楊中立問曰：名時，即龜山也。西銘言體而不及用，西銘言仁之體而不及仁之用。恐其流遂至於兼愛，何如？恐末流之趍必至兼愛而無别。伊川先生曰：答云。横渠立言横渠言論。誠有過者，有失之過者。乃在正蒙。是在正蒙一書。西銘之書，西銘一篇。推理以存義，推其自然之理而存其截然之義。擴前聖所未發，是發前聖之所未言。與孟子性善、養氣之論同功，與孟軻氏言性善及論養氣，皆是前聖所未發者。豈墨氏之比哉！墨翟則但知推同然之理，而不復有截然之義矣。西銘明理一而分殊，故西銘以天地爲父母，萬物爲同體，是明理之一。然而貴賤、親疏、上下各有品節之宜，是分殊也。墨氏則二本而無分。墨氏惑於兼愛，則泛然並施而無差等，施之父母者猶施之路人，是親疏無分並立而爲二本也。分殊之蔽，徒知分之殊不知理之一，則其失也。私勝而失仁；爲己之私勝，而失其公愛之理。無分之罪，徒知理之一而不知分之殊，則其過也。兼愛而無義。兼愛之情勝，而失其施愛之宜。分立而推理一，分立而推其理之一。以止私勝之流，則無私勝之蔽。仁之方也。此爲仁之方，西銘是也。

無別而迷兼愛，施無等差而迷於兼愛。以至於無父之極，則其極也至於無父。義之賊也。此害義之賊，墨翟是也。子比而同之，則過矣。蓋西銘人君家長、長幼殘疾皆自有等差，固是分殊。朱子謂之：我看天氣地質，與父母固是同是一理，然吾之父母與天地自有箇親疏，同胞裏面便有「理一分殊」，吾與裏面亦便有「理一分殊」。龜山正是疑同胞吾與爲近於墨氏，不知同胞吾與各自有「理一分殊」在其中，合而言則失之過也。[五一]

橫渠曰：未知立心，立心未定。惡思多之致疑；而多思致惑，則所向或移。既知所立，立心既定。惡講治之不精。而講治粗疏，則所業莫進。講治之思[五二]，致思言治，乃窮理之事。莫非術內，皆在吾學術之內。雖勤而何厭？初何厭乎勤？此言用治之貴精。所以急於可欲者，然所以明可欲之善者。求立吾心於不疑之地，先定吾志，無所疑惑。然後若決江河然後能若江河之決。以利吾往。進而不可竭。此言立心之定。遜此志，「務時敏，遜，順也。順此志則立心已定，務時敏則講學爲急。厥修乃來」。如是則所修乃日見其進。故雖仲尼之才美，雖以夫子之聖。然且敏以求之。尚曰「好古敏速以求之」。今持不逮之資，今以吾不及之資禀。而欲徐徐以聽其自適，而且緩緩以聽其自至於道。非所聞也。此非我所敢聞也。

明善爲本，明善者，爲學之本。固執之乃立，知之既明，由是固守之，則此德有立。擴充之則大，推廣之，則此德日大。易視之則小，苟以忽心視之，則所見者亦寖微矣。在人能弘之而已。亦在夫人充廣此道而已。

今且只將「尊德性而道問學」爲心，尊者，崇尚敬持之意。道，由也。日自求於問學者有所背否，由學問而惟恐背違。於德性有所懈否。崇德性而惟恐懈怠。此義亦是博文約禮，「尊德性」則是約禮之事，「道問學」則是博文之事。下學上達。「尊德性」下達之事，「道問學」上學之事。以此警策一年，日以此自省，積之歲月。安得不長？內外兼進矣。每日須求多少爲益，知所亡，學者日省其身，所以增益其不知者何如。改得少不善，所以改治其不善者爲何如。此德性上之益；讀書求義理，讀書者，必求其義理，不徒事章句訓詁之末。編書須理會所歸着，編書者，爲求其旨歸，不徒務博洽紀録之功。多識前言往行[五四]，多識前哲之言行，以廣其所知。此問學上益也。則學日進矣。勿使有俄頃閑度，不使頃刻閑過而不用力。逐日似此，日日如是。三年庶幾有進。則三年自然有進。蓋君子之學一有間斷，則此心外馳，德性日隳，而學問日廢矣。[五五]

爲天地立心，天地以生生爲心，聖人參贊化育，使萬物各正其性命，此「爲天地立心」。爲生民立道，建明義理，扶植綱常，此「爲生民立道」。爲去聖繼絶學，纘述道統是也。爲萬世開太平。如有王者起，必來取法，利澤垂於萬世是也。學者以此立志，則所任至大而不安於小成，所存至公而不苟於近用。[五六]

須放心寬快公平以求之，人必廣大其心以求道。乃可見道，乃能有見乎道。況德性自廣大。況人之德性本自廣大。易曰周易云。「窮神知化，是窮理盡性以至於命。德之盛也」，此德之盛大如此。豈淺心可得？豈偏狹固滯者所能得？[五七]

多聞不足以盡天下之故。故，所以然也。心通乎道，則能盡事物之所以然；不通乎道而從事乎記問，則不足以盡事物之所以然。苟以多聞而待天下之變，苟徒事乎記問，謂足以應不窮之變。則道足以酬其所嘗知。酬，應也。其道雖可以應其記問之可知者。若劫之不測，則遂窮矣。見聞有限而事變無窮，卒然臨之以所未嘗知，則窮矣。

爲學大益，學之大利益處。在自求變化氣質。正欲陶鎔氣質，矯正偏駁。不爾，不然。皆爲人之弊，則非爲己之學。卒無所發明，終無所推闡。不得見聖人之奥。何以推明聖人之蘊奥？朱子曰：寬而栗，柔而立，剛而無虐，簡而無傲，便是教人變化氣質。

文要密察，文，文理也。文不密察，則見理麤疏。心要洪放。心不洪放，則所存狹滯。○語録。不知疑者，始學之士，知必有所不明，行必有所不通，不知有所疑。只是不便實作。是未嘗實用功。既實作，則須有疑。既實用功則必有疑。必有不行處，是疑也。不敢勇不行處，即疑也。心大則萬物皆通，心大則寬平弘遠，故處己待人無往而不達。心小則有物皆病。心小則偏急固陋，無所處而不爲病也。[五八]

合内外，表裏一致，就己而言也。平物我，物我一體，合人己而言也。此見道之大端。即此便可見道之大端。

既學而先有以功業爲意者，功業，立言、立事皆是也。爲學而先志於功業。於學便相害。則穿鑿創造，必害於道矣。[五九]

學者大不宜志小氣輕。人之爲學，大是不宜志之狹小、氣之輕盈。志小則易足，志小則易於自足。易足則無由進；故怠惰而無深功[六〇]。氣輕則以未知爲已知、氣輕則易於自大，故未知則云已知。未學爲已學。未學則云已學，故虚誕則無實得。

校勘記

[一] 則當其在外　「外」下，葉本有「時」。

[二] 則又烏可語定哉　「可」下，葉本有「遽」字。

[三] 莫若廓然而大公　「廓」，葉本作「擴」。

[四] 物外而順應　「外」，葉本作「來」。

[五] 咸卦九四爻云　「爻」原作「彖」，據葉采近思録集解元刻明脩本改。

[六] 人之心各有所蔽　「心」，葉本作「情」。

［七］大率在於自私而用智　「率」下，葉本有「患」字。

［八］孟子亦曰　「子」，葉本作「氏」。

［九］而更求在内者爲是也　「也」下，葉本有：「今以自私用智之喜怒，而視聖人喜怒之正爲何如哉？夫人之情，易發而難制者，惟怒爲甚。第能於怒時遽忘其怒，而觀理之是非，亦可見外誘之不足惡，而於道亦思過半矣。」

［一〇］此條前，熊剛大集解時删除三條語録，葉本有。按：「濂溪先生曰聖希天」條，見句解前集卷十七通書志學第十。「聖人之道入乎耳」條，見句解前集卷十八通書陋第三十四。「或問聖人之門其徒三千」條，見句解前集卷八顔子所好何學論。

［一一］一不制則生生之道有不足矣　下一「生」字，葉本作「人」。

［一二］所爲　「所」上，葉本有「平生」二字。

［一三］乃世人之私心也　「乃」上，葉本有「此」字。

［一四］疾没身無善可稱之爾　「之」，葉本作「云」。

［一五］所謂終條理者聖之事也　「也」下，葉本有「此學之始終也」句。

［一六］此條原緊接於上條末刻印，未單列，據葉本單列。

［一七］入而得之　「入」，葉本作「識」。

［一八］伊川易傳曰　「伊川易」三字原無，據葉本補。

［一九］故感皆就人身取象　「感」，葉本作「咸」。

［二〇］日爲欺誑　「日」，葉本作「自」。

［二一］則可以脩業也　「則」上，葉本有「有可居之處處」六字。

［二二］天地之化乃可知　「天」上，葉本有「觀」字。

［二三］此條下，熊剛大集解時删除一條語録，葉本有：

明道先生曰：且省外事，但明乎善，惟進誠心，其文章雖不中不遠矣。所守不約，泛濫無功。

［二四］此條原緊接於上條末刻印，未單列，據葉本單列。

［二五］每令尋顔子仲尼樂處　「處」下，葉本有「所樂何事」句。

［二六］須大做脚方得　「方」，葉本作「始」。

［二七］此條下，熊剛大集解時删除一條語録，葉本有：

明道先生曰：自「舜發於畎畝之中」至「孫叔敖舉於海」，若要熟，也須從這裏過。

［二八］此條原緊接於上條末刻印，未單列，據葉本單列。

［二九］本註謝顯道録古人善行　「顯」原作「鎮」，據葉本改。

［三〇］便得情性之正　「情性」，葉本作「性情」。

［三一］此條原緊接於上條末刻印，未單列，據葉本單列。

[三二] 此條原緊接於上條末刻印，未單列，據葉本單列。
[三三] 大抵學不言而自得　「得」下，葉本有「者」字。
[三四] 自「質美者」至本條末，原不單列，據葉本改。
[三五] 敬以直内義以方外　「外」下，葉本有「者」字。
[三六] 則仁矣　此三字，葉本作「故爲仁」。
[三七] 此條下，熊剛大集解時删除一條語録，葉本有：
今之爲學者，如登山麓。方其迤邐，莫不闊步，及到峻處便止。須是要剛决果敢以進。
[三八] 此條原緊接於上條末刻印，未單列，據葉本單列。
[三九] 今之學者三　「三」下，葉本有「異端不與焉」句。
[四〇] 徒衒文詞　「徒」原作「待」，據葉本改。
[四一] 此條原緊接於上條末刻印，未單列，據葉本單列。
[四二] 言學便以道爲志　「言」上，葉本有：「莫説道將第一等讓與别人，且做第二等。才如此説，便是自棄。雖與『不能居仁由義』者差等不同，其自小一也。」
[四三] 自「問義莫是」至本條末，原本單列，據葉本改。
[四四] 此條原緊接於上條末刻印，未單列，據葉本單列。
[四五] 只是無纖毫私欲　「欲」，葉本作「意」。

［四六］論進德之地　「德」，葉本作「退」。

［四七］此條下，熊剛大集解時刪除兩條語録，葉本有，分别是：

弘而不毅，則無規矩；毅而不弘，則隘陋。

知性善以忠信爲本，此先立其大者。

［四八］此條原緊接於上條末刻印，未單列，據葉本單列。且此條下，熊剛大集解時刪除一條語録，葉本有：

張思叔請問，其論或太高，伊川不答，良久曰：「累高必自下。」

［四九］此條下，熊剛大集解時刪除一條語録，葉本有：

尹彦明見伊川後，半年，方得大學、西銘看。

［五〇］此條下，熊剛大集解時刪除十二條語録，葉本有，分别是：

謝顯道見伊川，伊川曰：「近日事如何？」對曰：「天下何思何慮？」伊川曰：「是則是有此理，賢却發得太早在。」伊川直是會鍛煉得人，説了又道：「恰好著工夫也。」

謝顯道云：昔伯淳教誨，只管著他言語。伯淳曰：「與賢説話，却似扶醉漢，救得一邊，倒了一邊。」只怕人執著一邊。

「横渠先生曰精義入神」條，見句解前集卷十二正蒙神化篇第四。「形而後有氣質之性」條、「德不勝氣性命於氣」條、「莫非天也陽明勝則德性用」條，見句解前集卷十二正蒙誠明篇第六。「大其心則能體天下之物」條，見句解前集卷十二正蒙大心篇第七。「仲尼絶四自始學至成德」條，見句解前集卷十三正蒙中正篇第八。「上達反天理」條，見句解前集卷十二正蒙誠明篇第六。「知崇天也形而上也」條，見句解前集卷十三正蒙至當篇第九。「困之進人也」條，見句解前集卷十三正蒙三十篇第十一。「言有教動有法」條，見句解前集卷十三正蒙有德篇第十二。

[五一]此條熊剛大集解時進行了剪輯删改，參見句解前集卷三西銘、東銘。按：葉本此條如下：

橫渠先生作訂頑曰：乾稱父，坤稱母。予兹藐焉，乃混然中處。故天地之塞，吾其體；天地之帥，吾其性。民吾同胞，物吾與也。大君者，吾父母宗子；其大臣，宗子之家相也。尊高年，所以長其長；慈孤弱，所以幼吾幼。聖其合德，賢其秀也。凡天下疲癃殘疾、惸獨鰥寡，皆吾兄弟之顛連而無告者也。于時保之，子之翼也；樂且不憂，純乎孝者也。違曰悖德，害仁曰賊，濟惡者不才，其踐形惟肖者也。知化則善述其事，窮神則善繼其志。不愧屋漏爲「無忝」，存心養性爲「匪懈」。惡旨酒，崇伯子之顧養；育英材，潁封人之錫類。不弛勞而底豫，舜其功也；無所逃而待烹，申生其恭也。體其受而歸全者，參乎？勇於從而順令者，伯奇也。富貴福澤，將厚吾之生也；貧賤憂戚，庸玉汝於成也。存，吾順事；没，吾寧也。

明道先生曰：訂頑之言，極醇無雜，秦漢以來學者所未到。又曰：訂頑一篇，意極完備，乃仁之體也。學者其體此意，令有諸己，其地位已高。到此地位，自別有見處，不可窮高極遠，恐於道無補也。又曰：訂頑立心，便達得天德。又曰：游酢得西銘讀之，即渙然不逆於心，曰「此中庸之理也」，能求於言語之外者也。楊中立問曰：西銘言體而不及用，恐其流遂至於兼愛，何如？伊川先生曰：横渠立言誠有過者，乃在正蒙。西銘之書，推理以存義，擴前聖所未發，與孟子性善、養氣之論同功，豈墨氏之比哉！西銘明理一而分殊，墨氏則二本而無分。分殊之蔽，私勝而失仁；無分之罪，兼愛而無義。分立而推理一，以止私勝之流，仁之方也。無別而迷兼愛，以至於無父之極，義之賊也。子比而同之，過矣。且彼欲使人推而行之，本爲用也，反謂不及，不亦異乎？又作砭愚曰：戲言出於思也，戲動作於謀也。發於聲，見乎四支，謂非己心，不明也。欲人無己疑，不能也。過言非心也，過動非誠也。失於聲，繆迷其四體，謂己當然，自誣也。欲他人己從，誣人也。或者謂出於心者，歸咎爲己戲；失於思者，自誣爲己誠。不知戒其出汝者，歸咎其不出汝者。長傲且遂非，不智孰甚焉？横渠學堂雙牖，右書訂頑，左書砭愚。伊川曰：「是起爭端。」改訂頑曰西銘，砭愚曰東銘。

此條下，熊剛大集解時删除兩條語録，葉本有，分別是：

將脩己，必先厚重以自持。厚重知學，德乃進而日固矣。忠信進德，惟尚友而急賢。欲勝己者親，無如改過之不吝。

橫渠先生謂范巽之曰：吾輩不及古人，病源何在？巽之請問。先生曰：此非難悟。設此語者，蓋欲學者存意之不忘，庶游心浸熟，有一日脱然如大寐之得醒耳。

［五二］講治之思　「之」，葉本作「致」。

［五三］則德日新矣　「德」原作「得」，據葉本改。

［五四］多識前言往行　「多」上，葉本有「勿徒寫過又」五字。

［五五］此條原緊接於上條末刻印，未單列，據葉本單列。

［五六］此條下，熊剛大集解時删除一條語録，葉本有：

載所以使學者先學禮者，只爲學禮，則便除去了世俗一副當習熟纏繞。譬之延蔓之物，解纏繞即上去。苟能除去了一副當世習，便自然脱灑也。又學禮，則可以守得定。

［五七］此條下，熊剛大集解時删除一條語録，葉本有：

人多以老成則不肯下問，故終身不知。又爲人以道義先覺處之，不可復謂有所不知，故亦不肯下問。從不肯問，遂生百端，欺妄人我，寧終身不知。

［五八］此條下，熊剛大集解時删除一條語録，葉本有：

人雖有功，不及於學，心亦不宜忘。心苟不忘，則雖接人事，即是實行，莫非道也。心若忘之，則終身由之，只是俗事。

［五九］此條原緊接於上條末刻印，未單列，據葉本單列。且此條下，葉本尚有「既有意，必穿鑿創

意，作起事端也。德未成而先以功業爲事，是代大匠斲，希不傷手也」句。

另外，此條下熊剛大集解時删除四條語録，葉本有，分别是：

竊嘗病孔孟既没，諸儒囂然，不知反約窮源，勇於苟作，持不逮之資，而急知後世。明者一覽，如見肺肝然，多見其不知量也。方且創艾其弊，默養吾誠。顧所患日力不足，而未果他爲也。

學未至而好語變者，必知終有患。蓋變不可輕議，若驟然語變，則知操術已不正。

凡事蔽蓋不見底，只是不求益。有人不肯言其道義所得所至，不得見底，又非於吾言無所不説。

耳目役於外，攬外事者，其實是自惰，不肯自治，只言短長，不能反躬者也。

［六〇］故怠惰而無深功　「深」，葉本作「新」。

新刊音點性理群書句解卷之三　後集

近思録第三卷

此卷論致知。知之至，而後有以行之[一]。

伊川先生答朱長文書曰：心通乎道，道者，事物當然之理。通，曉達也。心曉達此理。然後能辨是非，而後能辨古人之是與非。如持權衡以較輕重，權，稱錘也。衡，稱取平之物也，猶執此以較物輕重不差。孟子所謂「知言」者也。「知言」者，天下之言無不究明其理而識其是非之所以然也。心不通乎道，心不能曉達事物當然之理。而較古人之是非，而欲論古人之是與非。猶不持權衡而酌輕重，如未嘗執權衡，則必不知物之輕重。竭其目力，縱盡其目之力。勞其心智，役其心之智。雖使時中，借曰有時而中之。亦古人所謂「億則屢中」，亦不過古人所謂以意揣度而中，則非明理之所致也。君子不貴也。君子不重於此。文集。下同。

伊川先生答門人曰：孔孟之門，游孔子孟子之門。豈皆賢哲？豈皆是賢材明智之士？固多衆人。亦多有未能超於群衆之人。以衆人觀聖賢，但以衆人之目而究觀聖賢之氣象。弗識者多矣。則不能知其爲聖賢。惟其不敢信己而信其師，惟衆人不敢自信而求正於師以取信。是故求而後得。亦必求師問道而後有所得。今諸君於頤言，纔不合頤，先生名也。今門弟衆於我之言才有不合處。則置不復思，則棄而不復致思。所以終異也。所以不相合。不可便放下，才不合，不可便棄不復思。更且思之，於此愈思之以求其通。致知之方也。此乃推極其知識之道也。

伊川答横渠先生曰：所論大概，有苦心極力之象，所言雖有苦其心志、竭其心力之象。而無寬裕温厚之氣。而無寬容、優裕、温和、深厚之氣。非明睿所照，自非明所照者，如目所睹，纖毫盡識之。而考索至此，徒强索以至，如揣料於物，約見彷彿，則必有差。故意屢偏而言多窒，所以意屢流於偏私而言多窒礙。小出入時有之。小小出入亦有時有。更愿完養思慮，苦思强索，則易至於鑿而不足以達於理，是必保養心思。涵泳義理，涵泳深厚。它日自當條暢。則明睿自生也。

欲知得與不得，欲知，知得此理與不曾知得此。於心氣上驗之。於人之心氣可以驗見。思慮有得，夫學固原於思，然所貴從容厭飫而自得，若思而有所得。中心悦豫，則此心和樂。沛然有裕者，實得也。充然自足，是實有所得也。思慮有得，如曰思而有所得。心氣勞耗者，實未得也，至勞心極慮而强通，實無所得也。强揣度耳。不過牽强揣度而然耳。嘗有人言曾見有人説。比因學道，近因求學於道。思慮心虚。因思慮之過以致心之疾。曰：人之血氣謂人一身之氣血。固有虚實，固自有虚有實。疾病之來，凡疾病之加於身。聖賢所不免，雖是若聖若賢也不免此。然未聞自古聖賢但不聞古之人。因學而致心疾者。因苦學而致成心疾者也。遺書。

雜信鬼怪異説者，大凡雜信鬼怪與妖異之言者。只是不先燭理[二]。只是不曾明得理，理明而怪妖不足以惑之。

學原於思。學以明理爲先，善思則明睿生，而物理可格。

所謂「日月至焉」者，仁猶宅也，學者於仁，或日一至此宅，或月二至此宅。與久而「不息」者，與顔子「三月不違」，去久於此仁者。所見規模所造所見。雖略相似，亦無以異。其意味迥别[三]。但其意味氣象，則淺深厚薄迥然不同。須心潛默識，須沉潛此心，默而識之。玩索久之，玩味思索之久。庶幾自得。則自有得於心。學者不學聖人則已，學者若不學爲聖人則可。欲學之，如欲學爲聖人。須熟玩味聖人之氣象，則當潛玩聖人意象，庶養之厚而得之深。不可只於名上理會，不可徒然理會其名。如此只是講論文字。若然則考論文字抑末矣。

問：忠信進德之事，盡己爲忠，以實爲信，進德力行也。固可勉强，行可以强而進。然致知甚難。但知得方行得，而知不可以强而至。伊川先生曰：學者固當勉强，爲學固當勉强以求進。然須是知了方行得。亦須知了方行。若不知，如無所知。只是覰却堯，便是看著那堯。學它行一事[四]，學它所行之事。無堯許多聰明睿智，明有所不至，是無堯之真知。怎生得如它「動容周旋中禮」？如何得如堯之舉動容貌悉合乎禮？如子所言，如爾所謂忠信可勉强，而致知甚難。是篤信而固守之，是勉强而堅執者。非固有之也。非從容而自得也。未致知，便欲誠意，忠信，即誠意之事。未致知而欲誠其意。是躐等也。是超越等級也。勉强行者，而勉强以爲忠信。安能持久？其能久乎？除非燭理明，自非見理明，真知而實信之。自然樂循理。自然樂於循理。性本善，蓋人性本善。循理而行，順理而行之。是順理事。宜無待於勉强。本亦不難，何難之有？但爲人不知，惟於理有未知，或知其未盡。旋安排着，臨事布置。便道難也。故覺其難。知有多少般數，一物一理皆要知得，故知之般數爲多。煞有深淺。有知之深者，有知之淺者。學者須是真知，爲學必須知得真實。纔知得是，真知者，知之至也。真知其是。便泰然行將去也。則順而行之，莫能遏矣。某年二十時，先生自言二十時。解釋經義　解析聖經文義。與今無異。與今時無以異，可見致知之功。然思今日，但以今日思之。覺得意味　自覺意思氣味。與少時自別。與前時不同。此可見先生於聖經玩味積久，知之真而養之厚，亦不徒在於解釋文義而已。

凡一物上有一理，一物各有一理。須是窮致其理。須是窮極其理，以推吾之知。窮理亦多端：但窮極其理般數亦多。或讀書講明義理；或讀書而窮其理之指歸。或論古今人物，或究論人物。別其是非；而考其人之非是。或應事接物而處其當[五]。或處事而究其事之當否。三者，窮理之本，當隨寓而究竟。或問：格物或人問窮物理之至。須物物格之，必須物物而窮其至。還只格一物而萬理皆知？只是窮一物之理而極其至，復類推以及其餘。曰：怎得便會貫通？云如何得便能融貫通徹。若只格一物若只須窮一物而極其至。便通衆理，便能通貫衆物之理。雖顔子亦不敢如此道。雖是顔回明睿也不敢如此説。須是今日格一件，須是今日窮一物之理而極其至。明日又格一件，明日窮一物之理而極其至。積習既多，積久習熟既多。然後脱然自有貫通處。而後灑然自能融會而貫通也。又曰：所務於窮理者，所務於窮天下之理者。非道盡窮了天下萬物之理，非謂務博，卻要盡窮天下萬物之理。又不道是窮得一理便到。又非務約，謂反身而誠則天下之物無不在我。只要積累多後，只是積久習熟，窮極既多。自然見去。自能脱然融會。

「思曰睿」，致思則通微。睿，通微也。思慮久後，蓋人心虚靈，本然明德，致思窮理，既極其久。睿自然生。自然通微。若於一事上思未得，或於一件事上思未得。且别换一事思之，又别换一事而致其思。不可專守著這一事。不可堅守這一件。蓋人之知識蓋人心之知。於這裏蔽著，亦有偏暗處，且置之，庶不滯於一隅。雖强思亦不通也。不則强思，亦未必能通也。

問：人有志於學，人有志於爲學。然知識蔽固，但其識知蔽塞固執。力量不至，用力不進。則如之何？又將何如？曰：只是致知。只是推極吾之所知。若智識明，則力量迫進〔六〕。若真知事理之當然，則自有不容已者。

問：觀物察己，或問：觀乎物以察乎己。還因見物反求諸身否？還是因物之理以驗吾身之理否？曰：不必如此說。不須爲此言。物我一理，天下無二理，物之理即吾身之理。纔明彼纔明物之理。即曉此，便達吾身之理。此合内外之道也。内而吾身此道，外而物亦此道，合而言之一也。因見物而反求諸身，則是以物我爲二致。又問：致知，又問：推極吾之所知。先求之四端如何？四端：惻隱，乃仁發見之端；羞惡，乃義發見之端；辭遜，乃禮發見之端；是非，乃知發見之端。還是自此四端先推將去。曰：求之情性，仁義禮智，性也。四端，情也。求之此情此性。固是切於身。固切吾身。然一草一木皆有理，但草木微物莫不有理。須是察。皆所當察。又曰：自一身之中，自吾一身。以至萬物之理，以至萬物。但理會得多，隨事窮格，積習既多。相次自然豁然有覺處[七]。於天下事物，各有以見其當然之則，一旦融會貫通，表裏洞徹，覺斯道之大原，全吾心之本體，物既格而知且至矣。

「思曰睿」，致思則能通乎理。「睿作聖」。通乎理則可以入聖域。致思如掘井，但致思之始如開井。初有渾水，疑慮方生，所以溷濁。久後稍引動得清者出來。及其久也，積習既熟，自然明了。人思慮始皆溷濁，人之思慮，初則未通，故溷濁。久自明快。久後疑慮既消，自然明快。此由思而生睿也。

問：如何是「近思」？「近思」二字是如何？曰：以類而推。思慮泛遠而不循序漸進，則勞心而無得。即吾所知以類推之，則心路易通而思有條理，是謂近思。

學者先要會疑。朱子曰：書始讀未知有疑，其次漸有疑，又其次節節有疑。過了此一番後，疑漸漸釋，以至融會貫通，都無可疑，方始是學。

則不能無疑。

横渠先生答范巽之曰：張子厚答范氏云。所訪物怪神姦，物異爲怪，神妖爲姦。見理不明，則不能無疑。此非難語，此非難言者。顧語未必信耳。雖得於人言，亦未必信。孟子所論知性、知天，孟子所言知性、知天之學。學至於知天，爲學而至於知天。則物所從出天者物理之自出，知乎天。當源源自見。則通乎幽明之故，察乎事物之原。知所從出，莫不出於天。則物之當有當無，而妖異之所由興，果有果無。莫不心諭，自皆可識。亦不待語而後知。初不待言而知之。諸公所論，學者知有未至。但守之不失，且堅守近論。不爲異端所劫，不爲妖異所奪。進進不已，又能進於學而不已。則物怪不須辯，物之怪者不必辨。異端不必攻，神之妖者不必攻。不踰朞年，遲之周歲。吾道勝矣。將自識破，而吾道足以勝其邪妄矣。若欲委之無窮，若委之無窮盡。付之以不可知，付之以爲不可知。則學爲疑撓，不能堅守正論，内懷疑端。智爲物昏，外爲邪蔽。交來無間，二者沓至，無所間隔。卒無以自存，終不能自存立。而溺於怪妄必矣。則所惑愈深矣。文集。下同。

子貢謂：「夫子之言性與天道，性者，人心稟賦之理。天道者，造化流行之妙。子貢謂夫子之言此。不可得而聞也。」有不可以耳而聞。既言「夫子之言」，但既謂「夫子之言」。則是居常語之矣。則是夫子閒居之時亦嘗語及此。聖門學者蓋學於聖人之門者。以仁爲己任，皆以仁道爲己之任，期於實體而自得。不以苟知爲得，不以徒聞其説爲有得。必以了悟爲聞，必以深達其理爲有聞。因有是説。故有此言。後之學者，高談性天而實非領會者〔八〕，可以自省矣。熊氏曰：性天道，夫子未嘗不言也，而謂之不可得聞，蓋所謂性與天道，是天方賦而人方受，性天道相與之際，是繼善成性之時，聖人難於言，學者難於聞也。

義理之學，朱子曰：聖人言語，一重又一重。亦須深沉方有造，須入深去看方有得。非淺易輕浮之可得也。若只見皮膚，便有差錯。〔九〕

學不能推究事理，爲學不能推究事物之理。只是心麤。只是此心麤疏。至如顔子未至於聖人處，顔子不能不違仁於三月之後者，其察理猶或有一毫之未精。猶是心麤。故此心所存猶或有一毫之間斷。

「博學於文」者，人之博所學於文。只要得「習坎」「心亨」。當如坎卦之「心亨」。蓋下上坎爲「習坎」，卦當重險，而後有亨通之象。蓋人經歷險阻艱難，人之博學窮理，始多齟齬。然後其心亨通。積習既久，自然心通。

義理有疑，心有所疑而滯於舊見，則偏執固吝，新意何從而生，舊疑何自而釋？則濯去舊見，以來新意。是必一洗舊見，以生新意，則義理昭著矣。心中有所開，疑義有所通。即便劄記，隨即書之紙以記之，則已得者可以有進。不思則還塞之矣。不記則思不起，猶山徑之蹊，不用則茅塞之矣。更須得朋友之助，但更當得友朋相助講貫。一日間意思差別〔一〇〕，庶彼疑此悟，新意自別。須日日如此若能日日如此。講論，久則自覺進也。論辨之久，一旦群疑皆釋，則自覺有所進益也。

凡致思到說不得處，思之其說似窮，至於苦思而不得。始復審思明辯，更加審思明辨之功。乃爲善學也。則其窮者通而所得者深，是善於學者也。若告子則到說不得處遂已，如告子學於孟子，到「不得於言」處遂止。更不復求。不復求之於心，固執偏見而不求至當，此孟子前深病也。○此已上總論致知之方，下乃專論求之於書者。

伊川先生曰：凡看文字，凡人觀文字。先須曉其文義，先須通曉其文辭義理。然後可求其意。而後可求其大意。未有文義不曉而見意者也。未有不先通曉其文辭義理而能得其大意也。○遺書。下同。

學者要自得。爲學須自得於心。六經浩渺，道散在六經，渺渺茫茫。乍來難盡曉，非初學能盡悟。且見得路徑後，但識路徑則知趍向。各自立得一箇門庭，立門庭則有規模。歸而求之可矣。得於師友者如此，然後歸而求之可也。

凡解文字，大凡解釋文字。但易其心，須要平易其心以求其義。自見理。則道理自見。理甚分明[一一]，理本平直。如一條平坦底道路。若大路然，易知易行。詩曰：「周道如砥，其直如矢。」此之謂也。借此不過形容道理亦自平直，苟以崎嶇委曲之意觀之[一二]，乃失其鑿也。或曰：聖人之言，恐不可以淺近看他。其遠如天，難以淺近求。曰：答云。聖人之言，聖人之道，遠近精粗無所不備，故聖人之言道，亦無所不至。自有近處，如「食無求飽，居無求安」，是其言之近者。自有深處[一三]。一貫之言，性天之旨，是其言之遠者。如近處如是其言之近。怎生强要鑿教深遠得？又豈容盡求其深遠而過爲穿鑿耶？揚子曰：漢揚子雲云。「聖人之言遠如天，聖人上達天德，故其言道，其遠難求。賢人之言近如地。」賢者降聖人一等，故其言道，其近易見。頤欲改之曰：我欲改此二句云。「聖人之言，聖人之立言。其遠如天，其遠者，雖子貢猶未易得而聞。其近如地。」其近者，雖鄙夫可得而竭也。[一四]

凡觀書不可以相類泥其義，凡看文字不可以其相似而泥其文。不爾，不如此。則字字相梗。則字皆梗塞不通。當觀其文勢上下之意，當看其文辭上下意脈如何。如「充實之謂美」充實之美在己。與詩之美不同。詩之稱美在人。如此之類，豈可泥爲一義？

問：瑩中嘗愛文中子陳忠肅公瓘，字瑩中，喜文中子之言。「或問學易，設或人之問學易。子曰文中子云。『終日乾乾』可也」。「乾乾不息。」此語最盡。此言最爲盡易之道。文王所以聖，如文王所以作聖。亦只是箇不已。亦是純亦不已之功。先生曰：伊川答云。凡説經義，大凡解説經義。如只管節節推上去，若一向節節推究將去。可知是盡。固可盡其義。夫「終日乾乾」，易所言此一句。未盡得易，未便盡得易之道。據此一句，據「終日乾乾」一句。只做得九三使。只可爲乾卦九三爻使。若謂乾乾是不已，若言乾乾便是不已。不已便是道，不已便是道。漸漸推去，逐漸推上去。自然是盡，自然可以盡究。只是理不如此。但學經者要當周遍精密，各窮其旨歸，而後能通。若借一語，謂足盡一經之義，豈治經之道？乃好高求約之病。

「子在川上曰：逝者如斯夫！」斯指水而言也。蓋「天地之化，往者過，來者續，無一息之停」，「其可指而易見者，莫如川流。故於此發以示人。」言道之體如此，無非形容道體之本然也。這裏須是自見得。「欲學者時時省察，而無毫髮之間斷也。」張繹曰：這裏須自見得[一五]。此便可見道無窮盡。先生曰：固是道無窮，此固見道無窮盡。然怎生一箇「無窮」如何「無窮」二字。便道了得他？可以盡是道，須見所以無窮始得，是必有以究太極之道，無物不有、無時不然者也。

今人不會讀書。今世之人不能讀書。如「誦詩三百，且如讀周詩三百篇。授之以政，授之以爲政之事。不達，不通曉於政。使於四方，及爲使於四方。使，去聲。不能專對，專，獨也。雖多，亦奚以爲？」雖誦之多，又何以爲？須是未讀詩時，必也於未讀詩已前。不達於政，不能通曉於政。不能專對；不能專對四方。既讀詩後，既已讀詩後。便達於政，便通曉於政。能專對四方，便能專對。始是讀詩。方是讀詩。「人而不爲周南、召南，爲，學詩。周南、召南所言，「皆脩身、齊家之事」，人而不學此。其猶正牆面。」正牆面，「言即其至近之地」，曰「一物無所見，一步不可行」。須是未讀詩時必也於未讀詩已前。如面牆，猶面牆而無所見。讀了後便不面牆，既已讀詩後，便且已有所見。方是有驗。方是讀詩有效驗處。大抵讀書大凡讀書。只此便是法。只此便可爲法。如讀論語，猶讀魯論二十篇。舊時不讀，向來未曾讀時。是這個人，是這一人。及讀了後，及已讀此書了。又只是這個人，又是這一人。便是不曾讀也。便與不曾讀一般。蓋讀書之法，在乎反己，驗其實得，致其實用，變化氣質，而有日新之功。若讀了與夫讀時則一，豈善學也哉！

凡看文字，大凡觀文字。如七年、一世、百年之事，如謂「善人教民七年，可以即戎」，如謂「有王者作，必世而後仁」，又如謂「善人爲邦百年，可以勝殘去殺」等事。皆當思其如何作爲，觀聖賢治效遲速淺深之殊，必究其規模之略、施爲之方。乃有益。於己有益。此致知之方。

凡解經不同無害，凡訓解經義不同不妨。但緊要處不可不同。但大綱領處不可不同。

外書。[一六]

焞初到，問爲學之方，尹焞初見伊川，問其爲學之道。先生曰：公要知爲學，若要知爲學之道。須是讀書。必當以讀書爲先。書不必多看，但書亦不須多讀。要知其約。須知其大綱領處。多看而不知其約，苟徒貪多而不知其大綱領。書肆耳。則是蓄書之肆而已。頤緣少時讀書貪多，先生自言其少日徒貪多而無玩習之功。如今多忘了。則所學者非我有也。須是將聖人言語玩味，須要玩味不已。入心記著，記著不忘。然後力去行之，而又力行其所知。自有所得。則所得爲實得。○以上乃論讀書之法，以下分論讀書之序[一七]。

初學入德之門，爲學之初其入德之門户。無如大學，莫如大學。蓋大學規模雖大，然首尾該貫而綱領可尋，節目分明而工夫有序，無非切於學者之日用。其他莫如語、孟。其他則又無如論語、孟子。論語教人以操存涵養之要，孟子教人以體驗充廣之端，無非切於學者之心身也。

學者先須讀論、孟[一八]。爲學必須先誦論語、孟子。窮得語、孟，窮究得語、孟二書大義。自有要約處，自有大綱領處。以此觀他經甚省力。則即此窮它經更省心力。論、孟如丈尺權衡相似，丈尺，量物之長短者也。權衡，稱物之輕重者也。論、孟之書，亦猶此也。以此去量度事物，得其要領，則易於推明它經，而可以權度事物。而見得長短輕重[一九]。而各得其長短輕重之宜矣。

讀論語者，凡人讀論語。但將諸弟子問處有能即諸弟子問夫子者。便作己問，便如自己問。將聖人答處即夫子所答門人者。便作今日耳聞，便如自己今日所親聞。自然有得。自然有得於中。若能於論、孟中深求玩味，更於其中深求其義、玩味其辭。將來涵養，則涵養深厚。成甚生氣質也！甚生，非常。[二〇]

學者當以論語、孟子爲本。爲學必須以語、孟爲根本。論語、孟子既治，語、孟二書既曉。則六經可不治而明矣。則詩、書、易、春秋、周禮、禮記之經易明也。讀書者當觀聖人所以作經之意，凡讀書，則必當究聖賢作經之意如何。與聖人所以用心，與聖人之用心如何。與聖人之所以至聖人，及聖人之所以至於聖。而吾之所以未至者，而吾之行未能至。所以未得者。而吾之思未能得。句句而求之，句句而求則察之密。晝誦而味之，晝味則味之深。中夜而思之，夜思則思之熟。平其心，易其氣，平心易氣而不失於鑿。闕其疑，有疑則闕，則不强而通。則聖人之意見矣。則聖人之意可得而見。[二一]

讀論語、孟子而不知道，論語皆載操存涵養之要，孟子述體驗充擴之端，爲斯道之統會，讀之而不通於道。「雖多，亦奚以爲」。則章句訓詁而已，雖博而何益？[二二]

問：且將語、孟緊要處看，如何？問：且以語、孟二書中緊要所在看如何？伊川曰：固是好。如此固好。然若有得，但恐其有所得於中。終不浹洽。終是有限，未能快透。蓋吾道非如釋氏，吾儒之道不比佛學。一見了便從空寂去。一超悟了便淪於無也。朱子曰：此是吕晉伯問。後來晉伯終身坐此病，説得孤單，入禪學云[二三]。學者讀書須逐一理會，便通貫浹洽。

「興於詩」者，詩出於人心之真，感化之自然者。學者興起於詩。吟詠情性[二四]，吟哦諷詠其情性。涵暢道德之中歆動之，涵養條暢，於道德自然有感動興起之意。有「吾與點」之氣象。此即曾點浴沂詠歸之氣象。又云：「興於詩」，詩人之詞，寬平忠厚。是興起人善意，故興起人爲善之心。汪洋浩大，凡寬闊宏大而無褊狹固陋之習。皆是意也。無非善意之所由生也。

謝顯道云：程子門人也，有云。明道先生善言詩，程子善於説詩。但又不曾章解句釋[二五]，雖不曾章分句析。但優游玩味，從容涵泳。吟哦上下，吟哦諷誦，或高或下。便使人有得處。自然令人有所得。「瞻彼日月，如云觀彼日月之方邁。悠悠我思。感我心思之悠長。道之云遠，聖人不作，道之相去日云遠矣。曷云能來？」何以使之復還耶？思之切矣。其思之亦甚切。終曰：末又云。「百爾君子，凡百君子。不知德行。皆未知是德之行。不忮不求，無所害無所貪。何用不臧？」何所爲不善？歸於正也。是一於正也。又云：伯淳常談詩，並不下一字訓詁，初無一字解釋。有時只轉却一兩字，點掇地念過，有時只於一句之中拈掇一二字讀過。便教人省悟[二六]。便會使人省悟其理。

明道先生曰：學者不可以不看詩，爲學不可不觀詩。看詩便使人長一格價。觀詩則使人興起感發，便自然有進。

「不以文害辭」，不以文字害其句讀。文，文字之文，此文乃是文字之文。舉一字則是文，舉其一字則是爲文。成句是辭。句斷處則是辭。詩爲解一字不行，讀詩者如解一字不去。却還就他説，便當改就它説。如「有周不顯」，如詩大雅「有周不顯」，是言周家豈不顯乎？顯乃文也，苟直謂之不顯，是「以文害辭」矣。當如此[二七]。其作文之法當如是。

看書須要見二帝三王之道。讀者必須求堯、舜、禹、湯、文、武之道。如二典，即求堯所以治民、典，常道也。看堯典則當究堯治民之道，如明德協萬邦之類。舜所以事君。看舜典則當究舜事君之道，如歷試諸難之類。

中庸之書，禮記中庸一篇。是孔門傳授，傳授於孔門。成於子思。至子思而成其書。孟子其書，孟子七篇。雖是雜記，雖是雜記孟子之言。更不分精粗，更不復分精粗而言。一衮說了。却混同言了。今人語道，今世之人言道。多說高，才說高遠。便遺却卑，便忽卑近而不言。說本，才說本體。便遺却末。便於末者不復推究，殊不知中庸子思所述而傳之孟子者也。其言天命之性本也，推之修道之教則末矣。言中和者其本也，極而至於「天地位」、「萬物育」則末矣。言政則其粗也，而本之於「達德」、「達道」則其精也[二八]。言治天下國家其粗也，合之於誠則其精也。精粗相涵，本末一貫，元不相離。說本而遺末，則陷於空虛，而未達天下之大本。[二九]

伊川先生答張閎中書曰：易傳未傳，吾所註易爲易傳，尚未傳於世。自量精力未衰，自覺氣力尚未衰。尚覬有少進爾。猶望能有進。來書云「易之義，本起於數」，來教且言易由數而起。非也。恐未必然。有理而後有象，「易有太極」，乃形而上之理也。「是生兩儀」，是爲有象。有象而後有數。既有象，則由一而二，二而四，四而八，八而十六，十六而三十二，三十二而六十四，則數亦寓焉。易因象以明理，易之理寓於象，故因象以知其理。由象以知數。易之象顯於數，故因象以知其數。得其義，知得易之義。則象數在其中矣。則象數皆不越乎易之外也。必欲窮象之隱微，理者，象數之本。不務求其本而徒欲窮其末，以究象之隱奥。盡數之毫忽，窮其數之纖悉。乃尋流逐末，是棄其源而究其流、忘其本而事乎末。術家之所尚，不過京房、郭璞之言易。非儒者之所務也。是豈儒者學易之道哉！

知時識勢，時有盛衰，勢有强弱。隨其時勢，惟變所適，惟道之從。學易之大方也。方，猶術也。此乃學易之術。○易傳。下同。夬卦九二象傳。

大畜初、二，乾下艮上爲大畜。初爻與二爻俱位於下。乾體剛健而不足以進，雖以乾之「剛健而不足以進」者，以畜之時不利於進也。四、五陰柔而能止。四爻與五爻俱據於上，皆以陰柔而止乎健者，以畜之時在乎止也。時之盛衰，時有盛有衰。勢之强弱，勢有强有弱。學易者所宜深識也。學易者當知乎此也。

諸卦二、五，雖不當位，凡卦二爻、五爻，位雖不當。多以中爲美；二者内卦之中，五者外卦之中，皆以得中爲善。三、四雖當位，三爻與四爻其位雖當。或以不中爲過。三爲内卦之上，四爲外卦之下，皆不中也。中常重於正也[三〇]。卦惟二、五爲得上下之中，反此爲不中。陽爻居陽位、陰爻居陰位爲當位而得其正，反此爲非正。正者天下之定理，中者時措之宜。正者有時而失其中，中者隨時而得其正。故中之義重於正。蓋中則不違於正，蓋中自不越乎正。正不必中也。正者未必得乎中。天下之理大凡理在天下。莫善於中，最好是中。於九二、六五可見。推於九二、六五爻可知得。坤六五非正也，而曰「黄裳元吉」；泰九二非正也，而曰「得尚于中行」。蓋於中爲美也。蠱之三、四爻皆正也，而三則「有悔」，四則「往吝」；既適之三、四皆正也，而三則有「三年」之道，而四則有「終日」之戒。蓋以不中爲慊也。○震卦六五傳。

問：胡先生解九四作太子，胡瑗，字翼之，號安定先生。當解易以九四爲太子位。恐不是卦義？恐不是易卦之本義。先生云：伊川答。亦不妨，也無妨害。只看如何用。但看它如何引用。當儲貳，則做儲貳使。儲貳而太子也，當做太子則做太子使。九四近君，五爲君位［三二］，九四爲近於五。便作儲貳亦不害。便作太子使亦得。但不要拘一，但易本無拘，隨其所用。若執一事，若拘一件事。則三百八十四爻，則六十四卦共有三百八十四爻。只作得三百八十四件事便休了。則只可做三百八十四件事，是豈易道無窮之義哉！○遺書。下同。

看易且要知時。凡看易皆要識時。凡六爻，人人有用。一卦有六爻，人皆可用。聖人自有聖人用，爲聖人則有聖人用易。賢人自有賢人用，爲賢人則有賢人用易。衆人自有衆人用，爲衆人則有衆人用易。學者自有學者用，爲學者自有學者用易。君有君用，君道有君道之用。臣有臣用，臣道有臣道之用。無所不通。隨人所用，無不皆通。問：坤卦是臣之事，坤乃臣道。人君有用處否？不知君道可用否？先生曰：伊川答云。是何無用？何嘗君道不可用？如「厚德載物」，如言坤德之厚能載萬物。人君安可不用？人君復載萬民，獨不用耶？

易中只是言反復往來上下。反復，如復、姤之類；往來，如賁、无妄類；上下，如咸、恒類。[三二]

詩、書載道之文，道無非用，用無非道。然詩、書即道而推於用，主道而言，故曰「載道之文」。春秋聖人之用。春秋即用以明道，主用而言，故曰「聖人之用」。詩、書如藥方，詩、書即道而推於用，則隨用隨足，有如藥方之備具。春秋如用藥治病。春秋即用以明道，是非得失易見，有如因病而用藥。聖人之用，凡聖人之用處。全在此書，皆在是編。所謂「不如載之行事所以言莫若間載於行事之紀。深切著明」者也[三三]。尤切實明著也。

五經之有春秋，五經之文中有春秋。猶法律之有斷例也。律法以立令者，應事斷例者，因事以用法。律令唯言其法，故律令在乎立法，即書之五經也。至於斷例，及至斷例。則始見其法之則也[三四]。用事用法，則尤五經之有春秋。

學春秋亦善，爲學而學春秋亦好。一句是一事，一句爲一事。是非便見於此，故是非易夬。此亦窮理之要。故爲窮理之要。他經豈不可以窮理？其它諸經亦可究義理。但他經論其義，但其它五經則講論其總義。春秋因其行事，春秋則考其事跡。而是非較著，較，判別也。而是非易於判別。故窮理爲要。故於窮究義理爲要。嘗語學者曾與務學者言。且先讀論語、孟子，始學用讀語、孟而知操存體驗之實。更讀一經，即下文言中庸，讀此則明乎理。然後看春秋。而後讀春秋。先識箇義理，則義理通明。方可看春秋。然後能察大事得失之機，聖人裁制之權。春秋以何爲準？讀春秋之經以何爲準則？無如中庸。莫若中庸之一書。中庸，無如權[三五]。中庸亦不過權之一字。須是時而爲中，權亦只是時中，故在中庸爲權衡，在春秋爲時中。若以手足胼胝，如以伯禹胼胝手足之勞。閉户不出顔淵之退居陋巷。二者之間取中，於禹、顔之事取中。便不是中。便不得其中。若當手足胼胝，蓋當洪水之時躬乎胼胝之勞。則於此爲中；則得乎時中。當閉户不出，在陋巷之時而安簞瓢之樂。則於此爲中。則得乎時中，反是皆非中也。權之爲言，無所謂權者。秤錘之義也。秤物之重也，物之輕重因此而得其中。何物爲權？又何以比此權乎？義也，時也。義者所以處時措之宜，所謂權也。只是説得到義，善形容者只可以義言。義以上更難説，自「義以上」則聖人之妙用，未易以言盡。在人自看如何。此又在人自推看得。

春秋傳爲按：「以傳考經之事跡」，故曰按。經爲斷。「以經别傳之真僞」，故爲斷。

凡讀史，不徒要記事跡，凡讀史書，不徒在於記其事。須要識其治亂、安危、興廢、存亡之理。須是考究一時之治亂、國勢之安危、基業之興廢、運祚之存亡。且如讀高帝紀，如看漢高祖帝紀。便須識得漢家四百年便要知漢至運祚四百年之久。終始治亂當如何，觀其寬大長者，能用三傑，則知其所以得天下。觀其入關，除秦苛法，則知其所以立基業。是亦學也。如此之類，皆致知之方也。

先生每讀史到一半，先生讀史至半。便掩卷思量，便合卷精思。料其成敗，密察其成敗之由。然後却看。而後又看。有不合處，才有不相合。又更精思。又復研精以思。其間多有幸而成，其中成者有生於幸。不幸而敗。敗者有出於不幸。今人只見成者今人讀史見其成者。便以爲是，便言其是不知察其幸而成。敗者便以爲非，見其敗者便言其非，不察其不幸而敗。不知成者煞有不是，則成者有不是既不知。敗者煞有是底。敗者有是底亦不知，豈爲善學史耶？·[三六]

古人能知詩者唯孟子，古之人能曉詩之義惟有孟子。爲其「以意逆志」也。人情不相遠，以己之意，迎彼之志，是爲得之。夫詩人之志詩以感遇而發於人情之自然。至平易，本爲平易。不必爲艱險求之。不必以艱深險怪之心求詩。今以艱險求詩，若以艱深險怪求之。則已喪其本心，則已失吾心之自然矣。何由見詩人之志？·[三七]何以洞究詩人之志？

讀書少則無由考校得義精。讀書不多，則見義不精。蓋書以維持此心，然書者，又所以維持此心，使無放逸也。一時放下，苟此心一時之放。則一時德性有懈。懈字從心從解，言心有所解弛也，則德性一時有所解弛。讀書則此心常在，故讀書則心存，心存則理得。不讀書則終看義理不見。不讀書則此心昏塞，如何通曉義理？

書須成誦，書要成句而讀。精思多在夜中，細思義理多得於夜中嘿會之時。或靜坐得之。或得於靜坐嘿思之際。不記則思不起，不能記其所疑，則必不能思。但通貫得大原後，然至於通達其大道之總腦。書亦易記。則聖賢千言萬語只是一理，自然易記。所以觀書者，釋己之疑，所以善看書者，在於有疑則求其釋。明己之未達，未達則求於明。每見每知新益，每見是書，每知新益。則學進矣。則爲學有進矣。「於不疑處有疑，然學固貴於釋疑，亦貴於有疑。方是進矣。」蓋疑則能思，思則能得，於無疑而有疑，則察理密矣，自然是進。[三八]

春秋之書，春秋一經。在古無有，自古未嘗有。乃仲尼所自作，成於夫子之筆。惟孟子能知之。獨孟子深知之。孟子論春秋，皆發明聖人之大旨，舉春秋之綱領。非理明義精，非理義著明。殆未可學。恐未易學。先儒未及此[三九]，後人未及於理明義精。故其說多鑿。揣摩臆決，故其說多鑿。

校勘記

[一] 此句下，葉本有：「自首段至二十二段，總論致知之方。然致知莫大於讀書，二十三段至三十三段，總論讀書之法。三十四段以後，乃分論讀書之法，而以書之先後爲序。始於大學，使知爲學之規模次序，而後繼之以論、孟、詩、書。義理充足於中，則可探大本一原之妙，故繼之以中庸。達乎本原，則可以『窮神知化』，故繼之以易。理之明，義之精，而達乎造化之蘊，則可以識聖人之大用，故繼之以春秋。明乎春秋之用，則可推以觀史，而辨其是非得失之致矣。横渠易説以下，則仍語録之序，而周官之義因以具焉。」

［二］只是不先燭理　「理」下，葉本有：「若於事上一一理會，則有甚盡期？須只於學上理會。」

［三］其意味迥別　「味」下，葉本有「氣象」二字。

［四］學它行一事　「它行一事」，葉本作「他行事」。

［五］或應接事物而處其當　「當」下，葉本有「皆窮理也」四字。

［六］則力量迫進　「迫」，葉本作「自」。

［七］相次自然豁然有覺處　「相」，葉本作「胸」。

［八］高談性天而實非領會者　「天」、「非」，葉本分別作「命」、「不」。

［九］此條原緊接於上條末刻印，未單列，據葉本單列。

［一〇］一日間意思差別　「一」上，四庫全書文淵閣本葉采近思録集解有「一日間朋友論著則」八字。

［一一］理甚分明　「理」上，葉本有「理只是人」四字。

［一二］苟以崎嶇委曲之意觀之　「觀」，葉本作「求」。

［一三］自有深處　「深」下，葉本有「遠」字。

［一四］此條下，熊剛大集解時删除一條語録，葉本有：

學者不泥文義者，又全背却遠去，理會文義者，又滯泥不通。如子濯孺子爲將之事，孟子只取其不背師之意，人須就上面理會事君之道如何也。又如萬章問舜完廩浚井事，孟子只答他大意，人須要理會浚井如何出得來，完廩又怎生下得來？若此之學，徒費心力。

［一五］這裏須自見得　此句，葉本作「此便是無窮」。

［一六］此條原緊接於上條末刻印，未單列，據葉本單列。

［一七］以下分論讀書之序　「序」，葉本作「法」。

［一八］學者先須讀論孟　「論」，葉本作「語」。按：本條「論孟如丈尺權衡相似」句中，「論」，葉本亦作「語」。

［一九］而見得長短輕重　「而」，葉本作「自然」。

［二〇］此條下，熊剛大集解時刪除兩條語録，葉本有，分别是：

凡看語、孟，且須熟玩味，將聖人之言語切己，不可只作一場話説。人只看得此二書切己，終身儘多也。

論語有讀了後全無事者，有讀了後其中得一兩句喜者，有讀了後知好之者，有讀了後不知手之舞之、足之蹈之者。

［二一］此條原緊接於上條末刻印，未單列，據葉本單列。

［二二］此條下，熊剛大集解時刪除一條語録，葉本有：

論語、孟子只剩讀著便自意足。學者須是玩味，若以語言解著，意便不足。某始作此二書文字，既而思之又似剩，只有些先儒錯會處，却待與整理過。

[二三] 入禪學云　「云」，葉本作「去」。

[二四] 吟詠情性　「情性」，葉本作「性情」。

[二五] 但又不曾章解句釋　「但」，葉本作「他」；「又」下，葉本有「渾」字。

[二六] 便教人省悟　「悟」下，葉本有「又曰古人所以貴親炙之也」句。

[二七] 當如此　「當」上，葉本有「自是作文」四字。

[二八] 而本之於達德達道則其精也　「德」原作「得」，據葉本改。

[二九] 此條下，熊剛大集解時删除一條語録，葉本有。按：「伊川先生易傳序曰」條，見句解前集卷五易傳序。

[三〇] 中當重於正也　「當」，葉本作「常」。

[三一] 五爲君位　「位」原無，據葉本增。

[三二] 此條原緊接於上條末刻印，未單列，據葉本單列。且此條下，熊剛大集解時删除五條語録，葉本有，分别是：

作易，自天地幽明至於昆蟲、草木、微物，無不合。

今時人看易，皆不識得易是何物，只就上穿鑿。若念得不熟，與就上添一德亦不覺多，就上減一德亦不覺少。譬如不識此兀子，若減一隻脚亦不知是少，若添一隻亦不知是多。若識則自添減不得也。

游定夫問伊川「陰陽不測之謂神」，伊川曰：賢是疑了問，是揀難底問？

伊川以易傳示門人，曰：只説得七分，後人更須自體究。

「伊川先生春秋傳序曰」條，見句解前集卷五春秋傳序。

[三三]深切著明者也　「也」下，葉本有：「有重疊言者，如征伐、盟會之類。蓋欲成書，勢須如此，不可事事各求異義。但一字有異，或上下文異，則義須别。」

[三四]則始見其法之則也　「則」，葉本作「用」。

[三五]中庸無如權　「中」上，葉本有「欲知」二字。

[三六]此條下，熊剛大集解時删除四條語録，葉本有，分别是：

讀史須見聖賢所存治亂之機，賢人君子出處進退，便是格物。

元祐中，客有見伊川者，几案間無他書，惟印行唐鑑一部。先生曰：近方見此書。三代以後，無此議論。

横渠先生曰：序卦不可謂非聖人之藴。今欲安置一物，猶求審處，况聖人之於易？其間雖無極至精義，大概皆有意思。觀聖人之書，須遍布細密如是。大匠豈以一斧可知哉？

天官之職，須襟懷洪大方看得。蓋其規模至大，若不得此心，欲事事上致曲窮究，湊合此心，如是之大，必不能得也。釋氏錙銖天地，可謂至大，然不嘗爲大，則爲事不得。若畀之一錢，則必亂矣。又曰：太宰之職難看，蓋無許大心胸包羅，記得此，復忘彼。其混混天下之事，當如捕龍蛇、搏虎豹，用心力看方可。其他五官便易看，止一職也。

［三七］何由見詩人之志　「志」下，葉本有：「詩人之情性，温厚平易老成，本平地上道著言語。今須以崎嶇求之，先其心已狹隘了，則無由見得。詩人之情本樂易，只爲時事拂著他樂易之性，故以詩道其志。」

另在此條下，熊剛大集解時删除一條語録，葉本有：

尚書難看，蓋難得胸臆如此之大。只欲解義，則無難也。

［三八］此條原緊接於上條末刻印，未單列，據葉本單列。且在此條下，熊剛大集解時删除兩條語録，葉本有，分别是：

六經須循環理會，義理儘無窮。待自家長得一格，則又見得别。

如中庸文字輩，直須句句理會過，使其言互相發明。

［三九］先儒未及此　「此」下，葉本有「而治之」三字。

新刊音點性理群書句解卷之四

後集

近思録第四卷

此卷論存養。蓋窮格之雖至，而涵養之不足，則其智將自昏，而亦何以爲力行之地哉？故存養之功，實貫乎知行，而此卷之編，列乎二者之間也。

伊川先生曰：陽始生甚微，一陽初復，其氣甚微。安静而後能長。「不可勞動。故當安静以養微陽。如人善端方萌，正欲静以養之，方能盛大。」故復之象曰：復卦乃一陽初復於下，其象云。「先王以至日閉關。」先王於冬至之時，閉關息旅、安静休養，以迎方長之陽而絶陰柔之牵也。○易傳。下同。[一]

動息節宣，動存自養，節食宣和。以養生也；所以養吾生。飲食衣服，飲食充腹，衣服蔽體。以養形也；所以養吾形。威儀行義，威儀見於容貌，行義著於事業。以養德也；所以養吾德。推己及物，推己之善以及乎物。以養人也。所以養乎人。

「慎言語」以養其德，言語不謹則敗德。「節飲食」以養其體。飲食無度則病身。事之至近而所繫至大者，日用之間至切近之事而關係則甚大者。莫過於言語飲食也。不能越乎斯二者也。

○頤卦象傳。

「震驚百里，雷聲震動，驚及百里。不喪匕鬯。」而奉祀者執持匕鬯而不失。臨大震懼，是歷大恐懼。能安而不自失者，處之安而不自失者。唯誠敬而已。誠敬盡於祀事，則雖震而不驚也。此處震之道也。處震之道當如此。○震卦象傳。

人之所以不能安其止者，止者，事物當然之則，人之弗安厥止者。動於欲也。私欲動之也。欲牽於前而求其止，私欲牽引於前，而欲得其所止。不可得也。弗能得也。故艮之道，故艮卦之道。當「艮其背」。艮，止也。止於其背，背非有見之地。所見者在前，所見者在背之前。而背乃背之，而背則背。是所不見也。是不能有見。止於所不見，惟止於不見之地。則無欲以亂其心，而止乃安。則不見可欲，使心不亂，而止得其所止矣。「不獲其身」，所謂「不獲其身」。不見其身也，是不自見其身。謂忘我也。言忘其身也。無我則止矣。忘其身，則外既無非禮之視聽言動，則內不見有私己之慾。不能忘我[二]，未能忘其身。無可止之道。則未免爲視聽言動所牽動於私欲，則不能止矣。「行其庭，至於無庭除之間。不見其人」，亦不見其有人。庭除之間至近也，夫莫近於庭除。在背則雖至近不見，但止於其背，則背非有見，則至近庭除不見其人。謂不交於物也。不交於物，非絶物也，亦謂中有所主，不誘於外物之交耳。外物不接，即不見其人也。内欲不萌，即不獲其身也。如是而止，若此則人己兩忘，内外各定，若此爲止。各得止之道[三]，吾見動静之間各得其所止。於止爲无咎也。何咎之有？

明道先生曰：程伯子云。若不能存養，徒事問辨而不能存養。只是説話。只是口耳之學。遺書。下同。

聖賢千言萬語，聖賢垂訓多端。只是欲人將已放之心約之，求其旨歸，不過欲人存此心。使反復入身來，常在腔子裏。自能尋向上去，心不外馳，則學問日進於高明。「下學而上達」也。雖是下學，自可上達天德矣。[四]

李籲問：每常遇事，李籲，字端伯，程氏門人也。問每於遇事之時。即能知操存之意。乃能操持此心而不失。無事時如何存養得熟？於未與物接，又當若何熟於存養？明道曰[五]：答云。古之人，我聞古人。耳之於樂，耳所聞者正音。目之於禮，目所閲者正禮。左右起居，在左在右，或居或行。盤杅几杖，雖至微物。有銘有戒，刻銘示戒。動息皆有所養。動作休息無不有養。今皆廢此，今人皆廢置不用。獨有理義之養心耳。但有理明義精可以養心。但存此涵養意，苟能常存此涵養。久則自熟矣。真積力久，則當自熟。「敬以直内」，敬則心存於中，無所越逸。是涵養意。此即涵養之意。

呂與叔嘗言呂氏曾言。患思慮多，不能驅除。所患者思慮之多，不能除去。明道曰[六]：「此正如破屋中禦寇，此正猶居破屋以敵寇讎。東面一人來未逐得，寇自東面來者，未曾逐得。西面又一人至矣。寇自西面來者，又復至矣。左右前後，禦左遺右，禦前遺後。驅逐不暇。捍禦不及。蓋其四面空疏，病在屋破，四壁不存。盜固易入，寇固多方而入。無緣作得主定[七]。無由做得主。又如虛器入水，又如器皿虛則必入水。水自然入。自然如此。若以一器若取一虛器。實之以水，以水實其中。置之水中，又委之水之中。水何能入來？水必不入。借此以喻心之不存，猶屋之破、器之虛，則思慮之多亦猶寇之來、水之入，必誠存則邪自閑矣。蓋中有主則實，大凡中有所主則實。則外患不能入，實則凡物皆不能入。自然無事。」則自無事。[八]

「居處恭」，恭者，敬之形於外者。「執事敬」，執事而敬主於事。「與人忠」，與人而忠推於人。此是徹上徹下語，自始學以至成德皆不外此。聖人元無二語。但有勉强、安行之異，聖人何嘗有二等之別哉？[九]

伊川先生曰：學者須敬守此心，養心莫善於敬。不可急迫，然又不可執持太迫。當栽培深厚，須培養深固。涵泳於其間，涵容游泳於其中。然後可以自得。而後有以造自得之妙。但急迫求之，若執持太迫。只是私己，反成私意。終不足以達道。於道却有礙。

明道先生曰：「思無邪」，此魯頌語，言所思不可不正。「毋不敬」，此曲禮語，言遇事毋有不敬。只此二句，但將此二句。循而行之，見之所行。安得有差？自無差失。有差者，凡有差失者。皆由不敬不正也。皆因敬心不存，邪念交作也。

今學者敬而不見得〔一〇〕，今爲學者持敬而無自得之意。又不安者，又爲之不安者。只是心生，但存心未熟之故。亦是太以敬來做事得重，亦是作意以敬故事太過。此「恭而無禮則勞」也。勉强爲恭，而不知禮本自然，是以勞而不安也。恭者，私爲恭之恭也。私爲恭者，作意以爲恭，而非其公行者也。禮者，非體之禮也，非體之禮，謂非升降揖遜之儀、鋪筵設几之文。是自然道理也。是自然安順之理。只恭而不爲自然道理，只勉强爲恭而不爲自然安順之理。故不自在也，所以不自然也。須是「恭而安」。是必恭而能安，則善。今容貌必端，今端爾容。言語必正者，正爾言。非是道獨善其身，非是要吾身之獨善。要人道如何，欲人稱説如何。只是天理合如此，皆是天理合當行者。本無私意，本無矯飾作爲之意。只是箇循理而已。只順乎自然，順乎當然，何不安之有？〔一一〕

今志於義理而心不安樂者，何也？今有志問學而心不安順，如何？此則正是剩一箇「助之長」。此正是作意太迫，則有助長欲速之患。雖則心「操之則存，雖是此心操之則存在。舍之則亡」〔一二〕，舍之則亡去。然而持之太甚，但是執持太過。便是「必有事焉」而正之也。便是有事而預期必也。亦須且恁去，須是且操存將去。如此者只是德孤。若此則是其德寡特無輔。涵養未熟，義理單薄，故無自得之意。「德不孤，及德充而不至寡特。必有鄰」，又必有以輔之。到德盛後，及至德盛而不孤。自無窒礙，則胸中無滯礙。左右逢其原也。取之左右，沛然有餘裕，又何不安樂之有？

敬而無失，靜而主敬，事物未交。便是「喜怒哀樂未發謂之中」。此心所存，不偏不倚，即所謂「未發之中」。敬不可謂中，敬自非中。但敬而無失，然敬而存此心。即所以中也。即所以養此中也。[一三]

有人胸中有一等人其心内。常若有兩人焉[一四]：常如有兩人。欲爲善，一念之發，思欲爲善。如有惡以爲之間；又若有惡間雜於其中。欲爲不善，一念之發，思爲不善。又若有羞惡之心者。自覺似有羞惡之心並處於内。本無二人，人之心有善無惡，本無二者。此正交戰之驗也。此正是理慾交相爲敵，是心無所主。持其志，苟能持守其志。使氣不能亂，不爲氣所勝。此大可驗。此有可見。要之，聖賢但是聖賢。必不害心疾。所主者定，何有紛紜？

明道先生曰：某寫字時甚敬，我寫字時甚是持敬。非是要字好，不是求字好。只此是學。篤於持敬，無往非學。[一五]

伊川先生曰：入道莫如敬，學者入道之門莫如主敬。未有能致知而不在敬者。非敬，則此心昏雜，理有不能察，知有所未至。今人主心不定，今之人主此心不能無走作。視心如寇讎而不可制[一六]，以謂心如寇讎，有難制者。不是事累心，事至當應，初何爲累？乃是心累事[一七]。顧心無所主，不能定應，反累事耳。

人只有一個天理，人之所以靈於萬物者，以此心見此天理耳。却不能存得，若不能存得此理。更做甚人也！便非人類，與禽獸無異。

人多思慮，爲人至於多思慮。不能自安[一八]，擾擾不安。只是做它心主不定。只是此心之主宰不定。要作得心主定，若要心之主宰者定。惟是止於事，惟是止於事物當然之則。「爲人君止於仁」之類。如「君止於仁」之類。人之應事能止所當止，則亦無思慮紛擾之患矣。如舜之誅四兇，如舜之放驩、流共、竄苗、殛鯀。四兇已作惡，惡在四兇。舜從而誅之，自應誅戮。舜何預焉[一九]？舜何所預？人不止於事，應事而不止其所當止。只是攬他事，只是以一己智攬它事。不能使物各付物。不能使物物各得所止。物各付物，謂之「物各付物」，是物來而應，不過其則；物往而化，不滯其跡。則是役物；是能役物。爲物所役，心爲物役。是役於物。因物役而不得其安。「有物必有則」，則即止之理也，有物必有當然之則。須是止於事。須要止得其所止則可。

不能動人，誠實懇至，則人無不感。不能感動乎人。只是誠不至。只是誠實不至。於事厭倦，遇事有一毫厭倦之意。皆是無誠處。皆是無誠實也。[二〇]

靜後見萬物，靜此一心，以觀萬物。自然皆有春意。則生意勃勃，無非仁也。

孔子言仁，夫子論仁。只説「出門如見大賓，只言出門如見大賓客。使民如承大祭」。使百姓如承大祭，禮無非敬謹之意。看其氣象，然玩其氣象。便須「心廣體胖」，則必心無隱慝而廣大寬平，體無怠肆而安和舒泰。「動容周旋中禮」，自然。充其至則動作容貌周折曲旋，自然合禮。惟慎獨便是守之之法。學者守之，則惟在謹獨。蓋隱微之中常存敬謹之意，則出門、使民之際，乃能及此。聖人「脩己以敬」，聖人敬以脩己。「以安百姓」，充而廣之，則政理清明而百姓安。「篤恭而天下平」。風化廣被而天下平。惟上下一於恭敬，惟上下孚感，一於恭敬。則天地自位，則誠敬所感，自然陰陽順軌。萬物自育，萬物遂宜。氣無不和，和氣薰蒸。四靈何有不至？「鳳凰、麒麟皆在郊藪，龜、龍在宮沼。」所謂四靈畢至。此「體信」「達順」之道。「信是實理，順是和氣。體信是無一毫之僞，達順是發而皆中節，無一物不得其所。」聰明睿智皆由是出，敬則心專，靜而不昏，故明睿生。以此事天饗帝。天以理言，故曰「事」，動靜語嘿無非事也。帝以主宰言，故曰「饗」，饗郊祀之類。

存養熟後，所養者厚。泰然行將去，則行有餘力。便有進。便覺進進。

不愧屋漏，屋漏者，室之西北隅，謂隱暗之地也。於此自反無愧。則心安而體舒。心常安適，體自舒泰。

心要在腔子裏。腔子，猶所謂神明之舍。在腔子裏，謂心不外馳也。[二二]

人心常要活，心常存，則常活。則周流無窮，活則隨事應酬，運轉無跡。而不滯於一隅。故不滯於一偏。熊氏曰：不活則如枯木不復生，死灰不復然，又安能流動而無所偏滯？

明道先生曰：「天地設位，天尊地卑，其位已定。而易行乎其中」，亦必有主宰，方始變易無窮。只是敬也。「就人心言之，惟敬，然後流行不息。」敬則無間斷。「敬纔間斷，便是不誠無物也。」[一二]

「敬以直內，敬立則內直。義以方外」，義形而外方。仁也。由內達外，生理條直，而無私欲邪枉之累，則心德全矣。若以敬直內，文言曰「敬以直內」，而不曰「以敬直內」，蓋有意以之而直內。則便不直矣。則此心已有所偏倚而非直矣。「必有事焉，而勿正」，則直也。「必有事焉，而勿正」者，敬所當爲，而無計較期必之意也。

涵養吾一。心存則不二。

「子在川上曰：夫子於川上。『逝者如斯夫！』「見川流之不息，嘆逝者之如斯。」不舍晝夜。』」無晝無夜，常常如此。「原其所以然，乃天命流行不息之體。」自漢以來，漢世而下。儒者皆不識此義。以儒名者皆不明此。此聖人之心，「惟聖人之心嘿契乎此，故有感焉」，亦可見其心。「純亦不已」也。「純是天理，無私意間斷」，與川流同一不息。「純亦不已」，「純是天理，無私意間斷。」天德也。此即天之德也。有天德便可語王道，有上天純亦不已之德，便做得王道。其要在謹獨。「學者謹獨所以爲不已，少有不謹，則人欲乘之，便間斷也。」

「不有躬，蒙卦六三爻辭也。不能立其身。無攸利。」必無所利。不立己後，謂己未能自立，則心無所主。雖向好事，雖爲善事。猶爲化物。猶爲逐物而動。不得以天下萬物撓己，不能免得，己爲物所汩擾。己立後，若能自立，則應酬在我。自能了當得天下萬物。物皆聽命，何撓之有？

伊川先生曰：學者患心慮紛亂，爲學不能主宰此心，至於思慮紛擾。不能寧靜，不能安所止。此則天下公病。天下通病之。學者只要立箇心，「學者不立箇心，恰似作室無基址。今求此心正爲要立基址，得此心有箇存主處。」此上頭儘有商量。則「爲學便有歸著，可以用功」。

閑邪則誠自存，閑去邪妄，則實理自存。不是外面捉一箇誠 然實理在心，非是自外捉來。將來存着[二三]。存着於心。今人外面役役於不善，今世之人遂物外馳，役心邪妄。於不善中 又要於邪妄之間。尋箇善來存着，求箇善來存着。如此則豈有入善之理[二四]？亦無可在之理。故孟子言性善 孟軻氏論本性至善，如孩提之愛親敬兄，見赤子入井而有怵惕惻隱之心，如四端之發見。皆由内出，無非自然由中而出，何嘗自外捉來？只爲誠便存。蓋實理非外鑠，操之則存。閑邪更着甚工夫？所謂「閑邪」，初不曾要用工。但惟是動容貌、亦不過外肅其容貌。整思慮，内齊其思慮。則自然生敬。則敬自然生，邪自然息。敬只是主一也。敬者心主乎一，無放逸也。主一則既不之東，謂之主一，不散之東。又不之西，不逸而西。如是則只是中；常在中矣。既不之此，不偏於此。又不之彼，不滯於彼。如是則只是内。常在内也。存此則自然天理明。常存此心，則天理自明。學者須是將「敬以直内」，爲學必須主敬以直其内。涵養此意，存養此心。直内是本。惟「敬以直内」是其本也。

閑邪則固一矣，閑其邪思，則心固一矣。然主一則不消言閑邪。然心既主一，則自無私邪之念，不必閑也。有以一爲難見，又有人以一爲不可見。不可下工夫，如何？難於用功。一者無他，蓋所謂一者不在乎它。只是整齊嚴肅，則心便一。但是内整齊而外嚴肅[二五]，則心自一。一則自是無非僻之干。心既一於天理，則自無非禮邪僻之來。此意但涵養久之，但即此意存養之熟。則天理自然明。則天理自然昭著。

有言：未感時，又有言：心未感物之時。知何所寓？何所寄寓？曰：答云。「操則存，操持則存在。舍則亡，舍去之則亡失。出入無時，蓋心是活物，或出或入無有定時。莫知其鄉」，莫識其所。更怎生尋所寓？又如何尋其所寓？只是有操而已。但只是操持則常存在耳。操之之道，其所以操執此心之道。「敬以直内」也。亦不出於主敬以直其内也。

敬則自虚靜，敬則自然靜定其心，自作主宰。不可把虚靜唤做敬。不可求靜，與事物不交涉，以此謂之「敬」。

學者先務，爲學先用力處。固在心志。固是在心與志。然有謂欲屏去聞見知思，但有人言要絶去耳聞目見之累、致知精思之道。則是「絶聖棄智」。則是黜其聰明，屏其智慮，甘爲老氏之清淨。有欲屏去思慮，有人又欲去思絶慮。患其紛亂，恐其擾亂。則須坐禪入定。則是瞑目靜坐，參禪入定，甘爲佛氏之寂滅。如明鑑在此，吾儒之學正如明鑑當軒。萬物畢照，萬物妍蚩，無不洞照。是鑑之常，此乃明鑑之常。難爲使之不照。有鑑則必能照物，又安能使之不照？人心不能不交感萬物，人之一心，亦猶鑑然，其酬酢萬事，亦猶明鑑之照萬物。難爲使之不思慮。但事來則應，事過不留，有是心，又安能使之不思慮哉？若欲免此，如欲免一切邪思妄慮。惟是心有主。必須心中有理，爲之主。如何爲主？所謂主者若何？敬而已矣。惟「敬」之一字是也。有主則虚，自其有所主於中。虚謂外邪不能入；則邪不能入，故虚。無主則實，苟無所主於中。實謂物來奪之。則物慾據其中，故實。大凡人心不可二用，人只一心而無二用。用於一事，用於此一件事。則他事更不能入，則其他事件不能入。事爲之主也。是先一件事爲之主也。事爲之主，以一事爲主於心。尚無思慮紛擾之患，尚無它事紛擾之思慮。若主於敬，如敬爲主於心。又焉有此患乎？則自不爲事物紛擾矣。所謂敬者，但所言敬者。主一之謂敬；若動若靜，此心常存，存而不二，所謂敬也。所謂一者，所言一者。無適之謂一。心常主乎此而無他適，所謂一也。且欲涵泳主一之義，且試玩味主一之意義。不一則二三矣。纔不一，則物欲間雜、思慮紛擾，使二三矣。至於不敢欺，以至不敢自欺。不敢慢，不敢慢侮。「尚不愧於屋漏」，雖以室西北隅隱暗之地，尚至無所愧怍，皆戒懼謹獨之意。皆是敬之事也。此意常存，所主自一矣。

嚴威儼恪，嚴威儼恪，外貌之恭謹也。非敬之道，敬在，心雖非爲敬之道理。但致敬自此入。然自此亦可以入於敬，未有外貌弛慢而心能敬也[二六]。

若未接物，如何[二七]？然方其未與物接之時。只是主於敬，亦只心存此敬。便是爲善也。是即善之本。以此觀之，即此而看。「舜孳孳爲善」，孳孳者，亹亹不倦之意。聖人爲善固無間斷。聖人之道，聖人之所謂道。不是但嘿然無言。非是嘿嘿無説，雖静而有所存也。[二八]

思慮雖多，人之思慮之多。果出於正，若所思所慮皆出於正。亦無害否？想亦無害。曰：答云。且如在宗廟則主敬，敬存於執事。朝廷主莊，莊示於等威。軍旅主嚴，嚴施於法制。此是也。皆發於心而見於事者。發之而當，則無害也。如發不以時，苟所發不以其時。紛然無度，雜然而發，或過而無節。雖正亦邪。其事雖正，亦是邪念。

蘇季明問：喜怒哀樂未發之前，蘇昞，字季明，張、程門人。問四者未發之前。求中可否？求其所謂中，可耶？曰：不可。既思於喜怒哀樂未發之前求之，未發之前，思欲求中。又却是思也。則思與喜怒哀樂一般，纔思。既思即是已發，此則便是已發了。纔發便謂之和，方其未發，此心湛然無所偏倚，故謂之中。一念纔生，便屬已發之和。不可謂之中也。又安得謂之中哉？又問：呂學士言當求於喜怒哀樂未發之前，如何？呂學士，與叔也。又問：呂氏有求之未發之前，若何？曰：若言存養於喜怒哀樂未發之前，則可；未發之前但可涵養，是中。若言求中於喜怒哀樂未發之前，則不可。若有意求之，則不得謂之未發。又問：學者於喜怒哀樂發時，又問爲學者於四者之發。固當勉强裁抑，固可强裁抑制。抑於未發之前，但未發之時。當如何用功？又當若何着力？曰：於喜怒哀樂未發之前，於其未發之時。更怎生求？不容着力用功。只平日涵養便是。但有操存涵養而已。涵養久，所養者厚。則喜怒哀樂發自中節。則四者皆中節。曰：又問。當中之時，方其未發爲中之時。耳無聞，是耳無所聞。目無見否？目無所見否？曰：答云。雖耳無聞，目無見，然見聞之理在始得。「然須是常有箇主宰操持底在這裏始得，不是一向空寂了[二九]。」賢且說靜時如何。汝且言靜之時何若。曰：謂之無物則不可，朱子曰：「無」當作「有」。言其有物則不見其有物。然自有知覺處。然有所知覺。曰：既有知覺，既是有知有覺。却是動也，是又動了。怎生言靜？又如何說靜？人說「復其見天地之心」，人言復初可以見天地之心。皆以謂至靜能見天地之心，漢儒皆云靜則能見其心。非也。恐不然。復之卦 復之爲卦，上坤下震。下面一畫，一陽生於下。便是動也，復者，動之端也。故天地之心於此可見。安得謂之靜？又如何謂靜，見天地之心耶？或曰：莫是於動上求靜否？莫是於動之中求其靜耶？曰：答云。固是，固是如此。然最難。但最難辨。釋氏多言定，佛氏多說「定」之一字。聖人便言止，聖人只言止。止者事物當然之則。如「爲人君止於仁，爲君之道，所止者仁。爲人臣止於敬」之類是也。爲臣之道[三〇]，所止者敬之類。易之艮易之艮卦。言止之義，艮者，止也。曰：「艮其止，艮其止之道也。止其所也。」「止其所」，是動中其則而不遷也。蓋人萬物皆備[三一]，人之一身萬事皆備。遇事時，凡遇事之時。各因其心之所重者心有所重，則因重而遷。更互而出，交疊而出。纔見得這事重，纔所重在這事。便有這事出。則所出者亦這事。若能物各付物，苟能物付乎物，我無預焉。便自不出來也。則止其所止而心不外馳矣。或曰：先生於喜怒哀樂未發之前，先生於四者未發已前。下「動」字？是以動言。下「靜」字？是以靜言。曰：云。謂之靜則可，然只可著一「靜」字。然靜中須有物始得。但靜中須是有物，有物云者，只是知覺不昧。這裏便是難處。於此最難體驗。莫若且先理會敬[三二]，不如且先主持箇敬。能敬則知此矣。能敬則心有主宰，邪妄莫入，亭亭當當，直上直下，有以存養，其在中之中矣。或曰：敬何以用功？敬字從何著力？曰：莫若主一。無如心主乎一。季明曰：蘇氏云。昞嘗患思慮不定，某嘗憂思慮紛擾，不能定於一。或思一事未了，或時思量一件事未了。它事如麻又生，其它件事又如麻之多。如何？是如何？曰：不可。恐不可。此不誠之本也。心不專一，則言動皆無實，此其本也。須是事事能專一時便好。須是必事事能專一時方好。不拘思慮與應事，思慮者動於心，應事者見於言行。皆要求一。不可不主於一。

人於夢寐間，「魂與魄交而成寐，心在其間依舊能思慮，所以做出夢。」亦可卜自家所學之淺深。可以覘吾一身所學之深淺。如夢寐顛倒，如是夜夢顛强倒置。即是心志不定、乃是心神不安定。操存不固。操存不堅固。若心神安、操守固，不至顛倒。[三三]

「持其志，此是有所守於中。無暴其氣」，此是無所縱於外。内外交相養也。然中有所守，則氣自完；外無所縱，則志愈固，故曰「交相養」。[三四]

問：「出辭氣」，問出辭吐氣，斯遠鄙倍。莫是於言語上用工夫否？莫是於言語間著力耶？曰：須是養乎中，是必中有所養。自然言語順理。而後發於外者，不悖。若是慎言語，不妄發，至於謹言語。此却可用力。此亦學者所可用力，但不可專於言語上用功。[三五]

大率把捉不定，把捉不定，則此心外馳，理不勝欲。皆是不仁。便是不仁。蓋仁者，心存乎中，純乎天理者也。

伊川先生曰：致知在所養，蓋内有涵養之素，則明睿生。養知莫善於「寡欲」二字[三六]。外無物慾之撓，則心境清。

心定者其言重以舒，心專而静，則言不妄發，發必審確而和緩。不定者其言輕以疾。心之紛擾者則言必妄發，發必輕易而浮躁。[三七]

伊川每見人靜坐[三八]，「靜坐則收拾得精神定，道理方有湊泊處。」便嘆其善學。便以爲善於爲學。蓋心以静而定，理以定而明也。

橫渠先生曰：始學之要，初學之要處。當知「三月不違」當知顔子，當三月天時之小變而此心猶不違乎仁。與「日月至焉」，與諸子日一至此仁，月一至於此仁者。內外賓主之辨，有內外賓主之異。蓋仁人之安宅也，居之三月而不違，去是宅者久而不遷，是在內而爲主也，其違也暫而已。日一至此宅，月一至此宅者，既至復出，是在外而爲賓也，其至也暫而已。使心意勉勉使勉而又勉。循循而不已，循此而不已。過此幾非在我者。則過「三月不違」以上，便是聖人大而化之之事，非可以勉强至矣，故曰「非在我者」。

心清時少，人之心，其澄清之時常少。亂時常多。其汩亂之時常多。其清時，視明聽聰，但心爲耳目四肢之主。天君澄肅，則視而明聽而聰。四體不待羈束而自然恭謹。四體雖無事於管束而自然從令。亂時反是[三九]。若其汩亂，則又異是。如此何也？是如何？蓋用心未熟，皆存心於道者未熟。客慮多而常心少也，則客慮足以勝其本心也。習俗之心未去而實心未完也。習俗足以違其誠意也。人又要得剛，剛則毅然任道。柔則入於不立。柔則不能自立。亦有人生無喜怒者，亦有人生來喜愠不形於色。則又要得剛，但亦要有此剛。剛則守得定不回，剛則守之固，行之決。進道勇敢。故足以進於道。柔懦委靡，必不能有立矣。載則比他人，載，橫渠名也。謂我比似它人。自是勇處多。自覺勇於進，蓋自許也。

戲謔不惟害事，凡戲謔，不特是害所爲之事。志亦爲氣所流。此心亦爲氣所動。不戲謔不事戲謔。亦是持氣之一端。亦可爲持氣之一事。先生嘗曰：「凡人之過，猶有出於不知而爲之者，至戲則皆有心爲之也，其爲害尤甚。」遂作東銘。

正心之始，正心之初。當以己心爲嚴師，當視心如師之嚴。凡所動作，凡有舉動。則知所懼。則知所敬畏。如此一二年，若是者凡一二載。守得牢固，則所守者堅固。則自然心正矣。心自然得其正矣。

定，然後始有光明。此心静定而明生焉。水之止者可鑒，而流水不可鑒，亦是理也。若常移易不定，如常常移改變易而不定。何求光明？如何光明？如水之流蕩不定，則光明者破碎矣。易大抵以艮爲止，易之爲卦，艮者止也。止乃光明。知止而後有定，則其道光明。故大學「定」而至於「能慮」，故大學之道，由能「定」而後「能慮」，既曰「能慮」，可知光明。人心多則無由光明。人思慮之多，則必不能定静，此光明無自生也。

「動静不失其時，此艮卦彖也。惟當動而動，當静而静，不失其動静之時。其道光明。」則其道自然光明。學者必時其動静，爲學者是必動以其時，静以其時。則其道乃不蔽昧而明白。則動得動之時，静得静之時，其道自明白。若静而失静之時，動而失動之時，則其道蔽昧矣。今人從學之久，今有人向學已久。不見進長，不見其進進光明之域。正以莫識動静。正是莫曉時動時静之理。見他人擾擾，見別人役役人慾，失之動也。非干己事[四〇]，全不與己相干。而所脩亦廢。而因循廢學。謂之「光明」可乎[四二]？終何光明之有？

敦篤虚靜者，仁之本。敦篤而不外馳，虚静不爲物汩，皆有以全其心之德，故曰「仁之本」。不輕妄，則是敦篤也；言動輕妄而不敦篤，則此心外馳，非仁也。敦篤則不輕妄矣。無所繫閡昏塞，則是虚靜也。有所繫閡昏塞而不虚静，則此心罔覺，非仁也。虚静則無繫閡昏塞矣。此難以頓悟，但此不可超頓悟。苟知之，能審乎是。須久於道在必存心之久。實體之，實體於己。方知其味。乃能深知其味。夫仁，亦在乎熟之而已。爲仁之道，亦貴乎熟，熟則此理件件不窮。譬之果自成熟爲是實，又自是實萌蘖生，烏可已？

校勘記

[一] 此條前，熊剛大集解時删除一條語録，葉本有。按：「或問聖可學乎」條，見句解前集卷十七通書聖學第二十。

[二] 不能忘我　「忘」，葉本作「無」。

[三] 各得止之道　「各」，葉本作「乃」。

[四] 此條原緊接於上條末刻印，未單列，據葉本單列。

[五] 明道曰　「明道」二字原無，據葉本補。

〔六〕明道曰　「明道」二字原無，據葉本補。

〔七〕無緣作得主定　「定」字原刻作小字，據葉本改作大字。

〔八〕此條下，熊剛大集解時删除兩條語録，葉本有，分别是：

邢和叔言：吾曹常須愛養精力，精力稍不足則倦，所臨事皆勉强而無誠意。接賓客語言尚可見，况臨大事乎？

明道先生曰：學者全體此心。學雖未盡，若事物之來，不可不應，但隨分限應之，雖不中不遠矣。

〔九〕此條原緊接於上條末刻印，未單列，據葉本單列。

〔一〇〕今學者敬而不見得　「見」，葉本作「自」。

〔一一〕此條原緊接於上條末刻印，未單列，據葉本單列。

〔一二〕操之則存舍之則亡　「舍」，葉本作「捨」。

〔一三〕此條下，熊剛大集解時删除兩條語録，葉本有，分别是：

伊川先生曰：司馬子微嘗作坐忘論，是所謂「坐馳」也。

伯淳昔在長安倉中閑坐，見長廊柱，以意數之，已尚不疑。再數之不合，不免令人一一聲言數之，乃與初數者無差。則知越著心把捉，越不定。

〔一四〕有人胸中常若有兩人焉　「有」上，葉本有：「明道先生曰：人心作主不定，正如一個翻車，流轉動摇，無須臾停，所感萬端。若不做一個主，怎生奈何？張天祺昔嘗言：自約數年，自上著牀便不得思量事。不思量事後，須强把他這心來制縛，亦須寄寓在一個形象，皆非自然。君實自謂：吾得術矣，只管念個『中』字。此又爲『中』所繫縛，且『中』亦何形象？」

［一五］此條下，熊剛大集解時删除兩條語録，葉本有，分别是：

伊川先生曰：聖人不記事，所以常記得；今人忘事，以其記事。不能記事，處事不精，皆出於養之不完固。

明道先生在澶州日，脩橋少一長梁，曾博求之民間。後因出入，見林木之佳者，必起計度之心。因語以戒學者：心不可有一事。

［一六］視心如寇讎而不可制　「讎」，葉本作「賊」。

［一七］乃是心累事　「事」下，葉本有：「當知天下無一物是合少得者，不可惡也。」

［一八］不能自安　「安」，葉本作「寧」。

［一九］舜何預焉　「預」，葉本作「與」。

［二〇］此條原緊接於上條末刻印，未單列，據葉本單列。

［二一］此條下，熊剛大集解時删除一條語録，葉本有：

只外面有些隙罅，便走了。

［二二］此條下，熊剛大集解時删除兩條語録，葉本有，分别是：

「毋不敬」，可以對越上帝。

敬勝百邪。

［二三］不是外面提一箇誠將來存着　「提」，葉本作「捉」。

［二四］則豈有入善之理　「理」下，葉本有「只是閑邪則誠自存」八字。

［二五］但是内整齊而外嚴肅　「内」「外」二字，葉本互换。

［二六］然未有外貌弛慢而心能敬也　「心」，葉本作「中」；「也」，葉本作「者」。

［二七］如何　「何」下，葉本有「爲善」二字。

［二八］此條下，熊剛大集解時删除一條語録，葉本有：

問：人之燕居，形體怠惰，心不慢者，可否？曰：安有箕踞而心不慢者？昔吕與叔六月中來緱氏，閒居中，某嘗窺之，必見其儼然危坐，可謂敦篤矣。學者須恭敬，但不可令拘迫，拘迫則難久也。

［二九］不是一向空寂了　「是一」，葉本作「然」。

［三〇］爲臣之道　「臣」原作「仁」，據葉本改。

［三一］蓋人萬物皆備　「蓋」上，葉本有「人多不能止」五字。

［三二］莫若且先理會敬　「莫」上，葉本有「學者」二字；「敬」上，葉本有「得」字。

［三三］此條下，熊剛大集解時删除一條語録，葉本有：

問：人心所繫著之事果善，夜夢見之，莫不害否？曰：雖是善事，心亦是動。凡事有朕兆入夢者却無害，捨此皆是妄動。人心須要定，使他思時方思乃是。今人都由心。曰：心誰使之？曰：以心使心則可。人心自由，便放去也。

[三四]此條原緊接於上條末刻印，未單列，據葉本單列。

[三五]此條下，熊剛大集解時删除一條語録，葉本有：

先生謂繹曰：吾受氣甚薄，三十而浸盛，四十、五十而後完。今生七十二年矣，校其筋骨，於盛年無損也。繹曰：先生豈以受氣之薄，而厚爲保生耶？夫子默然，曰：吾以忘生狥欲爲深耻。

[三六]養知莫善於寡欲二字　「善」，葉本作「過」。

[三七]此條下，熊剛大集解時删除一條語録，葉本有：

明道先生曰：人有四百四病，皆不由自家，則是心須教由自家。

[三八]伊川每見人靜坐　「伊」上，葉本有：「謝顯道從明道先生於扶溝。明道一日謂之曰：爾輩在此相從，只是學顯言語，故其學心口不相應，盍若行之？請問焉。曰：且靜坐。」

[三九]亂時反是　「亂」上，葉本有「其」字。

[四〇]非干己事　「干」，葉本作「關」。

[四一]謂之光明可乎　「謂」上，葉本有「由聖學觀之，冥冥悠悠，以是終身」句。

新刊音點性理群書句解卷之五

後集

近思録第五卷

此卷論力行。蓋窮理既明，涵養既厚，及推於行己之間，尤當盡其克治之力也。

復之初九曰：陽往爲剥，陽來爲復。復之卦其初九爻云。「不遠復，人必有所失而後有所復，既有失則不能無悔。惟未遠而復。無祇悔，則不至於悔。元吉。」乃大吉之道。伊川易傳曰[一]：傳復卦者云。陽，君子之道，陽爲君子，陰爲小人，故陽乃君子之道。故復爲反善之義。復之爲義，乃善之返。初，初爻一畫之陽。復之最先者也，乃復之先，過而先復。是不遠而復也。是其失未遠而即復也。失而後有復，人必有所失而後有所復。不失則何復之有？既無所失，則何待於復？唯失之不遠而復，惟所失者相去未遠，即返而歸於善。則不至於悔，則未至於有悔。大善而吉也。故爲大善而得其吉也。顏子無形顯之過，顏子天資高明，有過而知之敏、改之速，不待其形顯。

夫子謂其庶幾，幾，近也。即不遠之義。乃「無祇悔」也。故無悔也。過既未形而改，於過未形顯而即知改。何悔之有？又果何所悔？既未能不勉而中，既不待勉强而中乎道。所欲不踰距，從心所欲而不過乎則，是聖人之事，無過之可改者。是有過也。顔子未能及是，故未免於有過。然其明而剛，但其至明至剛。故一有不善，終有一不善之事。未嘗不知；無有不知，惟其明故過而必知。既知，未嘗不遽改，既知之，則無有不改，惟其剛故知而必改。故不至於悔，故曰不至於有悔。乃「不遠復」也。乃其失未遠而即復也。學問之道無他也，爲學之道不在乎它。唯其知不善，惟在乎知己之未善。則速改以從善而已。則不遠即復以從善也。[二]

晉之上九：晉者，進也。晉卦上九一爻乃進之極。「晉其角，乃有「晉其角」之象。角者，言其進之窮也。維用伐邑，邑，私邑也。伐，治也。動則爲過，但可自治其私。厲，吉无咎，雖過於嚴厲，「吉」且「无咎」。貞吝。」然自治非中和之德，雖是貞正，終無疵吝[三]。伊川易傳曰[四]：易傳云。人之自治，凡人之自治其私。剛極則守道愈固，剛之至，則所守者愈堅。進極則遷善愈速。進之極，則所句者愈敏。如上九者，以之若晉卦上九乃剛之極，而進之終也。自治，則雖傷於厲，自治則雖是過於嚴厲，而吉且无咎也。是乃獲吉之道，自無疵咎。嚴厲非安和之道，夫嚴厲雖非安和不迫之道。於自治則有功也。以之自治其私邑，則不爲無功。雖自治有功，雖是自治其私邑爲有功。然非中和之德，但剛智之極，有乖中和。所以貞正之道縱曰貞正。爲可吝也[五]。終亦未免疵吝也。

損者，損過而就中，天下之事，其本皆出於天理。民生日用之常，治道之不可廢者。其末流則末勝本，華勝質〔六〕，人欲勝天理，其害有不勝言者。故損之爲用，亦惟損太過以就乎中。損浮末而就本實也。損其浮華以就乎實，損其末者以就其本者。天下之害，凡爲天下之害者。無不由末之勝也。莫不皆由末勝其本。峻宇雕墻，有如太康之高峻其屋、雕畫其墻。本於宫室；是以宫室爲本，不知其爲末也。酒池肉林，商紂之海酒爲池、積肉爲林。本於飲食；是以飲食爲本，不知其爲末也。淫酷殘忍，又如紂之爲悦婦人之具制炮烙之刑。本於刑罰；是以刑罰爲本，不知其末也。窮兵黷武，武帝之窮極其兵，貪黷用武。本於征討。是以征討爲本，不知其末也。凡人欲之過者，大凡流蕩於人欲者。皆本於奉養，皆是錯認奉養一身爲本。其流之遠，及其流波之寖遠。則爲害矣。則遺害者多。先王制其本者，天理也；先王崇植是本，但一循乎天理。後人流於末者，人欲也。後世從事乎末，故一徇乎人欲。損之義，此損之爲損。損人欲以復天理而已。只在於損其人欲以全天理也。

夬九五曰：夬，决也。以五陽而决一陰也，其九五爻有云。「莧陸夬夬，莧陸，今馬齒莧，感陰氣之多。九五當决之時，爲决之主而切近上六之陰，如莧陸然，當决而决之，不爲過暴。中行无咎。」九五「中正」，所行猶不失中正之義，故無悔吝。象曰：象傳云。「中行无咎，所行不失中正，故可「无咎」。中未光也。」然五與六比，心有所比，不能無欲，其於中行之道，未得爲光大。傳曰：易傳云。夫人心正意誠，人之心無不正意、無不實。乃能極中正之道，斯能得中正之道。而充實光輝。而是理充實於中，光輝發見於外。五心有所比[七]，九五與上六比，心有所昵，未必能正。以義之不可而決之，特以義不可而勉勉決去之意，亦未必誠也。雖行於外，雖是行於外者。不失其中正之義，九五之位中正，所行亦不失乎中正。可以无咎，僅可无咎。然於中道，但五於六比，豈能無欲？故於中行之道。未得爲光大也。未必能致其光大也。蓋人心一有所欲，則離道也。蓋道與欲相反，徇乎欲則違於道矣。夫子於此，示人之意深矣。聖人發此示人，其旨亦深矣哉！

方説而止，兑下坎上爲節。兑，説也。坎，險也。見險難則止。人推説則易流，方説而能正。節之義也。乃節之大義。

節之九二，九，陽剛也。二，陰柔也。九二以剛居柔。不正之節也。在節卦爲不正之節。以剛中正爲節，以剛而得中正之道，即此爲節。如懲忿窒欲，如懲治忿怒、窒塞嗜欲。損過抑有餘是也。損其太過，抑其有餘，皆是節其過以就中，是剛中正之節也。不正之節，不得其正，即此爲節。如嗇節於用，如節於用而爲吝嗇，則於用有不足。懦節於行是也。節於行而爲柔懦，則於行有不足。此九二之節，是不正之節也。

人而無克、伐、怨、欲，克，好勝；伐，自矜；怨，忿恨；欲，貪欲。四者生於人心之私。人而無此四者之累。惟仁者能之。是必心德渾全，己私不能入也。有之而能制其情不行焉，四者有於中而能力制於外，使之不行。斯亦難能也，則亦可謂之「難能」。謂之仁則未可也。但不曰無而曰不行，則是四者之私尚在於中，特禁制不行於外，故未得謂之仁。此原憲之問，夫子答以知其爲難，夫子但言其禁制之難。不知其爲仁。不許其名爲仁。此聖人問示之深也[八]。其開明之意深矣。

明道先生曰：義理與客氣[九]，義理者，性命之本然。客氣者，形氣之使，相爲勝負。只看消長分數多少，義理長則客氣消，客氣長則義理消，只看它消長分數孰多孰少。爲君子小人之别。義理長則是有所養，君子人也；客氣長則是無所養，小人也。義理所得漸多，若義理所養者多。則自然知得客氣消散得漸少，則知客氣所消者已無幾矣。消得盡是大賢。如查滓融化，便是大賢地位。

或問人莫不知和柔寬緩[一〇]，人誰不知處事之時和柔寬緩爲好。然臨事反至暴厲。及其臨事之際，而反粗暴嚴厲。明道曰[一一]：答云。只是志不勝氣，學以立志爲本，則氣質可變化，只是志不立，不足以制夫氣。氣反動其心也。氣反動其心而暴且厲矣。

人不能祛思慮，只是吝，吝則爲私意小智所纏繞，人不能祛退邪思妄慮，只是牽於私意小智。吝故無浩然之氣。故無浩然正大之氣。

治怒爲難，怒氣盛則不能自遏，治之固難。治懼亦難。懼氣怯則不能自立，治之亦難。克己可以治怒，然己私既克，則一朝之忿有所不作矣。明理可以治懼。物理既明，則非理之懼有所不動矣。

堯夫解「他山之石，邵康節解詩，其「它山之石」。可以攻玉」：可以攻治其玉。玉者溫潤之物，謂玉之質，既溫且潤。若將兩塊玉來相磨，若治玉者只以兩片玉自相磨盪。必磨不成，則無粗不成精，文理必不著。須是得他箇麤礪底物，是必將彼粗石。方磨得出。磨而復磨，則玉之精者自見。譬如君子與小人處，君子譬如玉也，小人譬如石也。爲小人侵陵，其有爲小人侵欺陵逼。則脩省畏避，則脩省其身者必謹，畏避小人者必嚴。動心忍性，動心而不敢苟安，忍性而不敢輕發。增益預防，增益其所不能，預防其所未至。如此則道理出來。若是，則德日進而理日明，正猶玉假石磨則日見其光彩也。〔一二〕

明道先生曰：責上責下，而中恕己，在吾上者吾責之，在吾下者吾又責之，而中間卻自恕了自身。豈可任職分？此人豈能任其職分之當然？蓋專務責人而不知責己，是舍己職分而憂人之憂也。〔一三〕

皋陶曰：皋陶，舜臣也。云。「亦行有九德：人之所行有九者之德。寬而栗，寬弘而莊栗，則寬不至於弛。柔而立，和柔而卓立，則柔不至於懦。愿而恭，愿而能恭，則朴愿而不專尚乎質。亂而敬，亂，治也。治而能敬，則整治而不徒事乎文。擾而毅，馴擾而毅，則擾不至於隨。直而溫，勁直而温，則直不至於訐。簡而廉，簡大者，或規矩之不立，今有廉隅，則簡不至於疏。剛而塞，剛者或傷於果斷，今塞實而篤厚，則剛不至於虐。强而義。」强力者或恃血氣之勇，今有勇而義，則强不至於暴。先生曰：伯子云。「九德」最好。[一四]此九者之德最善。

自非聖人渾然天理，無所偏雜。自中人以下，未有不滯於一偏者。[一五]

伊川先生曰：大抵人有身，人有耳目口鼻四肢。便有自私之理，自然有私己之欲。宜其與道爲一[一六]。惟能克己，然後合天理之公。

罪己責躬不可無，有過自責，乃羞惡之心。然亦不可長留在心胸爲悔。然已往之失長留愧沮[一七]，應酬之間，反爲係累。[一八]

人語言緊急，人之言語躁急。莫是氣不定否？還是氣未能定。曰：答云。此亦當習。應對言語亦當學長。習到言語自然緩時，學到言語和緩。便是氣質變也。則是能變化其氣質矣。學至氣質變，爲學至於變化氣質。方是有功。則是得力處也。

問：「不遷怒，不貳過」，何也？問：顔淵之怒不遷、過不貳，其義如何？語録有怒甲不遷乙之説，是否？語録以怒於甲者不移於乙爲不遷，是否？伊川先生曰：是。叔子云：然。曰：若此則甚易，云如此則亦易事。何待顔子而後能？人之禀性和柔者皆能，何必顔子而後能然？曰：只被説得粗了，只是言太近。諸君便道易，所以便言易。此莫是最難，此最是難事。須是理會得因何不遷怒。若以身驗其實，而求其所以不遷怒之由，則非此心至虚至明，喜怒各因乎物，舉無一毫之私意者，殆未易强而能也。如舜之誅四兇，如舜之流共工、放驩兜、竄三苗、殛鯀。怒在四兇，因四兇之當怒而怒。舜何與焉？怒不自舜作也。蓋因人有可怒之事而怒之，怒因人而生。聖人之心原聖人之本心。本無怒也。何嘗有怒也？譬如明鏡，譬明鏡照物。好物來時便見是好，物之好者亦見。惡物來時便見是惡，物之惡者亦見。鏡何嘗有好惡也？妍媸在物，鏡未嘗自妍媸也。世之人固有怒於室而色於市，怒氣易發而難制。固有怒於室而作色於市人，其遷怒也甚矣。且如怒一人，且如今人怒一人。對那人説話及對它人言。能無怒色否？其能獨無怒色乎？有能怒一人而不怒别人者，有能自禁持怒此人，而不以餘怒加辭色於他人者。能忍得如此，若能抑制至是。已是煞知義理者。自是通曉義理之人。若聖人因物至如聖人物各付物。而未嘗有怒，而喜怒不有於我者。此莫是甚難。豈非甚難者耶？「君子役物，役物者我常定。小人役於物。」役於物者逐物而往。今見可喜可怒之事，今見事之可喜可怒者。自家着一分陪奉他，便着因物而役於物。此亦勞矣。亦已勞甚。聖人之心如止水。聖人之心常湛然如止水，無有一毫作好作惡。人之視最先，視居聽言動之首，而視亦先當用工。非禮而視，苟視而不得其正。則所謂開目便錯了。則是纔開眼時便已差誤。次聽，次言，次動，聽次於視，言又次於聽，動又次於言。有先後之序。或先或後皆有定序。人能克己，人能克去此四者之私，則身心自無私欲之累。則心廣體胖，則心自寬平，體常舒泰。「仰不愧」，「俯不怍」，俯仰之間兩無愧怍。其樂可知。自然悦樂。有息則餒矣。少有間斷，則自視欿然矣。[一九]

伊川與謝子相别一年，謝上蔡與程叔子别一年。曰：做得甚工夫？伊川問它一年於何處用功。曰：答云。只去箇矜字。矜者，誇耀於人者也。伊川點頭，語在坐曰：伊川首肯而語門弟云。此人爲學，謝子之爲學。切問而近思者也。可謂切於問而能以類而推者也。[二〇]

思叔詬罵僕夫，伊川曰：何不「動心忍性」？[二一]此性是氣質之性，何不悚動其爲善之心，堅忍其忿怒之性？

「見賢」便「思齊」，見人有善，即思自勉。有爲者亦若是。則誰不可及？「見不賢而内自省」，見人不善，惟當自加省察。蓋莫不在己。亦無非反己之過。[二二]

有潛心於道，有沉潛此心以向道。忽忽爲它慮引去者，又爲邪念牽引而去。此氣也。是爲氣所動也。舊習纏繞，舊習未除。未能脱洒，擺脱不去。畢竟無益，皆無所益。但樂於舊習耳。是皆志不勝氣，心慮紛雜，安於舊習耳。古人欲得朋友與琴瑟簡編，蓋朋友有講習責善之益[二三]，琴瑟有調適情性之樂[二四]，簡編乃前言往行之識。常使心在於此。朝夕於是，則心有所養，而習俗邪僻之念不作矣。惟聖人知朋友之取益[二五]，然三者之中，朋友之益尤多。故樂得朋友之來。故「有朋自遠方來」，所以樂也。

矯輕警惰。輕則浮躁，故當矯；惰則弛慢，故當驚。「仁之難成久矣！仁者天理之公，其難全者亦久。人人失其所好。」蓋人心各有所好，而亦各失其所好。蓋人人有利欲之心，利欲者人心之私，人人皆有此心。與學正相背馳，理慾二者常相背馳。故學者要寡欲。爲學者必當以絶欲爲度。

君子不必避他人之言，不必避人之言。以爲太柔太弱，以爲己之柔弱。至於瞻視亦有節。雖是瞻視之間亦有準則。視有上下，人之視有上有下。視高則氣高，視上則其氣必高。視下則心柔[二六]，視下則其心必柔。學者先須去其客氣。學者當去其輕傲之氣，有恭謹之心。其爲人剛行，剛行，麤暴也。其爲人麤暴。終不肯進。必不肯遜志務學，而亦終不能深造於道。「堂堂乎張也，子張氣貌高伉，而無收斂誠實之意。難與並爲仁矣。」故曾子以爲「難與並爲仁」也。蓋目者人之所常用，目之視人所常用者。且心常托之，心之神寓於目。視之上下，試之，以視之上下，試心之敬傲。己之敬傲，心之敬傲。必見於視。常見於目視之間。所以欲下其視者，故凡欲下而視者。欲柔其心也。蓋欲柔其心也。柔其心，心既柔。則聽言敬且信。則聽人之言，必敬且信，而不敢忽慢矣[二七]。人之有朋友，凡人之與朋友交。不爲燕安，非特欲於燕居安閑相聚也。所以輔佐其仁。蓋所以相與輔其不及以全此心德也。今之朋友，今人之求友。擇其善柔以相與，專取其善弱柔懦以相從。拍肩執袂以爲氣合，拊背執手以爲氣類之合。一言不合，言語之間一有不合。

怒氣相加。始則氣輕而苟於求合，終則負氣而不肯相下。朋友之際，設處友之道。欲其相下不倦，欲其相下而無厭倦。故於朋友之間是必於取友之時。主其敬者，日相敬與[二八]，以謙恭爲主，則其相親之意無厭。得效最速。相觀之效尤速。仲尼嘗曰：夫子有言。「吾見其居於位也，闕黨童子，居則當位[二九]。與先生並行也，行則與先生並。蓋輕傲而不循理[三〇]。非求益者，聖者以爲非能求益者。欲速成者。」但欲速於成人而已。則學者先須温柔，故學者當以和順爲先。温柔則可以進學。則謙虚恭謹，有以爲進學之地。詩曰：詩不云乎？「温温恭人，温和恭敬之人。惟德之基。」爲德之本。蓋其所益之多。則其所益豈淺淺哉？[三一]

校勘記

[一]伊川易傳曰　「伊川易」三字原無，據葉本補。

[二]此條前，熊剛大集解時删除三條語録，葉本有。按：「濂溪先生曰君子乾乾」條，見句解前集卷十八通書乾損益動第三十一。「濂溪先生曰孟子曰養心莫善於寡欲」條，見句解前集卷八養心亭説。「伊川先生曰顔淵問克己復禮之目」條，見句解前集卷八四箴。

[三]終無疵吝　「無」，葉本作「爲」。

[四]伊川易傳曰　「伊川易」三字原無，據葉本補。

［五］所以貞正之道爲可吝也　「所以」，葉本作「故於」。

［六］華勝質　「質」，葉本作「實」。

［七］五心有所比　「五」，葉本作「若」。

［八］此聖人問示之深也　「問」，葉本作「開」。

［九］義理與客氣　「氣」下，葉本有「常相勝」三字。

［一〇］或問人莫不知和柔寬緩　「問」，葉本作「謂」。

［一一］明道曰　「明道」二字原無，據葉本補。

［一二］此條下，熊剛大集解時删除一條語録，葉本有：
目畏尖物，此事不得放過，便與克下。室中率置尖物，須以理勝他，尖必不刺人也，何畏之有？

［一三］此條下，熊剛大集解時删除一條語録，葉本有：
「舍己從人」最爲難事。己者我之所有，雖痛舍之，猶懼守己者固，而從人者輕也。

［一四］此條，葉本編次如下：
「九德」最好。皋陶曰：「亦行有九德：寬而栗，柔而立，愿而恭，亂而敬，擾而毅，直而温，簡而廉，剛而塞，强而義。」

［一五］此條下，熊剛大集解時删除兩條語録，葉本有，分别是：

饑食渴飲，冬裘夏葛，若致些私吝心在，便是廢天職。獵，自謂今無此好。周茂叔曰：「何言之易也？但此心潛隱未發，一日萌動，復如前矣。」後十二年因見，果知未也。

［一六］宜其與道爲一　「爲」，葉本作「難」。

［一七］然已往之失長留愧沮　「沮」，葉本作「怍」。

［一八］此條下，熊剛大集解時删除兩條語録，葉本有，分别是：

所欲不必沉溺，只有所向便是欲。

明道先生曰：子路亦百世之師。

［一九］此條下，熊剛大集解時删除一條語録，葉本有：

聖人責己感也處多，責人應也處少。

［二〇］此條語禄，葉本作：

謝子與伊川别一年，往見之，伊川曰：「相别一年，做得甚工夫？」謝曰：「也只去箇矜字。」曰：「何故？」曰：「子細檢點得來，病痛盡在這裏。若按伏得這箇罪過，方有向進處。」伊川點頭，因語在坐同志者曰：「此人爲學，切問近思者也。」

［二一］此條下，葉本尚有「思叔慙謝」句。

［二二］此條下，熊剛大集解時删除四條語録，葉本有。按：「横渠先生曰湛一氣之本」條、「纖惡必

除善斯成性矣」條，見句解前集卷十二正蒙誠明篇第六。「惡不仁故不善未嘗不知」條、「責己者當知無天下國家皆非之理」條，見句解前集卷十三正蒙中正篇第八。

［二三］蓋朋友有講習責善之益　「益」，葉本作「義」。

［二四］琴瑟有調適情性之樂　「情性」，葉本作「性情」；「樂」，葉本作「用」。

［二五］惟聖人知朋友之取益　「益」下，葉本有「爲多」二字。

［二六］視下則心柔　「柔」下，葉本有「故視國君者，不離紳帶之中」句。

［二七］而不敢忽慢矣　「忽」，葉本作「怠」。

［二八］日相敬與　「敬」，葉本作「親」。

［二九］闕黨童子居則當位　「黨」，葉本作「里」。

［三〇］蓋輕傲而不循理　「理」，葉本作「禮」。

［三一］此條下，熊剛大集解時删除一條語録，葉本有：

世學不講，男女從幼便驕惰壞了，到長益兇狠。只爲未嘗爲子弟之事，則於其親，已有物我，不肯屈下。病根常在，又隨所居而長，至死只依舊。爲子弟，則不能安灑掃應對；在朋友，則不能下朋友；有官長，則不能下官長；爲宰相，則不能下天下之賢。甚則至於狥私意，義理都喪，也只爲病根不去，隨所居所接而長。人須一事事消了病，則義理常勝。

新刊音點性理群書句解卷之六

後集

近思録第六卷

此卷論齊家。蓋克己之功既至，則施之家可齊矣。

伊川先生曰：弟子之職，爲弟子者，其職在孝弟。力有餘則學文，行之有餘力，而後可學詩、書、六藝之文。不修其職而學，職有未盡而急於學文。非爲己之學也。則是徒欲人之觀善[一]，非是爲己之學。

孟子曰：「事親若曾子可也。」事父母如曾子者可矣。可者，僅足無餘之稱。未嘗以曾子之孝爲有餘也。故曾子之孝亦非有餘。蓋子之身所能爲者，蓋曾子之能盡力者。皆所當爲也。是竭其所當爲，無過外也。○師卦六二傳。

「幹母之蠱，幹，治也。蠱，事之弊也。九二剛中，上應六五，子幹母蠱，以剛乘柔而治其壞。不可貞。」不可堅正，當巽以入之。子之於母，蓋人子之事親。當以柔巽輔導之，言當以承順爲主。使得於義。使事得於理而已。不順而致敗蠱，不能承順而害其所治之事。則子之罪也。則子之過。從容將順，從容不迫以承順。豈無道乎？亦必有道。伸己剛陽之道，但以强直之資。遽然矯拂則傷恩，遽爲矯拂，内則傷恩，而有害人倫之重。所害大矣，外則敗事，而卒廢幹蠱之功。亦安能入乎？又安能中道哉？在乎屈己下意，故事親之道在於卑己低心。巽順將承，順意承志。使之身正事治而已。使母之一身正，母之事亦治則可。剛陽之臣以臣之陽剛。事柔弱之君，事君之柔弱。如孟子於齊宣王，諸葛孔明於蜀後主。義亦相近。其義亦近於此。○蠱九二傳。

蠱之九三[二]，蠱卦九三爻。以陽處剛而不中，九爻陽而三位剛，位亦不中。剛之過也，剛過乎中者也。故「小有悔」。事親而過剛，不能無悔也。然在巽體，然蠱卦下卦爲巽。不爲無順。巽者順也。順，事親之本也，順者，是乃事親之所本也。又居得正，又陽爻居陽位，居得其正。故「無大咎」。則亦不至大過。然小有悔，但謂之小悔。非善事親也。則於事親之道已非盡善者矣。

正倫理，正倫類，則尊卑之分明[三]。篤恩義，厚恩義，則上下之情合。家人之道也。二者並行，而後處家之道得矣。○家人卦象傳。

人之處家，在骨肉家人之相親附，猶骨之於肉。父子之間，但父子之相處。大率以情勝禮，牽於情愛，則忘一定之分。以恩奪義。溺於恩私，則失相處之義。惟剛立之人，惟有剛毅有立之人。

則能不以私愛失其正理，於恩愛之中自不失其理之正。故家人卦是以家人一卦。大要以剛爲善。大率以剛而處家，斯盡善矣。

家人上九爻辭，上九爻曰「威如吉」。人之威如。謂治家當有威嚴，治家之威，非徒繩治之嚴。而夫子又復戒之，當先嚴其身也。蓋必正己爲本，在我持身而無少縱弛，則家人自然有所嚴憚而不敢踰越。威嚴不先行於己，苟未能持身之嚴以律乎下。則人怨而不服。則人皆歸怨其繩治之嚴，而不之服矣。此齊家先脩身之道也。[四]

歸妹九二，歸妹卦九二一爻。守其幽貞，所守者靜而已。未失夫婦常正之道。故靜正乃夫婦相處可久之道[五]。世人以媟狎爲常，世之人則以媟近狎玩爲可久之道，不知媟狎乃玩侮乖離所自生。故以貞靜爲變常，乃以靜正者爲變其常道。不知乃常久之道也。又豈知此實可久之道哉？[六]

問：行狀云：或問：伊川所作明道行狀云。「盡性至命，理具於心謂之性，天賦於人謂之命，盡此性之理以全天所賦之命。必本於孝弟。」自孝以事親、弟以敬長者始。不識孝弟不知孝弟之道。何以能盡性至命也？如何能盡此性以至於命？伊川曰[七]：答云。後人便將性命別作一般說了。自後來人以性命別作一等高遠說。性命、孝弟，殊不知曰性命、曰孝弟。只是一統底事，初非二理。就孝弟中，孝弟者，人道之本，百行之原，仁民愛物皆由是推。人能盡孝弟之道，廣而充之。便至盡性至命。至於極致，則可以盡性至命。如洒掃應對有如自洒掃應對。與盡性至命，以至盡性至命。亦是一統底事，亦無二理。無有本末，天下無理外之事，亦無事外之理。洒掃應對，事也，末也。性命，理也，本也。即其末而本已存。無有精粗，洒掃應對，事也，粗也。性命，理也，精也。即其粗而精已具。却被後來人言性命者，自後人之論性命。別作一般高遠説。以爲至高至遠。故舉孝弟，是於人切近者言之。言孝弟切於人之身，且疑其未必可以盡性至命，何其惑耶？然今時非無孝弟之人，人之孝弟者。而不能盡性至命者，未必能盡性至命。由之而不知也。蓋行不著，習不察，故亦不能廣充之，以抵作聖之極功。

問：第五倫或問漢第五倫。視其子之疾其子有疾，不起省視，而竟夕不眠。與兄子之疾不同，兄之子疾，一夜十起，退而安寢，如此不一。自謂之私，如何？五倫亦自謂不可，謂無私果否？伊川曰[八]：答云。不待安寢與不安寢，不待兄子疾既起則退而安寢，己子疾竟夕不眠不安，其寢爲私愛其子。只不起與十起，只兄之子十起，於己之子不起。便是私也。亦私意也。父子之愛本是公，蓋事事物物有自然之理，不容安排。父子之愛天性，今子疾而不視，而十起於兄子[九]，豈人情哉？才着些心，着意安排。便是私也[一〇]。即是私矣。又問：視己子與兄子間否[一一]？或又問：己之子與兄之子有異否？曰：答云。聖人立法，古先聖人立爲定法。曰「兄弟之子猶子也」，謂兄弟之子皆如子。是欲視之猶子也。蓋欲視兄弟之子亦如己子。又問：天性自有輕重，父子天性，以天性言有輕有重。若有間然。若有異者。曰：只爲今人以私心看了。只是今之人自以私意去看。孔子曰：「父子之道，天性也。」子事父之道理，乃天之性。此只就孝上説，道者指孝而言。故言父子天性。謂之天性，以道言也。若君臣、兄弟、賓主、朋友之類，如君臣敬、兄弟友、賓主恭、朋友信。亦豈不是天性？亦未有不是天之性。只爲今人小看，只是今世之人看得小。却不推其本所由來故爾。不復究其理之所自來。己之子與兄之子，己子與兄子。所爭幾何？所爭殊不多。是同出於父者也。推而上之，同出於父之身。只爲兄弟異形，但是自父而兄弟則便異體。故以兄弟爲手足。遂以手足言。人多以異形人多以異形目之。故親己之子，所以己子則親之。異於兄弟之子，兄弟之子則異於是。甚不是也。豈理也哉？又問：孔子以公冶長不及南容，或又問：夫子以公冶長難與南容並。故以兄之子妻南容，以其兄之子室容。以己之子妻公冶。何也？己之子則室公冶。曰：此亦以己之私看聖人也。此又是以私心而觀聖人。凡人避嫌者，大凡人之避嫌疑。皆内不足也。皆是心有不足，不能自信。聖人至公，聖人所爲至公無私。何更避嫌？何嫌之可避？凡嫁女，各量其才而求配。凡人嫁女，各量其人才品之高下而求其配也。或兄之子不甚美，或是兄之子不爲美。必擇其相稱者爲之配；故簡其才之可以配者而配之。或己之子美，己之子俊美。必擇其才美者爲之配。必簡其才美之具全者以配。豈更避嫌耶？何待避嫌疑哉？若孔子事，如孔子之妻南容、妻公冶長。或是年不相若，或以年之相若者而爲配。或時有先後，或所嫁之時有先後。皆不可知。皆無可考而知。以孔子爲避嫌，如以夫子爲避嫌疑。則大不是。此大不可。如避嫌事，如避嫌疑之事。賢者且不爲，雖賢者猶不爲此。况聖人乎？曾謂聖人如此？[一二]

病卧於床，父母有疾。委之庸醫，而付庸常之醫。比之不慈不孝。是即不慈不孝者也。事親者亦不可不知醫。善事父母者亦不可不明醫學。

程子葬父，程伊川葬其父太中。使周恭叔主客。令周行己恭叔主待賓客。客欲酒，客欲飲。恭叔以告。恭叔言於先生。先生曰：伊川云。勿陷人於惡。蓋臨喪飲酒，非禮也。[一三]

先公太中官至太中大夫。諱珦，字伯温。前後五得任子，任子，謂保任使之入仕，公前後官有五澤。以均諸父子孫。諸父謂從父，即叔伯也。嫁遣孤女，女之失所怙恃者，嫁而遣之。必盡其力，無所不用其力。所得俸錢，其所得官俸。分贍親戚之貧者。悉周親舊之匱乏。伯母劉氏寡居，無夫曰寡。公奉養甚至[一四]。公敬奉侍養無缺。其女之夫死，至於已嫁之女已喪其夫。公迎從女兄以歸，公迎之歸家。教養其子，取其子而教養之。均於子姪。與己之子、己之姪一同。既而女兄之女又寡，未幾從女兄有女又無夫。公懼女兄之悲思，公恐其女兄悲憂思憶。又取甥女以歸，嫁之。復取女兄之女遣而嫁之。時小官禄薄，雖官小俸薄。克己爲義，而能克去己私，同然施愛於家。人以爲難。人所難者，公獨易之。公慈恕而剛斷，公雖慈祥寬恕，而復剛毅果斷。平居與幼賤處，閑居與幼者、賤者同處。惟恐有傷其意，不忤其意，即慈恕所爲也。至於犯義理，則不假也。苟犯義理，亦在不恕，此即剛强所爲也。左右使令之人，謂婢也。無日不察其饑飽寒燠。或饑或飽，或寒或暖，無日不察。所娶侯氏。侯夫人事舅姑以孝謹稱，侯氏事公旌孝於心而謹於事。與先公相待如賓客。謙順自牧[一五]，而侯夫人謙抑卑順。雖小事未嘗專，事之小者亦不專決。必稟而後行。必稟命太中而始行。仁恕寬厚，仁愛慈恕，寬和厚重。撫愛諸庶，撫恤愛養及諸庶子。不異己出。亦猶己子。從叔幼姑[一六]，夫之幼兄弟也。夫人存視，夫人存全省視。常均己子。亦猶己子。治家有法，以法齊家。不嚴而整。雖無嚴厲之威，而自然整齊。不喜笞樸奴婢，男僕曰奴，女僕曰婢，夫人不事敲樸。視小臧獲如兒女，男僕曰臧，女僕曰獲，夫人視猶兒女。諸子或加呵責，諸子之間或有詬罵。必戒之曰：夫人必戒其子。「貴賤雖殊，人則一也。汝如是大時，汝年及此。能爲此事否？」能任此等事耶？先公凡有所怒，太中有憤怒之時。必爲之寬解，且徐徐寬釋。惟諸兒有過，則不掩之。但諸子有失，則不與之掩藏也。常曰：「子之所以不肖者，常言君子之無所肖似。由母蔽其過而父不知也。」皆是母愛子而掩其過，不使其父知之也。夫子男子六人[一七]，夫子六男。所存者惟二，在者惟二人。其愛慈可謂至矣，雖是愛恤慈恕之至。然於教之之道不少假也。但於教誨其不及者，則不寬假其人也。纔數歲，行而或踣，子已數歲，自行而僕於地。踣，匐。家人走前扶抱，恐其驚啼，婢妾扶抱，懼其驚啼。夫人未嘗不呵責曰：夫人且責其子云。「汝若安徐，汝能安步徐行。寧至踣乎？」寧至顛倒？飲食常置之坐側。羹飯每置其坐傍。常食絮羹，絮羹，調羹也。禮：「不絮羹，爲其詳味也。」即叱止之，曰：「幼求稱欲，幼時飽求稱其所欲。長當何如？」既長成則又當如何？雖使令輩，以至婢僕使令之人。不得以惡言罵之。亦不許其出惡言語以詬罵。故頤兄弟平生於飲食衣服無所擇，不能惡言罵人，非性然也，非是本性如是。教之使然也。是皆夫人之教使之如此矣。與人爭忿，至與人爭而怒。雖直不右，雖是事之直，亦不偏主其子。曰：「患其不能屈，夫人云：人只患不能屈於人。不患其不能伸。」不患其常不能伸於人，蓋屈則能伸也。及稍長，及年已長。常使從善師友游，必使從良師善友游從。雖居貧，或欲延客，雖在貧匱之中，至欲延賓客。則喜而爲之具。則夫人喜而爲之具酒肉。夫人七八歲時，夫人方幼時。誦古詩曰：「女子不夜出，女正位乎内，故夜不出。夜出秉明燭。」遇有事而出，至夜必秉燭而行，别嫌疑也。自是日暮由是每遇日晚。則不復出房閤。則不出閨房之内。既長，好文而不爲辭章，及長雖善觀古文，而不喜著爲之辭。見世之婦女以文章筆札傳於人者，則深以爲非。夫人甚非之。○文集。[一八]

斯干詩　詩斯干篇。言[一九]：「兄及弟矣，兄弟同出於人者。式相好矣，其情當相厚而善。無相猶矣。」猶，似也。不可責所施者之相似也。言兄弟宜相好，謂兄弟之情當相好。不要厮學[二〇]。不必相學。猶，似也。猶字，訓似。人情大抵患在施之不見報則輟，兄弟友愛盡其在我，不可視報以爲施。若謂有施而不報，則止其施。故恩不能終。則恩愛必不能長。不要相學，己不可相學。兄友而弟不恭，不可學弟而廢其友；弟恭而兄不友，不可學兄而廢其恭。己施之而已。兄弟當各施其友恭之道而已。[一二]

校勘記

[一]則是徒欲人之觀善　「善」，葉本作「美」。

[二]蠱之九三　「三」原作「二」，據葉本、周易程氏傳改。注文同。

[三]正倫類則尊卑之分明　「類」，葉本作「理」。

[四]此條原緊接於上條末刻印，未單列，據葉本單列。

[五]故靜正乃夫婦相處可久之道　「靜正」，葉本作「正靜」。

[六]此條下，熊剛大集解時删除兩條語録，葉本有，分别是：

世人多慎於擇壻，而忽於擇婦。其實壻易見，婦難知，所係甚重，豈可忽哉？

人無父母，生日當倍悲痛，更安忍置酒張樂以爲樂？若具慶者，可矣。

[七]伊川曰　「伊川」二字原無，據葉本補。

[八]伊川曰　「伊川」二字原無，據葉本補。

［九］而十起於兄子　「十」原作「不」，據葉本改。

［一〇］才著些心便是私也　「心」下，葉本有「做」字。

［一一］又問視己子與兄子間否　「間」上，葉本有「有」字。

［一二］此條下，熊剛大集解時删除一條語録，葉本有：

問：孀婦，於理似不可取，如何？伊川曰：然。凡取以配身也。若取失節者以配身，是己失節也。又問：或有孤孀貧窮無托者，可再嫁否？曰：只是後世怕寒餓死，故有是説。然餓死事極小，失節事極大。

［一三］此條下，熊剛大集解時删除一條語録，葉本有：

買乳婢，多不得已。我不能自乳，必使人。然食己子而殺人之子，非道。必不得已，用二子乳食三子，足備他虞。或乳母病且死，則不爲害，又不爲己子殺人之子，但有所費。若不幸致誤其子，害孰大焉？

［一四］公奉養甚至　「公」原無，據葉本補。

［一五］謙順自牧　「謙」上，葉本有「先公賴其内助禮敬尤至而夫人」十三字。

［一六］從叔幼姑　「姑」，葉本作「孤」。

［一七］夫子男子六人　「夫子」，葉本作「夫人」。

［一八］此條下，熊剛大集解時删除兩條語録，葉本有。按：「横渠先生嘗曰事親奉祭」條，見句解

前集卷二十一横渠先生行狀。

舜之事親，有不悦者，爲父頑母嚚，不近人情。若中人之性，其愛惡略無害理，姑必順之。親之故舊所喜者，當極力招致，以悦其親。凡於父母賓客之奉，必極力營辦，亦不計家之有無。然爲養，又須使不知其勉强勞苦，苟使見其爲而不易，則亦不安矣。

［一九］斯干詩言　「斯」原無，據葉本補。

［二〇］不要廝學　「廝」，葉本作「相」。

［二一］此條下，熊剛大集解時删除兩條語録，葉本有，分别是：

「人不爲周南、召南，其猶正牆面而立。」常深思此言，誠是。不從此行，甚隔着事，向前推不去。蓋至親至近，莫甚於此，故須從此始。

婢僕始至，本懷勉勉敬心，若到所提掇更謹則加謹，慢則棄其本心，便習以成性。故仕者，入治朝則德日進，入亂朝則德日退，只觀在上者有可學無可學耳。

新刊音點性理群書句解卷之七

後集

近思録第七卷

此卷論出處之道。蓋身既脩，家既齊，則可以仕矣。然去就取舍，惟義之從，所當審處也。

伊川先生曰：賢者在下，賢者在下位。豈可自從以求於君[一]？不可自鬻其身以求其君之用。苟自求之，苟有所求於君。心無能信用之理[二]。君必疑而勿用之矣。古之人所以必待人君致敬盡禮而後往者，如伊尹以三聘而起，傅説因百工營求而至，必須人君致其敬、盡其禮而來。非欲自爲尊大，非是自尊自大。蓋賢者將進，將以行其道。蓋尊德樂道之心自非人君有好賢之誠心。不如是[三]，不足與有爲也。則諫不行、言不聽，豈足與有爲哉？○蒙卦彖辭。

君子之需時也，需者，待也。君子待時。安靜自守。是必安息靜退而有守。志雖有須，心雖是有所待。而恬然若將終身焉，而安然如無所待者。乃能用常也。則能不失其常。雖不進而志動者，苟靜退以待時，身雖退而志則動者。不能安其常也。終至於失其常。○需卦初九象。

比：「吉，比，親輔也。九五以陽剛居上而得其正，上下五陰，比而從之，無不善也。原筮，推原占决，求其可比。元永貞，元有君長之道，永者可以常久，貞者貞正之道，所比者如此。伊川易傳曰[四]：易傳云。人相親比，凡人之以交相親比。必有其道；必須以其道，道即「元永貞」。苟非其道，苟不以道。則有悔咎。必至於悔咎。故必推原占决，故比之爲卦，在於推原占决之理。其可比者比也。可相親輔則親輔之。所比得「元永貞」，則「无咎」。故所親輔者亦不出於「元永貞」，則自無悔咎。元，謂有君長之道；群然相比而無所主，非元也。永，謂可以常久；苟焉爲比而非可久，非永也。貞，謂得正道。邪媚求比而不由正，非貞也。上之比下，上指九五言也。以九五比在下之群陰。必有此三者，固當有「元永貞」之三者。下之從上，下指它爻言也。以它爻之陰而比從九五之陽。必求此三者，必求其有此「元永貞」之三者。則「无咎」也。則自無悔咎矣。

履之初九曰：履卦初九爻云。「素履，往无咎。」素，常也。以陽在下居履之初，未爲物遷，率其素履也，故往而无咎。伊川易傳曰[五]：易傳云。夫人不能自安於貧賤之素，凡人不安其貧賤之常。則其進也，則其進身。乃貪躁而動，皆貪謀輕躁而動。求去乎貧賤耳，是小人志在富貴者，欲去其貧賤之累。非欲有爲也。非求於君，欲大有爲，如傅說使其君爲堯舜。既得其進，纔得志以進。驕溢必矣，則驕矜淫溢之自生。故往則有咎。故往則必有悔咎。賢者則安履其素，賢者素其位而行。其處也樂，窮而在下，初無貧賤之憂。其進也將有爲也，達而在上，將遂行道之志。故得其進以是而進。則有爲而無不善。何咎之有？若欲貴之心心不能兩用利禄之心。與行道之心與道義之心。交戰於中，角立於内。豈能安其素乎？欲貴之心勝，則必不能行安行乎素位，亦卒無可行之道矣。

大人於否之時，否，閉塞也。身之否塞由乎時，道之否塞由乎我。大德之人，身有否而道無否也。守其正節，自守其至正之理。不亂雜小人之群類〔六〕，小人群集，君子不入其黨。身雖否而道之亨也。身則否矣，然直道而行，無所撓屈，道則亨也。故曰：「大人否，亨。」以其道之亨也。不以道而身亨，如枉道以伸身。乃道否也。雖得身伸而道則否塞也。

人之所隨，隨，從也。人所從者。得正則遠邪，從得其正，則遠去群邪。從非則失是，所從者非，則安能有是？無兩從之理。蓋是非邪正無兩從之理，從此則失彼矣。隨之六二，隨卦六二爻與九五爲正應。苟係初則失五矣，然下比初九，苟隨私昵，必失正應。故象曰：故象辭有云。「弗兼與也」，言不可兼隨初九。所以戒人從正，當專一也。欲人上隨九五而得其正，要必專一也。

君子所賁〔七〕，君子所賁飾者，行義也。世俗所羞；而世俗且以爲羞恥。世俗所貴，世俗所貴者，勢位也。君子所賤。而君子深所賤薄。故曰：「賁其趾，賁之初九，所賁在下，爲趾。舍車而徒。」又爲徒行。蓋君子以得行誼爲榮，不以失勢位爲羞也。

蠱之上九曰：蠱卦上九爻云。「不事王侯，九以陽剛居上，在事之外，故無所事於王侯。高尚其事。」超出斯世之表，而從事於高尚。象曰：「志可則也[八]。」謂其合於道也。伊川易傳曰[九]：士之自高尚，士之高尚其事。亦非一道。固亦多端。有懷抱道德，有内蘊道德。不偶於時，與時不偶合。而高潔自守者；而孤高清潔，不喪所守，如伊尹耕於莘野、太公釣於渭濱之時是也。有知止足之道，有知其所止。退而自保者；退處爲明哲保身之計，如張良、疏廣之類是也。有量能度分，有量其所能度其賦分。安於不求知者；安於不求所知於人，如徐孺子、申屠蟠之類是也。有清介自守，有清潔脩介，所守不移。不屑天下之事，無意天下之大。獨潔其身者。而自脩其一己之微，如嚴陵、周黨之類是也。所處雖有得失小大之殊[一〇]，四者雖處身有小大，處義有得失。皆自高尚其事者也。要必能高尚爲事。象所謂「志可則」者，上九陽剛之才，超出一世之表，象以「志可則」言。進退合道者也。蓋指「懷抱道德」、「進退合義」者言也。

遯者，陰之始長，艮下乾上爲遯，二陰初長。君子知微，君子察其幾微。故當深戒。固所當戒。而聖人之意，但聖人作易，其所寓意。未便遽已也，猶未即已。蓋以乾剛在上，九五、六二中正而應。故有「與時行」、「小利貞」之教。君子於此猶可與時消息，不一於遯，雖未能大正，尚幸其小有可正也。聖賢之於天下，大凡聖賢之於斯世。雖知道之將廢，雖知是道之不行。豈肯坐視其亂而不救？豈容視其廢墜而不扶而正之？必區區致力於未極之間，於其未至於極。强此之衰，此之衰則强之，扶君子之道未盡消。艱彼之進，彼之進則艱之，抑小人之道未至於長。圖其暫安。莫不圖爲暫安之地。苟得爲之，苟或可爲者。孔孟之所屑爲也，如孔孟復出亦以救世爲心，皆其屑爲者。王允、謝安之於漢、晉是也。王允之於漢、謝安之於晉，皆扶世衰，亦此意矣。

明夷初九，離下坤上爲明夷，是明入地中，傷明也。初九一爻。事未顯而處甚艱，傷猶未顯，而非明足以察其幾微，未必能此。非見幾之明不能也。此爻之辭曰：「君子于行，三日不食。」蓋知幾而去之速，處人之所難而不疑。如是，則世俗孰不疑怪？夫世俗之人於此誰無疑怪之心？然君子不以世俗之見怪，而遲疑其行也。惟君子則知幾而去，未嘗有所疑。若俟衆人盡識，則傷已及而不能去矣。昔楚王戊不設醴酒，而穆生去之，曰：「不去，楚人將鉗我於市。」當時雖申公之賢，尤以爲過。其後申公受胥靡之辱，至是欲去而不得矣。

晉之初六，晉卦初六爻。在下而始進，在下則勢疏，始進則交淺。豈遽能深見信於上？何以取信於上之人？苟上未見信，如上之人未信於己。則當安中自守，惟當安於守正。雍容寬裕，寬以待人。無急於求上之信也。不可求上之人信己之急。苟欲信之心切，求信之急。非汲汲以失其守，則必汲汲以失其中正之道。則悻悻以傷於義矣。求信愈急，人愈不信，則必悻悻以傷其事上之義。故曰：「晉如摧如，摧如者未敢必於進也。貞吉。進而復退，得正則吉，未敢必人之信也。

罔孚，裕无咎[一一]。」寬裕以待之，則無悔咎矣。然聖人又恐後之人不達寬裕之義，但聖人又恐後世不曉其所謂寬裕之意義。居位者廢職失守爲裕，在位者以廢其職、失其官守爲優裕寬容之道。故特云初六「裕則无咎」者，故曰初六之所謂裕則無所咎者。始進未受命當職任也。卦之初爲無位，晉之始未當職任，故寬裕以待，其人自信可也。若有官守，如在官有職守。不信於上而失其職，而不見信於上，必將廢職失守，急去可也。一日不可及也[一二]。豈容寬裕以處之哉？然非一概[一三]，但事亦不可一概論。久速唯時，可久可速，不失其時。亦容有爲之兆者。兆，幾微之見。亦當知其幾也。

不正而合，不以正道而合。未有久而不離者也。久必睽離。合以正道，如正道而合。自無終睽之理。自然長久。故賢者順理而安行，賢者順是理當然，安而行之。智者知幾而固守。智者知其幾之必然，固而守之者，皆是以正道而後合者。○睽卦六三傳。

君子當困窮之時，君子之人處其時之窮困。既盡其防慮之道而不得免，則命也，慮患防閑，既盡其道，若尤不能免，則是數之一定。當推致其命以遂其志。必當推致其命，知其當然而不可免，則無所撓懼，而能遂其爲義之志矣。知命之當然也，苟知其所當然，則命者出於氣數而不可易。則窮塞禍患 則已定之禍福。不以動其心，不爲之憂懼，以動吾心。行吾義而已。義者，裁制在我而不可違，當體行乎此而已。苟不知命，苟不知有命。則恐懼於險難，遇險難則徒生怵惕之心。隕穫於窮戹，隕獲，尤顛隮也。於窮戹則受顛隮之患。所守亡矣，而所守不能固矣。安能遂其爲善之志乎？何以遂其爲義之心哉？

寒士之妻，如梁鴻之妻孟光。弱國之臣，如蜀後主之臣孔明。各安其正而已。莫不各安其分義之正。苟擇勢而從，如妻以士之貧而事二夫，臣以國之弱而事二君，皆擇其權勢者而趍之。則惡之大者，此罪大惡極之人。不容於世矣。又何以容身於覆載間哉？○困卦九四傳。

井之九三，井卦九三爻。渫治而不見食，以陽剛而處下卦之上，在井則已渫治而可食矣。然而無得於五，故曰不食。乃人有才智而不見用，人之有才智，以井之已渫治不見用，即井之不見食。以不得行爲憂惻也。故不得行其志爲憂。蓋剛而不中，蓋九三之剛不得其中。故切於施爲，雖是切切於所施所爲。異乎「用之則行，舍之則藏」者矣。似其「憂惻」，異乎聖賢用則行舍則藏矣。

革之六二，革卦六二爻。中正則無偏蔽，居中得正，則無所偏蔽。文明則盡事理，下卦爲離，故曰文明，文明則能灼盡事理。應上則得權勢，三與五應，故曰「應上」，應上則得權勢。體順則無違悖。爻位皆柔，故曰「體順」，體順則無違悖矣。時可矣，時當變革則時可矣。位得矣，居中應上則位得矣。才足矣，文明體順則才足矣。革之至善者也[一四]。是處革之至善者。必待上下之信，然必須上下盡信而後革。故「已日乃革之」也。故其辭曰「已日乃革之」，謹之至也。如二之才德，當進，革固不可遽，然有如六二，當其時，處其位，有其才，有其德，可以進之時。行其道則吉而无咎也；豈容自已？故行變革之道，自得至善而無悔咎。不進，則失可爲之時，於此不進，則失其當進之時。爲有咎也。則必有悔咎矣。

鼎之「有實」，鼎卦以「有實」言。乃人之有才業也。實者，喻人之抱負才業也。當慎所趨向，凡所施爲，亦必謹其所向。不慎所往，若急於有爲，每不暇謹擇所向。則亦陷於非義。則必不知，惟義所適，反爲才業所累矣。故曰：「鼎有實，故鼎以「有實」言。慎所之也。」亦貴乎謹擇其所向也。

士之處高位，士之在上位。則有拯而無隨。當以正位定國爲己任[一五]，故有拯救而無所隨。在下位，則有當拯，有當隨，在下位者，職守所在，是當拯也；職有不及，是當隨也。有拯之不得而後隨。又有拯之不得而後隨者，此又聖人可與權之事非它人可例言，如夫子嘗從大夫之列，故請討陳恒，然不在其位，則亦隨之而已。○艮卦六二傳。

「君子思不出其位。」君子所思惟在不出其位分。位者，所處之分也。位者，所處當然之分。處之而不踰，是不出其位也。萬事各有其所，萬事無不各有其所。得其所則止而安。使之各得其所，則能止而安。若當行而止，或當行而反止。當速而久，或當速而反久。或過或不及，或失於過，或失於不及。皆出其位者也，皆爲出位，而非得其止者也。況踰分非據乎？況踰越常分，據非所據者，又出位之尤者也。○艮象傳。

人之止，難於久終，人之止，易於暫而難於久，易於始而難於終。故節弗移於晚[一六]，故持其節於少年者，或轉移於晚歲。守或失於終，堅所守於初者，或不保於終。或廢於久[一七]，止於其暫者，或廢失於久。人之所同患也。是皆人之所同患。艮之上九，艮卦上九爻。敦厚於終，厚於終而不失於終。止道之至善也，止道之極其善者。故曰「敦艮吉」。艮，止也。故厚其所止，是以吉也。

中孚之初九曰：「虞吉。」孚，信也。虞，度也。初九一爻處信之始，虞度取信，是以吉也。象曰：「志未變也。」志無私係，故云不變。伊川易傳曰[一八]：當信之始，處卦之初，乃信之始。志未有所從，志未有所牽於外。而虞度所信，但虞度其所信。則得其正，則自得其正。是以吉也。志有所從，苟志有所係。則是變動，則好惡成於中，是非變於外。虞之不得其正矣。何不善之有？志有所從，所度者牽於私意，安能得其正哉？

賢者惟知義而已，命者，窮達夭壽，出於氣質，有必然之數。義者，是非可否本乎天理，有當然之宜。賢者惟知義之當然。命在其中。然命固在其中。中人以下，至於中人以下資格。乃以命處義。於義未能真知而安行，然知命之已定，則亦不敢越義以妄求，故曰「以命處義」。如言「求之有道，謂不可以苟求也。得之有命，謂不可以倖得也。是求無益於得」。謂得非可以求而遂也。知命之不可求，知夫命非可以求而倖得。故自處以不求。故自處以無所求，此亦爲「中人以下」者設。

若賢者則求之以道，求之必以道，則不枉道而求。得之以義，得之必以義，則不非義而受。不必言命。所求所得，惟道與義而已，命何足道哉？

人之於患難，人遇患難之來。只有一箇處置，但當審所以處之之道，是義也。盡人謀之後，若夫處置之後，則己無闕。却須泰然處之。則亦安之而已，成敗利鈍亦無如之何，所謂命也。有人遇一事，有人遇一件事。則心心念念不肯捨，則此心不肯割捨。畢竟何益？畢竟無所益。若不會處置了放下，或處置了而不能放下。便是無義無命也。皆是無義、無命。蓋遇事不能處，是無義也；已處置而不能放下，是無命也。

門人有居太學而欲歸應鄉舉者。先生門人有居於學而欲應鄉里之試。問其故，先生問其故。曰：蔡人尠習戴記，尠，甚少也。自謂自是蔡人少學禮記也。決科之利也。乃決取科第之所宜。先生曰：汝之是心，得失有命，妄起計度之私，是利心也。已不可入於堯舜之道矣。故不可入堯舜之道。夫子貢之高識，如子貢識見之高邁。曷嘗規規於貨利哉？何嘗汲汲於貨殖之私？特以豐約之間［一九］，特以或厚或薄，不能無留情耳。不能不加意。且貧富有命，人之富貴自有一定之分。彼乃留情於其間，而子貢乃加意於此。多見其不信道也。是不知求之有道、得之有命也。故聖人謂之「不受命」。故聖人謂其不能安受乎天命，而有心於貧富也。有志於道者，故心乎是道者。要當去此心而後可與語也。必當先去其利心，則可以與之語此矣。

人苟有「朝聞道，夕死可矣」之志，「道者事物當然之理，苟得聞之，則生順死安，無復遺恨。」故人有此志。則不肯一日安於所不安也。則道理有未安處，必不肯自苟安也。何止一日，不特一日之間。須臾不能。頃刻之間亦不能安。如曾子易簀，簀，牀竹也。禮記事見。要如此乃安。是死安於道者也。人不能若此者，人之不能爲曾子者。只爲不見實理。只是見理未真。實理者，若實見是非之理。實見得是，是者見其實是。實見得非。非者見其實非。蓋理無不實，但見有未實耳。凡實理得之於心自別，故凡實然之理見於心者，自是不同。若耳聞口道者，如非心之所得而得諸口談耳聽，其所謂實者。心實不見。是此心實無所見。若見得，苟心果見其實。必不肯安於所不安。則道理有不安處，其肯獨安之哉？人之一身，人之身。儘有所不肯爲，有不能爲者必不肯爲。及至他事又不然。至於它事又不如此。若士者，雖殺之使爲穿窬，必不爲，如以士自名，雖是戮其身，俾之爲盜賊之事，決不爲。其他事則不然。又其它則有不如此。至如執卷者，又若手披書卷者。莫不知說義理[二〇]。無不講說道理。又如王公大人，與夫位極人臣。皆能言軒冕外物，皆能言軒車衮冕之事，並是倘來外物。及其臨利害，及迫於得此則利，失此則害。則不知就義理，則不能安於義理。却就富貴。而乃府從於富貴。如此者只是說得，若此之類皆是言得此理。不實見。未嘗真見此理。及其蹈水火，則人皆避之，譬之蹈水則溺其身，蹈火則焚其身，人皆知避水火之災也。是實見得。是實見水火之不可蹈。須是有「見不善如探湯」之心，須必見一不善之事，如以手探湯而不敢投。則自然別。則自然是不同，是實見其非也。昔曾經傷於虎者，昔有人曾爲虎所傷。他人語虎，見其他人言虎。則雖三尺童子[一一]，雖童稚之幼小。皆知虎之可畏，無不知虎之爲可懼。終不似曾經傷者，終不若其中一人曾傷於虎者。神色懾懼，精神顏色震懾畏懼。至誠畏之，真實畏之。是實見得也。是實見得是也。得之於心，心有實見。是謂有德，而後謂之有德[一二]。不待勉强。此則無事乎强勉。學者則須勉强。學者實見有未盡，則亦勉而行之。古人有捐軀隕命者，古之人有捐棄其身、隕亡其命。若不實見得，如非心有實見。則烏能如此？又何能若是？須是實見得，生不重於義，必也實有所見，生不爲重而義爲重。生不安於死也。生不爲安，而死爲安也。故有「殺身成仁」，理當死而求生，則於心有不安，是害其心之德。當死而死，則心安而德全矣。只是成就一箇是而已。是即理之所安處也。

孟子辨舜、跖之分，舜，帝舜。跖，盗跖也。二者之分。只在義利之間。在乎爲義則舜，爲利則跖也。言間者，謂相去不甚遠，間，中間也。自中間分去，半爲義半爲利，相去未始相遠。所爭毫末爾。所爭特毫毛。義與利，只是箇公與私也。義利二者亦不出公私二字。義是天理之公，利是人欲之私。出義，便以利言也[一三]。入者爲主，出者爲賓，出乎義則必入乎利矣。只那計較，便是爲有利害。但利亦不特是財利之利，纔萌一毫計較之私，此便是利矣。若無利害，若無所利所害。何用計較？何必生計較之私？利害者，天下之常情也。有利有害，人情之常。人皆知趨利而避害，利則趍而害則避，人情皆然。聖人則更不論利害，聖人惟義之從，固不論利害。惟看義當爲不當爲，但觀義之可與不可。便是命在其中也。義如是，則命亦當如是，初何趍避之有？

大凡儒者，凡儒者之於學。未敢望深造於道，未敢便望其詣是道之閫奧。且只得所存正，存者正則所存不妄。別善惡，善惡別則所見不雜。識廉耻。廉耻識則所守不渝。如此等人多，若此者多。亦須漸好。亦可漸次而進於道，豈不善哉？

趙景平問[二四]：「子罕言利」，趙景平，學於程子者也。罕，少也。問夫子少言利之一字。所謂利者，何利？是利也，何利也？曰：不獨財利之利，蓋不特是財利，方名曰利。凡有利心便不可。凡人有一毫自便之私，便已非矣。如作一事，且如爲一件事。須尋自家穩便處，先尋己之利便所在。皆利心也。無非利也。聖人以義爲利，聖人處義不計其利。義安處便爲利。事當乎義，處之而安，乃所以爲利也。如釋氏之學，如佛氏之爲學。皆本於利，惡生則欲無生，惡物慾亂心則絶滅人倫。推其本心，惟欲利己。故便不是。是賊義之大者，豈爲是耶？

問：邢七久從先生[二五]，邢和叔久於從游。想都無知識，想是識見未充拓。後來極狼狽。後來畔道遂至大繆。先生曰：叔子云。謂之全無知則不可，謂其全無識見亦不得。只是義理不能勝利欲之心，但是利欲之私有以奪其義理之真。便至如此。故喪其所守耳。

謝湜自蜀之京師，謝子由蜀都而道帝都。過洛而見程子。經洛中謁見伊川。子曰：程伊川云。「爾將何之？」汝何所在？曰：「將試教官。」欲應教官之試。子弗答。程子不對。湜曰：「何如？」謝子問：是如何？曰[二六]：「吾嘗買婢，欲試之，我嘗買妾，欲試之女工。其母怒而弗許，妾之母怒以爲不可。曰：『吾女非可試者也。』云我女非可以試者也。今爾求爲人師而試之，今汝求爲人之模範而就人之試。必爲此媪笑也。」是不如此媪，不與人之試其女，反爲它所笑矣。湜遂不行。謝因此寢謀。

先生在講筵，先生元祐間除侍講。不曾請俸。未嘗請侍講俸給。諸公遂牒户部，問不支俸錢。執政牒問户部，何爲不支侍講俸給。户部索前任曆子，户部遂行移索先生前任曆。舊例：初入京官時，用下狀，出給料錢曆。先生云：「某起自草萊，先生不請，謂朝廷起我，便當「廪人繼粟、庖人繼肉」，故曰我起身草萊。無前任曆子。」未嘗有前任料錢曆。遂令户部自爲出券曆。遂自牒户部起曆。又不爲妻求封，又不肯爲其妻求封爵。范純甫問其故。范問先生何故。先生曰：「某當時起自草萊，我初然拔於草野之中。三辭然後受命，凡三辭免而後受君命。豈有今日乃爲妻求封之理？」安有今日便可求封於妻乎？問：「今人陳乞恩例，又問：今世人陳狀乞行封爵恩例。義當然否？合於其義乎？皆以爲本分[二七]，不爲害。」故人皆言此乃本分當然者，初無妨害。先生曰：「只爲而今士大夫道得箇乞字慣，却動不動又是乞也。」問[二八]：「陳乞封父祖，如何？」問陳狀乞封贈父與祖可乎。先生曰[二九]：「此事體又別。」封親與封妻，事體不同。顯榮其親，乃人子之至情，謂之不當求則不可。再三請益，范再三詰問。但云：「其説甚長，先生但稱言未易盡。待別時説。」姑待他日。意謂特召與常人異，故難言也。

漢策賢良，如漢家之策試賢良。尤是人舉之。尚以人薦舉而進。如公孫弘者，如武帝徵賢良文學，菑川國復推上弘，國人固推弘，皆以人舉。尤强起之乃就對。尚是强而起之，方就廷對。至如後世賢良，如後世以賢良進者。乃自求舉爾。是自求其舉於人。若果有若或有此。曰「我心只望廷對，吾之心只欲大廷賜對。直言天下事」[三〇]，直述事關天下之大者。則亦可尚已。猶可加尚。若志在富貴，設使其所存者只在「富貴」二字。則得志便驕縱，則得志之時驕矜縱弛。失志則便放曠與悲愁而已。失志之後放逸悲愁。是皆中無所守也。

伊川先生曰：人多説某不教人習舉業，人多言我不誨人習應舉之文。某何嘗不教人習舉業也！我何嘗不誨人習此？人若不習舉業而望及第，人若不習應舉之文而欲登第。却是責天理而不修人事。則是人事不能盡，而求天理之應。但舉業既可以及第即已，但是應舉之文至可取科第即止。若更去上面盡力，若竭盡其力以求其精。求必得之道，以求必可取得之道。是惑也。惑之甚也。

問：家貧親老，或問：家貧而父母年老。應舉求仕，應鄉舉以求達。不免有得失之累，試之得失爲心之累。何脩而可以免此？何所脩而可去此累？伊川先生曰：此只是志不勝氣，此是志之所存不固爲氣之所動。若志勝，自無此累。如志勝，夫氣無此累矣。家貧親老，貧而父母已老。須用禄仕，須用居官食禄，可以奉養。然「得之不得爲有命」。但或得或失，自有一定之賦與。曰：在己固可，又云：闕所養，則在己固可處。爲親奈何？爲父母則當如何？曰：爲己爲親，身之與親。只是一事。只一件事。若不得，若未禄仕。其如命何？是有命在。孔子曰：「不知命，無以爲君子。」人苟不知命，人誠不知上天之賦予。見患難必避，見患難必思避，不知不可避。遇得喪必動，遇得失必動，不知不可動。見利必趨，見利必趍，而不知不可趍。其何以爲君子？是皆一定之命，不知此何以爲君子耶？

或謂科舉事業奪人之功，或言習舉業能奪人講學之功。是不然。恐不如此。且一月之中，假如一月之内。十日爲舉業，以一句習應舉之文。餘日即可爲學[三二]。其他日儘可講學。然人不志於此，但今人不留意義理之學。必志於彼。故留意者科舉之文。故科舉之事，然科舉特一事。不患妨功，不患其妨講學之功。惟患奪志。但患其奪爲學之志，奪志則根本廢矣。

横渠先生曰：世禄之榮，世禄者，父祖食君之禄，其子孫後以蔭襲而食禄也。王者所以録有功，尊有德，先王以此録用其有功、尊顯其有德者。愛之厚之，愛之深，厚之至。示恩遇之不窮也。皆昭示其恩數寵遇之無窮盡也。爲人後者，爲世禄之後者。所宜樂職勸功，所當樂盡臣職，勸勉事功。以服勤事任，以服勞王事與其職任。長廉遠利，崇長廉德，遠去利慾。以似述世風。以紹述祖父世守之習。而近代公卿子孫，而近世爲公卿之子孫者。方且下比布衣，方且狎及布衣之士。工聲病，聲病，詩律有四聲八病，今進士之學是也。售有司。以求鬻於王司。不知求仕非義，求仕，謂投牒覓舉，不知爲不得其宜。而反羞循理爲無能；循理，謂「服勤事任」以「述世風」，反以此爲無所能。不知蔭襲爲榮，不知承襲父祖之蔭爲榮。而反以虛名爲善繼。而反以工聲病、躐取虛名爲善繼述。誠何心哉！是何所用心者耶！○文集。

不資其力而利其有，人之歆動乎勢位者，皆有待於彼。惟不資藉其力而利其所有者。則能忘人之勢。則己自重而彼自輕，故能忘其勢位之尊貴。○孟子說。

人多言安於貧賤，人多説處貧處賤而能安。其實只是計窮力屈才短，實則出於計窮而不能通，力屈而不能伸，才短而無所用。不能營畫耳。三者咸無不能經營指畫。若稍動得，如稍自能出得貧賤之累。恐未肯安之。但恐未肯安之也。須是真知義理之樂於利欲也[三二]，乃能。必真知義理之可樂，然後富貴不足動其心也。

天下事，大患天下之事其大可患者。只是畏人非笑。只在憚人之非己與人之笑己。不養車馬，車所以載己，馬所以代步，二者皆不蓄養。食麤衣惡，食麤，如羹藜含糗之類；衣惡，如衣敝緼袍之屬。居貧賤，既貧且賤。皆恐人非笑。皆恐人之非己、笑己。不知當生則生，不知義之所在，其生也以義而生。當死而死，其死也以義而死。今日萬鍾，今日受萬鍾之禄。明日棄之，或明日即棄之，其得失以此義。今日富貴，今日享富貴之榮。明日饑餓亦不恤，或明日有饑餓之辱。其窮通以此義。惟義所在。義者，宜也。不過皆安其所宜而已。故死生去就有所不顧，苟懷齷齪之見，畏人非笑而耻居貧賤，豈有大丈夫之氣哉？·[三三]

校勘記

[一] 豈可自從以求於君　「從」，葉本作「進」。

[二] 心無能信用之理　「心」，葉本作「必」。

[三] 蓋尊德樂道之心不如是　「蓋」下，葉本有「其」；「道」下，周易程氏傳卷一蒙傳無「之心」二字。

[四] 伊川易傳曰　「伊川易」三字原無，據葉本補。

[五] 伊川易傳曰　「伊川易」三字原無，據葉本補。

[六] 不亂雜小人之群類　「亂雜」，葉本作「雜亂於」。

[七] 君子所貴　「貴」，葉采集解元刻明脩本作「貴」。

[八] 象曰志可則也　「志」上，葉本有「不事王侯」四字。

[九] 伊川易傳曰　「伊川易」三字原無，據葉本補。

［一〇］所處雖有得失小大之殊　「有」原無，據葉本補。
［一一］罔孚裕无咎　「孚」原作「字」，據周易、葉本改。
［一二］一日不可及也　「及」，葉本作「居」。
［一三］然非一概　「然」下，葉本有「事」。
［一四］革之至善者也　「革」上，葉本有「處」字。
［一五］當以正位定國爲己任　「位」，葉本作「君」。
［一六］故節弗移於晚　「弗」，葉本作「或」。
［一七］或廢於久　「或」上，葉本有「事」字。
［一八］伊川易傳曰　「伊川易」三字原無，據葉本補。
［一九］特以豐約之間　「以豐」，葉本作「於豐」。
［二〇］莫不知説義理　「義理」，葉本作「禮義」。
［二一］則雖三尺童子　「童子」，葉本作「之童」。
［二二］而後謂之有德　「德」原作「得」，據上文及葉本改。
［二三］出義便以利言也　「出」上，葉本有「纔」。
［二四］趙景平問　「問」下，葉本有「伊川曰」三字。
［二五］邢七久從先生　「七」，葉本作「恕」。

[二六] 曰　「曰」上，葉本有「子」。

[二七] 皆以爲本分　「皆」上，葉本有「人」。

[二八] 問　「問」上，葉本有「因」字。

[二九] 先生曰　「先生」原無，據葉本補。

[三〇] 直言天下事　「直」上，葉本有「欲」字。

[三一] 餘日即可爲學　「即」，葉本作「足」。

[三二] 須是真知義理之樂於利欲也　「真」，葉本作「誠」。

[三三] 此條原緊接於上條末刻印，未單列，據葉本單列。

新刊音點性理群書句解卷之八　後集

近思録第八卷

此卷論治道。蓋明乎出處之義，則於治道之綱領不可不素講明之。一旦得時行道，則亦舉而措之耳。

伊川先生曰：比之九五曰：比，親輔也。其卦九五爻云。「顯比，一陽居尊，剛健中正，卦之群陰皆來比己，顯其比而無私。王用三驅，失前禽。」禮「天子不合圍」，蓋蒐田之時，圍於三面，前開一路，來者不拒，去者不追，故「失前禽」，亦猶王者顯明比道，而不求人之比也。伊川易傳曰[一]：伊川易傳云。人君比天下之道，王者親比天下之衆也。當顯明其比道而已。必當顯明其親比之道。如誠意以待物，積誠實之意以待物。恕己以及人，推愛己之心以及人。發政施仁，仁政發施，公平正大。使天下蒙其惠澤，群心被其惠。是人君親比天下之道也。此皆王者「顯比」天下之道。如是，天下孰不親比於上？若此則天下之人自然豫附。若乃暴其小仁，如暴小惠以示私恩[二]。違道干譽，違正道以干虚譽。欲以求天下之比，以是求比於人。其道亦已狹矣，則非「顯比」之道，亦大淺狹矣。其能得天下之比乎？安能使天下皆親比於己耶？王者顯明其比道，所貴乎王者，在乎顯明其親比之道。天下自然來比。天下之人咸來比己。來者撫之，來則撫而安之。固不煦煦然求比於物。煦煦，日出微温之貌。未嘗温其辭色以求比人。若田之三驅，如天子蒐田圍三面，綱驅獲衆禽。禽之去者，開一面之綱，禽之前去者。從而不追，則不復追取。來者則取之也。於來者則取之。此王道之大，此正猶王者不求人之比，而人之來比者則取之。所以其民皥皥而莫知爲之也。所以其民廣大自得，雖親比其君而莫知其所以然也。非唯人君比天下之道如此，不特是王者「顯比」天下之道如是。大率人之相比莫不然。大凡人之相親，比者無不如此。以臣於君言之，且以臣之於其君。竭其忠誠，必殫其事主之忠，復盡其敬君之誠。致其才力，展其集事之才，整其服勤之力。乃顯其比君之道也。是顯明其親比人君之道。用之與否，在君而已，用舍亦在乎君。不可阿諛逢迎，不可阿媚諛悦、迎合取容。求其比己也。以求人君之親比於己。在朋友亦然，於朋友之道亦如此。脩身誠意以待之，脩其身、實其意以相待。親己與否，在人而已，親疏亦在乎人。不可巧言令色，不可巧好其言辭與令善其顔色。曲從苟合，不可從者至委曲而從，不相合者苟焉而合。以求人之比己也。以求它人之親比於己也。於鄉黨親戚、於衆人以至鄉里之相交，親戚相

與，衆人之相處。莫不皆然，無不皆如此。「三驅，失前禽」之義也。是即前禽不追，非有所求而得也。〇易傳。[三]

古之時，公卿大夫而下，古者自公卿大夫以下。位各稱其德，職位必求其與德相稱。終身居之，得其分也。位未稱德，其或職位未稱其德。則君舉而進之。則人君必拔而登之。士脩其學，士子之脩其學業。學至而君求之。學業已成，則君乃求而用之。皆非有預於己也。是公卿以德而進，士以學而求，與己初無所損。農工商賈勤其事，以至農民百工、行商坐賈各服其事。而所享有限。而其所用，自有限度。故皆有定志，人人各有一定之志。而天下之心可一。天下之心無不定於一。後世自庶士至於公卿，自上之人，不度其德而制爵位，故自庶士至公卿。日志於尊榮；所志者日慕於尊貴榮達。農工商賈，不明其分而立品節，故自農工以至商賈。日志於富侈。所志者日慕於富般奢侈。億兆之心，天下庶民之心。交騖於利，交相馳逐於貨利之私。天下紛然，貴賤競趍，而心欲無窮。如之何其可一也？如何俾之皆有定志也？欲其不亂，難矣！此亂之所由生也。〇易傳。

泰之九二曰：泰卦九二爻云：「包荒，包含荒穢之量。用馮河。」無舟渡河曰馮，「用馮河」必得馮河之勇。伊川易傳曰[四]：易傳云。人情安肆，當泰之盛，上下安肆。則政舒緩，政令舒緩而不振。而法度廢弛，法度廢弛而不立。庶事無節。庶事泛溢而無節，未可亟振而驟起之也。治之之道，其所以治之之道。必有包含荒穢之量，必須有包荒之量。則其施爲而後見於施爲者。寬裕詳密，寬裕而不迫，詳密而不疏。弊革事理，不迫不疏，則弊可革而事可理也。而人安之矣。而人且盡安之矣。若無含弘之度，或者見其百度弛慢，不能含忍。有忿疾之心，而遽懷忿疾之心。則無深遠之慮，不暇詳密，何有深遠之慮？有暴擾之患，不能寬裕，寧免暴擾之患？深弊未去，無深遠之慮，則深弊未易革。而近患已生矣，有暴擾之憂，則近患已生。故在「包荒」也。所以在有包含荒穢之量。自古泰治之世，自古處泰治之時。必漸至於衰替，漸次而入，至於舒緩廢弛。蓋狃習安逸[五]，因循而然。皆由人情放肆，因循苟且，漸已陵夷。自非剛斷之君、治之之道，雖不容峻迫，苟非一人剛斷。英烈之輔，宰輔英烈。不能挺特奮發以革其弊也，則亦未能挺特自立、奮發有爲，而作新積弊也。故曰「用馮河」。故云「用馮河」之勇，言當勇於有爲也。或疑上之「包荒」[六]，或者疑上之包含荒穢。則是包含寬容，則是包涵含洪、寬裕優容。此之「用馮河」[七]，此又云「用馮河」之勇。則是奮發改革，則是奮起振發、改舊革故。似相反也。二言自相反。不知以含容之量不知有含容之量，則剛果不至於疏迫。施剛果之用，有剛果之用，則含容不至於委靡。二者相資，而治泰之道乃成。乃聖賢之爲也。斯乃聖賢之所爲也。

觀：「盥而不薦，觀卦九五居上，四陰仰之，以中正示天下，所以爲觀。盥，將祭而潔者也。薦，奉酒食以祭也。方盥而未薦，人心精一。有孚顒若。」則在下之人信而仰之。傳曰[八]：程傳云。

「君子居上，君子居兆民之上。爲天下之表儀，表一正，則天下視此爲儀則。必極其莊敬。」方盥之初，人心嚴肅。薦之後，則禮儀已畢，人心解散。故必焉内莊而敬。如始盥之初，常如始盥之時。勿使誠意少散。毋令誠意散。如既祭之後[九]，有如已祭。則天下莫不盡其孚誠，則天下之人莫不誠信其上。顒然瞻仰之矣。顒顒然仰望之矣。

凡天下至於一國一家，凡天下之大近而一國一家。至於萬事，以至事有萬不同。所以不和合者，凡其不能相和合者。皆由有間也，皆是有所間隔，則不能合。間，去聲。下同。無間則合矣。若無間隔，則必和合矣。以至天地之生，日生日成皆須和合，則能遂也。凡未合者，若未和合。皆爲間也[一〇]。是皆有所間隔。若君臣、父子、親戚、朋友之間，君臣之相與，父子之相親，朋友之相處。有離貳怨隙者，凡乖離疑二、怨無罅隙。蓋讒邪間於其間也。必有讒言邪黨間隔其中，則不合矣。去其間隔而合之，去其中之間隔而能和合焉。則無不和且治矣。則自然和而得其理矣。噬嗑者，「頤中有物曰噬嗑」，噬而嗑之，所以去間。治天下之大用也。有治天下之大用在乎其中也。○噬嗑傳。

大畜之六五曰：大畜卦六五爻云。「豶豕之牙，吉。」六五以柔居中，而當尊位，故有「豶豕」之象。蓋豕乃剛躁之物，豶去其勢，則牙雖存而剛躁自止，所以吉也。豶，音焚。伊川易傳曰[一一]：物有總攝，物各有所統攝。事有機會，事各有一機會。聖人操得其要，聖人操持得其要領。則視億兆之心猶一心。故視繁猶簡。道之斯行，緩來動和。止之則戢，令行禁止。故不勞而治，不待勞力，自然皆治。其用若「豶豕之牙」也。有如制豕之牙而惡自止也。豕，剛躁之物。豕之爲物，性剛而躁。若剛制其牙[一二]，如强遏其牙，使之不得逞。則用力勞而不能止；則用力雖勞，必不能止。若豶去其勢，如只制其剛暴之勢。則牙雖存，而剛躁自止。如豕之牙存，而剛躁之性止。君子法「豶豕」之義，君子體大畜豶去豕勢之義。知天下之惡，如處天下之惡。不可以力制也。非可以威力制之。則察其機，密察其事機。持其要，操持其要會。塞絶其本原，杜其爲惡之根原。故不假刑法嚴峻，而惡自止也。雖不必施嚴刑峻法，而惡自然止。且如止盜，且以止盜賊之法言之。民有欲心，凡民有貪欲之心。見利則動，見有貪利，安不動心？苟不知教，苟不能教之。而迫於饑寒，則内迫於飢，外迫於寒。雖刑殺日施[一三]，雖日於峻刑，以殺其身。其能勝億兆利欲之心乎？其能止庶民貪利之私心耶？聖人則知所以止之之道，聖人所以制强暴者，蓋亦察其機要，治其本原，而求止之之道。不尚刑威而脩政教[一四]，不事刑威政以齊之，教以化之。使之有農桑之業，使之安耕農桑蠶之事，是聖人之政能止盜也。知廉耻之道，去寡廉鮮耻之習，是聖人之教能止盜也。雖「賞之不竊」矣。若是，則雖賞之使竊亦必不竊矣。

解：「利西南。解，難之散也。難之既解，利於平易安静，不欲久爲煩擾，且其卦自升來三往居四，入於坤體，坤居西南，故利於西南平易之地。無所往，安平無事，是無所往。其來復吉。脩復治道，是其來復吉。有攸往，夙吉。」謂有當解之事，則當早爲之圖也。伊川易傳曰[一五]：伊川傳云。西南坤方，文王八卦方位，坤居西南維。坤之體廣大平易。坤之體則恢廣安靜。伊川易傳曰[一五]：伊川傳云。當天下之難方解，故當大難初解。人始離艱苦，人方脱離艱難辛苦，正當與民休息。不可復以煩苛嚴急治之，不可以煩擾苛刻、嚴厲峻急之政治之。要濟以寬大簡易[一六]，當濟之以寬平廣大、簡嚴平易之道。乃其宜也。是其所宜也。既解其難難既解。而安平無事矣，則安静而無所事。是「無所往」也。是易之「無所往」。則當脩復治道，於此之時，惟當脩復其治。正紀綱，俾紀綱以正。明法度，法度以明。進復先代明王之道[一七]，進則使古先王之治可復。是「來復」也，是易之「來復」也。謂反正理也。言反治勢之所趍而歸於正也。自古聖王救難定亂，自聖王救世之難、定世之亂。其始未暇遽爲也；其初亦未及遽然有爲。既安定，則爲可久可繼之治。大難既解，安平無事，則興廢舉墜，脩復治道，以爲久安長治之計。自漢以下，自漢以後。亂既除，則不復有爲，難既解，則不復脩復治道。姑隨時維持而已，但隨時以措畫。故不能成善治，故無善治之可稱。蓋不知「來復」之義也。不知易之「來復吉」也。「有攸往，夙吉」，又易言有所往「夙吉」者。謂尚有當解之事，謂陰難尚有當解散者。則早爲之，乃吉也。以早圖之，乃善。當解而未盡者，當解散而猶未盡解散，如張柬之不殺武三思。不早去則將復盛；不能早去，以致其勢復盛，乃欲除之，則亦晚矣。事之復生者，事之已解而復生。不早爲則將漸大，不早爲之思，則必漸熾。故夙則吉也。惟早則善也。

夫「有物必有則」，事物各有天然之則。父止於慈，子止於孝，君止於仁，臣止於敬，萬物庶事，天下萬物萬事。莫不各有其所。無不有其所止之地。得其所則安，得其所止則安。失其所則悖。失其所止則悖戾。聖人所以能使天下順治，聖人未嘗强制天下，凡使人皆順其治者。非能爲物作則也，非以一身爲物作則。唯止之各於其所而已。但處之各當其則而已。

兑説而能貞，兑，説也。説而能以貞正之道。是以上順天理，所以上順乎天，以此正道也。下應人心，下應乎人，亦此正道也。説道之至正至善者也。説道出於至正，所以爲至善，不正則不善也。若夫違道不順天[一八]，道出於天，違道則不順天。干譽非應人。譽出於人，干譽則非應人。苟取一時之説耳，此不過苟焉取説者。非君子之正道。豈所謂説道貞正至善者哉？君子之道，君子之所謂説道。其説於民，其致其説於民。如天地之施，正如天地化生萬物所説。感之於心，民心自然懷感。而説服無斁。而説服寧有厭斁耶？

天下之事，大凡事在天下。不進則退，進退無兩立之理，既不能進則必退。無一定之理。無有定也。濟之終，不進則止矣，既濟之終，處濟之窮，不能進則止矣。無常止也。然天下亦無常止之理。衰亂至矣，既濟象曰「終止則亂」，濟終，乃衰亂之由生也。蓋其道已窮極也。正以其道至此而窮極。聖人至此奈何？假使聖人處此，又將如何？曰唯聖人爲能通其變於未窮，夫盛止必衰者，天下之常勢；有盛無衰者，天下之常道[一九]。是以雖處既濟之終，有以通其變化之道而不至於窮。

不使至於極，故雖濟之窮極，而未見其窮極。堯舜是也，如易言「堯舜氏作，通其變，使民不倦」是也。故有終而無亂。故處濟之終而不至衰亂也。○既濟彖。

爲民立君，天爲民立一人而爲之君長。所以養之也。蓋欲以養其生也。養民之道，但所以養之之道。在愛其力。莫先於愛養其力。民力足則生養遂，民力不困，則有以爲生養之具。生養遂則教化行而風俗美，生養之道得，則民安於禮義之天則，教化自行，風俗自善。故爲政以民力爲重也。善爲政者，亦在乎重民之力也。春秋凡用民力必書，夫子作春秋，凡國之用民力必書其所以用力之由。其所興作不時害義，其書興作「不時」者，如隱公七年夏「城中丘」之類；書興作「不義」者，如莊二十二年「丹桓宮楹」之類。固爲罪也，固所以正其「不時」、「不義」之罪。雖時且義亦書，書「時」者，如桓十六年冬「城向」之類；書「義」者，如莊元年築王姬館之類。見勞民爲重事也。見國之役民皆爲大事。然有用民力之大而不書者[二〇]，亦有役民之大而未嘗書者。爲教之意深矣。其示訓之旨甚深。僖公脩泮宮，泮，半也。諸侯之學，鄉射之宮，其東西南有水，形如半璧，以其半於天子之辟雍，故曰泮宮。復閟宮，閟，閉也，幽陰之義。宮，廟也。非不用民力也，一脩一復，亦役民力。然而不書。而夫子不之書。二者，復古興廢之大事，脩泮宮則是興其已度之事，復閟宮則是復其祖先之廟，二者無非國之大事。爲國之先務，一以教育賢材，一以尊事祖先，乃務之急先者。如是而用民[二一]，若此而用其力。乃所當用也。是皆用所當用。人君知此義，爲君而知用民之道。知爲政之先後輕重矣。則爲政之或先或後、孰輕孰重，則可知也。○經説。下同。

治身齊家以至平天下者，治之道也。道者，是爲治之道，治之本也。建立治綱，植立一國之紀綱。分正百職，分正百官之職位。順天時以制事，順時，如中春教振旅之類。至於創制立度，以至開創經制、建立法度。盡天下之事者，於天下事無不盡詳。治之法也。是立治之法。法者，治之具。聖人治天下之道，是二者不可偏廢，亦必本之立，而後其具可舉，故聖人之治天下。唯此二端而已。不過治道與治法二者而已。

明道先生曰：先王之世以道治天下，古先聖王之世，治天下以仁義爲主，法固在其中。後世只是以法把持天下。後世推持法令以控制天下，而法亦非先王之法矣。○遺書。下同。

爲政須要有紀綱文章，大曰綱，小曰紀。有紀綱，則大小不紊。文謂文法，章謂章程。有文章，則法程不失。先有司，有司，衆職也。必先正其有司，而後考其成，會其要。鄉官如黨正、族師、閭胥。讀法、如州長於正月之吉及歲時祭祀，「各屬其州之民而讀法，以考其德行道藝而勸之，以糾其過惡而戒之」。平價、如「賈師各掌其次之貨賄之治，卞其物而均平之，展其成而奠其賈」之類。謹權量[二三]，權五：銖、兩、斤、鈞、石也。量五：龠、合、升、斗、斛也。人各親其親，使人各親其親。然後能不獨親其親。則親親之道公於天下。仲弓曰：「焉知賢才而舉之？」仲弓欲以一人之知而舉天下之賢，故疑其不足。子曰：「舉爾所知。夫子則因天下之賢舉天下之賢，不惟見其有餘。故云舉爾之所可知。爾所不知，爾之所不能知者。人其舍諸？」人將不用之乎？便見仲弓與聖人用心之大小。仲弓之欲以其所知者而舉賢，則用心狹小；聖人欲因天下之賢而舉天下之賢，則用心宏闊。推此義，則一心可以喪邦，推其極致，則喪邦固此一心。一心可以興邦，興邦者亦此一心。只在公私之間耳。心之狹小則爲私，私則至於喪邦；心之宏闊則爲公，公則至於興邦。

治道亦有從本而言，爲治之道有自本原而究論者。亦有從事而論[一二三]。亦有自事爲而究論者。從本而言，惟從「格君心之非」[一二四]，心爲治之本，須是自格去君心之非。「正心以正朝廷，正朝廷以正百官」。正朝廷以正百官之衆，則正君而國定矣。若從事而言，使正此一心以正朝廷。不救則已，不救積弊則已。若須救之，則須變，必須大更革，然後能救積弊。大變則大益[一二五]。大更革則有大利益。

唐有天下，李唐自得天下以來。雖號治平，雖稱爲治平之世。然亦有夷狄之風。唐之先事夷狄，故高祖、太宗之規模亦有夷狄之風範。三綱不正，無君臣父子夫婦，其原始於太宗也。太宗與裴寂謀，以晉陽宫人私侍高祖，脅以起兵，而君臣父子之道乖；手刃其弟元吉而納其妃，而兄弟夫婦之倫喪，皆自太宗始也。故其後世子弟是以後世子孫。皆不可止[一二六]，氣習相傳，綱常陵夷而不可止。使君不君，臣不臣。玄宗使肅宗至靈武，則自立稱帝；使永王璘使江南，則反。君臣之道不正。故藩鎮弗賓，遂使藩鎮披猖於外[一二七]。權臣跋扈，閹豎擅權於内。陵夷有五代之風[一二八]。

馴致五季之極亂。漢之治過於唐，故唐之治不如漢。漢大綱正，大綱，謂綱常。正則無太宗敗亂人倫之事。唐萬目舉。萬目，若世業、若府兵、若租庸調、若省府，其區畫法制，略放先生之遺意，故亦足以維持天下。本朝大綱正，我宋綱常亦得其正。萬目未盡舉。萬目雖舉，然猶有未盡者。

教人者，養其善心而惡自消；「道之以德」也。治民者，導之敬讓而爭自息。「齊之以禮」也。○外書。下同。

明道先生曰：必有關雎、麟趾之意，關雎詠文王妃姒氏有幽閑正靜之德，麟趾詠文王子孫宗族有仁愛忠厚之性。必有此等意思，則「自閨門衽席之微，積累至薰蒸洋溢，天下無一民一物不被其化」。然後可行周官之法度。則可以行周官法度，否則爲王莽矣。

「君仁莫不仁，一國以一人爲本，爲君而仁，則天下莫不興仁。君義莫不義」，爲君而義，則天下莫不好義。天下之治亂，繫乎人君仁不仁耳。天下之或治或亂，皆關係於君仁與不仁也。離是而非，然一人亦以一心爲本，使去是而從非。則「生於其心」，一念私邪之起。必「害於其政」，必將害於其政。豈待乎作之於外哉？奚待作於外而後可知？昔者孟子三見齊王而不言事，孟子見齊王，首言仁術，曰「是心足以王」，至將求其所大欲，則曰「緣木求魚，後必有災，王欲行之，盍反其本？」凡皆以格其非心、興其善意，至於一政事之得失，固未暇論。門人疑之，門弟子疑孟子。孟子曰：「我先攻其邪心。」吾先攻治其私邪之心。心既正，使君心一正。然後天下之事可從而理也。則天下事皆可就吾之條理矣。夫政事之失，夫國政之有缺失。用人之非，用人之非其正。知者能更之，睿智之君自能更革。直者能諫之。忠直之臣自能諫爭。然非心存焉，假使私邪之念存於中。則一事之失，失於前者。救而正之，雖能救而歸諸正。後之失者，失於後者。將不勝救矣。殆將不勝其救正矣。「格其非心」，去其私邪之心。使無不正，俾之無不出於正。非大人其孰能之？自非大德之人又孰能正其君耶？[二九]

橫渠先生答范巽之書曰：朝廷以道學與政術爲二事，朝廷以道學、政術分爲兩途，則學與政皆非矣。此正自古之可憂者。此自古及今可大憂患者。巽之謂孔孟可作，范謂使孔孟復生。將推其所得而施之天下邪[三〇]？必將推其所得之道，而措之天下。將以其所不爲而强施之於天下歟？必不以政術非吾所事，而以是强施之天下。大都君相以父母天下爲王道，君相之於天下，猶父母之於子，方是王者愛民之道。不能推父母之心於百姓，不能推父母愛子之心於百姓。謂之王道可乎？謂爲王者愛民之道，可邪？所謂父母之心，凡言爲父爲母之心。非徒見於言，不徒是用於言語。必須視四海之民亦必視四海之百姓。如己之子。皆如己子。設使四海之內假使合四海之民。皆爲己之子，視之猶子。則講治之術，則所以撫摩、涵育、教育、輔翼之者，何所不至？必不爲秦漢之少恩，必不至爲秦漢之慘刻少恩。必不爲五伯之假名[三一]。五伯之假義圖利者，無誠愛之心者也。巽之爲朝廷言，范氏與朝廷云。「人不足與適，適，過也。用人之非，不足過論[三二]。政不足與間」，間，非也。行政之失，不足非間。能使吾君愛天下之人如赤子，惟能俾其君愛民如赤子，悃愊切至。則治德必日新，則治德將日新，何憂爲政之失？人之進者必良士，所任皆良士，何憂用人之非？帝王之道帝王之所謂道，即今日之政事。不必改途而成，非有兩途。學與政不殊心而得矣。今日政術，即平日之學問，非有二心也。○文集。

校勘記

[一] 伊川易傳曰　「伊川易」三字原無，據葉本補。

[二] 如暴小惠以示私恩　「示」，葉本作「市」。

[三] 此條上，熊剛大集解時删除三條語録，葉本有。按：「濂溪先生曰治天下有本」條，見句解前集卷十八通書家人睽復无妄第三十二。

明道先生嘗言於神宗曰：得天理之正，極人倫之至者，堯舜之道也；用其私心，依仁義之偏者，霸者之事也。王道如砥，本乎人情，出乎禮義，若履大路而行，無復回曲。霸者崎嶇反側於曲徑之中，而卒不可與入堯舜之道。故誠心而王，則王矣；假之而霸，則霸矣。二者其道不同，在審其初而已。易所謂「差若毫釐，繆以千里」者，其初不可不審也。惟陛下稽先聖之言，察人事之理，知堯舜之道備於己，反身而誠之，推之以及四海，則萬世幸甚。

伊川先生曰：當世之務，所尤先者有三：一曰立志，二曰責任，三曰求賢。今雖納嘉謀、陳善算，非君志先立，其能聽而用之乎？君欲用之，非責任宰輔，其孰承而行之乎？君相協心，非賢者任職，其能施於天下乎？此三者，本也；制於事者，用也。三者之中，復以立志爲本。所謂立志者，至誠一心，以道自任，以聖人之訓爲可必信，先王之治爲可必行，不狃滯於近規，不遷惑於衆口，必期致天下如三代之世也。

［四］伊川易傳曰　「伊川易」三字原無，據葉本補。

［五］蓋猶狃習安逸　「猶」，葉本作「由」。

［六］或疑上之包荒　「之」，葉本作「云」。

［七］此之用馮河　「之」，葉本作「云」。

［八］傳曰　「傳」上，葉本有「伊川易」三字。按：茅註云：「此安定胡氏之言，而先生引之也。」。又按：此條今見周易程氏傳卷二觀傳，無「傳曰」二字，而有「予聞之胡翼之先生曰」。故「君子居上，爲天下之表儀，必極其莊敬。」當爲胡氏語。

［九］如既祭之後　「祭」，葉本作「薦」。

［一〇］凡未合者皆爲間也　「凡」上，葉本有「萬物之成皆合而後能遂」十字；「爲」下，葉本有「有」字。

［一一］伊川易傳曰　「伊川易」三字原無，據葉本補。

［一二］若剛制其牙　「剛」，葉本作「强」。

［一三］雖刑教日施　「教」，葉本作「殺」。

［一四］不尚刑威而脩政教　「刑威」，葉本作「威刑」。

［一五］伊川易傳曰　「伊川易」三字原無，據葉本補。

［一六］要濟以寬大簡易　「要」，葉本作「當」。

［一七］進復先代明王之道　「道」，葉本作「治」。

［一八］若夫違道不順天　「若夫」下，葉本有「違道以干百姓之譽者苟説之道」十三字。

［一九］天下之常道　「天下」，葉本作「聖人」。

［二〇］然有用民力之大而不書者　「然」上，葉本有「後之人君知此義，則知慎重於民力矣」句。

［二一］如是而用民　「民」下，葉本有「力」字。

［二二］謹權量　「量」下，葉本有「皆不可闕也」句。

［二三］亦有從事而論　「論」，葉本作「言」。

［二四］惟從格君心之非　「從」，葉本作「是」。

［二五］則須變大變則大益　「則須」，葉本作「必須」；「益」下，葉本有「小變則小益」五字。

［二六］皆不可止　「止」，葉本作「使」。

［二七］遂使藩鎮披猖於外　「披猖」，葉本作「割據」，葉采近思録集解明刊本作「獗猖」。

［二八］陵夷有五代之風　「風」，葉本作「亂」。

［二九］此條原緊接於上條末刻印，未單列，據葉本單列。且此條下，熊剛大集解時刪除兩條語録，葉本有。按：「橫渠先生曰道千乘之國」條，見句解前集卷十三正蒙有司篇第十三。「法立而能守」條，見句解前集卷十三正蒙三十篇第十一。

［三〇］將推其所得而施之天下邪　「之」，葉本作「諸」。

［三一］必不爲五伯之假名　「伯」，葉本作「霸」。本條下同。

［三二］不足過論　「論」，葉本作「讁」。

新刊音點性理群書句解卷之九

後集

近思録第九卷

此卷論治法。蓋治本雖立，而治具不容闕。禮樂刑政有一之未備，未足以成極治之功也。

伊川先生看詳三學條制云：先生仕於朝，嘗詳定太學、宗學、武學條令學制。舊制，公私試補，謂舊時學制公試、私試、補試。蓋無虛月。無月無之。學校禮義相先之地，夫學者以明人倫禮義之所自出。而月使之爭，才月試便有爭得失之心。殊非教養之道。恐乖教化養育之道。請改試爲課，欲改月試爲月課。有所未至，或爲文有未及者。學官召而教之，列官於學者召其來誨之。更不考定高下。亦不如近世試士者揭榜以定高下之名。制尊賢堂，以延天下道德之士，尊賢，謂道德可矜式者。及待賓吏師齋[一]，待賓，謂行能事賓敬者。吏師通於治道，可爲吏之師法也。三者皆才德過人，首延禮之，使士人知所向慕。立檢察士人行檢等法。次乃立檢察士行之法。又云：增國學解額至五百人，自元豐後，自宋朝元豐以後。設利誘之法，設利禄之法，以誘天下之士。增國學解額至五百人，國學解增舊額至五百名。來者奔凑，自遠方來者，奔馳輻凑於京師。捨父母之養，孝養之道弗顧。忘骨肉之愛，親愛之情無有。往來道路，往來井井於道塗。旅寓他土，客寄它鄉。人心日偷，偷，苟得也。士風日薄。薄，謂薄於人倫。今欲量留一百人，今欲國學酌量只取一百名之額。餘四百人其它四百餘名。分爲州郡解額窄處，分散它州解額窄狹所在。自然士人各安鄉土，如此則爲士者各安其鄉井土地。養其孝愛之心，孝父母而愛骨肉。息其奔趍流浪之志，而無奔競浪遊之想。風俗亦當稍厚。風氣習俗豈不渾厚也哉？又云：三舍升補之法，初入學有分升外舍，有分升補内舍，有分升補上舍，此國朝之法也。皆案文責跡，舊制以不犯罰者爲行，試在高等爲藝。按其文而不考其實，責其跡而不察其心。有司之事，所爲有司所職之事。非庠序育材論秀之道[二]。但教之者，非育材之道。取之者，非論秀之法。蓋朝廷授法朝廷之法。必達乎下，直達於下，中間更不任人。長官守法而不得有爲，故長吏拘於法而不得自任。是以事成於下，而不得以制其上[三]，在下者反得執法，以取必於上。此後世所以不治也。後世不治，皆此之由，非獨庠序而已。或曰長貳得人則善矣，任人而得其人則爲善。或非其人，如或人不能保其皆善。不若防閑詳密可循守也。任法則法猶可守也。殊不知先王制法，是豈知先王之創立法制？待人而行，亦必得人而後行。

未聞立不得人之法也。謂不必待人而行非所文也。苟長貳非人，苟任非其人。不知教育之道，吾不知教育之道。徒守虛文密法，則雖有密法。果足以成人才乎？而無益於成才。蓋苟得其人，則無待於密法，而法之密反害成才之道，故不若略文法而專責任也。[四]

萃：萃，聚也。其卦云。「王假有廟。」假，至也。王者至於有廟，則萃道之盛也。伊川易傳曰[五]：易傳云。群生至衆也，群生之衆，向背不齊。而可一其歸仰；於鬼神則歸仰無二。人心莫知其鄉也，人心出入無常。而能致其誠敬；惟奉鬼神則誠敬自盡。言人心之涣散，每萃於祭享也。鬼神之不可度也，鬼神，視之而不見，聽之而不聞，雖不可測度。而能致其來格。然齊明盛服以承祭祀，則洋洋如在，可致來格。言鬼神之遊散，亦每萃於宗廟也。天下萃合人心、天下之事，其萃合衆心。總攝衆志之道非一，統攝衆志，其道固非一端。其至大莫過於宗廟，而其尤大者，則不能過於宗廟。故王者萃天下之道故人君萃聚人心之道。至於有廟，至於宗廟。則萃道之至也。則爲萃道之盛。祭祀之報，故祭祀以報祖先。本於人心，皆出人心、天理之公。聖人制禮以成其德耳。聖人者制爲禮法，以成夫人孝敬之德而已。故豺獺能祭，豺祭獸，獺祭魚。其性然也。稟氣之偏且塞爲物，其性之至靈，猶知如此，人靈於萬物者，可不知耶？[六]

古者戍役，戍，屯戍也。役，征役也。古人出戍遣役。再期而還。期，周歲也。再者，天序之運行一再。今年春暮行，且如今年春晚戍役。明年夏代者至，至明年夏代己者至。復留備秋，復留其防秋。至過十一月而歸。及逾十一月乃歸。又明年中春遣次戍者[七]。又明年二月復遣。中，音仲。每秋與冬初，兩番秋冬之間兩番調遣。戍者皆在疆圉，使屯戍之兵常在疆境之内。乃今之防秋也。即今日之所謂防秋。此論采薇遣戍役。北狄畏暑耐寒，又秋氣折膠，則弓弩可用，故秋冬易爲侵暴，每留屯以防之。

聖人無一事不順天時，聖人與天地參，故所行所爲，無一不順乎天時。故至日閉關。至日，十一月冬至之日也，陰方退而陽猶稺，聖人於此日閉關、息商旅。蓋迎夫方長之陽，而絶彼陰柔之牽也。○經説。

韓信多多益辦，韓信，漢名將也。與高祖論將將兵，高祖問其所將幾何，言曰多多益辦。蓋雖多而益有以措辦。只是分數明。分者，管轄階級之分。數者，行伍多寡之數。只是分數明，則上下相臨，統紀不紊，所御者愈衆而所操者常寡矣。

伊川先生曰：管轄人亦須有法，管轄，統軍之官。法，謂區畫分數之法。徒嚴不濟事。苟過於嚴，不能辦事。今帥千人，今以一將帥領千衆。能使千人依時及節得飯喫，能使千衆皆按時及節飲食，此皆軍中有規矩者。只如此者，亦能有幾人？又能有幾人如此？

嘗謂軍中夜驚，俾軍夜有所驚者。亞夫堅卧不起。漢景帝時，七國反，遣周亞夫將兵擊之。軍中夜驚，擾至帳下，亞夫堅卧帳中不起，有頃遂定。不起善矣，臨倉卒之變而不足動其中，其不起必有定見，故善。然猶夜驚何也？但軍中猶有夜驚。亦是未盡者[八]。是猶未能安乎衆，故未得爲

盡善。[九]

管攝天下人心，以心無所統，則綱淪法斁，故管握攝持天下之人心。收宗族，收拾宗派與其族類。厚風俗，敢厚風氣與其習俗。使人不忘本，俾人不忘此身之所本始。須是明譜系，譜，籍録也。系，聯屬也。明之者，辨著其宗派。收世族，服至五世而盡。古者族人雖五世外，皆爲之齊衰三月。收之者未使，待之爲服外之親也。立宗子法[一〇]。諸侯之適子適孫，繼世爲君，其餘庶子不得禰其先祖，因各自立爲本派之始祖，其子孫百世皆宗之，所謂大宗也。而大宗之庶子又别爲小宗，而小宗有四：其繼高祖之適長子，則與三從兄弟爲宗；繼曾祖之適長子，則與再從兄弟爲宗；繼祖之適長子，則與同堂兄弟爲宗；繼禰之適長子，則與親兄弟爲宗。蓋一身凡事四宗，與大宗爲五宗也。

宗子法壞，後世宗子之法既壞。則人不知來處，則人之一身不知其所從來。以至流轉四方，至於流移轉徙他方。往往親未絶，不相識。雖是宗族之親，未至斷絶，而人已不相識。今且試以一二巨公之家行之，今試以宗子法行之於大貴者之家。其術要得拘守得須是，其法在乎能自拘守，如近世陸象山家，五世三百人同爨。且如唐時立廟院，立廟院，則人知所自出而不散。仍不得分割了祖業，不分祖業，則人重其宗而不遷。使一人主之。就中推尊一人以主此事。

凡人家法，大凡人治家之法。須月爲一會以合族[一一]。必須月爲會族之禮。每有族人遠來，每遇親族之人自遠方來。亦一爲之。亦一番爲會合之禮。吉兇嫁娶之類，吉禮，如冠昏；兇禮，如喪葬。嫁女取女。更須相與爲禮，必須相同以成其禮。使骨肉之意常相通。俾骨肉之情相接。骨肉日疏，只爲不相見、只長既不相見。情不相接爾。則情意不相浹洽。[一二]

卜其宅兆，「宅，墓穴也。兆，塋域也。」卜其地之美惡也。卜之爲言，所以占其土地之美惡如何。美則神靈安[一三]，若土地之美，則祖先之魂魄亦安。其子孫盛。祖先子孫實同一脈，彼既安則此盛。然則曷謂地之美者？但何以見土地之美？土色之光潤，土地之光華潤澤。草木之茂盛，草木之秀茂盛多。乃其驗也。此其可驗者。而拘忌者或以擇地之方位，而拘風水、忌吉兇者，不明只在擇其地道之所向。決日之吉兇，占其日子之兇吉。甚者不以奉先爲計，又其甚者，不復以安奉祖先爲事。而專以利後爲慮，而專以利益後嗣爲憂。尤非孝子安厝之用心也。此豈是人子盡孝以安厝其父母者哉？惟五患者，不得不謹[一四]：五患者：城郭不葬，溝渠不葬，道路不葬，村落不葬，井、窑不葬。是五者，患其爲祖先憂也，當謹之。須使異日不爲道路[一五]，要使它時不至闢爲道路。不爲溝池，不至開爲溝渠池塘。不爲貴勢所奪，不爲富貴勢要所奪，近城郭則有之矣。不爲耕犁所及。不爲耕種犁鋤所及，在村落下有之矣。[一六]

今無宗子[一七]，古者宗子襲其世禄，故有世臣，今既無宗子。故朝廷無世臣。故亦無世禄之人。若立宗子法，故有世臣。則人知尊祖重本。則人人知尊其祖先、重其本始。人既重本，人人既知重其本始。則朝廷之勢自尊。則上下相維，自然固結而不涣散，而朝廷之勢自尊重。古者子弟從父兄，古人爲人子、爲人弟者，皆出則從其父、其兄之後。今父兄從子弟，今爲父爲兄者，出則反隨其子弟後。由不知本也。是不明其大本之所在。且如漢高祖欲下沛時，漢高帝欲下沛郡。只是以帛書與沛父老，亦先剪帛爲書，以遺沛之父老。其父兄便能率子弟從之。沛郡之爲父爲兄者，便能率其爲子爲弟者來。又如相如使蜀，司馬相如出使蜀都。亦移書責父老，亦先遣書責諭蜀之父老。然後子弟皆聽其命而從之。而後其子其弟悉聽其命令。只有一箇上下尊卑之分[一八]，通天下只有一箇上下尊卑之定分。漢家去古未遠，猶有先王之遺俗，尊卑之分素定。然後順從而不亂也。所以上下順承而無違悖。且立宗子法[一九]，且如立宗子之法。亦是天理。此以是自然之天理。譬如木，必有從根直上一榦，直榦譬大宗。亦必有旁枝。旁枝譬小宗。又如水，雖遠必有正源，正源譬大宗。亦必有分派[二〇]，分派譬小宗。然而又有旁枝達而爲榦者，但又有自旁枝而出爲直榦者。故曰「古者天子建國，天子爲天下主，故得封建侯國，賜之士而命之胙。諸侯奪宗」云。諸侯爲一國之主，雖非宗子，亦得移宗於己，建宗廟爲祭主。

邢和叔叙明道事云：堯、舜、三代帝王之治，唐、虞、三代之治。所以博大悠遠，凡廣博闊大、悠長深遠。上下與天地同流者，與天地同運不息。先生固已默識之。所謂「識其大」者。至於興造禮樂、以至興造禮樂。制度文爲，刑制法度，文理施爲。下至行師用兵戰陣之法，用師行兵，出戰布陣。無所不講，無有不講究。皆造其極。皆極其精。外之夷狄情狀，狄情之奸詐。山川道路之險易，地道之險易。邊鄙防戍、邊庭防閑屯戍之事。城寨斥堠控帶之要，靡不究知。壘土居民曰城，木栅處兵曰寨。斥，遠也，堠，伺也，謂遠伺敵人。控，制御也。帶，圍護也。凡此類無不洞究。其吏事操決，操決，操持斷決也。文法簿書，綜理文法，計會簿書。又皆精密詳練。無不精細周密、詳謹深練。若先生可謂通儒全才矣。如先生者可謂通出大儒、文武全才者也。

介甫言律是八分書，「律是刑統，歷代相傳，至周世宗命竇儀註解，名曰刑統。與古法相近，故曰『八分書』。」是他見得。「律所以明法禁非，亦有助於教化，但於根本上又有欠缺耳。是他見得，蓋許之之詞。」

横渠先生曰：兵謀師律，好謀而成，師出以律。聖人不得已而用之。雖是無謀不成，無律必亂[二二]，要亦出於聖人之不得已。其術見三王方策、其道具見於三王之載籍。歷代簡書。歷代之簡編也。惟志士仁人惟有志之士與有德之人，則知謀非譎詐以爲謀、律非酷虐以爲律。爲能識其遠者大者，如三五之謀律是也。素求預備而不敢忽忘。故每求預爲之備，而不敢一日忘也。

肉辟，於今世死刑中取之，辟，刑也。肉刑有五：刻顙曰墨辟，截鼻曰劓辟，刖足曰剕辟，淫刑曰宫辟，死刑曰大辟。今欲取死刑情輕者，用肉刑以代之。亦足寬民之死，固足以寬百姓之過。過此，當念其散之之久。外此當念民心渙散之久，必明禮義教化以維持之，不但省刑而後已。[二三]

横渠先生曰：古者「有東宫，古者族大人衆，服食器用固有不能齊。同宫合處，則怨爭之風起矣，故立東宮。有西宮，有南宮，有北宮，立西、南、北宮。異宮而同財」，宮之相處雖異，財之營運則同。此禮亦可行。如禮教亦可行。古人慮遠，古人謀慮甚周。目下雖似相疏，由近論若相疏。其實如此乃能久相親。由遠論，乃長久相親之道。蓋數十百口之家，蓋口食衆多之家。自是飲食衣服 飲食之間，衣服之際。難爲得一。難得人人齊一，此宮之不可同也。又異宮乃容子得伸其私，又異其宮，則爲子者得以容其有所私。所以「避子之私也」，爲父者亦可以避其子之有所私於己。子不私其父，爲子者不私厚於父。則不成爲子」。則非人子之道。古之人曲盡人情必也，古者委曲詳盡，皆合人情。同宮有叔父、伯父，否則叔伯父皆同宮。則爲子者何以獨厚於其父？則不能私厚於其父。爲父者又烏得而當之？爲吾父者亦不能避子之私。蓋伯叔雖同宗祖，親疏有分，異宮者，亦使人子各得盡情於其親也。不然則交相病矣。父子異宮，父子所處，異其宮。爲命士以上，一命爲士。愈貴則愈嚴。愈貴則分制愈密。故異宮猶今世逐位，所謂異宮，不過同居而異其分位。非如異居也。非是異其居處也。○樂説。

治天下不由井地，古者畫井制田九百畝，八家皆私百畝，中百畝爲公田。治天下而不由此。終無由得平。終非均平齊一之道。周道至是均平。「周道如砥」，言其平也。

井田卒歸於封建乃定。國有定君，官有定守，故民有定業。後世長吏更易不常，相仍苟且，縱復井田，不歸於封建，則其欺蔽紛爭之患庸可定乎？封建者，三代之政，建國封侯，使子孫世守其官也。

校勘記

[一] 及待賓吏師齋　「及」下，葉本有「置」。

[二] 非庠序育材論秀之道　「論」，葉本作「掄」。本條下同。

[三] 而不得以制其上　「不」，葉本作「下」。

[四] 此條上，熊剛大集解時删除四條語録，葉本有。按：「濂溪先生曰古聖王制禮法」條，見句解前集卷十七通書樂上第十七。

明道先生言於朝曰：治天下以正風俗、得賢才爲本。宜先禮命近侍賢儒及百執事，悉心推訪有德業充備、足爲師表者；其次有篤志好學、材良行脩者。延聘敦遣，萃於京師，俾朝夕相與講明正學，其道必本於人倫，明乎物理。其教自小學灑掃應對以往，脩其孝弟忠信，周旋禮樂。其所以誘掖激勵、漸摩成就之道，皆有節序。其要在於擇善脩身，至於化成天下。自鄉人而可至於聖人之道，其學行皆中於是者爲成德。取材識明達、可進於善者，使日受其業。擇其學明、德尊者，爲太學之師，次以分教天下之學。擇士入學，縣升之州，州賓興於太學，聚而教之，歲論其賢者能者於朝。凡選士之法，皆以性行端潔、居家孝弟、有廉耻禮遜、通明學業、曉達治道者。

明道先生論十事：一曰師傅，二曰六官，三曰經界，四曰鄉黨，五曰貢士，六曰兵役，七曰民食，八曰四民，九曰山澤，十曰分數。其言曰：無古今，無治亂，如生民之理有窮，則聖王之法可改。後世能盡其道則大治，或用其偏則小康，此歷代彰灼著明之效也。苟或徒知泥古而不能施之於今，姑欲狥名而遂廢其實，此則陋儒之見，何足以論治道哉？然儻謂今人之情皆已異於古，先王之跡不可復於今，趣便目前，不務高遠，則亦恐非大有爲之論，而未足以濟當今之極弊也。

伊川先生上疏曰：三代之時，人君必有師、傅、保之官。師，道之教訓；傅，傅之德義；保，保其身體。後世作事無本，知求治而不知正君，知規過而不知養德。傅德義之道，固已疏矣；保身體之法，復無聞焉。臣以爲傅德義者，在乎防見聞之非，節嗜好之過；保身體者，在乎適起居之宜，存畏慎之心。今既不設保傅之官，則此責皆在經筵。欲乞皇帝在宮中言動服食，皆使經筵官知之。有剪桐之戲，則隨事箴規；違持養之方，則應時諫止。

［五］伊川易傳曰　「伊川易」三字原無，據葉本補。

［六］此條上，熊剛大集解時删除一條語録，葉本有。按：「明道先生行狀云先生爲澤州晉城令」條，見句解前集卷二十明道先生行狀。

［七］又明年中春遣次戍者　「中」，葉本作「仲」。

［八］亦是未盡者　「者」，葉本作「善」。

［九］自「嘗謂軍」至本條末，原本單列刻印，據葉本當屬此條。

［一〇］立宗子法　「法」下，葉本有「又曰一年有一年工夫」句。

［一一］須月爲一會以合族　「族」下，葉本有「古人有花樹韋家宗會法，可取也」句。

［一二］此條下，熊剛大集解時删除一條語録，葉本有：

冠婚喪祭，禮之大者，今人都不理會。豺獺皆知報本，今士大夫家多忽此，厚於奉養而薄於先祖，甚不可也。某嘗脩六禮，大略家必有廟，廟必有主，月朔必薦新，時祭用仲月，冬至祭始祖，立春祭先祖，季秋祭禰，忌日遷主，祭於正寢。凡事死之禮，當厚於奉生者。人家能存得此等事數件，雖幼者可使漸知禮義。

［一三］美則神靈安　「美」上，葉本有「地」字。

［一四］不得不謹　「謹」，葉本作「慎」。

［一五］須使異日不爲道路　「異」，葉本作「後」；「路」下，葉本有「不爲城郭」四字。

［一六］此條下，熊剛大集解時删除一條語録，葉本有：

正叔云：某家治喪，不用浮圖。在洛亦有一二人家化之。

［一七］今無宗子　按：此條今見河南程氏遺書卷十八劉元承手編，「子」下有「法」字。

［一八］只有一箇上下尊卑之分　「上下尊卑」，葉本作「尊卑上下」。

［一九］且立宗子法　「且」上，葉本有「若無法以聯屬之安可」九字。

［二〇］亦必有分派　「派」下，葉本有「處自然之勢也」六字。

［二一］無律必亂　「必」原作「不」，據葉本改。

［二二］此條下，熊剛大集解時删除兩條語録，葉本有。按：「吕與叔撰横渠先生行狀曰先生慨然有意三代之治」條、「横渠先生爲雲巖令」條，見句解前集卷二十一横渠先生行狀。

新刊音點性理群書句解卷之十

後集

近思録第十卷

此卷論臨政處事。蓋明乎治道而通乎治法，則施於有政矣。凡居官任職，事上撫下，待同列，選賢才，處世之道具焉。

伊川答人示奏藁書云：人有以奏事藁示伊川，先生答其書云。觀公之意，看奏藁中之意。專以畏亂爲主。專在於畏民之爲亂。頤欲公以愛民爲先，某但欲以養育百姓爲本。力言百姓饑且死，蓋徒言民饑將亂爲可慮，而不言民饑將死爲可傷。丐朝廷哀憐，則人主徒有憂懼忿嫉之心，而無哀矜惻怛之意。因懼將爲寇亂，可也。故言百姓饑將死，乞賜哀矜，恐其將爲亂。不惟告君之體當如是，非特告君詞順、理直，其體當如是。事勢亦宜爾。處飢民之事勢亦宜如此。公方求財以活人，爾方多求財力以濟飢民。祈之以仁愛，若懇祈其君推其仁愛，則哀矜之心生。則當輕財而重民；則當輕財以救民之死。懼之以利害，如憂懼之心作。則將恃財以自保。反將吝財以防民之變。古之時，古者盛時。得丘民則得天下；「四井爲甸，四甸爲丘。」得乎一丘之民，則可以得天下。後世以兵制民，後世制民以兵，謂民有所不足畏。以財聚衆，聚衆以財，謂財有所不可闕。聚財者能守，以聚財爲守國之道。保民者爲迂。以愛民爲迂緩之事。惟當以誠意感動，其必真情懇惻，以求感動上心。覬其有不忍之心而已。則自然哀矜不忍之心生。苟徒懼之以禍亂，則無惻隱愛民之心，愈增其聚財自守之慮矣。[一]

明道爲邑，及民之事多，民間之事繁多。衆人所謂法所拘者，法令有未便於民者，衆人爲之未免拘礙。然爲之未嘗大戾於法，惟先生道德之盛，從容裁處，故不大違戾當時之法。衆亦不甚駭。人安其政而不至於駭。以其存心寬平、區處有方也。謂之得伸其志則不可，謂先生得以伸其素志則未可。求小補，則過今之爲政者遠矣。若求其小有補益於民，則遠過今世之爲政者。人雖異之，人雖異其所爲。不至指爲狂也。然不敢目之爲狂。至謂之狂，則大駭矣。若以狂言則是驅衆之事矣。盡誠爲之，盡吾實意以爲政。不容而後去，若無所容，其力則往。又何嫌乎？又何所避嫌？此可見先生忠厚懇惻之心，豈若悻悻然小丈夫之爲哉！

明道先生曰：一命之士，士自一命以上。苟存心於愛物，苟存愛物之心。於人何所不濟[二]。必有及物之效。

伊川先生曰：君子觀天水違行之象，訟卦坎下乾上。天西運，水東流，故其行相違。君子觀此。知人情有爭訟之道。則知人情不相合，則必生訟。故凡所作事，處此之時是必於其所作爲。必謀其始，必謹其初。絶訟端於事之始，遏絶爭訟之萌於作事之初。則訟無所由生矣。則爭訟無由而生。謀始之義廣矣，然謀始之道亦多者矣。若愼交結、朋遊親戚也。明契券之類是也。文書要約也。此皆生訟之端，必謹必明。○易傳。下同。

師之九二，師卦九二爻。爲師之主。爲師卦之主。恃專，則失爲下之道；如衛青不敢專誅，具歸天子，使自裁之是也。不專，則無成功之理，所謂「將在軍[三]，君令有所不受」是也。故得中爲吉。二居中，故有得中之象。凡師之道，凡行師之道。威和並至則吉也。威而不和，則人心懼而離；和而少威，則人心玩而弛。九二剛中，故有威和相濟之象。

世儒有論魯祀周公以天子禮樂，成王幼，周公攝政。周公没，成王思其勳德，錫魯以天子之禮樂，使祀周公焉。以爲周公能爲人臣不能爲之功，世儒以爲周公用天子之禮樂，是其爲功有人臣所不能爲者。則可用人臣不得用之禮樂。則其享祀禮樂，亦用人臣不得用者。是不知人臣之道也。爲是説者，是未能明爲臣之道理。蓋天下之事莫踰者分，自成王賜周公以天子之禮樂。孔子云：「成王之賜，伯禽之受，皆非也。」夫居周公之位，夫聖人之事君也，盡其道而已，非有加於職分之外也。今居周公職位之尊。則爲周公之事，則當爲周公職分之事。由其位而能爲者，即其位分之可爲舞樂，天子八羽，諸侯六羽。初獻舞六羽，祀周公。皆所當爲也。是當爲而爲者也。周公乃盡其職爾。周公始安其職分，若職分之外，則過爲之矣。熊氏曰：周公制禮作樂，正所以示名分也。今身死未幾，以人臣而享天子之禮樂，不待後人言之，周公亦不享矣。此夫子所以曰「魯之郊禘非禮也，周公其衰矣」。

大有之九三曰：大有卦九三爻云。「公用亨于天子，蓋處富有之時，公則當以其所有亨通於上之人。小人弗克。」小人則私其所有，必不能也。伊川易傳曰[四]：易傳云。三當大有之時，九三處富有之盛。居諸侯之位，侯擅所有之富。有其富盛，故戒之富有之極。必用亨通於天子，必當盡其奉上之道，如朝覲供貢之儀。謂以其有爲天子之有也，不敢自有其有，悉爲天子之有。乃人臣之常義也。乃爲盡臣子事上之義。若小人處之，設使小人處此。則專其富有以爲私，則以其有爲己之私。不知公己奉上之道，不復以其有爲君之有。故曰「小人弗克」也。所以言小人弗克，以其不能如此也。

人心所從，人心無常，但其所從者。多所親愛者也。皆其親暱私愛之人也。常人之情，人之常情。愛之則見其是，愛一人，則是者固見其是，非者亦以爲是。惡之則見其非。惡之人，則非者固見其非，是者亦以爲非。故妻孥之言，故以妻子之言。雖失而多從；雖未得其正，多從之以爲是，溺所親愛也。所憎之言，於其所憎者之言。雖善爲惡也。雖是偶得其正，亦以爲非也。苟以親愛而隨之，蓋人心之從違，多蔽於好惡之私，而失其是非之正。苟惟親愛之隨。則是私情所與，則是徇乎私情。豈合正理？必違乎正理矣。故隨之初九，故隨卦初九爻。出門而交，故必出門而交，則無所係累。則「有功」也。而所從者「有功」也。

隨九五之象曰：隨之九五象有云。「孚于嘉吉，信於善而吉。位正中也。」所以善者，九五陽剛中正，下應中正，中正則不過於隨矣。伊川易傳曰[五]：易傳云。隨以得中爲善，隨得其中道則爲善。隨之所防者過也。隨失其中道則爲過，過則當防也。蓋心所悦隨，震下兑上爲隨。震，動也。兑，悦也。以悦而動。則不知其過矣。則易過於隨而不自知也。

坎之六四曰：坎卦六四爻云。「樽酒，簋貳，用缶，一樽之酒，二簋之食，復以瓦缶爲器，質之至也，所謂「忠信善道」也。納約自牖，牖者，室中所以通明也。忠信者，納約之本，雖懷樸素之誠，苟不因其明而納焉，則亦不能入矣。終无咎。」終得無悔咎。伊川易傳曰[六]：易傳云。此言人臣以忠信善道 此論人臣雖以誠實之道。結於君心，上結主知，猶酒簋用缶之義。必自其所明處 亦必因君心之開明而進言。乃能入也。期能入也，如室之有牖明乃通也。人心有所蔽，人心各有所蔽。有所通，各有所通。通者明處也，於其通之時，是即明處也。當就其明處而告之，故攻其蔽，則未免扞格。因其明而導之。求信則易也，則易於聽信。故云「納約自牖」。牖乃通明之地，必因其通明而納，其言則入矣。能如是，則雖艱險之時，能如此，則其初雖若艱阻。終得无咎也。其終自無悔咎。且如君心蔽於荒樂，且云人君之心蔽於荒怠逸樂。惟其蔽也故爾，惟其心爲物蔽所以然爾。雖力詆其荒樂之非，必深言其怠荒逸樂之非是。如其不省何？·如更不省悟。必於所不蔽之事，則必求其心未嘗蔽塞者。推而及之，推而廣之。則能悟其心矣。使之觸類而有所覺也。自古能諫其君者，古之善諫正其主者。未有不因其所明者也。無不自君心之通明而後進也。故訐直强勁者，訐者，發人之陰惡也。訐直則無委曲，强勁則乏和順。率多取忤；故矯拂之過，每至牴牾。而温厚明辨者，温厚者其氣和，明辨者其理著。其説多行。故感悟之易，每多聽從。「納約自牖」，惟温厚明辨者能之。非唯告於君者如此，不特告君之體如此。爲教者亦然。雖教人之道亦如此。夫教必就人之所長，夫教人必先察受教者之所長。所長者心之所明也。所長處乃其心之所明也，因其所長就而教之。從其心之所明而入，是即因其心之明而納約焉。然後推及其餘，自此推類以及其餘。孟子所謂「成德」、「達才」者也。「成德」者，因其有德而成就之[七]。「達才」者，因其有才而遂達之。皆謂就其所長而開導之也。

恒之初六曰：恒卦初六爻云。「浚恒，貞凶。」浚，深浚也。初之柔暗，以陰居巽下，其性務入故深，雖正亦凶也。象曰：「浚恒之凶，浚恒之所以取凶。始求深也。」以陰體居下，務深入也。伊川易傳曰[八]：易傳云。初六居下，初六一爻而居乎下。而四爲正應。初與四爲位應，九與六爲爻應，此理之常也。四以剛居高，但以九居四，則是以陽剛居高位。又爲二三所隔，又爲九二、九三所隔。應初之志，雖有應初之志。異乎常矣。則已不能不改其常矣。而初九求望之深[九]，而初六當常之時，深求望九四之應己，不知爲二三所隔。是知常而不知變也。是知常之常而不知常之變，是以至於兇悔也。世之責望故素[一〇]，素，舊也。世之人責望其故舊者。皆「浚恒」者也。蓋亦不知有所隔，是即初六之常深於求應也。

遯之九三曰：遯，退避也。其九三爻云。「係遯，有疾厲；下比二陰，當遯而有所係之私，有疾而危之道。畜臣妾，吉。」蓋君子之於小人，惟臣妾則不必其賢而可畜耳。伊川易傳曰[一一]：易傳云。係戀之私恩，牽係依戀之私情。懷小人女子之道也。是亦懷來小人、女子之道。故以畜臣妾則「吉」。故畜養臣妾，則可以固結其欲遯之心，所以吉也。然君子之待小人，但君子御下之道，苟所當去。亦不如是也。亦不可以係戀而姑息也。

睽之象曰：睽卦象云。「君子以同而異。」離上兑下，二卦合體而性不同。伊川易傳曰[一二]：易傳云。聖賢之處世，聖賢之所爲，惟順乎理，豈顧夫世俗之同異！在人理之常，故循天理爲之常者。莫不大同於世俗，聖人安得不與人同？所同者有時而或異[一三]。出於世俗之變者，聖賢安得不與人異？不能大同者，不能大同於人。亂常拂理之人也；必有拂於人理之常。不能獨異者，不能獨異乎人。隨俗習非之人也。必狥乎習俗之化。要在同而能異耳。同而能異，則不拂乎人理之常。不狥乎習俗之化，惟理之從也。

睽之初九，睽，乖異也。爲卦上火下澤，性相違戾，中女、少女志不同歸，故爲睽，處初九之爻。當睽之時，是當乖異之時。雖同德者相與，初與四位相應，而爻皆陽，爲同德相與，不至睽孤。然小人乖異者至衆，但小人之衆，乖異者多。若棄絶之，若欲屏而去之。不幾盡天下以仇君子乎？是天下之小人盡爲君子之仇敵，故必恢含弘之義，而一無棄去遏絶之意。如此則失含弘之義，否則失含弘寬大之義。致兇咎之道也，是乃取兇咎之道也。又安能化不善而使之合乎？又安能使不善者可化、乖異者可合耶？故必「見惡人」，則「无咎」也。亦必見惡人然後可以辟咎，如孔子之於陽貨也。古之聖王，古之王者。所以能化姦兇爲善良，化天下之人，昔爲奸兇，今爲善良。革仇讎爲臣民者[一四]，昔爲仇讎，今作臣妾。由弗絶之也。皆由弗絶之，則開其自新之路，而啓其從善之機也。

睽之九二，睽卦九二爻，二與五雖相應。當睽之時，然時方睽違。君心未合，所求乎君心則未孚。賢臣在下，所求乎賢則在下位，上下乖戾。竭力盡誠，故必當外竭其力，内盡其誠。期使之信合而已。期使疑者信、睽者合耳。至誠以感動之，内竭其誠，以感動君心。盡力以扶持之，外盡其力，以扶持國政。此其盡在我者也。明義理以致其知，推明義理，使君之知無不至。杜蔽惑以誠其意，杜塞蔽惑，使君之意無不誠。此啓其君者也。如是宛轉以求合也[一五]。如是宛轉求之，睽者庶其可合，所謂「遇主于巷」也。巷者，委曲之途也。「遇」非枉道逢迎也，上言「遇主于巷」，亦正理之當然。苟遇不以直，而至於枉道逢迎。「巷」非邪僻由徑也[一六]，巷不以正，而至於邪僻由徑；苟求其合，而陷於邪枉，則又非「遇主于巷」之道。故象曰：「遇主于巷，遇主於宛轉以求合。未失道也。」未爲失正道也。

損之九二曰：損，減者也。其卦上艮下坤，是損下益上，損兑澤之深，益艮山之高。其九二爻有云。「弗損益之。」言不變其所守，乃所以益上也。伊川易傳曰[一七]：易傳云。不自損其剛貞，剛正不撓。則能益其上，乃能有益於君。乃益之也。是所謂弗損益之也。若失其剛貞而用柔説，若失其剛正之士而用柔悦之人，則柔邪之人阿意順旨，惟務容説。善而遇之，則善不進；惡而遇之，則必長其惡也。適足以損之而已。故國有險佞之臣，上有善柔之友，皆有損而無益。世之愚者，世之昏愚者。有雖無邪心，有知九二剛中，弗有邪心者。而惟知竭力順上爲忠者，但當損下益上之時，惟知損己以奉上。蓋不知「弗損益之」之義也。而不知臣道之少貶，未有能致益其君者，故有「弗損益之」之戒。

益之初九曰：益卦初九爻云。「利用爲大作，元吉，无咎。」大作，重事也。元，善也。利用爲重事，亦必得至善，則吉而無悔咎。象曰：「元吉，无咎，大善而無悔咎。下不厚事也。」必在下者，不可以任重事耳。伊川易傳曰[一八]：易傳云。在下者，本不當處厚事。處乎下位，不可以任重大之事。厚事，重大之事也。厚者，即重大之義。以爲在上所任，苟以在上之人任之。所以當大事，必能膺其事之大者。必能濟大事，亦能濟其事之大者。而致「元吉」，以致大善。乃爲「无咎」。自無悔咎。能致「元吉」，有能致其大善。則在上者任之爲知人，則在上之人任之，亦不失爲知人。己當之爲勝任。以身當之，亦不失爲勝其任。喻初居最下，受上之益。是當大任者，必克濟其事而大善。不然，則上下皆有咎也。否則，上下皆不能無悔咎也。

革而無甚益，事之變更，苟弗有大益、無後患。猶可悔也，尚不保其無悔咎。況反害乎？矧於大體傷邪？古人所以重改作也。此古者所以不輕於改作。熊氏曰：不重改作，如王安石行青苗，貽害百姓，雖悔何及？

漸之九三曰：漸，進也。其卦九三爻云。「利禦寇。」爻卦皆剛，而過乎剛，故利禦其寇惡者。伊川易傳曰[一九]：易傳云。君子之與小人比也，九三上下皆陰，是君子與小人同列相比也。自守以正。所守者正。豈唯君子自完其己而已？不特君子不失其身。亦使小人得不陷於非義。小人亦以近正而不敢爲惡。是以順道相保，皆順此道以保其身。禦止其惡也。是能止其惡也。

旅之初六曰：旅，羈旅也。其初六爻云。「旅瑣瑣，瑣瑣，瑣細也。旅困而事瑣細。斯其所取災。」是乃取災悔咎之道。伊川易傳曰[二〇]：易傳云。志卑之人，初居旅之下，故志卑。既處旅困，當爲旅困窮之時。鄙猥瑣細，專事細，故不存大體。無所不至，無所往而不瑣瑣。乃其所以致悔、取災咎也[二一]。安能免悔辱災咎也哉？

在旅而過剛自高，過剛則暴戾而乏和順，自高則矯亢而人不親附。致困災之道也。處旅以是，必致困災。

兑之上六曰：兑，説也。其上六爻云。「引兑。」上六成説之主，以陰居説之極，引下二陽相與爲説。象曰：「未光也。」未見光輝。伊川易傳曰[二二]：説既極矣，上六處説之終，説之極也。又引而長之，説極而復引之使長。又説之心不已[二三]，雖是説之心無窮。而事理已過，然説事已過而强爲悦。而實無所説。而實無所可説者。事之盛則有光輝，夫事方盛時則有光輝自見。既極而强引之長，處悦之終而欲引使之長。其無意味甚矣，則淡而無意味。豈有光也？何光輝之有？

中孚之象曰：孚，信也。中孚，信在中也。象辭云。「君子以議獄緩死。」議獄緩死，中孚之意。伊川易傳曰[二四]：易傳云。君子之於議獄，君子之議其獄事。盡其忠而已；無不盡之心，致其審也。於決死，決其死囚。極其惻而已。有不忍之心，致其愛也。天下之事，事之在天下。無所不盡其忠，君子雖無往而不盡中心之誠。而議獄緩死，而議獄事、緩死刑。最其大者也。則尤其所謹重者也。

事有時而當過，凡事固在得中，然有時而過一分。所以從宜，亦不失爲從其所宜。然豈可甚過也？但不可失之太過。如過恭、過哀、過儉，如「禮過乎恭，喪過乎哀，用過乎儉」。大過則不可。過之甚，則恭爲足恭，哀爲毁瘠，儉爲鄙吝，皆失其宜。所以小過爲順乎宜者也。此易之小過所以能順乎事之宜。能順乎宜，能順乎事之宜。所以大吉。是以大善也。

防小人之過[二五]，小過九三爻曰「弗過防之」，蓋防閑小人之道，不可過爲之備。正己爲先。先當正己。己一於正，則彼雖奸詐，將無間隙之可乘矣。

周公至公不私，周公之心在乎天下國家而不在其身，是以至公而無所私。進退以道，或進或退，皆合時行時止之道。無利欲之蔽。無一毫利欲之私蔽乎其中。其處己也，自處之敬。夔夔然存謹畏之心[二六]；夔夔，戒謹卑順之貌。而常存恭敬畏謹之心。其存誠也，自信之篤。蕩蕩然無顧慮之意。蕩蕩，明白坦平之貌。而又無疑顧憂慮之意。所以雖在危疑之地，是以雖處危疑之際。如管、蔡流言，以爲「公將不利於孺子」，出周公於東，既不忿戾而改常，亦不疑懼而失守。而不失其聖也。自非有至聖之德，孰能與於此？詩曰：「公孫碩膚，碩，大也。膚，美也。孫，避讓也。謂有大美而謙遜不居也。赤舄几几。」赤舄，冕服之舄也。几几，進退安重貌。蓋其恭順安舒之意如此。○經說。下同。

採察求訪，採察民隱，求訪賢才。使臣之大務。二事使職之大事也。[二七]

明道先生因論「口將言而囁嚅」云：囁嚅，欲言而不敢發之貌。若合開口時，理之所當言者。要他頭也須開口，喻當言即言也。須是「聽其言也厲」。厲，剛決意。理明義直，內無不足，則出於口者，自然剛決，不可回撓，安有囁嚅之態？○遺書。下同。

須是就事上學。人之爲學，要必先就事上。蠱「振民育德」，且如蠱卦「振民育德」，振作而起也。脩己治人之事。然有所知後，然必知之至。方能如此。而後行之至。何必讀書，豈但讀書。然後爲學？而謂之學哉？

先生見一學者忙迫，先生見一人忙擾急迫。問其故。曰：問其何事，答云。「欲了幾處人事。」欲講數處往來之禮。曰：「某非不欲周旋人事者，先生云：我亦欲委曲於人事往來之禮。曷嘗似賢急迫？」但事雖多，爲之必有序；事雖急，應之必有節。何嘗若爾急遽茍且而爲之哉？

安定之門人，凡學於胡安定之門者。往往知稽古愛民矣，其教之以通經術，治時務，明體適用，而於考古恤民之道而得之矣。則於爲政乎何有？稽古則爲政之法度，愛民則爲政之本則[二八]，於政事綽綽然有餘裕矣。

門人有曰：程子之門人有云。吾與人居，吾常與人居處。視其有過而不告，見其有過而不與之言。則於心有所不安，則私心自不能安。告之而人不受，則奈何？及與之言而人不信其言，則將如何？明道曰[二九]：與之處而不告其過，與之居處，有過而不相規。非忠也。恐非忠告之美意。要使誠意之交通，必也誠實之意，相孚平昔。在於未言之前，是信在言前。則言出而人信矣。則言出而人信。又曰：責善之道，朋友以善道相責。要使誠有餘而言不足，必也誠意多於言語。則於人有益，則在彼有感悟之益。而在我者無自辱矣。在我無煩瀆之辱。

職事不可以巧免。職所當爲而巧圖規避，是自私用智之人。

「居是邦，不非其大夫」，「下訕上，則無忠敬之心。」此理最好。此道理所以好也。

「克勤小物」最難。不忽於小，謹之至也。

欲當大任，人而欲任大事。須是篤實。篤實則力量深厚而謀慮審固。

凡爲人言者，凡與人言語。理勝則事明，理勝而氣平，則人易曉而聽亦順。氣忿則招拂[三〇]。理雖有而挾忿氣以臨之[三一]，則反致扞格矣。

居今之時，處今之世。不安今之法令，不能安上之法。非義也。則失其爲下之義。蓋「非天子，不議禮，不制度，不考文」。居下位而守上之法，則爲義。若論爲治，如論爲治之道。不爲則已，無所爲則止。如復爲之，若欲有爲於今世。須於今之法度内必由今之法。處得其當，而處得其宜。方爲合義。斯爲善矣。若須更改而後爲，若率意改作。則何義之有？則已失爲下之義與？

今之監司，今之膺一路之寄而謂之監司者。多不與州縣一體。不與部屬州縣同體。監司專欲伺察州縣，監司任案察之責，只欲窺伺考察。州縣專欲掩蔽。州縣之官只欲掩護蒙蔽。不若推誠心與之共治，又豈若推誠實之意，與之共圖其治？有所不逮，州縣有不及者。可教者教之，可容則戒之用休。可督者督之，不可容則董之用威。至於不聽，又不所從。擇其甚者去一二，擇其貪酷之甚者，劾一二輩。使足以警衆可也。俾可驚其有位之衆，足矣。

伊川先生曰：人惡多事，有人惡事緒之多。或人憫之。或者又矜其費於應酬。世事雖多，蓋人事雖是多。盡是人事。皆人所當爲者。人事不教人做，苟有厭事之意，則以人而不理人之事。更責誰做？則應之不盡其理，是誰之責哉？

感慨殺身者易，一時感慨，至於殺身而不顧，此匹夫匹婦猶或能之，故易。從容就義者難。若夫從容就義，死得其所，自非義精仁熟者莫之能也，故難。

人或勸先生以加禮近貴，有人勸伊川加其禮於近貴之臣。先生曰：答云。何不見責以盡禮，何不言盡其禮。而責之以加禮？而乃説之以加其禮？禮盡則已，若禮已盡則窮矣。豈有加也？尚何以加之哉？此與「孟子不與右師言」同意。

或問：簿，佐令者也。或人問：主簿之官，邑令之佐也。簿所欲爲，簿所欲爲之事。令或不從，奈何[三二]？邑令不之聽，則將如何？曰：當以誠意動之。必當盡真實之意，冀以感悟其心。今令與簿不和，今之長佐不和同。只是爭私意。皆是一點私意未去。令是邑之長，令，縣之長官也。若能以事父兄之道事之，簿爲佐官，能盡爲子爲弟之職，事之如事父兄之道。過則歸己，有過則歸之己。善則惟恐不歸於令。有善則歸之令。非曰姑爲此以悦人，蓋事長之道當如此。積此誠意，積此實意不已。豈有不動得人？雖事難事之令，亦易事矣。豈不足少感動其萬一哉？

問：人於議論，人於言語之間。多欲直己，只要求直其己之私。無含容之氣，絶無含洪寛大氣象。是氣不平否？還是未能平其氣否？曰：固是氣不平，固是不能平其氣。亦是量狹。亦由量狹故常欲己勝，而無含容之氣。人量隨識長，但人之度量亦隨其見識而來，見識陋，則人己得失之間皆爲之動，是即量之狹也，識長也量亦長矣。亦有人識高而量不長者，亦有見識之高而量則狹者。是識實未至也。則其見識有未到處。大凡別事，都强得〔三三〕，凡其它事皆可以勉强。惟識量不可强。惟識與量，則隨人天資學力所至，而不可强。今人有斗筲之量，十升爲斗。筲，竹器，容斗二升。有釜斛之量，釜，容六斗四升。十升爲斛。有鍾鼎之量，十釜爲鍾〔三四〕。皆形容其量之大小不同。有江河之量。亦淵亦浩。江河之量亦大矣，量等江河，可謂大矣。然有涯，而尚有涯涘。有涯亦有時而滿〔三五〕，惟量非天地，則無古無今，無窮無極，不見其滿。故聖人者，天地之量也。聖人者，與天地同其量者也。聖人之量，道也；聖人之心純乎道，道本無外，故其量亦無涯。常人之有量者，天資也。天資者，氣禀也。氣禀則有涯。天資有量須有限，故以天資爲量也有限。大抵六尺之軀，力量只如此，雖欲不滿，不可得也。如鄧艾位三公，魏之鄧艾，位列公爵。年七十，年已七旬。處得甚好，凡事處之皆善，似非量滿者。及因下蜀有功，便動了。及才有平蜀之功，便爲所動，豈非滿者耶？謝安聞謝玄破苻堅〔三六〕，晉之謝安聞玄之破苻堅。對客圍棋，笑揖賓客，坐擁枰棋。報至不喜，捷報之來恬不加喜，似非量滿者。及歸折屐齒，急遽而歸，屐齒斷折，豈非滿者耶？强終不得也。人之識量終强不得也。更如人大醉後益恭謹者，又如人於醉後猛省，把捉益見恭敬畏謹。只益恭謹，但是既醉而恭謹。便是動了，亦是爲所動了。雖與放肆者不同，雖是較之放肆者異。其爲酒所動一也。皆量不足以勝之，故因酒而動也。又如貴公子，又如公卿之子弟。位益高，益卑謙，其位愈高，其心愈謙。只卑謙便是動了，但是居貴之極，而其心益見卑下謙退，亦是爲所動了。雖與驕傲者不同，雖云比之驕傲者異。其爲位所動一也。皆量不足以勝之，故用位而動也。居之如常而不爲異者，是量足以勝之，一有意於其間，皆是爲所動也。然惟知道者，量自然宏大，知道者，雖窮居陋巷而不加損，雖禄之以天下而不加益，舉世譽之而不加勸，舉世非之而不加沮[三七]，道固不爲之有加損，故器量自是恢拓。不勉强而成。不待勉强而至者也。今人有所見卑下者，無他，豈有他哉？亦是識量不足也。則量亦不宏也。

人纔有意於爲公，公者，天理之自然。有意爲之，則計較安排矣。便是私意。即是私心。昔有人典選，昔有人主選舉之權。其子弟係磨勘，子弟該磨勘。皆不爲理，而不爲理。此乃是私心。蓋避私嫌，而不知如此是以選舉爲己之私恩，乃私心也。人多言古時用直，不避嫌得。人言古之人不須避嫌亦得。後世用此不得，今世用此不可。自是無人，苟有人以至公之心行至公之道，則何嫌之避矣？豈是無時？何時而不可行？

君實嘗問先生云：司馬公曾問先生。「欲除一人給事中，欲擢用給事之官。誰可爲者？」不知有誰可用？先生曰：答云。「初若泛論人才却可，若初間只泛説天下之才，則無不可。今既如此，今既擇人任職。頤雖有其人，我雖有人可使。何可言？」但論才乃宰相之事，非在下者所可與。此制義之方也。君實曰：又云。「出於公口，公之言曰。入於光耳，惟某聞之。又何害？」何用不言？先生終不言。先生終引而不發。

先生云：韓持國服義韓維，字持國，見人義說即服。最不可得。最難得也。一日，頤與持國、范夷叟泛舟於潁昌西湖，范純禮，字夷叟。須臾，客將云，有頃典客吏言。有一官員上書謁見大資，稱有人進書贄見。頤將爲有甚急切公事，某以其所言事標力於公家之大。乃是求知己。及見又只是求人知己。頤云：「大資居位，大資今在上位。却不求人，必當勤於求賢。乃使人倒來求己，豈當待人之求知？是甚道理？」求知者失己，使之求知者失士，皆於道理未順。夷叟云：「只爲正叔太執。范夷叟言先生太固執。求薦章，常事也。」夫寒素求人之薦，此亦尋常之事。頤云：「不然。某以爲不如此。只爲曾有不求者蓋有不肯求知於人者。不與，來求者不可與來求於己者。與之，遂致人如此。」纔與之則起天下奔競之風，則人一如此，而廉退之道喪矣。持國大服[三八]。韓深服其言。

先生因言：今日供職，先生自言其供國子監之職。只第一件便做他底不得。但是第一事便有難行者。吏人押申轉運司狀，吏以申運司狀簽員者。頤不曾簽。某爲國子監不曾簽押。國子監自係臺省，蓋國子監官所隸在臺省。臺省係朝廷官。臺省所隸在朝廷。外司有事，在外之監司有當奏事。合行申狀，合具狀申朝廷，庶幾體統不紊。豈有臺省倒申外司之理？安有在内之官反申在外監司之理？只爲從前人只計較利害，皆是已前官只計事之利害。不計較事體，不論事之體統。直得恁地。遂至有此。胡不薙春秋書法，王人雖微，序於諸侯之上，尊王也，體統如何？須看聖人欲正名處見得，須看論語夫子論正名分等處可知。道名不正時，言名分不正之時。便至禮樂不興，則施之於事者，顛倒而無序，何有於禮乖戾而不和，何有於樂？是自然住不得。此自然必至之勢也。

學者不可不通世務。爲學者要當通曉世事。天下事譬如一家，天下之事只如一家，不可自分秦越。非我爲則彼爲，有非我之能爲，而彼之所可爲。非甲爲則乙爲。非甲家之所能爲，則乙家之所可爲。有爲者亦若是。此是君子存心正大，成己、成物非二事也。

「人無遠慮，「慮不在千里之外。」必有近憂」，則患在几席之間。思慮常在事外。故思慮在事之外則慮之遠，思慮在事之中則慮之近也。[三九]

聖人之責人也常緩，聖人涵養深厚、心和氣平，故責人也無躁迫之態。便見只欲事正，但欲其事事各得其正。無顯人過惡之意。未嘗好盡言以招人之過。如國武子也。

伊川先生云：今之守令，今世之出守作縣者。唯「制民之産」一事不得爲，惟井里貢助之法不可復[四〇]。其他在法度中，其他事可以法制程度爲者。甚有可爲者，亦有可盡力爲者。患人不

爲耳。但人不盡其心耳。[四一]

伊川每見人論前輩之短，揚人之短，本爲薄德，況前輩乎？則曰：汝輩且取他長處。何不稱其所長？此正中庸掩惡揚善之意。

劉安禮云：劉立之，字安禮，程子門人。王荆公執政，王荆公安石熙寧初參知政事。議法改令，創制新法，如青苗錢、免役、立條例司之類。攻者甚力[四二]。中外皆言不便。明道先生嘗被旨明道權監察御史裏行，被旨。赴中堂議事，召赴中堂以議其事。荆公方怒言者，荆公方怒人言新法之時。厲色待之，暴厲見於顔色。先生徐曰：先生從容進言云。「天下之事事出於天下之公。非一家私議，難議以一家之私。願公平氣以聽。」願公消其忿厲之氣，而曲聽吾言。荆公爲之媿屈。荆公媿懼屈服，遂有以破其私己之見。○附録。下同。

劉安禮問臨民，問臨民之道。明道先生曰：使民各得輸其情。民情得以上聞，則自無不得其所之患。問御吏，又問制御公吏之道。曰：正己以格物。居上既正，則下有所感而正矣。

横渠先生曰：凡人爲上則易，樂於使人。爲下則難。憚於事人，此常情也。然不能爲下，但不知事人之事。亦未能使下，則必不知使人之道。不盡其情僞也。然己未嘗事人，則使人之際不能盡其情。大抵使人，常在其前，凡使人之道，頤指器使，常在吾前。己嘗爲之，亦須己嘗爲事人之事。則能使人。則使人各中其理。如今人入仕初爲州縣之佐，是事州縣而爲州縣所使，及自爲州縣，則能以前時受人所使者而使人矣。

坎「維心亨」，坎，險也。然出險則其心可以亨通。故「行有尚」。故行則有功也。外雖積險，上下皆坎，是爲「重險」，重險則「積險」矣。苟處之心亨不疑，然二、五以剛居中，其中心自亨通而無所疑懼。則雖難必濟，心亨而無疑，則可以出險矣。而「往有功也」。故必往而求出於險，則可有功。今水臨萬仞之山，此以坎象言，今大水臨近高山。要下即下，其流而下。無復凝滯之在前。安有留滯？惟知義理而已，人於義理，苟信之篤、行之力。則復何回避？如水之就下，則沛然莫禦。所以心通。何往而不心亨哉？

人所以不能行己者，人不得行是道於己者。於其所難者則惰，義理之淵浩其難爲功者，則怠惰而不講。其異俗者，雖易而羞縮。習俗之當變，其易爲力者，則瑟縮不爲。是皆志不立、氣不充，故有怠惰、羞縮之病。惟心弘則不顧人之非笑，惟心弘則立志遠大，不以人之非己笑己而爲之作止。所趨義理耳，由行義理而已。視天下莫能移者道[四三]。亦以是道亘古今而不變也。然爲之，人亦未必怪。故盡力以進是道，人亦未必敢非笑於己也。正以在己者義理但恐義理之公。不勝惰與羞縮之病，不足以勝女怠惰羞縮之私，則無由進於是道。消則有長，故怠惰羞縮消一分，則義理長一分。不消則病常在，若不能消釋，則是病根常在。意思齷齪，意態消縮。無由作事。又豈能爲之哉？若古氣節之士[四四]，自古志氣高邁、以名節自許者。冒死以有爲，死而不顧。於義未必中，雖未必合於義。然非有志概者莫能。非志氣感慨者不能。况吾於義理已明，况是義理在人已極昭著。何爲不爲？胡爲志不立、氣不充，而有怠惰羞縮之病，反不如有氣節者之志概？此舉重明輕，所以激昂夫柔懦之士。

姤初六　姤，遇也。决盡則爲純乾，四月之卦至姤然後一陰可見，而爲五月之卦，以其本非所望而卒然值之，如不期而遇者，故爲遇。其初六爻云。「羸豕孚蹢躅。」羸，弱也。蹢躅，跳躍也。蹢，音擲。躅，音逐。豕方羸時，豕性剛躁[四五]，雖當羸弱之時。力未能動，其氣力固未能動。然至誠在於蹢躅，但其真心則未嘗不在於跳躍也。得伸則伸矣。得肆則肆。猶小人雖困，志在求逞，君子所當察。如李德裕處置閹宦，李德裕相唐武宗[四六]，君臣契合。徒知其帖息威伏，宦寺之徒帖息威伏，似若無能爲。而忽於志不忘逞，不知其志在於求逞。照察少不至，繼嗣重事，卒定於宦者之手，而德裕逐，皆明照不及。則失其幾也。是幾微隱伏之際失於察也，可懼哉！[四七]

校勘記

[一] 此條上，熊剛大集解時删除一條語録，葉本有：

伊川先生上疏曰：夫鐘，怒而擊之則武，悲而擊之則哀，誠意之感而入也。告於人亦如是，古人所以齋戒而告君也。臣前後兩得進講，未嘗敢不宿齋預戒，潛思存誠，覬感動於上心。若使營營於職事，紛紛其思慮，待至上前，然後善其辭説，徒以頰舌感人，不亦淺乎？

［二］於人何所不濟　「何所不」，葉本作「必有所」。

［三］所謂將在軍　「軍」，葉本作「外」。

［四］伊川易傳曰　「伊川易」三字原無，據葉本補。

［五］伊川易傳曰　「伊川易」三字原無，據葉本補。

［六］伊川易傳曰　「伊川易」三字原無，據葉本補。

［七］因其有德而成就之　「德」原作「得」，據上文及葉本改。

［八］伊川易傳曰　「伊川易」三字原無，據葉本補。

［九］而初九求望之深　「九」，葉本作「乃」。

［一〇］世之責望故素　「素」下，葉本有「而至悔咎者」五字。

［一一］伊川易傳曰　「伊川易」三字原無，據葉本補。

［一二］伊川易傳曰　「伊川易」三字原無，據葉本補。

［一三］所同者有時而或異　「或」，葉本作「獨」。按：據下文，作「獨」爲宜。

［一四］革仇讎爲臣民者　「讎」，葉本作「敵」。

［一五］如是宛轉以求合也　「求」下，葉本有「其」。按：據上下文意，宜有此字。

［一六］巷非邪僻由徑也　「由」，周易程氏傳作「曲」。

［一七］伊川易傳曰　「伊川易」三字原無，據葉本補。

［一八］伊川易傳曰　「伊川易」三字原無，據葉本補。

［一九］伊川易傳曰　「伊川易」三字原無，據葉本補。

［二〇］伊川易傳曰　「伊川易」三字原無，據葉本補。

［二一］乃其所以致悔取災咎也　「悔」下，葉本有「辱」字。

［二二］伊川易傳曰　此句原無，據葉本補。

［二三］又説之心不已　「又」，葉本作「雖」；「之」下，葉本有「之」字。

［二四］伊川易傳曰　「伊川易」三字原無，據葉本補。

［二五］防小人之過　「過」，葉本作「道」。

［二六］夔夔然存謹畏之心　「謹」，葉本作「恭」。

［二七］此條下，熊剛大集解時删除兩條語録，葉本有，分別是：

明道先生與吴師禮談介甫之學錯處，謂師禮曰：爲我盡達諸介甫：我亦未敢自以爲是。如有説，願往復。此天下公理，無彼我。果能明辨，不有益於介甫，則必有益於我。

天祺在司竹，常愛用一卒長，及將代，自見其人盗筍皮，遂治之無少貸。罪已正，待之復如初，略不介意。其德量如此。

［二八］愛民則爲政之本則　「愛」原無，據上文及葉本補。

［二九］明道曰　「明道」二字原無，據葉本補。
［三〇］氣忿則招拂　「拂」，葉本作「佛」。
［三一］理雖有而挾忿氣以臨之　「臨」，葉本作「勝」。
［三二］今或不從奈何　「奈何」原刊本作小字，因是近思録原文，故改作大字。
［三三］大凡別事都强得　「都」上，葉本有「人」字。
［三四］十釜爲鍾　「釜」，葉本作「斛」。
［三五］有涯亦有時而滿　「滿」下，葉本有「惟天地之量則無滿」句。
［三六］謝安聞謝玄破苻堅　「苻」原作「符」，據葉本改。
［三七］舉世非之而不加沮　「沮」，葉本作「愠」。
［三八］持國大服　「大」，葉本作「便」。
［三九］此條原緊接於上條末刻印，未單列，據葉本單列。
［四〇］惟井里貢助之法不可復　「里」，葉本作「田」。
［四一］此條下，熊剛大集解時删除一條語録，葉本有：
明道先生作縣，凡坐處皆書「視民如傷」四字，嘗曰：顥常愧此四字。
［四二］攻者甚力　「攻」上，葉本有「言者」二字。
［四三］視天下莫能移者道　「者」，葉本作「其」；「者」，葉本作「之」。

［四四］若古氣節之士　「若」，葉本作「在」。

［四五］豕性剛躁　「剛」，葉本作「陰」。

［四六］李德裕相唐武宗　「相」原作「非」，據葉本改。

［四七］此條下，葉本有一條語録，熊剛大集解時將其移至卷十一，即：

人教小童，亦可取益。絆己不出入，一益也；授人數數，己亦了此文義，二益也；對之必正衣冠，尊瞻視，三益也；常以因己而壞人之才爲憂，則不敢墮，四益也。

新刊音點性理群書句解卷之十一　後集

近思録第十一卷

此卷論教人之道。蓋君子進則推斯道以覺天下，退則明斯道以淑其徒。所謂得英才而教育之，即「新民」之事也。

伊川先生曰：古人生子，古者生子。能食能言而教之。能食則教之以右手，能言則教之唯諾。食，音嗣。大學之法〔一〕，大學者，大人之學，其所以爲法。以豫爲先。學記曰：「禁於未發之謂豫。」故在於早。人之幼也，蓋人方幼時。知思未有所主，心無定主，則所知所思易入邪僻。便當以格言至論便當以當理之言、極至之論。日陳於前，日日敷陳，開説於前。雖未曉知，縱未通曉其意旨。且當薰聒，且須薰染講論。使盈耳充腹，俾之入耳著心。久自安習久後自然安熟。若固有之，有若吾心固有之理。雖以他言惑之，縱其它邪説私言。不能入也。必不能惑也。若爲之不豫，如或教之不早。及乎稍長，迨年事日長。私意偏好生於内，内爲物欲所陷溺。衆口辯言鑠於外，外爲流俗所消靡。欲其純全[二]，欲其心德之渾全。不可得也。蓋不可得也已。[三]

人教小童，人之教童子。亦可取益。於己亦有利益。絆己不出入，一益也；絆，牽繫也。此身爲之牽繫，無所出入，有益於己一也。授人數數，數數，頻數也。授人以書，頻數點誦。己亦了此文義，二益也；了，曉徹也。自己因此亦能曉徹其意義，有益於己二也。對之必正衣冠，尊瞻視，三益也；對它亦須正其衣冠，尊其瞻視，自己以敬，有益於己三也。常以因己而壞人之才爲憂，常常恐己之教者有所不及，則壞其未成之才。則不敢惰，四益也。則不敢怠於教，爲人謀而忠，有益於己四也。○此段元在十卷末，主教而言，疑當在此。

觀之上九曰：觀者有以中正示人，爲人所仰也。其上九爻云。「觀其生，觀其所爲。君子无咎。」如不失爲君子之道，當得無悔咎。象曰：象辭云。「觀其生，觀其所爲。志未平也。」謂上九陽剛居尊位之上，雖不得位，未可忘戒懼也。伊川易傳曰[四]：易傳云。君子雖不在位，上爲無位之地，故曰「不在位」。然以人觀其德，然當此之時，高而在上，固衆人所仰望。用爲儀法，而用爲法則者。故當自謹省[五]，觀其所生，要當謹畏，反觀己之所爲。常不失於君子，常不違乎君子之道。則人不失所望而化之矣。而後人心慰滿，得所矜式也。不可以不在於位，故不可以其無位。故安然放意而無所事也。而可以輕意肆志、當觀瞻而爲人儀則也。

聖人之道如天然，聖人之道，其遠如天。與衆人之識　衆人則識見卑小。甚殊邈也。大段相隔遠。門人弟子既親炙，之後益知其高遠。游其門者，既日親近薰炙，方見愈高愈遠而不可及，如子貢謂「仲尼，日月也，無得而踰之焉」。既若不可及，既以聖人爲非己之能及。則趍望之心怠矣。則必自沮，而望道之心怠弛矣。故聖人之教，所以聖人教人。常俯而就之。循循善誘，常俯而就之，亦因其資而導之，不使之徒見高遠而自沮。事上臨喪，事上而敬，臨喪而哀。不敢不勉，此易於勉力。君子之常行。固君子於日用常行之間。不困於酒，如惟酒無量不及亂。尤其近也。此又最淺近者。而以己處之者，而受教者，苟以身而行之。不獨使夫資之下者勉思企及，非特常人之所可勉。而才之高者　雖足賢者才品之高。亦不敢易乎近矣。亦不敢忽其近者。蓋無精粗、無巨細，道咸在焉。[六]

胡安定在湖州，安定爲湖州教。置「治道齋」，且揭齋扁名爲「治道」。學者有欲明治道者，來學者欲明爲治之法。講之於中，則講究於其間。如治民、政教設施之方。治兵、戰陣部伍之法。水利、江河渠堰之利。算數之類。律曆、九章之數[七]。嘗言劉彝善治水利，每言彝最曉水利。後累爲政，後歷任之多。皆興水利有功。大率皆以水利奏功，是不可不講明也。

凡立言，欲涵蓄意思，足人立爲言辭，須是含蓄深思方得。不使知德者厭、常使知德者玩其意而不厭。無德者惑。無德者守其說而不惑。

教人未見意趣，教人而人未悟旨意見趣。必不樂學。猶食而不知味，必不樂於學。欲且教之歌舞，不如且就性情上用功，教之歌詠舞樂。如古詩三百篇，如周詩三百篇。皆古人所作[八]。無非出於古人之口。如關雎之類，如歌關雎一篇，詠后妃之德。正家之始，齊家正始之道存乎中。故用之鄉人、施之鄉人。用之邦國，行之邦國。日使人聞之。日日俾人聞此，則善心自起。此等詩，其言簡奧，但此詩辭簡而義奧。今人未易曉。今人尚恐未能通徹。欲別作詩，欲做此例，別爲詩歌。略言教童子洒掃應對事長之節，洒掃如文公詩「奉水勤播洒，擁篲周室堂」，應對如「庸言戒麤誕，時行謹安詳」，事長如「童蒙貴養正，遜弟乃其方」之句。令朝夕歌之，自朝及夕常令歌詠。似當有助。則心聲發其性情之和，心德全於歌詠之際，豈不大有益耶？

子厚以禮教學者最善，禮以恭敬辭遜爲本，而有節文度數之詳。學者從事於此，最好。使學者先有所據守。則日用言動之間，皆有據依持守之地。

語學者以所見未到之理，學者見所未到而驟以語之。不惟所聞不深徹，則彼不惟無深造自得之功。久將理低看了[九]。而且輕視之矣。

舞射便見人誠。舞者所以導其和，射者所以正其志，要必以誠心爲之。古之教人，古者教人。莫非使之成己。誠者所以成己也。自洒掃應對上，洒掃應對，只是教之以誠。便可到聖人事。誠之至，即是聖人事也。

自「幼子常視無誑」以上，「視」與「示」同。誑，欺妄也。子未有知，常示以正事，而無欺妄。便是教以聖人事。即聖人无妄之道。

「先傳」、「後倦」，「倦」，如「誨人不倦」之「倦」，君子之道非以其末爲先而傳之，非以其本爲後而倦教。君子教人有序。各有次序，非可躐進。先傳以小者近者，小近者，洒掃應對進退之末節也。而後教以遠者大者[一〇]。遠大者，性命之本原，是道之體統也。非是先傳以近小，非言先以道之粗者而傳之。而後不教以遠大也。而後不復以道之精者而教之也。

伊川先生曰：説書必非古意，説書而無古人優游玩索之意。轉使人薄。則起人厭薄之心。學者須是潛心積慮，是必深存此心，久積其慮。優游涵養，優哉游哉，涵詠存養。使之自得。俾胸中沛然有自得之意。今一日説盡，若不玩索其理，徒事口耳之傳。只是教得薄。皆其末也。至如漢時説下帷講誦，如董仲舒下帳帷講論。猶未必説書。亦非説書也。

古者八歲入小學，古者自國之貴游子弟，及士庶人之子，八歲則皆入小學。小學者，小子之學也。十五入大學，及十有五歲入大學。大學者，大人之學也。擇其才可教者聚之，然後擇其才之可教者聚之於學。不肖者復之農畝。其不可教者復歸之農畝。蓋士農不易業，非士則農，不改其業。既入學則不治農，若既入學，則爲俊秀，不復爲農者之事。然後士農判。此士農判然兩途矣。在學之養，但養之於學者。若士大夫之子，如國之貴游子弟。則不慮無養，雖無學之養亦可。雖庶人之子，士庶人之子。既入學則亦必有養。既入於學，則必須學以養之。古之士者，自十五入學，至四十方仕，中間自有二十五年學，其間二十五年無非留意於學。又無利可趍，何嘗汲汲於利？則所志可知，故其所志不在乎小。須去趍善，所求進者善是已。便自此成德。只此便能養成其德性。後之人自童稚間後世反是，自兒時。已有汲汲趍利之意，便自逐逐利欲之汲。何由得向善？汲汲於利，則不暇汲汲於善，何自趍於善？故古人必使四十而仕，故古者專於脩己、緩於干禄。然後志定。士有定志。只營衣食却無害，若只營求衣食於力分之内，未足以奪志，故無害。惟利禄之誘最害人。誘於利禄，則所學皆非爲己，而根本已撥矣，故害最甚。

天下有多少才，天下之中多少人才。只爲道不明於天下，自是道之晦蝕而不明。故不得有所成就。故皆無所成就。且古者「興於詩」，詩足以感人之善心，使有所興起。立於禮，禮所以固人肌膚之會、筋骨之束，使人有所卓立。成於樂」，樂所以養人之情性，蕩滌邪穢，消融查滓，使人學有所成。如今人怎生會得？今之人能悟此理耶？古人於詩，如今人歌曲一般，古詩猶今歌曲。雖閭巷童稚，雖閭閻里巷童稚。皆習聞其説而曉其義，無不習熟其説而通曉其義。故能興起於詩。故吟諷之間，足以感發其善心，而懲創其逸志。後世老師宿儒，後世老成之師範、皓首之儒生。尚不能曉其義，尤且不通徹其文義。怎生責得學者？又如何責得初爲學之人？是不得「興於詩」也。是未見有能興起於詩者也。古禮既廢，禮所以叙人倫而施之家國者，皆有法度，自古之禮不復。人倫不明，叙倫之道日益舛。以至治家皆無法度，齊家之法不存。是不得「立於禮」也。是不能據依此理，而有所卓立也。古人有歌詠以養其性情，歌詠聲詩，温柔篤厚，所以養其性情也。聲音以養其耳目，五聲成文，八音相比，鴻殺疏數，節奏和平，有以養其耳目也。舞蹈以養其血脈。至於手之舞、足之蹈，執其羽籥、干戚之器，習其「屈伸俯仰、綴兆舒疾」之文，是以容貌得莊，行列得正，進退得齊，心志條暢，而血氣和平，而有以養血脈也。今皆無之，是不得「成於樂」也。今皆無此，則不能「成於樂」。古之成材也易，古之材「興於詩，立於禮，成於樂」，故其成也易。今之成材也難。今之材道不明，而不得有所成就，故成之也難。

孔子教人，「不憤不啓，聖人誨人皆迎其機。憤者，心求通而未能之意。啓，開其意也。蓋不因其心求通而未得，則不能開其意。不悱不發」。悱，口欲言而未能之貌。發，達其辭。不因其口欲言而未能，則不能達辭。蓋不待憤悱而發，不待其憤悱而遽然啓發之。則知之不固；則未嘗深思，其受之也必淺，既無所得，其言之也若亡[一一]。待憤悱而後發，啓發於憤悱之餘。則沛然矣。則思深力窮，而倏爾有得，必沛然而通達矣。學者須是深思之，爲學必沉潛玩索，則理自明。思之不得，苟思之深，尤未有所得。然後爲他説便好。則教之者别爲一説，以誘進之爲善。初學者須是且爲他説，爲初學之教，須是它爲一説，使之易知易行者。不然，不如此。非獨他不曉，不特是受教者未曉其宏辭奥義。亦止人好問之心也。而它人好問之心亦消沮矣。[一二]

學記曰：「進而不顧其安，聖人教人隨方施教，各當其可，苟進之而不顧其己之所安。使人不由其誠，使之而不以其人之實。教人不盡其材。」教之而不盡其材之所至，則皆陵節躐等矣。人未安之，故人未安其所教。又進之，乃欲援而進之。未喻之，人未曉其大義。又告之，又從而與之言。徒使人生此節目。徒使人生節目之繁多、不能會本原之妙理。不盡材，蓋教之不因其材。不顧安，進之不顧其安。不由誠，使之不由其誠。皆是施之妄也。是不當其可而施之。躐等陵節，是以爲妄。教人至難，教人之道最難。必盡人之材，材有高下，必因其材而教之。乃不誤人。人亦因其材之可爲而勉力，斯爲不誤。觀可及處，觀其力之所可及者。然後告之。而後告之以此。聖人之明，聖人明睿所照。直若庖丁之解牛，直如庖丁之宰牛。皆知其隙，洞見間隙。刃投餘地，優游施刃。無全牛矣。脈理皆解剖剥，無全牛矣。人之才足以有爲，人之才本亦可以有所爲。但以其不由於誠，但勉强行之，而無誠意。則不盡其才。雖材所可爲者，亦不能盡之。若曰勉率而爲之，如是己所未至，勉强而行之。則豈有由誠也哉！又安有誠意耶！按：橫渠與人書，謂其子日來誦書不熟，宜教它熟誦，盡其誠與材。

古之小兒，古者小兒。便能敬事。「長者便知盡敬，以事其尊長。與之提攜，與之相攜持。則兩手奉長者之手」，捧手，習扶持尊者。問之，「掩口而對」。掩口，「習其鄉尊者屏氣」也。蓋稍不敬事，苟此心少或怠慢。便不忠信。便不能盡其誠實之道。故教小兒，所以教小兒之法。且先安詳恭敬。「安詳則不躁率，恭敬則不誕慢，此忠信之本也。」

孟子曰：「人不足與適也，適，過也，言小人居位不足過責。適，音謫。政不足與間也，間，非也。政教不足復非間。唯大人格君心之非。」格，正也。獨得大人爲輔，是能正君心之所非。非惟君心，不特是人君之心。至於朋游學者之際，以至處朋友交游、與學於己者。彼雖議論異同，所言所論或異或同。未欲深較。未及較明。惟整理其心，但先整頓條理，俾其心所存。使歸之正，一出於正。豈小補哉？是豈小小補益之道哉？

校勘記

[一] 大學之法　「大」，上太皇太后書作「小」。

[二] 欲其純全　「全」，葉本作「完」。

[三] 此條上，熊剛大集解時刪除一條語録，葉本有。按：「濂溪先生曰剛善爲義」條，見句解前集卷十七通書師第七。

[四] 伊川易傳曰　「伊川易」三字原無，據葉本補。

[五] 故當自謹省　「謹」，葉本作「慎」。

[六] 此條下，熊剛大集解時刪除一條語録，葉本有：

明道先生曰：憂子弟之輕俊者，只教以經學念書，不得令作文字。子弟凡百玩好皆奪志。至於書札，於儒者事最近，然一向好著，亦自喪志。如王、虞、顔、柳輩，誠爲好人則有之，曾見有善書者知道否？平生精力一用於此，非惟徒廢時日，於道便有妨處，足知喪志也。

［七］如律曆九章之數　「數」，葉本作「類」。

［八］皆古人所作　「所作」，葉本作「作之」。

［九］久將理低看了　「久」，葉本作「反」。

［一〇］而後教以遠者大者　「遠者大者」，葉本作「大者遠者」。

［一一］其言之也若亡　「言」，葉本作「聽」。

［一二］此條下，熊剛大集解時删除一條語録，葉本有。按：「横渠先生曰恭敬樽節退讓以明禮」條，見句解前集卷十三正蒙至當篇第九。

新刊音點性理群書句解卷之十二　後集

近思録第十二卷

此卷論戒謹之道。脩己治人，常當存警省之意，不然則私慾易萌，善日消而惡日積矣。

伊川先生曰：德善日積，德善者，福禄之本。德善而日日崇積。則福禄日臻。則福禄自然日至。德踰於禄，德勝於禄。則雖盛而非滿。則所享雖厚而不爲過。禄過於禄[一]，所享者雖薄且不能勝，況於隆盛乎？自古隆盛，自古享福禄之隆盛。未有不失道而喪敗者也。未必不自無德而致喪敗也。[二]

人之於豫樂，人於悦豫逸樂之事。心説之，其悦在心。故遲遲，遂至於耽戀，遲遲不忍捨之，貌遂至於耽好係戀。不能已也。自不容已。豫之六二，豫，和樂也。其卦六二爻。以中正自守，中而得正，上又無應，特立自守。其介如石，其節之堅，介然如石，無所轉移也。其去之速，速於去則無所耽戀。不俟終日，不待盡日。貞正而吉也。蓋得貞正之道，所以善也。處豫不可安且久也，豫雖主樂，易以溺人，故處豫之時不可久安。久則溺矣。久於豫樂，則必溺而反憂矣。如二可謂「見幾而作」者也。如六二見凡事之幾微，不俟終日而作。蓋中正，故其守堅，惟得中而正，故所守之堅。而能辯之早、去之速也。而能辨明之早，退去之急也。○易傳。下同。

人君致危亡之道非一，世之君所以取危亂覆亡之道，雖非一端。而以豫爲多。大率由逸豫而生者亦衆。

聖人爲戒，聖人警戒。必於方盛之時。必於世道隆盛之時。方其盛而不知戒，處其隆盛而不知監戒。如湯處商之殷阜而銘盤自警，武王處周之隆平而銘席几以示戒，是盛而知戒也。故狃安富則驕侈生，矜其治安富實，則驕矜奢侈之心生。如武帝襲富庶之後而窮兵遠討，是驕心生矣。紂承商室平治之後而爲臺榭、陂池、侈服，是侈心生矣。樂舒肆則紀綱壞，樂於舒泰放肆，則大綱小紀之不張。如周穆王造八駿之乘，殆遍天下，徐偃伯於徐上，而周之紀綱不振。昭王南游於楚，船人膠合其舟以進，遂沉没楚江，而周之綱紀陵夷。忘禍亂則釁孽萌，釁端禍孽每兆於無虞之中。唐明皇亡夷狄之亂，胡雛養作宫中兒，以至乘隙而奮。如是以浸淫故方盛之時。不知亂之至也。不知其爲將衰之漸也。

復之六三，震下坤上爲復。復之六三爻。以陰躁處動之極，三既陰躁，又處震動之終。復之頻數而不能固者也。其於復善也，躁動而不能固守也。復貴安固焉，有失而後有復，復當居之安、守之固。頻復頻失，屢復而屢失。不安於復也。是復之後居之，猶未安也。復善而屢失，已復而又失，不常其德[三]。危之道也。取危之道。聖人開其遷善之道，聖人示人以復善之機。與其復而危於其復而危厲。其屢失，及屢復而屢失者。故云「厲无咎」。故或言危厲，或言无悔咎。不可以頻失而戒其復也，不可以其頻數過失而戒其復善。頻失則爲危，屢失故危厲。屢復何咎？屢復故「无咎」。「无咎」者，補過之稱。過在失而不在復也。蓋其過在於失善而不在乎復善也。○劉質夫曰：劉絢，字質夫，程子門人。「頻復」不已，頻復頻失不止。遂至迷復。則玩溺而不能復，必至上九之昏迷而不能復矣。

睽極則咈戾而難合[四]，兑下離上爲睽。睽，乖違也。上居睽之終，是睽之極也。故違咈乖戾而不能相合。剛極則躁暴而不詳，以九居上，是剛之極也，故躁急暴厲而不能安詳。明極則過察而多疑。居離之終，是明之極也，故過於明察而多疑慮。睽之上九，上九之爻。有六三之正應，實不孤，與六三爲正應，似若不孤。而其才性如此，以其才其性而言有是三者。自「睽孤」也。又何往而不「睽孤」？雖有正應，亦不合矣。如人有親黨，正如人有親戚朋黨。而多自疑猜，不能無疑猜，過明之患也。安生乖離，不能不乖離，過剛好睽之致也。雖處骨肉親黨之間，而常獨孤也。亦如上九有六三爲正應，亦不能合而睽孤也。

解之六三曰：解，難之散也。其六三爻云。「負且乘，負者，小人之事，猶今之負販也。乘者，君子之器，猶今之路車也。以小人而乘君子之器。致寇至，盗思奪之矣。貞吝。」雖得其正，亦可羞吝也。伊川易傳曰〔五〕：易傳云。小人而竊盛位，以小人而竊君子之位。雖勉爲正事，雖勉强以爲正事，即上文之貞也。而氣質卑下，而陰柔卑下之質。本非在上之物，謂居内卦之上。終可吝也。非其所安，是以吝也。若能大正則如何？使其能事事皆正，則如何？曰：大正，非陰柔所能也。云事事而正，非陰邪柔暗者所能。若能之，如或有此。則是化爲君子矣。則是化其卑下之質而爲在上之人矣。

益之上九曰：益，增益也。上九爻云。「莫益之，利者，人所同欲，莫肯加益。或擊之。」或至於擊奪之。伊川易傳曰〔六〕：易傳云。理者，天下之至公；理者，天下之公。利者，衆人所同欲。利者，人欲之私。苟公其心，在上者，以至公之心。不失其正理，而不失正公之理。則與衆同利，利與衆同。無侵於人，而不奪人之利。人亦與之。則衆亦與之同其利。若切於好利，苟切切利己。蔽於自私，而苟懷自私之心。求自益以損於人，欲損下以益其上。則人亦與之力爭。利者人所必爭。故莫肯益之，亦各欲利其己，莫肯加益。而有擊奪之者矣。而擊奪之患生矣。

艮之九三曰：艮卦九三爻云。「艮其限，艮，止。限，身上下之際，即腰胯也。列其夤，列，絶也。夤，膂也。九三以過剛不中，當限之處而艮其限，則不得屈伸而上下判隔，如列其夤矣。厲薰心。」危厲薰心，不安之甚也。伊川易傳曰[七]：易傳云。夫止道貴乎得宜。所貴於止者，謂各得其宜止，而無過與不及也。行止不能以時，而定於一，苟不度時中，而一於限止焉。其堅强如此，堅執强忍如此。則處世乖戾，不惟違世。與物睽絶，又且絶物。其危甚矣。危厲之極也。人之固止一隅，人之止於一偏。而舉世莫與宜者，不得其止之宜而與世不相合者。則艱蹇忿畏 則艱難屯蹇、忿悶畏攝之狀。焚撓其中，焚烈燒亂其中。豈有安裕之理？而無静安優裕之態。「厲薰心」，謂之「厲薰心」。謂不安之勢 蓋以其不能自安之勢。薰爍其中也。薰灼爍灟於其心也。

大率以說而動，兑下震上爲歸妹。兑，悦也，震，動也，故爲説而動。安有不失正者？「心有好樂，則不得其正」，况從欲忘返耶？

男女有尊卑之序，同上。震長男，兑少女。男尊女卑，自有定序。夫婦有倡隨之理，夫倡婦隨，自有定理。此常理也。此人道之常。若徇情肆欲，如私情曲徇，私欲放縱。唯説是動，惟以説而動。男牽欲而失其剛，剛者不爲物欲所屈，男既牽於欲，何有於剛？故申棖之慾，夫子以爲「焉得剛」。婦狃説而忘其順，順者有婉娩聽從之美，女既狃於説，何有於順？如孟光之荆釵布裙，是順從其夫者，非以説而然也。則凶而無所利矣。必且失其常理而致凶矣。

雖舜之聖，以舜之大聖人。且畏巧言令色，巧言者巧佞之言，令色者善柔之色，皆務以悦人也。

說之惑人，人心喜順惡逆，故說之道惑於人。易入而可懼也如此。入人之易，不可不戒也。

治水，天下之大任也，治水乃天下之大事，膺此職者，其責任亦大。非其至公之心，自非推其公心。能捨己從人〔八〕，捨己所短，從人所長。盡天下之議，合天下之謀。則不能成其功，則不能以任天下之大事。豈方命圮族者所能乎？方，不順也。命，天理也。圮，毀也。族，類也。豈是上不順乎天理，下不依乎群情，恃其才智，任己而行，所能濟事哉？鯀雖九年而功弗成，鯀雖九年於外，而無治水之功。然其所治，但其所以治水。固非他人所及也。又非今人所及。惟其功有叙，惟其漸已底績。故其自任益强，故任事者益力。咈戾圮類益甚，咈戾上下，圮毀族類，愈見其甚。公議隔而人心離矣，公議隔而得失莫聞，人心離而事功莫集。是其惡益顯，則其過愈彰。而功卒不可成也。終至於九載績用弗成也。○經說。下同。

君子「敬以直内」。君子敬存於中，不容有一毫之邪枉，所謂「直」也。微生高所枉雖小，而害則大。微生高乞其鄰之醯以與人，以無爲有，曲意徇人，邪枉之態不能掩者。其事雖微，所以害於其直者甚大。

人有慾則無剛，「剛與慾正相反。能勝物之謂剛，常伸於萬物之上；爲物掩之謂慾，常屈於萬物之下。」故人爲慾所掩，未必能剛。剛則不屈於慾。剛則斷不爲物慾所屈。

人之過也，人之處事豈能無過？各於其類。但其類，則各有君子小人之分，在於仁、不仁而已。

君子常失於厚，仁者之過，常在於厚。小人常失於薄；小人不仁者之過，常在於薄。君子過於愛，仁者之過也常愛。小人傷於忍。不仁者其過也常忍。

明道先生曰：富貴驕人固不善，既富且貴，驕矜於人，固未爲是。學問驕人，問學充積，驕矜於人。害亦不細。非特其學爲務外，而敎惰敗德，學亦不進，害尤不小。蓋學以爲己驕人乎哉！○遺書。下同。

人以料事爲明，人以能逆料其事爲能明察。便駸駸入逆詐、億、不信去也。漸入於逆料，人之欺己臆度，事之未著心乎人之疑己之域。夫子曰：「不逆詐，不億不信。」先覺者其賢乎？

人於外物奉身者，人假外物以奉養吾之軀者。事事要好，如飲食、衣服、器具、使令之屬皆要妍美。只有自家一箇身與心心者性之郛郭，身者心之區宇。却不要好。衆理全具却不能領惡而全好。苟得外面物好時，縱使外面奉身之物雖好，不過逐逐於人慾之私。却不知道自家身與心，不知於己分上著工。却已先不好了也。而已不能全夫天理之至善矣。是知養其小者，不知養其大者。小者口體也，大者身心也。

人於天理昏者，人於天理昏晦而不明。是只爲嗜欲亂著他。只是嗜欲之私汩亂。莊子言：「嗜欲深者[九]，莊周氏謂嗜欲之多。其天機淺。」則志亂氣昏，而天理微矣。此言却最是。此說甚好。

伊川先生曰：閲機事之久，莊子曰：「有機械者必有機事，有機事者必有機心。」故閲其事之久。機心必生。則機心自然生。蓋方其閲時，心必喜，蓋當其閲之之時心已爲之喜。則如種下種子[一〇]。正猶布種而下種子，必有時而發。先賢亦以爲心猶穀種，正以種之則生也。

疑病者，凡人之病於多疑者。未有事至時，事未至之時。先有疑端在心。而此心先有好疑之端，則事至之時不當疑而疑矣。周羅事者，周羅，俚語，猶兜攬也。凡人之兜攬事者。先有周事之端在心。事未至之時而此心先有喜事端，事至之時不當攬而攬矣。皆病也。皆心之病也，治心者必去其端。

較事大小，事無大小，惟理是視。苟較其大小，忽其小者而立其大者。其弊爲枉尺直尋之病。忽其小則有枉尺之患，立其大則有直尋之理。

小人、小丈夫，人而謂之小人，丈夫而謂之小丈夫。不合小了他，是局於氣質、汩於利慾，不合自小之耳。本不是惡。原其初則性無不善，何有於惡？

雖公天下事，事雖出於公，如見人之寒而遺之衣，見人之飢而遺之食之類，是公也。若用私意爲之，便是私。苟有要譽之心，是即私心矣。

做官奪人志。仕而志於富貴，固不必言。或馳騖於是非予奪之境，而此志動於喜怒愛惡之私，或經營於建功立業之間，而此志陷於計度區畫之巧。德未成而從政，未有不奪其志也。

驕是氣盈，驕，矜誇。氣盈，常覺其有餘。吝是氣歉。吝，鄙嗇。氣歉，常覺其不足。人若吝時，人若有鄙嗇之心。於財上亦不足，不待於財如此。於事上亦不足，於事亦如此。凡百事皆不足，凡百事皆如此。必有歉歉之色也。常歉然而不足，惟君子所志者道，故無時而盈，亦無所不足。

未知道者如醉人，不明乎此道，則沉醉人欲，如醉未醒。方其醉時，時方沉醉。無所不至；則詐駡顛倒，何所不爲？亦猶未悟此理，則放肆於欲也。及其醒也，及其酒醒。莫不愧耻。無不生愧恧之心。猶人之已悟於理，則悔前日之非。人之未知學者，故人未知向學。自視以爲無缺，自顧謂無所缺失。及既知學，及已向學。反思前日所爲，反觀其向者所爲。則駭且懼矣。知其有缺，莫不警駭畏懼矣。

邢公云[一一]：邢恕云。「一日三點檢。」一日三次點檢其身。明道先生曰：先生云。「可哀也哉！哀者，哀其用工之空缺。其餘時理會甚事？」一日只三次點檢其身，其餘時又用功何事？蓋倣三省之説錯了，曾子一日三省吾身，是一日之間以三事省察其身，若謂三次點檢則錯了此章矣。可見不曾用功[一二]。即此可見邢恕爲學未嘗著力。

横渠先生曰：學者捨禮義，爲學而不習禮義。則飽食終日，充腹而食，終日而坐。無所猷爲，無所謀爲。與下民一致，與凡民一等耳。所事不踰衣食之間，所事者，不過衣服飲食之末。燕遊之樂爾。燕安遨遊之樂也。鄭、衛之音悲哀，鄭國、衛國之樂音悲愁哀怨。令人意思留連，使人留戀。又生怠惰之意，又起怠惰之心。從而致驕淫之心，繼又生驕矜，淫佚之私。周子言道欲生悲是也。雖珍玩奇貨，雖珍寶玩好之物。其始感人也[一三]，亦不如是其初之感動於人處，不如此。切，從而生無限嗜好。從而又生無窮之玩好。故孔子曰夫子之於鄭聲。「必放之」，必欲放而逐之。是亦聖人經歷過[一四]，蓋聖人亦皆經從此過。但聖人不爲物所移耳。但不爲外物移奪其志耳。○禮樂説。

聖人言「反經」[一五]，經，常也，古今不易之常道也。孟子言反其常道。特於「鄉原」之後者，鄉原，鄉之謹愿之人也。特發於其後。以鄉原大者不先立，以鄉原浮沉俯仰，無所可否。義理不立。心中初無作，中無所主。惟是左右看，順人情不欲違，惟務悦人，乃亂常之尤者。一生如此。且又終身行之而無悔。君子「反經」，復其常道，則是理昭然，而鄉原僞言僞行，不得以惑之矣。

校勘記

［一］禄過於禄　「於」，葉本作「其」。

［二］此條上，熊剛大集解時删除一條語録，葉本有。按：「濂溪先生曰仲由喜聞過」條，見句解前

集卷十八通書過第二十六。

［三］不常其德　「常」，葉本作「當」。

［四］睽極則咈戾而難合　「睽」上，葉本有「伊川先生曰」五字。

［五］伊川易傳曰　「伊川易」三字原無，據葉本補。

［六］伊川易傳曰　「伊川易」三字原無，據葉本補。

［七］伊川易傳曰　「伊川易」三字原無，據葉本補。

［八］能捨己從人　「捨」原作「舍」，據葉本改。

［九］嗜欲深者　「嗜」上，葉本有「其」字。

［一〇］則如種下種子　「則」上，葉本有「既喜」二字。

［一一］邢公云　「公」，葉本作「恕」。

［一二］可見不曾用功　「功」下，葉本有「又多逐人面上説一般話，明道責之，邢曰：無可説。明道曰：無可説，便不得不説？」

［一三］其始感人也　「感」，葉本作「惑」。

［一四］是亦聖人經歷過　「是亦」，葉本作「亦是」。

［一五］聖人言反經　「聖人」，葉本作「孟子」。

近思録第十三卷

此卷辨異端。蓋君子之學雖已至，然異端之辨尤不可以不明，苟於此有毫釐之未辨，則貽害於人心者甚矣。

明道先生曰：楊、墨之害，楊朱「爲我」是無君也，墨翟「兼愛」是無父也，而其爲害。甚於申、韓。過於申、韓。申不害習刑名，韓非善刑法。佛、老之害，佛氏寂滅，老聃虛無，而其爲害。甚於楊、墨。又過於楊朱、墨翟。楊氏「爲我」，疑於仁；楊氏「爲我」，可謂自私而不仁矣，然而猶疑似於無欲之仁。墨氏「兼愛」，疑於義。墨氏「兼愛」，可謂泛濫而無義矣，然猶疑似於無私之義，故足以惑人也。申、韓則淺陋易見，若申、韓之刑名功名[一]，淺陋而易見。故孟子只闢楊、墨，所以孟軻但闢楊朱、墨翟。爲其惑世之甚也。恐其爲人心之害也。佛、老其言近理，佛氏言心性，老氏談道德，彌近理而大亂真。又非楊、墨之比，又與楊朱、墨翟不同。此所以爲害尤甚。故其爲人心之害尤甚。楊、墨之害，「楊、墨塞路。」亦經孟子闢之，「孟子辟而闢之。」所以廓如也。是以其道廓然而大公。「楊朱即老聃弟子。孟子闢楊、墨，則老氏亦在中矣。」〇遺書。下同。

伊川先生曰：儒者潛心正道，學者沉潛此心於正道。不容有差，不可有毫髮之差。其始甚微，其初則甚微細。其終則不可救。其末路之差，則不可救而正之矣。如「師也過，師，子張名，才高意廣，泛愛兼容，故常過乎中。商也不及」，於聖人中道，商，子夏名，篤信自守，規模謹密，故常不及乎中。師只是過於厚些，二子於道亦未遠。然師之過，其流必至墨氏之兼愛。商只是不及些。商之不及，其後傳田子方，子方之後爲莊周，是楊氏爲我之學。然而厚則漸至於「兼愛」，蓋亦過厚則必至於「兼愛」。不及則便至於「爲我」，不及則自是「爲我」。其過不及 一過一不及。同出於儒者，皆出於儒者。其末遂至楊、墨。其終遂有楊、墨之分。至如楊、墨[二]，且如楊朱、墨翟。亦未至於無父無君，亦未便至於無其父、無其君。孟子推之 孟子推楊、墨之極致。便至於此，則兼愛者至於無父，蓋愛其父亦同於路人，是無父也。爲我者至於無君，蓋自私其身而不知有上下，是無君也。蓋其差必至於是也。末流之失必至於此矣。

明道先生曰：道之外無物，道者，人所共由之理。物猶身也，物因道而形，故道外無物。物之外無道，道以物而見，故物之外無道。是天地之間，人於天地間不能違物而獨立。無適而非道也。故無所往而非此道。即父子而父子在所親，故即父子而父子有親之道。即君臣而君臣在所嚴，即君臣而君臣有嚴之道。以至爲夫婦、爲長幼、爲朋友[三]，即夫婦而夫婦有別之道，即長幼而長幼有序之道，即朋友而朋友有信之道。無所爲而非道，無一而非出於道。此道所以不可須臾離也。

此道在人，無頃刻可離去也。然則毁人倫、今釋氏乃毁棄人倫。去「四大」者，滅除四大[四]，釋氏以地、水、火、風爲四大，幻假而成人身。寂滅幻根，斷除一切。其分於道遠矣[五]。其戾於道亦遠矣。故「君子之於天下也，君子之於天下。無適也，適，可也。無所可。無莫也，莫，不可也。亦無不可者。義之與比」。惟義之從。若有適有莫，若有可有不可。則於道爲有間，則不復皆惟義之從，是以有間。非天地之全也。如釋氏斷除外相，始見法性，非天地本然全體之性矣。彼釋氏之學，釋氏習定。於「敬以直内」則有之矣，欲得此心收斂虚静，亦若所謂「敬以直内」者。「義以方外」然有體無用，絶滅倫理，何有於義？則未之有也。故未之見也。故滯固者入於枯槁，其相滯固執，則是猶槁木死灰而不復然。疏通者歸於恣肆，其疏暢通達，則墮於號空，不踐實之域。此佛之教所以隘也。名爲「大自在」，實則隘陋，而一毫不容。吾道則不然，吾儒之道則不如此。「率性」而已。不過循其性之理，動静各正，既不病於拘，亦不至於肆。斯理也，聖人於易備言之。聖人贊易，所謂「知至至之，可與幾也。知終終之，可與存義」，又「敬以直内，義以方外」，「時正則正[五]，時行則行，動静不失其時」，體用本末，備言之矣。又曰：佛有一箇「覺」之理，佛學，禪者覺也。可以「敬以直内」，覺者，心無倚著，靈覺不昧，所謂「常惺惺法」，若可「敬以直内」矣。然無「義以方外」。然無制事之義。其直内者，要之其亦不是[六]。則所謂「覺」者，猶無寸之尺、無星之兩，其直内之本亦非矣。

熊氏曰：吾儒之學，正心以爲應事之本。佛氏孤守一箇敬，但知瞑目澄心，而無制事之義，則和那敬底也不是。

釋氏本怖死生爲利，釋氏謂有生則有滅，故有輪迴。今求不生不滅之理，可免輪迴之苦，此本出於利己之私意。豈是公道？非是大公至正之道。惟務上達而無下學，絶學而求頓悟，故務上達而無脩身正心誠意之功，故無下學。然則其上達處豈有是也？但其所謂上達者。亦未見其能上達。元不相連屬，道蓋本不相離，今捨物以明理，泯跡以求心。但有間斷，非道也。使物理身心判然而二，豈知道者哉？孟子曰：孟軻氏云。「盡其心者，盡得此心之理。知其性也。」則知其性之所賦。彼所謂「識心見性」是也，佛氏於恍惚之間略見得心性影子。若存心養性一段則無矣。若論其存養工夫則無此矣。彼固曰出家獨善，道本人倫，今曰出家離倫爲善。便於道體自不足。則於道體虧欠大矣。或曰：或又曰。釋氏地獄之類，佛氏設爲有罪人阿鼻獄之說。皆是爲下根之人皆爲下等人。設此怖，令爲善。設恐怖之法，欲使之爲善而不爲惡，最好。先生曰：至誠貫天地，真實无妄之理，可以通貫天地。人尚有不化，而人猶有未能化者。豈有立僞教而人可化乎？豈有佛氏所爲皆僞而人可化乎？

學者於釋氏之說，學者於佛氏言。直須如淫聲美色以遠之。直是猶淫賤之聲、妖媚之色必遠絶之，恐其惑人也。不爾，則駸駸然入其中矣。不如此，則已漸喧豗於吾道中矣。顏淵問爲邦，顏淵問夫子爲邦之道。孔子既告之以二帝、三王之事，孔子既以帝王之事言之於先。而復戒以

「放鄭聲，而復戒其放逐鄭國之音。遠佞人」，遠去邪佞之人。曰：「鄭聲淫，蓋鄭國之音妖淫。佞人殆。」邪佞之人危殆。彼佞人者，彼所謂佞人者。是他壹邊佞耳，是它自邪佞。然而於己則危也，其於處己則危殆。只是能使人移，只能轉移它人。故危也。此所以危也。至於禹之言曰：故伯禹嘗言。「何畏乎巧言令色？」巧好其言辭，令善其辭色者，吾何畏也？直消言畏，直是說一畏字。只是須著如此戒慎，須是常常戒敕謹慎。猶恐不免。尚恐其爲吾惑。釋氏之學，佛氏之流。更不消言常戒，卻不要說「常戒」二字。到自家自信後，到信道之篤。便不能亂得。則彼自不能不亂於我也。

所以謂萬物一體者，人與萬物實同一體處。皆有此理，只是處卷之理流行化生[七]，人與物均有是生，則亦均具是理。只爲從那裏來。皆由此中而出。「生生之謂易」，生生不窮，是乃陰陽變易之道。生則一時生，人之與物，生則皆生。皆完此理。理則皆備。人則能推，人所稟之氣通，故能推此理。物則氣昏推不得，物所稟之氣塞，故不能推此理。不可道他物不與有也。不可以爲物不有此理也。人只爲自私，人只爲私己之見。將自家軀殼上頭起意，只就人身上推之。故看得道理小了他底。故不見是道之充拓。放這身來，都在萬物中 但知吾身與萬物渾然一體之理。一例看，不爲私己之見，人之物並觀焉，則物之理即人之理，人之理即物之理。大小大快活。多少是好。大小，多少也。釋氏以不知此，佛氏惟不知萬物爲一體，順理而行本無障礙。去他身上起意思，顧乃自生私見，爲吾身不能不交於物。奈何那身不得，及身上用功不得。故却厭惡，則厭棄以爲臭皮袋。要得去盡根塵，以耳、目、口、鼻、身、意爲六根，以色、聲、香、味、觸、法爲六塵。其説謂幻塵滅[八]，故幻根亦滅；幻根滅，故幻心亦滅。必要去盡此根塵。爲心源不定，以心不定難把捉。故要得如枯木死灰。必欲其如枯木不復生、死灰不復然。然没此理，但無此道理，心本生道，有體則有用，豈容絶滅？要有此理，若要絶滅此心。除是死也。除非是死了此身則可。釋氏其實是愛身，放不得，佛氏只是愛惜此身，放舍不得。故説許多。故説出許多話言。譬之負販之蟲[九]，正猶蟲之負物。已載不起，其力有限。猶自更取物在身。自更取外物載之於身。又如抱石投河，又若抱至重之石以投於河。以其重愈沉，惟其重故沉。終不道放下石頭，却不將石放下。惟嫌重也。惟嫌其重。原佛氏之初，本是愛己，妄生計較，欲出離生死[一〇]，而不知去私己之念，本無事也。

人有語導氣者，人有言化運元氣之法。問先生曰：君亦有術乎？不知亦有此法乎？明道曰[一一]：吾嘗「夏葛而冬裘，吾但知夏暑而衣葛，冬寒而衣裘。饑食而渴飲」，飢則食而渴則飲。「節嗜慾，節約其嗜好物欲。定心氣」，凝定其心思血氣。如斯而已矣。若此而已。蓋聖賢養生，順理窒慾，豈若偏曲之士，爲長生之術也哉？

佛氏不識陰陽、晝夜、死生、古今，陰陽、晝夜、死生、古今，如天命之流行，二氣之屈伸。佛氏指爲輪迴，爲幻妄。安得謂形而上者形而上，性命也。安得謂所談性命。與聖人同乎？不與聖人異乎？

釋氏之說，佛氏之說。若欲窮其說而去取之，如欲窮究其言，去其非而取其是。則其說未能窮，則其言未易窮究。固已化而爲佛矣。固已迷其說，與之俱化，而爲佛較易。只且於跡上考之，只當且考其跡。其設教如是，其教以空寂爲法門。則其心果如何？其心以了悟爲捷徑。固難爲取其心固難取其心之明了與吾儒同。不取其跡，而不取其跡之絶滅與吾儒異也。有是心則有是迹。才有此心便有此迹。王通言「心迹之判」，王通謂「心跡之判」自是兩塗。便是亂說。此皆妄亂而言也。故不若且於迹上斷定不與聖人合。不如且斷定其迹不與聖人相合。其言有合處，其言有相合者，如「識心見性」與吾儒「盡心知性」相似。則吾道固已有；則心性者，吾道中固已有之。有不合者，其言有不相合者，如釋氏絶滅倫類，吾儒之學在叙人倫。固所不取。則非所取。如是立定，却省易。若此立定此心，庶省力而易悟也。此言雖爲初學立心未定者設，然孟子闢楊、墨，亦不過考其跡而推其心，極之於無父無君。此實辨異端之要領也。

問：神仙之說有諸？或言仙人之事如何？明道曰〔一二〕：若說白日飛昇之類，則無；如謂脩養功成，白日飛升，如生羽翼，此事則無。若言居山林間，如謂隱居深山密林。保形煉氣，保養形體，修煉氣丹。以延年益壽，則有之。以延天年，以益壽脈，或亦有此。譬如一爐火，正如一爐之火。置之風中則易過，若置之有風之中，則必易消。置之密室則難過，若置之邃密之室，則自是難消。有此理也。此理亦了然。又問：揚子言「聖人不師仙，揚子雲又謂聖人不學仙道。厥術異也」，以其道術與仙術不同。聖人能爲此等事否？不知聖人果能此耶？曰：此是天地間一賊，仙不過天地中之賊。若非竊造化之機，人之精氣，聚則生，散則死。非有見於造化之機[一三]，竊而用之，使精氣固結不散。安能延年耶？豈能延長命脈耶？使聖人肯爲，顧其自私小技，聖人弗肯爲，若爲之。周、孔爲之矣。周公、孔子之聖無所不通，亦已爲之矣。

謝顯道歷舉佛説與吾儒同處，謝子學佛氏之言與吾儒之言相同處。問伊川先生。先生曰：恁地同處雖多，如此同處亦有。只是本領不是，大本既差。一齊差却。其説似同而實異。[一四]

校勘記

[一] 若申韓之刑名功名　「功名」，葉本作「功利」。

[二] 至如楊墨　「如」，葉本作「於」。

[三] 以至爲夫婦爲長幼爲朋友　「長」上之「爲」原無，據葉本增。

[四] 滅除四大　「除」，葉本作「絶」。

[五] 其分於道遠矣　「分」，葉本作「外」；「道」下，葉本有「也」字。

［六］要之其亦不是　「其」下，葉本有「本」字。

［七］只是處巷之理流行化生　「處巷」，葉本作「天地」。

［八］其説謂幻塵滅　「謂」，葉本作「爲」。

［九］譬之負販之蟲　「之」，葉本作「如」。

［一〇］欲出離生死　「出」，葉本作「世」。

［一一］明道曰　「明道」二字原無，據葉本補。

［一二］明道曰　「明道」二字原無，據葉本補。

［一三］非有見於造化之機　「非」，葉本作「彼」。

［一四］此條下，熊剛大集解時删除三條語録，葉本有。按：「横渠先生曰釋氏妄意天性」條，見句解前集卷十二正蒙大心篇第七。「大易不言有無」條，見句解前集卷十三正蒙大易篇第十四。「浮圖明鬼」條，見句解前集卷十三正蒙乾稱篇第十七。

新刊音點性理群書句解卷之十三

後集

近思録第十四卷

此卷論聖賢相傳之統，而諸子附焉。斷自唐虞堯、舜、禹、湯、文、武、周公，道統相傳，至於孔子。孔子傳之顔、曾，曾子傳之子思，子思傳之孟子，遂無傳焉。於是楚有荀卿，漢有毛萇、董仲舒、揚雄、諸葛亮，隋有王通，唐有韓愈，雖未能傳斯道之統，然其立言立事有補於世教，皆所當考也。及於本朝[一]，人文再闢，則周子唱之，二程、張子推廣之，而聖學復明，道統復續，故備著之。

明道先生曰： 堯與舜更無優劣，堯、舜大聖，無分優劣。及至湯、武便别。至商湯及周武又别。孟子言「性之」、「反之」，孟子以湯、武爲「性之」反，「反之」言者，「脩身體道，以復其性」也。自古無人如此説，自古無人推説及此。只孟子分别出來，及孟軻氏方辨明之。便知得堯、舜是生而知之，生知者，是有生而即明此理，「天性渾全，不待脩習」者也。湯、武是學而能之。學能者，是由學而充此理，脩爲以復其本然之性也。文王之德則似堯、舜，文王「不識不知，順帝之則」，蓋亦生知之性也。禹之德則似湯、武。禹「克勤克儉，不矜不伐」，蓋亦學能之事。要之皆是聖人。雖有生知、學能之分，其爲聖人則一也。

仲尼，元氣也；夫子大聖之資，猶元氣周流，渾淪溥博[二]，無有涯涘，罔見間隙。顏子，春生也；顏子亞聖之才，如春陽坱北[三]，發生萬物，四時之首，衆善之長也。孟子，并秋殺盡見。孟子亦亞聖之才，剛烈明辨，整齊嚴肅，故并秋殺盡見。仲尼無所不包。夫子道全德備，故無所不包。顏子示「不違如愚」之學於後世，顏子不違聖人之道，終日不言「如愚」。有自然之和氣，沉潛淳粹，後世可想其有自然之和氣。不言而化者也。「嘿而成之，不言而信」者也。孟子則露其材，孟子英才發越。蓋亦時然而已。蓋亦戰國之時，世道益衰，異端益熾，又無夫子主盟於其上，故其衛道之嚴，辨論之明，不得不然也。仲尼，天地也；天地者，高明而博厚也。顏子，和風慶雲也；和風慶雲者，叶氣祥光也。孟子，泰山巖巖之氣象也。泰山巖巖者[四]，峻極而不可踰越也。觀其言，皆可見之矣。觀其言語，則氣象便可見。仲尼無迹，夫子渾然天成，故無迹。顏子微有跡，顏子之「不違如愚」，本亦無迹，然爲仁之問，喟然之歎，猶可窺測其微。孟子其跡著。孟子則發明底蘊，故其跡彰著。孔子儘是明快人，夫子「清明在躬」，猶青天白日，故極其明快。顏子儘豈弟，顏子「有若無，實若虛」，故極其豈弟。豈，音凱。弟，迪。孟子儘雄辯。孟子「息邪説，距詖行，放淫辭」，故極其雄辯。○遺書。下同。

曾子傳聖人學，曾子悟一貫之旨，已傳聖人之學矣。其德後來不可測，故其成德不可測度。安知其不至聖人？其入聖域亦未可知。如言「吾得正而斃」，至其易簀之言「吾何求哉？吾得正而斃」，則可。且休理會文字，故不必求之文字之間。只看他氣象極好，但觀此等言語，自非樂善不倦，安行天理，一息尚存，必歸於正。夫豈一時之能勉哉？被他所見處大。是皆所見之充拓也。後人雖有好言語，後世人雖能説好言語。只被氣象卑，只是氣象卑屈。終不類道。終不足以入道。

傳經爲難。經，經書也。得其所傳爲難。如聖人之後纔百年，如群經定於夫子之手，至孟子時纔百年。傳之已差。夫子没而微言絶，異端起而大義乖矣。聖人之學，聖人之經學。若非子思、孟子，如不得曾子之門有傳，子思、孟子之徒相繼纘述，提綱挈領，闢邪佐正，以垂萬世，如論語、大學、中庸、孟子等書出。則幾乎息矣。則聖經之道泯絶矣。道何嘗息？道先天地而生，後天地而存，固無一息亡。只是人不由之。但人不行此道。「道非亡也，故周之道非喪。幽、厲不由也」。是幽王、厲王不由行是道也。

荀卿才高，其過多。荀卿，名况，字卿，才高，敢爲異論，如以人性爲惡，以子思、孟子爲非，故其過失多。揚雄才短，其過少。揚雄，字子雲，才短，如作太玄以擬易，法言以擬論語，皆模倣前聖之遺言，故其過失少。

荀子極偏駁，荀子之學，極是偏曲泯雜。只一句「性惡」，人性至善而以爲惡。大本已失。不知天命之所賦，其大本處已差。揚子雖少過，揚雄雖是少過失。然已不識性，又以性爲「善惡混」，均之不識本然之性。更説甚道？則道其道，非吾所謂道也。

董仲舒曰：仲舒，漢人也。其言於武帝云。「正其義，不謀其利；義者天理之公，利者人欲之私，正於義而無所謀於利。明其道，不計其功。」道者事物共由之理，功者行道之效，明其道而無所計較其功。此董子所以度越諸子。自春秋以來，舉世皆趍功利，仲舒此言最爲純正，所以超出諸子之上。

漢儒如毛萇、董仲舒，毛萇治詩傳之緊要有數處，如關雎所謂「夫婦有别則父子親，父子親則君臣敬，君臣敬則朝廷正，朝廷正則王化成」。仲舒以賢良對策，如云「正其誼，不謀其利；明其道，不計其功」。最得聖賢之意，二子言治皆以脩身齊家爲本，先德教而後功利，最爲得聖賢之遺意。然見道不甚分明。如云「性者生之質」，非教化不成，似不識本然之性。下此即至揚雄，繼此則有揚子雲。規模又窄狹矣。以清淨寂寞爲道，無儒者規模。

林希謂揚雄爲禄隱。禄隱，謂浮沉下位，依禄而隱。揚雄後人林希爲雄後人。只爲見他著書，只見雄著書立言。便須要做他是欲做而爲之。是怎生做得是。不知雄失身事王莽，劇秦美新做得，他已不是矣。

孔明有王佐之心，諸葛亮，字孔明。東漢末曹操據漢將篡，孔明輔先主，志欲攘除奸凶，興復漢室，而其規模宏遠，操心公平，有王佐之心。道則未盡。然於王道則有所未盡。王者如天地之無私心焉，蓋王者之心，如天地發育，無有私意。行一不義　行一不義之事。而得天下，不爲。雖可以得天下而不爲。孔明必求有成而取劉璋，先主以詐取劉璋，孔明不得以無責。蓋其志於有成，故行不義而不暇顧。聖人寧無成耳，聖人則寧漢無興。此不可爲也。不忍爲此也。若劉表子琮先主依劉表，曹操南侵，會表卒[五]，子琮迎降，孔明説先主取荊州，先主不忍。琮降則地歸曹矣。將爲曹公所并，故不取則幾爲曹操吞并。取而興劉氏，可也。取而興劉氏，何負於表？較之取劉璋，曲直有間矣。

諸葛武侯「孔明雖嘗學申、韓」。有儒者氣象。然開誠心、布公道、集衆思、廣忠益，其資質好，有儒者氣象。

孔明庶幾禮樂。「亮之治國，政用修舉[六]，而人心豫附，名正言順，禮樂其庶幾乎？」

文中子本是一隱君子，文中子，王氏，名通。隋末不仕，教授於河汾，是隱君子也。世人往往得其議論，其弟王凝，子福、時等，收其議論。附會成書。增益爲書，名曰中説。又「其書多爲人添入，真僞難見」。其間極有格言，然好處甚多，就中論世變因革、論治體處極好。荀、揚道不到[七]。

有荀、揚言不能到者。

韓愈亦近世豪傑之士，韓愈，字退之，仕唐朝，亦是近代英豪傑特者也。如原道中言語雖有病，嘗著原道一篇，如言「博愛之謂仁」，愛仁之用也，是未明仁之體。如言「道德爲虚位」，德吾心之實理，道吾身之實行，是未明理之實。如言「正心誠意」，而遺格物致知之功。凡此類皆有疵病也。然自孟子而後，然其扶正學、闢異端，自孟軻氏之後。能將許大見識尋求者，能充廣見識，探討道理者。才見此人。僅見此人耳。至如斷曰：至於論孟氏之與荀、揚，尤有卓然之見。「孟氏醇乎醇。」「醇乎醇」者，議論躬行純出於道也。又曰：「荀與揚擇焉而不精，擇不精，故爲學有偏曲駁雜之病。語焉而不詳。」語不詳，故立言有「性惡」、「善惡混」之語。若不是他見得，又不是韓愈明於辨别人品。豈千餘年後何爲千載而後。便能斷得如此分明？剖斷如此分曉也？

學本是脩德，古之學者務脩德而已，有德然後有言。德之既盛，則發爲言辭，有自然之文。退之却倒學了，退之學則是顛倒。因學文日求所未至，不言學以脩德而爲文，乃言學文而求其未至。遂有所得。有所見而成德，是顛倒用功矣。如曰：「軻之死，不得其傳。」如謂孟軻氏没，是道不得其傳。似此言語，若此等議論。非是蹈襲前人，不是遵蹈循襲前人之語言。又非是鑿空撰得出，又不是倏然撰造一己私説。必有所見。蓋其見得大意已極分明。若無所見，如非有見。不知言所傳者何事。不知其所傳爲何物，蓋已嘿知其爲道統之傳矣。[八]

明道先生曰：周茂叔窻前草不除，茂叔，濂溪字也。於窻前之草不除去，蓋天地生意流行發育。問之，云：問之，答云。「與自家意思一般。」惟仁者生生之意，充滿胸中，故觀之有會於其心者。子厚觀驢鳴，亦謂如此。

張子厚聞生皇子，喜甚；此即西銘之意。聞皇子之生而喜，是喜宗子之有傳也。見饑莩者，食便不美。見民之飢而輟食，是憂吾兄弟顛連而無告也。是皆養德之人，故隨所感遇，蹶然動於中而不可遏，初非擬議作意而爲之也。[九]

謝顯道云：明道先生坐如泥塑人，所謂「望之儼然」也。接人則渾是一團和氣。所謂「即之也溫」也。○熊氏曰：如泥塑人，是處己也重；一團和氣，是待人也溫也。○外書。下同。

侯師聖云：師聖，字仲良[一〇]。朱公掞見明道於汝，歸光庭名也，見程伯子於汝，歸之地。謂人曰：與人言云。「光庭在春風中坐了一箇月。」言其接人和粹，如春風之着物也。游、楊初見伊川，游酢、楊中立初謁先生。伊川瞑目而坐，先生閉目而坐。二子侍立。游、楊侍側而立。既覺，顧謂曰：睡覺，顧二子而言云。「賢輩尚在此乎？爾尚在是耶？日既晚，已休矣[一一]。」日之莫矣，予且休矣。及出門，及二子出其門。門外之雪深一尺。門前之雪高一尺。其師道尊嚴，如泰山之巖巖，皆盛德所形，但氣質成就有不同。明道似顔子，伊川似孟子。

劉安禮云：立之，字安禮，程氏門人。云。明道先生德性充全[一二]，德之全、養之厚、質之美。

粹和之氣，益於面背，粹然發見。樂易多恕，終日怡悦。從容豈弟如此。立之從先生三十年，安禮自以爲游從凡三十年。未嘗見其忿厲之容。而無忿怒嚴厲之態。百世之下聞之者，鄙夫寬，薄夫敦，而况於親炙之者乎？

吕與叔撰明道先生哀詞云：吕與叔，名大臨。先生負特立之才，先生負挺特自立之宏才。知大學之要，明大學之要領。博文强識，博學於文，强識其事。躬行力究，躬行之間，盡力所究。察倫明物，察於人倫，明乎庶物。極其所止，物格知至。渙然冰釋〔一三〕，則此心釋然，而無物欲之累。洞見道體。不有以洞見道體之大矣。其造於約也，方其所守者約。雖事變之感不一，雖萬事萬變，其感者非一。知應以是心而不窮；而實本於吾心。雖天下之理至衆，物理不一。知反之吾身而自足。而皆備於吾身。其致於一也，致一者，見之明而守之定。異端並立而不能移，故邪説不能移。聖人復起而不與易。百世以俟聖人而不惑。其養之成也，其涵養皆成德。和氣充浹，和氣充滿浹洽。見於聲容，見於聲音容貌之間。然望之崇深，但望之儼然。不可慢之；不可慢褻，是和易而有涵蓄也。遇事優爲，與事物而優遊以爲。從容不迫，意度從容而不迫切。然誠心懇惻，但此心真誠，悃切惻動。弗之措也。不得弗措，是寬裕而又悃至也。其自任之重也，所任者大，所至亦遠。寧學聖人而未至，寧可學聖而未至於聖。不欲以一善成名；斷不肯安於小成。寧以一物不被澤爲己病，寧可澤物，而使無一物之不被其澤。不欲以一時之利爲己功。斷不肯急於近功。其自信之篤也，自信者篤。吾志可行，志若可行。不苟潔其去就；不潔其去就以爲高。吾義所安，義擇所安。雖小官有所不屑。亦不屑於就以自卑，惟義之適而已。[一四]

横渠先生曰：二程從十四五時，明道、伊川從十四五歲時。便脱然欲學聖人[一五]。伊川年十八作好學論，明道二十三著定性書，是時遊山諸詩皆好，無非洒然塵埃之外，而所學者皆聖人之事。

校勘記

[一] 及於本朝　「及」，葉本作「迨」；「本」，葉本作「宋」。

[二] 渾淪溥博　「渾」，葉本作「混」。

[三] 如春陽盎北　「北」，葉本作「然」。

[四] 泰山巖巖者　「泰」原作「太」，據前文改。

[五] 會表卒　「表」下原本有「子」，據葉本删。

[六] 政用脩舉　「用」，葉本作「刑」。

[七] 苟揚道不到　「到」下，葉本有「處」字。

[八] 此條下，熊剛大集解時删除兩條語録，葉本有。按：「周茂叔胸中灑落」條，見句解前集卷二十濂溪先生行録。「伊川先生撰明道先生行狀曰先生資稟既異」條，見句解前集卷二十明道

先生行狀。

［九］此條下，熊剛大集解時删除一條語録，葉本有：伯淳嘗與子厚在興國寺講論終日，而曰：不知舊日曾有甚人於此處講此事？

［一〇］師聖字仲良　此句，當據葉本作「侯仲良字師聖」。

［一一］日既晚已休矣　「已」，葉本作「且」。

［一二］明道先生德性充全　「全」，葉本作「完」。

［一三］涣然冰釋　「冰」，葉本作「心」。

［一四］此條下，熊剛大集解時删除一條語録，葉本有。按：「吕與叔撰横渠先生行狀云康定用兵之時」條，見句解前集卷二十一横渠先生行狀。

［一五］便脱然欲學聖人　「脱」，葉本作「鋭」。

新刊音點性理群書句解卷之十四

後集

近思續録

周、張、二程之格言，文公已分門類編集。今覺軒先生復取文公之格言，依其門類編作近思續録[一]。理學之書盡在是矣。

第一卷　此卷論道

濂溪先生之言，周子之言。其高極乎無極、太極之妙，極其高妙，惟無定極之中有至定極之理。而其實不離乎日用之間；究其切實，不出日用彝倫之外。其幽探乎陰陽五行造化之賾，探其幽賾論陰陽之變合五行之順布。而其實不離乎仁義禮智、剛柔善惡之際。究其真實，因陰陽之禀賦而爲氣質之性，剛善剛惡，柔善柔惡。其體用之一源，用者體之，推本自一源。顯微之無間，顯即微之著，本自無間。秦漢以下，自孔孟殁，更秦及漢。誠未有臻此理者。無有如周子之明是理。蓋其所謂「太極」云者，蓋周子之言「太極」。合天地萬物之理而一名之耳。是合天地萬物咸在其中。以其無器與形，以其無器可名、無形可見。而天地萬物之理大而天地，細而萬物。無不在是，莫不皆有此理。故曰「無極而太極」。故謂本無形狀，但有此理。以其具天地萬物之理，以其全天地萬物之道理。而無器與形，而無器可名、無形可見。故曰「太極本無極」也。故言太極之理本無形狀。是豈離乎生民日用之常，而自爲一物哉？非是出乎民生日用彝倫之外別有一物而謂之太極也。其陰陽五行造化之賾者，自其生陰陽五行而爲造化之至賾。固此理也。此極也。其爲仁義禮智、剛柔善惡者，自其賦於人而爲人心之仁義理智，與夫剛柔善惡之性。亦此理也。此極也。性此理而安焉者，聖也；聖人性此理之渾全，而安而行之，此極也。復此理而執焉者，賢也。賢者修爲以復此理，固而執之，此極也。自堯舜以來，上自唐堯、虞舜。以至於孔孟，下至孔子、孟子。其所以相傳之説，以是相傳者。豈有一言以易此哉？其言豈能易此理耶？○文集。下同。

「動静無端，端之説有二：有始端，有末端。端本之端，始端也；端緒之端，末端也。此是以始端言，若言動爲始，則動之先須有静，故無端。陰陽無始」，動而生陽，静而生陰，非有先後之分，故無始。天道也。是皆天道之自然者。始於陽，陽以生之。成於陰，陰以成之。本於静，生而静，乃性之自然。流於動，感物而動，乃欲之使然。人道也。是皆人道之常然者。然陽復本於陰，但陰極則生陽，若陽復肇於陰。靜復根於動，動極則必静，若静復肇於動。其動靜亦無端，然動極而静是自然之理，而動静初無端。陰陽亦無始，陰極而陽亦自然之理，而陰陽亦無所始。則人蓋未始離乎天，即是而觀，人之道亦不出於天之道。而天亦未始離乎人也。而天之道亦不出乎人之道。

元亨，誠之通，誠，實理也。元者，生物之始。亨者，生物之達。是實理之發達。動也；元屬春，亨屬夏，動而陽也。利貞，誠之復，利者生物之遂，貞者生物之成。是實理之斂藏。靜也。利屬秋，貞屬冬，静而陰也。元者，動之端，春乃陽動之始。本乎靜。但亦生坤月之陰静。貞者，靜之質也，冬乃陰静之極。著乎動。陰極於坤則陽生於復，静而必生夫動。一動一靜，故凡動而静、静而動。循環無窮。猶環之轉相爲無窮。而貞也者，而四德之貞。萬物所以成終而成始者也。自元而貞，則萬物之所以成終；由貞而元，則萬物之所以成始。故人雖不能不動，人豈能無所感而動？而立人極者必主乎靜。聖人爲生民立極，全動静之德而常主乎静。則其著於動也，無不中節，推之酬酢，事物之變皆無過不及之差。而不失本然之靜矣。自有以全太極之本體也。

靜而無不該者，静而兼該，萬善皆備。性之所以爲中也，不偏不倚，故謂之中。「寂然不動」者也。是凝寂而未與物感也。動而無不中者，及感物而動，無不中節。情之發而得其正也，皆情根於性而發，各得其正。「感而遂通」也。有感則必能達也。靜而常覺，居静而常有所覺。動而常止，既動而常知所止。心之妙也。此心之神妙。寂而感，感而寂者也。寂而未嘗不感，感而未嘗不寂者。

易曰：易之係辭云。「無思也，無所思。無爲也，無所爲。朱子曰：言無心也。寂然不動，寂然者感之體。感而遂通，感通者寂之用。天下之故。」故，事也。可以達天下之事故。其寂然者，無時而不感；寂非如禪學之空寂，而時乎應事，未嘗無所感。其感通者，無時而不寂。感非如世之感物，而流蕩時乎應事，事過不留，未嘗不寂。是乃天命之全體，寂者性之體，感者性之用，上天賦予其渾全之體如此。人心之至正，人心之妙，其動静之一於正者。所謂「體用之一源，寂其體，感其用，皆本此性，故云一源。流行而不息」者也。寂而感，感而寂，流行而無所止息。然於其未發也，方其未發，此性之寂。見其感通之體；是爲感之體。於其已發也，乃其既發此性之感。見其寂然之用。是爲寂之用。程子曰：「中者，言寂然不動者也。中即性之理，方其未發，不偏不倚，故寂然而無所感動。和者，言感而遂通者也。」和即性之用，發而中節，無所乖戾，故感物而能通達也。然中和以情性言也，中者性之正，和乃情之正，故以情性言。寂感以心言者也，寂乃心之静，感乃心之動，故以心言。中和蓋所以爲寂感也。雖有心性情之分，但中即寂之體，和即感之事。

天地以生物爲心者也，天地以發生爲德，故生物乃天地之心。而人物之生，而人物並生於天地間。又各得夫天地之心以爲心焉。亦各得生物之心而爲此心，故此心生生不窮。故語心之德，若論此心之德。雖其總攝貫通，雖該貫渾全。無所不備，固不一而足。然一言以蔽之，但一言足以盡之。則曰「仁」而已。會衆理、該萬善，不出「仁」之一字。請試申之。敢引而申之。蓋天地之心，天地之所以爲心。其德有四，其爲德凡四。曰「元亨利貞」，元者生物之始，亨者生物之達，利者生物之遂，貞者生物之成。而元無不統。而元實統亨利貞之三德。其運行焉，則爲春夏秋冬之序，元主春，亨主夏，利主秋，貞主冬，其運行有定序。而春生之氣然由春生以至夏榮，以至秋成，以至冬藏，而生生之道又從此始，故春生。無所不通。無所不通貫。故人之爲心，人之一心。其德亦四，四德完具。曰「仁義禮智」，有仁有義，有禮有智。而仁無不包。而仁實包義禮知之三德。其發用則爲愛恭宜别之情，未發爲性，已發爲情，仁之發則愛，義之發則宜，禮之發則恭，智之發則有别。而惻隱之心惻，怛也。隱，痛也。即愛也。而其爲心。無所不貫。無所不融貫。故論天地之心者，元乃發生之德，故言天地之爲心。曰「乾元」、「坤元」，於天曰乾元，於地曰坤元。則四德之體用者，亨利貞三者悉統其中。不待悉數而足。不必盡數而目無不備。論人心之妙者，仁乃心德之渾全，故言人心之神妙。曰「仁，人心也」，心生道，仁乃吾心生生之理，故共曰人之心。則四德之體用，義禮智三者悉包其中。不待遍舉而該。不必盡舉而自無不貫。蓋仁之爲道，仁之理。乃天地生物之心，皆天地發生之心。即物而在，賦予於物無不有此。情之未發未發則爲性。而此體已見[二]，全體見於心。情之既發既發則爲情。而其用不窮。大用見於事。誠能體而存之，人能體認而操存此理。則衆善之源、衆善由此根源。萬行之本，萬行自此根本，如孝悌爲仁之本之類。莫不在是。無不自是仁始。此孔門之教，此夫子教人。所以必使學者汲汲於求仁也。必以求仁爲第一事。其言有曰今觀其言。「克己復禮爲仁」，見語顔淵篇。言克去己私，謂克治己之私。復乎天理，禮者，即天理之節文，以復此心之天理。則此心之體無不在，則仁之體無不具。而此心之用無不行也。而仁之用無不著。又曰「居處恭，執事敬，與人忠」，則亦所以存此心也。三者雖非仁，但能如此，則心存而不放失，德渾全而仁在是矣。又曰「求仁得仁」，欲求仁即得仁。則以讓國而逃、商紂無道，微子，紂庶兄，去其國而逃。諫伐而餓，武王伐商，夷齊扣馬而諫，以至餓死首陽。爲能不失乎此心者也。三人之行不同，雖未是仁，但同出於至誠惻怛之意，不咈乎愛之理，有以全其心之德也。又曰「殺身成仁」，理當死而求生，則於其心有不安，是害其心之德也，當死而死，則心安而德全矣。則以欲甚於生、亦以所欲者過於生。惡甚於死，所惡者過於死。爲能不害乎此心也。是不害乎此心之德也。此心何心也？是心果何心哉？在天地則盎然生物之心，此心在天地則是陽春發育之心。在人則温然愛人利物之性[三]，此心在人則是仁民愛物之心。包四德而貫四端者也。由體而論，則仁包義、禮、智三者；由用而推，則惻隱包羞惡、辭遜、是非三者。或曰：程子所謂「愛，情，仁，性，程氏言愛是情，仁是性。不可以愛爲仁」者，非歟？不可指愛爲仁者，非邪？曰：程子之所訶，程子之所非。以愛之發而盡仁者也。謂愛之發便足以盡夫仁，不知愛乃情也。吾之所論，今之所言。以愛之理而名仁者也。以愛固非仁愛之道理，則是仁也。或曰：程子之徒，言仁多矣，程氏之門人論仁亦多。蓋有謂「愛非仁」，亦有言愛未是仁。而亦有謂「愛非仁」，亦有言愛固未是仁。而以萬物與我爲一爲仁之體」者矣，合萬物視己則一，爲得仁之體。亦有謂「愛非仁」，亦有言愛固未是仁。而以心有知覺以釋仁之名」矣。以心知覺悟以名夫仁。然則皆非歟？如此則皆未爲是耶？曰：彼謂「物與我爲一」者，所謂合萬物與己則一。可以見仁之無不愛矣，固足見仁之無不愛，情之發也。而非仁之所以爲體之真也。而非本然之體，性之真也。彼謂「心有知覺」者，所謂有知有覺。可見仁之包乎智矣，知覺乃知之事，是見仁包乎智。而非仁之所以得名之實也。而以知覺名夫仁則不可。觀孔子答子貢「博施」、「濟衆」之問，「博施」、「濟衆」乃仁之用，非仁之體。與程子所謂「覺不可訓仁」，覺乃知之事，非仁之體。子尚安得復以此論仁哉？安可又以此論其仁耶？抑泛言同體者，若泛論仁與萬物同體。其弊或至於認物爲己者，有之矣；則不知理一而分殊，認物爲己流爲墨氏之兼愛。專言知覺者，專以知覺言仁。其弊或至認欲爲理者，有之矣。知覺從欲主去，則必至認欲爲理，而爲出人之沉溺。又安得復以此論仁哉？又何可以此言仁耶？

心者，人之知覺，有知有覺皆心所爲。主於身而應於事者也。爲一身之主而應酬事物者。指其生於形氣之私而言，則謂之人心；心無二心，知覺從形體氣質上去。指其發於義理之公者而言，則謂之道心。知覺從義理上去。人心易動而難反，人心易爲欲所動，則不能反而歸諸善。

故危而不安；每危殆而不能安。義理難明而易昧，道心隱奥而難明。故微而不顯。故微妙而不可見。惟能省察於二者公私之間，以致其精，精者所以省察人心。生於形氣故言私，道心出於義理故公。而不使有毫釐之雜，而不使夫二者之相混雜。持守於道心微妙之本，以致其一，一者所以渾融道心義理之公。而不使有頃刻之離，而不使之須臾之離乎人。則其日用之間，則凡日用之際。思慮動作，形諸思慮，見於舉動。自無過不及之差，不失之過，又不失之不及。而信能執厥中矣。無過不及，則能操守此中。此「時中」之「中」，非「在中」之「中」也。○書傳。

人只是一箇心，人無二心。人心是自人身上發出來底，心而謂之人，以其生於形氣之私。道心是義理上發出來底。心而謂之道，以其原於性命之正。雖聖人不能無人心，如饑食渴飲之類。饑而食渴而飲，皆是由形氣而生。雖小人不能無道心，如惻隱之心是。見孺子入井，而惻動隱痛之心生，皆是由義理而發。○語録。

先天乃伏羲本圖，先天圖，乃陰陽相生自成六十四卦，伏羲因河圖而畫此。非康節所自作。邵堯夫雖明先天之學，而圖則非其所著也。太極却是濂溪自作，太極圖乃周子自爲之。發明易中大概綱領。因「易有太極」一句畫此。「易，變易也。」太極，至定極之理也，謂變易之中有至定極之理。周子「無極而太極」，亦謂無定極之中有至定極之理。故論其格局，以格局言。則太極不如先天之大而詳；先天，陰陽變易以成六十四卦，開物成務之道莫不在是。太極，則生陰陽五行，化生萬物，故先天爲大而詳。論其義理，以義禮言。則先天不如太極之精而約。太極一圖，由太極生陰陽五行，人得其秀於心爲最靈，具仁義禮智之四德，故爲辭簡義精。

「上天之載」，上天之道，無聲無臭。是就有中説無。是言有此理而無形。「無極而太極」，無定極之中而有至定極之理。是無中説有。是言無形而有此理。

易，變易也，易之爲言，變易之名也。兼指一動一靜、已發未發而言之也。未變易之前，靜也，未發也；已變易，動也，已發也，故言兼。太極者，性情之妙也，太極貫動靜：靜則太極之體，立性也；動則太極之用，行情也。乃一動一靜、已發未發之理也。靜而爲性理之未發，動而爲情理之已發者也。故曰「易有太極」。故云變易之中而有至定極之理。

「陽魂爲神，陽生陰成，魂生氣也。神，伸也，故爲神。陰魄爲鬼。」魄成質也。鬼，歸也，故爲鬼。「鬼，陰之靈；鬼屬陰，爲陰之靈。神，陽之靈。」神屬陽，爲陽之靈。此以二氣言。此不過即陰陽二氣説。氣之來而方伸者爲神，氣之伸則爲神。氣之往而既屈者爲鬼。氣之屈則爲鬼。陽主伸，陽之伸既窮。陰主屈，陰之屈隨至。伸而屈，屈而伸。此以一氣言也。循環不已，只是一氣之運行。故以二氣言，以陰陽二氣論。則陰爲鬼，陰者，屈而歸者也。陽爲神；陽者，伸而神者也。以一氣言，若只一氣論。則方伸之氣，氣之伸者。亦有伸有屈。其伸者亦有屈。其方伸者，神之神；方其伸也，則伸而又伸。其既屈者，神之鬼。及其屈也，是伸者未嘗不屈。既屈之氣，氣之屈者。亦有屈有伸。其屈者亦有伸。其屈者，鬼之鬼；方其屈也，則屈而又屈。其來格者，鬼之神。及其伸也，是屈者未嘗不伸。天地人物皆然，天地之運化、人物之生死皆如此。不離此氣之往來屈伸合散而已。氣之合而來，則伸而神；氣之散而往，則屈而鬼矣。○語録。

天地是體，天地運化無窮，乃其體也。鬼神是用。鬼者氣之屈，神者氣之伸，皆其用也。鬼神只是陰陽二氣，往來屈伸。鬼神亦不外陰陽之氣，來而伸則神，往而屈則鬼。如春夏是神，春生夏長是氣之方伸，故神。秋冬是鬼；秋斂冬藏是氣之已屈，故鬼。晝是神，晝屬陽，氣之伸也，故神。夜是鬼；夜屬陰，氣之屈也，故鬼。息底是神，息，生也。生者屬陽，神也。消底是鬼；消者屬陰，鬼也。生是神，生，氣之伸也，神也。死是鬼；死，氣之屈也，鬼也。鼻息呼是神，如鼻孔之間，氣之呼者屬陽，爲神。吸是鬼；氣之吸者屬陰，爲鬼。語是神，語屬陽，爲神。嘿是鬼。嘿屬陰，爲鬼。

仁爲四端之首，仁義禮智，仁之德每冠乎四者，故稱首。而智則能成始成終。智居四德之終，其發見之序終於智，則又始於仁，故能成始成終。猶元雖四德之長，猶天之四德，元首於亨、利、貞。然元不生於元，但元之德不自元始。而生於貞。其運行自元而亨，亨而利，利而貞，貞下起元，是生於貞也。蓋由天地之化，天地之運化。不翕聚，則不能發散，翕聚而爲貞，則元又發散也。理固然也。其定理如此。仁智交際之間，仁屬元，智屬貞，其交際亦如此。乃萬化之機軸，萬化之機緘，杼軸自此始。此理循環不窮，如環之轉。脗合無間。天道人道交合而無間斷。程子所謂「動靜無端，程言動靜之無其端。陰陽無始」者，此也。陰陽之無所始以是。
變者，化之漸；「變」、「化」二字有幾深，變乃化之未成，故云漸。化者，變之成。化乃變之已成，故云成。易本義。始者，氣之始。乾元萬物資始，始者氣之始麗。生者，形之始。坤云萬物資生，生則形之始成也。易本義。

盡己之謂忠，忠者，中心之謂。己之中心必十分盡，方謂忠。推己之謂恕。恕者，如心之謂。推己及物，在人之心如我之心，方謂恕。夫子之一理渾然仲尼渾全天理。而泛應曲當，應事而事事皆當。譬則天地之至誠無息，正如維天之命於穆不已。而萬物各得其所也。而物物皆得其宜。曾子有見於此而難言之，曾子見夫子之道與天地一，而難形容其妙處。故借學者盡己、推己之目以著明之，故假此以明其理。盡己即一理渾然，猶天地之至誠無息；推己即泛應曲當，猶萬物之各得其所也。欲人之易曉也。使學者易於曉悟。蓋至誠無息者，誠真實无妄之理，運行無有止息。道之體也，乃是道之本體。萬殊之所以一本也；萬殊之類合而一本者也。萬物各得其所者，萬物無不得其所。道之用也，乃是道之用。一本之所以萬殊也。一本之理散而萬殊者也。以此觀之，即是而看。「一以貫之」之實可見矣。理散於萬殊者雖不同，然而貫而通之，不出於一本之理矣。○論語集註[四]。下同。

盡己爲忠，中心十分盡，方爲忠。道之體也；是道之本體。推己爲恕，推己及物皆如我之心，方爲恕。道之用也。是道之發用。忠爲恕體，忠猶形爲恕之體。是以分殊而理未嘗不一；推己及物，其分雖未嘗不殊，同出於忠，其理亦未嘗不一。恕爲忠用，恕猶影爲忠之用。是以理一而分未嘗不殊。盡己爲忠，其理雖未嘗不一，推而爲恕，其分亦未嘗不殊。此聖人之道，此所以聖人之道。所以同歸而殊塗，同歸即理一，殊塗即分殊。一致而百慮，一致即理，一百慮即分殊。而無不備、無不通也。言其體則無所不備，言其用則無所不通也。

若天之自然無外，天道運不息，自然而然，萬物各得其所。又何己之盡，初何必盡己。有待於推以及物耶？而後推此以及物。特以天道著人事，但是天道顯於人事之間。取其理之屬乎是者而分之耳。以其理之屬乎此而分言之。亦曰本體之流行者，蓋謂本然之體流行不已者。在人則謂之忠；是即在人之忠。由是而生物者，由此生物各賦其分。在人則謂之恕耳。是即在人之恕。見得天道無忠恕則謂之誠，以在人而言則爲忠恕也。

曾子忠恕是天，是自然而然，一是忠，貫是恕，故曰是天。子思忠恕尚是人在。是用力以至，故曰尚是人。

禮者天理之節文，節則無太過，文則無不及。人事之儀則也。儀，儀刑也。則，限則也。

道者事物當然之理，事事物物所當然者皆道。人之所共由者也。若大路然，人可行也。

仁者心之德，仁自是性，乃人心之全德，是專言則包義禮智之四德。愛之理。愛是情，其道理則爲仁，是偏言則一事。

義者心之制，義有截然割斷底意，故爲心之裁制。事之宜。事得其宜，即是彼事之宜雖若在外，然所以制其義則在心也。

四端之信，仁、義、禮、智之於信。猶五行之土。如金、木、水、火之於土。無定位，金位西，木位東，水位北，火位南，而土無定位。無成名，金柔，木剛，水濕，火燥，而土無成名。無專氣。木之氣行於春，火之氣行於夏，金之氣行於秋，水之氣行於冬，而土無專氣。而水火金木，此四者。無不待是以生者。莫不資土以生。故土於四行無不在，故土於金、木、水、火四者莫不有。於四時則寄王焉，土雖不主四時，而爲四時之生王者。王，去聲。其理亦猶是也。信，實也，亦猶四端未嘗言信，以其實有此四端也。○孟子集註。下同。

性者，人之所得於天之理也。性乃人心所禀、上天所賦予之理，而爲吾心之仁、義、禮、智是也。生者，人之所得於天之氣也。生，乃人生所得上天流行發育之氣，而爲魂魄五臟百骸之身也。性，形而上者也；形而上者爲性，是皆義理之公。氣，形而下者也。形而下爲氣，是爲形體之私。以氣言之，若以氣言。則知覺運動，自有此生則有此心，能知覺，能運動。人與物若不異也；人如此，物亦如此。以理言之，如以理論。則仁義禮智之禀，則人得其全，物得其偏，五常之禀賦。豈物之所得同哉？偏且塞者爲物，又安得全此理哉？此人之性所以無不善，所以人之稟性，衆理完具，故無不善。而爲萬物之靈也。而能靈於物者也。

心之爲物，人之一心。實主於身。居身之中而爲一身之主宰。其體則有仁、義、禮、智之性，仁、義、禮、智四端具焉，是爲心之體。其用則有惻隱、羞惡、辭遜、是非之情，惻隱，仁之發。羞惡，義之發。辭遜，禮之發。是非，智之發。是爲心之用。渾然在中，方其未發，渾全於中。隨感而應，及其已發隨所感觸而應。各有攸主而不可亂也。各有理以爲之主，故不可汩亂也。次而及於身之所具，次則此身之全具。則有口、鼻、耳、目、四肢之用。則有形體之私。又次而及於身之所接，次則此身之交接。則有君臣、父子、夫婦、長幼之常。則有倫類之別。是皆必有當然之則，而自不容已，如非禮勿視、聽、言、動，是即口、鼻、耳、目、四肢之則。君臣敬，父子愛，夫婦別，長幼序，是即人倫之則。皆當然而不容自已者。所謂理也。皆天理之自然者。外而至於人，驗之人。則人之理不異於己也；己之理如是，而人亦如是。遠而至於物，求之物。則物之理不異於人也。人之理如此，而物亦如此。極其大，則天地之運，致其廣大，則天地之運化。古今之變，古今之變動。不能外也；非有出於此。盡其小，則一塵之微，盡其精微，則雖一塵之細。一息之頃，一息之間。不能遺也。不能有遺如此。是乃上帝所降之衷，衷，善也。是皆上天所命之善。烝民所秉之常，烝，衆也。秉，執也。衆民所秉執之常理。劉子所謂「天地之中」，中，理也。夫子所謂

「性與天道」，運於天謂之道，命於人謂之性。子思所謂「天命之性」，命猶誥敕，性猶職任也。言天以此理命於人也。孟子所謂「仁義之心」，是以性言。程子所謂「天地自有之中」[五]，此「在中」之「中」，非「時中」之「中」。張子所謂「萬物之一原」，一原指人物，其性則一也。邵子所謂「道之形體」者。心者，道之形體。但其氣質有清濁偏正之殊，物得氣之偏，人得氣之正，聖得氣之清，愚得氣之濁。物欲有淺深厚薄之異，賢者，物欲所蔽者淺而薄，故易爲力；愚者，所蔽深而厚，故難用功。是以人之與物，正者爲人，偏者爲物。賢之與愚，蔽之淺而薄者爲賢，蔽之深而厚者爲愚。相與懸絶而不能同耳。相去懸遠，隔絶而不能一同。○大學或問。

天覆地載，言夫子之道與天地同其大，則天之無私覆，地之無私載。萬物並育於其間而不相害；萬物生育其中而不相害。四時日月，錯行代明而不相悖。錯，猶迭也。代，猶合也。言與四時合其序、日月合其明，而不相違悖。所以不害不悖者，所以能不相害、不相悖者。小德之川流；皆小德如川之流，無有止息。所以並育而並行者，所以萬物之並育，是道之並行者。大德之敦化。皆大德之敦厚，其化極其大也。小德者，全體之分；小德者，大德之散爲萬殊者也，以其全體之分故曰小。大德者，萬殊之本。大德者，小德之合爲一本者也，以其萬殊之本故曰大。川流者，如川之流，如川之流，支派之細。脈絡分明，脈絡所出亦甚分曉。而往不息也；流逝無窮，一本而散爲萬殊者。化者，敦厚其化[六]，敦厚其化。根本盛大，本根之壯。而出無窮也。而所出無盡，萬殊而合爲一本者也。

以天地言之，即天地之運化者而論。則高下散殊者，萬物並育，或高或下，或散或殊。小德之川流；是皆德之小者，一本而萬殊也。於穆不已者，天命流行不息。大德之敦化。是皆德之大者，萬殊而一本也。以聖人言之，即聖人之神化而論。則物各付物者，泛應曲當，物物而各得其初。小德之川流；一本而萬殊，非全體之德，故爲之小。純亦不已者，純於天道亦同不已。大德之敦化。萬殊而一本，乃全體之具，故爲德之大也。○中庸或問。下同。

天命之性，天賦予人謂之性。仁、義、禮、智而已。亦有此四者。循其仁之性，循其性之仁。則自父子之親，則自親親。以至仁民愛物，以至於仁民，自仁民以至愛物。皆道也；此道也。循其義之性，循其性之義。則自君臣之分，則自君臣主敬。以至於敬長尊賢，以至敬其長上、尊其賢者。亦道也。此道也。循其禮之性，循其性之禮。則恭敬辭遜之節文，於恭敬辭遜之間，節則不使之過，文則不使之不及。皆道也；此道也。循其智之性，循其性之智。則是非邪正之分別，以曰是曰非，曰邪曰正，兩兩分別。亦道也。亦此道也。蓋所謂性者，曰性云者。無一理之不具，以其全體渾涵、萬理咸具。故所謂道者，則見於行者謂之道。不待外求而無所不備。非俟它求，體之所行，乃心之所得之理也。所謂性者，又曰性云者。無一物之不得，人與物並生，皆有此性。故所謂道者，故其爲道。不假人爲而自無不周。不待修爲而無不周遍。雖鳥獸草木之生，動物植物之微。僅得形氣之偏，得氣之偏且塞，而亦具是形。而不能通貫乎全體，雖不能貫通是理之全體。然其知覺運動，但動物之有知覺能運動。榮悴開落，植物之榮悴開落。亦皆循其性而各有自然之理焉。莫不各順其動植之性而亦有理寓其中。至於虎狼之父子，虎狼，獸之靈，知有父子之義。蜂蟻之君臣，蜂蟻，蟲之靈，知有君臣之理。豺獺之報本，豺祭獸，獺祭魚，知報其本。雎鳩之有別，雎鳩有夫婦之道。則其形氣之偏，則得是氣之偏而具是形。又反有以存其義理之所得，亦各全其義理之天。尤可以見天命之本然，是可見上天賦予之初。初無間隔，初無人與物之間隔。而所謂道者，而大道流行。亦未嘗不在是也。亦無物不有也。

天命之性，上天賦予於人謂之性。萬理具焉，萬善充足。喜怒哀樂，喜所當喜，怒所當怒，哀所當哀，樂所當樂。各有攸當。皆有至當之理。方其未發，未發則爲性。渾然在中，渾全於中。無所偏倚，直上直下，無偏無倚。故謂之中。名之曰中。及其發而皆得其當，已發則爲情，各得其正。無所乖戾，無有乖戾。故謂之和。名之曰和。謂之中者，所以狀性之德、是形狀吾心之德。道之體也。爲道之本體。以其天地萬物之理，大而天地，細而萬物。無所不該，其理莫不該備。故曰「天下之大本」。故曰大本。謂之和者，所以著情之正、是言情之發而得其正。道之用也。爲道之大用。以其古今人物之所共由，遠而古近而今，貴而人賤而物，莫非由此。故曰「天下之達道」。故云達道。蓋天命之性，蓋天所賦予之性。純粹至善，至純至粹，萬善咸備。而具於人心者，而全具於此心者。其體用之全，全體妙用。本皆如此，無不在是。不以聖愚而有加損也。不於聖賢而加多，不於愚不肖而加損。然靜而不知所以存之，但於靜而不能存此心。則天理昧，而大本有所不立矣；則昭昭者昏昏，而道之大本不立。動而不知所以節之，於動而不能制其情。則人欲肆，而達道有所不行矣。則所發者乖戾而不和，而道之大用不行。此君子自其不睹不聞之前，惟有君子之人於無所睹、無所聞之先。而所以戒謹恐懼者，愈嚴愈敬，戒謹者、恐懼者，愈加嚴敬。以至於無一毫之偏倚，則天理在中，無偏無倚。而守之常不失焉，而固守之愈力。則爲有以致其中，則能有以全其中。而大本之立，而大本之植立。日益固矣。日益堅固。尤於隱微幽獨之際，尤於幽隱之間。而所以謹其善惡之幾者，幾者，動之微。動而善則善之幾，動而惡則惡之幾，於此能謹其趍善而避惡。愈精愈密，見之精，察之密。以至於無一毫之差繆，俾無毫釐之不正。而行之每不違焉，而所行者無有乖戾。則爲有以致其和，則有以全其和。而達道之行，而大用之顯行。日以益廣矣。日益充廣。極而至於靜而無一息之不中[七]，推其極靜而罔非此中。則吾心正 則自吾心之正。而天地之心亦正，以致造化之心無不得其正。故陰陽動靜，靜而陰，動而陽。各止其所，各安其常。而天地於此乎位矣；是天地各安其位矣。動而無一事之不和，動而酬酢，罔非此和。則吾氣順 則自吾氣之順。而天地之氣亦順，以致造化之氣無不得其順。故充塞無間，充塞上下，無有間隔。歡欣交通，惟欣之情交相通達。而萬物於此乎育矣。是萬物無不育矣。此萬化之本原[八]，指中言也。一心之妙用，指和言也。聖神之能事，惟聖神則能如此。學問之極功也。非講貫則不能及此。

不偏不倚云者，夫所謂「不偏不倚」者。程子所謂在中之義，程氏謂此乃在中之中。未發之前，未發用之先，純然是理。無所偏倚之名也。亭亭當當，直上直下，未有偏倚之可言也。無過不及者，既無太過，又無不及。程子所謂中之道，道者，著於行者也。程氏謂此乃中之道，爲時措之中。見諸行事，見於行事之間。各得其中之名也。無過不及，是以有中之名。蓋不偏不倚，蓋所謂不偏倚者。猶立而不近四旁，正猶人之立，不近四邊。心之體、本心之體。地之中也。是即地之中也。無過不及，無太過。無不及。猶行而不先不後，猶人之行不在先、不在後。理之當、乃是理之至當。事之中也。事事得其中者。故於未發之大本，未發爲性，是爲天下大本。則取不偏不倚之名；渾然全體，故無偏倚。於已發而時中，則取無過不及之義。已發爲情，時措得中，無過無不及。

太極者，本然之妙也；太極，理也，乃本然之至妙。動靜者，所乘之機也。動靜，氣也，所以載夫理氣行而理亦行。朱氏云：太極猶人，動靜猶馬，馬所以載人，人所以乘馬，馬之一出一入，人亦與之一出一入。蓋一動一靜而太極之妙未嘗不在，此所謂「所乘之機」。太極，形而上之道也；道者，生生而不窮，故爲形而上者。陰陽，形而下之器也。器者，一定而不易，故爲形而下者。是以自其著者而觀之，即其顯者而觀。動靜不同時，動乃誠之通，如元主春、亨主夏是也；靜乃誠之復，如利主秋、貞主冬是也。故不同時。陰陽不同位，分陰分陽，兩儀立焉，陽左陰右，故不同位。而太極無不在焉。而太極則生陰陽、該動靜，故無不在。自其微者觀之，即其微者而觀。則沖漠無朕，則沖虚冥漠之中無所兆朕。而動靜陰陽之理，而有此理爲生動靜陰陽之本者。已悉具於其中矣。已存乎其間。雖然，推之於前，由前而論。而不見其始之合；只有此理，動靜未形，陰陽未判，故不見其初之有所合。引之於後，由後而論。而不見其終之離也。太極動而生陽，靜而生陰，氣行理亦行，二者常相依，未見其終之有所離。故程子曰：所以程先生云。「動靜無端，謂動爲先必竟，動之先有静，故無端。陰陽無始。若以陽爲始必竟，陽未動之時則爲陰，故無始。非知道者，孰能識之？」自非深明太極生生之妙，又誰能識此耶？○太極圖。下同。

其曰「體用一源」者，其謂由體而達諸用，同出一源者。以至微之理言之，是指理而言。則沖漠無朕，沖虚冥漠，未有兆朕。而萬象昭然已具也。而萬事萬物之理已存其中。其曰「顯微無間」者，其謂因顯以驗諸微，無所間隔者。以至著之象言之，是指事而言。則即事即物而此理未嘗不在也。而太極之理無物不有、無事不然也。言理則先體而後用，理者，體也，故言理則先其體而後其用。蓋舉體而用之理已具，天地未有萬物已具，此是體中有用，故言體則用存其中。是所以爲一源也。故曰一源。言事則先顯而後微，顯者，事也，用也，故言顯則先乎顯而後乎微。蓋即事而理之體可見，天地既立此理，亦存此是，顯中有微，故舉事而理在其中。是所以爲無間也。故曰無間。

天地，其形體也；天高地下，其形體可見。乾坤，其性情也。乾健坤順，健者乾之性情，順乃坤之性情。乾者健而無息之謂，健而無有止息，乃父之道。萬物之所資以始者也；始者，氣之始，萬物之所資者也。坤者順而有常之謂[九]，坤承乎乾，順而有常，有母之道。萬物之所資以生者也。生者，形之始，萬物之所資者也。是乃天地之所以爲天地，此所以爲天地之道。而父母乎萬物者。乾資始爲萬物之父，坤資生爲萬物之母也。○西銘解。

太極者，太極云者。象數未形由一而生二則爲兩儀，二而四則爲四象，以至四而八，其象其數皆未形著。而其理已具之稱，而其道理已具之總名。形器已具太極形而上之理，及生陰陽便是形而下之器，其形器已見。而其理無朕之目，而其道理無兆朕之目。在河圖、洛書，在圖、書。皆虛中之象也。河圖虛五與十，洛書虛五，是爲太極。周子曰周濂溪云。「無極而太極」，無定極之中而有至定極之理。邵子曰邵堯夫云。「道爲太極」，指形而上者言也。又曰「心爲太極」。人之一心，衆理完具，是爲道之本體，故曰太極。○易學啓蒙。

陰陽，若論流行底陰陽二字，若以其流行者而言。則只是一箇。静而動，動而静，一動一静互爲其根，一氣之消息，只是一氣之運行，故只是一箇。對待底則兩箇，若以對待者而言，分陰分陽，兩儀立焉，陰與陽對，故成兩箇。如日月、水火之類，日陽而月陰，火陽而水陰，兩兩相對。皆是兩箇。故亦是兩箇。○經說。下同。

易有兩義：「易」一字有二義。一是變易，一爲變易，如陰之變則易而爲陽，陽變則易而爲陰。便是流行底；此是流行者也。一是交易，一爲交易，如陽自此往，陰自彼來。便是對待底。此是對待者也。

復有兩般，復一也，所以復則有二。有善惡之復，有所謂「善惡之復」。有動靜之復。有所謂「動靜之復」。二者自不相須，此二者不相同。要各看得分曉。却要見得明。終日營營，人之心盡日役役。與物並馳，馳騁物欲，是流於惡矣。忽然有惻隱、是非、羞惡之心發見，仁之發則爲惻隱，智之發則爲是非，義之發則爲羞惡，忽然有此，是惡極而復於善也。此善惡之爲陰陽也。陽善陰惡，故言善惡之爲陰陽。若寂然至靜之中，如是此心窺寂而靜一。有一念之動，忽然一念之發，而靜極復動。此動靜爲陰陽也。陽動陰靜，故言動靜之爲陰陽。伊川與濂溪說得亦不同，其論復亦不一。濂溪就歸處說復[一〇]，周子是言靜之復。伊川就動處說復。伊川是言動之復。濂溪云「利貞，誠之復」，乾之四德，元亨利貞。元主春，亨主夏，乃誠之通達，至利主秋，貞主冬，則乃誠之歸復。謂「誠心，復其不善之動也」，故在人而誠實，此心在於不善之動息於外，則善心之生於內者無不實。此就歸處說。此是言歸復之復，靜之復也。伊川說「元亨利貞」，程子論乾之四德。則「元」

爲「復」，六陰窮於坤，一陽生於復，是貞下起元。此就動處説。此是言往復之復，静之復也。二者各所指地頭不同，此二者雖其所指不同。其理只一。要其爲復之理則一也。

嘗謂康節之學，堯夫所學。與周子、程子所説小有不同。與周、程之言小異。康節於那陰陽相接處陰翕爲坤，陽生爲復，坤、復中間便是相接處。看得分曉，於此見得極明。故多舉此處爲説。故所言多及此，如「乾遇姤時觀月窟，地逢雷處驗天根」之句。周子説「無極而太極」周子言無定極之中有至定極之理。與「五行一陰陽，與五行之殊，皆二氣之實。陰陽一太極」，二氣之實，本仁理之極。説得周遍。由其相生者推闡，故較周遍。若如周子、程子之説，若如周、程之言。則康節所説在其中矣[一二]。則堯夫之言盡在其內。康節是指貞、元之間言之，堯夫是言貞者陰之静，元者陽之動，貞下又起元。周子、程子説得活，周、程則更圓活。「體用一源，主體而言，言體而用在其中，故曰一源。顯微無間」。主事而言，言顯者而微者在其內，故曰無間。○語録。下同。

性、情、心，具於心則謂之性，發於性則謂之情。同是一理，雖有三者之名，實則一理。然心却包著這性情在裏面。心所具則爲性，心所發則爲情，故心包性情。横渠説「心統性情者也」，看得精。張子謂心統乎性情，見得極精。邵堯夫云：邵子云。「性者，道之形體；性字從生從心，以生而具是理於心，故爲道之形體。心者，性之郛郭；以其包藏此性，故以郛郭言。身者，心之區宇；以其具是形而心居其中，故以區宇言。物者，身之舟車。」以心不能主乎此身，則爲外物牽引而去，故以舟車言。語極有理。此數語極是造理。

問「五性感動而善惡分」。五常之性感物而動，陽善陰惡各以類分。先生曰：答云。天地之性是理也。天地之性未麗於氣，純然是理。才到有陰陽五行處，及陰陽稟受，五行凝合。便有氣質之性，氣聚成形，則此性具焉，便是氣質之性矣。於此便有昏明、厚薄之殊。稟氣之清則明，稟氣之濁則昏，有厚於仁而薄於義者，有餘於禮而不足於智者，皆氣稟使然也。

有天地之性，性一也，所以爲性有二，有所謂「天地之性」。有氣質之性。有所謂「氣質之性」。天地之性，謂之天地之性。則太極本然之妙，未麗於人，乃是理之本體。萬殊之一本者也。是爲萬殊之一本。氣質之性，謂之「氣質之性」。則二氣交運而生，則由陰陽二氣疑聚成形，而有此性。一本而萬殊者也。是爲一本之理，散爲萬殊也。

論天地之性，若論天地之性，則是人生而静以上。則專指理而言；純然是理。論氣質之性，如論氣質之性，則是人生而静以下。則以理與氣雜而言之。氣聚成形，理亦賦焉，是理與氣雜矣。

「維天之命，天命流行。於穆不已」，無有止息。萬古只如此。常常如是，此即天道至誠無息也。

問「萬物之生意最可觀」。有問萬物生生之意最好看。先生曰：答云。萬物之生，物物生生於天地間。天命流行，無非天道之至誠無息。自始至終，由初及末。無非此理。皆是此理。但初生之際，但只是方生之時。淳粹未散[一二]，真淳之氣聚而未散。尤易見爾。尤爲易見。

无妄是自然之誠，真實無妄之謂誠，皆自然之理。不欺是著力去做底。不欺便是用功以求至者，若論字之輕重，「無」字有自然意思，「不」字便有著力意思。

心，譬則水也。人之心譬之於水。性，水之理也。性則譬如水之理。性所以立乎水之静，是水之静猶性。情所以行乎水之動，水之動猶情。欲則水之流而至於氾濫者也。水之流蕩而至於洋溢，猶人欲之放縱也。才者，水之氣力，所以能流者，水之勢力，波鄰瀾倒，猶才之能做者也。然其流有緩有急，但水之流有急有緩。則是才之不同。亦猶才之有清有濁之不同也。

才出於氣，朱子曰：氣是敢做底，才是能做底，才自氣而出。氣清則才亦清，人之禀氣清，則才與俱清。氣濁則才亦濁。人之禀氣濁，則才與俱濁。

性出於天，性自天生。才出於氣。才自氣生。性是形而上者，性則未麗於氣，故形而上。氣是形而下者。既以氣言，則形而下。形而上者，全是天理；形而上，太極本然之妙，純是天理。形而下者，只是那查滓。形而下，見於陰陽之動静，則其查滓也。至於形，又自陰陽凝合聚而成形。又是查滓至濁者也。是又查滓之中濁之至者。

敬之問盡心知性。出孟子。先生曰：答云。性是吾心之實理，人生具是理於心，謂之性。若不知得，如不知此性。却盡箇甚？所謂盡吾心之理是盡何物？又問知性知天。又問此。曰：答云。性以賦予我之分而言；性即吾心所賦之理而言。天以公共道理而言。天以道理之自出而言。吾之仁義禮智，吾心之四德。即天之元亨利貞。夫得天之元，則爲吾性之仁；得天之亨，則爲禮；得天之利，則爲義；得天之貞，則爲智。凡吾之所有，凡是吾心所有之理。皆自彼而來也。無非自上天賦予而然。故知吾性，但能知吾心所賦之性。則自然知天矣。則自然知上天公共之道理也。

敬之問「君子所性」。又問何以爲君子所性。先生曰：答云。此是説生來承受之性。此言有生以來稟受得此理而爲性。「仁義禮智根於心」，曰仁、曰義、曰禮、曰智，根本於心。便見四端着在心上。是理已具在心内。才有些子私意，本自生生不窮，但有些私意未去。便剗斷那根，則根心之理便爲間斷。便無生意。則生生之意息矣。

「仁」字須兼義、禮、智看。仁道最大，須合義、禮、智兼看。蓋仁是個生底意思，通貫周流於四者之中，先儒以桃仁、杏仁爲喻，種著便生，所以名之曰仁。仁者仁之本體，仁乃其本然之體也。禮者仁之節文，節則無太過，文則無不及，禮乃仁之節文。義者仁之斷制，義即仁之有斷制。智者仁之分别。智即仁之能分别是非。猶春、夏、秋、冬雖不同，正如四時之序雖不一。而同出於春：莫不皆出於春。春則生意之生也，春乃生意之自始。夏則生意之長也，夏則此生意之長育。秋則生意之收也，秋則此生意之收斂。冬則生意之藏也。冬則此生意之歸藏也。

問：「四端」又問「四端」之發。集註以爲端緒，孟子集註以爲端乃端緒之著見。蔡丈季通説端乃尾，如何？蔡季通又言端乃尾之稱，如筆端之端。曰：先生答云。以體用言之，若以體用言。端亦可謂之尾；自性而言則此端爲末。以始終言之，若以始終言。端是始發處。自情而言則此端爲始。二説自不相礙。此二説皆通。

「道」字宏大，道顯於事物之間，故宏且大。「理」字精密。理具於一心之妙，故精且密。

人多説性，方説心，今人多是言性了方言心。看來當先説心〔一三〕。論來心更當先言之。古人製字，古者制字之義。亦只先製得一箇「心」字，必先製「心」之一字。「性」與「情」皆從「心」〔一四〕。「性」字「情」字皆從心，可見因心而有也。

校勘記

〔一〕依其門類編作近思續録　「録」原作「集」，據卷端書名改。

〔二〕情之未發而此體已見　「見」，寬文本、晦庵集卷六十七（朱傑人、嚴佐之、劉永翔主編朱子全書本，下同）仁説作「具」。

〔三〕在人則温然愛人利物之性　「性」，寬文本、晦庵集卷六十七仁説作「心」。

〔四〕論語集註　「論」原脱，據寬文本補。

〔五〕程子所謂天地自有之中　「地」，寬文本、大學或問（朱子全書本，下同）作「然」。

［六］化者敦厚其化　前一「化」上，寬文本、柯氏本有「敦」字。

［七］極而至於靜而無一息之不中　前一「而」字，柯氏本作「其」。

［八］此萬化之本原　「原」，寬文本、柯氏本作「源」。

［九］坤者順而有常之謂　「之謂」原無，據寬文本、西銘解（朱子全書本，下同）補。

［一〇］濂溪就歸處説復　「復」原無，據柯氏本補。

［一一］則康節所説在其中矣　「所」，柯氏本作「之」。

［一二］淳粹未散　「淳」，柯氏本作「純」。

［一三］看來當先説心　「看」，柯氏本作「論」。

［一四］性與情皆從心　「心」下，柯氏本有「生」字。

新刊音點性理群書句解卷之十五　　後集

近思續録

第二卷　此卷論爲學之要

張子西銘後，論曰：先生著西銘後，論云。天地之間，通天地中。理一而已。只是一理。然「乾道成男，坤道成女，自太極生陰陽五行，真精妙合。乾，陽也，故成男。坤，陰也，故成女。二氣交感，二氣交相感。化生萬物」，而人物始生矣。則其大小之分，或大或小之不同。親疏之等，曰親曰疏之有異。至於十百千萬而不能齊也。不能齊一者亦衆。不有聖賢者出，於此不有聖賢出明此理。孰能合其異而反其同哉？誰能合其萬殊而同出一本邪？西銘之作，横渠西銘一篇。意蓋如此。是蓋合萬殊而一本也。程子以爲「明理一而萬殊」[二]，程氏以爲推明其道理，則是公共其分，則不無等差。可謂一言以蔽之矣。可謂一言盡之矣。蓋以乾爲父、乾，陽也，故稱父。坤爲母，坤，陰也，故稱母。有生之類，凡厥有生，實同自出。無物不然，物物皆然。所謂「理一」也。是所謂理之一。而人物之生，但人物受生。血脈之屬，血氣形體各異其出。各親其親，故各私其親。各子其子，各私其子。則其分亦安得而不殊哉？是所謂分之殊。一統而萬殊，論其體統同一太極，散則萬類之殊。則雖天下一家，是合天下之大，如一家之親。中國一人，合中國之廣，爲一人之身。而不流於兼愛之蔽；不至爲墨氏兼愛之弊。萬殊而一貫，合萬類之殊，貫之一本之理。則雖親疏異情，雖是親者疏者，其情各異。貴賤異等，貴者賤者，其等各殊。而不梏於爲我之私。不至爲楊氏爲我之害。此西銘之大指也[二]。此則西銘之本意。觀其推親親之厚，今觀其推闡，雖於親親必加厚。以大無我之公，然又洞然而無我。因事親之誠，以其事親者。以明事天之道，以推事天者。蓋無適而非所謂分立而推理一者。厚於親則是分殊，無我則是理一，曰事親，曰事天，則是分殊，誠與道則是理一。夫豈專以「民吾同胞」、豈專在於以民皆同所出。「長長幼幼」爲理一，長吾長以及人長，幼吾幼以及人幼，爲理之一。而必默識於言意之表，求之言意之外。然後知其分之殊哉？爲分殊邪？

程夫子之言曰：「涵養須是敬，涵養此心苟不以敬，則所守不固。進學則在致知。」勉進於學而不能推極其知，則義理不明。此實學者立身進步之要，敬則足以立身而不蕩於欲，致知則可以進步於學，而不昧其理。而二者之功，持敬致知之功。蓋未嘗不交相發也。蓋交相養也。然夫子教人持敬，但夫子誨人持敬之道。不過以整衣冠、齊容貌爲先，在於衣冠、容貌之間。而所謂致知者，誨人致知之方。又不過讀書史、應事物之間在於讀書、應事之際。求其理之所在而已。以求其理之是也。

寢堂之旁先生寢處之側。有兩夾室，有二室。名其左曰「敬齋」，其左扁以「敬齋」。右曰「義齋」。其右扁以「義齋」。蓋嘗讀易而得其兩言曰：曾讀易經而得其二語。「敬以直内，敬所以主宰此心也，敬立則理無所屈，故直。義以方外。」義所以制事也，義形則事制而得宜，故方。以爲爲學之要，所謂爲學之要道。無以易此，無以加是。而未知其所以用力之方也。但未明用功之地。及讀中庸，及誦中庸一卷。見其所論修道之教，見其論聖人因人物常行之道品節之，以爲教於天下。而必以戒謹恐懼爲始，而必以戒謹目所不及睹、恐懼耳所不及聞爲先。然後得夫所以持敬之本。則知所謂持敬之本其在是也。又讀大學，又誦大學一書。見其所論明德之序，見其論「明明德」之目。而必以格物致知爲先，而以必窮至事物之理極處無不到，而所知者無不致爲先。然後得夫所以明義之端。則知明義之端其在是也。既而觀夫二者之功夫，又考究「持敬」、「明義」之工夫。一動一靜，靜而持敬，動而明義。交相爲用，内外夾持。又有合乎周子太極之論，則又是濂溪太極動靜之理。然後又知天下之理，又有以明天下之理。幽明鉅細，其隱其顯，其大其小。遠近淺深，或遠或近，或淺或深。無不貫乎一者。無不通貫乎一理也。

孔子曰：「古之學者爲己，爲己者，欲得之於己也。今之學者爲人。」爲人者，欲見知於人也。又曰：「女爲君子儒，君子儒爲己。無爲小人儒。」小人儒爲人。此是古今學者，君子小人之分，古學者、今學者，君子儒、小人儒，由此而分。差之毫釐，毫毛釐忽之差。繆以千里，其繆至於千里。言其遠也。切宜審之。所當察之也。

先生諭學者曰：老蘇自言其初學爲文時，指老泉也。取論語、孟子、韓子取此三書。及其它聖賢之文，又及其它文。兀然端坐，靜坐端嚴。終日以讀之者七八年。盡日誦此，蓋七八年。方其始也，究其初。入其中而惶然以疑，則察其中之意義，尚有所疑。觀於其外而駭然以驚。見之於外，則駭然未敢措辭。及其久也，及用功之久。讀之益精，愈讀而義愈精。而其胸中豁然以明，自覺胸襟開明。若人之言文思之發，如人之言語。固當然者，當然而然，自不容已者。然猶未敢自出其言也。但尚未敢輕易出語。積時既久，歲積月累。胸中之言日益多，學其胸中之言語愈多。不能自制，雖欲不發諸口而不可。試出而書之。遂發出而爲詞章。已而再三讀之，既而又詳讀舊書。渾渾乎覺其來之易矣。蓋浩浩而不可窮矣。予謂老蘇但爲欲學古人説話聲響[三]，夫老泉用意是學古人著爲文辭。極爲細事，此乃事之小者。故其所就，亦非常人所及。其成就之文，非人所可及。今人學道，今世之人學道。依老蘇法，苟能依老泉此法。以二三年爲期，用功亦以三載爲期。正襟危坐，正其衣襟，直身而坐。將大學、論語、中庸、孟子及詩、書、禮記、程張諸書，盡將諸經及程子、張子義理之言。分明易曉處，平易可通曉者。反復讀之［四］，終始玩味。更就己身心上存養玩索，歸就吾身心之間，體驗涵養。著實行履，真實踐履。有箇入處，必有箇入道處。方好求師，於此而求良師。證其所得以證其無入而不自得者在何處。而訂其謬誤。其不及而繆誤又有何所。是乃所謂「就有道而正焉」者，是能就正有道之人。而學之成也可冀矣。可以致其學之有成矣。

古之聖賢，古之爲聖爲賢者。其文可謂盛矣，其文辭亦甚盛。然初豈有意學爲如是之文哉？但非有意學爲此文。有是實於中，只緣心中具是理之實。則必有是文於外。故著見於言語之間，自然成文也。如天有是氣，正如夫在天爲氣，有仁氣之實。則必有日月星辰之光耀；則著見爲文，日月星辰之光耀皆是也。地有是形，在地成形，有是形之實。則必有山川草木之行列。則著見爲文，山川草木之森列皆是也。聖賢之心，聖賢此心。既有是精明純粹之實，虚靈不昧，純粹至善，實理完具。以旁薄充塞於其内，充實於内。則其著見於外者，是以發見於外。亦必自然條理分明，有條有理。光耀發越而不可掩，故自然有光輝之謂大，不可掩蔽。蓋不必托於言語、亦不必見於言語。著於簡册著之策書。而後謂之文。方見其文。但自一身自其一身之間。接於萬事，與萬物交接。凡其語嘿動靜，或語或嘿，時動時靜。人所可得而見者，有目者皆可見。無適而非文也。無所往而非文之著也。姑舉其最而言，即其盛者言之。則易之卦畫、如易之有卦畫。詩之詠歌、詩之有詠歌。書之紀言、書記帝王行事之言。春秋之述事，春秋書善惡之事。與夫禮之威儀、及著於禮，有威可畏謂之威，有儀可象謂之儀。樂之節奏，樂音之高下，皆有節奏。皆已列爲六經而垂萬世。並已著之六經以垂萬世之訓辭也。然其所以盛而不可及者，但其文之盛所以難及者。豈非所自來，蓋亦自涵養深厚，根本於義理之實。而世亦莫之識也。但世之人莫之能識。

「顯諸仁，顯其仁。藏諸用。」藏其用。顯，自内而外也。顯，發達也。自内發出，故自内而外。仁，謂造化之功，仁，即造化機緘之妙。德之發也。藏，自外而内也。用，謂機緘之妙[五]，業之本也。事之本始者也。○易本義。下同。

精研其義，研窮義理，各極其精。至於入神，以至入神妙之域。屈之至也。是屈之極者也。然所以爲出而致用之本[六]，出於施用皆本於此，是又屈而伸也。利其施用，施用皆宜。無適不安，無往不安。伸之極也。伸之至者也。然乃所以爲入而崇德之資，入而崇德實資於此，是伸而屈也。内外交相養，精養入神者其内也，致用其外也，施用其外也，崇德其内也，交相爲養。互相發也。而又交相發也。

「觀其會通，以行其典禮。」此係辭之言也。會，謂理之所聚而不可遺處。會之云者，乃是理之會聚而無可遺者。通，謂理之可行而無所礙處。通之云者，乃理之通行而無滯。

人與天地鬼神，人之一身與天地鬼神雖若異。本無二理。而其理則無異。先天不違，易言先天而不違。謂意之所爲，蓋言心之所爲者。默與道契。非求合乎道，而自暗與道合。後天奉天，所謂後天而奉天時者。謂知理如是，言知天道如此。奉而行之。惟有承順而行之耳。

學而爲論語首篇，論語以學而一篇冠之於首。所記多務本之意，門人所記夫子之言，多是於本領處用功。乃入道之門，積德之基，學者之先務也。論語集註。下同。

無私心，心而無所私。然後好惡當於理。則所好者皆所當好，所惡者皆所當惡，自無不當於理。當理而無私心，則仁矣。事既當理又必無私心，則可以爲仁。如今人當歲之歉，發粟濟民，事誠當理矣，苟有要譽之心爲之，則未能無私心，是己之私猶未克，又安可謂之仁耶？

未得則發憤而忘食，憤者，心求通而未能之謂。聖人之於道其未得也，心必求通以至於忘其食。已得則樂而忘憂。及其已得，則此心之樂以至忘其憂。以是二者即此二者。「俛焉日有孳孳」，勉勉不已。而不知年數之不足。不知老之將至。夫子但自言其好學之篤耳。夫子自稱其篤於學如此。然深味之，反復玩味。則見其全體至極，「純亦不已」之妙，有以見其全體純於天道同一。有非聖人不能及者。自非聖人誰能及是哉？

不得於天聖人雖無所得於天。而不怨天，而未嘗敢怨乎天。不合於人雖無所合於人。而不尤人，而未嘗尤乎人。但知下學，但知下學人事。自然上達。自然上達天理。此但自言其反己自修，此是自言其反身修省。循序漸進耳，以序而進。無以甚異於人與人無甚異。而致其知也。是以推極其所知。然深味其語意，但玩味其立言之意。則見其中自有人不及知而天獨知之之妙。聖人之心，人不及知，知其妙者天也。

天地之化，天地之運化。往者過，其既往才過。來者續，其方來者又續。無一息之停，初無停機。乃道體之本然也。乃是道不息之本體如此。然其可指而易見者，莫如川流，但其最易見者，無如川流不息。故於此發以示人，故因在川上發此以示夫人。欲學者時時省察，欲使爲學者時時常加省察之功而不息。而無毫髮之間斷也。無毫釐毛髮之間斷。

學者自强不息，學者苟能自强，無有止息。則積少成多；則其所得自少積累可以成多。中道而止，半塗而廢。則前功俱棄。非惟新益無有，而舊所得者亦亡矣。

學莫先於立志。人之於學，立志爲先。志道則心存於正而不他，志者，心之所之。所志者道，則此心存在正理而不它適。據德則道得於心而不失，據者，執守之義。德，則行道而有得於心，得之於心守之不失。依仁則德性常用而物欲不行，依者，不違之謂。仁，則私欲盡去而心患之全。游藝則小物不遺而動息有養。游者，玩物適情之謂。藝，則禮樂之文，射、御、書、數之法，皆至理所寓，日用之不可闕，朝夕游焉，以博其義理之趣，則應務有餘而心亦無所放矣。學者於此，有以不失其先後之序、志道、據德、依仁爲先，游藝爲後。輕重之倫焉，志道、據德、依仁爲重，游藝爲輕。則本末兼該，自志道至於依仁，是由粗入精；自依仁至於游藝，是自本兼末。內外交養，志道、據德、依仁養乎內也，游藝養乎外也。日用之間，見於日用常行。無少間隙，無間可投。而涵泳從容，而從容涵泳。忽不自知其入於聖賢之域矣。恍然自得，蓋有見其入聖域而不自知也。

詩本情性[七]，詩歌之作，皆發乎人之情性。有邪有正。但其發也，亦有正邪之分。其言既易知，其言近，故易明。而吟詠之間，歌詠之際。抑揚反覆，或抑或揚，反覆形容。其感人又易入。

感人亦易於入。故學者之初，故爲學之始事。所以興起其好善惡惡之心，而不能自已者，讀美詩則興起夫人好善之心，讀刺詩則興起夫人惡惡之心，此蓋天機之自不容已者。必於是而得之。皆於此得之也。禮以恭敬辭遜爲本，禮之本則在於恭敬辭遜。而有節文度數之詳，節其太過，文其不及，與夫制度儀數之多。可以固人肌膚之會、皆所以使人肌膚之會聚。筋骸之束。筋體之斂束。故學者之中，故爲學而守此理。所以能卓然自立，而不爲事物之所搖奪者，故能自立而非外物之所能扤動。必於此得之。亦於此得之也。樂有五聲十二律，樂之作，則有五聲十二律。更唱迭和，相爲唱和。以爲歌舞八音之節，既歌且舞，以爲金、石、絲、竹、匏、土、革、木八音之節奏。可以養人之情性，所以養其心而無邪思。而蕩滌其邪穢，而洗滌其胸中之邪妄穢惡。消融其查滓。消除其未化之查滓。故學者之終，乃爲學之終事。所以至於義精仁熟，至此則義之精、仁之熟。而自和順於道德者，渾融於道德之妙。必於此得之。蓋自是來也。

非弘不能勝其重，弘大則足以任其重。非毅無以致其遠。剛毅則足以致其遠。仁者，人心之全德，仁乃吾心渾全之德。而必欲以身體而力行之，必欲以之爲己任而力於行。可謂重矣。其爲言亦甚重矣。一息尚存，苟吾身有一息之氣尚存。此志不容少懈，志於仁之心無少懈怠。可謂遠矣。其用力豈不遠？

意，私意也。所謂意者，私意也。必，期必也。所謂必者，此心有所期必也。固，執滯也。所謂固者，此心有所執滯也。我，私己也。所謂我者，是私己也。四者相爲終始。意、必、固、我，迭相終始。起於意，自意而起。遂於必，至於必。留於固，滯於固。而成於我也。而遂成於我。蓋意、必常在事前，意、必每生於事之前。固、我常在事後。固、我常生於事之後。至於我又生意，及至我之私己又生私意出。則物慾牽引，可見物交物引。循環不窮矣。四者如環，轉相爲無窮矣。

明足以燭理，故不惑；明足以察天下之理，故無所疑惑。理足以勝私，故不憂；理足以制一己之私，故無所憂。氣足以配道義，故不懼。氣足以合乎義與道，故無所懼。此學之序也。此爲學之次序如此。

不切則磋無所施，治骨角者，切以刀鋸，而後磋以鑢鍚。不切，則何所用磋？不琢則磨無所措。治玉石者，琢以椎鑿，而後磨以沙石。不琢，則何所用磨？故學者雖不可安於小成，故爲學固不可以小成而自足。而不求造道之極致，而不用力是道之極功。亦不可騖於虛遠，又不可馳心空虚高遠。而不察切己之實病也。而不知求之切己之實處也。

有恒者之與聖人，有常德者之比聖人。高下固懸絶矣，其等級高下，固相遼絶。然未有不自有恒而能至於聖者也。然自其有常，則亦可至於聖人地位。

敬以持己，敬以操持一己而無所樂。恕以及物，恕則推己及物而能極其公。則私意無所容則毫髮之私意不存於胸中。而心德全矣。而本心之德渾全矣。

「博學而篤志，博學而志不篤，則大而無成。切問而近思。」泛問遠思，則勞而無功。四者皆學、問、思、辨之事耳，此四者乃中庸博學、審問、謹思、明辨之事。未及乎力行而爲仁也。未是力行爲仁之事。然從事於此，但能用功於是。則心不外馳，則此心在裡面不馳逐於外物。而所存自熟，則存養者熟而天理自存。故曰「仁在其中矣」。所以言仁在其中。

仁義根於人心之固有，仁義之德乃人心固有之善。天理之公也；是天理之至公者也。利心生於物我之相形，物與我對立，利於此必不利於彼，故利欲之心生於此。人欲之私也。是人欲之至私者也。循天理，則不求利，而自無不利；循天理而行，至事事得宜，故自無所不利。徇人欲，則求利未得，而害已隨之。徇人欲而動，利與害相對，求利不得則心至生害。所謂毫釐之差，所差雖微。千里之繆［八］。其繆甚遠。此孟子之書此孟子一書。所以造端託始之深意，其開端肇始必於「義利」二字加意。學者所宜精察而明辨也。學者所當熟察乎此，明辨其界限也。○孟子集註。

下同。

至大，初無限量；大而不可限量。至剛，不可屈撓。剛則無所屈撓。蓋天地之正氣，皆乾陽坤陰，天地之氣充塞於其間。而人得以生者，而人則稟是氣而生。其體本如是也。資之以爲體者，本然如此。惟其自反而縮，惟其自反，事事而集此義。則得其所養，則以理義而養是氣。而無所作爲以害之，又不從事於血肉之私，以害此氣。則其本體不虧，則本然之體無所欠虧。而充塞無間矣。而充塞上下，無所間隔矣。

事親從兄，善事父母，順從兄長。良心真切，皆仁義之良心，真實切近。天下之道，凡天下之理。皆原於此。無不根本於是。然必知之明 但必知此理之明。而守之固，則能守此理之堅。然後節之密 而後能節文斯二者。而樂之深也。而其樂不容自已也。

君子所以博學於文 君子欲傳其所學於文。而詳說其理者，而詳講說其義理者。非欲以誇多而鬬靡也，非是求學之多而逞其文之靡麗也。欲其融會貫通，欲使衆理通貫透徹。有以反而說到至約之地耳。博而取諸學問之間，約而求其義理之真實。非欲其徒博，非欲徒然泛覽以爲博。而亦不可以徑約。然亦不可不博而直求約也。

人物之生，人物並生於天地間。同得天地之理以爲性，稟得天地之理是爲此性。同得天地之氣以爲形。稟得天地之氣而爲此形。其不同者，但亦有不同處。獨人於其間得形氣之正，得氣之偏且塞者爲物，得氣之正且通者爲人。而能有以全其性，爲少異耳。故人有以全其天性之本然，爲異於物也。雖曰少異，雖是小有不同。然人物之所以分，但人與物之分。實在於此。在於能全其性與不能全也。衆人不知此而去之，衆人不知此性違而去之。則名雖爲人，則具人之形。而實無以異於禽獸。實則與禽獸無大異。君子知此而存之，君子知此性而存此性。是以戰競惕厲，所以戒謹恐懼而不爲欲所動、情所勝。而卒能有以全其所受之理也。終有以全其性禀之本然，異於衆人也。

人，理義之心未嘗無，人有此心，即有此理，故未嘗無。唯持守之即在耳。操持執守，物不能移，此理皆在。若於旦晝之間，苟能自朝至於日中。不至梏亡，此心静定而物不足以梏亡之。則夜氣愈清。故曰有所養則夜氣自然愈清。夜氣清，則平旦未與物接之時，湛然虛明，氣象自可見。此言旦晝有所養，此心不爲物交物引，則夜氣自然清，夜氣清則旦氣自然清。近日大儒且言夜有所涵養，則旦晝清明不至梏亡本心，不知夜睡之時如何用功涵養，是不知夜氣者也。

心者人之神明，心之神妙莫測，光明洞徹。所以具衆理而應萬事者也。完具衆理而爲酬酢萬變之本。性則心之所具之理，「性」字從生從心，是生而具是理於心也。而天又理之所從以出者也。而天則即是理，而命於人謂之性，是理之自出。人有是心，人之有此心。莫非全體，理具於中，其體渾全無虧欠也。然不窮理，但不窮其義理。則有所蔽而無以盡乎此心之量。則此心昏昧而不足以盡其心之量。故能極其心之全體而無不盡者，而極其心，渾全之體而無有不盡。必其能窮夫理而無不知者也。必也研窮事物之理，體之無所不知。既知其理，既能知此性之理。則其所從出，亦不外是矣。則理乃天之所賦，其從出之大原亦可知之矣。

萬物之理，萬殊之理。具於吾身。莫不皆具於吾之一身。體之而實，體此則無非實。則道在我而樂有餘；則道皆備於我，而其樂無窮。行之以恕，推而及物則爲恕。則私不容而仁可得。恕乃仁之用，故己私無有，而仁之道在是矣。

學問之道，博學審問之道。固非一端，雖不止一端。然其道則在於求其放心而已。但其大要莫先於求己放之心。蓋能如是，誠能於此用功。則志氣清明，則物欲不能蔽本體之真，故志氣自然清明。義理昭著，義理極其昭著。而可以上達。直可上達天德。不然則昏昧放逸，不如此，則本體昏昧，流蕩忘返。雖曰從事於學，雖云博學審問，而不於本原用功。而終不能有所發明矣。則亦不能有所進益矣。

所謂學者，學之爲言。有所效於彼效也，效彼之所能。而求其成於我之謂也。而求在己之有成。以己之未知而效夫知者，以求其知，以己之未能而效夫能者，以求其能，皆學之事也。是皆學之道也。人既學而知且能矣，既學則未知者知、未能者能。而於其所知之理、又於其心之所知者。所能之事，身之所能者。又以時反復而溫繹之，時時溫習之。則所學者熟，則所學於己者益熟。而中心悦懌也。義理融貫於吾心，自然悦懌也。蓋人而不學，苟不知學。則無以知其所當知之理，理之當知者不之知。無以能其所當能之事，事之當能者不之能。固若冥行而已矣。正如人冥冥夜行，安能有進哉？然學矣而不習，既學，而不習熟。則表裏扞格，則内外不融貫。而無以致其學之之道；不能記其所學之道。習矣而不時，既習熟矣，而又不時時用力。則間斷[九]，無以成其習之之功。則工夫間斷，不能成其已習之功。是其胸中雖欲勉焉以自進，樂其心，欲勉之於學以求進。亦且枯燥生澀，然工夫之漸次者不加，惟見枯槁乾燥，且生且澀。而無可嗜之味，純然無味之可取。危殆杌隉而無可即之安矣。則所得安保其不亡耶？故既學矣，所以已學。又必時時習之，又須時時温習。則其心與理相涵，則是理渾涵於心。而所知者益精，而知者愈明。身與事相安，應事無累於身。而所能者益固。而能者愈固。從容於朝夕俯仰之中，從容不迫，自朝至夕。凡其所學而知且能者，則其所知所能。必皆有以自得於心，無非心所自得。而不能以語諸人者，難以告乎人。是其中心油然悦懌之味，義理充足，心廣體胖，其悦懌之意味。雖芻豢之甘於口，雖是芻豢之味適口。亦不足喻其美矣。亦難與此並其美也。○論語或問。

明德者，所謂明德者。人之所得乎天，乃人之心所得於天之理。而虛靈不昧，至虛至靈，光明不昧。以具衆理而應萬事者也。虛則能具衆理，靈則能應萬事。但爲氣禀所拘、氣禀拘於前。物欲所蔽，物欲蔽於後。則有時而昏。則德之明者有時昏矣。然其本體之明，但本體之明者。

則有未嘗息者。亦無有止息。故學者當因其所發而遂明之，介然之頃，一有覺焉，則因其發而明之。以復其初也。則可以復其初之善，而德益明矣。〇大學章句。

學之大小，大學者大人之學，小學者小子之學。固有不同，其用功固不同。其爲道則一而已。然其爲道則一。人之幼也，不習之於小學，習如灑掃、應對、進退之類。則無以收其放心，則不能收斂其放心。養其德性，養成其德性。而爲大學之基本；而爲長入大學之根基原本。及其長也，不進之於大學，如格物、致知、誠意、正心、修身之類。則無以察夫義理，則不能洞燭夫理。措諸事業，如齊家、治國、平天下之類。而收小學之成功。而收小學已成之功。〇大學或問。下同。

以理而言，以理之所賦而言。則萬物一原，則萬物同出太極陰陽之賦受。固無人物貴賤之殊。人與物若無以異。以氣而言，以氣之所稟而言。則得其正且通者爲人，人得是氣之正且通。得其偏且塞者爲物，物得是氣之偏且塞。是以或貴或賤而不能齊。是以貴而爲人，賤而爲物，不能齊。然人之生，但人有此生。其通也，或不能無清濁之異；雖得氣之通，亦不無清與濁之異。其正也，或不能無美惡之殊。得氣之正，亦不能無美與惡之異。況乎又以氣質有蔽之心，況又以形體易蔽之心。接乎事物無窮之變，而應萬事萬物無窮盡之變。則其目之欲色，耳之欲聲，口之欲味，鼻之欲臭，四肢之欲安佚[一〇]，反覆深固。此數者迭相反覆，愈深愈固。是以此德之明，所以德之明者。日益昏昧，愈昏愈昧。而此心之靈，而心之靈者。其所知者，不過情欲利害之私而已。所知不向義理上去，而只在人欲之私。然而本明之體，但是本然之體。得之於天，得之天所賦者。終有不可得而昧者。其明終有不可掩者。是以雖其昏蔽之極，所以雖有昏蔽之時。而介然之頃，介然其中。一有覺焉，或有所覺。則即此空隙之中，指心也而間隙之中。而其本體已洞然矣。本明之體已昭昭矣。是以聖人施教，聖人立教。既已養之小學之中，幼則涵養小學之中。而後開之以大學之道[一一]。長則開明大學之道。其必先之以「格物」「致知」之説者，而必以窮至事物之理，以推極其知識爲先。所以使之即其所養之中，蓋欲俾之，即其小學涵養之素。而因其所發，因其心之有所發。以啓其明之之端也。以開其明也。繼之以「誠意」、「正心」、「脩身」之目者，繼則以誠意、正心、修身列而爲目。則又所以使之因其已明之端，則又俾其因其明之發。而反之於身，反求諸己。以致其明之之實也。以盡其明德之實也。

中庸第一章，中庸首篇。首明道之本原出於天而不可易，始則惟明道之大原出於天，如「天命之性」是也。其實體備於己而不可離。其實然之體備於人之身而不可離，「率性謂道」、「修道謂教」是也。次言存養省察之要。其次則言静而存養此心，以爲省察之本，如「戒微恐懼」、見「隱顯」之者是也。終言聖神功化之極。其末則言聖人之功化，如「天地位」、「萬物育」是也。蓋欲學者於此反求諸身而自得之，欲學者求之己而自有得。以去夫外誘之私，絶去外物之累。而充其本然之善，而全其固有之理。一篇之綱領也。此章乃一篇之大要也。○中庸章句。下同。

中庸大旨，中庸一篇大意。以知、仁、勇三達德爲入道之門。以知、仁、勇三者皆天下所同得之理，爲入道之門户。故於篇首即以大舜、顔淵、子路之事明之。首舉帝舜、顔子、仲由之事以明其理。舜，知也。如好問察言，非知乎？顔淵，仁也。如得一善則服膺弗失，非仁乎？子路，勇也。如問强，非勇乎？

達道者，謂之達道。天下古今所共由之路，若大路然，天下古今公共行此也。即書所謂「五典」，書以父義、母慈、兄友、弟恭、子孝爲五典。孟子所謂「父子有親，君臣有義，夫婦有别，長幼有序，朋友有信」是也。此五者人倫之達道也。知，所以知此也；知所以知此達道也。仁，所以體此也；仁所以體此達道也。勇，所以强此也。勇所以自强此達道也。謂之達德者，知、仁、勇謂之達德。天下古今所同得之理也。人人皆得此理，故謂之達德。一則誠而已矣。所謂行之者一，一者即誠也。達道雖人所共由，達道雖是天下古今之共由。然無是三德，然非知則不能知，非仁則不能體，非勇則不能强此。則無以行之；將何以行之哉？達德雖人所同得，達德雖是人人皆得此理。然一有不誠，然非有此誠。則人欲間之，則爲人欲所間隔。而德非其德矣。而德亦不能全矣。

聖人之德，聖人之所謂德。渾然天理，渾融其中，純是天理。真實无妄，真實而無邪妄。不待思勉，不思而得，不勉而中。從容中道，從容不迫，自合於道。則亦天之道也。自然而然，是與天之道則一也。未至於聖，未到聖人地位。則不能無人欲之私，則不能絶去人欲之累。而其爲德故其德。不能皆實。未必盡實。故未能不思而得，故不能如聖人之不思。則必擇善，而後可以明善；必須擇善，則能明乎己之善。未能不勉而中，不能如聖人之不勉。則必固執，然後可以誠身。必須固執此理，則能誠其身。此則所謂人之道也。有待修爲，是乃人之道也。

尊德性，所以存心而極乎道體之大也。謂之尊德性者，蓋所以存養此心而充夫道體之至大。道問學，所以致知而盡乎道體之細也。謂之道問學者，蓋所以推極其知而盡夫道體之至細。二者脩身凝道之大端也[一二]。脩身立道皆本於此。不以一毫私意自蔽，無毫髮之私意蔽乎中，謂致廣大也。不以一毫私欲自累，無毫髮之私欲累乎内，謂極高明也。涵泳乎其所已知，涵泳其已知者，使不忘，謂温故也。敦篤乎其已能[一三]，敦篤其已能者，使不失，謂敦厚也。此皆存心之屬也。此已上皆存心之道。析理則不使有毫釐之差，盡精微也。處事則不使有過不及之繆[一四]，道中庸也。理義則日知其所未知，知新也。節文則日謹其所未謹，崇禮也。此皆致知之屬也。此已上皆致知之道。蓋非存心無以致知，俾不能存養此心，則昏昧雜擾，無以爲致知之本。而存心者又不可不致知。存心而不致知，則有體無用，流於釋氏之寂滅也。

人之性無不同，人之性無有不同。而氣則有異，而稟氣則有不同。故惟聖人能舉其性之全體而盡之。惟聖人則能合本性渾全之體，而盡之於心。其次，則自善端發見之偏而悉推致之，次則當自四端形著之偏，由是而推將去。如惻隱之發，則仁之端自此推去。以各造其極也。以各詣是理之極處。曲無不致，一偏處無不推極。則德無不實，則己德無一之不實。而形、著、動、變之功誠則形，形則著，動則變之功。自不能已。自不容已者。積而至於能化，積漸而至，極變則化。則其至誠之妙，是又至之不息。亦不異於聖人也。與聖人亦無以異矣。

學之博，然後有以備事物之理，博學，則足以窮天下萬事萬物之理。故能參伍之以得所疑而有問；故參錯是非，得所疑而必問。問之審，然後有以盡師友之情，審問，則師友之情無不盡。故能反復之以發其端而可思[一五]；故反復其問對而究其理，而發其思之端。思之謹，則精而不雜，謹思，則思慮精而無所雜。故能有所自得，而可以施其辨；故自有所得於心，而爲辨詰之端。辨之明，則斷而不差，明辨，則是是非非剖斷不差。故能無所疑惑，而可以見於行；故心無所疑惑而決於行。行之篤，則凡所學、問、思、辨而得之者，篤行，則由學、問、思、辨而有所得者。又皆必踐其實，無不見之實履。而不爲空言矣。而不徒事於虛言矣。此五者之序也。此五者之次序如此。

通書極力説箇「幾」字，通書四十篇多言「幾」。儘有警發人處。乃警悟啓發之大要。近則公私邪正，近而求之一身一心，公私有公私之幾，邪正有邪正之幾。遠則廢興存亡，遠而來之古今，廢興有廢興之幾，存亡有存亡之幾。只於此處看破，但於此有所見。便斡轉了。便可去其不善而歸諸善。此是日用第一親切工夫，此皆日用常行之間工夫之最親且切者。精粗隱顯，精者粗者，隱者顯者。一時穿透。一皆是幾之通徹。堯舜所謂「惟精惟一」，堯舜傳授，精以察於人心道心之殊，一以純於道心渾融之際。精、一即此幾也。孔子所謂「克己復禮」，夫子所謂克去己私，復還天理。克、復即此幾也。便是此事。皆不出於「幾」之一字。

學者須是將身心做根抵。學者爲學須是將一身一心爲根本。〇語録。下同。

大凡爲學，最切要處在身心，爲學最切實緊要處只在身心，心所以具是理，身所以載是理，故當正心而修其身。其次便是做事，次則應酬萬事。此是的實緊切處。此乃切實所在也。

須敬義夾持，故立而内自直，義形而外自方，内外夾持。循環無端，主敬體也，體立而用，未嘗不行。集義用也，用行而體，未嘗不立。如環之轉，初無端倪。則内外透澈。自内達外無非天理，自然透澈。

敬之問：思誠莫是明善否？思誠只是明善耶？先生曰：答云。明善是格物、致知，明善者，難明其理，乃是窮至萬物之理以推極吾之知識之事。思誠是毋自欺、謹獨。思誠者，是毋自欺於暗室屋漏之中，致謹於人所不知、己所獨知之地也。明善固所以思誠，推明其善，固所以爲思誠之本。而思誠上面　然思誠上。又自有工夫在。又必以當戒謹恐懼用功也。

愈細密，愈細愈密而盡精微之理。愈廣大；自能致其廣大。愈謹確，愈謹愈確而盡中庸之道。愈高明。自能極其高明。

下學者事也，下學者，人事也。上達者理也，上達者，天理也。理只在事中。但人事之中天理存焉。若真能盡得下學之事，苟下學果能事事而得其當。則上達之理便在此。則上達之天理便已在是。

人之進德，人之欲進進於善。須是剛健不息。必須至剛至健，則能乾乾不息；不息，則能有進。

開卷便有與聖賢不相似處，人開卷與聖賢相對，其不相似處甚多。豈可不自鞭策？又安可不痛警其不及？

思索義理，義理無窮，若欲思索而得。涵養本原。本原心也，義理之自出也，必須涵養也。心不爲物欲昏雜，有不思，思則得之。

擇之問：林擇之又問：且涵養去，且加涵養工夫。久之自明。久則心體自然明。先生曰：答云。亦須窮理。亦必須窮事物之理，而思索其精微。涵養、窮索，涵養吾心，窮索其理。二者不可廢一，如車兩輪，如鳥兩翼。其言其不可廢一也。

主敬以立其本，心主此敬，無所昏撓，其大本已立。窮理以進其知。則窮究義理，所見精而所知益進。使本立而知益明，故大本立，則物欲不能蔽，而知益明。知精而本益固。知既明，則物欲不能惑，而本愈固。

熟底是仁，仁乃吾心生生之理，而無一息之間斷，故熟。生底是恕。恕乃如心之義，比自家心推將去，故生。自然底是仁，惟其熟，故皆自然而然。勉强底是恕。惟其生，故皆勉强推去。

知與行常相須，二者不可闕一。如目無足不行，有目無足，則不能行。足無目不見。有足無目，則不能見。論先後，知爲先；知了方行，故知爲先。論輕重，行爲重。知得須行得，故行重。

學須做自家底看，人之爲學，須是作己分上用。便見切己。便自切於己。今人讀書今人勤讀。只要科舉用，只是留意進取之文。及已第則爲雜文用，既已登第，則又留意散雜之文。其高者則爲古文用，其學才俱高，則又著古作之文。皆做外面看。所學者皆欲誇耀於人，與己分上了無相關。

學者只是不爲己，學者不求盡於己，而爲爲己之學。故日間此心故旦晝用心。安頓在義理上時少，少有貼在義理上。安頓在閑事上多，多段貼在閑事上。於義理却生，義理之時少，則生。於閑事却熟。閑事之時多，則熟。今人爲學今人之於學。多是爲名，爲名，欲見知於人也。不肯切己。切己，求盡夫己者也。

爲學須要剛毅果決，剛毅則篤於自任，果決則勇於有行。悠悠不濟事。悠悠度日，甚不濟事。

且如「發憤忘食，憤者，心求通而未能。且如聖人啓發其憤，未得以至於忘其食。樂以忘憂」，既得則樂而忘其憂。是什麽精神？其精神之果决如何？是什麽骨肋[一六]？其筋骨之剛毅如何？

爲學正如撑上水舡，撑舡上水，灘惡水暴，必須十分着力。一篙不可放緩。一篙之緩則已去千里，學亦然。

立志要如饑渴之於飲食，人之立志，當如饑之欲食、渴之欲飲。才悠悠，便是志不立。才悠悠地，此志便是不能立。

聖人之教，聖人之教人。學者之學，學者之爲學。不越博文、約禮兩事。不出「博文約禮」四字。博文是「道問學」之事，博學於文，即中庸之「道問學」也。於天下事物之理，於天下事事物物之理。皆欲其知之；皆欲窮究而極其知。約禮是「尊德性」之事，約而歸理，即中庸之「尊德性」也。於吾心固有之理，凡理見於固有之真者。無一息而不存。常無頃刻之不在。聖門教人只此兩事，約禮底工夫深，則博文底工夫愈明；博文底工夫至，則約禮底工夫愈密。博文所以驗諸事，約禮所以體諸身也。

「擇言」是「修辭」，擇言即易之「修其言辭」也。「篤志」是「立誠」。篤志即易之「立其誠意」也。大率進德脩業，而曰進德、曰修業。祗是一事，非是二事。進德是就心上説，進德知至，至之之事，自心而言。脩業是就事上説。脩業是知終，終之之事，自事而言。「知崇」是知識超邁，知以崇言，是識見之高邁也。「禮卑」是就切實處行。禮以卑言，乃踐履之切實也。若不知高，如知不高邁。則識見淺陋；則知識淺近卑陋。若履不切，若踐履不緊切。則所行不實。則所行不平實。知識高見識高邁。便是象天，天高而上，此便是效天。所行實踐履平實。便是法地。地平而下，便是效地。

校勘記

［一］程子以爲明理一而萬殊　「萬」，寬文本、西銘解作「分」。

［二］此西銘之大指也　「指」，柯氏本作「旨」。

［三］予謂老蘇但爲欲學古人説話聲響　「爲欲學」，柯氏本作「欲學爲」。

［四］反復讀之　「復」，柯氏本作「覆」。

［五］德之發也藏自外而内也用謂機緘之妙　此段文字原本無，據柯氏本增。

［六］然所以爲出而致用之本　「然」下，寬文本、柯氏本有「乃」字；「出而」二字，柯氏本無。

［七］詩本情性　「情性」，論語集註（四書章句集註，中華書局排印本，下同）作「性情」。

［八］千里之繆　「繆」，柯氏本作「謬」。

［九］而不時則間斷　「則」下，柯氏本有「工夫」二字。

［一〇］四肢之欲安佚　「佚」，柯氏本作「逸」。

［一一］而後開之以大學之道　「後」，柯氏本作「復」。

［一二］二者脩身凝道之大端也　「身」，柯氏本作「德」。

［一三］敦篤乎其已能　「其」下，柯氏本、寬文本、中庸章句（四書章句集註本，下同）有「所」字。

［一四］處事則不使有過不及之繆　「繆」，柯氏本作「謬」。

［一五］故能反復之以發其端而可思　「復」，柯氏本作「覆」。

［一六］是什麽骨肋　「肋」，寬文本同，朱子語類卷三十四作「力」。

新刊音點性理群書句解卷之十六　後集

近思續録

第三卷　此卷論致知格物

格物者，窮理之謂也。窮天下事物而極其至者，所以窮究其理也。蓋有是物，既有一物。必有是理。必有一理。然理無形而難知，理無形狀可見，故難知。物有迹而易睹，物有形迹可指，故易睹。故因是物以求之，必因物之迹求物之理。使是理瞭然心目之間，目睹其迹，心會其理，粲然著之。而無毫髮之差，無有毫厘絲發之差。則應於事者，見於酬酢萬變。自無毫髮之繆[一]。有無毫釐絲發之失。是以意誠心正而身脩，是窮究事發之理而智必明，智明則意之所發無不實意，實則心無不正，心正則身無不脩。至於家之齊、國之治、天下之平，亦舉而措之耳。不過自此始也。

○文集。

所謂「致知在格物」者，推極吾之知識在於窮究事物之理者。言欲致吾之知，致，推極也。謂敬推極吾之所知。在即物而窮其理也。在於即事即物而窮究其理。蓋人心之靈莫不有知，人心虛靈，無不有知覺。而天下之物天下萬物。莫不有理，無不各有一理。惟於理有未窮，不能窮事物之理。故其知有不盡也。故所知有限量而不能盡也。是以大學始教，所以大學開端。必使學者即凡天下之物，必欲爲學者，即天下之事事物物。莫不因其已知之理而益窮之，無不即其理之所已知而益窮究焉。以求至乎其極。以至於知之極。至於用力之久，積久用工。而一旦豁然貫通焉，則一日該貫通徹。則衆物之表裏精粗無不到，精者理也，粗者迹也，表在外之迹，裏在内之理。能窮至其極。而吾心之全體大用無不明矣。事物之理即吾心之理，全體乃理之渾全，大用乃理之發見，無不瞭然。此謂物格，謂之物格。比格物不同，是物物之理窮而極其至。此謂知之至也。謂之知至。比致知不同，物既格，則知無不明也。○大學補亡。

程子之言曰：「學莫先於致知，於學莫先於推極其知。能致其知，能推極其知識。則思日益明，所思不昧。至於久而後有覺耳。積久自能有所悟。書所謂『思曰睿』，睿，通微也，由思而通乎微。睿作聖』，聖無不通也，由通微至於無不通。董子所謂『勉强學問，勉强用力也，博學審問皆窮理之事。則聞見博而智益明』，所聞所見之廣而其智愈光明，是知之至也。正謂此也。」皆是此意。又曰：程氏又云。「誠固不可不勉，真實者不可不著力。然天下之理，但道理無窮。不先知之，苟不能察物而先明其理。亦未有能勉以行之者也。則亦不能有所行。昔嘗見有談虎傷人者，嘗見人言虎之傷人。衆莫不聞，聞之者非一人。其間一人神色獨變，中有一人精神顔色獨異。問其所以，詢所以然。乃嘗傷於虎者也。則是已爲虎所傷者。夫虎能傷人，虎之傷人。人孰不知？人皆知。然聞之有懼不懼者[二]，但有聞之而恐，有聞而無所恐。知之有真有不真者。有所恐是爲虎所傷，真知其惡者；無所恐是見人言虎傷人，不真知虎者。學者之知道，爲學致知之道，必常窮物之至而真知其理。必如此人之知虎，有如此人之真知虎者。然後爲至。」斯可爲知之至。此兩條者，此程子所言二條。皆言格物致知，所以當先而不可後之意也。皆是言窮物之理，而推極其知所當用力。又曰：「凡有一物，物物有太極，一物之中。必有一理，各各有一理。窮而至之，窮究其理而極其至。所謂格物者也。名之曰格物。然而格物亦非一端，但格物不止是一件。如或讀書，講明道義；讀書而明其道理意義，固格物也。或論古今人物，而別其是非；考論人品而別其孰是孰非，亦格物也。或應事接物，而處其當否，應接事物而處其爲當爲否，無非格物也。皆窮理也。」皆所以窮究其理。又曰：「惟今日而格一物，今日窮一物之理。明日又格一物，明日又窮一物之理。積習既多，積久習熟，窮格已多。然後脱然有貫通處。」洒然於中，該貫萬殊，同是一本。又曰：又云。「自一身之中，大而一身。以至萬物之理，細而萬物。理會得多，窮格既多。自當豁然有箇覺處。」此心豁然。又曰：「窮理，非必盡窮天下之理，窮理非是天下事事物物之理都要窮過。又非謂止窮得一理便到，又非言但窮一物之理便可到知至地位。但積累多後，積累窮究之多。自當脱然有悟處。」悟，覺也。又曰：「格物，非欲盡窮天下之物，格物非是物物而盡窮過。但於一事上窮盡，但於一事窮究而極其至。其他可以類推。其他事可以此類推去。若一事上窮不得，或一事窮究未去。且别窮一事，此有所蔽，彼有所通，又將别事窮去。或先其易者，或先窮其所易。或先其難者，或先窮其所難。各隨人淺深。學力淺則先窮易，學力深則先窮難。譬如千蹊萬徑，皆可以入國，但得一道而入，但隨其知之明者而用功。則可以類推而通其餘矣。斯可以類而推，而明它事之理。蓋萬物各具一理，是物物一太極。而萬理同出一原，是萬物統體一太極。此所以可推而無不通也。」所以推之而無不通。又曰：「物必有理，物各有理。皆所當窮。無非當窮究者。若天地之所以高深，天高地深。鬼神之所以幽顯是也。」鬼幽神顯，高深幽顯，皆有理存。又曰：「如欲爲孝[三]，如孝以事親。則當知所以爲孝之道，當明盡孝之道。如何而爲奉養之宜，昏定晨省，其奉養之禮何如。如何而爲温凊之節，冬温夏凊，其節序之謹何如。莫不窮究而後能之。」無不窮究其理之所在。又曰：「物我一理，物之理，即我之理。纔明彼，即曉此，明得物之理，即知我之理。此合内外之道也。」又曰：「致知之要，推極其知識之要。在當知至善之所在，當明其至善之極。如父止於慈、父之道在於慈愛。子止於孝之類。」子之道在於孝，皆是也。又曰：「格物莫若察之於身，窮物之理無如先察吾之身。其得之尤切。」尤爲親切。此十條者，此程子所言十條。皆言格物致知所當用力之地，皆是言格物致知之用工處。與其次第功程也。及其漸次之序也。又曰：「格物窮理，窮事物而明其理。但立誠意以格之，但欲以真實之意以窮之。其遲速則在乎人之明暗耳。」知有明暗，故見有遲速。又曰：「入道莫如敬，入道之序無如此敬。未有能致知而不在敬者。」未有推極其知而不本此敬。又曰：「涵養須用敬，涵養而無此敬，則物欲昏而燭理不明。進學則在致知。」進學而不致知，則見識昏而不能有進。又曰：「致知在乎所養，推極其知，在於涵養之厚。養知莫過於寡慾。」涵養吾心之知識使不昏，亦在於去其私欲也。又曰：「格物者，適道之始，格物學之始事，自格物而下，自有節次工夫，故曰「適道之始」。思欲格物，纔至於思，欲窮事物之理。則固已近道矣。是何也？則謂之近道者。以收其心而不放也。」既思窮理，此心不敢放逸。此五條者，此程子所言五條。又言涵養本原之功，是言涵養此心，不爲物欲昏蔽。所以爲格物致知之本也。則燭理必明，斯能窮理而推極其知，所以爲之本也。〇大學或問。下同。

聖人設教，聖人立教。爲之小學，而使之習於誠敬，人生八歲入小學，則學夫誠敬之道。則所以收其放心，收其心之放。養其德性者，養其性之德。已無所不用其至矣。已極其至。及其進乎大學，及十五歲入大學。則又使之即夫事物之中，教之於事事物物之中。因其所知之理即所知之理。推而究之，窮而至之。以各到乎其極，必到其極。則吾之知識，則此心之知識。亦得以周遍精切而無不盡也。可以周徧萬物，所知精切，而無有不盡者。若其用力之方，如其用工之地。則或考之事爲之著，然而考諸事。或察之念慮之微，内而察諸心。或求之文字之中，或讀書。或索之講論之際。或問辨。使於身心性情之德，近而此身此心、此性此情之德。人倫日用之常，君臣、父子、兄弟、夫婦、朋友之間。以至天地鬼神之變，大而天地之高深、鬼神之幽顯。鳥獸草木之宜，微而動植之物。自其一物之中，凡是一物之間。莫不有以見其所當然而不容已，皆有一理是其所當然而自不容已。與其所以然而不可易。所以然者，則自天命流行，是理一定而不可改。必其表裏精粗，無所不盡，自表而裏，由精而粗，無不窮盡而極其至。而又益推其類以通之，而又類推以及其餘。至於一日脱然而貫通焉，則一日融會貫通，知其萬殊而一本。則於天下之物，則於事物之間。皆有以究其義理精微之所極，悉有以窮其至精至微之理。而吾之聰明睿智，而吾心之知識。亦皆有以極其心之本體，而無不盡矣。可以融貫本然之全體，而無虧欠矣。

人之所以爲學，人之爲學。心與理而已矣。不外於此心與此理。心雖主乎一身，心雖是一身之主宰。而其體之虚靈，體之虚具衆理，體之靈應萬事。足以管乎天下之理[四]。天下衆理，此是管攝。理雖散在萬物，是理散在萬事萬物之間。而其用之微妙，用之微，言其精。用之妙，言其神。實不外乎一人之心。一人之心萬理咸具，乃其體也。初不可以内外精粗而論也。不可以心爲内物爲外、體爲精用爲粗也。然或不知此心之靈，苟不知吾心爲至靈。而無以存之，而存養之功不加。則昏昧雜擾，則燭理之源不清。而無以窮衆理之妙。無以窮衆物之理。不知衆理之妙，不知衆理爲至妙。而無以窮之，而窮格之功無有。則偏狹固滯，則存心之地不廣。而無以盡此心之全。無以充渾全之體。此皆理勢之相須，理也，勢也。蓋亦有必然者。亦必然至是也。是以聖人設教，所以聖人立教。使人默識此心之靈，使夫人知此心爲至靈。而存之於端莊靜一之中，是主敬也。以爲窮理之本；心主此敬，則無昏昧雜擾之患，斯能窮物理之極，故曰本。使人知有衆理之妙，使夫人知衆理爲至妙。而窮之於學問思辨之際，是明義也。以致盡力之功[五]。義理既明，則無偏狹固滯之私，斯能極吾心本體之全，故可以致其功。巨細相涵，大而吾心，細而萬物，實相包涵。動靜交養，靜存此心以爲窮理之本，動察萬理以致盡心之功，内外交養。初未嘗有内外精粗之擇，未嘗曰此内彼外、此精彼粗。及其真積力久，及至用工之久。而豁然貫通焉，自然融貫通徹。則亦有以知其渾然一致，萬殊之理，即一本之理。而果無内外精粗之可言矣。不見其有内外精粗之别也。

昔聞延平先生之教，李愿中，文公師也。以爲：「爲學之初，謂爲學之始。且當常存此心，且先存一心。勿爲他事所勝。俾他事不入。凡遇一事，應接之間遇著一事。即當且就此事反復推尋，以究其理，思之未得，必反之復之，以究其理之實。待此一事及此一件。融釋脱落，洒然於中，已會其理。然後循序少進，而後由序漸進。而别窮一事。而究其别事之理。如此既久，若此用工之久。積累之多，一事通徹，又窮別事，積累多後。胸中自當有洒然處，心胸自然曉了。非文字言語之所及也。」未易以言求也。

來諭謂「孟子以養氣爲學，來書且謂孟氏之學，養氣爲本。以不動心爲始」，不動心乃其始初用工者。某竊謂孟子之學，吾謂孟氏之爲學。蓋以窮理集義爲始，窮理是事事物物悉窮其理，集義是事得其宜之謂。必事事得宜方謂集義，此乃其學之始事。不動心爲效。至於不動心，則是窮理集義之功效。蓋唯窮理爲能知言，既能窮事物之理，則心體虛明，於詖淫邪遁之言無所不知。唯集義爲能養氣。既能事事而集此義，則涵養深厚而氣愈充，故能養氣。理明而無所疑，理明則心自無疑。氣充而無所懼，氣充則心自無懼。故能當大任而不動心。故雖任大事而心亦不爲之動。手帖。

謝上蔡説格物只是尋箇是處，謝顯道言格物之道，但於事物上求其是處。甚好。此語亦好。須是於其一二分，須必就其一二分是處。直尋到十分是處，方可。便窮到其十分是，方謂之極，而有推吾之知也。○語録。下同。

窮理以虛心靜慮爲本。虛心靜慮者，放寬此心，以物觀物，無以己觀物，則察理精也。人入德處，德者吾心所得於天之理，人之充此德。全在致知格物。格物則窮理之極，致知則見理之明，有以充其心渾全之體，故可入德。

格物只是就事上理會，物，事物也，故窮物之理是就事上推究。知至便是心透徹。知，心知也，故推極吾心之知識者，心上通徹。

格物是零細説，物物有理，物物當窮，豈不零細？致知是全體説。推極吾心之知，斯有以盡吾心之全體，豈非全體？

大學不説窮理，窮理是窮事物之理，今不言窮理。只説格物，只言格物。便是要人就事物上理會。是欲人於事物上推尋其義理也。

窮理且令有切己工夫。窮天下之理，必須有切己處。若只是泛窮天下萬物之理，若泛然窮究。不務切己，不觀其切於己與否。即遺書所謂「遊騎無歸」矣。如程子遺書言，茫乎遊騎而無所歸宿者矣。

知得深，人患不知道。苟知之深。便信得篤。則自信愈力也。

讀書是格物一事。讀書是格物中一件事。

看文字須是如猛將用兵，直是鏖戰一陣；盡死殺人爲鏖。如酷吏治獄，直是推勘到底，推勘究竟其底。決是不恕他。斷然不輕放過。

讀書，始讀未知有疑，初讀書時，有疑未便知。其次則漸漸有疑，次則自然漸有所疑。中則節節是疑。久則無非可疑者。過了這一番後，知疑則必行求通，自此以往。疑漸漸釋，疑以漸至消釋。以至融貫會通，至於融釋該貫、渾會通徹。都無可疑，而一無所疑。方始是學。乃可言學。

大疑則大進。讀書有大疑處，於此思而通之，則疑之小者皆可力解，故能大進於學。

無疑者須要有疑，是讀書益致其精也。有疑者却要無疑，是窮理益致其明也。到這裏方是長進。爲學至是，其所進不小矣。

文字大題目，讀書如大頭腦處，如太極、性、天、道之類。痛理會三五處，極力探討，使理明而義精。後當迎刃而解。則百行萬善皆可意會，如庖丁解牛，脈理皆迎刃剖剥。

韓退之云：韓愈有言。「沉潛乎訓義，此心沉深潛藏於訓詁之間，以玩其意。反覆乎句讀。」反觀覆論於句讀之中，以明其理。讀，音豆，句之小斷處。讀書須有沉潛反覆之功，方得。讀書而有此等工夫，則心不外馳而得義理之實。

凡看文字，讀書之法。諸家説異同處最可觀。其衆説或異或同所在，極好玩味。某舊日看文字，我向來讀書。專看異同處。專喜看此處。同異之中是非見焉，最好辨别。

觀書一舉兩得，觀書一事也，而兩有所得而已。這邊又存得心，一邊可以存得此心。這邊理又到。一邊可以明得此理。

看道理難[六]，道理無窮，最難玩索。又要寬著心，心固要寬。又要緊著心。又不可失之太寬。不寬不足以見其規模之大，心不寬則偏狹固滯，不能盡此心之全體，故不足以察其理之廣大。

不緊不足以見其文理之密。心不緊則遲慢，不能究此心之實體，故不足以見是理之精微也。

事上皆有一箇理。事事各有一理。當處事時，必於應酬之際。便思量體認，教分明。思量其事，體認其理，要得分曉。久而思得熟，既久則所思者熟。只見理，不見事。體認而行，事事當理，事亦理也，何以事爲？

學問須以大學爲先，進學在致知格物，致知乃大學之始事，故爲先。次論語，致知在乎所養，論語莫非操存涵養之要，故次大學。次孟子，涵養之厚，發施必洪，孟子莫非體驗充擴之端，故次論語。次中庸。充廣得去，豁然貫通，有以達道德性命之奥，中庸乃性天道之本原，故次孟子。中庸工夫密，如「戒謹恐懼」於「暗室屋漏」之中，其工夫豈不密？規模大。如自「天命之性」以至「致中和」、「天地位」、「萬物育」，其規模豈不大？

上古之書，伏羲始畫八卦，非上古何？莫尊於易。故以易爲尊。中古後書，周平王東遷，王綱不樞，夫子舉而爲經，非中古何？莫大於春秋[七]。故以春秋爲大。然此兩書，皆未易看。易推陰陽性命之原，春秋法褒貶，皆非易探究者也。

由格物至脩身，大學由格物、致知、誠意、正心以及脩身，學之本也。自淺以及深。此五者，一節深一節，是由淺而深。自齊家至平天下，齊家、治國、平天下，學之用也。自内以及外。此三者，齊家是自内者也，治國、平天下及外者也。○經説。下同。

格物是夢覺關。覺，夢之已醒也。關，門關也。格物所以謂之「夢覺關」者。覺，音教。格得來是覺，窮物之理而推極其知，則知識開明，猶人之夢已醒矣，則是在覺之關矣。格不得是夢。未能窮物之理，則知識昏昧，猶人之睡正在夢中，是在夢之關也。誠意是善惡關。意，心之所發。誠，實也。實其心之所發，好善如好好色，惡惡如惡惡臭，故謂之「善惡關」。誠得來是善，心之所發者實，則能好善而惡惡，是入善之關也。誠不得是惡。心之所發者不實，則不能好善而惡惡，是入惡之關。過得此二關，過得格物關，則知識明；過得誠意關，則善惡判。上面工夫　則正心而心正，脩身而身脩，此皆格物誠意上面工夫。一節易如一節了，節節可爲矣。到得平天下處，至於平天下。尚有些工夫，如絜矩之義，上下四方皆要得其平，更有些工夫。只爲天下闊，亦以天下之大。須著如此點檢。不如此不可也。致知誠意，致知則知識明，誠意則善惡判。乃生死路頭　。則天理生生而不窮，若知識不明、善惡不別，則昭者昏昏，是死了此善也。

孔子説話，夫子之言理。無不子細，極是細密。磨稜合縫，猶治玉石然，遇其鋒棱必須磨琢；裁衣服然，遇其有縫處必紉合之。盛水不漏。使無漏綻也。

孟子説得段段痛切，孟子之言理，段段説人病痛，又皆切實。如檢死人相似，恰如檢驗死骸。必有箇致命痕。必窮考其致命所在。

孟子激發人，孟子之言可以激起人之善心。説「放心」、「良心」諸處，如言收已放之心，仁義之良心所在。説得人都流汗。使人愧懼。

學者讀夫二書，爲學而讀語、孟。於其訓釋之詳且明也，其於訓解之精詳明白。日講焉而無不通矣；日講論而不通其義矣。義理之精且約也，其於義理之精微簡約。日誦焉而無不識矣。日玩誦而無不識其旨矣。通者已知而時習，心之已通者，固已時時而習熟。識者未解而勿忘。心之已識者，或有未解，勿遽舍之。予之始學，文公自謂其初學是書。亦若斯而已矣。不過如此。嗚呼，其懋戒之哉[八]！當勉其進而戒其惰。汲汲焉而無欲速也，存心於學而不可速，速則有助長之患。循循焉而毋敢惰也。循序漸進而不可惰，惰則非勿忘之道。毋牽於俗學而絶之，以爲迂且淡也；毋爲俗學拘牽忽之，以爲迂緩平淡也。毋惑於異端而躐之，以爲近且卑也。毋爲異端惑亂目之，以爲淺近卑陋也。聖人之書，孔孟之立言。大中至正之極，無非中正之道。而萬世之標準也。古今即此爲標格準則也。古之學者，自古爲學。其始即此以爲學，其初則不能舍二書而爲學。其卒非離此以爲道。其終則不能舍二書而求道。窮理盡性，窮事物之理，以盡吾心之全體。脩身齊家，脩吾身以齊乎家。推以及人，推此道以及於人。内外一致，内而心身，外而家國天下。蓋取諸此而所無不備，莫不本此而無有不該。亦修吾身而已矣。始脩其身也。〇文集。下同。

讀書之法，讀書之道。在循序而漸進，當由次序積漸而進。熟讀而精思。熟讀其文，精思其章。或問循序漸進之説。或有問：何謂循序漸進？曰：先生答云。以二書言之，只以論、孟二書論。則先論而後孟，論語是言操存涵養，孟子教人體驗充廣；先論語則明操存涵養之要，後孟子則以爲體驗充廣之端。通一書而後及一書。通論語後方講孟子。以一書言之，若只以一書論。則其篇章文句、一篇之中有幾章，一段之文有幾句。首尾次第，自初及末，次第不紊。亦各有序而不可亂也。自有其序，先首後末，有不可亂。量力所至，隨其力分。約其程課以爲功課。而謹守之。常常如此。字求其訓，一字必求其解。句索其旨，一句必玩其意。未得乎前，前章未徹。則不敢求於後；則後章不復推究。未通乎此，則不敢志乎彼。此段未明，則彼一段不暇探討。如是循序而漸進焉，循序如此，以漸而進。則意定理明，則立法已定，義理自徹。而無疏易凌躐之患矣。而無空疏輕易、淩節躐等之憂。是不惟讀書之法，不特是讀書之法。是乃操心之要，如此則存心厚而不雜擾。尤始學者之不可不知也。此尤初學之蹊徑也。曰：又問。其熟讀精思者，何耶？熟讀精思之義又如何？曰：論語一章不過數句，論語一章之中纔數句耳。易以成誦，讀者亦易連續。成誦之後，章句連續。反覆玩味，反觀覆讀，詳玩熟味。於燕閒靜一之中，於閑暇此心專一之時。以須其浹洽可也。以求其通徹也。孟子每章或千百言，孟子一章至累數百語。反覆論辨，反論覆辨。雖若不可涯者，固不可涯涘窺。然其條理疏通，但有條有理，疏暢通達。語意明潔，語潔意明。徐讀而以意隨之，徐讀其文，以意探索。出入往來，或出或入，或往或來。以十百數，言其多也。則其不可涯者，則其不可涯涘窺者。將可有以得之於指掌之間矣。皆可心會於披閱之間矣。大抵觀書，先須熟讀，大凡書必熟味。使其言皆若出於吾之口，如其所言自我口出。繼以精思，思必致精。使其意皆若出於吾之心，使其意思如出我心。然後可以有得爾。如此方是有所益。至於文義有疑，其文其義有未明。衆說紛錯，衆人之說紛紜錯雜。則亦虚心靜慮，自虚心涵泳，靜推其義。勿遽取舍於其間。毋使有所去取。先使一說自爲一說，且就他一說。而隨其意之所之，只隨其意義之所向。以驗其通塞，以察其言之通與塞。則其尤無意義者[九]，其或出於義理之外。不待觀於他說而先自屈矣。不必參考它說而知其不近於理矣。大抵徐行却立，猶人之行，其徐步退立。處靜觀動，是以靜觀動，則所見必明。如攻堅木，又如治至堅之木。先其易者，先攻其易。而後其節目，而後治其節目。如解亂繩，又如解已亂之絲。有所不通，其有錯雜亂不能通。則姑置而徐理之。則且置之，徐徐而理，必可解其亂。此讀書之法也。

讀中庸者，凡讀中庸之書。毋跂於高，跂之無以爲高。毋駭於奇。目之毋以爲奇。必沉潛乎句讀文義之間，以會其歸；常潛藏此心，玩其句讀，思其文義，以求其會歸之地。必戒謹恐懼乎不睹不聞之中，以踐其實。戒謹於不睹，恐懼於不聞，以求踐履之實。庶乎優柔饜飫，優柔以求，厭飫其詠。真積力久，用力既久，至誠無息。而於博厚高明悠久之域，博厚配地，高明配天，悠久則天地之無息。忽不自知其至焉。亦不自知其至此也。

凡詩之言善者，言善者，美詩也。可以感發人之善心，有以激發夫人爲善之心。惡者可以懲創人之逸志。言惡者，刺詩也，有以消沮放逸之心。其用，歸於使人得其情性之正而已。其妙用，皆欲夫人情性之所發皆天理也。○論語集註。下同。

詩本人情，情之動則刑諸言，言之發則爲詩，故本於人之情。其言易曉，其言語坦然明白。而諷詠之間，諷誦歌詠之際。優柔漸漬，優柔不迫，漸漬深洽。又有以感人而入於其心。自能感發夫人而入其心也。故誦而習焉，誦讀而習熟之。則其或邪或正，刺者邪也，美者正也。或勸或懲，美之所以示勸，刺之所以示懲。皆有以使人志意油然興起於善，自能俾人心皆興起於爲善。而自不能已也。而不容自已也。

讀尚書，歷代世變難看，尚書自堯、舜至秦穆，其世代之變革難看。不若求聖人之心。只因書以究聖人之心。如堯則考其所以治民，堯典當觀帝堯治民之心。舜則考其所以事君。舜典當觀帝舜事君之心。且如湯誓曰：「予畏上帝，如湯誓一篇，且言畏天。不敢不正。」不敢不正其罰。熟讀，豈不見湯之心？若熟讀之，則見成湯放桀除虐之心，是奉行天罰也。大抵尚書有不必解者，義已明則不必解。有須著意解者，義之奥則必須解。有略須解者，義稍奥則略解。有不可解者。義甚奥則難爲解。如仲虺之誥、太甲諸篇，只是熟讀，義理自分明，何俟於解？此數篇不須贅解。如洪範則須著意解。洪範一篇，天道人道備焉，若不著意解則其義難明。如典、謨諸篇，如堯典、舜典、大禹、皐陶、益稷謨者。辭稍雅奥，其言雅奥。亦略須解。則觀其奥處略解。若如盤庚諸篇已難解，盤庚三篇，自已難解。而康誥之屬康誥之篇。則已不可解矣。則尤難解也。○經説。下同。

尚書初讀甚難，尚書初然玩味却難。似見與己不相干，若不切於己。後來熟讀，後熟玩味。見堯、舜、禹、湯、文、武之事，堯之克明俊德，舜之精一相傳，禹之不矜不伐，湯之德日新，文王之勤用明德，武王叙疇建極之類。皆是切己。無非切於吾一身也。

禮有經有變，有禮之經，有禮之變。經者常也，經乃常行者也。變者常之變也。變亦常行者之或變也。先儒以曲禮爲變禮，前輩謂曲禮乃禮之變者。看來全以爲變亦不可。然亦不可盡謂之變。蓋曲者，委曲之義，曲是以委曲得名。故以曲禮爲變。因此遂謂之變。然「毋不敬」，毋者，禁止之辭。但禁止其不敬。安定辭，安定其言辭。安民哉」，即此之道而安乎民。豈可以此三句爲變禮？此三言謂之變，可乎？只是禮各有經有變，經與變對，有經則不能無變。先儒以儀禮爲經禮，前輩言儀禮經也。儀禮中亦自有變。然經禮之中亦有變禮。然所謂變禮者，變禮之中。又自有經，不可一律看也。不可一概論也。

儀禮是經，儀禮乃經禮也。禮記是解。禮記則是儀禮註脚。如儀禮有冠禮，禮記便有冠義；儀禮有昏禮，禮記便有昏義。其它亦然。禮書諸篇皆如此。

周官偏布周密，偏布以廣大言，周密以精密言。乃周公運用天理熟爛之書。是周公胸中天理運用已熟，故筆而爲此書。周禮好看，周禮一書最好玩味。廣大精密，其規模廣大，其處置精密。周家之法度在焉。成周之法憲制度悉具其中。

伏羲畫八卦，伏羲因河圖畫爲八卦。只此數畫，爲陽畫者十二，爲陰畫者二十四。該盡天下之理。萬物之理悉在其中。

程先生易傳，伊川周易傳。義理精，說理極是精妙。字數足，訓字初無空缺。無一毫欠闕，都無滲綻處。只於本義不相合。但於本文則似不合。易本是卜筮之書，蓋易爲卜筮而作。程先生只說一理。伊川不及卜筮，而但明其理而已。

春秋大旨，春秋大意。其可見者：誅亂臣、在於誅逆亂之臣。討賊子，討賊惡之子。內中國、以中國爲內。外夷狄，以夷狄爲外。貴王、賤伯而已[一〇]。尊王道、陋伯圖而已也。未必如先儒所言，字字有義也。謂之一字有一字之義，恐失之過。近世如蘇子由、呂居仁若蘇、呂二公。却看得平。却能平心看者也。

先生作資治通鑑綱目，資治通鑒，温公所作，先生以其泛而平統，故復爲綱目，綱做春秋，目做左氏。表歲以首年，逐年之上行外書某甲子，遇甲字、子字則朱書以別之，雖無事依舉，要以備歲年。

而因年以著統；凡正統之年歲下大書，非正統者兩行分註。大書以提要，凡正書有正例、有變例：正例，如始終、興廢、災祥也，訟革及號令征伐、殺生除拜之大者；變例，如不在此例而善可爲法、惡可爲戒者，皆特書之也。而分註以備言。凡分註，有追原其始者，有遂言其終者，有詳陳其事者，有備載其言者，有因始終而見者，有因拜罷而見者，有因事類而見者，有因家世而見者，有温公所立之言、所取之論，有胡氏所收之説、所著之辭，而兩公所遺與近世大儒折衷之語，今亦頗采以附於其間云。使夫歲年之久近，俾其歲其年之或久或近。國統之離合，正統之或離或合。辭事之詳略，辭與事之或詳或略。議論之同異，議論之或同或異。通貫曉析，莫不該貫剖析。如指諸掌。猶指掌之易。大歲周於上，而天道明矣；年之上書，歲歲周於其上，而天道曉然。統正於下，而人道定矣。歲之下書正統之年，統正於其下，而人道一定。大綱既舉，大書以爲綱，實做春秋。而監戒昭矣；監觀警戒之道昭然。衆目畢張，分註以爲目，實做左氏。而幾微著矣。幾微芒忽之事悉著。是則凡爲致知格物之學者，凡欲推極吾之知識，窮事物之理而至於極者。亦將慨然有感於斯。則論古今而別其是非，是亦格物致知之一事，蓋有感於斯。或問先生綱目主意，先生曰「主在正統」。

問看史。有問先生以看史書。先生曰：答云。亦草率不得，不可老草。須當看人物是如何，看人物處，則當看其孰邪孰正。治體是如何，看治體處，則當看其孰純孰駁。國勢是如何，看國勢處，則當看其孰强孰弱。皆當子細。須是細密。上蔡看明道看史，謝上蔡見程先生閲史。逐行看過，逐行玩索。不蹉一字。一字亦不放過。○語録。下同。

太史公樂書　太史公所載音樂之書。説許多制度，分寸極好。制度以安其所宜用者言，分寸以長短言，極善。此必有古書可考。必是得之古籍所載也。

校勘記

［一］自無毫髪之繆　「繆」，柯氏本作「謬」。

［二］然聞之有懼不懼者　「不」上，寬文本有「有」字。

［三］如欲爲孝　「孝」原作「學」，據本條下文及寬文本、柯氏本改。

［四］足以管乎天下之理　「管」，柯氏本作「貫」。

［五］以致盡力之功　「力」，寬文本、大學或問作「心」。

［六］看道理難　「道」，朱子語類卷九作「義」。

［七］莫大於春秋　「於」字原無，據柯氏本補。

［八］其懋戒之哉　「戒」，晦庵集卷七十五論語訓蒙口義序作「敬」。

［九］則其尤無意義者　「意義」，晦庵集卷七十四讀書之要作「義理」。

［一〇］貴王賤伯而已　「伯」，柯氏本作「霸」。

新刊音點性理群書句解卷之十七　後集

近思續録

第四卷　此卷論存養

觀養説曰：先生著觀養説云。程子所謂「存養於未發之前則可」，未發之前，是未與物接，用功只是操存涵養，使此心不至外馳。又謂「善觀者却於已發之際觀之」。已發之際，性之所感，爲情之正，却好隨事觀省。此持敬之功，此學者用功於敬者也。貫通乎動静之際也。静而存養，固以此敬；動而觀省，亦以此敬，是謂貫通。方其未發，方此性寂然不動。必有事焉，爲事所感。是所謂「静中之知覺」，是静而有所覺，而天理自著。復之所以「見天地之心」也。即復爲動之端，而天地生物之心可見。及其已發，及此性感而遂通。隨事觀省，隨其所感之事監觀省察。是乃所謂「動上求静」，是於動之端而求静之理。艮之所以「止其所」也。即艮爲止之道，必動而得其所止，止其所止於理也。然則靜中之動，由靜而見於動。非敬孰能形之？非先有此敬以涵養於靜之時，未必動而形著者之皆善。動中之靜，由動而求之靜。非敬孰能察之？不以此敬省察於動之時，未必靜而存養者益固。故又曰：又云。「學者莫若先理會敬，爲學先下手處無如敬。則自知此矣。」則自明動靜之道矣。○文集。下同。

先生與湖南諸生論中和書曰[一]：先生論中和有云。按文集、遺書諸說，據程氏文集及遺書中議論。似皆以思慮未萌、皆言心思念慮未形。事物未至之時，未有事物交接。爲喜怒哀樂之未發。喜怒哀樂無所感而發。當此之時，於此時也。即是此心寂然不動之體，此心凝寂無所感動，本然之體如此。而天命之性，而天所賦予之性。當體具焉。當初渾全之體。以其不偏不倚，無所偏倚。故謂之中。是謂在中之中。以理言也。及其感而遂通天下之故，及至有所感而動而達諸天下之事。則喜怒哀樂之性發焉，感物而喜，感物而怒，感物而哀，感物而樂，是皆五性之發。而心之用可見。此心之大用也。以其無不中節，自無所發，無不當理。無所乖戾，無所乖悖違戾。故謂之和。名之曰和。此則人心之正，是此心所發各得其正。而情性之德然也。情之發者，性之德也。然未發之前，方其未發。不可尋覓；只是涵養，無可體驗。已發之後，及其既發。不容安排。自然形著，非有布置。但平日莊敬涵養之功至，平時用工以敬存養。而無人欲之私以亂之，不容私欲之汩亂。則其未發也，方未發時。鏡明水止，此心虛靈不昧，如鏡之不塵、水之不波。

而其發也，則已發之後。無不中節矣。自各中於理。此是日用本領工夫，是敬者操存涵養之本領也。至於隨事省察，及隨事而省已。即物推明，因物明理。亦必以是爲本。亦須此敬爲本，内無私欲以蔽之，則所知者精矣。而於已發之際觀之，苟於已發而察其所以。則其具於未發之前者，則其未發。固可嘿識。已可知也。故程子之答蘇季明，蘇季明未明中之義且問程子，以體驗於未發之前，不知未發之前純然是理，尚未有所感而動，有何物可體驗耶？反復論辨，相與考論。極其詳密，詳悉周密。而卒之不過以敬爲言。而終不出於「敬」之一字。又曰：「敬而無失，敬則操存涵養，常在這裏，故無失。即所以中。」而中之理在是。又曰：「人道莫若敬，人之求道，無如敬爲先。未有致知而不在敬者。」未有推極此心之知而不自此敬者。又曰：「涵養須是敬，涵養此心須必此敬。進學則在致知。」學之進則在於推極其知識。蓋爲此也。以有此敬也。

二先生所論「敬」字，指二程也。該貫動靜。靜存動察皆須此敬，故曰該貫。方其無事而存主不懈者，固敬也。未有物接之時，操存此心，不使之懈弛，此靜而敬也。及其應事而酬酢不亂者，亦敬也。既與物接之際酬酢萬變，而此心不亂，此動而敬也。故曰：「毋不敬，事事皆敬也。儼若思。」心心皆敬也。又曰：「事思敬，應事而思盡敬也。執事敬。」所執之事無不敬也。豈必以攝心坐禪而謂之敬哉？吾儒之學，敬在心者敬之體，敬在事者敬之用，豈如佛氏受攝此心於無用坐禪入定，以此爲敬耶？

舊見李先生常教靜坐。李先生，李延平也，常常教人靜坐。後來看得不然，後來方知靜坐，而此心不運用，是即坐禪者無異。是只一箇「敬」字好。只有「敬」字切己。方無事時，靜而未與物接。敬於自持。但以此敬操持此心。及應事時，動而既與物接。敬於應事；但以此敬酧酢萬變。讀書時，敬於讀書。如讀書之際，心存讀書，更無它想，是讀書而盡此敬。便自然該貫動靜，動靜相涵，無非此敬。心無時而不存。則此心常在腔子裏。○語録。

聖賢之學，聖賢之爲學。徹頭徹尾自始至末。只是一「敬」字。莫不本於敬。致知者，以敬而致之也；推極其知識者有此敬，則其中不昏，故能推極也。力行者，以敬而行之者也。盡力以行者有此敬，則外慾不足以蔽塞，故能力於行也。文集。下同。

學問根本，爲學之大頭腦處。在日用持敬集義工夫。只在日用，心心而持此敬，事事而集此義。

所論敬字工夫[二]，所言用工於敬。於應事處用力爲難，應酬之際難於著力。此亦常理。此亦理之常。看聖賢説「行篤敬」、但聖賢言所行之篤敬。「執事敬」，執事之盡敬皆是應事而用力。則「敬」字不爲嘿然無爲時設，文公嘗言敬不是閉眼靜坐便爲敬。須向難處力加持守，須是隨事致察。庶幾動靜如一耳。庶靜存則爲靜之敬，動察則爲動之敬，是動靜一於敬也。

道不難於求，而難於養，求道非難，養道爲難。故程子曰：「學莫先於致知，爲學莫先於推極其知識。然未有致知而不在敬者。」未有能推極其知，非有此敬涵養其中，使之不亂。邵康節告章子厚曰：子厚名敦，建人。「以君之才，一其資才。於吾學頃刻可盡，於吾之學，可以盡得。但須相從林下二十年[三]，亦必相與山林之間一二十歲。使塵慮消散，俾塵埃之慮盡去。謂私欲也。胸中豁然無一事，此心通徹，不爲事累。乃可相授。」斯可有傳。正爲此也。

學問臨事不得力，學問所以廣聞見也，而臨事之際却不得力。固是靜中欠却工夫，雖是靜中用工欠闕。然欲舍動求靜，但便思去動而守此靜。又無此理。其失也有體無用。蓋人之身心，動而此身，靜而此心。動靜循環[四]，如環之轉。反復無時。無有定時。不然，但常存此心，苟不若是，只常常存此心。勿令忘失，勿使喪失。則隨動隨靜，靜而存養是靜亦定，動而省察是動亦定。無處不是用力處矣。無一處不是所用工之地也。

古人教人，古者教人之道。非獨教之，不特是有所教。固將有以養之。抑且又有所養。理義以養其心，非僻不入。聲音以養其耳，非禮勿聽。采色以養其目，非禮勿視。舞蹈降登，或舞或蹈，或降或升。疾徐俯仰，且疾且徐，且俯且仰。以養其血脈，非禮勿動。以至於左右起居，及於在左在右，其起其居。盤盂几杖，盤，沐浴之盤。盂，飲食器也。几案屬杖，行之所資者。有銘有戒，銘之以文，而寓其戒。其所以養之之具，凡所以養德之具。可謂備至矣。亦詳且盡矣。夫如是，故學者有成材，所以無非成德之才。而庠序有實用。而學校所養，皆有實用也。心體通有故工夫亦通有無、該動靜，該貫動靜。無、此心渾全之體，靜無而動有，至正而明達，故能通有無。方無透漏。始無漏綻。該動靜，該貫動靜。其用工者涵養於靜無之中，省察於動有之際，故亦通有無。若必待其發而後察，如必候其既發而始加省察。察而後存，因省察而後能存此心。則工夫所不至者多矣。則無了靜而涵養一段工夫，其空缺亦多矣。

人心至靈，人之一心甚靈莫測。主宰萬變，而能主持萬變。而非物所能宰，而不爲物所主持也。故有執持之意，故人纔欲執持此心。即是此心先自動了。則是此心先動，方始執捉。此程夫子所以每言坐忘即是坐馳，故程子謂有意坐忘乃是外馳，方始如此。而其指示學者操存之道，故其示學者操存此心之道。則必曰「敬以直内」，「敬以直内」，是内之涵養者此敬自内出，敬立則中有所主，而理之根於内者，直上直下而無所屈。而又有「以敬直内，若言以敬直内，則敬自外來。便不直矣」之云也。是其中本無所主，已爲私欲所屈，又安能直也哉？詳味「敬以」、「以敬」四字，不無輕重之分也。非是別有以操存乎此。非是自外別有物以操存此心。存，所以主宰乎一心，故心自能存。非是別有以操存乎此[五]，非是自外別有一物以操存此心。而後以敬名其理也。而後乃言「以敬直内」也。

明道先生言：「某寫字時甚敬，我於寫字之時甚是敬謹。非是要好，不是用工求妍。只此是學。」即此便是存心之道。因作書字銘。先生因此遂著書字銘。

君子慎言語，不輕於發也。節飲食，不過度也。養德、養身之切務。言不輕發，則心不外馳，所存自熟，所以養其德也。食不過度，則胃氣和平而無所傷，所以養其身也。○易本義。

「敬」之一字，聖學所以成始而成終也。人生八歲入小學，收其放心，養其德性，而爲大學之根本，此聖學資之成始也。十五入大學，格物窮理，必立誠意以格之，而收小學之成功，此聖學資之成終也。○大學或問。下同。

敬者，一心之主宰，敬所以存主，此心而不懈，故爲心之主宰。而萬物之本根也。心有主宰，故酬酢萬事各各當理，故爲萬事之本根。

或問：所謂敬者，若何而用力？或有問先生：「敬」之一字如何用工？曰：程子於此，嘗以「主一無適」言之矣，「主一」是心主此一事，更不參插第二、第三事。「無適」是它無所往，常常在腔子裏也。嘗以「整齊嚴肅」言之矣。「整齊」如正其衣冠之類，「嚴肅」如尊其瞻視之類。至其門人謝氏之説，謝顯道良佐。則又有所謂「常惺惺法」者焉。常惺惺，常警醒也。尹氏之説，尹焞彦明。則又有所謂「其心收斂，不容一物」者焉。收斂則無放逸，不容一物則無私欲汩乎其中。觀此數説，味此數條。足以見其用力之方矣。無非用工之地也。

當其未發，方此心未有所感動。此心至虛，無事在心，故其體虛。如鏡之明，猶鏡之不塵。如水之止，水之不波。則但當敬以存之，只當敬以存養之。而不使其小有偏倚。故其理直上直下，無所偏倚。至於事物之來，及事紛紛至吾前。此心發見，酬酢之際，隨感而發。喜怒哀樂[六]，當喜而喜，當怒而怒，當哀而哀，當樂而樂。各有攸當，無不各得其當。則又當敬以察之，只當敬以省察。不使其小有差忒。不至於喜非所喜，怒非所怒，哀非所哀，樂非所樂，而不得其正者也。○中庸或問。

問：張子謂「始學之要，張横渠言初學之大要。當知『三月不違』當明顔子三月天時之小變，而此心不違去仁。與『日月至焉』與諸子日一至此仁、月一至此仁者。内外賓主之辨」。有在内爲主、在外爲賓之異。先生曰：文公云。「不違仁」者，不違去此仁。仁在内而爲主，是此仁已先入其中而爲之主。然而未熟，但是未能無間斷。亦有時而出於外。雖亦有出於外之時，然隨失即復。「日月至焉」者，日一至此仁、月一至此仁者。仁在外而爲賓，是此仁常在於外而爲之賓。雖有時而入於内，雖亦有入於内之時，如日或一至，月或一至。而不能久也。隨出隨入，不能久居是宅，久居則是不違矣。○語録。下同。

問：程子曰有問於程先生。「思無邪，近思者無邪妄。誠也」。无妄則是誠矣。曰：答云。思在言與行之先，言者心之聲，心之所得而見之行則爲行，故思在先。思無邪思而無邪妄。則所言所行皆無邪矣，則思而後言，思而後動，亦無邪妄。惟其表裏皆然，思其裏也，言與行其表也，表裏一致。故謂之誠。此則誠之所爲也。

問「思無邪」、「毋不敬」。與禁止其不敬者。曰：答云。「毋不敬」，所謂禁止其不敬，是用工於敬者。又問思而無邪妄。是正心、誠意之事。即大學欲正其心，欲誠其意，皆是着力者也。「思無邪」，所謂思而無邪妄。是心正、意誠之意。即大學意誠而心正，皆是得力者也。

無事時敬在裏面，未與事物交接，則靜而涵養，敬在心。有事時敬在事上。既與事物交接，則動而省察，敬在事。有事無事[七]，無事則靜以存之，有事則動以察之。吾之敬未嘗間斷也。敬該動靜，未始頃刻間斷。

伊川答或人問 或有問於伊川云。未出門、未使民時如何，出門如見大賓，使民如丞大祭，敬也。但未出門、未使民則又如何？曰：此「儼若思」時也。此坐思貌必儼然之時。蓋出門使民，此敬在事；未出門使民，此敬在心。即上文有事、無事，吾之敬未嘗間斷。聖人之言，夫子之言。得他恁地說也是好。得伊川發明其言外之意，真是快透也。

問：周子「一者無欲也」，一者敬也，此心收斂不容一物，安有所謂欲？比程子「主一之謂敬」，如何？主一者，心主此一事，更不參插它事，亦敬也。曰：答云。「無欲」與「敬」一般，無欲即所以爲敬。「敬」字分外分明。「敬」字比「無欲」，則「敬」字尤分明。要之，持敬頗以費力[八]，若以無欲較持敬，則持敬尚須執提。不如「無欲」瞥脱[九]。而「無欲」二字更自直截。

古人於小學中 古人八歲入小學。已自把捉成了，便有涵養工夫，而爲人學基本。故於大學之道，則十五入大學。無所不可。所以收小學之成功。今人既無小學之功，今之爲學者既已闕小學一段工夫。却當以敬爲本。必當存養，以爲格物、致知、誠意、正心、脩身之本。

道理自有動時，動者道之用。自有靜時。靜者道之體。無處不是道理，靜處動處皆是道理。不可專要去靜處求。若專去靜中求，則是有體無用。伊川謂「只用敬，用敬，則靜存爲靜而敬，動察爲動而敬。此敬該動靜、貫體用。不用靜」，用靜，則偏了，故不用。便説得平。此説甚平穩。「坐如尸，視貌正。立如齊」，整目聽。「頭容直，不傾顧。目容端，不邪視。足容重，舉欲遲。手容恭，高且直。口容止，不妄語。氣容肅」，屏氣似不息者。皆敬之目也。此皆持敬之條目也。

問：存養多用靜否？存養此心，還是靜上用工邪？曰：不必然，孔子却都就用處教人做工夫。夫子教人盡是於動處著力，如出門如見大賓，使民如承大祭之類，敬之用也。

主一，兼動靜而言。敬該動靜，主一亦該動靜。方其無事，此心取斂，不容一物，是靜而主一也。及其應事，主此一事，更不參插它事，是動而主一也。

或疑主一則滯。或有疑主一則滯而不通。先生曰：所謂「主一」者，「主一」云者。何嘗滯於一事？非是拘滯於一事。不主一，則方理會此事，若不主乎一，則此心方才應這事。而心留於彼，而此心又留繫它事。這却是滯於一隅。此乃是滯於一偏也。

一者，其心湛然，謂之一者，乃其心湛然清明。只在這裏。只在腔子裏。若出此腔子裏，則二矣。

人心虛靈，人之心至虛至靈。無有限量。大而無所限量。如六合之外，如上而天、下而地、東、西、南、北，雖是六合之外。思之即至，思之即到。前乎千百世之已往，謂往古也。後乎千萬世之未來，謂來今也。皆在目前爾。一思念之間，並在目前。人爲利欲所昏，但爲利欲汩亂昏濁。所以不見此理。此所以見不明也。

此心曠然，廣大比心之體。無一毫私意，苟無毫髮私意。直與天地同量，天地之大亦至公而已，已故與之同量。便有天下爲一家、便是合天下之遠猶一家之近。中國爲一人底意思。合中國之廣而爲一人之身意。

君子心大則是天心，君子成德之稱，其心大無限量，即天之心廣大而無私也。心小則如文王之翼翼小心。其心小，則猶文王之畏謹也。小人心大則放肆，小人之心大則放逸縱肆，而不能充此心之妙用。心小則褊隘私吝。小則褊隘固滯，而不能盡此心之全體。

聖人之心，聖人之所謂心。曠然大公，至大而無外。了無一物。不以一物累其中，故至公而無私。

天地之心，天地生物之心。動方見。必於一陽之復動之端方始見。聖人之心，聖人此心。應事接物方見。亦於動而應酬處方始見。

古人言志帥、心君，帥以主將言也，氣則皆其卒徒也。君以人之宗主言也，氣則其臣僕也。須心有主張始得。故心不可無主宰。

心一放時，此心一有放逸，則天理亦隨之而亡。便是斧斤之伐，便是木之萌蘖方生，斧斤旦旦而伐之。牛羊之牧。牛羊又從而蹂踐之。一收斂在此，才一檢束，存而不亡。便是日夜之息，便是萌蘖日夜之生。雨露之潤。雨露之潤澤。

虛心看物，虛一心以觀萬物。物來便知是與非。則物之來便能察其孰是孰非。心不虛則先有物在心，必有所偏，而是非不得其實。

問：未應事接物時如何？有問此心未應酬之先如何。曰：未應接之時，未與事物交接。只是戒謹恐懼而已。只是戒謹乎所不睹，恐懼乎所不聞，敬以存之而已。

把心不定，凡心把捉不定。喜、怒、憂、懼四者皆足以動心。此四者皆能動搖我心。心才係於物，此心一係着於物。便是爲其所動。即爲物所動也。

持其志，此心有所操持，則無昏昧雜擾之病。則氣自清明。故其氣至清且明。

敬便是天理，敬則心存而不失，故無非天理。肆便是人欲。肆則血氣之馳騁，故無非人欲。

問「九容」、「九思」。視思明，聽思聰，色思温，貌思恭，言思忠，事思敬，疑思問，忿思難，見得思義，此九思也。足容重，手容恭，貌容端，口容止，聲容静，頭容直，氣容肅，立容得，色容莊，此九容也。

曰：答云。即此便是涵養本原。此即涵養大本原處。這裏不是涵養，此非涵養之道。更將甚物涵養？不知所謂涵養者是何物耶？

聖人之心如鑑。聖人之心，如鑑之明。事物之來，萬事萬物之來。若小若大，小大不一。四方八面，泛應曲當。莫不順而應之。無不順其所以然，亦猶鑑之照形，因其妍醜順應之。此心元不曾有這物。而心中元無此物，即鑑之中元無此形也。

人心惟定則明。定而明，猶水之止，則自然明生也。

學者常用提醒此心，爲學必須常常提起唤醒此心。使如日之方升，有如太陽之方升。喻心體之明也。群邪自息。則群陰自消鑠。亦猶心虚明，則邪妄不能惑也。

心肅則容莊。心既嚴肅，見之容貌自然端莊。

校勘記

［一］先生與湖南諸生論中和書曰　「生」，晦庵集卷六十四與湖南諸公論中和第一書作「公」。

［二］所論敬字工夫　「字」，柯氏本作「事」。

［三］但須相從林下一二十年　「一二」上，晦庵集卷五十答吴仲玭有「一」字。

［四］動靜循環反復無時不然但常存此心　「動靜」二字，柯氏本無。
［五］存非是別有以操存乎此　「非是」，寛文本作「是非」。按：柯氏本無此句。
［六］喜怒哀樂　「喜」原作「嘉」，據寛文本、柯氏本、和刻性理群書句解改。
［七］有事無事　「無事」之「事」原作「時」，據寛文本、柯氏本改。
［八］持敬頗以費力　「以」，柯氏本、朱子語類卷九十四作「似」。
［九］不如無欲瞥脱　「瞥」，朱子語類卷九十四作「撇」。

近思續録

第五卷　此卷論克己

或問：克伐怨欲不行，固不得爲仁矣。但能制此四者而不行，固不可以爲仁。然亦豈非所謂克己之事、然亦是克去己私之事。求仁之方乎？而爲求仁之術者也。曰：答云。克去己私以復乎禮，禮即天理也，克去一己之私而復其本性之天理。則私欲不留，則一毫之私不存於胸中。而天理之本然者得矣。而理之本然者自復。若但制而不行，如是制之使不行，則克伐怨欲之根尚在。則是未有拔去病根之意，未能芟去。而容其潛藏隱伏於胸中也。尚隱藏伏匿於心之中也。豈「克己」、「求仁」之謂哉？與克去己私、以充本性渾全之德者自是不同。學者察於二者之間，爲學苟知不行是制之不行，其根尚在胸中。克己是克去己私，查滓淨盡，不容强同。則所以求仁之功，則見理益明，其用功於求仁者。益親切而無滲漏矣。至親至切而無滲漏之處矣。○論語集註。下同。

克己復禮，克去己私，復還天理。乾道也；乃乾之道，謂其奮發而有爲也。主敬行恕，所主者敬，所行者恕。坤道也。乃坤之道，謂其静重而有守也。顔、閔之學[二]，顔氏、閔子之學。其高下淺深，或高或下，或淺或深。於此可見。於是盡見。然學者誠能從事於敬恕之間而有得焉，學者誠能敬以存心，恕以及物，久而自得，渾然皆理。亦將無己之可克矣。自無私己之可克也。

鍾鼓、苑囿、游觀之樂，鍾鼓所以悦耳也，苑囿、游觀所以悦目也。與夫好勇、好貨、好色之心，與夫喜戰爭、貪貨利、耽女色。皆天理之所有此亦理之所有。而人情之所不能無者。人情之不能免者。然天理人欲，但理欲並立。同行異情。感理而動則爲理，感欲而動則爲欲，皆自此性而發，故同行；理則爲情之正，欲則爲情之私，故異情。循理而公於天下者，循天下公共之理。聖賢之所以盡其性也；是聖賢所以全盡本心之理也。縱欲而私於一己者，縱一己之私欲。衆人之所以滅其天也。是衆人所以戕賊本心之理也。二者之間，一以理而動，一以欲而動。不能以髮，其差特毫髮間。而其是非得失之歸，一是一非，此得彼失。相去遠矣。其相去大相遼絶。故孟子因時君之問，孟軻氏因時君之發問。而剖析於幾微之際，幾微之際，剖判開析。皆所以遏人欲而存天理。無非遏絶人欲之私、存養天理之公。其法似疏而實密，法若疏闊，實則精密。其事似易而實難。事若甚易，實則甚難。學者以身體之，爲學而能以身體而行之。則有以識其非曲學阿世之言，知其言不流於偏而阿媚曲世。而知所以克己復禮之端矣。則克去己私，復還天理，其本原可以推尋矣。孟子集註[二]。

人受天地之中以生，中即衷善也，人稟受此理而生。而仁義禮智之信具於其心[三]。五常之性皆具於心。仁雖專主於愛，仁乃愛之理。而實爲心體之全德[四]。而實爲吾心渾全之德。禮則專主於敬，禮乃敬之理。而心之所以爲規矩者也。檢束此心，使之有規矩而不放失也。然人有是身，但人有是魂魄、五臟、百骸之身。則耳目口體之間，耳欲聲，目欲色，口欲味，四肢欲安逸。不能無私欲之累，是皆所欲之私者爲之累。以違於理而害夫仁。則違去於理而賊害吾心之全德。人而不仁，人無此仁。則自其一身，莫適爲主，則心不能爲身之主。而事物之間，應事接物。顛倒錯亂，件件乖繆。益無所不至矣。必將沉溺而莫之反矣。此聖門之學，此夫子教人。所以汲汲於求仁。必以求仁爲先。而顔子之問，顔淵問仁。夫子特以「克己復禮」告之，夫子以克去己私、復還天理語之。蓋欲其克去有己之私欲，蓋欲其去己之私欲。而復於規矩之本然也。而復其檢束此心之理。則夫本心之全德，則吾心本然之全德。將不離乎此，而無不盡也。蓋不出於是而能全盡之也。然己者，人欲之私也；夫所謂己者，人欲之至私。禮者，天理之公也。所謂禮者，天理之至公。一心之中，人之一心。二者不容並立，欲之與理不能兩存。而其相去之間 其間相去。不能以毫髮，特毫毛絲髮耳。出乎此則入乎彼，出理則必入欲。出乎彼則入於此矣。出欲則必入於理。是其克與不克、克己與不克己。復與不復，復禮與不復禮。如手反覆，如吾手然，不反則覆。如臂屈伸，如吾臂然，不屈則伸。誠欲爲之，果有爲仁之人。其機亦在我而已，其機關在己之自決。夫豈他人之所得與哉？他人豈能爲之？○論語或問。下同。

禮爲心之規矩，禮所以檢束此心，無有放失。而其用無所不在。而妙用則見於應事接物之間。以身而言，自一身而推。則視、聽、言、動 曰視、曰聽、曰言、曰動。四者足以該之矣。四者足以盡之禮之用也。四者之間，但此四者。由粗而精，自其粗以至於精。由小而大，自其小以至於大。所當爲者皆禮也，所爲合乎理是當爲者，即此禮也。所不當爲者皆非禮也。所爲悖於理是不當爲者，非此禮也。禮即天之理也，禮則爲天理之公。非禮則己之私也。非禮則是人欲之私。於是四者，謹而察之，必於視、聽、言、動之四者而明察焉。知其非禮，果爲非禮。則勿以止焉，則禁止而勿爲。則是克己之私，斯能克去人欲之私。而復於理矣[五]。而復其天理之公矣。且非禮而勿視聽者，然亦當作一截看，非禮而勿視、勿聽者。防其自外入而動於內者也；視乃目之所接，聽乃耳之所接，是欲自外入而動於内者，不容不防。非禮而勿言動者，非禮而勿言、勿動者。謹其自内出而接於外者也。言乃心之聲，動乃性之欲，是欲自内出而接於外者，不容不謹。内外交進，自外入者既知所防，自内出者復知所謹。爲仁之功，則人欲淨盡、天德渾全。不遺餘力矣。至此則不待用功矣。

中庸之「强」，中庸言「强」，乃理義之强。非世俗之强也。非世俗血氣之强者也。蓋「强」者，力有以勝人之名也。蓋此所謂「强」，是矯强持守，所以過乎人也。凡人和而無節，和而不知節。則必至於流；則必至流蕩，非矯强也。中立而無依，中立而無所依據。則必至於倚。則必至偏倚，非矯强也。國有道而富貴，國家有道之時而富貴。或不能不改其平素；不能不變未達之所守，非矯强也。國無道而貧賤，於國家無道之時而貧賤。或不能久處乎窮約。不能不變平生之所守，非矯强也。非持守之力，自非力於持守。有以勝人者，而有以過乎人。其孰能反之？又誰能和而不流、中立而不倚，國有道不變塞，國無道至死不變，而能矯强以反於正邪？夫子以是告子路者，夫子即此數語爲子路告。所以抑其血氣之剛，蓋欲使子路克治血氣之强。而進之以得義之勇也[六]。而充其理義之强也。〇中庸章句[七]。下同。

不一其内，内心之不專一。則無以制其外；則無以制其外貌之偏。不齊其外，外貌之不整齊。則無以養其中。則無以養其中心之善。靜而不存，靜而不能存養。則無以立其本；則大本之不立。動而不察，動而不能省察。則無以勝其私。則私意之難克。故「齊明盛服」，故必正其衣冠。「非禮不動」，非禮則是己之私，而不妄動。則内外交養，存乎中所以應乎外，制乎外所以養乎中，交相爲養。而動静不違，動與静俱。所以爲脩身之要也。是即所以脩此身也。

人無英氣，人而無英鋭之氣。固安於卑陋，則必自安於卑下凡陋。而不足以語上；不可言向上之事。其或有之，苟有英鋭之氣。而無以制之，而又不能以理義制之。則又反爲所使，則反爲英氣所轉移。而不肯遜志於學，而不能降志以就於學。此學者之通患也。此爲學之大患。所以古人設教，是以古之人立教。自洒掃、應對、進退之節，自入小學於播洒掃室、應對言語、進趍退息之節次。禮、樂、射、御、書、數之文，六禮、六樂、六射、六御、六書、六數之文。必皆使之抑心下首，俾之抑降其心，低下其首。以從事其間而不敢忽，從而有事於此而不敢忽。然後可以銷磨去其飛揚倔强之氣，而以銷化磨、治其血氣之私。而爲入德之階。而爲進得之階級。今既無此矣，今已無此等漸次之工夫。惟有讀書一事，只有讀書而窮其理。尚可以爲攝伏身心之助。而爲正心脩身之益也。○手帖。

顔子生平，顔淵一生爲學。只是受用「克己復禮」四字。其得力處只在克去己私、復還天理而已。○語録。下同。

顔子克己，顔淵克去己私。如紅爐上一點雪。有如紅爐上融化一點雪。蓋其天資剛明，勇猛著力，查滓盡化，初無留難。

「有不善，未嘗不知，顔子勇於克己，凡有過無不知。知之未嘗復行。」知則不萌於再。顔子只是天資好，是皆天資剛明。如至清之水，有如止水之清。纖芥必見。雖細微之草芥亦見。「不遷怒，怒於甲者，不移於乙。不貳過」。過於前者，不萌於再。此是顔子好學之符驗，此是顔淵好學，其效驗至此。却不是只學此二件事。非是學此二事而止。顔淵學處，其所學者。專是非禮勿視、聽、言、動處。則專在於四非四勿也。

問：顔子所樂何事？或問：顔淵所樂，不知其樂何事？曰：答云。人之所以不樂者，人所以不能有此樂。有私意爾。私意纏繞於中耳。克己之私則樂矣。私欲克盡故樂，不是專樂箇貧也。

問：克己之私有三樣：或問：己私之説有三。性質之偏，一也；陽善陰惡，禀陰之多則偏於惡之類。耳、目、鼻、口之欲，二也；耳欲聲、目欲色、鼻欲臭、口欲味之類。人我忌克之私，三也。人有所長，己則忌之；己有所能，人則忌之之類。不知那箇是夫子所指者？不知此三者孰是夫子所言者。先生曰：答云。三者都在裏面，此三者皆在其中。然看非禮勿視、勿聽、勿言、勿動，但觀其言，非禮勿視、聽、言、動。則耳、目、鼻、口之欲較多，則於耳、目、鼻、口上分外克治也。聖人所以下箇「克」字。夫子於己私必謂之「克」者。譬如相殺相似，正猶用兵交戰。定要克勝他。必期克敵。大率克己工夫，大凡克去己私之工夫。是自着力做底事，是自身向進着力者。與他人殊不相干。於人無預。緊緊自閉門，自就身上子細體認，若能勇猛於自己體驗。覺得才有私意，才見私意之萌。便與克去。便克治以去其根芽。故曰：「爲仁由己，故謂爲仁之道皆由自己。而由人乎哉？」豈由他人耶？

天理人欲，天理與人欲。相爲消長，互消互長。此進一步，此既進。則彼退一步，則彼自退聽。看是那箇勝得。天理進則人欲退，人欲進則天理退，但視其進退而爲勝負也。

動箴伊川先生所著。「順理則裕，謂順理而行，自無不足。從欲惟危」從欲而動，危殆難安。兩句是緊要。此兩句最是切要。這是生死路頭。順理而動，則天理生生不窮，是生路頭也；從欲而動，則欲勝理微，是死路頭也。

問：顏子地位，學至顏子地位。有甚非禮處？有何非禮所在？何待下「四勿」工夫？而乃用功於「四勿」字。先生曰：只心術間微有些子非禮處，只是胸中微有不中禮所在。也須用淨盡截斷了。使己欲除盡了。聖人教顏子克己，夫子教其克去己私。譬如賊來，進步與之厮殺。正如進步與賊迎刃，必求克勝。教仲弓以敬恕，教仲弓以主敬行恕。是教他堅壁清野，是教他固其戒壘，清其草野。截斷路頭，限截道路。不教賊來。不與賊至。顏子是近前一刀兩斷，天理人欲判然兩途，是一刀兩斷也。仲弓是一面自守。主敬行德，純是天理，私心不容，是一面自守也。聖人教人，夫子之誨人。因其資之高下。莫不各因其天資之淺深。要之成德則一耳。及其成德亦一而已。嘗記胡侍郎舉説文云，胡公寅舉韻説文有曰。「勿」字勢似旗〔八〕。「勿」字形似旗脚。旗是揮止禁約之物，旗者，所以揮止衆軍而禁約之也。勿者，欲人揮止禁約其私欲也。非禮而各以「勿」言，亦所以揮止禁約而勿爲也。

「克己復禮」，克去己私，復還天理。是一服藥。打疊了這病。正如一服藥，便去其病根。「主敬行恕」，敬以持己，恕以及人。是漸漸服藥，是逐旋用藥。磨銷了這病。積漸以去其病也。凡事上便有是有非，凡事各有一是一非。是底是天理〔九〕，其是者，即天理也。非底即是人欲。其非者，即人欲也。天理至公，合於天理，則爲至公。人欲是私。徇乎人欲，則爲至私。是則擴而充之，理之是，當充廣之。非則克而去之。欲之非，當克治之。克己之功，克去己私之工。乃是知至以後事。必此心有所覺，方知己私之當克，所以爲知至後事。

克伐怨欲，克，忮害。伐，驗矜。怨，憤恨。欲，貪欲。若制之不行，是其根尚在胸中。須從根上除治。故必自其根而除去方善。

懲忿如救火，人之忿怒如火方炎，故懲治之功當如救火。窒慾如防水。人之嗜慾如水難遏，故窒塞之方當如防水。

懲忿有摧高之象，「懲忿窒欲」，此易損卦大象言也。損之爲卦，艮山居上，兑澤在下，浸盈不已，山之高者必摧。故聖人取象以懲忿，言人之忿怒奮發求伸，懲治之則有摧高之象。窒慾有塞水之象。水之流也，其始也涓涓，其終也滔天。聖人取象以窒慾，言人之嗜慾源源不已，窒塞之則有塞水之象。遷善當如風之速，益之大象曰：「風雷，益。君子以遷善改過。」遷善貴乎速，有風之象也。改過當如雷之决。改過貴乎决，有雷之象。

見人之善 見他人行一善行。而尋己之善，反求諸身有此否耶。見人之惡 見他人爲一惡事。而尋己之惡，反求諸身有此否耶。如此方是有益[一〇]。則能向善而去惡，其於道方有進益。

問：遇事時亦知理之是非，或問：人之遇事，亦有明知其理之此是彼非。到做處又却爲人欲引去，及到爲事，却爲人欲牽引。做了又却悔。既爲後知其非，又自悔。先生曰：此便是無克己工夫。便是不能克治者。須便與克下，不得苟且放過，若或人欲牽引，須是克去。明理以先之，致知以推此理。勇猛以行之。力行以體此理。

人之氣稟有偏，人之稟氣不能無偏。則所見亦不同。故所見亦各流於一偏。如氣稟剛底人，稟陽氣之多者，則爲剛底人。則見剛處多，則所見多偏於剛。而處事或失之太剛[一一]；故應酬之際過於剛。柔底人，稟陰氣之多者，則爲柔底人。則見柔處多，則所見多偏於柔。而處事或失之太柔[一二]。故應酬之際過於柔。須先克治氣稟偏處。故必當各隨其氣稟之偏處克將去。

校勘記

〔一〕顔閔之學　「閔」，寬文本、論語集註卷六作「冉」。

〔二〕孟子集註　「子」原無，據寬文本、柯氏本增。

〔三〕而仁義禮智之信具於其心　「信」，寬文本、柯氏本作「性」。

〔四〕而實爲心體之全德　「德」原作「得」，據本條下文及寬文本、柯氏本改。

〔五〕而復於理矣　「理」，論語或問卷十二作「禮」。

〔六〕而進之以得義之勇也　「得」，寬文本、柯氏本作「德」。

〔七〕中庸章句　「章句」，寬文本作「或問」。按：今本中庸章句僅零星語句與此條同，中庸或問則與之基本相同。

〔八〕勿字勢似旗　「似」，柯氏本作「是」。

〔九〕是底是天理　「底」下，寬文本有「即」字。

〔一〇〕如此方是有益　「此」，柯氏本作「是」。

〔一一〕而處事或失之太剛　「或」，朱子語類卷十三作「必」。

〔一二〕而處事或失之太柔　「或」原無，據柯氏本補，朱子語類卷十三作「必」。

新刊音點性理群書句解卷之十八　後集

近思續録

第六卷　此卷論齊家

家人卦易之家人。九五、六二，九五，上爻之中；六二，下爻之中。外内各得其正，九五居外而得其正，六二居内而得其正。故爲家人。「利女貞」者，貞，正也。然必曰利於女之正者。欲先正乎内也，欲先正其内。内正則外無不正矣。内既正，則外自然無不正矣。○易本義。

「威如之吉，有威可畏謂之威，而能極其善者。反身之謂也。」自反而修其身也。非作威也，非作福作威之威也。反身自治，修身而身修。則人畏服之矣。凜然難犯，人自見其有威之可畏也。

葛覃之詩，葛覃一篇。后妃所自作，文王后妃自爲之詩也。故無贊美之詞。贊詠稱美之言略焉。然於此可以見其已貴而能勤，然貴爲王后，志在女功，可見其勤德。已富而能儉〔一〕，已長而敬不弛於師傅，形已長大，知尊師傅，可見其敬德。已嫁而孝不衰於父母。身爲王后，歸安父母，可見其孝德。是皆其德之厚，而人所難也。此其德厚之極，亦人所難能也。○詩傳。下同。卷耳之詩，卷耳一詩。亦后妃所自作，亦文王后自爲之詩也。可以見其貞靜專一之至矣[二]。以進賢爲志，故專一，無險詖私謁之心，故貞靜。

周南篇首五詩，詩自周南，訓詁篇端五詩。皆言后妃之德。無非所以紀后妃之德。關雎舉其全體而言也，關雎即是德渾全之體言。葛覃、卷耳此二詩。言其志行之在己，葛覃則言其勤儉孝敬之行，卷耳則言其輔君子進賢之志。樛木、螽斯此二詩。美其德惠之及人，樛木美其逮下之惠，螽斯美其無妬之德。皆指其一事言也。是一詩各指其一事言。其詞雖主於后妃，其詩之言雖若爲后妃發。然其實皆所以著明文王身修家齊之效也。其實則由文王身修而家齊，故后妃有此淑德也。至於桃夭、兔罝、芣苢，桃夭之國無鰥民，兔罝之賢人衆多，芣苢之天下政教和平。則家齊而國治之效。又自家齊而推，國自然治。漢廣、汝墳，漢廣之德廣所及，汝墳之道化行。則以南國之詩附焉，是皆南國之詩。而見天下已有可平之漸矣。此又國治而天下平也。若麟之趾，則又王者之瑞，麟，瑞獸，不時出也，出必有正者作。公族信厚，有似麟應之然，此又爲王者之瑞。有非人力所致而自至者，有不可以人力致。故復以是終焉，周南之詩以此而終。而序者以爲關雎之應也。序詩者謂此乃后妃關雎風教之所感，而麟趾應之。夫其所以至此，所以使之然。后妃之德，后妃淑德。固不爲無所助矣。信非無補者也。然妻道無成，但妻主順承而無所成，猶坤之承乾有爲也。則亦豈得而專之哉？人豈得自專？今言詩者，或乃專美后妃言詩而但美后妃之德。而不本於文王，不知文王齊家所致。其亦誤矣。是未知其源也。

鵲巢至采蘋，鵲巢言夫人之德，采蘋言大夫妻能循法度。言夫人、大夫妻[三]，言夫人及大夫妻。以見當時國君、大夫，可見一時國君與大夫。被文王之化，沾被文王德化。而能修身以正其家也。故亦修身而齊其家，故國君夫人則有德，大夫妻則循法度。甘棠以下，甘棠稱召伯教明南國。此詩以下。又見由方伯能布文王之化，方伯，諸侯，猶今郡守也。自方伯皆能廣文王之化。而國君能修之家以及其國也。又是國君被文王之化，修之於家，而方伯化焉，是有以及其國也。其詞雖無及於文王者，其言雖未嘗及文王。然文王明德、新民之功至是，且文王明己之德，復推此被天下之民，使有以去其舊染之污。而其所施者博矣。則其所及者亦廣矣。

雞鳴之詩，詩雞鳴一篇。言古之賢妃是説古者賢妃。御於君所，侍於君之寢所。至於將旦之時，及曉色欲分。必告君曰：遂與君言。「雞既鳴矣，雞唱矣。會朝之臣，覲君之臣。既已盈矣。」已盈廷矣。欲令君早起而視朝也。君王盍起而視群臣之覲也。然其實非雞之鳴也，實則雞尚未唱。乃蒼蠅之聲也。乃蠅聲也。蓋賢妃當夙興之時，妃后早起。心常恐晚，猶恐其遲。故聞其似者以爲真。聞其聲之似雞，便以爲雞。非其心存警畏若非其心警惕畏懼。而不留於逸欲者，不爲逸欲牽繫。何以能此？何有此哉？

父母愛子之心，父母之愛其子。無所不至。其心無時不在子之身。惟恐有疾病[四]，惟慮其有疾。常以爲憂也。故每以此爲憂。人子體此，爲子者苟能法是。而以父母之心爲心，而以父母愛子之心愛父母。則凡所以守其身者，則其持守在己。自不容於不謹矣。又豈可斯須而不敬耶？〇論語集註。

「古者易子而教」，己之子則他人教之，他人之子則己教之，是謂「易子」。所以全父子之恩，父子之間不責善，責善則離，故所以全其恩也。而亦不失其爲教。不失其爲教之道。孟子集註。下同。

守身，守身爲大者。持守此身，是持守吾之身。使不陷於不義也。不使之陷溺於不義之域。一失其身，不能持守，則必身陷於不義。則虧體辱親，損其形體，貽辱父母。雖日用三牲之養，雖日殺三牲以養父母。亦不足以爲孝矣。恐非孝之大者也。

舜視天下之歸己猶草芥，大舜視謳歌朝覲之歸己，輕如草芥。而惟欲得其親而順之也。但欲順承其父母。得者，曲爲承順，以得其心之悦而已。得其親者，得父母之心之悦己也。順則有以諭之於道，順者，化其頑嚚之習而可曉之以理也。心與之一，惟其得，所以心與父母一。而未始有違，惟其順，所以奉承父母而無違。尤人所難也。此當人所難能。瞽叟至頑，瞽叟，舜父也。□

不道忠信之言爲「頑」。常欲殺舜，居常以殺舜爲心。至是而底豫焉。至此而致其和。蓋舜至此有以順其親矣。皆舜盡其爲子之孝，於親無所拂也。是以天下之爲人子者[五]，所以凡爲人之子者。知天下無不可事之親，亦當知未有難事之父母。顧吾所以事之者但恐事親而底豫。未若舜耳。未能爲舜。於是莫不勉而爲孝，自此亦勉其未至。至於其親，亦底豫焉，使其父母亦致和悦。則天下之爲父者，而爲人之父。亦莫不慈，亦無不慈愛其子。所謂化焉。有以化之，則難事之親易事也。子孝父慈，子之道止於孝，父之道止於慈。各止其所，各安所止。而無不安其位之意，是亦其分位之當然。所謂定也。定，理也。爲法於天下，舜以此孝作則於天下。可傳於後世，流傳於萬世。非止一身一家之孝而已。世世慕之，人人傚之，豈待舜之身、舜之家而已？此所以爲大孝也。其孝不其大乎？

家禮通禮第一：先王制爲士庶之家所當行之禮，而以通禮爲先。通者，通上下皆行也。祠堂，此元在祭禮篇，今以報本反始之心，有家名分之首，故冠於篇端，倣古人之廟制，以祠堂名之。深衣制度，元在冠禮後，以平日之常服，故次之。司馬温公居家雜儀。元在昏禮後，以此乃家居平日之事，以正倫理、篤恩愛，故列於首篇。

冠禮第二：冠禮則居其次。冠，男子年十五至二十皆可冠，必父母無期以上喪，可行之。笄。女子許嫁，笄，母爲主。笄，簪屬。

昏禮第三：昏禮則居第三。議昏，男子年十六至三十，女子年十四至二十，身及主昏者無期以上喪，乃可成昏。納采，納其采擇之禮，即世俗之言定也。納幣，古有問名、納吉，今不能盡用，止用納采、納幣之禮，以從簡便。幣，束帛也。親迎，前期一日，女氏使人張陳其婿室。厥明，婿家設位於室中，女家設次於外，婿執鴈往妻父母家，奠鴈拜其室，迎其妻以歸。婦見舅姑，明日夙興，歸見舅姑，禮之，次見諸尊長。廟見，三日，主人以婦見於祠堂。壻見婦之父母。明日，婿往見婦之父母，次見婦黨諸親。

喪禮第四：喪禮則居第四。初終，疾病，遷居正寢，既絶乃哭。沐浴、襲、奠、爲位、飯含，執事者設幃及床，遷屍掘坎，陳襲衣、沐浴、飯含之具。靈座、魂帛、銘旌，置椅上。設魂帛，立銘旌，不作佛事。小斂，但括髮髻，袒，代哭。大斂，小斂之明日，死之第三日。成服，厥明，五服之人各服其服入就位，然後朝哭、相弔如儀。朝夕哭奠、上食，晨起，奉魂帛出就靈，然後朝奠，食時上食。夕奠畢，奉魂帛入就靈床。弔、奠、賻，凡弔皆素服，奠用香茶燭酒，賻則用錢帛。聞喪、奔喪，始聞親喪，哭，易服，遂行。治葬，三月而葬，前期擇地之可葬者。遷柩、朝祖、奠、賻、陳器、祖奠，發引前一月。遣奠，厥明，遷柩就轝，乃設遣奠。發引，方相等前導，如陳器之儀。及墓、下棺、祠后土、題木主，主人贈加灰隔納外蓋，實以灰，乃實土而漸築之，祠後土於墓左。題主使善書者。墳高四尺，立石碑。反哭，奉靈車在塗，徐行，哭。虞祭，葬之日，日中而虞，或不出是日可也。若去家經宿以上，則初虞於所館行之。鄭氏曰：「骨肉歸於土，魂氣則無所不之，孝子爲其彷徨，行三虞之祭以安之。」卒哭，檀弓曰：「卒哭曰成事，是日也，以吉祭易喪祭。」故此祭漸用吉禮。祔，卒哭而祔。小祥，期而小祥。大祥，再期而大祥。禫。大祥之後，中月而禫。

祭禮第五：祭禮居第五。四時祭，時祭用祥月。初祖，惟繼始祖之宗得祭。先祖，繼始祖高祖之宗得祭。繼始祖之宗則自初祖而下，繼高祖之宗則自先祖而下。禰，繼禰之宗以上皆得祭，惟支子不祭。忌日，如祭禰之儀。墓祭。三月上旬擇日，如家祭之儀。

問「公子荆善居室」。有問何以見公子荆居室之善。先生曰：如今人不治家，若今之人不治其家。則墻崩壁倒，土墻崩裂，壁堵不全。全不理會。全不修整，則失之忘。專去治家，專務治其家。則汲汲於致富。則速於富强之效，則失之助長。惟公子荆自合而完，公子荆則自既合而後完。完而美，既完而後美。循循有序，其漸有次序。又皆曰 然又非作意爲之，且曰。苟而已。苟完苟美。不以此累其心，未嘗求其極完極美，以累其胸中。聖人所以美之。此夫子所以深美之也。

〇語録。下同［六］。

叔度以正率其家，叔度先正其身，以率其家人。而子弟無一人敢爲非義者。爲其子，爲其弟，無有一人敢作非義之事。

問：齊家、治國之道，或問齊其家、治其國之道。斷然「是父子兄弟足法，是以其爲父子而孝慈，爲兄弟而友恭，足爲世法。而後人法之」。而後世之人始法之。然堯舜不能化其子，堯不能化其子丹朱，舜不能化其子商均。而周公上見疑於君，成王幼，周公攝政，或言不利於孺子，而王亦疑公。下不能和其兄弟，弟管叔、蔡叔，流言二弟皆不和於公。是如何？此人何哉？先生曰：聖人是論其常，聖人論人倫之常。堯舜是處其變。堯舜是處人倫之變。看它「烝烝乂」，只看舜能和諧父母，進進以善自治。不格姦」，不至於姦惡。至於「瞽瞍底豫」，以瞽叟之頑而致和悅。便是它有以處那變處。此便是大舜聖人而能處人倫之變也。

問：人不幸，處繼母、異兄弟不相容，人有繼母、兄弟異姓不能相容。當何如？此當如何？先生曰：從古來自有這樣子，自古亦有此。公看舜如何。舜之弟象傲慢不恭。後母、弟也，舜能和諧之，不至奸惡。後來此樣事多有，後來如此者亦多。只是「爲人子，止於孝」。只是盡其爲子之孝，能尊其所自出，自然和諧矣。問「不出家而成教於國」。又問：君子不出於家，而其教自行於國。曰：孝以事親，吾能孝事父母。而使一家之人皆孝；斯能化一家之人，皆盡此孝。弟以事長，吾能弟事長上。而使一家之人皆弟；斯能化一家之人，皆盡此弟。慈以使衆，吾能慈愛以使衆。而使一家之人皆慈，亦能化一家之人，皆有此慈。是乃「成教於國」者也。是所以成其教於一國也。

校勘記

［一］已富而能儉　此句原無，據詩集傳（中華書局本，下同）增。

［二］可以見其貞靜專一之至矣　「至」，柯氏本作「志」。

［三］言夫人大夫妻　「大夫」原脱，據詩集傳補。

［四］惟恐有疾病　「恐」下，柯氏本有「其」字。

［五］是以天下之爲人子者　「人」字，孟子集註卷七（四書章句集註本，下同）無。

［六］語録下同　「下同」原脱，據寬文本補。按：下文語録即取材於朱子語類。

近思續録

第七卷　此卷論出處義利

上蔡先生有言：謝顯道也，其言曰。富貴利達，利，寵利也。達，榮達也。今人少見出脱得者，今世之人沉迷於此者，誰能跳出此關？非是小事，此非事之小者。邇來學者何足道？近來爲學者何足多道？能言真如鸚鵡。其能言似若鸚鵡，但未必能行也。此言深可畏耳。謝氏之言使人凜凜。學者須是此處立得脚定，學者必須識見之明，於此立脚甚艱，不爲富貴利達所動。然後博文約禮之工而後博學於文，約之以禮。有所施耳[一]。亦可施其工也。○文集。下同。

大抵人當有以自樂，人須自有真樂。則用舍行藏之間，用則行，舍則藏。隨所遇以安之。行藏以道，隨遇皆安。和靖先生云尹彥明也。「如霽即行，時行則行，如遇晴明則可行。如潦即止」[二]，時止則止，如遇淫潦即止。此言有味。善譬者也。

諂，卑屈也。諂，卑屈下人也。驕，矜肆也。驕，矜肆誇人也。常人溺於貧富之中，資質凡下之人，爲富則溺於富，爲貧則溺於貧。而不知所以自守，皆無所持守。故必有二者之病。故富則至於驕矜，貧則至於卑屈。無諂無驕，貧而不至於諂，富而不至於驕。則知自守矣，是皆有守。而未能超乎貧富之外也。然猶未能起出貧富之外。樂則心廣體胖貧而至於樂，則不以貧富動其心，心既廣大，體常舒泰。而忘其貧，雖貧而不知其爲貧。好禮則安處善，樂循理，富而好禮，則不爲外物所動，安處乎善，樂從天理。亦不自知其富矣。雖富而自不知其爲富。○論語集註。下同。

不仁之人，人而不仁。失其本心，本心全德亦已喪失。久約必濫，約，窮困也。久處困窮，必至放逸爲非。久樂必淫。久處逸樂，必至淫蕩。惟仁者則安其仁[三]，而無適不然；仁者之人安行此理，無往不然。知者則利於仁，而不易所守。知者之人知此理之善，利而行之，不變其持守。蓋雖有深淺之不同，安仁則一，利仁則二，其深淺自不同。然皆非外物所能奪矣。然皆循守以理，非外物可得而移矣。

君子爲仁，君子而行此仁。自富貴、貧賤取舍之間，富貴而驕矜，貧賤而卑屈，不能自守，失其本心，便不足以爲仁；取舍之際，一於利而忘其義，則人欲勝而天理微，亦非爲仁之道，故自富貴貧賤取舍之間。以至終食、造次、顛沛之頃[四]，造次，急遽苟且之時。顛沛，傾覆流離之際。人於此易至於逸而失其本心，不足以爲仁，故以至終食、造次、顛沛之頃。無時無處而不用力也。無所往而不盡其力。然取舍之分明，但人於所當取、所當舍，取舍分數分曉。然後存養之功密；是其存養工夫至到，見識之明，有所分别。存養之功密，存養工夫愈密。則取舍之分益明矣。則於取舍分上愈見得分曉。

聖人之心同天地，聖人與天地同一心。視天下猶一家，視天下之大猶一家之親。中國猶一人，中國之廣猶一人之身。不能一日忘也。未嘗一日忘天下。故聞荷蕢之言，荷，擔也。蕢，草器也。荷蕢者，隱士也，聞夫子擊磬且識其有心於世。夫子一聞其語。而歎其果於忘世，而曰「果哉」，是以荷蕢者真是忘世之人也。且言人之出處，又曰「末之難矣」。末，無也。人之或出或處。若但如此，若但言忘世爲心，不以家視天下，一人視中國，親疏異分，疾痛不切諸身。則亦無所難矣。是亦不難也。

仕所以行君臣之義，臣事君以義，故爲仕者所以行其臣事君之義。故雖知道之不行，亦不可廢。故雖不可行其道，而亦未可便廢其道。然謂之義，凡謂之義者。則事之可否，事之有可有不可。身之去就，身之當去當就。亦自有不可苟者。亦有不可苟於可否去就。是以雖不潔身以亂倫，所以雖未至於潔其身，不仕不能盡事君之義而亂君臣之倫。亦非忘義以徇禄也。又非忘事君之義而苟於嗜禄也。

夫子言「道之將行」「將廢」，孔子言道之行與廢。皆歸之於「命」者，皆以爲命之所致。特以曉景伯，安子路，而警伯寮耳。因「公伯寮愬子路於季孫，子服景伯以告」，夫子發爲此言，所以曉景伯以理，安子路以義，而警伯寮之思耳。聖人於利害之際，利之與害，聖人惟處之以理之當然。則不待決於命而後泰然也。初不以命之定而後安也。

求其志，士志於道者，隱居而求其所志。守其已達之道也[五]。即是固守其達，則兼善天下之道。達其道，達則兼善天下。行其所求之志也。即是行隱居所求之志。蓋惟伊尹、太公之流，可以當之。伊尹耕有莘之野而樂堯舜之道，太公居東海之濱而修道術，是隱居以求其志也。乃幡然而起，伊尹使其君爲堯舜之君，其民爲堯舜之民；太公股肱周室，師保萬民，是行義以達其道也，自非伊、吕誰足當此？

直己守道，己無私曲，所守者道。所以濟時。自可利濟乎時。枉道徇人，屈道以從乎人。徒自失己。則徒失所守，無補於事。

「天民者」，以其全盡天理，民以天民言，謂其心能全上天所賦之理。乃天之民。故曰天民。必其道可行於天下，以其道乃天下所公共者。然後行之。而後有行。不然，則寧没世不見知而不悔，否則寧終身不見知於人而無所悔。不肯小用其道以徇於人也。道之體至大，若屈己徇人，則是小用之矣。○孟子集註。

或問：「用之則行，或人問：夫子言用之則行。舍之則藏」，舍則藏，惟顔子有之。竊意曾、閔、漆雕開亦能之。切謂閔子、曾子、漆雕開亦能如此。先生曰：「舍之則藏」易，君不用己，則退藏於密，此猶易爲。「用之則行」難。君之用己，即見於行，此事却大而難。漆雕開用之未必能行也。如漆雕開雖用之，則亦未能有行。昔夫子嘗使其仕，開自言「吾斯之未能信」，是猶未敢自任。聖人行時，蓋聖人之所謂「行」。規摹儘大，爲天地立心，生民立命，往聖繼絶學，爲萬世開太平是也。藏之不止藏它一身，其藏也不特是聖人之一身。煞藏了事。不能有爲於天下，而天地民物之望孤矣。語録。下同〔六〕。

人若見得道理分明，人而見識高明，義理透徹。便不爲利禄動。則得之不得是有命在，故利禄不足以動其心。

學者不於富貴貧賤上立得定，富貴不淫，貧賤不移，學者不於此立得足定。則是入門便差了也。正猶入門便錯了路徑也。

今世固有不赴科舉者，今世之人有不應科舉之試者。然苟見富貴，但見它人之富貴。未免動心，此心亦欲爲之。更是不得。是爲人欲所牽引，故不可有也。

非是科舉累人，科舉乃朝廷公法，初無累於人。自是人累科舉。人之留意科舉，則是爲科舉累。若高見遠識之士，若爲士有識見之高。讀聖賢之書，玩味聖經。據吾所見而爲文以應之，只據吾心之意見，發之文詞，以應其試。則得失利害得則利，失則害。置之度外，皆棄置於意度之外。雖終日應舉，常應此試。亦不累人。亦不能爲吾累也。

專做時文底人，專一留意於舉子之文者。他説底都是聖賢説話。所科道者無非聖賢之言語。且如説廉，如講明「廉」之一字。他也會説得好，亦知求其所以爲廉之道。説義，議論「義」之一字。他也會説得好，亦知求其所以爲義之理。待他身做處，及其行之於身。只自不廉，却未必廉。只自不義[七]。却未必義。緣他將許多話蓋其將此等言語。只就紙上説，只爲紙上長語。却不關自家身己些子事。能言而不能行，豈復知下切己工夫耶？

「脩其天爵」，仁義禮智之德，皆天之所賦予，以其至尊且貴，故以「天爵」言。自有箇得爵禄道理。脩此則人爵自應，不待求而得之也。

「死生有命，命禀於有生之初，非人所能移。富貴在天」，天莫之爲而爲，非我所能必。自是箇定分。自是賦分之一定。

天下有道則見，當天下泰通之時，則出而不隱。不必待十分太平，然後出來。非必待天下太平而後出。譬如天之將曉，正如曙色欲分。雖未甚明，天光猶未大發。然自此一向明去。然由是漸至於大明矣。天下無道則隱，當天下否塞之時，則隱而不出。亦未必十分大亂。非必待天下大亂而後隱。譬如日之將暮，正如日色欲晚。雖未甚昏，猶未及大昏。然自此一向暗去，然由是漸至於昏暗矣。知其將來必不可支持，如屋之將傾，不可支持。亦須見幾而作。幾者，事之微。須必見其幾微而即勇於退可也。

或言：近見得富貴果不可求，或有言富貴非可力求。貧賤果不可避。貧賤難於苟避。先生曰：此是就命上理會，此是以命禀於有生之初，一定而不可易者言也。須更就義上看，義者，所以斷制而得其宜。更就此看。當求與不當求，則富貴之當求，是以其道得之者，義也；不當求，是不以其道得之而處，非義也。當避與不當避。貧賤之當避，是以其道去之者，義也；不當避，是不以道去之而能去，非義也。更看自家分上，所以求之避之之心如何，更看此心之求富貴、避貧賤是如何。且其得喪榮辱，求則得，不求則喪；得則榮，不得則辱。與自家義理之得失利害，人欲放肆，天理湮没，亦惟見無得而有失、無益而有害。孰輕孰重，所得者輕，所失者重。則當有以處矣。人能處此，則貧賤有命，富貴在天，但當順受，自無得喪、榮辱之累，而義理得失、利害甚明。「君子之仕也，君子之禄仕。行其義也。」正所以行義，以達其道。義便有進退去就在裏。義乃事之宜，當進而進，當退而退，當去而去，當就而就，皆審其事之所宜便皆在中。

論「進以禮，有人論其進也以禮。退以義」，其退也以義。曰：先生云。三揖而進，人之進也，必三次揖而後進，此禮之序也。一辭而退。於其退也，必一辭而即退，此義之道也。「進以禮」，其進也以禮。揖讓辭遜；以謙遜爲本。「退以義」，其退也以義。果決斷制。以裁制得其宜爲本。

敬之問：「義之與比」，比，從也[八]。敬之問先生義之是從。是我這裏所主者在義否？還是吾心所專主者在乎義耶？先生曰：答云。自不消添語言，更不必增益語言解說。只是「無適」「無莫」，適，可也。莫，不可也。只是無可無不可。看義理合如何區處它。但看義理之得其當即是。義當富貴便富貴，是以其道得之者。義當貧賤便貧賤，是不以道去之，不去也。當生則生，生乃氣之伸，神也。當死則死，死乃氣之屈，鬼也。只看義理合如何。只惟義理之是從也。

校勘記

[一] 然後博文約禮之工有所施耳　「文」，柯氏本作「聞」。

[二] 如潦即止　「即止」，晦庵集卷三十九答魏元履作「則休」。

[三] 惟仁者則安其仁　「惟仁」之「仁」原作「二」，據寬文本、柯氏本改。

[四] 以至終食造次顛沛之頃　「食」原作「身」，據論語集註卷二改，注文同。

[五] 守其已達之道也　「已」，寬文本、論語集註卷八作「所」。

[六] 語録下同　此四字原脱，據寬文本補。

[七] 只自不義　「自」，柯氏本作「是」。

[八] 比從也　「比」原作「此」，據本條前文改。

新刊音點性理群書句解卷之十九　後集

近思續録

第八卷　此卷論治體

觀皋陶論「帝德罔愆」以下一節，看皋陶曰「帝德罔愆」止「不犯於有司」一段。便見聖人之心，可見舜之一心。涵育發生，包涵、養育、發達、生全生民之生。真與天地同德。與天地生物之生同此一德。而物或自逆於理，而民或悖理傷道。以干天誅，自干國之刑憲。則夫輕重取舍之間，則或輕或重，或取或舍。亦自有決然不易之理。正如天道雨露潤澤，固仁也，而霜露摧折亦所不免。其宏過非私恩[一]，過誤所犯，雖大必宥，非示私恩也。其刑固非私怒[二]。不忌故犯，雖小必刑，非逞私恩。罪疑而輕，非姑息；刑疑附輕，非是姑息。功疑而重，非過予。賞疑從重，非是過予。如天地四時之運，正如天地之氣順布四時。寒涼肅殺，秋則寒涼，冬則肅殺。常居其半，其半春夏之生長。而涵育發生之心，而天地生物之心。未始不流行乎其間。未嘗一日不周流也。此所以好生之德，聖人一念好生之德。洽於民心，浹洽百姓之心。而自不犯於有司，而民亦不犯上人之法。非既抵罪而復縱舍之也[三]。此皆民因君之好生自相化率，不犯於法，非是已罹於刑，悉從赦免，如唐太宗之縱囚也。

文王之化，周文王之德化。始於關雎，自周南關雎始。而至於麟趾，至麟趾而應。則其化之入人者深矣。其化之漸漬，亦已深厚。形於鵲巢，又自召南鵲巢而形著。而及於騶虞，至於騶虞而應。則其澤之及物者廣矣。其德之沾丐亦已溥矣。薰蒸透徹，薰陶通達。融液周偏，洋溢布滿。自有不能已者，自有不容不然者。非智力之私所及也。非可以力致也。○詩傳。下同。

岐豐之地，地名也。文王用之以興，二南之化，文王以此而肇周召南之德化。如彼其忠且厚也。其習俗皆且忠厚。秦人用之未幾，而一變其風。秦用之，而其風俗漸變周之忠厚。見於詩者，見於秦之詩。大抵尚氣概，先勇力，而以尚氣、尚勇爲習。已悍然有招八州而朝同列之氣矣。其武悍之氣，已先自招八州、朝同列矣。蓋雍州土厚水深，蓋岐、豐爲雍州之地，土厚重而水淵深。雍，去聲。其民敦重質直，故民生其中，敦篤厚重，樸質勁直。不爲浮靡。不爲輕浮靡麗之習。以善導之，誘之以善。則易以興起，而篤於仁義；則易化於仁義。以猛驅之，厲之以勇。則其强毅果敢之資，則其發强剛毅、果夫勇敢之資稟。亦足以强兵力農，而成富强之業也。亦可以兵爲農，而致富强之盛。論至於此，推論及是。以見厚重者之可與有爲，見厚重而足以任事。又以見上之導民，又見人君之導其下。尤不可不謹其所之也。尚德則爲文王之忠厚，尚氣則爲秦之勇力，要不可不謹。

東山之詩序曰：東山詩序云[四]。「一章言其完也，完，全也。二章言其思也，未至而思也。三章言其室家之望女也，女，汝同。四章樂男女之得及時也。」古者男三十而娶，女二十而嫁，是謂及時。蓋「完」謂全師而歸，完者，得全其師而返。無死傷之苦。而無陣亡之兵。「思」謂未至而思，思者，思其人之未至。有愴恨之懷。而懷感愴之心。至於「室家望女」、出戍，興室家之望。「男女及時」，婚姻及男女之時。亦皆其心之所願　其皆人情之所同欲。而不敢言者。不敢發諸口者。上之人乃先其未發，而歌詠以勞苦之，而爲之君，於人心之未發而先形之詩歌，以勞勸之。則其歡欣感激之情，爲如何哉！則彼欲發諸口，此適啓其機，其悦懌感動自不容已。蓋古之勞詩皆如此。古人勞苦之詩莫不然。其上下之際，君臣上下。情志交孚，情通志達，交相孚感。雖家人父子之相語，雖家庭之告語。無以過之。不過如是。此其所以維持鞏固　是以人心固結。數百十年[五]，至八百餘年。而無一旦土崩之患。而不至一旦驟然傾覆，如土之崩裂也。

政者爲治之具，政，法制禁令也，故爲爲治之具。刑者輔治之法[六]，苟導之法制禁令而不從，則有形以齊之，故爲輔治之法。德禮則出治之本[七]，德，吾心所得之理也，躬行此德以率之，民有所觀感而興起。而其淺深厚薄之不一者，又有禮以一之，禮謂品節制度也。而德又禮之本也。但自躬行以率乎民，因其不一而後以禮而一之，此德其爲禮之所本。此其相爲終始，四者迭相始終。雖不可以偏廢，固不可有其一而廢其一。然政刑能使民遠罪而已，但法令刑罰可以制乎民而俾之去其惡。德禮之效，導之以德，齊之以禮，其爲效。則有以使民日遷善而不自知。又以俾民日進於善道而不知其所以然。故治民者，不可徒恃其末，故治百姓者，不可徒尚政刑之末。又當知探其本也[八]。必當先植德禮之本也。○論語集註。下同。

馬氏謂：夏、殷、周損益，馬氏言論語殷因於夏禮所損益一章。「所因謂三綱五常，三代相因，同此綱常之理，無損無益。所損益謂文質三統」。所可損者，忠質文之異尚、天地人之建統耳。先生謂：三綱：先生言三綱者。君爲臣綱，臣以君爲綱。父爲子綱，子以父爲綱。夫爲妻綱。妻以夫爲綱。五常：五常者。仁、義、禮、智、信。此五者之常理也。文質：文質者。夏尚忠，夏之治，所尚者忠。商尚質，商之治，所尚者質。周尚文。周之治，所尚者文。三統：三統者。夏正建寅爲人統，夏建寅爲正月，是爲人統。商正建丑爲地統，商建丑爲正月，是爲地統。周正建子爲天統。周建子爲正月，是爲天統。三綱五常，綱常之道。禮之大體，是禮之大者也。三代相繼，夏、商、周之相繼。皆因之而不能變。代代相因，不容變異。其所損益，其可損可益者。不過文章制度小過不及之間。則有如尚忠、尚質、尚文不同，建丑、建子之有異，則因其過而裁損，則因其不及而增益，如斯而已。

庶而不富，人民衆多，苟不殷富。則民生不遂，則生理蕭條。故制田里、薄賦斂以富之。故制爲田産而薄具租稅，是使之富也。富而不教，然既富而無以教之。則近於禽獸，則悖理傷道，與禽獸無異。故必立學校、明禮義以教之。故先王立學明倫，謂「明禮義」，無非教也。

天者，理而已矣。天者，理之所出，是即理也。大之字小，大之既育其小。小之事大，小之奉事其大。皆理之當然也。當然而然，皆此理也。自然合理，行之而安，苟當於理。故曰「樂天」。是樂乎此理者也。不敢違理，一舉一動不違乎理。故曰「畏天」。是畏乎此理者也。○孟子集註。下同。

飲食宫室　飲食以充其腹，宫室以安其身。所以養生，所以養其生也。祭祀棺槨　祭祀以安其靈，棺槨以斂其形。所以送死，皆所以送其死也。皆民所急而不可無者。此民之不可一日無者。今皆有以資之，今悉有以爲之資。則人無所恨矣。養生送死，兩無所憾矣。王道以得民心爲本，王者之道在於得人心。故以此爲王道之始。故孟子以是二者爲王道之始事。至「五畝之宅」以下，至於「五畝之宅，樹之以桑」以下。則盡法制品節之詳，法制精詳，品節具備。極財成輔相之道，財成制其過，輔相輔其不及。以此左右民[九]，以是道助乎民。是王道之成也。此王道之終事。省刑罰、省，減也。薄稅斂，薄，輕也。此二者仁政之大目也[一〇]。此行仁政之大節目。

王霸之心，王者、伯者之心。誠僞不同。王者中心惻怛，懇切愛民，誠也；伯者外假尊王之名，專求智力之逞，志也。故人所以應之者，上感下應，故民之應之。其不同亦如此。以力服人者，非心服也；以德服人者，中心悦而誠服也。

民之所欲，民心不同，誰無所欲？皆爲致之，君則因其欲而求遂其所欲。如聚斂然。使人人皆愜，正如聚其掊斂也。民之所惡，民有所不欲。則勿施於民。則一毫不施之民。鼂錯所謂「人情莫不欲壽，鼂錯謂人之情皆欲壽。三王生之而不傷；三王則生其生而不害其生。人情莫不欲富，人之情皆欲富。三王厚之而不困；三王則厚其生而不俾之困乏。人情莫不欲安，人之情皆欲安。三王扶之而不危；三王則遂其生而不使之傾危。人情莫不欲佚，人之情皆欲佚。三王節其力而不盡」，三王則節於用民之力而不盡其力。此類之謂也。皆是也。

服人者，欲以取勝於人；服人以力者，是欲求勝於人也。養人者，欲其同歸於善。養人以善者，是欲皆有此善也。蓋心之公私小異，以力服乎人，則其心私；以善養乎人，則其心公。而人之向背頓殊，以力服人，則不得其心之服；以德服人，則自然中心悦而誠服。學者於此不可不審也。是不可不察也。

「善政得民財，政之善，但可得民之財。善教得民心。」教之善，則可得民之心。政，謂法度禁令，政者，何凡法度之修、禁令之施，皆政也。所以制其外也；皆所以矯制在外之習也。教，謂道德齊禮，教者，何凡導之以德、一之以禮，皆教也。所以格其心也。皆所以格正其在外之非心也。得民財者，謂之得民財，非有所取於民也。百姓足而君無不足也；特在民既足，則在國無不足矣。得民心者，謂之得民心，非求服乎民也。不遺其親，人人知孝義之道，內不忘乎親。不後其君也。上不忘乎君是也。

所過者化，謂之所過者化。身所經歷之處，是此身凡所經由之地。即人無不化，人人皆化其德。如舜之耕歷山 如帝舜耕於歷山之中。而田者遜畔，而耕者漸染舜德而相遜於畔。陶河濱而器不苦窳也。陶於河之濱，而河濱之人薰沐舜德而器不苦。窳，音愈，器中空。所存者神，謂之所存者神。心所存主處，神妙不測，乃此心所存，神妙而不可測度。如孔子之立斯立、立，植其生也。道之斯行、道，引也，謂教之也。行，從也。綏斯來、綏，安也。來，歸附也。動斯和，動，鼓舞之也。和，所謂於變時雍。莫知其所以然而然也。皆其感應之妙，神速如此，自亦莫知其然。是其德業之盛，是皆德盛業隆[一二]。乃與天地之化，神化之妙，上下與天地同流。同運並行，並行不悖。舉一世而甄陶之，舉一世之大，盡入薰陶成就之內。非如霸者，不似伯圖之小。但小小補塞其罅漏而已。只補其欠缺處。此則王道之所以爲大，此王者之道，其大若是。而學者所當盡心也。不可不盡心也。

自身而家，自脩身而齊家。自家而國，自齊家而治國。自國而天下，自治國而平天下。雖均爲推己及人之事，雖均是惟吾一己以及乎人。而勢之遠邇，以家與國而言，家近而國遠；以國與天下而言，則國近而天下遠。事之先後，如先家後國，先國後天下。所施有不同。所施不可概論。蓋必審於接物，是必致察於接物之際。好惡不偏，所好所惡而無所偏。然後有以正倫理，而後能正人倫。篤恩義，崇恩義。而齊其家。而後可齊其家。其家已齊，及家既齊。事皆可法，事事皆可法則。然後有以立標準，胥教誨，而治其國。則有以立一國之標準，胥相教誨而國以治。其國已治，及國既治。民知興化[一二]，而民莫不興禮義之化。然後可以推己度物，則以挈矩之道，推己以度乎物。舉此加彼，即此而加之彼。而平天下。使上下四方皆得其平，而天下以平。此以其遠近、先後家而國，國而天下，或遠或近，或先或後。所施有不同者也。所施之不一也。然自國而上，國而上，乃齊家之事。則治於内者，嚴密而精詳；治家之道，極其嚴密精詳。自國而下，國而下，乃治國平天下之事。則治於外者，廣博而周徧。治國平天下之道，極其廣博而周徧。亦可見其本末實一物，明德爲本，新民爲末，實同一理。首尾實一身矣。格物致知至於正心脩身，皆此一身也。○

大學或問。下同。

君子有絜矩之道，絜，度也。矩，所以爲方也。君子推己度物，使上下四旁均齊方正，此之謂「絜矩」也。故能以己之好惡，己之所好所惡。知民之好惡，即民之所好所惡。又能以民之好惡[一三]，民之所好所惡。爲己之好惡。即己之所好所惡。夫好其所好，度民心之所好而好之。而與之聚之；而與之生聚。惡其所惡，度民心之所惡而惡之。而不以施焉，而不以此施之民。則上之愛下，君子以絜矩爲心，故其愛民。猶父母之愛其子。有如其子。彼民之親其上，而民之愛其君。豈不亦猶子之愛其父母哉[一四]？豈不亦猶其父母耶？

大學篇末，言「菑害並至」、大學卒章目言「小人之使爲國家，菑害並至」。「無如之何」者，雖有君子出而救之，亦未如之何也。蓋怨已結於民心，蓋小人之情，務爲聚斂以長益國家，而結怨於民弗之恤。則非一朝一夕之可解矣。非一日之故，有不可解。聖賢深探其實而極言之，聖賢深考小人爲害之實。欲人有以審於未然，欲人察其幾之未萌。而不爲無及於事之悔也。而不待事之已形而有噬臍不及之嘆。以此爲防，防閑及此。猶有用桑弘羊、孔僅、宇文融、楊矜、陳京、裴延齡之徒[一五]，以敗其國者。尚有貨殖之徒以敗國家至仁之脈。故陸宣公之言曰：所以陸德興有云。「民者邦之本，民譬則國之本。財者民之心。財譬則民之心。其心傷則其本傷，未有木之心已蠹而本不摇者。其本傷則枝幹凋瘁，本既傷，則千枝萬葉生意枯槁。而根柢蹶拔矣。」而根柢顛仆矣。呂正獻之言曰：呂正獻亦云。「小人聚斂，以佐人主之欲，小人聚斂以奪民財，而長一人之貪欲。人主不悟，爲之君不察其奸。以爲有利於國，將謂可以利吾國。不知其終爲害也。不知其害吾民也。賞其納忠，賞其能盡忠理財。不知其大不忠也；而不知實爲大不忠。嘉其任怨，嘉其能任怨取民。而不知其歸怨於上也。」而不知怨實歸於上。嗚呼！若二公之言，如陸、呂之言。可謂深得此章之指矣，可謂得大學卒章之大意。有國家者爲之君者。可不鑒哉！其亦當鑒於斯！

校勘記

［一］其宏過非私恩　「宏」，寬文本、柯氏本作「宥」。
［二］其刑固非私怒　「固」，寬文本、柯氏本作「故」。
［三］非既抵罪而復縱舍之也　「抵罪」，晦庵集卷三十七答鄭景望作「犯」。
［四］東山詩序云　「山」原作「止」，據本條前文改。
［五］此其所以維持鞏固數百十年　「百十」，詩集傳卷八作「十百」，寬文本作「百」。
［六］刑者輔治之法　「刑」原作「形」，據寬文本、柯氏本改。
［七］德禮則出治之本　「則」下，論語集註卷一有「所以」二字。
［八］又當知探其本也　「知」，寬文本、柯氏本作「深」。
［九］以此左右民　「此」字，孟子集註卷一無。
［一〇］此二者仁政之大目也　「目」原作「具」，據寬文本、柯氏本改。
［一一］是皆德盛業隆　「德」原作「得」，據本條前文改。

〔一二〕民知興化　「化」，寬文本、大學或問作「起」。

〔一三〕又能以民之好惡　「民」原作「己」，據寬文本、柯氏本改。

〔一四〕豈不亦猶子之愛其父母哉　「子」原作「父母」，「父母」原作「子」，均據柯氏本改。

〔一五〕猶有用桑弘羊孔僅宇文融楊矜陳京裴延齡之徒　「用」原脱，據寬文本、大學或問補。

近思續録

第九卷　此卷論治法

皇矣卒章，詩皇矣末章。言文王伐崇之初，謂文王伐崇國之初。緩攻徐戰，緩師而攻，徐徐而戰。告祀群神，舉祀而請諸神。以致來附者，以聽其來則不拒也。而四方無不畏服。四方之人皆畏而服。及終不服，及其末，或有梗化不服。則縱兵以滅之，而後用兵以剿絶。而四方無不順從也。而四方之人亦皆順從而無違。夫始攻之緩、戰之徐也，初然不急於攻、不速於戰。非力不足也，非是兵力有所不足。非示之弱也，又非自示以弱。將以致附而全之也。以待其歸附則全之也。及其終不下而肆之也，及其不屈下且肆侵侮。則天誅不可以留，則征伐不容已。而罪人不可以不得也。不容不執訊獲醜也。此所謂文王之師也。此文王之行師以義，非以力也。

夏時一夫受田五十畝，有夏之世，一人得受五十畝。而每夫計其五畝之入以爲貢。而每人於五十畝中計五畝之入，以爲公上之供。商人始爲井田之制，商之世，始創立井田之法。以六百三十畝之地，即田地六百三十畝。畫爲九區，畫井爲田，分爲九區。區七十畝。一區各七十畝。中爲公田，中一區爲公家田。其外八家，環於外者凡八區。各授一區，人各授一區。但借其力以助耕公田，借八家之力以耕其中之公田。而不復税其私田。八家之私田並無税斂。周時一夫受田百畝。周之世，一夫授百畝田。鄉遂用貢法，凡鄉之與遂皆用貢賦之法。十夫有溝；十夫則有溝。都鄙用助法，都之與鄙則有助法。八家同井。八家同此井田。耕則通力而作，耕之時則同力布作。收則計畝而分，收成之日則計畝之所入而分。故謂之徹。名之曰「徹」。其實皆什一者[一]，貢法固以十分之一爲常數，貢法，則十分之內以一分爲公上之供。惟助法乃是九一，助之法，則是以九分之一爲公上之供。而商制不可考。商之田制更無可考。周制則公田百畝，周之田制，公田凡百畝。中以二十畝爲廬舍，其中即畝二十以爲屋廬。一夫所耕公田 一人所耕公上之田。實計十畝，爲畝凡十。通私田百畝，又通私田百畝之數。爲十一分而取其一，是又十一分而取其一分。蓋又輕於十一矣。則十一之制又更輕矣。切料商制亦當似此，切疑商之田制亦是如此。而以十四畝爲廬舍，中以十四畝爲居。一夫實耕公田七畝，一夫所耕公家之田七畝。是亦不過十一也。亦是十一之制。○孟子集註。

「五家爲比，五家則謂之比。五比爲閭，五比則謂之閭。四閭爲族，四閭則謂之族。五族爲黨，五族則謂之黨。五黨爲州，五黨則謂之州。五州爲鄉」；五州則謂之鄉。「五家爲鄰，五家則謂之鄰。五鄰爲里，五鄰則謂之里。四里爲酇，四里則謂之酇。五酇爲鄙，五酇則謂之鄙[二]。五鄙爲縣，五鄙則謂之縣。五縣爲遂」，五縣則謂之遂。此鄉遂制田里之法也。此鄉之與遂制爲田里之法。「五人爲伍，五人謂之伍。五伍爲兩，五伍則謂之兩。四兩爲卒，四兩則謂之卒。五卒爲旅，五卒則謂之旅。五旅爲師，五旅則謂之師。五師爲軍」，五師則謂之軍。此鄉遂出兵之法也。此鄉之與遂出兵之法如此。故曰「凡起徒役，凡出征徒之役。無過家一人」。一家一人。既一家出一人，一家既各出一人。則兵數宜甚多。則兵之數目自多。然只是擁衛王室，但只是捍蔽王室。如今禁衛相似，猶今禁衛軍相似。不令征行也。不使之征戰。都鄙之法，又都鄙之所謂法。則「九夫爲井，九夫謂之井。四井爲邑，四井謂之邑。四邑爲丘，四邑謂之丘。四丘爲甸」，四丘謂之甸。然後出長轂一乘、而後出車一乘。甲士三人、甲士凡三。步卒七十二人。步軍凡七十有二。以五百一十二家，凡爲家者五百一十二。而共只出七十五人，所出人數七十有五。則可謂甚少。亦不爲多。然有征行則發，但是征伐則遣之。此都鄙之兵，此又兵出於都鄙。悉調者不用，悉調發者不用。用者不悉調。所用者不盡調發。此二法所以不同，此其爲法不同。而貢、助之法亦異。而貢、助之法亦異於是。大率鄉遂以十爲數，鄉遂之法爲數則十。是長連排去；是連續排將去。井田以九爲數，井田之法爲數則九。是一箇方底物事。是四方畫井，故方。自是不同，與此不同。而永嘉必欲合之，而永嘉大儒且欲鄉遂井田相合。如何合得！恐不能合也。

「凡天下疲癃殘疾、凡天下疲懦、龍鍾、宿疾之人。惸獨鰥寡，與惸憂、無子、無妻、無夫者。吾兄弟顛連而無告者也。」無非吾兄弟之顛倒留連、無告訴者。君子之爲政，君子之施其政。且要主張這一等人。且先及此等人可也。○語録。

「爲政以德」，語所謂「爲政以德」。德與政非兩事，德之與政不是二事。只是以德爲本，若一以此德爲根本。則能使民歸。則可使天下之民皆歸之。若是「所令反其所好」，則民不從。如是令行而反民之所好，則民不從之矣。

或問「爲政以德」。或人問先生「爲政以德」一句。先生曰：答云。「爲政以德」，謂「爲政以德」云者。不是欲以德去爲政，非是將此德去爲政。亦不是塊然全無所作爲，亦非皆無所作爲。德脩於己脩其德於身。而人自感化。而夫人自有所觀感而化。然感化不在政事上，感化之本不在政事上。不關政事致此。却在德上。乃脩德有以致此也。

問「敬事而信」。問夫子所言敬其事而信於民。先生曰：答云。大事小事皆要敬。事之大小皆要此敬。聖人只理會一箇「敬」字。聖人只於「敬」字用工。若是敬時，若能敬其事。方解信，則可信於民。與愛人、節用、使民；不害民，則能愛民。不傷財，則能節用。使民不以農隙之時，則能使民。若不是敬，苟一有不敬。其他事都做不得。則事皆不可爲矣。

或問：爲政必當以寬爲本，或問爲政之道必當本之以寬。而以嚴濟之？而後濟之以嚴。先生曰：答云。某嘗謂當以嚴爲本，我言當本於嚴。而以寬濟之。却以寬濟其嚴。曲禮謂「涖民行法，記禮言臨民用法。非威嚴不行」[三]，不是威嚴無以行其政。須令行禁止。必須政無不行，禁無不止。若曰令不行，若謂令之不行。禁不止，禁之不止。而以是爲寬，則非也。而謂之寬，誤矣。

「居上克寬」，書云在上而能寬者。蓋有政教法度蓋於政教法度之中。而行之以寬，而所行則寬也。非廢弛之謂也。非凡事廢弛而謂之寬也。今人説寬政，今世之人説行寬政。多是事事不管，乃是萬事廢弛。某謂壞了這「寬」。是錯認此「寬」也。

爲政必有規矩，規矩所以束縛人心，無放逸也。使姦民猾吏俾奸惡之民、狡猾之吏。不得行其私，不得行其害民之私心。然後刑罰可省，則刑罰自省。賦斂可薄。賦斂自輕。所謂以寬爲本，是所謂行寬政以爲本。體仁長人，體此仁以長育乎人。孰大於此者乎？莫大於此。號令既明，居官雖明示號令。刑罰亦不可弛。但刑罰亦不可不施。苟不嚴刑罰，苟於刑罰不加嚴。則所謂號令者，則其號令。徒掛墻壁耳。但爲墻壁之虚文耳。與其不道以梗吾治[四]，與其傷道以害吾之治。曷若懲其一以戒其百？寧如懲一人而使百人知所戒。與其覆實檢察於其終，與其覆驗其實而考察於終。曷若嚴其始而使之無犯？寧如嚴其法於初而俾之知避而無所犯。吾輩今經歷如此，吾徒經歷世故已熟。異時若有尺寸之柄，異日苟能權柄一世。而不爲斯民除害去惡，不能爲民除其爲害於民者與爲惡於民者。豈不誠可罪耶？豈不是己之過？某嘗謂今之世自切謂處今之世。姑息不得，行姑息之政有不可。直須共他理會，必須除害去惡，有如農夫之去草。庶幾善弱可得存立。則懦弱之民可以存其生而立其足也。

法度尚可爲，法度者所以正乎己，猶可爲也。如何得人心變易？但不得人心之變。各人將他心行法。人人只將此心行此法，則法度自然有也。

爲政如無大利害，君子爲政，若無大關利害處。不必議更張。不須議論更改。則所更之事未成，所更改者未能成就。必鬨然成擾，則必鬨動擾民。卒未已也。至終猶未已也。

或問：「論治便要識體」，或人問：論治道須要識其體。莫是治天下有天下之體，得非治施於天下，自有天下之體。治州縣有州縣之體，治施於州縣，自有州縣之體。事事各自有體否？事事皆有體耶？先生曰：然。答云：然。且以一縣言之，且以一縣而論。則治告訐，告訐，告人之私。勸農桑，農耕、蠶桑也。抑末作，遊手不在四民之列者。皆其體也。此皆一縣之體。近臣當以謇諤爲體，近君之臣以謇諤敢諫爲體。遠臣當以廉退恬靜爲體。遠臣，在外之臣，當以清廉閑靜而不干進爲體。若不識得體時，若不能明得此體。正大體事都不管，正大體不識。所爲皆是細碎之事。所爲者不過簿書之煩而已。

諸路帥臣，諸路之有帥臣。古州牧之官也。即唐虞州十有二牧之官。國朝以來，本朝之官。置轉運使，卿監以上除使。副判官，郎官以下除判官。有提點刑獄，提刑是也。有提舉常平茶鹽，提舉是也。又有總領侍舶、坑冶、茶馬皆財賦之官。諸司，屯駐之軍諸司，屯駐軍兵。又別置都統制。又有統制，是武監司也。大抵牧伯之任[五]，古之牧伯者一。分爲五六。今之牧伯者六。此其爲冗官也。非官冗而何？

運使本是愛民之官，監司而立運使之官，蓋欲愛乎民也。今以督辦財賦，今以財富悉令其督辦。反成殘民之職。必至竭澤而取，是殘賊乎民也。提刑本是仁民之職，立提刑之官，恐刑罰之濫故立一官，以提點其事，欲其以仁民爲心也。今以經總制錢，今之經總制錢，令其驅催。反成不仁之具也。必至敲樸辦事，何有於仁？

宰相擇監司，爲宰相者，必擇可爲監司而後任之。吏部擇郡守，爲吏部者，必擇可爲郡守者而後任之。則權分而二。如此則朝廷亦可無事，則朝廷之上事緒亦簡。又何患其不得人？又何憂不得其人耶？

爲守令，第一便是民事爲重，守爲州，令爲縣，上之當重民之事。其次便是軍政。次之便當重軍之政。軍民二者最爲郡縣之大目。今人都不理會。今人但爲長官之貴，豈復思及此耶？

楊至說，王詹事守泉州，詹事，訓太子官也。初到任，會七邑宰，勸酒，初到任，會泉之七邑，令酌之以酒。歷告以愛民之意。歷歷語及愛民之道。出一絶以示之：且形之歌詩，以示其意。「九重天子愛民深，言人君篤於愛民。令尹宜懷惻隱心。惻，動也。隱，痛也。言見百姓之顛連無告者，當懷惻動隱痛之心。今日黄堂一杯酒，黄堂，太守廳也。史君端爲庶民斟！」史君，太守也。言爲百姓斟此酒以勸之，冀其以愛民爲事。邑宰皆爲感動。邑令無不感動。

古者以心爲學，古人所學在心。以德爲治，其爲治以德。故風俗淳厚而事益簡。習俗無澆漓，而事甚簡。後世以文章爲學，後世所學，專在馳騁文辭。以法律爲治，爲治專尚刑法律制。故風俗愈薄而事益繁。故習俗愈澆薄，而事愈多。○文集。

祖宗法催科，祖宗朝，立法催督利賦。至九分止。尚有一分之寬。自曾丞相瓌爲户侍時〔六〕，户部職在理財，自曾丞相爲户部侍郎之時。不用此法，其用法不復寬民二分。必須催足。並要十分登足。至今如此。至今受其害也。○語録。

李揖寇廣西，李揖爲寇於廣西地。出榜約，不收民税十年，出立曉示，特放十年賦税。故從叛者如雲。故從其叛者有如雲滃。以此知今日取民太重，即此可知重取於民。深是不便。非國之福。

先生曰：先生云。某在同安時，初官爲同安主簿，所諫賦稅。每點追稅，每點追一名稅。必先期曉示，必先出曉示。以一幅紙截三片，以一張紙剪作三截。作小榜子遍貼云：爲小榜遍貼郭内云。本廳取幾日點追某鄉分稅，主簿廳用某日追某人稅色不納。仰人户知委。仰欠稅人户通知之。只如此，只行此政。到限納者紛然。及期而納，紛紛而來。只是一箇信而已。是以信遇民也。此皆大學所謂「若保赤子，心誠求之」者，今之爲官者觀之當愧汗矣。

黄仁卿將宰樂安，黄仁卿將赴樂安縣治。論及均稅錢。議論均一稅錢事。先生曰：先生云。據某說時，據己見所言。而今只是教有田底便納米，田者，米之自出，有田産則令之納米。有地底便納絹，地所以植桑柘，絹之所自出，有地則令之納絹。只作兩鈔；鈔，官司輸納之憑據也。官司亦只作一倉一場。官司交納亦只作一倉場。如此，百姓與官司若然，民之與官。皆無許多勞攘。自無煩擾。又曰：又云。三十年一番經界方好。亦須三十年一番行經界之政，則土地始均平也。

校勘記

［一］其實皆什一者　此句原無，據孟子集註卷五增。

[二] 五鄰則謂之鄙　「五」原作「四」，據本條前文改。

[三] 涖民行法非威嚴不行　「民行法非」四字，朱子語類卷一百八作「官行法非禮」。按：禮記曲禮云：「班朝治軍，涖官行法，非禮威嚴不行。」

[四] 與其不道以梗吾治　「道」，朱子語類卷一百八作「遵」。

[五] 大抵牧伯之任　「牧伯」，柯氏本作「伯牧」。

[六] 自曾丞相褱爲户侍時　「褱」，寬文本作「懷」。按：宋史作「懷」。

新刊音點性理群書句解卷之二十　後集

近思續録

第十卷　此卷論政事

凡陽必剛，天地之間只有一陰陽之理，陽之性剛。剛必明，剛則必明達。明則易知。明達則人皆知。凡陰必柔，陰之性柔。柔必暗，柔則必暗昧。暗則難測。暗昧則難測度。故聖人作易，聖人著易。遂以陽爲君子，以陽乃君子之道。陰爲小人。陰乃小人之道。予嘗惟易以觀天下之人[二]，嘗即易道以究觀天下之人品。凡其光明正大，凡其爲人光明而不昧，正大而無私。疏暢洞達，疏暢而不滯，洞達而無蔽。如青天白日，如天日之清明。如高山大川，如山川之流峙。如雷霆之爲威，如雷霆之果决。如雨露之爲澤，如雨露之公溥。如龍虎之爲猛，如龍虎之剛勁。如麟鳳之爲祥，麒麟鳳皇之祥瑞。磊磊落落，端方正直。無纖芥可疑者，無一毫可疑處。必君子也。是必君子其人也。而其依阿澳涊，依違而不拂，垢濁而無恥。回互隱伏，回護而無私，隱伏而難測。糾結如蚯蚓[二]，回邪如蚯蚓之結糾。瑣細如蟣蝨，猥瑣如蟻蝨之爲細。如鬼蜮狐蠱，其奸狡陰害又有如鬼域狐蠱。如盜賊詛咒，其貪婪譟妄又有如盜賊詛咒。閃倏狡獪，倏來倏往，有同兒戲。獪，鱠。不可方物者，難與物相比方者。必小人也。是必小人其人也。○易説。

師，兵衆也。師者，衆也。下坎上坤，其卦上坤下坎。坎險坤順，下坎則險，上坤則順。坎水坤地。水洊至爲坎，地勢爲坤。古者寓兵於農，古者制井田之法，藏兵於農。伏至險於大順，坎水至險，而伏於坤地之大順。藏不測於至靜之中。坎水不測，而藏於坤地之至靜。又卦惟九二，一陽 其卦九二陽爻。居下卦之中，爲下卦之中。爲將之象。則有將之象。上下五陰，初六、六三、六四、六五、上六五爻之陰。順而從之，順從無拂。爲衆之象。則有衆之象。九二以剛居下而用事，九二一陽，體剛居下而用事。六五以柔居上而任之，五君位與二爲正應，以柔在上而任用之。爲人君命將出師之象。五君二臣，故有人君命將出師之義。故其卦名之曰「師」。所以其卦名之曰「師」。用師之宜，但用師之道。利於得正，宜於得其正。而任老成之人，而所任者老成。乃得吉而无咎。則可以得大善而無悔咎也。○易本義[三]。下同。

困者，窮而不能自振之義。困之云者，是蓋處窮而不自振作。坎剛爲兑柔所揜，其卦上兑下坎，坎男兑女，故爲其揜蔽。九二爲二陰所揜，坎卦在下，中爻陽也，爲上下二陰揜蔽。四、五爲上六所揜，兑卦在上，四五陽也，爲上六陰爻揜蔽。所以爲困。此其所以困也。坎險兑説，然坎水雖險，兑澤則説。處險而説，處險之時，而所説在心。是身雖困而道則亨也。是此身雖困，而於道則亨通也。

嚴者，君子自處之常，嚴以持己，乃君子之常。而小人自不能近。小人有弗敢近。

人之所爲，人所作爲。如乾之易，乾健而動，故易。人而如乾之易。則其心明白而人易知；則明白洞達，人有可知。如坤之簡，坤順而從，故簡。人而如坤之簡。則其事要約而人易從。坤陰但承乎乾，無所作爲，故事要約而人皆可從。「易知」則與之同心者多，明白易知，則人之同心必多。故「有親」；是乃「有親」之道。「易從」則與之協力者衆，要約「易從」則人之效力必衆。故「有功」。故「有功」之可言。「有親」則一於内，「有親」是專於内也。故「可久」；推其親，所以久。「有功」則兼於外，「有功」是兼學乎外者也。故「可大」。惟其功，所以大。此言人法乾坤者也。

「至健」則所行無難，故「易」；健則無止息，故所行無難。「至順」則所行不煩，故「簡」。順則無作爲，故所行不煩。然其於事，但於事上。皆有以知其難，既有不知其難。而不敢以易處之也。而未嘗敢以易心爲也。是以其有憂患，故一有憂患。則健者如自高而臨下，而知其險；健者必當猶由高而下，而識其所謂險。順者如自下而趍上，而知其阻。順者必當如自下而上，而識其所謂阻。蓋雖易而能知險，蓋所行雖易，而能知其險。則不陷於險矣。則必不陷落於險之中矣。

既簡而又知阻，所行雖簡而又知其阻。則不困於阻矣。則必不困頓於險之中矣。所以能危能懼，是以既能憂危，又能恐懼。而無易者之傾也。而不至以易而失之也。

「吉兇悔吝」者，吉者動之善，兇者吉之反，悔者吉之未成，吝者兇之未成。易之辭也。是皆易中之語也。「得失憂虞」者，憂，患也。虞，度也。事之變者也。是又事之變也。得則吉，凡得之則爲言。失則兇，失之則爲兇。憂虞雖未至兇，憂患虞度雖未至於兇。然已足以致悔而取羞矣。但亦可以致悔咎而取羞辱矣。蓋吉兇相對，吉與兇相對待。而悔吝居其中。而悔與吝在吉兇之中。悔自兇而趍吉，人知所爲之非而能自悔，則必趍於善。吝自吉而向兇。人之所爲苟至羞吝，則必轉移其善而入於兇險矣。

甲，日之始，凡十干之甲，乃日之所自始。事之端也。萬事之本也。「先甲三日」，辛也；先其甲之三日，則由辛而壬，壬而癸，癸而甲，是辛之日也。「後甲三日」，丁也。後其甲之三日，則由甲而乙，乙而丙，丙而丁，是丁之日也。前事過中而將壞，前所爲事已過，其中而將否。則可自新，爲後事之端，辛有新之意，故必自新，以肇其已後之事。此「先甲三日」，蓋取辛之義。而不使至於大壞。如此則必不至於大隳壞。後事方始而尚新，後之作事方新。然當使致其丁寧之意，丁者，丁嚀之意，故必丁嚀戒之。此「後甲三日」，蓋取丁寧之義。而不使至於速害。而不俾之速於壞也。

鶴鳴之詩，詩鶴鳴一篇。不可知其所由，雖不知其所自。然必陳善納諫之詞也。必是臣子陳善道、納忠諫之言。蓋「鶴鳴於九臯」，其聲高亮，聞八九里。臯澤中水益出爲坎，自外數之凡九，言深遠也。而聲聞於野」，而其聲達於原野之中。言誠之不可揜也。是言其誠之不可掩没。「魚潛在淵」，魚潛藏於深淵之中。而或在於渚」，而或又游泳於渚。言理之無定在也。是言其理無在、無不在也。「園有樹檀」，園，圃也。有樹植之檀，是可愛者。而其下維蘀」，蘀，落也。而其下落葉，是可惡者。言愛當知其惡也。是愛之又當知其惡。「他山之石」，石之粗厲，雖若可憎。可以爲錯」，錯，礪石也。可以攻治其玉，是又有善處。言憎當知其善也。是憎之又當知其善。由是四者，即此四詩。引而伸之，演其義而伸之。觸類而長之，觸其類而有所長益。天下之理則於天下之道理。其庶幾乎？不其近乎？詩傳。下同。

不茹柔，茹，飲也，於柔者而不茹。故「不侮矜寡」；則其於人之矜寡，不敢侮慢必矣。不吐剛，於剛者而不吐。故「不畏强禦」。則其於人之强禦無所畏憚，必矣。以此觀之，即是而論。則仲山甫之柔嘉，則仲山甫柔和嘉美之德。非軟美之謂也。非後世柔軟以爲柔、阿媚以爲美者比也。而其保身，其所以保其身。未嘗枉道以徇人可知矣。不屈是道以求徇乎人從，可識矣。

人之言行交際，凡人之所言所行與人交際。皆當謹之於始，而慮其所終。必當謹其始，復計其終。不然，則因仍苟且之間，否則，因其所已然苟焉以爲之。將有不勝其自失之悔矣[四]。是始之不謹其末也，必悔其失也。○論語集註。下同。

澹臺滅明不由徑，澹臺滅明，古之賢人也。徑，小路也。其行必由大公至正之路而不由旁蹊曲徑。則動必以正，是其動也一循乎正。而無見小欲速之意可知。不由小徑，不爲小利所動，必求遵大路，則無欲速之心。非公事不見邑宰，非是公家之事則不見縣宰。則其有以自守，是其操守之嚴。而無枉己徇人之私可見。不屈己以從人，可見矣。

自處以敬，人之守己以敬。則中有主而自治嚴，則中心有所主宰而自治者嚴密。如是而行簡以臨民，如此則所行之事且簡，以之臨涖百姓。則事不煩而民不擾。則事不煩劇，民無勞擾。若自處以簡，如先自以簡爲治而無敬以存之。則中無主而自治疏矣，則中心無所主宰而自治者，空缺。而所行又簡，而所行之事又簡。豈不失之太簡，則簡而又簡，必流清虛廢事之失。而無法度之可守乎？又安能守其治之法度耶？

毁人者，漸漬而不驟，專於毁人之短者，猶水之浸漬而入，非一朝夕。則聽者不覺其入，而聽之者爲其所入，亦不知也。而信之深矣。故信之甚矣。愬冤者，急迫而切身，愬己之冤者急遽迫切，皆及於身者。則聽者不及致詳，而聽之者不假詢其詳細。而發之暴矣。故發之必勇。二者難察而能察之，此二者之情最難明察，而能明察之者。則可見其心之明，而不蔽於近矣。可以見其心體之高明，而不奪於近己者也。

莊以持己曰矜。持己以莊敬之道，則謂之矜。然無乖戾之心，而無乖悖違戾底氣象。故不爭。故曰不爭。和以處衆曰群。處衆以和順之道，則謂之群。然無阿比之意，而無阿諛比附之動。故不黨。故曰不黨。

學詩，則事理通達 人而學詩，則於天下事物之理無不通曉。而心氣和平，心和氣平。故能言。則能有言。學禮，則品節詳明 學禮，則品節之間清詳分明。而德性堅定，而德性堅確不移。故能立。故能有立。

今人獄事，今之居官者於刑獄之事。只管理會要從厚。但言當務寬厚。不務是非善惡，更不究其是與非、善與惡。只務從厚，只欲從寬厚之政。豈不長姦惠惡？是長民之奸、惠民之惡。大凡事，付之無心，凡事只得以無心處之，不可先有心而處。因其所犯，但因人之所犯何事。考其情實，歷究其實如何。輕重、厚薄，當輕當重，當厚當薄。付之當然可也。以其當然之罪，罪之可也。

自古救荒，自古救歲之荒。只有兩說，其說有二。一是感召和氣以致豐穰，第一必須無淫刑濫罰，民心和而感天地之心，和自可以致豐熟之應。其次只有儲蓄之計。次則當先時之蓄以備兇荒。若待他饑餓時理會，若待民已饑饉而方區處。更有何策？則無計策矣。

或言辛幼安帥湖南，或人言辛幼安爲湖南帥時。賑濟榜文 出立文榜賑濟。秖用八字，曰：有八字云。「劫禾者斬！劫奪人禾者刑之。閉糴者配！」閉藏不糴者黥之。先生曰：答云。這便見他有才。此便是見幼安有政事之才。此八字若做兩榜，便亂道。若以此八字分爲二榜，則非矣。

「刊收民丁，壯者爲丁，則當懷徠。推割賦税」[五]，賦重害民，則當裁減。是治縣八字法。此縣法也。

校勘記

[一] 予嘗惟易以觀天下之人　「惟」，寬文本作「推」。
[二] 糾結如蚯蚓　「蚯」，晦庵集卷七十五王梅溪文集序作「蛇」。
[三] 易本義　「義」原作「二」，據寬文本、柯氏本改。
[四] 將有不勝其自失之悔矣　「其」原脱，今據論語集註卷一增。
[五] 刊收民丁推割賦税　此句，朱子語類卷一百一十二作「開落丁口推割産錢」。

近思續録

第十一卷　此卷論教學

周禮師氏之官，周立師氏一官。「以三德教國子：其教國子有三德。一曰至德，以爲道本；其一則以德之至者爲道之所本。二曰敏德，以爲行本；其二則以德之敏者爲行之本。三曰孝德，以知逆惡」。其三則以德之孝者，在知其不可爲犯上陵暴之事。「至德」云者，何謂德之至。誠意正心，實其意之所發，正其心而不偏。端本清源之事。於本然之地而用工。「道」則天人性命之理，所謂道，則是天命之謂性、率性之謂道。事物當然之則，事事物物莫不皆有當然恰好底道理。脩身、齊家、治國、平天下之術也。脩於身，齊於家，及至治國、平天下之物也。「敏德」云者，何謂敏德。彊志力行，立志自强，乾乾不息。蓄德廣業。蘊蓄其德，廣大其事。「行」則理之所當爲，所謂行，皆是理所當行。日可見之跡也。見之躬履者也。「孝德」云者，何謂孝。尊祖愛親，尊親其祖，愛養其親。不忘其所由生之事。不敢忘其所自出。知逆惡，則以得於己者篤實深固，知彼逆惡，則但觀己之所得，篤厚真實，深根固蒂。有以真知彼之逆惡，有以知彼之犯上陵暴。而自不忍爲也。而有所不忍爲之。至德以爲道本，明道先生以之；敏德以爲行本，司馬温公以之；孝德以知逆惡，趙无愧、徐仲車以之。凡此者，凡若是者。雖曰各以其才品之高下、雖云因其才品之不一。資質之所宜而教之，即其資禀所宜，遂以教焉。然亦未有專務其一，而可以爲成人者也。然亦不可但務三德之一謂即成人之學。是以列而言之，分而言。以見相須而爲用，見其相資而用。不可偏廢之意。不容務其一而廢其一也。蓋不知至德，不知德之至。則敏德者散漫無統，則所謂敏德，茫無統紀，是有行無知。固不免乎篤學力行而不知道之譏。不知篤志於學、勉力而行者何物。然不務敏德而一於至，不務德之敏而一於德之至，則有知無德。又無以廣業而有空虛之弊。而不知廣其功業，而遂有憑空駕虛之病。不知敏德，不知德之敏。則孝德者僅爲匹夫之行，則所謂德之孝者，特匹夫之所行。而不足以通乎神明。豈足以通神明之妙？不務孝德不務德之孝。而一於敏，而一於德之敏。則又無以立本則德之本不立。而有悖德之累。而有悖德害仁曰賊之累。是以兼陳備舉所以交舉互陳。而無所遺也。而無有一遺也。此先王之教，此王者之爲教。所以本末相資，本末一致。精粗兩盡，精粗一理。而不倚於一偏也。未嘗偏其一也。其又曰：「教三行：又云以三行教之。一曰孝行，其一則是孝行。以親父母；在於親其親。二曰友行，其二則是友行。以尊賢良；在於尊其賢者良者。三曰順行，其三則是順行。以事師長。」在於事其師。蓋德也者，得於心而無所勉者也。德者，有得於心而不待勉强。行則其所行之法是已。行者，即是德之行於己而有足法者。蓋不本之以其德，蓋非德爲根本。則無所自得，則心無所得。而行不能以自修；而行之修於己者何所始？不實之以其行，非行爲枝葉。則無所持循，則躬無所行。而德不能以自進。而德之進於己者何所見？是以既教之以三德，所以以三德教之於先。而必以三行繼之，而以三行繼之於後。則雖其至末至粗，雖是末者、粗者。亦無不盡，無非行之修，蓋罔有遺。而德之修也，自不覺矣。而厥德修罔覺矣。然是三者，但是此三者。似皆孝德之行而已，若皆孝德之所形友與順，亦孝所推也。至於至德、敏德則無與焉。於敏德則全無干預。蓋二者之行，蓋至德、敏德。本無常師，本無定法。必協於一，必合而歸於一。然後有以獨見而自得之，當自有見而自有得也。固非教者所得而預言也。又非教之者可以着力也。唯孝德則其事爲可指，但是孝德比之至德、敏德，則孝德可指而言。故又推其類而爲友、順之目，又以類推爲友、爲順。以詳教之，以此詳悉而施教。以爲學者雖或未得於心焉，爲學之士雖未得之於心。而事亦可得而勉，因末而推其本，故事爲上亦可勉力。使其行之不已苟行之不息。而得於心焉，而得於心。則進乎德而無待於勉矣。則進之於德，不事勉强矣。況其又能即是而充之，況又自能充去。以周於事而泝其源，事爲周徧，自流尋源。則孰謂至德、敏德之不可至哉！則至德、敏德又寧有不可至耶！○文集。下同。

周人以鄉三物教萬民而賓興之。周之世，以鄉里之三事教民，而後以賓禮舉之。其德六：德者，得於心。其爲德凡六。曰知、仁、聖、義、忠、和；智，明也。仁，愛也。聖，通也。義，宜也。忠，誠也。和，温也。知，去聲。其行六：行者，履於身。其爲行凡六。孝、友、睦、婣、任、恤；孝謂順父母，友謂和兄弟，睦謂和宗族，婣謂親於外親，任謂信於朋友，恤謂憫於鄰黨。其藝六：藝，能也，凡六。禮、樂、射、御、書、數。禮，五禮。樂，六樂。射，五射。御，五御。書，六書。數，九數。詳見小學書立教。是於學者日用起居飲食之間，學者於日用之間。既無事而非學，既無一事而非學。於其群居藏脩游息之地，於藏焉、脩焉、遊焉、息焉之所。亦無學而非事。亦無所學者，非其事。

至於所以開發其聰明，至其開其聰而發其明。成就其德業者，以成其德而廣其業。又皆交相爲用，而無所偏廢。則此數者又交互相資，不可闕一而廢一也。

先生諭學者曰：先生訓學者有云。書不記，書不能記。熟讀可記；但熟讀自可記。義不精，義不能精。細思可精。但細思亦可精。唯有志不立，獨志不能自立。直是無着力處。雖欲着力，無由着力。只如而今，貪利禄而不貪道義，只如今人貪求利禄，而道義則不之顧。要作貴人而不要作好人，要爲貴人，而好人却不爲。皆是志不立之病。此皆志不能自强。直須反復思量，若能深思熟察。究見病痛起處，究其病根。勇猛奮躍，勇猛用力奮發有爲。不復作此等人，不爲厭厭泉下之人，全無振作。一躍躍出，一跳出去。見聖賢所説歷見聖賢之所論。千言萬語，言其多也。都無一字不是實語，無一字不實。方始立得此志。則能立此之志，有如立基之立，不可動也。就此積累工夫，自是漸次用工。迤邐向上去，直可向進也。大有事在。希賢、希聖、希天，皆大事也。不是小事。此豈細事耶？

教人者，當隨其高下而告語之，教乎人者，當觀其資禀之有高有下而啓迪之。則其言易入，則其教之之言亦易入其心。而無躐等之弊。而受教者亦無凌躐之患。○論語集註。下同。

詩以理情性，詩者，既以啓發人之情性。書以道政事，書者，所以議論帝王之政治。禮以謹節文，禮者，所以節其大過而文其不及。皆切於日用之實，無非實用之所形。故常言之。故常常言此。禮獨言執者，但禮獨以執爲言。以人所執守而言，欲人有所執守。非徒誦説而已也。不特誦讀其文而已。

草木之生，植物之生於地。播種封殖，栽種培壅。人力已至，人之用其力者既盡。而未能自化，尚未能變化盛茂。所少者，雨露之滋耳。必待雨露而潤澤之。及此時而雨之，及其枯旱之時，忽得潤澤之益。則其化速矣。則其變化亦速。教人之妙，教乎人者。亦由是也[一]，蓋亦如此。若孔子之於顏、曾是已。顏子剛明，則教以克己復禮；曾子篤實，則教之以一貫之忠恕。有時雨化之者。「成德」、「達材」，德性渾至，材美著見。各因其所長而教之也。各因其材德之異而教之。成德，如孔子之於冉、閔；冉伯牛、閔子騫以德行名，夫子教之，以成德之事。達材，如孔子之於由、賜。子路、子貢以言語政事稱，故夫子教之以達材之事，是有成德者、有達材者。就所問而答之，因其所問而還以語之。如孔、孟之於樊遲、萬章也。孔子之於樊遲，孟子之於萬章，是有答問者。人或不能及門受業，人不皆及其門而傳授其業。但聞君子之道於人，但聞其道德之盛。而竊以善治其身，則即以自治其身。是亦君子教誨之所及。則亦其不教誨之教誨也。若孔、孟之於陳亢、夷之是也。如夫子之於陳亢，孟子之於夷之，是私淑艾者。聖賢施教[二]，聖賢之教人。各因其材，各因材之高下。小以成小，材之小，則成就亦小。大以成大，材之大，則成就亦大。無棄人也。未嘗棄一人，以爲不可教也。○孟子集註。

脩道之謂教，脩是道而謂之教者。言聖人因是道而品節之，謂聖人即此性之道而品節之。以立法垂訓於天下，立爲之法，著爲之訓，俾天下皆知此理。是所謂教也。是爲教也。蓋天命之性，蓋天賦予人以仁、義、禮、智之性。率性之謂道，循此理而行之，則謂之道。皆理之自然，是皆自然而然。而人物之所同得者也。人與物均禀受此理也。人雖得其形氣之正，但即人對物而言，則人得其氣之正。然其清濁厚薄之禀，但有禀氣之清者、禀氣之濁者、禀氣之厚者、禀氣之薄者。亦不能不異。是人之所禀自不能不異。是以賢智者或失之過，禀氣之清且厚，則爲賢、爲智，其失也常在於過。愚不肖者或不能及。禀氣之濁且薄，則爲愚、爲不肖，其失也常在於不及。惟聖人之心，獨有聰明睿智之心。清明純粹，禀氣之至清、至明、至純、至粹。天理渾全，天理備全。無所虧闕，一無欠虧，故能因其道之所在，故能即人所同得之道。而爲之品節防範，且品節之，且範防之。以立教於天下，用以爲訓於天下。使夫過不及者，俾夫賢智之太過者、愚不肖之不及者。有以取中焉。各有以裁其太過而勉其不及，而皆有以合時措之中。蓋有以辨其親疏之殺，使之知親疏不同。使之各盡其情，各有以盡其情。則仁之爲教立矣；是脩仁之道以爲教者也。有以別其貴賤之等，貴賤有異。而使之各盡其分，而能各安其分。則義之爲教行矣。是脩義之道以爲教者也。爲之制度文爲，儀文交接。使之有以守而不失，執守不變。則禮之爲教得矣；是修禮之道以爲教。爲之開導禁止，開發聰明，禁止邪惡。使之有以別而不差，分別不紊。則知之爲教明矣。

是修智之道以爲教。夫如是，至此。是以人無智愚，無知者，無愚者。事無大小，無大事，無小事。皆得有所持循據守，人皆操修執守。以去其人欲之私，豁去人欲。而復乎天理之正。由行天理。推而至於天下之物，推之於物。則亦順其所欲，所欲者從。違其所惡，所惡者去。因其材質之宜，而致其用，即其材，爲之用。制其取用之節，以遂其生，謹其用，遂其生。皆有政事之施焉。施於有政。此則聖人所以財成天地之道，此又是天地之道，獨聖人財成。而致其彌縫輔贊之功也。而盡其輔相之道也。○中庸或問。下同。

教導後進，訓導後學。須是嚴毅，嚴毅則師道尊。然亦須有以興起開發之，方得。興起善心，開發德性。只任嚴，徒嚴而無誘導。徒拘束之，徒然束縛。亦不濟事。而無所進益也。○語録。下同。

教小兒，只是説箇大概，小學之教，只得與言事理大概。只眼前事，目前可知、可能之事。或以洒掃應對之類，如洒地擁篲、應對言語。作段子亦可。爲段子讀。每疑曲禮「衣毋撥，常疑曲禮衣必束，帶無垂下。足毋蹶；立必正，無僵仆。將上堂，升堂也。聲必揚；語聲放大，警内人也。將入户，入門也。視必下」，不舉目視。此等叶韻處，如此音韵所在。皆是古人教小兒語。古人教訓小兒之語。列女傳於列女傳。孟母又添兩句曰：孟子之母又益二言。「將入門，門所以限内外也。問所存。」存，在也。問父母在何處，此反必面也。

教女子，如教女子之類。如曹大家女誡、如曹氏所著女戒。家，音姑。温公家範亦好。司馬公所作家範。皆好。

校勘記

［一］亦由是也　「由」，柯氏本作「猶」。

［二］聖賢施教　「賢」，柯氏本作「人」。

新刊音點性理群書句解卷之二十一　後集

近思續録

第十二卷　此卷論警戒

「過則勿憚改。」憚，畏也。有過，則速於改而無所畏。勿者，禁止之辭。胡氏曰：「勿」字似旗脚，行軍以此揮止衆軍而禁止之。憚，畏難也。憚者，畏其難也。自治不勇，人之自治其私而不勇猛。則惡日長，因循不改，過日益甚。故有過則當速改，必當改之之速，有如雷之决。不可畏難而苟安也。不可畏其難，而不知禁止而安於其過也。○語録[一]。

程子謂：「驕，氣盈；驕，驕矜也。人之驕矜者，其氣常滿。吝，氣歉。」吝，吝嗇也。人之吝嗇者，氣常不足。蓋驕吝雖有盈歉之殊，驕之與吝雖有一盈一歉之異。然其氣常相因[二]。但其勢之所向未嘗相離。蓋驕者，吝之枝葉；驕而滿者，常生於吝而不足之餘，故爲其枝葉。吝者，驕之本根。吝而不足者，所以爲驕而滿之次第，故爲其根本。故嘗驗之天下之人，曾以是而察凡天下之人。未有驕而不吝、驕矜之極，則必至於吝嗇。吝而不驕者也。吝嗇之極，必至驕矜。熊氏曰：驕是已形底吝，吝是未形底驕。

「樂驕樂」，則侈肆而不知節。樂，好也。好驕縱逸樂，則必奢侈放肆而不知所謹。「樂佚遊」，則惰慢而惡聞善。好放佚遨遊，則必怠惰慢侮，不喜聞人之善言。「樂宴樂」，則淫溺而狎小人。好宴安，則必浮蕩淫溺而狎近小人。君子之好樂，君子所好。可不謹哉？可不致其謹？此三者是大學所謂之所好樂而辟焉，則心亦不得其正也。

畏者，嚴憚之意也。畏有憚之義。天命者，天所賦之正理也。天命之者，是上天賦予人得之，而爲此性之仁、義、禮、知也。知其可畏，知其嚴憚。則其戒謹恐懼，則戒懼乎不睹，恐懼乎不聞。自有不能已者，自不容不然。而付畀之重，則其付予於我者。可以不失矣。亦可以使之常有也。

血氣，形之所待以生者，人有此形，所待以滋養者血也，所以運動者氣也。血陰而氣陽也。但血屬乎陰，氣屬乎陽。隨時知戒，人苟爲血氣所動，則皆欲也，必於動我之時隨知所警。以理勝之，以此心之理而克去其私。則不爲血氣所使也。則理足御氣而不爲之動矣。

「君子戒謹乎其所不睹，君子戒警乎目之所不見。恐懼乎其所不聞」，恐懼乎耳之所不聞。

所以存天理之本然，蓋欲充是道於己。而不使離於須臾之頃也。不容頃刻不存也。「莫見於隱，莫著見者，隱暗之處。莫顯乎微，莫明顯者，細微之事。故君子慎其獨」，此皆人所不知而已獨知之，君子尤當加謹也。所以遏人欲於將萌[三]，蓋欲絶去私欲萌蘖之初。不使其滋長於隱微之中[四]。不容具於隱暗之地、細微之事，而漸至於長也。○中庸章句[五]。

或問：盤之有銘，何也？盤，沐浴之器。或問：湯於此盤而刻銘，何耶？曰：盤者，常用之器；盤，所以爲沐浴器，人之所常用。銘者，自警之辭。銘之九字曰：「苟日新，日日新，又日新。」所以常目在之而有所警也。古之聖賢，古先聖人。兢兢業業，兢兢戒謹，業業恐懼。固無時而不戒謹恐懼，固無一時而忘其自警之誠。然猶恐其有所怠忽而或忘也。然猶恐有時而忘於宴安之際。是以於其常用之器，所以即其器之所常用。各因其事，莫不即其事。而刻銘以致戒焉，刻其所銘之辭以示其警。欲其常接乎目，庶幾器常用，則目常見。每警乎心，目常見，則心常謹。而不至於忽忘也。而不使之至於忘也。曰：然則沐浴之盤，盤，沐浴之器也。而其所刻之辭如此，何也？而其所銘若是，何耶？曰：人之有是德，人之有此懿德。猶其有是身也。警則人之有此一身。德之本明，人之所得於天，虛靈不昧，本然如是。猶其身之本潔也。警則一身之本自潔也。德之明而利欲昏之，是德雖光明，一汩於欲，則明者昏。猶身之潔而塵垢污之也。如此身本潔，一染於塵垢，則潔者污。一日存養省察之功，惟夫存養此心之理，省察人欲之私。真有以去其前日利欲之昏而日新焉，則盡去其昏吾德者，而能日新其德焉。則亦猶其疏瀹澡雪，亦猶此身已既澡滌。而有以去其前日塵垢之污也。自無前日塵垢之累矣。然既新矣，但吾之德已新。而所以新之之功不繼，苟以德之新爲已足，而不能續其新之之功。則利欲之交，物欲蔽之。將復有如前日之昏；其昏猶昔矣。猶既潔矣，如此身已潔。而所以潔之之功不繼，不能日日而潔之。則塵垢之集，塵垢復染。將復有如前日之污也。其污猶昨矣。故必因其已新，必也因其德之新。而日日新之，日日而使之新。又日新之，又無日而不新之。使其存養省察之功，則存養者既至，省察者愈密；省察者愈密，則存養者愈至。無少間斷，功夫接續無間斷。則明德常明，則本明之體常常不息。而不復爲利欲之昏。而都無利欲之昏蔽。亦如人之一日沐浴，正猶人於一日之間潔其體。而日日沐浴，日復一日常潔其體。又無日而不沐浴，又無一日不潔其體。使其疏瀹澡雪之功，則潔之功。無少間斷，連續不已。則身常潔清，則此身常常潔淨。而不復爲舊染之污也。而無前日塵垢之污矣。昔成湯所以反之而至於聖者，成湯反身修德而極於聖者。正惟有得於此。亦自此始。故稱其德者有曰，當時頌其德者有云。「不邇聲色，不溺近聲樂女色。不殖貨利」，不崇殖資貨財利。是去其利欲之昏也。又曰「以義制事，義所以裁制事物而得其宜。以禮制心」，禮所以檢束此心而無所縱。是所以新其德也。有曰「從諫弗咈，有過，則從人之諫而不敢違。改過不吝」[六]，於己而無吝惜。是防其利欲之昏也。又曰「與人不求備，使人必器之，不求其全備。檢身若不及」。自檢察其身，常若有未善。其待人輕以約、責己重以周者，求所以新其德也。此皆足以見其日新之實。無非所以去利欲之昏，而日新其德。至於所謂「聖敬日躋」云者，又云湯之敬日升。能敬則有主於心，所以遏人欲而存天理。日持此敬，則以德日新之所本。則其言愈約而意愈切矣。言雖簡短，意則切到。其後，周之武王，及周武王。踐阼之初，即位之初。受師尚父首師呂望。丹書之戒，曰：丹書示戒且云。「敬勝怠者吉，吉，善也。持敬以去其怠，則善。怠勝敬者滅；怠心長而敬心衰，則必滅亡。義勝欲者從，義者，人心公共之理。行義而絶其私欲之累，人罔不從。欲勝義者兇。」苟逞人欲之私，而絶人心公共之理，則罔不兇。退而於几席、觴豆、几席，安身之物。觴豆，適口之具。刀劍、户牖，刀，利器；劍，刀屬。户，門；牖，窗。退而於日用器具窗户。莫不銘焉，無不銘其語以監觀。蓋聞湯之風而興起者。是聞成湯之遺風而有所興起也。今其遺語，凛凛遺訓。尚幸頗見於禮書，具在禮經。愿治之君，上而爲君。志學之士，下而爲士。皆不可以莫之考也。皆當熟察也。〇大學或問。

今日克念，書曰：「思曰睿，睿作聖。」苟一日之間而能思而通其微。即可謂聖；曰可以作聖矣。明日罔念，苟一日之後而忘其思，不思則不通微。即爲狂矣。則塊然此心聽其出入，莫知其爲聖、其爲狂也。聖、狂之分亦如斯而已。

敬之問「天壽不貳」。人生自三十以下皆謂之夭，七十以上皆謂之壽，但不貳之義如何。先生曰：不貳，是不疑他。不貳者，夭壽付之定數，而無所疑於彼也。若一日未死，如一日尚生。則一日要是當；則一日所爲須合乎理。百年未死，百年尚生。百年要是當。百年所爲須合乎理。這便是「立命」。不以生死而易其守，是之謂立命。「夭壽不貳」，夭壽而無所疑。此便是知性知天之力。是知性之所稟與天之所賦，皆有定也。「脩身以俟」，脩吾身以待之。便是存心養性之功。是操存此心而不失涵泳此性之渾全，數之脩短亦驗之而已。

或問「子在川上」章。或人問「子在川上」一章之義。先生曰：此是形容道體。夫子借是以推明吾道之體耳。程子所謂「與道爲體」但是體也亦有二，有體用之體，有體質之體。程子謂「與道爲體」是體質之體，蓋道無形，因物而後見，川流不息，雖非道也，但所以不息有理存乎其間，故「與道爲體」猶言爲道之骨子也。一句最妙。此一句豈不至當？某嘗爲人作觀瀾詞，先生自言其咏觀瀾。其中有兩句云：中間有云。「觀川流之不息，觀川水之流無有止息。悟有本之無窮。」因悟其所以然有道在也。又問：其要在謹獨？又問：所謂其大要在謹獨工夫如何？先生曰：能謹獨，則無間斷，人於幽獨之地而能戒謹恐懼，則此理常存而不絕。其理不窮。故自無有止息。若不謹獨，苟幽獨不能致謹。便有欲來參入裏面，則私欲夾雜於其中。便間斷矣，理與欲分爲二。如何會如川流底意？安能如川之流無有止息耶？

損者三樂，人之好有三，皆損乎己也。惟宴樂最可畏，只有宴安逸樂可畏之甚。所謂「宴安鴆毒」也。蓋人處宴安之時多忘警戒，則鴆毒已存其中。鴆鳥之毛用以攪酒，則毒人，此之謂「鴆毒」。

志是心之所向，志者，是吾心之所趍向也。意又是志之支脚。意則是志之支派根脚。「志公而意私」，志奮發有爲，故公；意幽隱臆度，故私。志便清，故爲志則清。意便濁；爲意則濁。志便剛，奮發屬乎陽，故剛。意便柔；幽隱屬乎陰，故柔。志便有立作意思，志則勇於作爲。意便有僭竊意思[七]。意則密於竊伺。

過者，無心而爲過。過字，無心是誤於言動，故謂之過。惡者，有心而爲惡。惡字，有心喜爲不美，故謂之惡。

忘誕欺詐爲不誠，誠，真實理也。妄，邪妄。誕，虚誕。欺，欺罔。詐，詐僞。是四者皆非真實，故不誠。怠惰放肆爲不敬。敬，所以檢束吾身者也。怠，怠荒。惰，敖惰。放，放逸。肆，縱肆。是四者皆無檢束，故不敬。

「詭遇」，是做人不當做底；詭譎者，是爲人不當爲之事。「行險」，是做人不敢做底。行險者，是爲人不敢爲之事。是皆小人之所行，若君子則惟正大自守而已。

問敖惰。敖，驕敖。惰，怠惰。或有問。敖，去聲。先生曰：敖便是惰。敖雖非惰，但敖而不事其事，即是惰。敖了，都不管他，故敖則凡皆不管。便是惰。非惰而何？

問：剛與悻悻何異？或問：剛與悻悻二者何所别？先生曰：剛者，外面退然自守，剛者，毅然有所執守於外。而其中不屈於慾。此心不肯爲慾所屈。如申棖之慾，夫子便言其不剛。悻悻者，外面有崛彊之貌，悻悻者，與人小不足便悻然見於面目。其中實懷計較勝負之心，是此心計較事之勝負。此便是慾。才計較便是動於私慾。熊氏曰：剛而不屈於慾，是稟陽氣之中，剛之著者也；悻悻而有崛强之貌，是稟陽氣之太過，剛之惡者也。

校勘記

［一］語録　「語録」，柯氏本作「論語集註下同」。

［二］然其氣常相因　「氣」，寬文本、論語集註卷四作「勢」。

［三］所以遏人欲於將萌　「於」，柯氏本作「之」。

［四］不使其滋長於隱微之中　「其」下，柯氏本有「潛」字；「滋」下，柯氏本有「暗」字；「中」下，柯氏本有「也」字。

［五］中庸章句　「章句」原脱，據柯氏本補。

［六］有曰從諫弗咈改過不吝　「有」，柯氏本作「又」。

［七］意便有僭竊意思　「僭」，朱子語類卷九十八作「潛」。

近思續録

第十三卷　此卷辨異端

佛有「觀心」之説。佛氏有以心觀心之説。夫心者，人之所以主乎身，心者，所以主宰乎一身者也。一而不二者也，人只有此一心。爲主而不爲客，爲主於内而未嘗喪失而客於外。命物而不命於人[二]。能役於物而不爲物所役。故以心觀物，以吾之心察乎物。則物之理得。則物之理即吾身之理，故云得。今復有物以反觀乎心，今佛言觀心，則是别有一物以觀我之心。則是此心之外是又心之外。復有一心，而能管乎此心也。他有一心，而爲此心之管攝。聖人之學，聖人之爲學。本心以窮理，澄此心以爲窮理之本。順理以應物，順此理以爲應事之本。蓋如此也。不過如是。

莊子有言：莊周有云。「爲善無近名，爲善不可近於名。爲惡無近刑。」爲惡不可近於刑。其意以爲爲善而近名者，原其意蓋謂爲善而近於名。爲善之過也；是善之過。爲惡而近刑，爲惡而近於刑。亦爲惡之過也。是惡之過。惟能不大爲善，惟不十分爲善。不大爲惡，又不十分爲惡。而但循中以爲常，但能爲善而得爲善之中，爲惡而得爲惡之中。則可以全身而盡年矣。斯可保身而盡其天年也。夫謂之「爲善而近名」者[二]，所謂無近名。聖賢之道，不知聖人之於道。但教人以力於爲善之實，其立爲教訓，無非使人以求其爲善之實。初不教人以求名者，初未嘗誨人以求一世之名。自非爲己之學，苟所學者不務乎内。蓋不足道。是在不稱之列。若畏名之累己，如畏其名爲己之累。而不敢盡其爲學之力，而於爲善之事却不爲。則其爲心是其心之所存。亦已不公，已自偏私。而稍入於惡矣。則將進進於惡之境矣。謂之「爲惡無近刑」者，所謂「無近刑」。君子之惡惡，不知君子之惡其惡。如惡惡臭，猶惡臭之不可近。非有所畏而不爲也。非是有取顧忌而不爲。今乃擇其不至於犯刑者而竊爲之，今而曰所爲之惡，擇其不戾刑憲而可竊而爲之。至其刑禍之所在，至於刑憲者。巧其途以避之而不敢犯，尋其路脈退避而不干犯。此其計私害理，是皆計較一己之私，而有害天理之公。又有甚焉！則又甚也。是不可不察也。此不可不精察而明辨也。〇手帖。下同。

近年以來，近世之士。乃有假佛釋之似，其學有似於禪。以亂孔孟之實者。而其實非孔孟之道。其法首以讀書窮理爲大禁，其法蓋謂書不必讀，理不必窮。常欲學者註其心於茫昧不可知之地，但欲靜坐澄心。以僥倖一旦恍然獨見，以期一旦超悟，自有所見。然後爲得，是爲有得。蓋亦自謂得之者矣。其意自言其所得如此。而察其容貌辭氣之間，但靜而不知以理涵養，見之容貌必無見面盎背之道，出辭氣必不能遠其暴慢、鄙悖之習。脩己治人之際，脩己，必不明格物致知、誠意正心之理以爲之本；治人，則必不能推齊治國、平天下者爲之用。乃與聖賢之學聖賢之學有體有用，若但澄心静坐以俟恍然有見，則是有體無用。有大不相似者。此其所以大相遼遠也。嗚呼！先生此言，蓋爲江西穎悟者發也。

近日又有一般學問，近日學者自務爲一等學問。廢經而治史，盡廢六經，留意史學。略王道而尊霸術，略去三王之道，崇尚五霸之術。極論古今興亡之變，甚談今古或興或亡之迹。而不察此心存亡之端。不復究自心操存舍亡之由。若只如此讀書，若是讀書。又若不讀之爲愈也。是猶不讀也。嗚呼！先生此言，蓋爲永嘉事功者發也。

大抵此學，以尊德性、求放心爲本，吾儒之學在於尊崇德性，收束放心。而講求聖賢親切之訓講明聖人切己之言。以開明之，用以開其聰明者知之性。此爲要切之務。此乃學者之先務。若通古今，若博古通今。考世變，説興説亡。則亦隨力所至，亦當隨其學力。推廣增益，經爲根本，史爲枝葉。根本既培，枝葉特發揮者。以爲輔助耳。不過補其不足也。不當以彼爲重，不可專以史爲重。而反輕凝定收斂之實，而於凝定此性、收斂此心、真實用功者却輕視之。少聖賢親切之訓也。而以聖經爲不足學。若如此説，若果若是。則是學問之道，不在於己則爲學之功不在身心。而在於書，而在於文字之間。不在於經不在聖經。而在於史，而在於史氏之所述。爲子思、孟子如孔伋之中庸、孟軻之七篇。則孤陋狹劣而不足觀，淺近狹小而不足言。必如司馬遷、班固、范曄、陳壽之徒，必遷之史記、班范之漢史、陳壽之志三國。然後可以造於「高明正大、簡易明白」之域也。而後可以厭飫於學也。夫學者既學聖人，學者學聖人之學。則當以聖人之教爲主。必當以其垂教者爲主。今六經、論、孟、中庸、大學之書具在，今六經尚存。彼以了悟爲高者，有專求一超頓悟之學者。既病其障礙而以爲不可讀，以其悟爲高深。此以記覽爲重者，今以記問爲重者。又病其狹小而以爲不足觀。以其書爲狹小。如此則是聖人所以立言垂訓者[三]，是則聖人之著書。徒足以誤人徒誤後世。而不足以開人，不能開發人之德性。孔子不賢於堯舜，孔子未必過於堯舜。而達磨、遷、固達磨佛氏、司馬、班固之徒。賢於仲尼矣，而過於夫子者多矣。毋乃悖之甚耶！得無悖理傷道之極乎！

近來學者近世儒者。未曾理會讀書脩身，不務内也。便先懷取一副當功利之心；專務外也。未曾出門踏著正路，不行大道也。便先做取落草由逕之計[四]。專由小徑也。

孟子不闢老莊而闢楊墨，老子清淨，莊子虛無，楊氏爲我，墨氏兼愛，孟子闢其一而遺其二。楊墨即老莊也。其所入雖不同，但所以惑世害民則一而已。

釋氏虛，佛學多是談空説妙。吾儒實；吾儒之學以窮理盡性爲本。釋氏二，佛氏心與理二。吾儒一。吾儒心與理一。釋氏以事理爲不緊要，不理會。佛絶人倫，只要空寂無應事一段。又云：先生又言。儒、釋之異，儒學、佛學不同。正爲吾心與理爲一，儒者心涵此理，故與理一。而彼以心與理爲二耳。佛氏事理會心不復盡此理，故與理二。彼見得心空而無理，彼但言心之空虛而不復知有理具在。此見得心雖空而萬物咸備。此言心體虛明、萬理完備。

問佛與莊老不同處。或問：佛氏之爲學與莊子老子不同。曰：莊老絶滅義理，莊事虛無，老事清淨，義理都無。人倫未盡。於父慈子孝、兄友弟恭之理不全滅盡。至佛則人倫滅盡，佛氏則死其形骸，不明人倫生生之道，然尚有彌近理而大亂真處。至禪則義理滅盡。佛學之禪定則爲禪，又和義理都消滅盡矣。

佛氏之學，佛之學。與吾儒甚相似處，即儒道之近似者。如云：「有物先天地，是即道先天地爲太極。無形本寂寥，即所謂無形而有理爲無極。能爲萬象主，即化生萬物而爲其主宰者。不逐四時凋。」即先天地而已存，後天地而常在也。又曰：「撲落非他物，是即所謂撲散之後别無他物，有此太極之理。縱横不是塵。人物並生非如塵土之塊然也。山河及大地，即所謂光嶽之氣。全露法王身。」人生禀此以成其形體者也。又曰：「若人識得心，有人識得此心。大地無寸土。」是即所謂方寸也。看他是甚麽樣見識。此是何等識見。今區區小儒，今世小有識見之士。怎生出得他手？宜其爲他揮下也。所以甚言必爲揮下之意。

向來見人陷於異端者，舊見人陷於異端之學。每以攻之爲樂，必欲决而去之。勝之爲喜。

使吾道之勝則喜。近惟覺彼之迷昧爲可憐，近來却見彼之陷溺不返，是其迷途必昧，實可憐憫。而吾道之不振爲可憂，吾儒之道不能振起，誠可憂。誠實痛傷，使人哀痛惻傷。不能自已。有不容已。不知是年老氣衰而然耶[五]，未知是漸入老境、血氣已衰如此。抑亦漸得情性之正而然耶[六]？還是到此識見之定、得其情性之正耶？

校勘記

［一］命物而不命於人　「人」，寬文本、柯氏本作「物」。
［二］夫謂之爲善而近名者　「而」，晦庵集卷六十七養生主説作「無」。
［三］如此則是聖人所以立言垂訓者　「人」，柯氏本作「賢」。
［四］便先做取落草由逕之計　「逕」，柯氏本作「徑」。
［五］不知是年老氣衰而然耶　「氣衰」，柯氏本作「衰氣」。
［六］抑亦漸得情性之正而然耶　「情性」，柯氏本作「性情」。

近思續録

第十四卷　此卷論人品

舜紹堯致治，帝舜繼堯之治而致泰和。武王伐紂救民，武王除紂之虐而植立民命。其功一也，其爲功則一。故其樂皆盡美。故其樂皆治世之音，故盡美。美者，聲容之盛也。然舜之德，性之也，但舜之爲德，則皆天性之自然。又以揖遜而有天下；其得天下也，乃出於帝堯之揖遜。武王之德，反之也，武王之爲德，則是脩身以復於道。又以征誅而得天下，其得天下也，乃出於伐商而受命。故其實有不同者。故舜又盡善，武王未盡善。善，則美之實也。○論語集註。

「禹不矜不伐，大禹有能不矜耀、有功不誇伐。至柔也，其性稟雖若極柔。然乃見剛」之則，但却是剛而有所守。克去好勝之心，矜伐皆好勝之心，爲之克去此心。不爲功能所使，有能有功而不爲所使。所以不矜伐也。此所以無矜伐之心也。○語録。

伊尹之志，伊尹之爲志。公天下以爲心，如使是君爲堯舜之君，是民爲堯舜之民，非公而何？而無一毫之私也。是以無毫髮之私意也。○孟子集註。

六經説「學」字，六經之書説出「學」字。只是自傳説方説起來。自傳説始，如惟學遜志、務時敏之類。○語録。下同。

伊尹、伯夷、柳下惠之行，伊尹，聖之任。伯夷，聖之清。柳下惠，聖之和。各極其一偏；各得其聖之一偏。孔子之道，惟夫子之道。兼全於衆理。萬理完備，三者皆在其中。所以偏者，三者各守一偏者。由其蔽於始，皆其氣禀之初有所偏蔽。是以缺於終；故不能全是理。所以全者，夫子之通貫全體。由其知之至，皆其生知此理而無不至。是以行之盡。所以安行此理而無不盡。三子猶春夏秋冬之各一其時，三子譬之四時，各得其一時。孔子則太和元氣之流行於四時也。孔子則如一元之氣，運行於四時，始而終，終而始，無有止息，此所謂聖之時者也。○孟子集註。

温，和厚也。温者，和厚之義。良，易直也。良者，易直之義。恭，莊敬也。恭者，莊敬之義。儉，節制也。儉者，節制之義。讓，謙遜也。讓者，謙遜之義。五者，夫子之盛德、此皆聖人德盛仁熟。光輝接於人者也。輝光之發見於待人接物者如此。聖人過化存神之妙，聖人所過者化而不留，所存者妙而莫測。未易窺測，蓋難窺伺測度。然即此而觀，即是而看。則其德盛禮恭，則其德愈盛，而其禮愈恭。而不愿乎外，而時君見其儀容如此自樂，問以政，而聖人初非求而得之也。亦可見矣。觀此則可知矣。○論語。下同。

「子温而厲，夫子德容温粹而又嚴厲。威而不猛，有威可畏而又不暴。恭而安」，恭而不足隨所皆安。程子以爲曾子之言。程氏謂此乃出於曾子稱聖人之言。蓋人之德性，人性所稟。本無不備，是德充足。而氣質所賦，氣質所稟受者。鮮有不偏。則偏於剛、偏於柔亦自不一。鮮，上聲。惟聖人全體渾然，聖人盡吾心之全體。陰陽合德，其德兩合於陰陽。故其中和之氣，得天地中和之氣。見於容貌之間者如此。故動容之間無過不及。門人熟察而詳記之。曾子熟察其容，詳記其德。

「四時行」，春夏秋冬，迭運不已。「百物生」，物盈天地，生生不窮。莫非天理發見流行之實，運行於四時者，元亨利貞之四德也。生物者天地之仁也，故爲天理發見流行。不待言而可見。不待有言而後見。聖人一動一靜，聖人於動靜之間。莫非妙道精義之發，無非妙道精義之發見。亦天而已。與天道則一。豈待言而顯哉[一]？故曰「予欲無言」、「天何言哉？」

「孔子於鄉黨，鄉黨，父兄宗族所在。恂恂如也。」信實之貌。「與上大夫言，則誾誾；王制：諸侯，上大夫。誾誾，和悦而諍也。與下大夫言，則侃侃。」卿，下大夫，萬人。侃侃，剛直也。此理多少細密。事上接下之至精且密矣。語録。下同[二]。

子路有愛人利物底心，子路言志，即其車馬輕裘，與朋友交敝而無憾，此便是愛人利物爲心。顔子有平物我底心，顔淵言志，願無伐己之善，無施其勞於人，此便是平物我爲心。孔子則有萬物各得其所底心。夫子之意，在於老者安、少者懷，此便是以萬物各得其所爲心。

子路資質大段高，子路天資儘是高明。但其病是有些子粗。其病痛只在氣粗。有子想是一箇重厚和易底人，重厚，謹重篤厚。和易，温和平易也。當時弟子皆服之。當時學於夫子者皆稱服之。

子夏篤信聖人。子夏篤信夫子之道。但看他言語，今觀其言。如「執德不弘」，如所謂秉執此德之不廣。「信道不篤」，信此道之不堅。「博學篤志[三]」，學不博則不能守約，志不篤則不能力行。切問而近思」之類，切問以明其理，近思以推其類。便見得他有箇緊把底意思。言子夏也。

「顔子明睿所照」，顔子天資剛明，故燭理甚精。「子貢推測而知」。子貢天資穎悟，故能推測而有見。此兩句當玩味，此二句極當玩索涵泳。見得優劣處。二子之孰優孰劣，可以知矣。

顔子生知之次。生而知之，聖人也。顔子亞於聖，故「生知之次」者。

顔子之於聖人，顔子於孔子。相去甚近，其間相去殊不爭多。只隔一膜耳。所隔者但一重膜。所謂「於吾言無所不悦」。所以夫子稱之謂他於吾所言，無有不喜，皆道之不相遠也。

顔子「瞻之在前」，顔子嘆夫子之道，恍惚不可名狀，故言瞻之如在其前。忽焉在後」，忽焉又如在其後。是猶見得未定。是其見夫子之道尚未親切在。及「所立卓爾」，及其學之至真，見是道如有卓立於前。則已見得定，則是見是道已定。但未到耳。但未能到聖人地位耳。

顔子居陋巷，顔淵居於陋巷之中。蕭然一寒士爾，不過一窮困之士也。乃曰：「舜何人也？舜，大德聖人也，而且云舜是何如人。予何人也？予是何如人？有爲者亦若是。」有所作爲亦當如是。是言上天賦予萬善充足不以智愚而異，舜有此，予亦有此，吾何可不如舜？賢，希聖者也。伊尹耕莘野[四]，伊尹耕於有莘之野。纍然一匹夫爾，累累然一丈夫也。乃曰：「予天民之先覺者也！」且云「天生烝民」，「我其先乎？」人而有知覺者，是上達天德也。

程子云：「曾點、漆雕開曾點言志，云「莫春者，春服既成」云云。子使漆雕開仕，曰「吾斯之未能信」。已見大意。」皆見得道理明白。曾點開闊，看二子之言，曾點上達底識見高，故開闊。漆雕開深穩。漆雕開下學底工夫密，故深穩。又曰：曾點見得甚高，曾點見處儘高。却於工夫上有疏略處。却於下學一段虧欠。漆雕開見處不如曾點，漆雕開雖未到上達地位。然有向進意。然下學不已，亦可以上達。

曾點之學，曾點之爲學。蓋有以見夫人慾盡處，真見夫人慾淨盡。天理流行，天理生生而不容已。隨處充滿，隨其所在，充滿勃爵。無少欠缺。無欠無缺。故其動靜之際，一動一靜之間。從容如此。不急不迫。而其言志，自言己志。則又不過即其所居之位，又即其分位之所處。樂其日用之常，因其日用以爲樂。初無舍己爲人之意。未嘗務外而不務內。而其胸次悠然，其心胸妖拓。直與天地萬物同流，上下與天地萬物同流。各得其所之妙，莫不皆得其所。隱然自見於言外。自有見於言語之外。視三子之規規於事爲之末者，比之三子志於事功者。氣象不侔矣。大不同也。〇論語集註。

曾子與曾點，點，曾子父也。父子之學自相反，父子之間，學自相反。一是從下做到，曾子篤實，是就下學用工。一是從上見得。曾點開闊，是於上達有見。〇語録。下同。[五]。「參也，竟以魯得之」，魯，魯鈍也。曾子之學是由魯鈍而得。魯鈍則無走作。蓋惟魯鈍則篤實用工，故無走作也。

曾子之爲人，曾子人品。敦厚質實，敦篤厚重，朴質真實。而其學專以躬行爲主，其所爲學，專主於行。故其真積力久，用工之久。而得以聞乎一以貫之之妙。可以知夫子一貫之道。然其所以自守而終身者，但其自守之篤，而終其身不違悖者。則固未嘗離乎孝敬信讓之規，則不過孝與敬信讓之道。而其制行立身，而所以爲行、所以立己。又專以輕富貴、則又專在輕其富貴。守貧賤、守其貧賤。不求人知爲大。不求人之知己。〇文集。

曾子之學，曾子之爲學。大抵力行之意多。於行上較重。

曾子三省，曾子一日以三事省察其身：「爲人謀而不忠」、「與朋友交而不信」、「傳不習」。看來是當下便省，想是遇事時便省察。有不是處便改。省察有未盡處便去改。

孟子做義上工夫多，孟子於「義」之一字用工更多。養氣只是一箇集義。事事上集此義，以此養氣，故浩然塞乎天地之間也。

管仲之德，管仲相威公，行伯術。不勝其才；故才過其德。子産之才，子産養人以德。不勝其德。故德過其才。

「子房尚黄老，張良傳尚黄帝、老子之學。孔明喜申韓。」孔明所喜申不害、韓非之學。子房用智之過，張良過於用智。有微近譎處。則有譎而不正之患。其小者如躡足之類，言其小，則是躡漢帝之足。其大則挾漢以爲韓，言其大，則是欲挾漢室以爲韓。而終身不以語人也。雖終其身不言諸人也。若武侯如諸葛亮。即名義俱正，正名仗義，皆得其正。無所隱匿。無所潛藏隱伏。其爲漢復讎之志，扶植漢祚，鋤去寇讎。如青天白日，猶天日清明。人人得而知之，有目者皆可觀。有補於天下後世，非特天下知有正君，而後世亦知尊正統也。非子房比也。此豈張良可並言邪？蓋爲武侯之所爲則難，故知武侯之意則難。而子房投間乘隙，而爲張良之智則易。投人之有間，乘人之有隙。得爲即爲，可以爲者而即爲之。故其就之易耳。故其成就直易易耳。頃見李先生亦言孔明不若子房之從容，李侗愿中，文公師也，謂孔明勇爲義，不若子房之從容用智。而子房不若孔明之正大也。子房之隱匿，不如孔明仗義之正且大也。○手帖。

文中子論治體處，王通言致治之體。高似仲舒，非董子所能及。而本領不及，而仲舒正義明道，於本原用工，有非王通所及。爽似仲舒，其爽快非董子所及。而純不及。而其純正，有非王通所及。○語録。下同〔六〕。

退之説性，韓文公論性。只將仁義禮智來説，只以五常言。便是見識高處。自是所見高妙。

若天資大段高，人之爲學如是資禀之高。則學明道；明道渾然天成，不犯人力。若不及，如是資禀未高。則且學伊川、横渠。伊川、横渠功夫造極可奪天功，且學伊川、横渠亦好。

明道可比顔子。明道資質深潛純粹，可以比顔淵。孟子才高，孟子剛毅雄辨，其才甚高。恐伊川未到孟子處。伊川未到此地位。然伊川收束檢制處，但其檢束身心，鞭逼近裏。孟子却不能到。孟子又未至此地位。

明道之言，明道講論。發明極致，推明是道之極。通透灑落，該貫脱洒。善開發人；俾人易於有覺。伊川之言，伊川講論。即事明理，用事以究其理。質慤精深，言質而實，義精而深。尤耐咀嚼。愈玩愈有味。然明道之言，但明道言語。一見便好，通透洒落也。久看愈好，久閲愈有味。所以賢愚皆獲其益；賢者、愚者皆有進益。伊川之言，伊川言語。乍見未好，質慤精深也。久看方好，耐咀嚼也。故非久於玩索者，若非玩味探索之久。不能識其味。焉能知其味耶？

横渠工夫最親切，如東銘述戲言戲動之戒，西銘理一分殊之分，豈不親切？程氏規摹廣大。如所謂「道通天地有形外，思入風云變態中」，豈不廣大？

横渠做正蒙時，横渠著正蒙書。或夜裏默坐徹曉。或夜間坐思義理，以至達旦。他直是恁地勇，方做得。須是如此勇猛用工，學方透徹。

康節之學，堯夫之爲學。得於先天。得於伏羲先天之易。蓋是專心致志，蓋其心專在此。看得這物事熟了，見得陰陽消息之理深熟。自然前知。故能先事而自覺。

邵堯夫是「空中樓閣」，堯夫譬則虚空間樓閣然。言看得四通八達。四方八面無不通透。

范文正公自做秀才時，仲淹自爲儒時。便以天下爲己任，便自任天下之大。無一事不理會過。事事皆爲之窮究。一旦仁宗大用之，一日仁宗相之。便做出許多事業。施之事業，綽然餘裕矣。

范文正傑出之才。吕申公逐范文正諸人，至晚年復收用，范公亦竭盡爲之用。這便見范文正高處。

問本朝人物。或問：本朝人品。曰：答云。韓、富規摹大韓商、富弼其所施爲，規摹雖是大。又麤，但猶有未純處。温公差細密司馬光極是精詳。又小。其所施爲，規摹又失之小。

温公只恁行將去，温公篤學力行。無致知一段。但於知上欠闕。

尹和靖主一之功多，尹焞持敬工夫有餘。而窮理之功少。窮究道理則有未盡。

將樂人性急粗率。將樂，南劍之屬區也，其風土多出人，躁急粗厲。龜山却恁寛平，楊龜山生於其地，却寛和平易。此是間出[七]。此乃間世而生。然其粗率處，但是其粗厲處。依舊有風土在。則又是賢者不能免也。

上蔡先生 謝顯道也。學於河南程夫子兄弟之門，從二程先生學。初頗以該洽自多，初然自以其博學。講貫之間，講説義理。旁引傳説，多引經史。終篇成誦。貫串如流。夫子笑曰：二程笑云。「子可謂玩物喪志矣。」賢可謂玩物而喪失其本心。先生聞之，謝聞此。乃盡棄其所學而學。遂舍其學，而就義理之學。然其爲人，其爲人也。强力不倦，用工於學，亹亹不倦。克己復禮，克去己私，復還天理。日有程課，日爲之課。夫子蓋嘗許其有切問近思之功。二程謂其能切於所問而由近以思。所著論語説 曾爲論語解。及門人所記遺語，及其講説遺言。皆行於世。見傳於世。如以生意論仁，如言仁乃生生之意。實理論誠，誠爲吾心真實之理。以常惺惺論敬。敬爲常惺惺法。其命理皆精當，其講明義理皆精密切當。而直指窮理居敬爲入德之門，又言夫即物明理，持己以敬。則於夫子教人之法，則於孔子教誨於人者。又最爲得其綱領。是爲大綱領也。○文集。

文定從龜山求書見上蔡。胡公安國也，謚文定，從楊中立求書以見謝上蔡。畢竟文定之學，則胡文定之學。後來得於上蔡者爲多。純得於謝上蔡。○語録。下同[八]。

胡致堂議論英發，胡公寅也，其立言皆英氣發越。人物偉然，儀貌秀倬。可謂豪傑之士。真一世之豪傑也。

可指。

五峰善思，胡公宏也，於理却能精思。然思過處亦有之。但思之過者亦不能免。

延平先生李侗愿中。如冰壺秋月，猶冰壺之清、秋月之明。瑩澈無瑕。瑩潔清澈，無瑕

羅仲素先生延平先生師也。嚴毅清苦，殊可畏。威嚴剛毅，清修苦節，甚可敬畏。

先生因論道理，先生因講論義理之學。曰：自云。某自十四五歲時，自十五歲來。便覺得這物事是好底物事，便知義理是好底物。心便愛了。此心已自知好之矣。[九]某十六歲便好理學[一〇]，先生自言十六歲已知義理之學可樂。十七歲便有如今學者見識。及十七歲時已有今世學者識見。

某當初講學，先生自言初來講明理學。也豈意到這裏？自不知其造是道之極。幸而天假之年，只是享年之久。見得許多道理在這裏，自然融會是道。今年便覺勝似去年，覺今所進又過於昨。去年便覺勝似前年。昨之所進又過於昔也。

校勘記

[一] 豈待言而顯哉　「待」，寬文本作「得」。

[二] 語録下同　此四字原無，據寬文本增。

[三] 博學篤志　「學」下，當據柯氏本補「而」字。

[四] 伊尹耕莘野　「尹」原作「川」，據下文及寬文本改。

[五] 語録下同　「下同」原脱，據柯氏本補。按：下文語録出自朱子語類卷三十九。

[六] 語録下同　「下同」原脱，據寬文本補。按：下文語録亦出自朱子語類卷一百三十七。

[七] 此是間出　「出」，朱子語類卷一百一作「氣」。

[八] 語録下同　「録」原作「孟」，據柯氏本改。

[九] 本條語録原緊接於上條末刻印，據寬文本單列爲一條。按：此條前，寬文本刻有符號「〇」，即示作一條，故當單列。且前條語録與此條語意明顯有别，當分作兩條。

[一〇] 某十六歲便好理學　「歲」下，柯氏本有「時」字。

新刊音點性理群書句解卷之二十二　後集

近思别録

此集乃覺軒專集南軒、東萊二先生格言以爲别録，蓋與文公生同時、學同道，皇上潛龍嘗推尊二賢，列之從祀，是其學亦今日所宗也。

第一卷　道體

南軒先生曰：張宣公云。程子曰：「論性不論氣，不備；人之生也，氣聚成形，理亦賦焉，故徒然論性而不及氣，則不能全備。論氣不論性，不明。」徒論氣而不及性，則不能明此理。蓋論性而不及氣，蓋言性而不言氣。則昧人物之分，則闕了人物化生一段。而太極之用不行矣；理無所麗而太極之妙用不行。論氣而不及性，言氣而不言性。則違夫大本之一〔一〕，則無了品彙之根柢者。而太極之體不立矣。氣無所本，而太極之全體不立。用之不行，用既不行。體之不立，體又不立。烏得謂之知性乎？又豈識性命之原耶？○孟子註[二]。下同。

或曰：程子謂「善固性也」，或問：程氏言善者固是此性。惡亦不可不謂之性也」，然惡者亦不可言非此性。然則與孟子「性善」之説有異乎？孟子以爲人性善，程氏乃以善惡言，似有異也。曰：答云。程子此論，程先生此言。蓋爲氣禀有善惡言也。蓋爲性者理也，雖無不善，所以有善有不善，特人生而後，性麗於氣則有善有惡。氣禀之性，但氣質之性。可以化而復其初。人能消去查滓，則可以復其本然。夫既可化而復其初，既能復其本然。是乃性之本善也。則知性之本然者無不善也。

「生生之謂易」，易以生生言者。易者天理之流行變化，蓋皆天理之流動不窮。貫乎兩儀四象、吉兇大業間，通貫乎天道人事之間。在人則心之爲妙用者是也。於人謂此心之妙發見説用者也。而曰「易有太極」，又言變易之中有至定極之理。則太極云者，謂之太極。乃生生之本，乃變化不窮者之所本。天地之根，兩儀之所自出。萬物之祖，萬物之所自始。亘古今而常然者，自古及今常常如是。在人則性之爲本體者是也。於人則爲此性本然之體也。是則易之爲用，變易之爲用。可謂妙矣，其妙矣哉。然不有太極，但非有太極爲之本。則夫生生而不窮者，則夫陰陽變易、生生不息者。亦何自而生哉？又何所始邪？故謂太極所以形性之妙者，故言太極是形狀此性之妙理。可謂善名理矣。其真善於名狀矣。用中切謂極之義，靜而動，比極。中而高，皇極。又爲極際無餘之義，一物之中反而推之，自有一窮極處一物之極也。而其實則一也。太極、比極、皇極、民極皆取此義。蓋生生之本，凡爲生生之所本者。固未生者也，是未嘗生者。然謂之不生則不可。但言其終未生恐不可。天下大本，中者天命之性，皆自此出，故云大本。固未發也，固未嘗發也。然謂之不發則不可。但云其終未發則不可。以其未生，故寂然不動者，太極之體。故天下之生者生焉。生兩儀、生萬物皆自此出。以其未發，寂然不感者，中之體。故天下之未發者發焉。喜怒哀樂之中節皆自此發。若曰不生不發，如云不生者常不生，不發者常不發。則兀然而已，此理亦死矣。何以爲生生不窮之端乎？豈所謂天理生生而不息耶？

東萊先生曰：呂成公云。「易有太極，陰陽變化之中而有至定極之理。是生兩儀」，則生陰陽而爲兩儀。非謂既生之後非言已生之後。無太極也，已無此極矣。卦卦皆有太極，六十四卦皆有此極。非特卦卦，不特六十四卦。事事物物萬事萬物。皆有太極。各具此極。「乾元」者，故乾曰「乾元」。乾之太極也。元即乾之太極也。「坤元」者，坤曰「坤元」。坤之太極也。元即坤之太極也。一言一動，雖至於言動之間。莫不有之。無不有此極也。〇文集。下同。

坤之初六，坤卦初六一爻。一陰始生之時，是一陰初生於下。聖人所以發明見微知著之理。聖人推闡微而能著之道。大抵善者陽之類，善屬陽。惡者陰之類。惡屬陰。凡小人、女子、夷狄，皆是陰之類。三者陰惡也。初六一陰，坤六陰，其初六一陰。初生初長之時，乃陰之初生又是初長。在人一身論之，即人之一身而論。則邪志初萌之時，則是邪念方動之時。在天下事勢論之，即天下之事勢論。則小人、女子、夷狄初生初長之時。則是此三者驟長之時，蓋皆陰類也。當其初生初長，方其驟長。正如「九月肅霜」，恰如九月霜氣方肅。去「堅冰」之時甚遠，取大寒冰凍猶遠。然而「履霜」便知「堅冰」之必至，但踐霜已知堅冰之來勢必至也。須是早爲之戒。必戒之於未然。

校勘記

[一] 則違夫大本之一　「違」，張栻癸巳孟子說（四庫全書文淵閣本，下同）卷六作「迷」。

[二] 孟子註　按：關於張栻註孟子之書，歷來著録者皆名之「孟子說」三字。

近思別録

第二卷　爲學大要

南軒先生曰：學者潛心孔孟，爲學而留意孔子孟子之學。必求其門而入，亦須得其門而進。以爲莫先於明義利之辨。故莫如致審於義利之間爲有得。蓋聖賢無所爲而然也。聖賢所爲皆無所爲，但順其自然。有所爲而然者，凡人有所爲而見之於行。皆人欲之私，無非爲私欲所動。而非天理之所存，非有天理。此義利之分也。無所爲而然順於義也，有所爲而然動於利也。自未知省察者言之，或者不能致察於此。終日之間自朝及夕。鮮不爲利矣，無不爲利所動。非特名位貨殖而後爲利也。不惟規規名位之尊顯，伋人貨殖之豐阜，而後謂之利。意之所向，此心所趍。一涉於有所爲，才有所爲而爲之。雖有淺深之不同，雖是或淺或深不侔。而其爲徇己自私則一而已。其爲利於私己一般。○文集。下同。

學者當以立志爲先，爲學必當立此志以爲之本。不爲異端惑，異端不能惑。不爲文采眩，文采不能眩。不爲利禄汩[一]，利禄不能汩，爲之惑、爲之眩、爲之汩，則志爲所動矣。而後庶幾可以言讀書矣。不爲所奪則先立其大者，有以爲讀書之本矣。

自秦漢以來，更秦及漢。言治者汩於五霸功利之習，論治道者，則其習多仍霸者之舊。求道者淪於異端空虛之説，求道學者多溺佛老之學。而於先王「發政施仁」之實，論治汩於爲利，而於三代發政施仁之治。聖人天理人倫之教，求道溺於佛老，而於聖人天理人倫之道。莫克推尋而講明之。不能推究而施行之。故言治者若能預於學[二]，故言治則未必能學。而求治者反不涉於事[三]。而求道者則未必明政。

專於考索，經其根本，史其枝葉，專意考究史學。則有遺本溺心之患，則有遺棄其本者，喪溺其志之憂。而騖於高遠，驅馳高遠。則有躐等憑虚之憂。則又有凌躐等級、依憑空虚之憂。二者皆其弊也。此二者學之大病也。

二程教學者，程子之教人。不越於居敬、窮理二事。不出於持守此敬、窮究此理。蓋居敬有力，持敬者益至。則其所窮者益精；則見識明而窮理益致其精。窮理寖明，窮理益明。則其所居者益有地。則其持守此敬者益固。二者互相發也。二者不可闕一。人之性善，性即理也，安有不善？然自非上智生知之資[四]，但非是聖人氣質清明。其氣禀不容無所偏。或偏於剛，或偏於柔，皆爲性之累。學也者，故人之務學。所以化其偏而存其善也。所以克治其氣質之偏，而全其天性之善也。

東萊先生曰：先生云。大凡人之爲學，人之志於學。最當於矯揉氣質上做工夫。莫先於克治其氣質之偏。如懦者當强，如性之柔懦者則當自强。急者當緩，性之躁急者則當詳緩。視其偏而用力焉。視其所偏而求去之可也。〇文集。下同。

知猶識路，人之有知識，如識路脈。行猶進步。知而力行，猶已識路脈而着步。若謂但知便可，如言知則足矣。則釋氏「一超直入如來地」之語也。不過佛氏但求超悟而無力行工夫也。

常以旦驗之妻子[五]，人之學自謂其已能力行，旦晝之間溺於妻子之恩愛，則行必能，故驗之。

以觀其行之篤與否；便可見其所行之篤與不篤也。夜考之夢寐，人之心其旦晝擾亂，則其夜夢必顛倒，故考之。以卜其志之定與未也。便可知其心之定與不定也。須於此等處常常體察，能於此常體驗省察。唯此最可驗學力。可以見其學力之淺深也。

學者不進則已，爲學不進於道則止。欲進之如欲進於道。則不可有成心，不可先有學成之心。有成心則不可與進乎道矣。若自謂其學已成，則自足心生必不能有進。故成心存，則自處以不疑；故成心一存，則有疑者自謂無所疑。成心亡，然後知所疑矣。成心既無，雖無疑習亦自有疑矣。小疑必小進，小有所疑，則小有所進於道。大疑則大進。大有所疑，則大有所進於道。蓋疑者，不安於故而進於新也。蓋疑則必不循於舊而求新益也。

校勘記

[一] 不爲利禄汩　「汩」原作「泪」，據張栻南軒集（明嘉靖劉氏刊本，下同）卷九桂陽軍學記改。

[二] 故言治者若能預於學　「若」，寬文本作「不」。

[三] 而求治者反不涉於事　「治」，寬文本作「道」。

[四] 然自非上智生知之資　「生知」原無，據張栻南軒集卷十五送方耕道序增。

[五] 常以旦驗之妻子　「旦」，吕祖謙麗澤論説集録（浙江古籍出版社吕祖謙全集本，下同）卷十門

人所記雜説二作「晝」。

近思别録

第三卷　致知

南軒先生與周子充書曰：先生與周氏書云。垂諭「禪初不知其得失，所言禪學，未明其所得者何所失者何。不欲隨衆詆之，未欲隨衆人排斥其非。伊川未窺其閫奥，伊川先生理學深邃，其閫奥難窺測。不敢以言語稱道，不敢出一言以頌其德。足見所存之忠」。可以見其中心之誠。但所謂「不知其得失」者，然未知禪學之得失。要當窮究其得失果何如；必當窮竟其何所得、何所失。「未窺其閫奥」者，未能知其閫奥之深邃。要當窮究其閫奥果何如。必當究竟其道之亦淵亦浩。講論問辨，且講且論，且問且卞。深思熟復，深思其理，熟復其義。必使其是非淺深必明其此是彼非、此深彼淺。了然於胸次。洞澈於此心。此乃致知之要，是乃推極吾知識之要。入德之方也。即此亦可以進於善矣。

格物正是學者始初下工處。窮究事物之理而極其知，乃爲學第一工夫。故格物者，此所以

「格物」二字。乃大學之始。居大學一篇之首。文集上。下同。

大學「誠意」，大學實其心之所發。是下工夫要切處。乃是工夫之最緊要處。

論語日夕玩味，論語一書日夕玩索咀嚼。覺得消磨病痛，自覺己之病痛消化殆盡。變移氣質。氣質之偏亦變移矣。

論語首篇所記，學而所記之言。大抵皆欲學者略文華，無非教人略去浮華。趍本實，事本根之學。敦篤躬行，敦厚其所行。循序而進，由次序而進。乃聖人教人之大工夫。聖人教人之大者。

學詩則有以興起其性情之正，人之學詩，讀美詩則知所慕，讀刺詩則知所戒，善心由此感發。學之所先也。其學問之第一事也。

東萊先生曰：看詩須是以情體之。觀詩必當體之以情。如看關雎如讀關雎篇。須識得正心，須要知有正心之道。纔過便是私心。才過則便爲私心。如「窈窕淑女，窈窕幽閑也。寤寐求之」，寤覺寐寢求二賢女。此樂也，此得樂之正也。過之則爲淫；一過則淫，非正也。「求之不得，求之既弗可得。展轉反測」[一]，展團不周，思之切也。此哀也，此哀之正也。過之則爲偏[二]。一過則偏，非正矣。「天生蒸民」，天之生衆民也。「有物必有則」，凡一物各有一則。自有準則在人心，其所準則皆在此心。不可過也。弗可踰也。

書者，堯、舜、禹、湯、文、武、皐、夔、稷、契、伊尹、周公之精神心術，尚書一經，乃古先聖賢精神心術。盡寓於中。皆在其内。觀書者不求其心之所在，讀書而不究古聖賢之心。夫何益？讀之何所益？欲求古人之心，欲知聖賢之用心。必先盡吾心，當先盡一己之心。然後可以見古人之心。而後能有見古人之用心。

讀史者須斟酌其關治體者抄之。讀史之法，當即其所關之大者，抄寫以記。君德，如漢紀高祖寬仁大度之類，君德處，如紀漢高性寬仁而有大度量。凡志傳中所説德處可類出。志傳中言及君德處皆類聚。

相業，如蕭、曹爲相，宰相事業，如蕭何、曹參之爲相。大體如何，其事君之大體若何。規模如何，其理國之規模若何。措置如何；其區處當時之事又如何。盧杞、李林甫爲相，盧、李之爲相。姦邪之狀如何；其姦深回邪之體態若何。石慶、公孫賀爲相，慶、賀之爲相。委靡之狀如何。其所以委靡不振又是如何。

國勢，如君之昏明，國勢，則必究其君之孰昏孰明。國之强弱安危，國之孰强孰弱、孰安孰危。君子小人之進退消長，君子小人互爲進退消長。土地之廣狹，土地之或廣或狹。户口之多少。户口之或多或少。

看史非欲聞見該博，觀史非是要求所聞所見之廣。正是要「識前言往行，以畜其德」。正要熟閱前人之所言所行，則知所勉以畜在己之德也。

校勘記

［一］展轉反測　「測」，寬文本作「側」。

［二］過之則爲偏　「偏」，吕祖謙麗澤論説集録卷三門人所記詩説拾遺作「傷」。

近思别録

第四卷　存養

南軒先生曰：存養省察之功，存養一心，省察百爲。固當並進，二者所宜交相用工。然存養是本。但必須存養之熟則見理明，存養處欠工則省察少力也。○文集。下同。

學者於是心也，學者治心之道。治其亂，亂，紛擾也，當使之惟一。收其放，放，蕩跌也，當使之檢束。明其蔽，蔽，昏昧也，當使之清明。安其危，危，危殆也，當使之安静。而其廣大無疆之體，則其本然之體包涵衆理。可得而存矣。操之即存矣。

君子貴乎存養。存者所以存此心之妙理，養者所以養此心之良知。存之有素，此理常存。則其理不昧；則光明不昧。養之有素，良知常在。則物莫能奪。則私欲莫移。夫然，故當事幾之來，是以應酬萬事。有以處之，得其當。無不皆當於理。

寡欲爲養心之要。人非聖人，安能無欲？寡之又寡，以至於無此，最是涵養此心之法。蓋心有所向則爲欲，人之心感於物而動，即是欲。多欲則百慮紛紜，欲之多則念慮紛擾於中。其心外馳，此心役役於物。尚何存乎？故存之時甚少。寡欲則思慮澹，苟能寡其欲，則心思之寂。血氣平，血氣和平。其心虛以寧，事無累心故虛，心不役物故寧。而不存者寡矣。若是而猶或不存者，鮮矣。

東萊先生曰：「敬」之一字，固難形容。「敬」字最難形狀。古人所謂「心莊則體舒」，端莊則體自舒泰。心肅則容敬」，嚴肅則容自敬恭。此兩語當深體也。此學者所宜體驗也。〇文集。操存則血氣循軌而不亂，心操之而存，則血氣聽命於理，故無擾亂。收斂則精神内守而不浮。收拾向裏，則神全守固而不浮動。〇書説。

「心在焉，則謂之敬。」心常存在方名曰敬。且如方對客談論，正如口與賓客對談。而他有所思，而心已忽動他想。雖思之善，縱是所思之當。亦不敬也。亦非持敬之道。纔有間斷，蓋敬之工夫，無有間斷才是間斷。便是不敬。便已不是敬矣。日用間若不自加提策，學者於日用之間苟不自加提攝警策。則怠惰之心生矣。則怠慢惰忽之心形。怠惰之心生，此心一生。不止於悠悠無所成，不特是悠悠無所成就。而放僻邪侈隨至矣。必至流蕩而忘返矣。

近思别録

第五卷　克己

南軒先生曰：天理、人欲理之與欲。不并立也，一長一消不能兩存。操存舍亡之幾，操之則此心存，無非天理；舍之則此心亡，無非人欲幾微之間。其間不能以毫髮。相去特一髮耳。所謂「非禮」者，禮者天理之節文，謂之非禮。非天之理故也。蓋已越於天理之外。苟非天理，既非天之理。即人欲已。即是人之欲。「勿」者，禁止之辭，胡氏謂「勿」字如旗脚，所以揮止衆軍，故有禁止之義。收放心之要也。收其放心而不失也。

學者所當於視聽言動之間，學者於此四者之間。隨吾所見，隨所見處。覺其爲非禮，則克之。一有不合乎天理，則克而去之。克之之至，克而又克。則天理純全，則能復其天理之渾全。而視聽言動，而四者之用。一循其則矣。皆有以順其當然之則。「爲仁由己」，是爲仁之事皆在乎己。

而由人乎哉？」豈係乎人耶？○文集。下同。[一]

人心易偏，人之心易有所偏。氣習難化。而氣質俗習最難變化。君子多因好事上人多於好事之來。不覺乘快偏了。乘快爲之便偏了。

古人衣冠容止之間，古人正其衣冠，尊其瞻視。不是要作意矜持，非是故爲嬌俗。只是循他天則，亦惟順其理之當然。爲尋常因循怠弛，只爲視爲尋常，怠廢不修。故須着强於自持[二]。故必嚴於持己。外之不肅，外貌之不嚴肅。而謂能敬於内，可乎？則内心之必不能敬，堯夫云「衣冠嚴整，謂之外脩」此也。

來喻克己之偏之難，所言克去己私之偏爲難。當用大壯之力，勇猛必當用力。誠然也。誠是。然而力貴於壯，用力雖貴於勇猛。而工夫貴於密。用工則在於縝密。若工夫不密，如用工不縝密。雖勝於暫，而終不能持於久而銷其端。雖可克之於一時，而不能克之於悠久而去其萌蘖也。觀諸顏子但觀顏回。沉潛積習之功，爲如何哉！真積力久爲如何。「有不善未嘗不知，所行或有毫髮之未盡善未始不知。知之未嘗復行」，既知未嘗復行。非工夫篤至，自非用工深厚。久且熟，愈久愈熟。其能若是乎？又安能有此耶？

勇有大小：勇有大小之别。血氣之勇，發於血氣之私。勇之小也；皆勇之小者也。義理之勇，發於義理之公。勇之大者也。此勇之大者也。以血氣爲勇，血氣之勇。其勇不出於血氣之內，止於血氣，易消易沮。勢力可勝也，若加之勢力則勝之矣。利害可絀也。臨之利害則屈之矣。義理之勇，發於義理爲勇。不以血氣，非干血氣。勢力無所加，威武不能加。利害無所絀也。利害無所休也。孟子集註[三]。下同。

「動心」言其心有所感動也，孟子所言「動心」，動其仁義之心。「忍性」言忍其性之偏也。「忍性」，忍其氣質之性也。動心則善端日萌，動其仁義之心，則善之端日長。而良心可存；而本心可以常存。忍性則氣稟日化，忍其氣質之性，則氣稟之偏日消化。而天性可復也。而本性可以自復。此所謂「增益其所不能」也。是即不能者有所增益也。

東萊先生曰：「君子以果行育德」，易蒙卦辭也。果決其所行，果行是言所行之果決。養育其明德。育德是言明德之涵育。二者最難兼，此二者不可得而兼。果決者多不能涵養，人之果決者多欠涵養。涵養者多不能果決。有涵養者多不果決。人皆有是言也。殊不知二者本並行而不相悖，不知此二者交互相發。果決中自有涵養之理，發於外者實原於彪中之理。涵養中自有果決之理。彪中者自有發外之理。○易說。下同。

易六十四卦皆有兇，易諸卦皆有兇。惟謙卦六爻無兇，獨有謙卦無兇爻。以能謙故也。蓋以其能盡謙之道也。大凡學者要看謙卦，故爲學要味謙卦。當味伊川兩句，曰：「達理則樂天而不競，達乎理，則所樂者天命而不事爭競。內充故退讓而不矜。」道充於內，則謙退爲德而不事矜伐。此兩句乃入謙道之門。此二句乃入謙之蹊徑也。蓋天命所在，上天賦予。自有定分，自有一定之分。初無一毫加損。不容毫髮加益虧損。君子達理，君子之人通達此理。則知求勝者徒然耳。知求勝於人者，不知天命也。要之，初無增損於其間也。要之不容有虧益也。人惟中無所有，人惟不知天命内無所有。則必誇人以爲有。亦必誇耀它人爲有。實有者却不如此。實有所有者却不誇耀也。

君子「卑以自牧」，君子以謙卑之道自牧。須着意看此四字。此四字不可輕易看過。「牧」如牧牛馬之牧，「牧」字正如牧牛馬然。牛馬不牧，牛馬苟至不牧。則蹊人之田，則必踐踏人之田。傷人之稼。傷人之禾稼。人不以謙「自牧」，人苟不以謙卑之道自牧己。則矜勝之心必爲害。則矜伐求勝之心爲害多矣。

酒誥「剛制」二字最有意。酒誥言「剛制」意甚深。當時酒之爲病甚深，蓋當其時，酒之爲害已深。苟泛泛悠悠去制它不得。若只泛然制之必不能制。若非是用力斷然要制它，如何得？須是勇猛制之方得。○書説。

大凡天下之理，天下之理。相反處乃是相治。物之相反者却自相制。水火相反也，水與火相反。而救火者必以水。而水則可以濟火之炎。冰炭相反也，冰與炭相反。而禦冰者必以炭。而炭則可以禦冰之寒。惟其相反所以相制，此自然之理也。

校勘記

[一] 此條原未單列，據寬文本改。

[二] 故須著强於自持　「須」原無，據張栻南軒集卷二十五答吕伯恭書增。

[三] 孟子集註　按：此語録今見張栻癸巳孟子説。

近思别録

第六卷　家道

南軒先生曰：先生云。父子親、父子有親。長幼序、長幼有序。夫婦别、夫婦有别。君臣義、君臣有義。朋友信，朋友有信。是五者天之所命，此五者謂之天倫。而非人之所能爲。非人自能爲之也。有是性則具是道。人生具是理於心，已有此五者之道矣。聖人能盡其性，聖人能盡此心之理。故爲人倫之至，所以能盡其倫。衆人則有所蔽奪而淪失之耳。衆人汩於欲，則倫斁者亦有之。雖然，亦豈不可反哉？然亦未有不可反而歸善之理。聖人有教焉，古之聖人立爲世教。所以化其欲而反其初也。是將去其欲而復其善。

舜之命契曰：契，舜臣也，命之云。「敬敷五教，在寬。」五教即五典之教。「寬」云者，謂之寬。漸漬涵養，漸漬涵容。使其所素有者自發也。則其職分之當然，皆發於性分之固有也。而咎繇亦曰：皋陶，亦舜臣，亦云。「天叙有典，典，常也，皆天之自叙。勅我五典五惇哉！」惇，厚也。曰「勅」云者，謂之勅。所以正其綱；所以正人道之綱。而「惇」云者，謂之惇。所以厚性也。所以厚五者之性。降及三代，自唐、虞而夏、商、周。庠序之教尤詳。商之學曰序，周之學曰庠，所以爲教尤備。孟子曰：「學則三代共之，皆所以明人倫。」學以明倫爲先。「明」云者，謂之明。講明之相聚講明問下。而使之識其理之所以然也。俾之知五倫之道，而各求盡其職分之當然也。○文集。

古人養恩於父子之際，父子以恩相養。而以責善望之師，師生以義相責。仁之篤而義之行也。養恩則仁之厚，責善則義之行。雖然，在爲人父者言之，但爲父之道。則當修身以率其子弟。正身率下。身修則將有不言而感，身既正則不待言語而自能化。不令而從者矣。不徒告令而自能從。在爲人子者言之，爲子之道。則當敬恭以承命，盡敬以承父命。致其親愛，致其相親相愛之道。勞而不匱也。雖勞而無怨。又豈可因責善而起離心，又安可因父之責以善道而反生離怨之心。以自賊夫天性也哉？以害其天性之自然？○孟子說。

東萊先生曰：正家須正之於始。治家之道必當正之於其初。伊川言「群居必有悔」，程子嘗言群居必能生悔。夫群居相聚，群聚之久。則忌克疾害，鮮能有終相爲忌克、相爲疾害。無所不有，無所不至。故於群居之時，故當群聚之時。最見悔處。必定有悔。若不常自檢點，苟不當常檢察。則乖爭陵犯，乖異争奪，陵暴干犯。無所不有，無不有也。須防之於始，必須預防於初。而後悔可亡[一]。則其悔自無也。〇論説。

夫婦一體也，妻齊於己也。位雖不同，其位分雖不同。而志不可不同。心之所向則當同。求師取友，求良師，親良朋。婦人固無與於此，此固非婦人之事。而好善之志，但樂善之意。則不可不同也。宜與夫同也。崇德報功，有德尊之，有功報之。后妃固無預於此[二]，固非后妃之事。而體群臣之志，但體臣之心。則不可不同也。宜與君同也。

男女者，三綱之本，男女乃是君臣、父子、夫婦三綱之所本。萬事之先也。萬事之最先者也。正風之所以爲正者，謂之正風。舉其正者以勸之也；是以男女之得其正者以示勸也。變風之所以爲變者，謂之變風。舉其不正者以戒之也。是以男女之不正者，以示戒也。

校勘記

[一] 而後悔可亡　「悔可亡」，吕祖謙麗澤論説集録卷二門人集録易説作「可亡其悔」。

[二] 后妃固無預於此　「預」，吕祖謙吕氏家塾讀詩記（浙江古籍出版社吕祖謙全集本，下同）卷二作「與」。

近思别録

第七卷　出處義利

南軒先生曰：夫子於公山、佛肸之召，皆欲往者，公山弗擾，季氏宰，與陽虎共執威子，據邑以叛。佛肸，晉大夫，趙氏之中牟宰，以中牟叛。皆召夫子，子俱欲往者。佛，音弼。肸，音翕。以天下無不可變之人，蓋以人無不可化之氣習。無不可爲之事也。而天下亦未有不可爲之事。其卒不往者，其終召之不至。知其人之終不可變，察公山、佛肸終不可化之氣質。而事之終不可爲耳。而事亦終難爲也。一則生物之仁，其欲往而救其失，使之並生者，是爲生物之仁。一則知人之智也。其終不往，以其人之不能變化，是爲知人之智。○論語集註。

凡人所以遲回於辭受之際者，人於辭受之間，遲回而不决者。以爲外物所動故也。皆爲外物揺動。蓋於其所不當受而受，受其所不當受。其動於物故也；見物而忘義也。若於所當受而不受，受所當受而不之受。是亦爲物所動而已。其辭者僞而已，亦是動於物也。何則？以其蔽於理而見物之大也。蓋皆不知有義之公，而徒見物之大也。若夫聖賢從容不迫，惟聖賢則優容而不迫切。惟義之安，受與不受，惟一安於義。而外物何有乎？於外物乎何關？故以舜受堯之天下而不爲泰，物莫大於天下，舜受堯之所付而不以爲過。亦曰義當然爾。義所當受，聖人不苟辭也。若於義也無居，苟不以義。雖簞食豆羹，雖一竹器之飯、豆羹之微。不可取也。亦非所宜受。簞食豆羹之與天下，簞食豆羹之受與天下之受。其大小固有間矣。一大一小，較然甚明。物則有大小，其爲物雖有大小之異。而義之所在則一也。受與不受皆一本於義，初無異也。〇孟子註[一]。下同。

衆人不知「有命」，人之窮達皆造物付予一定之理，衆人不知此。故於其無益於求者，非所當求，在我無益。强求而不止。勉强而求，而不知止。若賢者則安於命矣，如賢者則能安天命而不求。知命之不可求也，亦以上天付予之一定，不容强求也。故安之。但順其自然。若夫孔子所謂「有命」者，夫子謂之有命。則義命合一者也。是知命之不可求，惟安其義之當然，是義與命一也。故孟子發明之曰：孟軻氏又推明之云。「孔子進以禮，退以義，其進也以禮而進，其退也以義而退。得之不得曰有命。」或得或失皆付之天，無容心焉。非聖人擇禮義爲進退，非是聖人進退之間有所擇於禮義。聖人進退　聖人一進一退。無非禮義，皆禮義之形見。禮義所在，禮義之當然處。固命之存也。即天命之一定也。此所謂義命之合一也。是即義與命合而一也。

帝舜於窮通之際，舜耕歷山，窮之時也；德爲天子，通之時也。果何心哉？初無容心。其飯糗茹草，糗，茹食也。草，蔬屬也。則若將終身焉，窮居在下，如終其身若是。其爲天子，及貴而爲君。若固有之。達而在上，得之不以爲泰。蓋所欲不存，窮通付之時，得失付之命，未嘗有心於其間。樂天安命[二]。但知存其天而自樂，安其命之所付。窮而在下，方耕於歷山。初無一毫之虧；於我初無虧損。達而在上，及貴爲天子。亦無一毫之加。於我亦無加益。故無適而不自得也。無所往而非自得也。

東萊先生曰：易之所謂「井渫」，易井卦言「井渫」者。蓋政指汲汲於「濟世」者，所以言人之切於濟世者也。玩味爻象自可見。但觀爻與象之意可見。其曰「爲我心惻」，如云我心之惻憂。憂思深長矣。憂思深遠矣。又曰「王明并受其福」，爻之辭也。蓋言王者能識拔而用之，即王明也。則臣主俱泰。即並受其福也。所以未爲井之盛者，井而不至於爲井之盛。蓋汲汲亟欲施之，蓋切於有所施。與知命者殊科耳。與樂天知命者有不同也。○文集。

「六三，觀我生，進退。」易觀卦六三爻辭也。三居上下之交，三處上卦下卦之間。政是用力斟酌處。其進其退正當斟酌可否也。○論說。

校勘記

[一] 孟子註　「註」原脱，據寬文本補。

[二] 樂天安命　「命」，張栻癸巳孟子說卷七作「止」。

新刊音點性理群書句解卷之二十三　後集

近思别録

第八卷　論治體

南軒先生曰：濟大事必以人心爲本。凡欲立大事必當一本於人心。若未曾做得一毫事，如立事未成。先擾百姓，而百姓先受擾害。失却人心，則人心已失。是將立事根本自先壞矣[一]，而立治之本根已撥。烏能立哉？又何能立事耶？

德者，所以爲民極也。德所以爲民立極。詩曰：「予懷明德，所懷者在於有明德。不大聲以色。」不在於聲音容貌。子曰：「聲色化民，末也。」以聲音容貌而化人，特末而已，非本也。故脩己而百姓安，身脩於上，則民自安於下。篤恭而天下平。上之人篤厚敬恭，則天下自然和平。自三代以後，夏、商、周而降。爲治者皆出於智力之所爲，爲治者不以德爲治，而以智力爲之，是事聲色之化。而無復知此味矣。誰能知此味耶？〇論語解[二]。下同。

爲政以叙彝倫爲先，爲政但當以人倫爲重。彝倫不叙，人之常倫苟不得其叙。則節目雖繁，是雖條目之繁多。亦無以順治矣。必不能以順而理矣。君君、臣臣、君盡君道，臣盡臣道。父父、子子，父盡父道，子盡子道。此彝倫所以叙也。此倫之所以得其叙也。雖堯、舜之治，是雖堯、舜聰明，出而爲治。亦不越乎此，亦不過如此。貴乎盡其道而已。惟貴於各盡其道也。

東萊先生曰：「文王尚克修和我有夏。」周書語也。太和乃貫古今、太和一脈流通古今。盈宇宙而不息，充塞天地。然紂爲天下宗主，商紂之爲君。窮兇極虐，兇暴慘酷。戾氣充塞，乖戾之氣布滿上下。而和則愆矣，而太和已桀裂矣。修而復之，修而使是和之復。實文王之責也。文王不得不任其責。「自朝至於日中昃，自早以及日之中，由日中以及日之昃。不遑暇食，一食之頃亦不暇及。用咸和萬民」，欲使萬民之皆得其和。則修和之實也。此則文王修和之實政也。〇書説。下同。

「愼厥麗乃勸」者，謹其法，乃相勸率而無犯者。自然而勸也。其勸也皆民之自然。「厥民刑用勸」者，斯民睹儀刑而相勸者，其勸也上之使然。「亦克用勸」者，亦能用其勸勉者。其爲勸也，勉强而已。其勸也，乃出於勉强。每語結之以「勸」者，聖人之於民，於語之終必以「勸」之一字結之。見天下非可驅以智力，亦見天下之人有非智力所可迫。束以法制，法禁所可御。惟動化其民，惟風以動之，教以化之。使常有欣欣不已之意，使之歡欣鼓舞於德教之中。乃維持長久之道也。是乃固結久長之治。

「地上有水」，比卦坎上坤下，故象爲「地上有水」。見得比親切處，極爲親切。浸潤、滋灌、流行，水出於地，流行貫注。未嘗相離。未始相違。「先王建萬國，親諸侯」，王者體此，建國親侯。是人君比天下之綱目。乃人主親比天下之道。「建萬國」所以比民，建國者所以親比乎民。「親諸侯」所以比天下。「親諸侯」所以親比天下。蓋君之於民，人君居九重之上，其於天下之民。豈能家至户到而比之？勢分之隔焉，得人人而比之。惟撫諸侯，但建諸侯之職。使乎吾德意於天下，俾達吾君德意而致之民。即是比天下也。猶人君之親比乎己則一也。若只是以一人而比天下，如但欲以一人之身親比乎天下之衆。則天下不可得而比矣。則未見其能比天下也。〇易説。

賢者之行非一端，賢者之操行非止一善。而卷阿之「以引以翼」，卷阿之詩誘引翼助。必曰「有孝有德」，何也？且必以孝與德居先。蓋人主常與慈祥篤實之人處，慈祥以孝悌言篤實者，以有德言與之同處。其所以興起善端，則興起其爲善之心。涵養德性，涵養其渾全之性。鎮其躁而消其邪，鎮其輕躁之習，消其邪妄之私。日改月化，日有所改，月有所化。有不在言語之間者矣。初不在於講讀之多也。〇詩記[三]。

人主進德之驗，人君進德效驗。它未即見，其它未得見。惟於諫者之言先見之。但於諫可見。言之委曲遷就，諫者之言回護遷就。是君德未信於人，此是人君未能信諫。而猶有所畏也；而諫者尚自忌畏而不敢盡言。言之剴切侵訐，諫者之言剴直切當。是君德已信於人，此是人君已能信諫。而既無所畏也。而諫者無所忌畏而敢盡言矣。○奏藁。

校勘記

［一］是將立事根本自先壞矣　「自先壞矣」原無，據張栻南軒集卷八經筵講議增。

［二］論語解　「解」原脱，據張栻論語解卷一補。

［三］詩記　「記」，寛文本作「説」。

近思别録

第九卷　論治法

南軒先生曰：國之所以爲國者，爲國之道。以夫天叙天秩者實維持之也。以五典、五禮之教可以維持於久長。爲國者志存乎典禮，爲國苟能心存乎此。則孝順和睦之風興，則習俗所移必孝於親、順於長、和睦於衆。協力一心，事事叶力，人人一心。尊君親上，皆知君上之可尊可親。國誰與立？國賴以存立者誰耶？〇文集。下同。其强孰禦焉？國之强，誰能敵之？不然，三綱淪廢，綱常陷失。人有離心，人生離叛之心。

所謂「不忍人之政」者，政而以不忍言。即其仁心所推，推其心之仁。盡其用於事事物物之間者也。發其用於天下，使無一而不盡其仁也。

仁心之存，仁心之存於中。乃王政之本；是乃王者發施之所本。而王政之行，政之發施。即是心之用也。乃仁心之見諸用也。〇孟子注。下同。

有天地則有萬物，既有天地，則有萬物。其巨細多寡、其大其小，其多其寡。高下美惡之不齊，高高下下、善善惡惡不能均。乃物之情，皆物之情。而實天之理也。是亦天理所付之一定也。物各付物，物付於物。止於其所，各止其所止。吾何加損於其間哉？吾無加益、無虧損也。若强欲齊之，如必欲齊一之。私意橫生，是昧天命自然之理而以私意爲之。徒爲膠擾，徒自役役於物。而物終不可齊也。大不可小，高不可下，未見其能齊一也。故莊周之齊物，莊子欲齊天下之物。强欲以理齊，牽强務即理齊一之。猶爲賊夫道，是非道之自然，是害其道者也。況夫許子遂欲一天下之物，而許子且欲即天下之物而齊一之。而泯其一定之分，而昧萬物賦分之一定者，而有不可齊一。其蔽豈不甚哉？其蔽塞亦已甚矣。

善政立而後善教可行，爲國必須善政行於先、善教施於後。所謂「富而教之」也。是善政使民富，而後善教使民化也。孟子論「得民心」孟子言得民心之道。必歸之「善教」者，而歸重於「善教」。蓋至此而後，爲得民之至也。蓋既富而教，則民心之得於此已極。後世及乎善政者亦鮮矣，後世治不如古，但得如先王之善政亦希有矣。而況及於教乎？況望其善教得民乎？

後世道學不明，道學不明於後世。論治道者講明爲治之道。不過及於人才、政事而已，不出於此二者。孰知其本在於君心？誰知爲治之本在於人主之心？而孰知格君之本又誰知正君心之本。乃在於吾身乎？在於吾之一身？「惟大人爲能格君心之非」，惟有大德之人則能正君心之非僻。孟子斯言，孟軻氏此語。真萬世不可易者也。雖歷萬世不可移也。

東萊先生曰：大抵講論治道，大凡人臣推明爲治之道。不當言主意難移，不須責人君之志難挽而回。當思臣道未盡；惟當思爲臣之道未盡，未能感動人主之聽。不當言邪學難勝，不須言異端之學難於勝。當思正學未明。惟當思聖賢之學未明，未能制其邪妄之習。蓋工夫到此，及用工既熟。則必有此應，則自能回主意、勝邪學。無不在内也。皆自此中來也。○出文集。

先生宗法條目曰：先生自爲宗法條目云。晨興，詣家廟瞻敬。早起入祖宗地瞻禮，而後於尊長處問安。朔望，薦新，侑以時味。俗節則祭以時物。時物以其時所産也。祭用分、至。如春分秋至之類祭饌，以六貫足爲率。忌日，祭於堂。高祖以下瞻拜而不祭。展墓，用寒食及十月朔檢校墻亭，修補損闕。時祭畢，合族飲福。即飲福受胙也。朔望，昆弟會食，謀家事。昆，兄也。娶婦嫁女，娶人之女，嫁己之女。給聘奩物。婚五十貫省，嫁一百貫省。生子，給羊酒。男子九貫省，女子六貫省。賓客，慶吊，送終，以家之有無喪之大小爲節。歲終會計。内之收支不留底，處之收支並留底，宅計具收支都賬及科撥來歲錢物，時書條底，排號架閣。子弟不奉家廟，以不能盡敬於先也。未冠執事很慢，謂祀祭時醉酒、高聲喧笑爭鬧、久待不至之類。已冠頹廢先業，謂不忠不孝、不廉不潔之類。凡可以破壞門户者皆爲不孝，凡出仕不問官職大小、蠹國害民者皆爲不忠，凡法令所載臟罪皆爲不廉，凡法令所載濫罪者皆爲不潔。並行夏楚。夏楚，撻以記之之物也。夏，音賈。

近思别録

第十卷　論政事

南軒先生曰：治獄所以多不得其平者，人之治獄皆不得其情。蓋有數説。其説不一。吏與利爲市，官吏以此市利。固所不論，固在不言。而或矜知巧以爲聰明，又欲逞其知能而欲人稱其聰明。持姑息以惠姦慝，專務姑息以愛養奸惡。上則視大官之趍向如作縣則視州之趍向，爲監司守臣則視朝廷之趨向。而重輕其手，而奉承其意以爲法之輕重。下則惑胥吏之浮言其故則專聽信胥吏之簧惑。而一二三其心；欲是還非，心不專一。不盡其情不復盡其情。而一以威怵之，而惟以刑威恐之。不原其初不推其初所犯何因。而一以法繩之。而惟以刑法施之。如是而不得其平者，抑多矣！於是民之事皆不能得其平。○文集。下同。

嘗怪今之爲吏，每怪今治人官。其號爲能者，其稱爲能吏。則或以察爲明，以察察爲能明。以刻爲公，苛刻爲公。以不恤爲能任。不恤人之是非爲能任重。而其號爲賢者，至於稱爲賢者。則又或以姑息爲惠，則又委靡，專務姑息，爲能惠養。以縱弛爲寬，法令廢弛，爲能寬恤。以模稜爲善處。事無定奪，模稜兩端，而爲善處。故其能適以賈怨貽毒，所謂能者，徒召民之怨，貽毒後世。蹶害邦本，民，邦本也，而戕之。而其賢又以流弊基患，所謂賢者又失之，不根生弊端、開禍源。及於今日。以至於此。嗟乎，此豈真所謂賢能者哉？所謂吏之賢者能者其果如此乎？

羔羊之詩，詩羔羊一篇。重言「委蛇」，委蛇和緩之狀，言文王之時，在位之臣皆如此，且不一言而屢言之。舒泰而有餘裕也。狀其體之舒泰，綽綽有餘裕也。此獨賦其「退食」之際，全此獨頌其退食自公之時。蓋於此時而然，以其在此之時尚自舒泰。則其在公之正直可知矣。則其處在公之時必正且直。不然，有所愧於中，否則在公之時有所愧怍。則其退也，於其退。亦且促迫急遽之不暇，則自公而退亦見忙迫。寧有委蛇之氣象哉？安有舒泰之狀耶？○詩說。

東萊先生曰：與人相處，凡與人交。最當理會「降意」兩字。且當先知降下其意。不降而升，不能降下必至起越。小則忿怒，其小則止是忿懥恚怒。大則暴戾。其大則至粗暴狠戾。若昔聖賢之猷告，自古聖賢之以善道告其君。自源徂流，由首而末。具有條理，有條有理。未嘗置本而言末。未始棄其本而取其末。伯益論來四夷，四夷，和夷、島夷、淮夷、萊夷。儆以怠荒；儆舜修德，在於無怠無荒。召公論格遠人，召奭言致遠人之來格。首以慎德；告武王以謹其德。而仲尼爲魯患，夫子爲季孫憂。亦緩顓臾而急蕭墻。欲遲顓臾之伐，而急於防蕭牆之憂。〇奏策。

近思别録

第十一卷　論教學

南軒先生曰：聖人之道，聖人之所謂道。精粗無二致。精粗一貫。但其施教，所以教人。則必因其材而篤焉。各因其材質而加厚。蓋中人以下之質，下於中人之資質。驟而語之太高，倏然以道之高深者與之言。非惟不能以入，不惟不能相入。且將妄意躐等，而有不切於身之弊，則必凌躐等級而無下學受里工夫。亦終於下而已矣。則亦疏於下也。故就其所及而語之，必當因其資之所及而告之。是乃所以使之切問近思，俾之切於所問，由近而思。而漸進於高遠也。可以積漸而至於高遠之地。○文集。下同。

嘗考先王所以建學造士之本意，古先聖王立爲學校、造化多士。蓋將使士者講夫仁義禮智之彝，欲使爲士者講論五常之善。以明夫君臣、父子、兄弟、夫婦、朋友之倫，推明五者之倫。以之修身、齊家、治國、平天下。即此修其身、齊其家以平天下。其事蓋甚大矣，非細事也。而爲之則有其序，而所以爲之則有次序。教之則有其方。教之則有術。故必先使之從事於小事[一]，人生八歲入小學，且先於事之小者用力。習乎六藝之節，禮、樂、射、御、書、數也。講乎爲弟爲子之職，盡乎爲人弟、爲人子之職分。而躬乎灑掃應對進退之事，躬乎播灑擁篲、應對言語、進趍退息之儀。周旋乎俎豆羽籥之間，與夫祭祀舞樂之中。優游乎絃歌誦讀之際，絃歌讀誦之事。有以固其肌膚之會、無非涵養此心，所以使肌膚之有所統會。筋骸之束，筋骸之有所檢束。齊其耳目，耳目之齊肅。一其心志，心志之疑一。所謂「大學之道」，則十五而入大學。格物致知」者，窮物理之極而推極吾之知識者。由是可以進焉。自小學已有涵養本原之功，至是則識見充而可以進是道矣。至於物格知至，極而物無不窮，知無不至。而仁義禮智之彝，五常之善。得於其性，充乎其中。君臣、父子、兄弟、夫婦、朋友之倫，五者之倫。皆以不亂，有序不紊。而脩身、齊家、治國、平天下　推之修其身、齊其家以平天下。無不宜者。無有不得其宜。此先王所以教，是士者立爲大學之教。而三代之治，故夏、商、周之治。後世不可以及者也。非後世道學不明之所能及也。

東萊先生曰：孟子教人　孟軻誨人。最於初學爲切，其於始學最爲親切。如第一章說「利」字，如首章下明義利界限。自古及今，亘古及今。其病在此。其病根全在此「利」字上。「一年視離經辨志，曉意義。三年視敬業樂群，不敢輕易。五年視博習親師，至此方可博習，未至此則非聖人之書不敢觀。前此非不從師，至此方能親師。七年視論學取友。」見得的當方可議論是非、决擇賢否。○見學記。

先生規約云：先生自爲規約，其條具載於後。凡預此集者，凡入此集之人。以孝弟、忠信爲本。孝於親，弟於長，爲人謀而忠，與朋友交而信，此其本者。其不順於父母，其有事親而不能孝。不友於兄弟，處兄弟而不能友。不睦於宗族，待族人而不能和睦。不誠於朋友，交朋友不能信。言行相反，所言與所行相悖。文過遂非，過則飾之，非則安之。不在此位。不許入此集。既預集而或犯，既已預此集，而或犯此戒。同志者規之；同志曰友必當警之。規之不可，責之；警之不從，面責其非。責之不可，責之不從。告於衆而共勉之；遂與衆人言，而同勉其不及。終不悛者，除其籍。其終不改，則除其名而削其籍。

凡預此集者，入此集。聞善相告，聞人之善相告而勉爲之。聞過相警，聞人之過相警而不爲。患難相恤，人有患難，如水火、盗賊之類，則相矜恤。游居必以齒，與游與居，當以齒序。相呼不以丈，不以幾丈稱。不以爵，不以官爵稱。不以爾汝。不以爾汝稱。

會講之容，端而肅。箕踞、跛倚、諠譁、冗併，非肅也。群居之容，和而莊。狎侮、戲謔，非莊也。舊所從師，舊日師範。歲時往來，歲節當與之來往。道路相遇，雖相逢於道路之間。無廢舊禮。不可忘事師之舊也。

毋得品藻長上　品藻，品論其是非。優劣，訾毁　而置其高下，恣爲毁短。外人文字。他人之文字。郡邑政事、州縣之施設。鄉閭人物，鄉里之人品。稱善不稱惡。隱惡而揚善。

毋得干謁、不得干求於他人。投獻、請托。投獻，如詩詞、如餽物。有所請，有所托於彼也。

毋得自相品題，不許自相品論。高自標置，自立標榜。妄分清濁。妄分此清而彼濁。語毋褻、褻，狎也。毋諛、阿諛也。毋妄、妄語非恃以虚爲實，如期約不信，出言不情，增加張大之類皆是。毋雜。雜語，凡無益之談皆是。

毋狎非類。親戚故舊，或非士類，情禮自不可廢，但不當狎昵。

毋親鄙事。如賭博、鬥毆、蹴鞠、籠養、樸淳、酣飲、酒肆、赴試、代筆，及自投兩副卷閲、非僻文字之類，其餘自可類推。

校勘記

［一］故必先使之從事於小事　「小」下「事」字，張栻南軒集卷九邵州復舊學記作「學」。

近思别録

第十二卷［一］　警戒

南軒先生曰：先生云。治亂興亡，世之或治或亂，國之或興或亡。常分於敬肆之間。敬則世可治、國可興，肆則世必亂、國必亡。使在内而每聞逆耳之規，内則逆於耳之言嘗聞於耳。在外每有窺窬之患，外則窺伺之憂常存於心。則戒懼之心存，戒謹恐懼之心常存乎内。心存則國可爲也。此心常存則國可無患矣。然後知「生於憂患」是知其生也以憂患而生。而死於安樂」。其死也以安樂而死。生言生之道也，生即生生不絶之謂。在身而身泰，此道有於身則身自舒泰。施之天下國家，此道施之天下國家。無往而不爲福也。則天下國家並受其福。死言死之道也，死即死亡自絶之謂。天命絶乎其躬，天之眷命正於其身。而敗於乃家、莫傳於後裔。兇於乃國者乎！而國祚隨之而短。然而繼體之君，但是繼承之主。公侯之裔，公侯之後。生而處安樂之地，生而便自安樂。無憂患之可歷，絶無經歷險阻艱難。則將如之何？又如之何？必也念安樂之可畏，必須知安樂之中禍患所萌。天命之無常，天命難諶，去留莫測。戒謹恐懼，兢兢業業。不敢有其安樂，常若禍至之無日。是乃困心衡慮之方，而此心未嘗一日自暇自逸。生之道也。此所以壽國脈而無窮也。然則所謂「死於安樂」者，其言以安樂而死者。非安樂之能死之也，非謂安樂果能死其身也。以其溺於安樂而自絶焉耳。謂其耽安樂，不能思患未然，必至於自損其命。故在君子則雖處安樂，君子身處安樂而未嘗溺。而生理未嘗不遂；生之道不絶。小人則雖處憂患，小人身處憂患而復忘憂患。而亦未嘗不死。死之道隨至。○孟子註。下同。

操心危，危，危殆也。慮患深。深，深沉也。危故專一而不敢肆，惟其危，則此心專一不敢放肆。深故精審而不敢忽。惟其深，則此心精審而不敢忽。專精之極，既專且精。故於事理則於天下之事理。能有所通達也。自能通達也。

東萊先生曰：先生云。書云尚書有曰。「朕德罔克」，禹自稱其德有所弗能。蓋禹親盡克艱之道，禹已克盡其艱難之道。德雖已克，其德雖是已克。而常見其不克。而常若有所弗能也。○書説。下同。

「烝民乃粒」，烝，衆也。乃粒，始得粒食也。須當看一「乃」字。此一句全在「乃」字上。自洪水滔天之勢，蓋自洪水泛濫，斯民莫能種藝。禹用力如此艱難，禹治水胼手胝足。胼胝，粗厚也。

非一手一足之力，暨益暨稷，非一手足之功。非一朝一夕之故，三年於外，過門不入，非一朝夕之勞。然後得致乃粒。斯得以收乃粒之效，「乃」之一字豈不有力歟？

畏者，不敢之心也。「畏」之一字，乃是不敢之義。殷先哲王商家諸君。持不敢之心，皆以此不敢之心。畏天畏民畏相，上畏天，下畏民，近畏相。故御事亦不敢暇逸，御事之臣亦皆不敢自暇自逸。不敢聚飲。不敢相聚沉湎於酒。内服外服，百姓里居内外官民。亦不敢湎於酒。亦不敢沟於酒。不敢之心一不敢之心。發於先王方寸之間，存於殷先哲王之一心。而風化所及，風動教化。使天下皆由不敢之心以行。使臣庶同此不敢之心。嗚呼！不敢之心是則「不敢」二字。豈不大乎？所關豈小耶？

魏安釐王魏國君也。問高士於子順，高士，道家者流。子順，孔子裔也。子順曰：答云。「世無其人也。」似非孔氏家法，故以無人絶之。

天下之事，事在天下。成於懼而敗於忽。成於有所恐懼而敗於有所輕忽。懼者福之原也，原者，以其所自出也。忽者禍之門也。門者，以其所自入也。

校勘記

［一］近思别録第十二卷　「二」原作「三」，據寬文本改。

近思别録

第十三卷　辨異端

南軒先生曰：孟子之時，孟軻氏之時。去夫子之世爲未遠，取夫子之世尚近。而楊、墨者出，楊朱、墨翟。唱其「爲我」、「兼愛」之説，楊氏之學專主「爲我」，墨氏之學專主「兼愛」。特其見之偏耳，是皆所見之流於一偏。孟子比之孟軻氏闢之，其所比倫。遽及於禽獸何哉？甚至視之爲禽獸何哉？蓋「爲我」則自私，專於「爲我」則但知有己。自私則賊義，偏於有己則不知有義。而君臣之分可廢也；其失必至於無其君。「兼愛」則無本，專於「兼愛」是知理一不知分殊，親之愛與人之愛自有差等，且不知厚其本始。無本則害仁，不知厚其本，有傷父子主仁之道。而父子之親可夷也。其失必至於無其父。「無父無君」，尊尊而無君，親親而無父。則與禽獸有異乎哉？則於人道有所未盡，非禽獸而何？○孟子説[一]。下同。

異端之於正道[二]，異端之學比吾儒之道。如黑之與白，如黑白不同色。本不足以賊德，不足以害吾之德。惟其道之不明，自夫吾儒之道不明。世俗之見而世人見識之卑陋。易以惑溺，故易以之簧惑，以至傾陷其學而不知。故以爲德之賊耳。所以爲吾德之害。經者，天下之常理。經乃理之常也。君臣、父子、兄弟、朋友、夫婦即君臣、父子、兄弟、朋友、夫婦之彝。敕而惇之，敕正而惇厚之。而其倫有序；則其倫理各有定叙。仁、義、禮、智仁於父子，義於君臣，禮於兄弟朋友，智於夫婦。推而達之，推此而達於人倫之間。而其道不窮，而其爲道，古今通行。所謂經也。是乃理之常也。惟人違而去之，衆人則背此道而違去。莫知所止，無所底止。故君子反經以爲民極。此君子反一世之所趍而俾之，各守經常之道與民立極焉。經正則人興於善，大經既正，則人人興於理義。而邪慝自不能作。而滅五常、斁彝倫更不復有。帝王之所以治，孔子之所以教，不越於反經而已。皆不出於「反經」二字。

東萊先生曰：異端之不息，異端之學交熾。由正學之不明。皆由吾儒之學不明。此盛彼衰，此既盛則彼自衰。互相消長，交爲消長。莫若盡力於此。故欲去其學之偏，莫若盡力於吾道之正。此道光明盛大，俾此道昭昭而不可揜。則彼之消鑠無日矣。則彼之學自鑠然無光矣。孟子所謂「吾爲此懼，孟軻氏言爲此是懼。閑先聖之道」，當閑之以先聖之正道。舊說以閑爲閑習，舊解「閑」字爲閑習之閑。意味甚長。其義儘好。楊、墨肆行，楊朱、墨翟之學甚行。政以吾道之衰矣。其病症在吾道之不振。孟子所以不求之他，孟軻氏不復他求。而以閑習吾先聖之道爲急先務，但以閑習聖人之道爲先，聖道明則邪道自熄。而淫辭詖行之放，淫，放也。詖，險也。則夫淫放之辭，險詖之行，决而去之也。固自有次第也。亦可次第而施矣。

情便是性，情固非性，然情乃性之動也。波便是水，波固非水，然波乃水之動也。李翱却分作兩段看了。李翱不推所以而乃便分而二。宜乎當時釋氏之盛，皆由正學不明，故異端之學反熾。只緣吾黨無人，一時無講明吾道之人。反爲釋氏所謾。所以反爲彼所謾。○論説。

校勘記

［一］孟子説　「説」原脱，據張栻癸巳孟子説卷三補。

［二］異端之於正道　「於」，張栻癸巳孟子説卷七作「與」。

近思別録

第十四卷　觀聖賢

南軒先生曰：先生云。「堯、舜性之」者，堯、舜天性渾全。自誠而明，實理充備，故明照不遺。率性而安行也。率，循也，循其性之理安而行之也。「湯、武身之」者，湯、武修身體道。自明而誠，推極知識以全其實理。體之於身，以盡其性者也。是由躬行以盡天性也。「性之」則不假人爲，性之則無俟修爲。天然純全；有以充其渾全之體。「身之」則致其踐履之功，身之則必須修爲之無闕。以極其至也。以至於全盡其性之理也。然而其至則一也。及其至則皆有以全其性也。此生知、學知之所以異。故堯、舜則生知之聖，湯、武則學知之功，亦無不小異。○孟子集註。

漢高帝起布衣，漢高起於布衣。一時豪傑之士天下英豪。翕然從之，無不雲集。而其所以建立基本，但能建立漢家基本。卒滅項氏者，終至滅項羽者。乃三老董公「仁不以勇，義不以力」之説也。是當時三老董公等遮道説帝尚仁不尚勇、尚義不尚力之説。相傳四百餘年，即此傳祚至三四百年。而曹氏篡漢。至於曹操篡奪。諸葛忠武侯，諸葛亮也。左右昭烈父子，輔相先主。立國於蜀，創業於偏方之蜀。凛凛乎三代之佐也。凛然三代之遺直。侯之言曰：今觀其言。「漢、賊不兩立，賊指曹操。勢不兩立，此存則彼亡。王業不偏安。」指蜀言也。王者統業不能安於偏方之蜀，欲大一統也。又曰：「臣鞠躬盡力，又云曲致其身，務盡其力。死而後已。極至死而方止。至於成敗利鈍，事之成與敗，勢之利與鈍。非臣之明所能逆睹。」非己之見所能預知。誦味此言，深詳其語。則侯之心可見矣。則武侯之忠可知也已。賈生英俊之才，賈誼誠一有才者也。若董相則知學者也。江都相董仲舒則是有學者也。治安之策，誼事文帝，陳治安策。可謂通達當世之務，無非通達國體之言。然未免乎有激發暴露之氣，但未免過於激發。其才則然也。是亦才具如是。「天人」之對，仲舒事武帝「天人三策」。雖若緩而不切，雖若緩而不切於事。然反復誦味，但詳味熟玩。淵源純粹。學有淵源，至醇至粹。蓋有餘意，自有餘味。以其自學問涵養中來也。無非學問涵養之功，故無賈生之激發也。

橫渠皆是身經歷做工夫，橫渠力學，並是勇猛用工。剖決至到，義理有疑處，必求剖析分曉。故於學者凝滯處故於問學凝滯而不能通處。尤爲有力[一]。其下析極有功。〇文集。下同。

東萊先生曰：「昧爽丕顯，坐以待旦」，商書太甲篇文。昧爽是天之未明，天道未明，故謂昧爽。將分之際。曙色將開。成湯於此湯於此時。已大顯明，已大顯明在己之德。洗濯其心，潔理此心。澡雪其志，蕩滌此志。坐以待其大明。坐以待曉色之大分。則成湯於待旦之時，則湯於斯時。其存心養性，操存此心，涵養此性。湛然清淨，至虛至靜。無一毫物累之所能容[二]，纖毫私欲不存於中。所謂同乎太虛，猶湛然太虛。蕭然出塵，了無纖翳。不啻日之東升，此心之明正如日之方升。將臨照於天下。明照無所遺也。

從容則子房，運籌帷握之中、決勝千里之外，非從容而何？正大則孔明。仗義起兵，扶翼先主，非正大而何？

孔明寬大而縝密。治國、立經、陳紀，不爲近圖，豈不寬大？國兵正義明律，不以詭計，豈不縝密？

校勘記

[一] 故於學者凝滯處尤爲有力　「凝」，張栻南軒集卷二十六答蕭仲秉作「疑」。

[二] 無一毫物累之所能容　「之所能容」四字，吕祖謙增修東萊書説卷八無。

附録

四庫全書總目卷九二子部儒家類二

［清］紀昀等

性理群書句解二十三卷　兩江總督采進本

宋熊節編，熊剛大注。節字端操，建陽人，官至通直郎，知閩清縣事。剛大亦建陽人，受業於蔡淵、黄榦。嘉定中登進士，自稱覺軒門人，掌建安書院，朱文公諸賢從祀祠，其仕履則不可考。注中稱「邇年皇上親洒白鹿洞規，以賜南康」，則理宗時人也。節受業於朱子。是書採摭有宋諸儒遺文，分類編次。首列濂溪、明道、伊川、横渠、康節、涑水、考亭遺像，竝傳道支派，次贊，次訓，次戒，次箴，次規，次銘，次詩，次賦，次序，次記，次説，次録，次辨，次論，次圖，次正蒙，次皇極經世，次通書，次文，而以七賢行實終焉。其列司馬光一人，與後來講學諸家持論迥異，考朱子於紹熙五年冬築竹林精舍，率諸生行舍菜之禮於先聖先師，以周、程、邵、張、司馬、延平七先生從祀。集中載其祝文，有「曰邵曰張，爰及司馬，學雖殊轍，道則同歸」之語，則朱子序列學統，本自有光，後來門户日分，講學者乃排而去之。節親受業於朱子，故猶不敢恣爲高論也，所録之文亦以七賢爲主，而楊時、羅仲素、范浚、吕大臨、蔡元定、黄榦、張栻、胡宏、真德秀所作亦間及焉。其上及范質者，以朱子作小學嘗録其詩，旁及蘇軾者，則以司馬光行狀之故，非因軾也。明永樂中詔修性理大全，其録諸儒之語，皆因近思録而廣之；其録諸儒之文，則本此書而廣之，並其「性理」之名，似亦因此書之舊。是其文雖習見，固亦作樂者之葦籥、造車者之椎輪矣。剛大所注蓋爲訓課童蒙而設，淺近之甚，殊無可採，以其原附此書以行，姑竝録之以存其舊焉。

新刊音點性理群書句解跋文

［朝鮮］金慮遐

殿下之十三年秋，刑曹判書崔公以平安道都巡問察理使兼尹平壤，明年秋九月謂其寮佐曰，予之來，左政丞浩亭先生公以家藏性理群書，囑予曰：「是書皆宋朝真儒九先生之格言也，孟軻氏以後千有餘年，不傳之學至是而復續，其有功於聖門而有補於世教者，至矣！予昔奉使中國，得一本而來，詳味有年，思欲刊行，與人共之。幸今國家閑暇，平壤人衆物阜，事功易就，子其爲意焉。」今農務之隙，盍圖始事。於是鳩工得十九人，食以廪禄之餘，俾參佐監督，期年而工告訖。恭惟殿下緝熙聖學，以致明德新民之效，每教監司守令，必以學校爲先務，政丞公以性理之學、經濟之才賛襄至治，以興起斯文爲己任，不私其有，欲廣其傳。嗚呼，聖君賢相同寅協恭，爲世道慮，可謂盛矣！府尹公爲政勤謹，歲稔人和，乃能仰體君相之德，意拳拳焉。鋟梓流傳，欲使國人皆得而覽觀，以趨於正學，其用心豈不美哉！予府人也，悉其始末，是用書諸板後以示不泯，其參助以成者，并録於左云。永樂乙未秋八月甲申，通政大夫、平壤府儒學教授官金慮遐謹識。（録自李朝太宗十五年平壤府刻本新刊音點性理群書句解）

新編音點性理群書句解跋文

［朝鮮］金孝貞

右性理群書一編，乃宋朝濂洛諸公所撰，皆深入理窟之文、平常正直之語，皆可知可能，非寂滅空色之理、玄牝混屯之説、幻世惑民者之所可擬也。念惟世宗莊憲大王天從聖學，留神經史，以睿出治之源，乃於臨幸椒水之日，出行宫所藏鑄字一本，留賜本校，以資學者之觀覽，誠爲曠世之奇寶，計今四十五年矣。今方伯光山金相國礪石重念先王之賜，恨其所傳不周，思欲廣布於世，謀諸槐山郡守柳先生文通，議以克合，仍將是本債工侵梓，數月之間功乃斷手，何成功之速也！噫，事雖萬端，而所貴者知真務而已。病今之學者，日事於吟詠之間，至以春草池塘、楓冷吴江之詠，爲騷家之美談，相與誇矜於風花雪月之間，則格致誠正之學日就榛蕪，士習之卑下已足以起有識之寒心，然則是書之行，人皆知性命之説，如菽粟布帛之切於民用，將見人人皆邃於理學而一掃於華靡之習，則其有功於名教而嘉惠後學者，豈淺淺也哉？時弘治元年戊申季春日，承訓郎、行清州教授金孝貞謹跋。（録自李朝成宗十九年木板本新編音點性理群書句解）

書性理群書補註後

[明] 嚴　本

濂洛關閩諸大儒之格言，凡有關於性理者，建安熊氏蒐輯爲書。自天地陰陽之化、性命道德之奥，與夫格致誠正，脩齊治平之功，靡不具載，且爲句解傳行於世。惜其去取，間有未當，覽者病焉。吾友思庵吴公，昔在布衣時，慨前哲之已遠，懼斯文之湮晦，絃誦之暇，删其可疑，補其所缺，而又稽經質傳，擇取儒先成説，足以己意。一以晦庵爲主，題曰補註。邇來重加考訂，繕寫成秩，其嘉惠後學之心至矣。本得是書，藏之已久，姻友徐公敏叔見之，曰「是編發明親切，可以羽翼四書」，乃捐貲繡梓以廣其傳。予謂：「思庵固有功學者，而敏叔樂善之心亦豈可泯哉？」因爲借書其後，有志性理之學者，誠能熟玩而擴充之，其必有以思進矣。宣德九年甲寅十月朔旦，江陰嚴本書。（録自明宣德九年刻本明吴訥性理群書補注）

重刊性理群書補注序

［明］希　古

粤自孔子删書繫易，曰降衷，曰成性，所以啓萬世言性理之端也。當時親灸其教而傳得其宗者，亦皆領悟而發明之，殆無餘藴，去聖既遠，人文亦晦。下逮秦漢諸儒，雖或有述作之功，然不能無乖戾之失，間有羽翼之助，未免爲穿鑿之陋。天啓有宋五星聚奎時，則有若濂洛關閩諸君子出，爲之著述，文簡而理備，言約而義盡。於以發性命之微，闡天人之秘，其有補於聖經、有功於聖門可見矣。鼇峰熊端操乃蒐輯成書，考亭熊剛大復解釋其義，至我國朝都憲吴公訥又益以補註，其理甚明，其義易曉。於中去取增損各有攸當，然而用心之仁則一耳。予奉藩之暇，獲閱是編，味其言之正而繹其理之深，特更鋟梓，嘉惠來學。噫！是書也，非數君子之著述固莫能羽翼乎聖人之經，非二公之註釋，抑無以發明數君子所言之旨也。學者誠先翫味二公之註，以求數君子之言，由數君子之言以探聖經之奥，庶

幾循序而有得焉，尚其勖諸。成化歲之己亥菊月上旬吉日，希古。（録自日本林氏重刻本明吴訥性理群書補注）

性理群書補注跋文

［明］吴　訥

按晦翁與東萊編近思録，載周、程、張子之言，總六百十二條。今考熊本止存程、張之言，四百八十四條，而周子之言無復在卷，豈熊氏以周子之言俱出太極通書，已在編内，故删而不録耶？抑别有所去取耶？又按年譜，淳熙二年晦翁編成是録，語學者曰：「四子，六經之階梯；近思録，四書之階梯。」蓋當時四書集註未成，故録諸先生切要之言，令學者熟玩，以爲讀四書正文之階梯。越七年辛丑而東萊没，又八年己酉始序大學、中庸，出四書集註以傳。自是凡教學者，則先四書而後及於六經也。晦翁既没，覺軒蔡氏模又輯朱、張、吕三先生遺言爲續、别二録，而晦翁之説十居八九，其首篇則論無極、太極。勉齋云「名曰近思，反若遠思」者，兼其中多四書註，亦有與前録義同而複出者。竊謂程、張微言傳世者少，熊氏傳布是録有功後學，若晦翁則四書集註、詩傳、易本義、太極通書、西銘解，衣被海内、莫非切要之語，及有語類等書傳在學者。況南軒之言其要切者，晦翁已收入四書集註，東萊之言則蔡氏所録，遂有與集註不同者焉。（以閑先聖之道，爲閑智聖道。）抑又聞西山真公亦嘗編近思後語，欲先四書，勉齋辨之，今已不傳，故愚亦於續、别二録不復收載云。訥謹識。（録自日本江户時期抄本吴訥性理群書補注）

性理群書句解的版本

程水龍

南宋熊節集編、熊剛大集解的新編音點性理群書句解，又名新刊音點性理群書句解或性理群書句解（下文簡稱句解），分前後兩集，各二十三卷。

一、中國目前現存最早的版本爲元刻本，臺北「中央圖書館」有藏。每半葉十三行二十四字，注文小字雙行同。左右雙欄，有界行。上下黑口，順魚尾。框高一八六毫米，寬一二〇毫米。卷一卷端第一行頂格題「新編音點性理群書句解卷之一」，越五字格題「前集」（此二字刻作墨蓋子白文）；第二行低一字格題「遺像」，下刻雙行小字解題「遺像，乃身後所遺之像。此是傳寫大貴家所得七先生子孫家廟真本」；第三行頂格刻正文，宋代七位儒家的著述原文刻作大字，熊剛大注解文字刻作雙行小字。卷末有尾題「新編音點性理群書句解卷之某　某集」。

該刻本在題署「五言短句」、「論」、「戒」等特殊稱謂，題署「熊氏曰」以及被注音的文字；題署近思録語録出處的書名等時，對這些文字多加墨蓋子白文，如「遺像」、「七言長句」、「文集」、「本注」、「乾卦彖象」、「遺書下同」等。刻本中「恒」、「玄」等字避諱缺末筆，「貞」改作「正」。句解的「前集」「後集」各自分列「音點性理群書句解目録」，同行下端有以墨蓋子白文外加橢圓環圈別出「前集」或「後集」二字。

句解現存的抄本，是乾隆年間編修四庫全書時抄録。從現存文淵閣藏本可知，館臣僅抄録了句解「前集」二十三卷。該抄本每半葉八行二十一字，小字雙行同，四周雙欄。抄本中「玄」、「曄」、「眩」、「弘」等多缺筆避諱，對於「夷狄」多改作「草木」、或「四裔」、或「庸主」等。

句解除上述元刻本外，筆者在國内尚未見到明清時期的其他刻本，而歷史上公私藏目對句解的著録仍有較多存世，如：

清邵懿辰撰、邵章續録增訂四庫簡明目録標注著録：「性理群書句解二十三卷。天一閣目有刊本。」[附録]「性理群書句解前集二十三卷，宋熊節編。後集二十三卷，宋熊剛大集解。四庫收「前集」，皕宋樓止收「後集」，即拜經樓藏書。近思續録，則子目也。荃孫得宋本，方知陸存齋兩跋之誤。此書爲黄梨洲、全謝山所未見之書，前後兩集完善無缺，足以豪矣。」(荃孫)[續録]「即明儒性理大全之藍本，諸家著録皆元板。繆氏藏宋刊本，半葉十三行，行二十四字。前集採録諸儒詩文，題「考亭門人通直郎知福建閩清縣事賜緋魚袋臣熊節編，覺軒門人掌御書賜建安書院朱文公諸賢從祀祠熊剛大集解」。後集：近思録十四卷、近思續録十四卷、近思別録十四卷，題『考亭後學熊剛大集解』。鈔本。」①拜經樓藏書題跋記、皕宋樓藏書志在關於句解版本的著録上有誤。

王重民中國善本書提要著録云：「新編音點性理群書句解前集二十三卷，後集殘存十九卷，八册，藏於北京圖書館。元刻本，十三行二十四字。……按是書四庫全書僅載『前集』，吴騫有『後集』，誤認爲近思正續録。其本後歸陸心源，儀顧堂題跋已辨之。後繆荃孫得全本，始評著其説，載藝風藏書記卷三。惟諸家均以爲宋刻。雖出麻沙，亦應抬諱；然不抬不諱，必元刻本也。『後集』亦二十三卷，此本闕卷第十三至十六。」②

關於宋元刻本，筆者在寧波天一閣發現的句解「前集」元刻本，實爲殘本，僅存「前集」的卷一至卷八，多數卷頁字跡漫漶不清，難以辨識。

① 清邵懿辰撰、邵章續録：增訂四庫簡明目録標注，上海古籍出版社，一九七九年七月，第三九八頁。
② 王重民：中國善本書提要，上海古籍出版社，一九八三年八月，第二三五頁。

二、從性理群書句解現存版本的繁複程度來説，東北亞的傳本，當以李朝時期的刊印本爲大宗。歷史上的朝鮮半島刊印的版本主要有：

新編音點性理群書句解四十六卷，李朝太宗十五年平壤府木板本。每半葉十三行二十四字，注文小字雙行同。四周雙欄，有界行，框高一八二毫米，寬一一七毫米，上下黑口，順（黑）魚尾。「後集」卷二十三末的左側下，刻有一行題記「平壤府重刊」。隨後另起一頁刻有明永樂乙未年金盧遐跋文，以及刻記與此本相關聯的人員身份、姓名，如參與刊校此書的有鄭仁錫、宋士楨、李簡、黄得粹、金艮、全直、崔迤等。據金盧遐題跋時間「永樂乙未」，即李朝太宗十五年（一四一五），當時崔施爲平壤府尹，此本因崔施的倡導而刊行，所據底本是崔施從浩亭先生處所得性理群書句解，而浩亭此前出使中國，得到過句解，且很可能是宋元時期的版本。再者，筆者將此平壤府刊本與臺灣藏元刻本稍作比較後發現，二者内容、體例編排、版式特徵相同，甚至連元刻版有的一些俗字、異體字也保留，如「斈」、「躰」、「荅」等，「熊氏曰」等字様也刻作墨蓋子白文，從行款、字形、刊刻特色考察，這個平壤府刊本很可能是源自元刻本，甚至可以説是元本的覆刻。韓國嶺南大學、延世大學有藏。

新編音點性理群書句解四十六卷，李朝世宗二十一年甲寅字本。每半葉十行十八字，注文小字雙行同，四周雙欄，有界行，框高二六七毫米，寬一七三毫米，白口，順（黑）魚尾。

在「後集」卷二十三末印有世宗年間權近、卞季良、金鑌等人跋文，在跋文末的左側印有「正統四年四月印出」。正統四年，即李朝世宗二十一年(一四三九)。因而此本當是用世宗年間創設的甲寅字印行。韓國國立中央圖書館有藏，著録云：朝鮮銅活字本(初鑄甲寅字)。

新編音點性理群書句解，李朝成宗年間覆刻甲寅字本。每半葉十行十八字，注文小字雙行同。四周雙欄，有界行。白口，順魚尾。高麗大學藏有殘本，在「後集」卷二十三末，另起一頁刻有弘治元年春清州教授金孝貞跋文一篇。弘治元年，即李朝成宗十九年(一四八八)，因而此刻本很可能是此時刊行。高麗大學藏本著録爲「木板本(甲寅字覆刻)」①。

新編音點性理群書句解四十六卷，李朝成宗年間木板本。每半葉十行十八字，注文小字雙行同。四周雙欄，有界行。框高二五六毫米，寬一七八毫米。白口，順魚尾。此本「後集」末也刻有明弘治元年金孝貞跋文一篇。但是筆者將此刻本與上述覆刻甲寅字本比較後，發現二者字體略異，該李朝成宗十九年刻本字形偏瘦，故而單列，擬作成宗年間木板本。高麗大學有藏。

---

① 薪庵文庫漢籍目録子部儒家，第六一頁。載於高麗大學校中央圖書館編：高麗大學校漢籍綜合目録(下)，高麗大學校，一九七五年二月。

新編音點性理群書句解，李朝燕山二年翻刻甲寅字本。每半葉十行十八字，注文小字雙行同。四周單欄，有界行，順（黑）魚尾。據韓國國立中央圖書館著録，有「金屬活字本（初鑄甲寅字翻刻本）」，爲「燕山君二年（一四九六）刻「壬亂前補刻後刷」」。

新刊音點性理群書句解，猶有甲寅字、乙亥字混用的活字本。高麗大學藏有殘本，存「後集」卷六至卷十四。每半葉十行十八字，注文小字雙行同。四周單欄，有界行。白口，順魚尾。藏家著録云「明宗間（一五四六—一五六七）」活字本（甲寅字、乙亥字混用）」①。

新編音點性理群書句解四十六卷在歷史上也流布到了日本，日本社會也予以刊印，現存寬文八年（一六六八）刻本，爲吉野家總兵衛刊。日本國立國會圖書館有藏。

性理群書句解的價值

程水龍

性理群書句解分前後兩集，各二十三卷。歷史上朝鮮半島、日本的傳刻本又名曰新編

① 華山文庫漢籍目録子部儒家，第六四—六五頁。載於高麗大學校中央圖書館編：高麗大學校漢籍綜合目録（下），高麗大學校，一九七六年七月。

音點性理群書句解或新刊音點性理群書句解。此書現存有元刻本、李氏朝鮮刻印本、日本江户時代刻本等。

句解「前集」二十三卷，熊節集編，熊剛大集解。元代刻本四周雙欄，每半葉十三行二十四字，注文小字雙行同。此書採摭宋代諸儒遺文分類編纂而成，意在貶斥奸黨，表彰宋代七位大儒的道德情操，訓誡後世求學者爲學之道，激勵後學弘揚宋儒優秀的學術思想。「後集」二十三卷，元刻本版式與「前集」同。然無「熊節集編」字樣，僅題署云「考亭後學熊剛大集解」。此集内容分作三大部分：近思録，朱熹集編、吕祖謙同編，熊剛大集解；近思續録，蔡模編集，熊剛大集解；近思别録，蔡模編集，熊剛大集解。

四庫全書收録句解「前集」，館臣撰寫提要評曰：

是書採摭有宋諸儒遺文，分類編次。首列濂溪、明道、伊川、横渠、康節、涑水、考亭遺像，並傳道支派，次贊，次訓，次戒，次箴，次規，次銘，次詩，次賦，次序，次記，次説，次録，次辨，次論，次圖，次正蒙，次皇極經世，次通書，次文，而以七賢行實終焉。……明永樂中詔修性理大全，其録諸儒之語，皆因近思録而廣之；其録諸儒之文，則本此書而廣之，並其「性理」之名，似亦因此書之舊。是其文雖習見，固亦作樂者之葦籥、造車者之椎輪矣。①

句解全書，在性理學（或云宋明理學）傳播史上有着獨特的地位，四庫館臣明確肯定了性理大全是「本此書而廣之」，「性理」之名也「因此書之舊」，其評判較公允。至於此書的具體價值，筆者不揣孤陋，今概論如下，敬請方家指教。

一、句解在性理文獻的彙編上具有肇始之功

（一）句解編集理念意在確立宋代七賢的歷史地位。

宋代理學家，或稱之謂「性理學」家，他們是一個怎樣的群體？主要代表人物是誰？這在朱熹時代已初步確定。南宋紹熙五年（一一九四）冬，朱熹在滄洲精舍告先聖文中說：「維紹熙五年歲次，……周、程授受，萬里一原，曰邵曰張，爰及司馬，學雖殊轍，道則同歸。……今以吉日，謹率諸生，恭修釋菜之禮，以先師兖國公顔氏、郕侯曾氏、沂水侯孔氏、鄒國公孟氏配，濂溪周先生、明道程先生、伊川程先生、康節邵先生、横渠張先生、温國公

① 清永瑢等撰：四庫全書總目，中華書局，一九六五年六月，第七八七頁。

司馬文正公、延平李先生從祀。」①由此可見，朱熹在滄洲精舍建成、門人入學祭祀先聖先師的釋菜禮上明確肯定周、二程、張、邵、司馬六人殊途同歸，並將李延平作爲第七位從祀者。那麼在後朱熹時代，作爲朱熹門人的熊節，自然「不敢恣爲高論」，在宋代理學學統序列上仍舊沿襲尊師之見，同時將理學集大成者朱熹作爲理學學統中的重要代表，替代李延平而入「七賢」之列。他以「七賢」遺文爲主，間及楊時、羅仲素、范浚、吕大臨、蔡元定、黄榦、張栻、胡宏、真德秀所作，編集成性理群書，精要展現了宋代周敦頤、程顥、程頤、邵雍、張載、司馬光、朱熹七位學者的學術風貌。

熊節肯定了「朱子序列學統」，以編纂文獻文本的形式予以固化，藉以形成定論。而且，朱熹再傳弟子熊剛大又進行簡明淺顯的注解，以利讀者理解這些文獻，確切地説能從朱子學的角度審視、解析宋代大儒的詩、賦、文、論等。因此，二熊此舉在中國理學史上具有重要意義，即以理學文本具象地反映了宋代儒學的真實境況，確立周、二程、張、邵、司馬、朱這七位賢人的歷史定位。尤其值得關注的是，此書將司馬光列入宋代「七

① 朱傑人、嚴佐之、劉永翔編：朱子全書，上海古籍出版社、安徽教育出版社，二〇一〇年九月，第四〇五〇—四〇五一頁。

賢」，真切顯示出朱熹及其門人熊節的主張，而後世理學派或持門户之見，欲排斥或除去司馬光，與性理群書持論迥異。故而，此「前集」所輯所注，爲我們研究宋代性理之學的學統提供了真實、豐富的原始材料，從中可認知南宋後期朱門對宋代理學家的評判。

（二）句解開創了以「性理」作書名的著述編纂之源。

性理之學是宋代諸儒研討人性與天理的學問，其目的是爲了提高人們的道德境界，遵從三綱五常，維護封建社會秩序，其歸宿則是倫理道德，因而程朱理學成爲後世倫理綱常的哲學依據。南宋之後，官方常將宋明理學稱之謂「性理之學」，明永樂帝、清康熙帝爲應科舉的士子選輯儒學必讀書時，主持彙編的綱領性文本即用「性理」命名。

而「性理」作爲理學書籍書名的核心詞，卻肇始於宋代句解，該書内容關涉性理，明永樂詔胡廣等撰修性理大全，「其録諸儒之文，則本此書而廣之，並其『性理』之名，似亦因此書之舊。」可見其編纂理念影響着後世理學書籍的編纂，如「前集」彙集的文獻，原本雜存於宋代學者的詩文集與他人的相關論説文字之中，熊節將其集編爲一體，益於讀者集中觀覽，具有開拓視野的價值。所以後人説其後「性理」著述的編纂肇始於此，亦合情合理，故增訂四庫簡明目録標注説此書是「明儒性理大全之藍本」①。明清官方主持編纂的性理大全、性理精義，均受句解影響，以之爲藍本已是不爭的史實。

例如，在文獻編纂方面，四庫館臣早已明確肯定，明代大型叢書的編纂在書名中冠以「性理」之名的做法得益於朱門後學，云：「朱子門人陳淳撰性理字義，熊剛大又撰性理群書，『性理』之名由是而起。明永樂中遂命胡廣等雜鈔宋儒之語凑泊成編，名曰性理大全書，與五經四書大全同頒於天下，列在學官。」②可見，句解在「性理」類著述編纂方面具有範式效應，性理大全七十卷，將宋元諸儒遺文彙集一處，吸收近思録、性理群書句解分類編纂的理念，如「學」部分模仿近思録分十四卷，「諸子」、「詩」、「文」等部分則仿句解加以分類編次。

又如，清代康熙五十六年李光地等奉旨編撰御纂性理精義（又稱性理精義），是爲了選粹明代性理大全之書，精心别裁，删除支離。若追尋其編纂理念的源頭，則仍是受句解影響，故館臣御纂性理精義「提要」云：「初，朱子門人陳淳撰性理字義，熊剛大又撰性理群

① 清邵懿辰撰、邵章續録：增訂四庫簡明目録標注，上海古籍出版社，一九七九年七月，第三九八頁。
② 四庫全書總目，第七九七頁。

書，『性理』之名由是而起」，康熙帝「病胡廣等所編徒博講學之名，不過循聲之舉，支離冗碎，貽誤後來，乃命大學士李光地等刊正其書，復親加釐訂」①。在此之前的康熙三十三年，李振裕説：「我皇上崇儒重道，表章正學，紫陽、鹿洞御額煌煌。予前奉命校士江南，飭多士惟程朱是守，士以此知讀性理、近思諸編。」②因此，清初社會對「性理」類著述確實推崇。

明代永樂、清代康熙皆爲兩個王朝的開國盛世，治國之道倚重於儒學，故而不惜以舉國之力來加以發揚光大，尤重朱子性理之學。「性理」類文獻的編撰與推廣深受明清盛世帝王、文臣的親睞，朱熹近思録、二熊句解的編纂思想已融於國家重大文獻的編纂之中。如今我們從後世藏書目録著録的古代文獻也可窺句解之影響，如明史藝文志「儒家類」著録有：胡廣等撰性理大全七十卷、朱右性理本原三卷、蔡清性理要解二卷、韓邦奇性理三解二卷等。清史稿藝文志「儒家類」著録有：李光地等撰性理精義十二卷、蕭企昭撰性理譜五卷、張伯行撰性理正宗四十卷、冉覲祖撰性理纂要八卷、王建衡撰性理辨義二十卷等。

① 四庫全書總目，第七九七頁。
② 清李振裕：五子近思録叙，載於清汪佑編：五子近思録，日本天保六年刻本。

且古代學者在藏書目録中特立「性理」類，如明史藝文志補編、明書經籍志皆如此，著録了以「性理」命名的儒學文獻，諸如性理會元、性理指要、性理文錦、性理淵源、性理正宗、性理字訓等。①

二、句解具有較大的文獻價值與學術價值

（一）句解在理學文獻編纂史上影響深遠。

前文已言句解在理學文獻編纂上具有導乎先路之功，這一點我們從明清一系列「性理」之書的編纂不難看出。既然性理大全直接受句解啓發，那麽此後受大全影響者，如現存文獻中有明代王三極性理備要十二卷、蔡清性理要解二卷等；又有增損大全而成者，如明代楊道會性理鈔二十卷、詹淮性理綜要二十二卷、鍾人傑性理會通七十卷、應撝謙性理大中二十八卷，清代性理精義十二卷、冉覲祖性理纂要八卷、王士陵經書性理類輯精要録六卷等。由於大全編纂的初衷受句解啓發，故後世此類性理文獻的編纂與句解自然有着

① 楊家駱編：明史藝文志廣編，中國目録學名著第三集第七册，臺北：世界書局，一九六三年四月，第一六九—一七〇頁。

難以割捨的淵源關係。從存世文獻看，句解在明清重刻傳抄者儘管有限，但它並未退出歷史舞臺，有相當的隱性影響，正是因爲繼承其衣鉢的大全影響大，因而句解的影響便透過大全而無形地影響着後世，僅四庫全書總目著録的與大全關涉者不下於十種。

又如，南宋蔡模（一一八八—一二四六）近思續録、近思別録現存單行本極其稀見，續録國内僅有清初柯崇樸重刻本，據柯氏序文，其刻本源自性理群書句解，至於別録則未見單行本存世。目前我們能見到的最早續録、別録刻本是日本寬文十年（一六七〇）刻本，及朝鮮朝的抄本和刻本，而且這些本子距離南宋已相去三四百年，内容全是白文，没有注文。而句解中熊剛大既收録了續録、別録原文，又進行了詳解，故熊氏注本在今天頗具文獻價值，有助於讀者理解南宋理學代表，即「東南三賢」朱熹、吕祖謙、張栻語録的詞義、句意，體會其思想情感，能填補史上關於續録、別録整理研究之空白。

（二）熊剛大對近思三録的集解頗益於後世認知南宋後期的朱子學。

句解「前集」的編纂主旨在於彰顯宋代儒學群體的精神思想，將宋代七賢及其門人後學中的精粹之語録文字分門別類彙聚一處，側重體現了熊節的學術主張，那麽「後集」則重在展示朱子後學熊剛大對藴藏理學學術思想讀本的解讀。

熊剛大在「後集」中明確題署續録、別録皆爲朱熹門人「蔡模」所編，這不僅有助於解決多年來懸而未決的編者問題，而且他對近思録、續録、别録的整理與注解，意在呈現南宋學者所編輯的三種理學讀本之歷史面貌。在理學入門文獻的彙編上，在朱熹之後，熊剛大之前，無一人將「三録」彙集一處，也無一位學者憑一己之力將此三種經典文本均加注解，因此，熊剛大的彙總既是對「三録」的有效保存，又給讀者提供了閲讀三書的便捷途徑。而且熊氏生活在南宋後期，較近思録的後世注解者更諳熟本朝學人的思想，讀者通過熊氏在「三録」中的注文，可從文獻的源頭去探索近思録文獻的學術史意義，去理解「東南三賢」的學術思想，從中探尋南宋後期朱子學發展境況。

（三）句解在東亞的現存版本彰顯了其學術影響力。

現存性理群書句解傳本，並非只傳播於國内，歷史上它早已流布東亞儒學文化圈，僅經筆者調研過目的就有近十種，這已大體可見句解對理學傳播的積極作用。（版本考述見前文）

三、熊剛大在普及理學經典上有功於後世

熊剛大曾爲南宋建安教授，對詩經、小學做過注解。由於他特别注重爲童蒙解讀經典，故其注解的性理群書又增辟了理學傳播的新途徑。

（一）史上只有熊剛大一人對近思録及其仿編本都進行了注解。

關於句解中的熊剛大注文，館臣以「淺近」「無可採」來定論，筆者以爲不妥。性理群書雖是熊節集編，可是熊剛大在歷史上的地位庶幾高於熊節，這與他盡心致力於學術普及工作密切相關。因爲漢唐對儒家經典的注疏，多是爲了便於時人閱讀、普及經典，以至於闡釋經典本身也成爲一種經典，所以熊剛大對性理群書的注解，也是非常有利於同時代讀者閱讀、理解這些典籍的。西方哲人康德曾經説過：「學術的講述是通俗講述的基礎。因爲只有能够徹底講述某物的人，才能以通俗的方式講述它。」①那麽，熊剛大的注文既要傳播自己的宗朱思想，又要深入淺出地注釋，能做到通俗易懂，實屬不易。正是其化深奥爲通俗，方能便於大衆認知「性理」的内涵，故而使得句解四十六卷在東亞儒學文化圈不斷得以傳刻、傳抄，其影響廣泛、傳播久遠，便是有力的佐證。

近思録在南宋有三種注本，與熊剛大注本類似的，還有葉采近思録集解、楊伯嵒泳齋近思録衍注。相較之下，熊剛大注解更爲淺近易懂，如近思録卷一「猶五常之仁」語，熊氏解云：「亦如五常之仁。蓋所謂五常者，仁義禮智信，人之生也。得天之元，則爲此性之

① 德康德著、楊一之譯：邏輯學講義，商務印書館，二〇一〇年，第一八頁。

仁，故亦如此也。」句解中此類注解，不一而足。再者，續録、別録史上除熊剛大注解外，未見文獻載有其他注本。熊氏注本有輯録之功，在當時因淺近通曉，故讀者障礙少，受衆群體廣，能擴大其影響範圍。若僅就「後集」而言，熊剛大在東亞理學讀本的傳播上應有一席之地。至於館臣爲何没有將句解「後集」收入四庫，恐因其已全文收録了葉采近思録集解、茅星來近思録集注、江永近思録集注，且當時續録、別録仍有傳本在社會上流通，因而若再收録由「三録」組成的「後集」則顯得没那麽必要了。

（二）熊氏注解既反映了朱子理學思想，又凸顯其爲童蒙而解之意。

句解「後集」收集理學入門經典近思録，以及仿照朱子編輯體例、由朱熹門人蔡模編集的續録和別録。這三書是南宋後期主流學術思想的體現，其尊朱思想明顯，顯現出南宋後期朱子後學們的思想情懷與學術觀念，其注文具有一定的學術史價值。

熊剛大距離朱熹時代非常接近，能更多地呈現朱子學術思想的精髓，句解注文是於朱熹之後再「接着説」，更切合編纂者原本欲表達的意藴。例如朱熹編輯近思録之初，認爲「近思録首卷難看。……若只讀此，則道理孤單，如頓兵堅城之下」①。那麽作爲朱熹得意

① 南宋黎靖德編、王星賢點校：朱子語類卷一〇五，中華書局，一九九四年三月，第二六二九頁。

門人黄榦的弟子熊剛大，在集解近思録卷一時並未將原本的五十一條語録全部輯録，開篇就删除了原有的第一、第二條，或許因爲它們出自周敦頤太極圖説、周子通書，語録深奥，童蒙一時難以徹悟，因此删除「道理孤單」的語録。通觀句解，其輯録注釋的近思録不再是常言的六百二十二條，選輯的是二程、張載三人語録，共計四百八十四條，删去的多是童蒙難以理解的周子語録，且集解時多化用朱子語録進行詮釋。如此處理既反映爲了童蒙作注者熊氏的簡明注解理念，又説明他受朱子思想影響至深，以致他對朱子思想的傳承，所憑藉的就是這種便宜淺近的訓釋。

儘管四庫館臣厭其「淺近」，如釋「曰」爲「云」、「或曰」爲「或人謂」、「乾，天也」爲「乾即天也」之類，確實淺顯瑣碎。然而熊剛大本人旨在爲童蒙解經，其治學思想在句解四十六卷的注文中有很好體現，即化深奥爲簡易，幾乎對每一句均作注解，如近思録卷十四「横渠先生曰：二程從十四五時，（熊注云：明道、伊川從十四五歲時。）便脱然欲學聖人。（熊注云：伊川年十八作好學論，明道二十三著定性書，是時遊山諸詩皆好，無非洒然塵埃之外，而所學者皆聖人之事。）」熊氏此類注文看似有淺顯之嫌，卻正因如此，方能開辟理學讀本傳播的便利渠道。如果説近思録在南宋已有葉采、楊伯嵒進行注釋，熊氏注本顯得不是那麽特别緊要的話，則他對近思續録、近思别録的集解，在理學讀本的傳播史上卻不可小覷，畢竟他是此二書的第一注者。

（三）爲南宋後期三種近思録文獻的比較研究提供了非常可靠的文獻依據。句解的存世，有助於將熊氏收録的「三録」與現存明清時的近思録、近思續録、近思別録傳本進行比較，從中可探索這「三録」的真實面目及在後世傳播發展情况。再者，同爲朱子再傳弟子的葉采、熊剛大，均對近思録進行集解，同時期的楊伯嵒又有注釋，三家注本皆與南宋朱子學相關聯。若能比較三者注文，則有望揭示近思録在朱子門人後學眼中的價值、地位；在探尋三家注本共性的同時，若能重點辨析三家注文的微異，則可闡釋南宋後期朱子學發展的微觀世界。

儘管我們在此肯定了句解中熊剛大集解所擁有的價值，但在歷史上知道朱熹後學熊剛大注解過近思録、近思續録、近思別録的並不多。熊氏注本鮮爲人知的主要原因，或是其注本不是以「近思録某某注」之類的方式命名，而是將這三種文本收録在性理群書句解「後集」中①。亦或許是清初柯崇樸近思續録序所説的原因，柯氏在重刻近思續録時所據底

① 明代宣德年間，吴訥認爲「後集」所載「三録」「與四書集注或不同」，四書章句集注後出，最能見朱子之真。故在其編撰性理群書補注時，覺得句解「去取間有未當」，删去「後集」續録別録，剪輯「前集」之要，訂補熊氏之謬。

本是句解，可他卻説：「原本有古溪先生熊剛大集解，句櫛字比，意極詳明，然朱子之書明白簡易，原可不煩辭説，故輒删去，以待學者自得焉。」在清初的柯氏看來，續録的文字皆爲朱熹語，簡易明白，不必再爲之注解，於是他在重刻續録時將熊剛大句解「後集」所收録的續録熊氏注文删除。柯氏此舉説明，作爲一名頗具理學素養者，是能自得朱子語意，自然不用熊氏瑣細之注，亦或不希望熊氏的注文影響讀者的取向，而希望讀續録者去「自得」。但是，幾百年後的童蒙與南宋朱熹已經相去遥遠，恐難真正領悟那些語録的内涵，而熊剛大的集解文字卻能真切地給入門讀者以階梯，是有助於人們儘快徹悟續録所輯録朱子文字的基本語意，今天如果説熊氏注語是多餘的，則不妥。同理，剛大對近思録、别録的注解亦然。

熊節以文獻編纂的形式在性理群書中正式定論「七賢」，在中國理學思想史上具有重要意義，今人以此爲鑒可考察元明清理學發展過程中的門户之見。性理群書句解的編纂主旨、體例對後世編纂「性理」類著述産生了很大影響，不論其學術思想史價值、還是其文獻編輯之法，都是值得後世研究的，且熊剛大的注解通俗簡明，對理學思想的傳播也發揮了積極作用。因此，對句解的整理與研究是一種必要，現存元刻本、朝鮮李朝刻本與活字本、日本刻本與影印本等給我們提供了較好的研究基礎，對其進行整理研究，有利於展現、闡明理學在那個時代的真實面貌與發展境遇。